Original illisible

NF Z 43-120-10

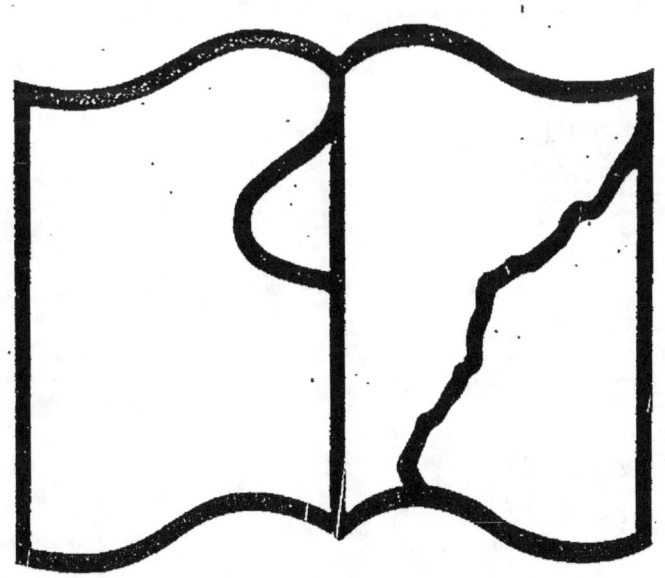

Texte détérioré -- reliure défectueuse

NF Z 43-120-11

"VALABLE POUR TOUT OU PARTIE
DU DOCUMENT REPRODUIT".

ŒUVRES

DE

NAPOLÉON
BONAPARTE.

www.ingramcontent.com/pod-product-compliance
Lightning Source LLC
Chambersburg PA
CBHW061951300426
44117CB00010B/1295

IMPRIMERIE DE C. L. F. PANCKOUCKE.

OEUVRES

DE

NAPOLÉON BONAPARTE.

TOME PREMIER.

———◦◊◦———

PARIS,

C. L. F. PANCKOUCKE, ÉDITEUR;

Rue des Poitevins, n° 14.

MDCCCXXI.

OEUVRES
DE NAPOLÉON
BONAPARTE.

Napoléon Bonaparte n'existe plus, sa vie appartient à l'histoire ; peut-être ne convient-il pas de l'écrire encore, bien des faits doivent être appréciés, bien des passions calmées, bien des intérêts satisfaits, beaucoup d'affections et beaucoup d'inimitiés éteintes avant que l'on puisse parler avec impartialité et raison d'un homme aussi remarquable dans une période d'événemens si extraordinaires.

Beaucoup de faits sont connus, sans doute, mais leur origine est loin d'être éclaircie, et ces faits ne peuvent être jugés qu'en appréciant sa position, qui l'a toujours commandé, la nature de son génie, qui lui a fait produire de grandes choses et commettre des fautes.

Ce qu'il a écrit, ce qu'il a dit dans les diverses circonstances de son existence militaire et politique, servira mieux à le faire connaître que les discours de ses amis ou de ses ennemis.

Son génie est empreint tout entier dans ses lettres écrites durant les campagnes d'Italie et d'Égypte : les lettres se succédaient chaque jour, sa pensée était partout. Sa correspondance durant le consulat n'a pas été moins active ; nous y avons réuni les notes qu'il faisait alors insérer dans les journaux, et que plusieurs guides sûrs nous ont fait connaître.

Nous publierons ensuite ses messages durant le gouvernement impérial, ses ordres du jour, ses proclamations, ses réponses aux députations, ses lettres aux divers souverains, et ces bulletins écrits, sous sa dictée, sur le champ même de bataille, un moment après la victoire.

Nous y joindrons quelques actes émanés de sa seule volonté, et qui ont été comme les bases de son gouvernement et de sa politique intérieure, soit pour récompenser ceux qu'il aimait, soit pour punir ceux qu'il craignait.

Nous ferons connaître, dans la dernière partie, les détails de ses entretiens familiers lors de sa plus grande élévation, ou dans son exil, et nous terminerons par plusieurs morceaux qu'il écrivit à Sainte-Hélène, et par des lettres confidentielles qui lui furent adressées à diverses époques.

Le premier volume, qui paraîtra plus tard, fera connaître sa généalogie; cette pièce assez étendue a été extraite des registres de San-Miniato; elle se compose de vingt pièces, remonte jusqu'à 1268, et contient l'histoire de tous ses ascendans, elle n'avait jamais été publiée; nous y placerons une histoire chronologique très-détaillée de Bonaparte, et présentant tous les faits qui lui sont personnels, sans aucune observation critique. On pourra ainsi faire concorder les faits avec ses lettres, ses messages et ses discours [1].

Ce Recueil pourra être placé à côté des Commentaires de César, et des œuvres de plusieurs illustres souverains. Il rappellera aux militaires les ordres qui ont dicté la victoire; à beaucoup d'autres personnes, les lettres qui leur ont en-

---

[1] Nous espérons aussi placer dans ce premier volume un discours que Bonaparte envoya fort jeune pour concourir à un prix proposé par l'Académie de Besançon. On nous a donné l'assurance de nous le faire connaître. Ce retard nous a forcé à différer la publication du tome premier.

voyé des faveurs et qui les ont élevées à un rang dont elles jouissent aujourd'hui.

Sans doute sa carrière si brillante a été ternie par des actions blâmables ; mais que ceux qui seront les moins indulgens se rappellent cette captivité si longue supportée avec dignité, et cette mort reçue avec calme au milieu de la solitude de l'Océan ; cette mort de celui dont tous les rois et leurs cours devaient porter le deuil ; qu'ils se rappellent ces paroles du souverain qui fera plus par sa sagesse et par le temps pour le bonheur de la France, que Napoléon ne fit par sa rapidité et par ses armes, qui eut réellement le plus à s'en plaindre, et qui, parlant au fils adoptif de Bonaparte, lui dit : *J'ai souvent admiré celui que vous aimez.*

OEUVRES
DE NAPOLÉON
BONAPARTE.

LETTRE
DE M. BUONAPARTE
A M. MATTEO BUTTAFOCO,
DÉPUTÉ DE LA CORSE A L'ASSEMBLÉE NATIONALE.

M ONSIEUR,

Depuis Bonifacio au cap Corse, depuis Ajaccio à Bastia, ce n'est qu'un chorus d'imprécations contre vous. Vos amis se cachent, vos parens vous désavouent, et le sage même, qui ne se laisse jamais maîtriser par l'opinion populaire, est entraîné cette fois par l'effervescence générale.

Qu'avez-vous donc fait? Quels sont donc les délits qui puissent justifier une indignation si universelle, un abandon si complet? C'est, monsieur, ce que je me plais à rechercher, en m'éclairant avec vous.

L'histoire de votre vie, depuis au moins que vous vous êtes lancé sur le théâtre des affaires, est connue. Ses principaux traits en sont tracés ici en lettres de sang. Cependant, il est des détails plus ignorés : je pourrais alors me tromper ; mais je compte sur votre indulgence et espère dans vos renseignemens.

Entré au service de France, vous revîntes voir vos parens : vous trouvâtes les tyrans battus, le gouvernement national établi, et les Corses, maîtrisés par les grands sentimens, concourir à l'envi, par des sacrifices journaliers, à la prospérité de la chose publique. Vous ne vous laissâtes pas séduire par la fermentation générale : bien loin de là, vous ne vîtes qu'avec pitié ce bavardage de patrie, de liberté, d'indépendance, de constitution, dont l'on avait boursoufflé jusqu'à nos derniers paysans. Une profonde méditation vous avait dèslors appris à apprécier ces sentimens factices, qui ne se soutiennent qu'au détriment commun. Dans le fait, le paysan doit travailler, et non pas faire le héros, si l'on veut qu'il ne meure pas de faim, qu'il élève sa famille, qu'il respecte l'autorité. Quant aux personnes appelées par leur rang et leur fortune au commandement, il n'est pas possible qu'elles soient long-temps dupes, pour sacrifier à une chimère leurs commodités, leur considération ; et qu'elles s'abaissent à courtoiser un savetier, pour finale de faire les Brutus. Cependant, comme il entrait dans vos projets de vous captiver M. Paoli, vous dûtes dissimuler : M. Paoli était le centre de tous les mouvemens du corps politique. Nous ne lui refuserons pas du talent, même un certain génie : il avait en peu de temps mis les affaires de l'île dans un bon système : il avait fondé une université où, la première fois peut-être depuis la création, l'on enseignait dans nos montagnes les sciences utiles au développement de notre raison. Il avait établi une fonderie, des moulins à poudre, des fortifications qui augmentaient les moyens de défense : il avait ouvert des ports qui, encourageant le commerce, perfectionnaient l'agriculture : il avait créé une marine qui protégeait nos communications, en nuisant extrêmement aux ennemis. Tous ces établissemens, dans leur naissance, n'étaient que le présage de ce qu'il eût fait un jour. L'union, la paix, la liberté étaient les avant-coureurs de la prospérité nationale, si toutefois un gouvernement mal organisé, fondé sur de fausses bases, n'eût été un préjugé encore plus certain des malheurs, de l'anéantissement total où tout serait tombé.

M. Paoli avait rêvé de faire le Solon; mais il avait mal copié son original : il avait tout mis entre les mains du peuple ou de ses représentans, de sorte qu'on ne pouvait exister qu'en lui plaisant. Étrange erreur ! qui soumet à un brutal, à un mercenaire, l'homme qui, par son éducation, l'illustration de sa naissance, sa fortune, est seul fait pour gouverner. A la longue, un bouleversement de raison si palpable ne peut manquer d'entraîner la ruine et la dissolution du corps politique, après l'avoir tourmenté par tous les genres de maux.

Vous réussîtes à souhait. M. Paoli, sans cesse entouré d'enthousiastes ou de têtes exaltées, ne s'imagina pas que l'on pût avoir une autre passion que le fanatisme de la liberté et de l'indépendance.

Vous trouvant de certaines connaissances de la France, il ne daigna pas observer de plus près que vos paroles, les principes de votre morale : il vous fit nommer pour traiter à Versailles de l'accommodement qui s'entamait sous la médiation de ce cabinet. M. de Choiseul vous vit et vous connut : les ames d'une certaine trempe sont d'abord appréciées. Bientôt, au lieu du représentant d'un peuple libre, vous vous transformâtes en commis d'un satrape : vous lui communiquâtes les instructions, les projets, les secrets du cabinet de Corse.

Cette conduite, qu'ici l'on trouve basse et atroce, me paraît à moi toute simple; mais c'est qu'en toute espèce d'affaire, il s'agit de s'entendre et de raisonner avec flegme.

La prude juge la coquette et en est persiflée ; c'est en peu de mots votre histoire.

L'homme à principes vous juge au pire;

mais vous ne croyez pas à l'homme à principes. Le vulgaire, toujours séduit par de vertueux démagogues, ne peut être apprécié par vous, qui ne croyez pas à la vertu. Il n'est permis de vous condamner que par vos principes, comme un criminel par les lois; mais ceux qui en connaissent le raffinement, ne trouvent dans votre conduite rien que de très-simple. Cela revient donc à ce que nous avons dit, que, dans toute espèce d'affaires, il faut d'abord s'entendre, et puis raisonner avec flegme. Vous avez d'ailleurs pardevers vous une sous-défense non moins victorieuse, car vous n'aspirez pas à la réputation de Caton ou de Catinat : il vous suffit d'être comme un certain monde; et, dans ce certain monde, il est convenu que celui qui peut avoir de l'argent sans en profiter est un nigaud; car l'argent procure tous les plaisirs des sens, et les plaisirs des sens sont les seuls. Or,

M. de Choiseul, qui était très-libéral, ne vous permettait pas de lui résister, lorsque surtout votre ridicule patrie vous payait de vos services, selon sa plaisante coutume, de l'honneur de la servir.

Le traité de Compiègne conclu, M. de Chauvelin et ving-quatre bataillons débarquèrent sur nos bords. M. de Choiseul, à qui la célérité de l'expédition importait majeurement, avait des inquiétudes que, dans ses épanchemens, il ne pouvait vous dissimuler. Vous lui suggérâtes de vous y envoyer avec quelques millions. Comme Philippe prenait les villes avec sa mule, vous lui promîtes de tout soumettre sans obstacle..... Aussitôt dit, aussitôt fait, et vous voici repassant la mer, jetant le masque, l'or et le brevet à la main, entamant des négociations avec ceux que vous jugeâtes les plus faciles.

N'imaginant pas qu'un Corse pût se préférer à la patrie, le cabinet de Corse vous avait chargé de ses intérêts. N'imaginant pas, de votre côté, qu'un homme pût ne pas préférer l'argent et soi à la patrie, vous vous vendîtes, et espérâtes les acheter tous. Moraliste profond, vous saviez ce que le fanatisme d'un chacun valait; quelques livres d'or de plus ou de moins nuançant à vos yeux la disparité des caractères.

Vous vous trompâtes cependant : le faible fut bien ébranlé, mais fut épouvanté par l'horrible idée de déchirer le sein de la patrie. Il s'imagina voir le père, le frère, l'ami, qui périt en la défendant, lever la tête de la tombe sépulcrale, pour l'accabler de malédictions. Ces ridicules préjugés furent assez puissans pour vous arrêter dans votre course : vous gémîtes d'avoir à faire à un peuple enfant. Mais, monsieur, ce raffinement de sentiment n'est pas donné à la multitude ; aussi vit-elle dans la pauvreté et la misère ; au lieu que l'homme bien appris, pour peu que les circonstances le favorisent, sait bien vite s'élever. C'est à peu près la morale de votre histoire.

En rendant compte des obstacles qui s'opposaient à la réalisation de vos promesses, vous proposâtes de faire venir le régiment Royal-Corse. Vous espériez que son exemple désabuserait nos trop simples et trop bons paysans ; les accoutumerait à une chose où ils trouvaient tant de répugnance : vous fûtes encore trompé dans cette espérance. Les Rossi, Marengo, et quelques autres fous, ne vont-ils pas enthousiasmer ce régiment, au point que les officiers unis protestent, par un acte authentique, de renvoyer leurs brevets, plutôt que de violer leurs sermens, ou des devoirs plus sacrés encore ?

Vous vous trouvâtes réduit à votre seul exemple. Sans vous déconcerter, à la tête de quelques amis et d'un détachement français, vous vous jetâtes dans Vescovato ; mais le terrible Clémente ¹ vous en dénicha. Vous vous repliâtes sur Bastia avec vos compagnons d'aventure et leur famille. Cette petite affaire vous fit peu d'honneur : votre maison et celle de vos associés furent

---

¹ Clément Paoli, frère aîné du général Paoli, bon guerrier, excellent citoyen, vrai philosophe. Au commencement d'une action, il ne pouvait jamais se résoudre à se battre personnellement : il donnait ses ordres avec ce sang-froid qui caractérise le capitaine. Mais dès qu'il avait vu tomber quelqu'un des siens, il saisissait ses armes, avec cette convulsion d'un homme indigné, en faisait usage, en s'écriant : « hom- « mes injustes ! pourquoi franchissez-vous les barrières « de la nature ? pourquoi faut-il que vous soyez les « ennemis de la patrie ? »

Austère dans ses mœurs, simple dans sa vie privée, il a toujours vécu retiré. Ce n'était que dans les grands besoins qu'il venait aussi donner son avis, dont on s'écartait rarement.

brûlées. En lieu de sûreté, vous vous moquâtes de ces efforts impuissans.

L'on veut ici vous imputer à défi, d'avoir voulu armer Royal-Corse contre ses frères. L'on veut également entacher votre courage, du peu de résistance de Vescovato. Ces accusations sont très-peu fondées; car la première est une conséquence immédiate, c'est un moyen d'exécution de vos projets; et comme nous avons prouvé que votre conduite était toute simple, il s'ensuit que cette inculpation incidente est détruite. Quant au défaut de courage, je ne vois pas que l'action de Vescovato puisse l'arrêter : vous n'allâtes pas là pour faire sérieusement la guerre, mais pour encourager, par votre exemple, ceux qui vacillaient dans le parti opposé. Et puis, quel droit a-t-on d'exiger que vous eussiez risqué le fruit de deux ans de bonne conduite, pour vous faire tuer comme un soldat!

Mais vous deviez être ému, de voir votre maison et celles de vos amis en proie aux flammes..... Bon Dieu! quand sera-ce que les gens bornés cesseront de vouloir tout apprécier ? Laissant brûler votre maison, vous mettiez M. de Choiseul dans la nécessité de vous indemniser. L'expérience a prouvé la justesse de vos calculs : on vous remit bien au-delà de l'évalué des pertes. Il est vrai que l'on se plaint que vous gardâtes tout pour vous, ne donnant qu'une bagatelle aux misérables que vous aviez séduits. Pour justifier si vous l'avez dû faire, il ne s'agit que de savoir si vous l'avez pu faire avec sûreté. Or, de pauvres gens, qui avaient si besoin de votre protection, n'étaient ni dans le cas de réclamer, ni même dans celui de connaître bien clairement le tort qu'on leur faisait. Ils ne pouvaient pas faire les mécontens, et se révolter contre votre autorité : en horreur à leurs compatriotes, leur retour n'eût pas été plus sincère. Il est donc bien naturel qu'ayant ainsi trouvé quelques milliers d'écus, vous ne les ayez pas laissé échapper : c'eût été une duperie.

Les Français, battus malgré leur or, leurs brevets, la discipline de leurs nombreux bataillons, la légèreté de leurs escadrons, l'adresse de leurs artilleurs; défaits à la Penta, à Vescovato, à Loretto, à San-Nicolao, à Borgo, à Barbaggio, à Oletta, se retranchèrent excessivement découragés. L'hiver, le moment de leur repos, fut pour vous, monsieur, celui du plus grand travail; et si vous ne pûtes triompher de l'obstination des préjugés profondément enracinés dans l'esprit du peuple, vous parvîntes à en séduire quelques chefs, auxquels vous réussîtes, quoique avec peine, à inculquer les bons sentimens; ce qui, joint aux trente bataillons qu'au printemps suivant M. de Vaux conduisit avec lui, soumit la Corse au joug, obligea Paoli et les plus fanatiques à la retraite.

Une partie des patriotes étaient morts en défendant leur indépendance; l'autre avait fui une terre proscrite, désormais hideux nid des tyrans. Mais un grand nombre n'avaient dû ni mourir ni fuir : ils furent l'objet des persécutions. Des ames que l'on n'avait pu corrompre étaient d'une autre trempe : l'on ne pouvait asseoir l'empire français que sur leur anéantissement absolu. Hélas! ce plan ne fut que trop ponctuellement exécuté. Les uns périrent victimes des crimes qu'on leur supposa; les autres, trahis par l'hospitalité, par la confiance, expièrent sur l'échafaud les soupirs, les larmes surprises à leur dissimulation; un grand nombre, entassés par Narbonne-Fridzelar dans la tour de Toulon; empoisonnés par les alimens, tourmentés par leurs chaînes; accablés par les plus indignes traitemens; ils ne vécurent quelque temps dans leurs soupirs, que pour voir la mort s'avancer à pas lents..... Dieu, témoin de leur innocence, comment ne te rendis-tu pas leur vengeur!

Au milieu de ce désastre général, au sein des cris et des gémissemens de cet infortuné peuple, vous, cependant, commençâtes à jouir du fruit de vos peines : honneurs, dignités, pensions, tout vous fut prodigué. Vos prospérités se seraient encore plus rapidement accrues, lorsque la Dubarri culbuta M. de Choiseul, vous priva d'un protecteur, d'un appréciateur de vos services. Ce coup ne vous découragea pas : vous vous tournâtes du côté des bureaux; vous sentîtes seulement la nécessité d'être plus assidu. Ils en furent flattés : vos services étaient si notoires ! Tout vous fut accordé. Non content de l'étang de Biguglia, vous demandâtes une partie des terres de plusieurs communautés. Pourquoi les en vouliez-vous dépouiller, dit-on? Je demande, à mon tour, quels égards deviez-vous avoir pour une nation que vous saviez vous détester?

Votre projet favori était de partager l'île entre dix barons. Comment! non content d'avoir aidé à forger les chaînes où votre patrie était retenue, vous vouliez encore l'assujétir à l'absurde régime féodal! Mais je vous loue d'avoir fait aux Corses le plus de mal que vous pouviez : vous étiez dans un état de guerre avec eux; et, dans l'état de guerre, faire le mal pour son profit est un axiôme.

Mais passons sur toutes ces misères-là : arrivons au moment actuel, et finissons une lettre qui, par son épouvantable longueur, ne peut manquer de vous fatiguer.

L'état des affaires de France présageait des

événemens extraordinaires. Vous en craignîtes le contre-coup en Corse. Le même délire dont nous étions possédés avant la guerre, à votre grand scandale, commença à *ématir* cet aimable peuple. Vous en comprîtes les conséquences ; car, si les grands sentimens maîtrisaient l'opinion, vous ne deveniez plus qu'un traître, au lieu d'un homme de bon sens. Pis encore ; si les grands sentimens revenaient à agiter le sang de nos chauds compatriotes ; si jamais un gouvernement national s'ensuivait ; que deveniez-vous ? Votre conscience alors commença à vous épouvanter : inquiet, affligé, vous ne vous y abandonnâtes pas ; vous résolûtes de jouer le tout pour le tout, mais vous le fîtes en homme de tête. Vous vous mariâtes, pour accroître vos appuis. Un honnête homme qui avait, sur votre parole, donné sa sœur à votre neveu, se trouva abusé. Votre neveu, dont vous aviez englouti le patrimoine pour accroître un héritage qui devait être le sien, s'est trouvé réduit dans la misère avec une nombreuse famille.

Vos affaires domestiques arrangées, vous jetâtes un coup d'œil sur le pays : vous le vîtes fumant du sang de ses martyrs, jonché de victimes multipliées, n'inspirer à tous pas, que des idées de vengeance. Mais vous y vîtes l'atroce militaire, l'impertinent robin, l'avide publicain, y régner sans contradictions, et le Corse accablé sous ses triples chaînes, n'oser ni penser à ce qu'il fut, ni réfléchir sur ce qu'il pouvait être encore. Vous vous dîtes, dans la joie de votre cœur : les choses vont bien, il ne s'agit que de les maintenir; et aussitôt vous vous liguâtes avec le militaire, le robin et le publicain. Il ne fut plus question que de s'occuper à avoir des députés qui fussent animés par ces sentimens; car pour vous, vous ne pouviez pas soupçonner qu'une nation, votre ennemie, vous choisît pour la représenter. Mais vous dûtes changer d'opinion, lorsque les lettres de convocation, par une absurdité peut-être faite à dessein, déterminèrent que le député de la noblesse serait nommé dans une assemblée composée seulement de vingt-deux personnes : il ne s'agissait que d'obtenir douze suffrages. Vos co-associés du conseil supérieur travaillèrent avec activité : menaces, promesses, caresses, argent, tout fut mis en jeu : vous réussîtes. Les vôtres ne furent pas si heureux dans les communes : le premier président échoua ; et deux hommes exaltés dans leurs idées, l'un fils, frère, neveu des plus zélés défenseurs de la cause commune ; l'autre avait vu Sionville et Narbonne ; en gémissant sur son impuissance, son esprit était plein des horreurs qu'il avait vu commettre : ces deux hommes furent proclamés, et rencontrèrent le vœu de la nation, dont ils devinrent l'espoir. Le dépit secret, la rage que votre nomination fit dévorer à tous, fait l'éloge de vos manœuvres et du crédit de votre ligue.

Arrivé à Versailles, vous fûtes zélé royaliste : arrivé à Paris, vous dûtes voir avec un sensible chagrin que le gouvernement que l'on voulait organiser sur tant de débris, était le même que celui que l'on avait chez nous noyé dans tant de sang.

Les efforts des méchans furent impuissans : la nouvelle constitution, admirée de l'Europe, et devenue la sollicitude de tout être pensant; il ne vous resta plus qu'une ressource; ce fut de faire croire que cette constitution ne convenait pas à notre île, quand elle était exactement la même que celle qui opéra de si bons effets, et qu'il fallut tant de sang pour nous l'arracher.

Tous les délégués de l'ancienne administration, qui entraient naturellement dans votre cabale, vous servirent avec toute la chaleur de l'intérêt personnel : l'on dressa des mémoires où l'on prétendit prouver l'avantage dont était pour nous le gouvernement actuel, et où l'on établissait que tout changement contrarierait le vœu de la nation. Dans ce même temps, la ville d'Ajaccio eut indice de se qui se tramait : elle leva le front, forma sa garde nationale, organisa son comité. Cet incident inattendu vous alarma : la fermentation se communiquait partout. Vous persuadâtes aux ministres, sur qui vous aviez pris de l'ascendant pour les affaires de Corse, qu'il était éminent d'y envoyer votre beau-père, M. Gaffory, avec un commandement ; et voici M. Gaffory, digne précurseur de M. Narbonne, qui prétend, à la tête de ses troupes, maintenir par la force, la tyrannie que feu son père, de glorieuse mémoire, avait combattue et confondue par son génie. Des bévues sans nombre ne permirent pas de dissimuler la médiocrité des talens de votre beau-père : il n'avait que l'art de se faire des ennemis. L'on se ralliait de tous côtés contre lui. Dans ce pressant danger, vous levâtes vos regards, et vîtes Narbonne ! Narbonne, mettant à profit un moment de faveur, avait projeté de fixer dans une île qu'il avait dévastée par des cruautés inouies, le despotisme qui le rongeait. Vous vous concertâtes : le projet est arrêté ; cinq mille hommes ont reçu les ordres ; les brevets pour accroître d'un bataillon le régiment provincial, sont expédiés ; Narbonne est parti. Cette pauvre nation, sans armes, sans courage, est livrée, sans espoir et sans ressource, aux mains de celui qui en fut le bourreau.

O infortunés compatriotes ! de quelle trame odieuse alliez-vous être victimes ?

Vous vous en seriez aperçu, lorsqu'il n'eût plus été temps. Quel moyen de résister, sans armes, à dix mille hommes? Vous eussiez vous-mêmes signé l'acte de votre avilissement : l'espoir se serait enfui, l'espérance éteinte; et des jours de malheur se seraient succédés sans interruption. La France libre vous eût regardée avec mépris; l'Italie affligée, avec indignation; et l'Europe étonnée de ce degré sans exemple d'avilissement, eût effacé de ses annales, les traits qui font honneur à votre vertu. Mais vos députés des communes pénétrèrent le projet, et vous avertirent à temps. Un roi qui ne désira jamais que le bonheur de ses compatriotes, éclairé par M. Lafayette, ce constant ami de la liberté, sut dissiper les intrigues d'un ministre perfide, que la vengeance inspira toujours à vous nuire. Ajaccio montra de la résolution dans son adresse, où était peint, avec tant d'énergie, l'état misérable auquel vous avait réduit le plus oppressif des gouvernemens. Bastia, engourdie jusqu'alors, se réveilla au bruit du danger, et prit les armes avec cette résolution qui l'a toujours distinguée. Arena vint de Paris en Balagne, plein de ces sentimens qui portent à tout entreprendre, à n'estimer aucun danger. Les armes d'une main, les décrets de l'assemblée nationale de l'autre, il fit pâlir les ennemis publics. Achille Meurati, le conquérant de Caprara, qui porta la désolation jusque dans Gênes, à qui il ne manqua, pour être un Turenne, que des circonstances et un théâtre plus vaste, fit ressouvenir aux compagnons de sa gloire, qu'il était temps d'en acquérir encore ; que la patrie en danger avait besoin, non d'intrigues où il ne s'entendit jamais, mais du fer et du feu. Au bruit d'une secousse si générale, Gaffory rentra dans le néant, d'où, mal à props, l'intrigue l'avait fait sortir : il trembla dans la forteresse de Corte. Narbonne, de Lyon, courut ensevelir dans Rome, sa honte et ses projets infernaux. Peu de jours après, la Corse est intégrée à la France, Paoli rappelé, et dans un instant la perspective change, et vous offre une carrière que vous n'eussiez jamais osé espérer.

Pardonnez, monsieur, pardonnez : j'ai pris la plume pour vous défendre; mais mon cœur s'est violemment révolté contre un système si suivi de trahison et d'horreur. Eh quoi ! fils de cette même patrie, ne sentîtes-vous jamais rien pour elle? Eh quoi ! votre cœur fut-il donc sans mouvement à la vue des rochers, des arbres, des maisons, des sites, théâtres des jeux de votre enfance ? Arrivé au monde, elle vous porta sur son sein, elle vous nourrit de ses fruits : arrivé à l'âge de raison, elle mit en vous son espoir; elle vous honora de sa confiance, elle

vous dit : « Mon fils, vous voyez l'état de
« misère où m'a réduite l'injustice des hom-
« mes : concentrée dans ma chaleur, je re-
« prends des forces qui me promettent un
« prompt et infaillible rétablissement : mais
« l'on me menace encore ? Volez, mon fils,
« volez à Versailles, éclairez le grand roi,
« dissipez ses soupçons, demandez-lui son
« amitié. »

Hé bien ! un peu d'or vous fit trahir sa confiance ; et bientôt, pour un peu d'or, l'on vous vit, le fer parricide à la main, entre-déchirer ses entrailles. Ah ! monsieur, je suis loin de vous désirer du mal ; mais craignez….. ; il est des remords vengeurs ! Vos compatriotes, à qui vous êtes en horreur, éclaireront la France. Les biens, les pensions, fruit de vos trahisons, vous seront ôtés. Dans la décrépitude de la vieillesse et de la misère, dans l'affreuse solitude du crime, vous vivrez assez long-temps pour être tourmenté par votre conscience. Le père vous montrera à son fils, le précepteur à son élève, en leur disant : « Jeunes gens, apprenez à respecter la pa-« trie, la vertu, la foi, l'humanité. »

Et vous, de qui l'on prostitua la jeunesse, les grâces et l'innocence, votre cœur pur et chaste palpite donc sous une main criminelle ? femme respectable et infortunée ! Dans ces momens que la nature commande à l'amour, lorsqu'arrachés aux chimères de la vie, des plaisirs sans mélange se succèdent rapidement; lorsque l'ame, aggrandie par le feu du sentiment, ne jouit que de faire jouir, ne sent que de faire sentir; vous pressez contre votre cœur, vous vous identifiez à l'homme froid, à l'égoïste qui ne se démentit jamais, et qui, dans le cours de soixante ans, ne connut que les calculs de son intérêt, l'instinct de la destruction, l'avidité la plus infâme, les plaisirs, les vils plaisirs des sens ! Bientôt la cohue des honneurs, les lambris de l'opulence, vont disparaître ; le mépris des hommes vous accablera. Chercherez-vous dans le sein de celui qui en est l'auteur, une consolation indispensable à votre ame douce et aimante ? Chercherez-vous sur ses yeux, des larmes pour mélanger aux vôtres ? Votre main défaillante, placée sur son sein, cherchera-t-elle à se retracer l'agitation du vôtre ? Hélas ! si vous lui surprenez des larmes, ce seront celles du remords : si son sein s'agite, ce sera des convulsions du méchant qui meurt en abhorrant la nature, lui et la main qui le guide.

O Lameth ! ô Roberspierre ! ô Peithyon ! ô Volney ! ô Mirabeau ! ô Barnave ! ô Bailly ! ô Lafayette ! voilà l'homme qui ose s'asseoir à côté de vous ! tout dégouttant du sang de ses frères, souillé par des crimes de toute espèce, il se présente avec confiance sous une veste de général, inique récompense de ses forfaits ! il ose se dire représentant de la nation, lui qui la vendit, et vous le souffrez ! il ose lever les yeux, prêter les oreilles à vos discours, et vous le souffrez ! Si c'est la voix du peuple, il n'eut jamais que celle de douze nobles ; si c'est la voix du peuple, Ajaccio, Bastia, et la plupart des cantons ont fait à son effigie, ce qu'ils eussent voulu faire à sa personne.

Mais vous, que l'erreur du moment, peut-être les abus de l'instant, portent à vous opposer aux nouveaux changemens ; pourrez-vous souffrir un traître ? celui qui, sous l'extérieur froid d'un homme sensé, renferme, cache une avidité de valet ? je ne saurais l'imaginer. Vous serez les premiers à le chasser ignominieusement, dès que l'on vous aura instruits du tissu d'horreurs dont il a été l'artisan.

J'ai l'honneur, etc.   BUONAPARTE.

De mon cabinet de Millelli, le 23 janvier, l'an II.

TRADUCTION

De la lettre du Président du Club patriotique d'Ajaccio.

Monsieur,

Le club patriotique ayant pris connaissance de l'écrit où vous dévoilez avec autant de finesse que de force et de vérité, les menées obscures de l'infâme Buttafoco, en a voté l'impression. Il m'a chargé, par une délibération dont je vous envoie copie,

' Le club patriotique, profondément indigné de la conduite criminelle et scandaleuse, de l'impudence sans exemple, de la calomnie la plus atroce, que ce député de la défunte noblesse a osé afficher, même dans la tribune de l'Assemblée nationale; considérant que journellement, dans des brochures, il ne cesse de déchirer son pays et tout ce qu'il a de plus précieux; a arrêté, que désormais il ne serait plus appelé que *l'infâme Buttafoco.*

(*Extrait des procès-verbaux des séances de la Société patriotique.*)

de vous prier d'y donner votre assentiment; il juge l'impression de cet écrit utile au bien public. C'est une raison qui ne vous permet point d'excuse.

Je suis, etc. MASSÉRIA,
Président du club patriotique.

LE SOUPER

DE BEAUCAIRE.

Je me trouvais à Beaucaire le dernier jour de la foire; le hasard me fit avoir pour convives à souper, deux négocians marseillais, un Nimois et un fabricant de Montpellier. Après plusieurs momens employés à nous reconnaître, l'on sut que je venais d'Avignon, et que j'étais militaire. Les esprits de mes convives, qui avaient été toute la semaine fixés sur le cours du négoce qui accroît les fortunes, l'étaient dans ce moment sur l'issue des événemens présens, d'où on dépend la conservation; ils cherchaient à connaître mon opinion, pour, en la comparant à la leur, pouvoir se rectifier et acquérir des probabilités sur l'avenir, qui nous affectait différemment; les Marseillais surtout paraissaient être moins pétulans : l'évacuation d'Avignon leur avait appris à douter de tout; il ne leur restait qu'une grande sollicitude sur leur sort : la confiance nous eut bientôt rendu babillards, et nous commençâmes un entretien à peu près en ces termes.

LE NIMOIS.

L'armée de Cartaux est-elle forte? L'on dit qu'elle a perdu bien du monde à l'attaque; mais s'il est vrai qu'elle ait été repoussée, pourquoi les Marseillais ont-ils évacué Avignon?

LE MILITAIRE.

L'armée était forte de 4,000 hommes lorsqu'elle a attaqué Avignon, elle est aujourd'hui à 6,000 hommes, elle sera avant quatre jours à 10,000 hommes; elle a perdu cinq hommes et quatre blessés; elle n'a point été repoussée, puisqu'elle n'a fait aucune attaque en forme : elle a voltigé autour de la place, a cherché à forcer les portes, en y attachant des pétards; elle a tiré quelques coups de canon pour essayer la contenance de la garnison; elle a dû ensuite se retirer dans son camp pour combiner son attaque pour la nuit suivante. Les Marseillais étaient 3,600 hommes; ils avaient une artillerie plus nombreuse et de plus fort calibre, et cependant ils ont été contraints à repasser la Durance; cela vous étonne beaucoup : mais c'est qu'il n'appartient qu'à de vieilles troupes de résister aux incertitudes d'un siége; nous étions maîtres du Rhône, de Villeneuve et de la campagne, nous eussions intercepté toutes leurs communications. Ils ont dû évacuer la ville; la cavalerie les a poursuivis dans leur retraite; ils ont eu beaucoup de prisonniers et ont perdu deux pièces de canon.

3.

LE MARSEILLAIS.

Ce n'est pas là la relation que l'on nous a donnée; je ne veux pas vous le contester, puisque vous étiez présent; mais avouez que cela ne vous conduira à rien : notre armée est à Aix, trois bons généraux sont venus remplacer les premiers; on lève à Marseille de nouveaux bataillons, nous avons un nouveau train d'artillerie, plusieurs pièces de 24; sous peu de jours nous serons dans le cas de reprendre Avignon, ou du moins nous resterons maîtres de la Durance.

LE MILITAIRE.

Voilà ce que l'on vous dit pour vous entraîner dans le précipice qui s'approfondit à chaque instant, et qui peut-être engloutira la plus belle ville de la France, celle qui a le plus mérité des patriotes; mais l'on vous a dit aussi que vous traverseriez la France, que vous donneriez le ton à la république, et vos premiers pas ont été des échecs; l'on vous a dit qu'Avignon pouvait résister long-temps à 20,000 hommes, et une seule colonne de l'armée, sans artillerie de siége, dans vingt-quatre heures, en a été maîtresse; l'on vous a dit que le Midi était levé, et vous vous êtes trouvés seuls; l'on vous a dit que la cavalerie nimoise allait écraser les Allobroges, et ceux-ci étaient déjà au Saint-Esprit et à Villeneuve; l'on vous a dit que 4,000 Lyonnais étaient en marche pour vous secourir, et les Lyonnais négociaient leur accommodement; reconnaissez donc que l'on vous trompe, concevez l'impéritie de vos meneurs, et méfiez-vous de leurs calculs; le plus dangereux conseiller, c'est l'amour-propre : vous êtes naturellement vifs, l'on vous conduit à votre perte par le même moyen qui a ruiné tant de peuples, en exaltant votre vanité; vous avez des richesses et une population considérables, l'on vous les exagère; vous avez rendu des services éclatans à la liberté, l'on vous les rappelle, sans faire attention que le génie de la république était avec vous alors, au lieu qu'il vous abandonne aujourd'hui; votre armée, dites-vous, est à Aix avec un grand train d'artillerie et de bons généraux; eh bien, quoi qu'elle fasse, je vous assure qu'elle sera battue; vous aviez 3,600 hommes, une bonne moitié s'est dispersée; Marseille et quelques réfugiés du département peuvent vous offrir 4,000 hommes : cela est beaucoup; vous aurez donc 5 à 6,000 hommes sans ensemble, sans unité, sans être aguerris; vous avez de bons généraux; je ne les connais pas; je ne puis donc leur contester leur habileté, mais ils seront absorbés par les détails, ne seront pas secondés par les subalternes, ils ne pourront rien faire qui soutienne la réputation qu'ils pourraient s'être acquise, car il leur faudrait deux mois pour organiser passablement leur armée, et dans quatre jours Carteaux sera au-delà de la Durance, et avec quels soldats! avec l'excellente troupe légère des Allobroges, le vieux régiment de Bourgogne, un bon régiment de cavalerie, le brave bataillon de la Côte-d'Or, qui a vu cent fois la victoire le précéder dans les combats, et six ou sept autres corps, tous de vieilles milices, encouragés par leurs succès aux frontières et sur votre armée; vous avez des pièces de 24 et de 18, et vous vous croyez inexpugnables, vous suivez l'opinion vulgaire; mais les gens du métier vous diront, et une fatale expérience va vous le démontrer, que de bonnes pièces de 4 et de 8 font autant d'effet pour la guerre de campagne, et sont préférables sous bien des points de vue aux gros calibres; vous avez des canonniers de nouvelle levée, et vos adversaires ont des artilleurs des régimens de ligne, qui sont, dans leur art, les maîtres de l'Europe. Que fera votre armée si elle se concentre à Aix? Elle est perdue : c'est un axiôme dans l'art militaire, que celui qui reste dans ses retranchemens est battu : l'expérience et la théorie sont d'accord sur ce point, et les murailles d'Aix ne valent pas le plus mauvais retranchement de campagne, surtout si l'on fait attention à leur étendue, aux maisons qui les environnent extérieurement à la portée du pistolet. Soyez donc bien sûrs que ce parti, qui vous semble le meilleur, est le plus mauvais; comment pourrez-vous d'ailleurs approvisionner la ville en si peu de temps de tout ce qu'elle aurait besoin? Votre armée ira-t-elle à la rencontre des ennemis, mais elle est moins nombreuse, mais son artillerie est moins propre pour la campagne, elle serait rompue, dès lors défaite sans ressource, car la cavalerie l'empêchera de se rallier; attendez-vous donc à avoir la guerre dans le territoire de Marseille : un parti assez nombreux y tient pour la république; ce sera le moment de l'effort; la jonction se fera; et cette ville, le centre du commerce du Levant, l'entrepôt du midi de l'Europe, est perdue. Souvenez-vous de l'exemple récent de Lisle [1], et des lois barbares de la guerre. Mais quel esprit de vertige s'est tout-à-coup emparé de votre peuple? quel aveuglement fatal le conduit à sa perte? comment peut-il prétendre résister à la république entière? Quand il obligerait cette armée à se replier sur Avignon, peut-il douter que sous peu de jours de nouveaux combattans ne viennent remplacer les premiers: la république, qui donne la loi à l'Europe, la recevra-t-elle de Marseille?

[1] Lisle, petite ville du département de Vaucluse, à 4 lieues à l'est d'Avignon, ayant résisté à l'armée de Cartaux, fut emportée de force le 26 juillet 1793.

Unis avec Bordeaux, Lyon, Montpellier, Nîmes, Grenoble, le Jura, l'Eure, le Calvados, vous avez entrepris une révolution, vous aviez une probabilité de succès, vos instigateurs pouvaient être mal intentionnés, mais vous aviez une masse imposante de forces; au contraire, aujourd'hui que Lyon, Nîmes, Montpellier, Bordeaux, le Jura, l'Eure, Grenoble, Caen, ont reçu la constitution, aujourd'hui qu'Avignon, Tarascon, Arles ont plié, avouez qu'il y a dans votre opiniâtreté de la folie; c'est que vous êtes influencés par des personnes qui n'ayant plus rien à ménager, vous entraînent dans leur ruine.

Votre armée sera composée de tout ce qu'il y aura de plus aisés, des riches de votre ville, car les sans-culottes pourraient trop facilement tourner contre vous. Vous allez donc compromettre l'élite de votre jeunesse accoutumée à tenir la balance commerciale de la Méditerannée, et à vous enrichir par leur économie et leurs spéculations, contre de vieux soldats, cent fois teints du sang du furibond aristocrate ou du féroce Prussien.

Laissez les pays pauvres se battre jusqu'à la dernière extrêmité : l'habitant du Vivarais, des Cévènes, de la Corse, s'expose sans crainte à l'issue d'un combat : s'il gagne, il a rempli son but; s'il perd, il se trouve comme auparavant dans le cas de faire la paix et dans la même position..... Mais vous!!..... perdez une bataille, et le fruit de mille ans de fatigues, de peines, d'économies, de bonheur, devient la proie du soldat.

Voilà cependant les risques que l'on vous fait courir avec autant d'inconsidération.

LE MARSEILLAIS.

Vous allez vite et vous m'effrayez; je conviens avec vous que la circonstance est critique, peut-être vraiment ne songe-t-on pas assez à la position où nous nous trouvons; mais avouez que nous avons encore des ressources immenses à vous opposer.

Vous m'avez persuadé que nous ne pourrions pas résister à Aix, votre observation du défaut de subsistance pour un siége de longue durée, est peut-être sans réplique; mais pensez vous que toute la Provence peut voir long-temps de sang-froid, le blocus d'Aix; elle se levera spontanément, et votre armée, cernée de tout côté, se trouvera heureuse de repasser la Durance.

LE MILITAIRE.

Que c'est mal connaître l'esprit des hommes et celui du moment; partout il y a deux partis; dès le moment que vous serez assiégés, le parti sectionnaire aura le dessous dans toutes les campagnes; l'exemple de Tarascon, d'Orgon, d'Arles, doit vous en convaincre : vingt dragons ont suffi pour rétablir les anciens administrateurs et mettre les autres en déroute.

Désormais, tout grand mouvement en votre faveur est impossible dans votre département, il pouvait avoir lieu lorsque l'armée était au-delà de la Durance et que vous étiez entiers ; à Toulon, les esprit sont très-divisés, et les sectionnaires n'y ont pas la même supériorité qu'à Marseille, il faut donc qu'ils restent dans leur ville, pour contenir leurs adversaires........ Quant au département des Basses-Alpes, vous savez que presque la totalité a accepté la constitution.

LE MARSEILLAIS.

Nous attaquerons Carteaux dans nos montagnes où sa cavalerie ne lui sera d'aucun secours.

LE MILITAIRE.

Comme si une armée qui protège une ville était maîtresse du point d'attaque; d'ailleurs il est faux qu'il existe des montagnes assez difficiles auprès de Marseille pour rendre nul l'effet de la cavalerie; seulement, vos oliviers sont assez rapides pour rendre plus embarrassant le service de l'artillerie et donner un grand avantage à vos ennemis. Car, c'est dans les pays coupés, que par la vivacité des mouvemens, l'exactitude du service et la justesse de l'élévation des distances, que le bon artilleur a de la supériorité.

LE MARSEILLAIS.

Vous nous croyez donc sans ressources: serait-il possible qu'il fût dans la destinée de cette ville qui résista aux Romains, conserva une partie de ses lois sous les despotes qui les ont suivis, qu'elle devînt la proie de quelques brigands? Quoi! l'Allobroge chargé des dépouilles de Lisle, ferait la loi dans Marseille! quoi! Dubois de Crancé, Albitte, seraient sans contradicteurs! ces hommes altérés de sang, que les malheurs des circonstances ont placés au timon des affaires, seraient les maîtres absolus! Quelle triste perspective vous m'offrez. Nos propriétés, sous différens prétextes, seraient envahies; à chaque instant nous serions victimes d'une soldatesque que le pillage réunit sous les mêmes drapeaux. Nos meilleurs citoyens seraient emprisonnés et périraient par le crime. Le club releverait sa tête monstrueuse pour exécuter ses projets infernaux! rien de pis que cette horrible idée; mieux vaut-il s'exposer à vaincre que d'être victime sans alternative.

LE MILITAIRE.

Voilà ce que c'est que la guerre civile,

l'on se déchire, l'on s'abhorre, l'on se tue sans se connaître... Les Allobroges.... Que croyez-vous que ce soit ? des Africains, des habitans de la Sibérie : eh ! point du tout, ce sont vos compatriotes, des Provençaux, des Dauphinois, des Savoyards : on les croit barbares parce que leur nom est étranger. Si l'on appelait votre phalange, la phalange phocéenne, l'on pourrait accréditer sur son compte toute espèce de fable.

Il est vrai que vous m'avez rappelé un fait, c'est celui de Lisle, je ne le justifie pas, mais je l'explique.

Les Lislois ont tué le trompette qu'on leur avait envoyé, ils ont résisté sans espérance de succès, il sont été pris d'assaut, le soldat est entré au milieu du feu et des morts, il n'a plus été possible de le contenir, l'indignation a fait le reste.

Ces soldats que vous appelez brigands, sont nos meilleures troupes et nos bataillons les plus disciplinés, leur réputation est au-dessus de la calomnie.

Dubois-Crancé et Albitte, constans amis du peuple, ils n'ont jamais dévié de la ligne droite.... Ils sont scélérats aux yeux des mauvais. Mais Condorcet, Brissot, Barbaroux aussi étaient scélérats lorsqu'ils étaient purs ; l'apanage des bons sera d'être toujours mal fâmés chez le méchant. Il vous semble qu'ils ne gardent aucune mesure avec vous; et au contraire, ils vous traitent en enfans égarés......... Pensez-vous que, s'ils eussent voulu, Marseille eût retiré les marchandises qu'elle avait à Beaucaire ? ils pouvaient les séquestrer jusqu'à l'issue de la guerre ? ils ne l'ont pas voulu faire, et, grâce à eux, vous pouvez retourner tranquillement chez vous.

Vous appelez Carteaux un assassin : eh bien! sachez que ce général se donne les plus grandes sollicitudes pour l'ordre et la discipline, témoin sa conduite au Saint-Esprit et à Avignon : l'on n'a pas pris une épingle. Il a fait emprisonner un sergent qui s'était permis d'arrêter un Marseillais de votre armée qui était resté dans une maison, parce qu'il avait violé l'asile du citoyen sans un ordre exprès. L'on a puni des Avignonnais qui s'étaient permis de désigner une maison comme aristocrate. L'on instruit le procès d'un soldat accusé de vol..... Votre armée, au contraire, a tué, assassiné plus de trente personnes, a violé l'asile des familles, a rempli les prisons de citoyens, sous le prétexte vague qu'ils étaient des brigands.

Ne vous effrayez point de l'armée, elle estime Marseille, parce qu'elle sait qu'aucune ville n'a tant fait de sacrifices à la chose publique; vous avez dix-huit mille hommes à la frontière et vous ne vous êtes point ménagés dans toutes les circonstances. Secouez le joug du petit nombre d'aristocrates qui vous conduisent, reprenez des principes plus sains, et vous n'aurez pas de plus vrais amis que le soldat.

LE MARSEILLAIS.

Ah! vos soldats ont bien dégénéré de l'armée de 1789; elle ne voulut pas, cette armée, prendre les armes contre la nation, les vôtres devaient imiter un si bel exemple, et ne pas tourner leurs armes contre leurs concitoyens.

LE MILITAIRE.

Avec ces principes, la Vendée aurait aujourd'hui planté le drapeau blanc sur les murs de la Bastille relevée, et le camp de Jalès dominerait à Marseille.

LE MARSEILLAIS.

La Vendée veut un roi, veut une contre-révolution; la guerre de la Vendée, du camp de Jalès est celle du fanatisme ; la nôtre, au contraire, est celle des vrais républicains, amis des lois, de l'ordre, ennemis de l'anarchie et des scélérats. N'avons-nous pas le drapeau tricolore ? Et quel intérêt aurions-nous à vouloir l'esclavage ?

LE MILITAIRE.

Je sais bien que le peuple de Marseille est bien loin de celui de la Vendée, en fait de contre-révolution. Le peuple de la Vendée est robuste et sain, celui de Marseille est faible et malade, il a besoin de miel pour avaler la pillule ; pour y établir la nouvelle doctrine, l'on a besoin de le tromper ; mais depuis quatre ans de révolution, après tant de trames, de complots, de conspiration, toute la perversité humaine s'est developpée sous différens aspects, les hommes ont perfectionné leur tact naturel ; cela est si vrai, que, malgré la coalition départementale, malgré l'habileté des chefs, le grand nombre des ressorts de tous les ennemis de la révolution, le peuple partout s'est réveillé au moment où on le croyait ensorcelé.

Vous avez, dites-vous, le drapeau tricolore ?

Paoli aussi l'arbora en Corse pour avoir le temps de tromper le peuple, d'écraser les vrais amis de la liberté, pour pouvoir entraîner ses compatriotes dans ses projets ambitieux et criminels ; il arbora le drapeau tricolore, et il fit tirer contre les bâtimens de la république, et il fit chasser nos troupes des forteresses, et il désarma celles qui y étaient, et il fit des rassemblemens pour chasser celles qui étaient dans l'île, et il pilla les magasins, en vendant à bas prix tout ce qu'il y avait, afin d'avoir de l'argent pour soutenir sa révolte, et il ravagea et confisqua les biens des familles les plus aisées, parce qu'elles étaient attachées à l'unité de la république, et il se fit nommer généralissime, et il déclara ennemis de la patrie, tous ceux qui resteraient dans nos armées : il avait fait précédemment échouer l'expédition de Sardaigne; et cependant, il avait l'impudeur de se dire l'ami de la France et bon républicain, et cependant, il trompa la convention qui rapporta son décret de destitution; il fit si bien enfin, que lorsqu'il a été démasqué, par ses propres lettres, trouvées à Calvi, il n'était plus temps, les flottes ennemies interceptaient toutes les communications.

Ce n'est plus aux paroles qu'il faut s'en tenir, il faut analyser les actions; et avouez qu'en appréciant les vôtres, il est facile de vous démontrer contre-révolutionnaires.

Quel effet a produit dans la république le mouvement que vous avez fait? Vous l'avez conduite près de sa ruine; vous avez retardé les opérations de nos armées; je ne sais pas si vous êtes payés par l'Espagnol et l'Autrichien ; mais certes, ils ne pouvaient pas désirer de plus fortes diversions : que feriez-vous de plus, si vous l'étiez ? Vos succès sont l'objet des sollicitudes de tous les aristocrates reconnus ; vous avez placé à la tête de vos sections et de vos armées, des aristocrates avoués, un Latcurette, ci-devant colonel, un Soumise, ci-devant lieutenant-colonel du génie, qui ont abandonné leurs corps, au moment de la guerre, pour ne pas se battre pour la liberté des peuples.

Vos bataillons sont pleins de pareilles gens, et votre cause ne serait pas la leur, si elle était celle de la république.

LE MARSEILLAIS.

Mais, Brissot, Barbaroux, Condorcet, Buzot, Vergniaux, sont-ils aussi aristocrates ? Qui a fondé la république ? qui a renversé le tyran ? qui a enfin soutenu la patrie à l'époque périlleuse de la dernière campagne ?

LE MILITAIRE.

Je ne cherche pas si vraiment ces hommes qui avaient bien mérité du peuple dans tant d'occasions, ont conspiré contre lui : ce qu'il me suffit de savoir, c'est que la montagne, par esprit public ou par esprit de parti, s'étant portée aux dernières extrêmités contre eux, les ayant décretés, emprisonnés, je veux même vous le passer, les ayant calomniés, les Brissotins étaient perdus, sans une guerre civile qui les mît dans le cas de faire la loi à leurs ennemis. C'est donc pour eux vraiment que votre guerre était utile : s'ils avaient mérité leur réputation première, ils auraient jeté leurs armes à l'aspect de la constitution, ils auraient sacrifié leurs intérêts au bien public ; mais il est plus facile de citer Decius que de l'imiter ; ils se sont aujourd'hui rendus coupables du plus grand de tous les crimes, ils ont par leur conduite justifié leur décret.......... Le sang qu'ils ont fait répandre a effacé les vrais services qu'ils avaient rendus.

LE FABRICANT DE MONTPELLIER.

Vous avez envisagé la question sous le point de vue le plus favorable à ces messieurs ; car il paraît prouvé que les Brissotins étaient vraiment coupables ; mais coupables ou non, nous ne sommes plus dans des siècles où l'on se battait pour les personnes.

L'Angleterre a versé des torrens de sang pour les familles de Lancastre et d'Yorck, la France pour les Lorrains et les Bourbons ; serions-nous encore à ces temps de barbarie !!!

LE NIMOIS.

Aussi, avons-nous abandonné les Marseillais, dès que nous nous sommes aperçus qu'ils voulaient la contre-révolution, et qu'ils se battaient pour des querelles particulières. Le masque est tombé dès qu'ils ont refusé de publier la constitution, nous avons alors pardonné quelques irrégularités à la montagne. Nous avons oublié Rabaud et ses jérémiades, pour ne voir que la république naissante, environnée de la plus monstrueuse des coalitions qui menace de l'étouffer à son berceau, pour ne voir que la joie des aristocrates et l'Europe à vaincre.

LE MARSEILLAIS.

Vous nous avez lâchement abandonnés après nous avoir excités par des députations éphémères.

LE NIMOIS.

Nous étions de bonne foi, et vous aviez

le renard sous les aisselles; nous voulions la république, nous avons dû accepter une constitution républicaine. Vous étiez mécontens de la montagne et de la journée du 31 mai, vous deviez donc encore accepter la constitution pour la renvoyer, et faire terminer sa mission.

LE MARSEILLAIS.

Nous voulons aussi la république, mais nous voulons que notre constitution soit formée par des représentans libres dans leurs opérations; nous voulons la liberté, mais nous voulons que ce soit des représentans que nous estimons, qui nous la donnent; nous ne voulons pas que notre constitution protège le pillage et l'anarchie. Notre première condition est : point de club, point d'assemblées primaires si fréquentes, respect aux propriétés.

LE FABRICANT DE MONTPELLIER.

Il est palpable, pour qui veut réfléchir, qu'une partie de Marseille veut la contre-révolution ; l'on avoue vouloir la république, mais c'est un rideau que l'on rendrait tous les jours plus transparent ; l'on vous accoutumerait à voir la contre-révolution toute nue ; déjà le voile qui la couvrait n'était plus que de gaze, votre peuple était bon, mais avec le temps on aurait perverti la masse, sans le génie de la révolution qui veille sur elle.

Nos troupes ont bien mérité de la patrie pour avoir pris les armes contre vous avec autant d'énergie, elles n'ont pas dû imiter l'armée de 1789, puisque vous n'êtes pas la nation. Le centre d'unité est la convention, c'est le vrai souverain, surtout lorsque le peuple se trouve partagé.

Vous avez renversé toutes les lois, toutes

les convenances. De quel droit destituiez-vous votre département? Etait-ce à Marseille qu'on l'avait formé. De quel droit le bataillon de votre ville parcourt-il les districts? De quel droit vos gardes nationales prétendaient-elles entrer dans Avignon? Le district de cette ville était le premier corps constitué, puisque le département était dissous? De quel droit prétendiez-vous entrer sur le territoire de la Drôme? et pourquoi croyez-vous que ce département n'ait pas le droit de requérir la force publique pour le défendre? Vous avez donc confondu tous les droits, vous avez établi l'anarchie, et puisque vous prétendez justifier vos opérations par le droit de la force, vous êtes donc des brigands, des anarchistes.

Vous aviez établi un gouvernement populaire, Marseille seul l'a nommé; il est contraire à toutes les lois, ce ne peut être qu'un tribunal de sang, puisque c'est le tribunal d'une faction; vous avez soumis par la force, à ce tribunal, tout votre département. De quel droit? Vous usurpez donc cette autorité, que vous reprochez injustement à Paris? Votre comité des sections a reconnu des affiliations. Voilà donc une coalition pareille à celle des clubs contre qui vous vous récriez; votre comité a exercé des actes d'administration sur des communes du Var; voilà donc la division territoriale méconnue.

Vous avez, à Avignon, emprisonné sans mandat, sans décret, sans réquisition des corps administratifs; vous avez violé l'asyle des familles, méconnu la liberté individuelle; vous avez, de sang-froid, assassiné sur les places publiques; vous avez renouvelé les scènes dont vous avez exagéré l'horreur, et qui ont affligé l'origine de la révolution, sans informations, sans procès, sans connaître les victimes, seulement sur la désignation de leurs ennemis; vous les avez prises, arrachées à leurs enfans, traînées dans les rues, et les avez fait périr sous les coups de sabre; l'on en compte jusqu'à trente que vous avez ainsi sacrifiées; vous avez traîné la statue de la liberté dans la boue; vous l'avez exécutée publiquement; elle a été l'objet des avanies de toute espèce d'une jeunesse effrénée; vous l'avez lacérée à coups de sabre, vous ne sauriez le nier; il était midi, plus de deux cents personnes des vôtres assistaient à cette profanation criminelle; le cortége a traversé plusieurs rues, est arrivé à la place de l'horloge, etc., etc. J'arrête mes réflexions et mon indignation. Est-ce donc ainsi que vous voulez la république ? Vous avez retardé la marche de nos armées, en arrêtant les convois; comment pouvoir se refuser à l'évidence de tant de faits, et comment vous épargner le titre des ennemis de la patrie ?

LE MILITAIRE.

Il est de la dernière évidence que les Marseillais ont nui aux opérations de nos armées, et voulaient détruire la liberté; mais ce n'est pas ce dont il s'agit; la question est de savoir s'ils peuvent espérer, et quel parti il leur reste à prendre?

LE MARSEILLAIS.

Nous avons moins de ressources que je ne pensais; mais l'on est bien fort lorsqu'on est résolu à mourir, et nous le sommes plutôt que de reprendre le joug des hommes qui gouvernent l'état; vous savez qu'un homme qui se noie s'accroche à toutes les branches, aussi plutôt que de nous laisser égorger, nous..... Oui, nous avons tous pris part à cette nouvelle révolution; nous nous ferions sacrifier par la vengeance. Il y a deux mois que l'on avait conspiré pour égorger 4,000 de nos meilleurs citoyens; jugez à quels excès on se porterait aujourd'hui.... On se ressouvient toujours de ce monstre qui était cependant un des principaux du club; il fit lanterner un citoyen, pilla sa maison, et viola sa femme, après lui avoir fait boire un verre du sang de son époux.

LE MILITAIRE.

Quelle horreur! mais ce fait est-il vrai? Je m'en méfie, car vous savez que l'on ne croit plus au viol aujourd'hui....

LE MARSEILLAIS.

Oui, plutôt que de nous soumettre à de pareilles gens, nous nous porterons à la dernière extrémité, nous nous donnerons aux ennemis, nous appellerons les Espagnols; il n'y a point de peuple dont le caractère soit moins compatible avec le nôtre;

il n'y en a point de plus haïssable. Jugez donc, par le sacrifice que nous ferons, de la méchanceté des hommes que nous craignons.

LE MILITAIRE.

Vous donner aux Espagnols!!... Nous ne vous en donnerons pas le temps.

LE MARSEILLAIS.

On les signale tous les jours devant nos ports.

LE NIMOIS.

Pour voir lequel des fédérés ou de la montagne tient pour la république, cette menace seule me suffit; la montagne a été un moment la plus faible, la commotion paraissait générale. A-t-elle cependant jamais parlé d'appeler les ennemis? Ne savez-vous pas que c'est un combat à mort que celui des patriotes et des despotes de l'Europe? Si donc vous espérez des secours de leur part, c'est que vos meneurs ont de bonnes raisons pour en être accueillis, mais j'ai encore trop bonne opinion de votre peuple, pour croire que vous soyez les plus forts à Marseille dans l'exécution d'un si lâche projet.

LE MILITAIRE.

Pensez-vous que vous feriez un grand tort à la république, et que votre menace soit bien effrayante? Evaluons-la.

Les Espagnols n'ont point de troupes de débarquement, leurs vaisseaux ne peuvent pas entrer dans votre port : si vous appelliez les Espagnols, ça pourrait être utile à vos meneurs pour se sauver avec une partie de leur fortune; mais l'indignation serait générale dans toute la république; vous auriez 60,000 hommes sur les bras avant huit jours, les Espagnols emporteraient de Marseille ce qu'ils pourraient, et il en resterait encore assez pour enrichir les vainqueurs.

Si les Espagnols avaient 30 ou 40,000 hommes sur leur flotte, tout prêts à pouvoir débarquer, votre menace serait effrayante ; mais, aujourd'hui, elle n'est que ridicule, elle ne ferait que hâter votre ruine.

LE FABRICANT DE MONTPELLIER.

Si vous étiez capables d'une telle bassesse, il ne faudrait pas laisser pierre sur pierre dans votre superbe cité, il faudrait que d'ici à un mois le voyageur, passant sur vos ruines, vous crût détruits depuis cent ans.

LE MILITAIRE.

Croyez-moi, Marseillais, secouez le joug du petit nombre de scélérats qui vous conduisent à la contre-révolution; rétablissez vos autorités constituées; acceptez la constitution; rendez la liberté aux représentans; qu'ils aillent à Paris intercéder pour vous; vous avez été égarés, il n'est pas nouveau que le peuple le soit par un petit nombre de conspirateurs et d'intrigans; de tout temps la facilité et l'ignorance de la multitude ont été la cause de la plupart des guerres civiles.

LE MARSEILLAIS.

Eh! monsieur, qui peut faire le bien à Marseille? Seront-ce les réfugiés qui nous arrivent de tous les côtés du département? Ils sont intéressés à agir en désespérés. Seront-ce ceux qui nous gouvernent? Ne sont-ils pas dans le même cas? Sera-ce le peuple? Une partie ne connaît pas sa position, elle est aveuglée et fanatisée; l'autre partie est désarmée, suspectée, humiliée; je vois donc, avec une profonde affliction, des malheurs sans remède.

LE MILITAIRE.

Vous voilà enfin raisonnable; pourquoi une pareille révolution ne s'opérerait-elle pas sur un grand nombre de vos concitoyens qui sont trompés et de bonne foi? Alors Albitte, qui ne peut que vouloir épargner le sang français, vous enverra quelque homme loyal et habile; l'on sera d'accord; et, sans s'arrêter un seul moment, l'armée ira sous les murs de Perpignan faire danser la carmagnole à l'Espagnol enorgueilli de quelques succès, et Marseille sera toujours le centre de gravité de la liberté, ce sera seulement quelques feuillets qu'il faudra arracher à son histoire.

Cet heureux pronostic nous remit en humeur, le Marseillais nous paya de bon cœur plusieurs bouteilles de vin de Champagne, qui dissipèrent entièrement les soucis et les sollicitudes. Nous allâmes nous coucher à deux heures du matin, nous donnant rendez-vous au déjeûner du lendemain, où le Marseillais avait encore bien des doutes à proposer, et moi bien des vérités intéressantes à lui apprendre.

29 juillet 1793.

GÉNÉALOGIE
DE NAPOLÉON
BONAPARTE.

En 1752, le grand-duc de Toscane ayant voulu réformer les abus qui se glissaient dans l'usurpation des titres de noblesse, établit une commission chargée de la vérification de ces titres et de leur enregistrement.

La famille des Buonaparte, ou Bonaparte [1] déchue de son ancienne splendeur, exilée de Florence à la suite des troubles qui agitèrent l'Italie dans le douzième siècle, présenta une requête au chapitre de l'ordre de Saint-Etienne, pour obtenir son classement parmi les grands de Florence.

C'est cette requête, accompagnée de pièces authentiques à l'appui, qui nous a fourni les renseignemens dont nous offrons aujourd'hui un extrait succinct.

Le premier des membres de cette famille, dont le souvenir se soit conservé, Nicolas Bonaparte, attaché au parti des gibellins, fut compris dans la proscription qui les frappa, et banni de Florence en 1268, après avoir vu confisquer tous ses biens. Il se réfugia avec ses enfans à San-Miniato.

[1] Dans les pièces généalogiques que l'on nous a communiquées, et qui comprenaient quarante pages in-folio, ce nom était écrit tantôt Bonaparte, tantôt Buonaparte, quoique tout le texte fût en italien.

En 1441, un descendant du même Bonaparte, Leonardo Antonio Mocci, également gibellin, fut arrêté à Florence, accusé de haute trahison et décapité. Un registre déposé dans les archives de San-Miniato, et contenant l'état des biens confisqués aux rebelles, renferme le détail de ceux appartenant à Leonardo, et dont le tiers fut déclaré appartenir à son fils.

Depuis cette époque, plusieurs Bonaparte ont rempli avec distinction des fonctions élevées dans l'état militaire, la magistrature, et l'église, à Pise, à Lucques, à Florence. L'enquête faite en août 1752, et présentée par le capitaine Nicolas Bonaparte, tant en son nom qu'en celui de ses enfans et de ses autres parens, nous a paru devoir occuper une place dans ce recueil; elle renferme une analyse historique des documens sur lesquels cette famille établissait ses prétentions. Nous en donnerons une traduction littérale.

Enquête pour le capitaine Bonaparte, fils et consorts.

« Illustrissimes seigneurs,

« Plusieurs raisons concluantes tendent à établir que la famille des exposans était placée dans un rang élevé et distingué de la ville de Florence; elle est regardée comme descendant de Buonaparte gibellin, porté, ainsi que ses fils, (*al libro del chiodo*), avec l'emploi de capitaine. La même famille était regardée comme jouissant du rang de grand de Florence, et fut reconnue judiciairement pour appartenir aux ordres nobles.

« Pour prouver qu'elle tire son origine du susdit Buonaparte, exilé avec ses fils en 1268, comme gibellin, du territoire de notre ville, nous employerons les raisons détaillées ci-après:

« 1°. Notre premier raisonnement est que, Buonaparte gibellin, exilé en 1268 du territoire florentin, s'est réfugié avec quelques-uns de ses fils à San-Miniato, où dominait le parti ghibellin, et que de lui sont descendus messire Jacopo, fils de messire Georgio di Jacopo de Buonaparti, résidant à San-Miniato, quartier de Poggighiti; qu'ils furent faits nobles, ainsi qu'il appert de l'admission des preuves par les seigneurs illustrissimes, et considérés comme descendans dudit messire Jacopo, fils de Giorgio, et aussi comme provenant dudit Buonaparte gibellin.

« En admettant cette première vérité, qu'ils descendent de messire Jacopo, fils de Giorgio, il en résulte deux conséquences : l'une, que ladite famille descendante de Buonaparte était noble à San-Miniato; l'autre, que cette ville était devenue sa véritable patrie. Si donc l'on reconnaît ces deux titres dans la famille des exposans, on ne peut se refuser à croire qu'elle était noble dès ce temps-là. Judiciairement considérée comme la vraie famille Buonaparte, elle en tirera l'invincible argument que les exposans proviennent de la même souche que messire Jacopo, lequel en provient lui-même par les fils de Buonaparte gibellin.

« L'argument ci-dessus se consolide de plus en plus en appliquant au cas présent les doctrines légales : le séjour de la famille dans un même lieu, le même grade de noblesse et au même temps, forment un faisceau de preuves qui servent à établir la descendance d'une même souche; vérité qui devient plus évidente encore lorsque l'on voit Buonaparte, reconnu comme chef, donner son nom aux descendans.

« Ajoutons que l'article *de* qui, dans d'autres familles, précède le nom, suivant l'opinion des antiquaires les plus érudits, ne peut indiquer qu'une famille ordinaire devenue noble. Ainsi, devant les noms de médecins, de bourgeois et de riches, on joint l'article *de* à leurs noms, à moins qu'ils ne soient de haute lignée.

« On n'a jamais mis l'article *de* devant le nom de Achin Salviati, peintre excellent, et d'une si grande réputation ; on n'en doit pas mettre devant le nom de notre famille, pas plus sans doute que devant le nom de nos anciens souverains *les Medicis*.

« Pour appuyer encore ce qui vient d'être dit, nous offrons les preuves suivantes, qui semblent sans réplique : non-seulement Pierre di Gio di Jacopo di Moccio, l'un des informans, lors de la première description des décimes de l'année 1427, est cité *comme citoyen de Florence*, mais son père et son aïeul sont nommés comme alliés aux trois gentilshommes florentins Grandoni, Federighi et Ricci; de plus, ils résidèrent constamment dans le quartier du Saint-Esprit, où ils avaient leur habitation, et ils avaient établi leur sépulture dans l'église principale ; nous citerons la mention de leur résidence au *gonfalonier scala* (*gonfalone scala*) où avaient passé Buonaparte gibellin et ses fils ; ce qui prouve manifestement que Pierre, dont il vient d'être parlé, a continué d'occuper cette même habitation, comme descendant légitime du même nom, et le rapport du magistrat atteste qu'il était de Florence, habitait le même gonfalonier, et la même maison que le fondateur, M. Niccolo. Mais plus tard, au lieu d'y retourner, les Buonaparte occupèrent San-Miniato ; ce qu'il est facile de reconnaître par la réticence que fit Pierre de son surnom dans le premier état de division qui eut lieu de sa part, ainsi que de ses descendans après lui. Cette omission, à laquelle on mit du mystère, donne à penser, ou plutôt à faire connaître, que ce même rejeton descendait de Buonaparte gibellin, dont la mémoire alors devait être odieuse à Florence, et ce moyen était plus facile à employer que de changer d'habitation, dans le dessein de laisser ignorer ces circonstances dans la ville. Il n'en était pas de même à San-Miniato, où dominait le parti gibellin. L'on voit même les auteurs, descendans et collatéraux du même

Pierre, ne pas avoir recours au même moyen, et, dans toutes les occasions, tirer leur noblesse de Buonaparte. On voit aussi le sieur Nicolo lui-même taire tour à tour son surnom à San-Miniato, comme les autres l'avaient fait dans la ville de Florence, et, sans doute suivant les circonstances, le répéter ensuite deux fois dans la même inscription. On ne peut, dans le fait, imputer la réticence de ce nom qu'au désir de se tenir à l'abri de la haine que le peuple avait conçue pour lui, et il n'était certainement odieux au peuple que comme l'étaient les noms des autres grands et des gibellins : c'est le jugement qu'en portent tous les hommes éclairés. Il est peu de familles illustres qui n'aient été exposées aux mêmes inconvéniens à l'époque dont nous rappelons le triste souvenir.

« En quatrième lieu, lorsque, d'après l'inspection seule de l'arbre généalogique, nous voyons un membre de la famille parvenir aux premières dignités de l'église de Florence, dignités qui n'ont jamais été conférées qu'avec beaucoup de circonspection, nous pouvons en tirer l'induction de la haute considération qu'inspirait messire Jacopo, à cause de messire Pierre, chanoine et doyen florentin, avant le prince successeur de Francisco Bucellaï (c'est-à-dire en 1500.)

« On voit en outre les auteurs des informans alliés aux maisons Ricci, Federighi, Grandoni, Albizzi, Visdomini, Alberti, Masi, Tornabuoni, parens des Tornaquinci de Pauzano, parens de Ricasoli, Buonacorsi, Gaetani, Pamiatichi, Attavanti, Squarcialupi et Borronaci, dont est né un des informans.

« De là on peut, avec beaucoup de raison, conclure que l'origine de la famille est noble, venant directement du même Buonaparte.

« Enfin, de ce que notre famille a été exclue des honneurs populaires dont elle était en possession, on doit en tirer la conséquence qu'elle était dévouée au parti gibellin.

« On la voit ensuite transférée à San-Miniato, et y posséder un château, et, fidèle au parti qu'elle avait embrassé, offrir une nouvelle victime dans la personne de Leonardo Antonio *del nostro moccio*, décapité pour cette raison en 1441.

« Toutes ces circonstances réunies établissent d'une manière péremptoire le dévouement de cette famille aux gibellins. Nous prouverons plus tard qu'elle jouissait d'une grande fortune, et que, si les honneurs et les dignités qui semblent devoir être l'apanage de ce rang, lui ont été refusés, il ne faut en accuser que les dissensions civiles qui la réduisirent enfin à cacher son nom.

« On ne peut tirer d'aucune archive des preuves plus fortes pour constater l'origine des informans quant à leur auteur Buonaparte. Bien qu'elles soient très-concluantes, nous espérons que vos grandeurs voudront bien, dans leurs principes d'équité, prendre en considération la force de ces mêmes preuves, par l'impossibilité où se trouvent les informans de les compléter d'une manière plus satisfaisante.

« Indépendamment de la réunion des conjectures, qui vient d'être établie par ce qui précède, nous croyons être encore à même de prouver que Touquin d'Oddo et ses descendans remontent sans nul doute à Buonaparte gibellin, ainsi que nous l'avons déjà avancé plusieurs fois. Nos conjectures sont d'autant plus fondées, que nous trouvons dans un ancien registre de la famille des exposans, du commencement de l'année 1518, avant l'érection de la principauté, à la page 20, une note dont copie authentique se trouvera à la suite de la présente instruction. La vérité qui jaillit de cette note émane d'une personne respectable; elle a eu lieu également dans un temps non suspect; il faut donc en conclure que ce document mérite la plus grande confiance, quoiqu'il ne soit au surplus qu'un complément des preuves de noblesse que nous sommes en état de donner. Il faut en conclure éga-

.ement que cette même noblesse est établie et confirmée par probabilités ou vraisemblances qui peuvent être rangées au nombre des choses légales et authentiques. Ces probabilités, outre les raisons précédemment alléguées, dérivent incontestablement de trouver réunis, à la même époque et dans le même grade, d'une part, le colonel messire Jacopo di Giorgio, jusqu'à Buonaparte gibellin, et de l'autre, notre colonel Giovanni di Jaccopo jusqu'au même Buonaparte : En suivant même la proportion des temps, il ne paraîtrait pas impossible que lesdits Jacopo et Gio soyent tous les deux descendans du même Buonaparte, et cette probabilité, disons plus, cette vérité, se fortifie par l'apparition seule des personnes, qui, ayant lieu dans le même temps, leur fait assigner avec beaucoup de vraisemblance une origine commune.

« Mais quand même cette noble origine ne serait pas établie, comme elle l'est, n'y a-t-il pas lieu de reconnaître, en passant à l'examen de la seconde proposition, que la famille Buonaparte se trouve liée aux familles les plus considérées de Florence, en ligne directe. Son séjour ancien et habituel dans cette dernière ville, ses armoiries, en un mot, c'est-à-dire le rateau rouge avec la fleur de lys d'or, armoiries données aux familles nobles par le roi Charles Ier, ainsi que la croix du peuple florentin, dont elle est depuis long-temps en possession, sont des preuves de sa noblesse qui attestent même qu'elle remonte au temps des gibellins.

« A la vérité, les marques de noblesse données par le peuple ne s'accordèrent qu'aux familles d'un rang élevé, et le plus souvent, comme chacun le sait, à celles des mêmes familles qui s'empressèrent d'abjurer le parti des gibellins pour acquérir de la popularité. Quelques-uns des nôtres ont fait cette abjuration au moment même où ils recevaient les armoiries, d'autres, depuis la décapitation du susdit Leonardi.

« Privée des honneurs populaires, cette famille s'est considérée comme déchue de sa grandeur, et fut en butte à toutes sortes de mauvais traitemens, jusqu'à l'érection de la principauté. Alors seulement, voulant ne pas laisser perdre une illustration justement acquise, elle a relevé pour elle-même des faits qui avaient été tenus secrets, non pas tant, peut-être, pour en dissiper l'odieux que pour prouver qu'elle ne renonçait pas à ses droits, comme l'ont fait nombre d'autres familles, en refusant les armoiries et les alliances qui les auraient rendues agréables au peuple, en suivant l'impulsion du pays.

« Venons à l'autre point de notre exposé. Il est fondé sur ce que nous venons de dire, qu'en 1571, le chevalier Fausto Beltramini de Siena, voulant prendre la croix de St.-Etienne, non par grâce, mais d'après justice, établit le quartier de noblesse de Buonaparte par Catherina sa mère, fille de Gio, fils de notre Benedetto Buonaparte. Il prouva de même la noblesse d'Attavanti par la mère de Catherina, et en remontant jusqu'au premier grade de noblesse de Buonaparte à Florence, dans le temps même de la république, preuves qui émanent des documens des magistrats de San-Miniato depuis 1570 jusqu'à 1571, où ils s'expriment ainsi qu'il suit, au sujet des auteurs des exposans : « *c'est bien volontairement qu'ils s'en sont abstenus, à cause de leur droit de cité à Florence*, » et comme l'atteste plus clairement encore le témoignage de messire Antonio de Gucci de San-Miniato.

« *Premier témoin*. Il se rappelle avoir vu ledit Gio-Buonaparte, père de ladite Catherina, icelle mère dudit Fausto, en qualité de gentilhomme et homme d'armes de M. Valerio Orsini, aux appointemens de la république de Florence. Sur ces documens généraux, a été accordé le quartier de noblesse à Buonaparte par le conseil de Pise, avec une mention honorable sur le rapport qui en a été fait au sérénissime grand-maître.

« Les motifs de ce rapport ont été, que la famille de Buonaparte a joui du droit de cité à Florence et à Lucques; que plusieurs membres de cette famille avaient rempli l'emploi de *vedut* du collége, que d'autres ont eu des emplois au dehors ; mais comme dans le temps San-Miniato n'avait pas de siége épiscopal, et que par conséquent ces familles ne pouvaient, en vertu des statuts de l'ordre, être admises aux preuves judiciaires, à l'effet de prendre l'habit, d'après le chapitre 3 du même statut, « *le candidat doit être de la nation et né dans la ville*, » malgré l'application de ce principe aux autres quartiers de noblesse, la justice ne put les étendre jusqu'au quartier de Buonaparte, c'est-à-dire à l'ancienne et noble origine de Buonaparte gibellin et à ses auteurs, quoiqu'ils fussent dès-lors considérés comme grands.

« On voit en second lieu que la jouissance des emplois des colléges mentionnée au susdit rapport, avec l'approbation du saint ordre militaire, qui l'admettait même comme preuve judiciaire, concession semblable à celle faite à la famille Jeppi, ne peut s'expliquer autrement que par les preuves fournies par la famille Buonaparte et par Beltramini, de la possession des prérogatives du grade noble de Florence. Or, suivant les lois réglementaires de ce corps de noblesse, elle doit être placée au rang des patriciens.

« Mais pour éclaircir davantage ce qui vient d'être exposé, nous donnerons l'assurance que les preuves des titres des Buonaparte, faites par Beltramini dans la personne de Catherina di Gio di Benedetto Buonaparte, l'auteur commun, furent faites comme de famille florentine, sanctionnées par le saint ordre militaire. Ceci fit reconnaître judiciairement le quartier de Buonaparte à Ridolfi, soixante-dix ans après les preuves de Beltramini. Si tel a été l'effet des preuves de Beltramini, à plus forte raison les Buonaparte ont le droit de demander à être, comme les Ridolphi, reconnus nobles et de famille florentine.

« En résumant aux yeux de leurs seigneuries illustrissimes ce qui vient d'être examiné et discuté, la famille Buonaparte a le droit d'être classée parmi les grands ou gibellins, d'après le § 10 de l'instruction de la loi sur la noblesse, ou d'être reconnue judiciairement pour famille florentine aux ordres nobles, suivant le § 5 de la même loi. Mais dans l'un comme dans l'autre cas, leurs seigneuries illustrissimes ne peuvent manquer de reconnaître le droit de cette même famille au patriciat florentin, ce qu'elle attend de leur bienveillance et de leur justice, se faisant du reste un honneur de les avoir pour juges. »

A la suite de cette pièce, s'en trouvait une autre contenant le dessin et la description des armoiries de Bonaparte.

« Les armes de la famille de Bonaparte sont un champ rouge avec deux raies blanches en bandes, et deux étoiles également blanches, l'une dessous, l'autre audessus des bandes. Au chef de l'écu, dans un champ d'azur, est un rateau rouge et deux fleurs de lys d'or. Au milieu du rateau, un champ blanc avec croix rouge.

« On voit de ces armes en beaucoup d'endroits à Florence, dans le cloître du St.-Esprit, au lieu de leur sépulture, et dans divers endroits de la ville de San-Miniato. Elles se trouvent aussi parmi les procédures faites au sujet de la profession de religion de St.-Etienne, par le chancelier Fausto Beltramini, chevalier judiciaire de cet ordre militaire et sacré en l'année 1671, lesquelles procédures prouvent le quartier maternel de la famille Buonaparte.

« Les armes de la branche des Franchini de San-Miniato

sont un champ d'or, et un pin au milieu. Au chef de l'écu, est un rateau rouge dans un champ d'azur, avec trois fleurs de lys d'or. »

L'Arbre généalogique de la famille Buonaparte, dressé d'après les pièces produites, venait ensuite et était suivi :

1°. De renseignemens concernant la personne de Buonaparte gibellin et de ses fils exilés.

2°. D'autres documens concernant Leonardo d'Antonio, décapité comme gibellin.

3°. D'un Mémoire de Jules, fils de Jean Buonaparte, extrait d'un ancien livre de la famille des exposans.

4°. D'un document qui établit que Moccio Buonaparte est fils d'Oddo.

5°. D'un arbre des décimes de la famille.

6°. D'une attestation des gabelles et autres documens concernant les mariages et lignées de l'une et l'autre branche des Buonaparte.

7°. D'une attestation de l'office des traites, comme dépendance du collége et d'autres bureaux également pour les deux susdites branches.

8°. De preuves que leurs parens, depuis 1738, se sont surnommés Buonaparte, avec la jouissance du priorat.

9°. D'extraits de baptême des auteurs de la requête.

10°. D'un document sur le patrimoine ancien et actuel de la famille ;

Sur les personnes constituées en dignités dans ladite famille;

Sur les nobles et anciens tombeaux de cette même famille dans San-Miniato et à Florence.

11°. D'un acte de notoriété de San-Miniato pour la famille de Buonaparte en 1571.

12°. D'une enquête sur leur famille, pour prouver judiciairement leur quartier, à l'ordre de Saint-Etienne, comme famille florentine.

13°. Des motifs des chevaliers rapporteurs pour accorder ledit quartier.

14°. Des motifs d'autres chevaliers rapporteurs auprès des grands-maîtres dudit ordre, pour octroyer judiciairement ledit quartier à d'autres Buonaparte.

15°. De preuves de l'établissement dans San-Miniato de l'ancienneté de la famille de messire Jacopo, fils de messire Giorgio Buonaparte.

Ces pièces, d'un intérêt secondaire, établissent cependant d'une manière authentique l'ancienneté de l'origine de cet homme extraordinaire, dont la naissance fut sans doute le moindre mérite. Il appartient tout entier au domaine de l'histoire : l'équitable postérité établira d'une manière invariable le rang qu'il mérite, et que ne peuvent aujourd'hui lui assigner ni l'enthousiasme ni la haine.

PRÉCIS
CHRONOLOGIQUE ET HISTORIQUE
DE LA VIE
DE NAPOLÉON
BONAPARTE.

1769.

15 août. — Naissance de Napoléon Bonaparte à Ajaccio, dans l'île de Corse : son père, Charles Bonaparte; sa mère, Letitia Ramolini; son parrain, le célèbre Paoli, dont l'exemple contribua puissamment au développement des facultés de Napoléon.

1777.

Septembre. — Elevé d'abord au collége d'Autun, le jeune Bonaparte est reçu par la protection de M. de Marbœuf, gouverneur de l'île de Corse, à l'école royale militaire de Brienne en Champagne.

1784.

Bonaparte est compris dans la promotion d'élèves qui passent de Brienne à l'école de Paris.

1787.

Après des examens brillans, il est nommé sous-lieutenant d'artillerie au régiment de Lafère.

1788.

Il part de Paris avec Paoli pour se rendre en Corse.

1789.

Nommé lieutenant-colonel de la garde nationale d'Ajaccio, il seconde le général Paoli et perfectionne sous lui ses études de l'art militaire.

1792.

Banni de l'île de Corse par les factieux qui se disputaient l'autorité, Bonaparte revient en France, débarque à Marseille, et reprend presque aussitôt un service actif dans les armées de la république.

1793 (an 1er de la république.)

26 *juillet* (8 thermidor.) — Commandant en sa qualité de lieutenant l'artillerie du corps d'armée du général Carteaux, qui faisait la guerre aux Marseillais insurgés contre la convention, il reprend Avignon, dont ceux-ci s'étaient emparés.

28 *juillet* (10 thermidor.) — Il s'empare de Beaucaire, aussi occupée par les Marseillais.

Employé ensuite au siége de Toulon, dans l'armée du brave général Dugommier, Bonaparte est nommé chef de bataillon, commande l'artillerie pendant l'absence du général Dommartin, il y est blessé ; se fait distinguer par les représentans du peuple dans toutes les affaires qui eurent lieu durant ce siége mémorable, contribue puissamment à la reprise de cette ville livrée aux Anglais, et jette d'une manière solide les premiers fondemens de cette gloire militaire qui devait avoir tant d'éclat.

1794 (an II.)

29 *avril.* (10 floréal.) — Bonaparte, envoyé après le siége de Toulon à l'armée d'Italie, commandée par le général Dumerbion, se distingue de nouveau à la prise de Saorgio, dans le comté de Nice. Il est nommé général de brigade par les représentans du peuple. Devenu suspect peu de temps après, il est le premier officier de l'armée d'Italie contre lequel le comité de sûreté générale décerna un mandat d'arrêt. Arrêté aux avant-postes de l'armée, il est conduit au fort carré d'Antibes.

1795 (an III.)

En butte à la haine du représentant Aubry, qui dirigeait la partie militaire dans le comité de salut public, Bonaparte est destitué, réintégré, destitué de nouveau, puis emprisonné; ayant enfin obtenu sa liberté et recouvré des protecteurs, il est nommé commandant de l'artillerie en Hollande; mais retenu par Barras, il ne se rend point à sa destination.

3 *octobre* (11 vendémiaire an IV.) — Barras le fait nommer commandant de l'artillerie à Paris.

5 *octobre* (13 vendémiaire.) — Bonaparte réduit les sections insurgées contre la convention.

10 *octobre* (18 vendémiaire.) — Il est récompensé du service qu'il a rendu à la convention par sa nomination au commandement en second de l'armée de l'intérieur et de Paris.

30 *octobre* (8 brumaire.) — Commandant en chef de la même armée en remplacement de Barras, démissionnaire, il reçoit en outre la fonction de veiller à la police de Paris.

1796 (an IV.)

23 *février* (4 ventose.) — Nommé par le directoire commandant en chef de l'armée d'Italie, en remplacement du général Schérer.

8 *mars* (18 ventose.) — Bonaparte épouse Joséphine Tascher de la Pagerie, veuve du vicomte de Beauharnais.

11 *mars* (21 ventose.) — Il part de Paris pour se rendre en Italie, et passe par Marseille pour y visiter sa famille.

20 *mars* (30 ventose.) — Il prend à Nice le commandement de l'armée d'Italie, qu'il trouve dans le dénuement le plus complet; en peu de jours, elle fut par ses soins pourvue d'habillemens et de subsistances. Bonaparte n'avait alors que 26 ans.

10 *avril* (21 germinal.) — Il commence les hostilités contre l'armée autrichienne, commandée par le général Beaulieu.

11 *avril* (22 germinal.) — Bataille et victoire de Montenotte.

14 *avril* (25 germinal.) — Bataille et victoire de Millesimo. Dans ces deux batailles, qui avaient pour but de séparer les deux armées piémontaise et autrichienne, le jeune général français bat complétement deux vieux guerriers consommés, les généraux Colli et Beaulieu.

16 *avril*. (27 germinal.) — Combat de Dego.

17 *avril*. (28 germinal.) — Prise du camp retranché de Ceva.

22 *avril* (3 floréal.) — Bataille de Mondovi. Le général Beaulieu est défait de nouveau.

25 *avril* (6 floréal.) — Prise de Cherasco.

28 *avril* (9 floréal.) — Bonaparte conclut un armistice avec le général piémontais Colli, et se fait céder les forteresses de Coni, Tortone et Ceva.

6 *mai* (17 floréal.) Le général Bonaparte demande au directoire des artistes pour recueillir les monumens des arts que ses conquêtes mettent à la disposition du gouvernement français.

7 *mai* (18 floréal.) — Passage du Pô par l'armée française, et combat de Fombio.

9 *mai* (20 floréal.) — Armistice conclu entre Bonaparte et le duc de Parme.

11 *mai* (22 floréal.) — Passage du pont de Lodi, et déroute de l'armée de Beaulieu.

12 *mai* (23 floréal.) — Prise de Pizzighitone.

15 *mai* (25 floréal.) — Entrée triomphale du général Bonaparte à Milan, capitale de la Lombardie.

22 *mai* (3 prairial.) — Prise de Pavie.

29 *mai* (10 prairial.) — Passage du Mincio et victoire de Borghetto.

3 *juin* (15 prairial.) — Prise de Vérone, où Louis XVIII se trouvait quinze jours auparavant.

4 *juin* (16 prairial) — Arrivée de Bonaparte devant Mantoue, et premier investissement de cette place fameuse.

15 *juin* (27 prairial.) — Armistice conclu par Bonaparte entre la France et le roi de Naples.

19 *juin* (1er messidor.) — Prise de Bologne et de Modène.

23 *juin* (5 messidor.) — Armistice accordé au pape par Bonaparte.

29 *juin* (11 messidor.) — Prise de Livourne.

7 *juillet* (19 messidor.) — Combat de la Bocchetta di Campion.

18 *juillet* (30 messidor.) — Combat de Migliaretto.

20 *juillet* (2 thermidor.) — Première sommation faite à Mantoue; siége régulier de cette place.

29 *juillet* (11 thermidor.) — Combat de Salo; le général Bonaparte apprenant qu'une armée autrichienne, commandée

par le maréchal Wurmser, est en marche pour lui faire lever le siége de Mantoue, se porte lui-même avec toutes ses forces à la rencontre de son nouvel ennemi.

3 *août* (16 thermidor.) — Bataille de Castiglione et combat de Lonato; l'armée du général Wurmser est mise en déroute.

6 *août* (19 thermidor.) — Combat de Peschiera.

11 *août* (24 thermidor.) — Combat de la Corona, reprise de toutes les lignes sur le Mincio, et continuation du siége de Mantoue.

24 *août* (7 fructidor.) — Combat de Borgoforte et de Governolo.

3 *septembre* (17 fructidor.) — Combat de Serravalle.
4 *septembre* (18 fructidor.) — Combat de Roveredo.
5 *septembre* (19 fructidor.) — Prise de Trente.
7 *septembre* (21 fructidor.) — Combat de Covolo.
8 *septembre* (22 fructidor.) — Combat de Bassano.
12 *septembre* (26 fructidor.) — Combat de Cerca.
13 *septembre* (27 fructidor.) — Prise de Legnago; le même jour, le général Wurmser ne pouvant plus se maintenir en campagne, se jette dans Mantoue pour y chercher un refuge.

14 *septembre*. (28 fructidor.)— Combat de Due-Castelli.
15 *septembre* (29 fructidor.)— Combat de St.-Georges.

1796 (an v.)

8 *octobre* (17 vendémiaire.) — Bonaparte se fait livrer la ville de Modène.

19 *octobre* (28 vendémiaire.) — Une division française commandée par le général Gentili, et envoyée par Bonaparte, descend dans l'île de Corse, alors occupée par les Anglais.

22 *octobre* (1er brumaire.) — L'île de Corse, conquise

par les soldats de Bonaparte, redevient partie intégrante de la république française.

27 *octobre* (6 brumaire.) — Prise de Bergame.

6 *novembre* (16 brumaire) — Combat sur la Brenta.

11 *novembre* (21 brumaire.) — Combat de Caldiero.

15, 16, 17 *novembre* (25, 26, 27 brumaire.) — Bataille d'Arcole ; une troisième armée autrichienne, envoyée par la cour de Vienne, et commandée par le général Alvinzi, est mise en fuite.

18 *novembre* (28 brumaire.) — Bonaparte donne son approbation à la constitution rédigée par le sénat de Bologne pour la république cisalpine.

1797 (an v.)

14 *janvier* (25 nivose.) — Bataille de Rivoli ; les Autrichiens sont mis en pleine déroute, et le général Alvinzi qui les commandait parvient à peine à se sauver.

15 *janvier* (26 nivose.) — Combat d'Anghiari.

16 *janvier* (27 nivose.) — Combat de St.-Georges.

25 *janvier* (6 pluviose.) — Bonaparte stipule avec le marquis de Manfredini l'évacuation de la Toscane. Décret qui accorde, à titre de récompense, aux généraux Bonaparte et Augereau, les drapeaux pris par eux à la bataille d'Arcole sur les bataillons ennemis.

26 *janvier* (7 pluviose.) — Combat de Carpenedolo.

27 *janvier* (8 pluviose.) — Combat de Derumbano.

30 *janvier* (11 pluviose.) — Les gorges du Tyrol sont forcées et les Français font leur entrée dans Trente.

1er *février* (13 pluviose.) — Bonaparte rompt l'armistice accordé au pape, et fait envahir la Romagne par ses troupes.

3 *février* (15 pluviose.) — Capitulation du général Wurmser, et reddition de Mantoue. Bonaparte, blâmé par

ses généraux d'avoir accordé à Wurmser des conditions trop avantageuses, leur fait cette réponse mémorable : *J'ai voulu honorer en lui la vieillesse et la valeur guerrière malheureuse.* Les rivaux de Napoléon ont mal suivi cet exemple donné par Bonaparte.

4 *février* (16 pluviose.) — Défaite des troupes du pape sur le Sinio.

9 *février* (21 pluviose.) — Prise d'Ancône.

10 *février* (22 pluviose.) — Prise de Lorette; Bonaparte s'empare de la fameuse statue de la vierge qui y était adorée depuis des siècles, et l'envoie au directoire.

12 *février* (24 pluviose.) — Le pape Pie vi écrit à Bonaparte, pour lui demander la paix ; le même jour, les Français parviennent jusqu'à Macerotte, à quarante lieues de Rome.

19 *février* (1er ventose.) — Traité de paix conclu par Bonaparte, entre la république française et le pape Pie vi; celui-ci renonce à toutes ses prétentions sur Avignon et sur le comtat venaissin, cède à perpétuité à la république française Bologne, Ferrare et la Romagne ; il cède en outre tous les objets d'art demandés par Bonaparte, tels que l'Apollon du Belvedère, la Transfiguration de Raphaël, etc., etc., rétablit l'école française à Rome, et paye à titre de contribution militaire treize millions en argent ou en effets précieux.

22 *février* (4 ventose.) — Bref du pape Pie vi au général Bonaparte, dans lequel, entr'autres titres, il lui donne celui de *son cher fils*.

26 *février* (2 ventose.) — Bonaparte envoie au corps législatif les trophées de Mantoue.

2 *mars* (12 ventose.) — Combat de Monte-di-Sover.

10 *mars*. (20 ventose.) — Combat de Bellune.

12 *mars* (22 ventose.) — Combat de San-Salvador.

13 *mars* (23 ventose.) — Combat de Sacile.

16 *mars* (26 ventose.) — Bataille du Tagliamento, entre les Autrichiens commandés par le prince Charles, et les Français aux ordres de Bonaparte; l'armée autrichienne est mise en déroute.

19 *mars* (29 ventose.) — Combat de Gradisca.

22 *mars* (2 germinal.) — Combat et prise de Botzen.

23 *mars* (3 germinal.) — Prise de Trieste.

31 *mars* (11 germinal.) — Lettre de Bonaparte à l'archiduc Charles, dans laquelle il invite le prince autrichien à s'unir à lui pour arrêter le fléau de la guerre.

2 *avril* (13 germinal.) — Combat de Neumarck.

7 *avril* (18 germinal.) — Armistice conclu à Indinbourg, entre le général Bonaparte et le prince Charles; l'armée française n'était qu'à trente lieues de Vienne.

13 *avril* (24 germinal.) — Jour où expirait l'armistice, Bonaparte enveloppe l'armée autrichienne.

15 *avril* (26 germinal.) — Le général en chef Bonaparte, au nom de la république française, et les généraux Belgarde et Nubbewed, au nom de l'empereur, signent à Léoben les préliminaires de la paix.

24 *avril* (5 floréal.) — Prise de Verone, qui, à l'instigation des Vénitiens, s'était révoltée contre les Français. Bonaparte fait envahir tous les états de terre-ferme de la république de Venise.

3 *mai* (14 floréal.) — Manifeste du général Bonaparte, dans lequel il expose la conduite du gouvernement vénitien, et lui déclare la guerre.

11 *mai* (22 floréal.) — L'armée française étant campée sous les murs de Venise, la noblesse prend la fuite, le doge abdique, une horrible anarchie s'établit dans la ville; les meilleurs citoyens appellent les Français pour la faire cesser.

16 *mai* (27 floréal.) — Les Français prennent possession de la ville et des forts de Venise.

3 *juin* (15 prairial.) — Bonaparte envoie au directoire les drapeaux pris sur les Vénitiens.

6 *juin* (18 prairial.) — Convention de Montebello entre le général Bonaparte et les députés de Gênes.

9 *juillet* (21 messidor.) — La république cisalpine est instituée sous l'influence du général Bonaparte.

25 *juillet* (7 thermidor.) — Bonaparte réunit la Romagne à la république cisalpine.

22 *août* (5 fructidor.) — Bonaparte part de Milan pour se rendre au congrès d'Udine.

1797 (an VI.)

17 *octobre* (26 vendémiaire.) — Traité de paix conclu et signé à Campo-Formio par le général Bonaparte, au nom de la république française, et les plénipotentiaires de l'empereur d'Allemagne. Par ce traité, la république française est formellement reconnue, l'empereur renonce à toutes ses prétentions sur les Pays-Bas et sur le territoire de la république cisalpine, dont il reconnaît l'indépendance, etc., etc.

26 *octobre* (5 brumaire.) — Bonaparte est nommé général en chef de l'armée dite *d'Angleterre*, formée par ordre du directoire sur les côtes de l'Océan.

31 *octobre* (10 brumaire.) Bonaparte envoie à Paris le général Berthier et le savant Monge, pour présenter au directoire le traité de paix qu'il a fait avec l'empereur.

15 *novembre* (25 brumaire.) — Bonaparte part de Milan pour se rendre au congrès de Rastadt et y présider la légation française.

17 *novembre* (27 brumaire.) — Bonaparte divise la république cisalpine en vingt départemens.

26 *novembre* (6 frimaire.) — Arrivée de Bonaparte à Rastadt.

1er *décembre* (11 frimaire.) — Convention militaire signée à Rastadt entre le général Bonaparte et le comte de Cobentzel.

5 *décembre* (15 frimaire.) Arrivée du général Bonaparte à Paris. La reconnaissance et l'admiration éclatent partout où se montre le vainqueur de l'Italie.

9 *décembre* (19 frimaire.) — Bonaparte est de nouveau appelé au commandement en chef de l'armée d'Angleterre.

10 *décembre* (20 frimaire.) — Il présente au directoire, dans une audience solennelle, le traité de Campo-Formio, ratifié par l'empereur d'Allemagne. A cette occasion, il prononce un discours où il rappelle en peu de mots les exploits de l'armée d'Italie, et présente un drapeau sur lequel sont inscrites les victoires de cette même armée. — Bonaparte devient l'idole des Parisiens ; on frappe des médailles en l'honneur de ses victoires, etc., etc.

22 *décembre* (2 nivose.) — Fête solennelle et brillante donnée à Bonaparte par le corps-législatif.

25 *décembre* (5 nivose.) — Bonaparte est nommé membre de l'Institut.

1798 (an VI.)

3 *janvier* (14 nivose.) — Fête donnée à Bonaparte par le ministre des relations extérieures, dans l'église de Saint-Sulpice.

23 *février* (4 ventose.) — Retour à Paris de Bonaparte d'une visite qu'il venait de faire sur les côtes de l'Océan à l'armée d'Angleterre.

5 *mars* (15 ventose.) — Arrêté du directoire qui charge Bonaparte du soin de diriger le grand armement formé sur les côtes de la Méditerranée.

2 *avril* (13 germinal.) — Le directoire arrête que Bonaparte se rendra sur-le-champ à Brest, pour y prendre le commandement des forces navales qui y sont rassemblées.

12 *avril* (23 germinal.) — Arrêté du directoire qui nomme Bonaparte général en chef de l'armée d'Orient.

3 *mai* (14 floréal.) — Bonaparte se rend de Paris à Toulon.

8 *mai* (19 floréal.) — Arrivée de Bonaparte à Toulon, et proclamation adressée par lui à l'armée.

19 *mai* (30 floréal.) — Départ de Bonaparte pour l'Egypte avec l'armée qui doit en assurer la conquête.

9 *juin* (21 prairial.) — Apparition de la flotte française devant Malte.

10 *juin* (22 prairial.)—Débarquement des Français dans l'île.

12 *juin* (24 prairial.) — Capitulation de l'île de Malte; Bonaparte s'occupe avec activité d'établir une bonne administration dans l'île.

19 *juin* (1er messidor. — Bonaparte quitte Malte pour se rendre à sa destination; il emmène avec lui les bâtimens de guerre trouvés dans le port.

1er *juillet* (13 messidor.) — Arrivée de la flotte française en vue d'Alexandrie, et débarquement de l'armée.

2 *juillet* (14 messidor.) — Attaque et prise d'Alexandrie.

11 *juillet* (23 messidor.) — Combat de Damanhour.

12 *juillet* (24 messidor.) — Combat de Rhamanieh.

14 *juillet* (26 messidor.) — Combat de Chebreiss.

23 *juillet* (5 thermidor.)— Bataille des Pyramides. « Soldats, dit Bonaparte, vous allez combattre aujourd'hui les dominateurs de l'Egypte (les mameloucks); songez que du haut de ces monumens quarante siècles vous contemplent. » Le soir de cette même journée, Bonaparte fait son entrée solennelle au Caire, abandonné par Ibrahim-Bey.

1er *août* (14 thermidor.) — Bataille navale d'Aboukir; Bonaparte, en recevant la nouvelle de la destruction de sa flotte, répond avec une apparente impassibilité : « Nous n'avons plus de flotte ! hé bien, il faut rester en ces contrées, ou en sortir grands comme les anciens. »

5 *août* (18 thermidor.) — Combat d'El-Khanka.

10 *août* (23 thermidor.) — Combat de Salahieh.

12 *août* (25 thermidor.) — Combat de Remerieh.

18 *août* (1er fructidor.) — Bonaparte préside en grande pompe à la cérémonie de la rupture de la digue qui retient les eaux du Nil au Caire.

20 *août* (3 fructidor.) — Le général Bonaparte voulant se rendre favorables les habitans du pays, fait célébrer avec tout le faste oriental la fête du législateur d'Orient, Mahomet.

21 *août* (4 fructidor.) — Il arrête la formation d'un institut destiné à s'occuper des progrès et de la propagation des lumières en Egypte, de la recherche, de l'étude et de la publication des faits naturels, industriels, historiques de ce pays, etc., etc.

15 *septembre* (29 fructidor.) — Combat de Caf'Schabbas-Amer.

1798 (an VII.)

22 *septembre* (1er vendémiaire.) — Bonaparte fait célébrer au Caire l'anniversaire de la fondation de la république française.

29 *septembre* (8 vendémiaire.) — Combat de Mit-El-Haroun.

4 *octobre* (13 vendémiaire.) — Combat de Matarieh.

8 *octobre* (17 vendémiaire.) — Bataille de Sédiman.

21 et 22 *octobre* (30 vendémiaire et 1er frimaire.) — Violente insurrection dans la ville du Caire ; les dispositions rapides et l'énergie du général en chef rétablissent promptement l'ordre et le calme. Cette insurrection avait pour prétexte la religion, et pour motif réel le refus de payer les contributions.

9 *novembre* (19 brumaire.) — Combat de Faioum. — Prise de Suez.

21 *décembre* (1er nivose.) — Bonaparte rétablit au Caire le divan, qu'il avait destitué après la grande insurrection.

25 *décembre* (5 nivose.) — Il quitte la capitale de l'Egypte pour faire une reconnaissance à Suez, où il arrive le 27.

1799 (an VII.)

6 *février* (18 pluviose.) — Ouverture de la campagne de Syrie; arrivée de l'armée expéditionnaire à Katieh.

9 *février* (21 pluviose.) — Prise d'El-Arich.

7 *mars* (17 ventose.) — Prise de Jaffa.

15 *mars* (25 ventose.) — Combat de Qàquoum.

18 mars (28 ventose.) — Commencement du siége de Saint-Jean d'Acre.

28 mars (8 germinal.) — Premier assaut livré à Saint-Jean-d'Acre.

3 *avril* (14 germinal.) — Combat de Sour.

6 *avril* (17 germinal.) — Combat de Nazareth.

8 *avril* (19 germinal.) — Combat de Loubi.

9 *avril* (20 germinal.) — Combat de Cana.

11 *avril* (22 germinal.) — Combat de Seid-Jarra.

16 *avril* (27 germinal.) — Bataille du Mont-Thabor, gagnée sur les Musulmans par les généraux Bonaparte et Kléber.

4 *mai* (15 floréal.) — Second assaut livré à Saint-Jean d'Acre.

8 *mai* (19 floréal.) — Troisième assaut.

10 *mai* (21 floréal.) — Quatrième assaut.

17 *mai* (28 floréal.) — Levée du siége de Saint-Jean-d'Acre.

29 *mai* (10 prairial.) — Prise de Kosseir.

14 *juin* (26 prairial.) — Retour de Bonaparte au Caire.

14 *juillet* (26 messidor.) — Il quitte le Caire pour se porter à la rencontre de l'armée turque, commandée par le grand-visir, et débarquée à Aboukir.

19 *juillet* (1er thermidor.) — Il arrive à Rhamanieh.

25 *juillet* (7 thermidor.) — Bataille d'Aboukir; l'armée musulmane est totalement détruite.

2 *août* (15 thermidor.) — Le petit nombre de Turcs échappés à la bataille, et qui s'étaient réfugiés dans le fort d'Aboukir, implorent la clémence de Bonaparte, qui les reçoit à quartier.

18 *août* (1er fructidor.) — Bonaparte quitte le Caire pour se rendre à Alexandrie, où il arrive le 21.

22 *août* (5 fructidor.) — Le général en chef de l'armée d'Orient s'embarque sur la frégate *la Muiron*, qui doit le porter en France.

1799 (an VIII.)

1er *octobre* (10 vendémiaire.) — Il arrive à Ajaccio.

9 *octobre* (18 vendémiaire.) — Bonaparte débarque à Fréjus; il est reçu comme un libérateur par la population entière des départemens qu'il traverse.

16 *octobre* (25 vendémiaire.) — Il arrive à Paris.

6 *novembre* (15 brumaire.) — Fête superbe donnée par le gouvernement dans l'église Saint-Sulpice aux généraux Bonaparte et Moreau.

9 *novembre* (18 brumaire.) — Décret du conseil des Anciens, qui met à la disposition du général Bonaparte la garde du corps législatif et toutes les troupes de la dix-septième division militaire, dont Paris était le chef-lieu.

10 *novembre* (19 brumaire.) — Décret rendu par le conseil des Anciens, portant l'abolition du directoire, l'expul-

sion de soixante membres du conseil des Cinq-Cents, la création provisoire d'une nouvelle magistrature destinée à exercer le pouvoir exécutif jusqu'à la confection d'une nouvelle constitution, et la désignation de Sieyes, Roger-Ducos et Bonaparte, pour exercer provisoirement cette nouvelle magistrature sous le nom de *consuls de la république.*

13 *décembre* (22 frimaire.) — Promulgation de la constitution de l'an 8. Le pouvoir exécutif est confié, pour dix ans, à trois consuls; Bonaparte, premier consul; Cambacérès, deuxième, et Lebrun troisième. — Quatre-vingts sénateurs, trente conseillers-d'état, trois cents députés au corps-législatif et cent députés au tribunat, tels sont les rouages de la constitution qui devait porter Bonaparte à la puissance absolue.

25 *décembre* — (4 nivose.) — Loi qui règle le mode et la nature des récompenses à accorder aux militaires qui se sont distingués ou se distingueront par des actions d'éclat.

26 *décembre* (5 nivose.) — Lettre du premier consul Bonaparte au roi d'Angleterre, dans laquelle il lui fait part de sa nomination à la première magistrature de la république, et de son désir de voir la France et l'Angleterre s'unir pour amener une paix générale.

29 *décembre* (8 nivose.) — Le premier consul Bonaparte accorde une amnistie générale aux habitans insurgés des départemens de l'Ouest.

1800 (an VIII.)

1er *janvier* (11 nivose.) — Installation du corps législatif et du tribunat.

5 *janvier* (15 nivose.) — Création d'un premier inspecteur général du génie.

19 *janvier* (29 nivose.) — Installation du gouvernement consulaire aux Tuileries.

23 *janvier* (3 pluviose.) — Établissement de la banque de France.

12 *février* (23 pluviose.) — Soumission des chouans du département du Morbihan.

18 *février* (29 pluviose.) — Établissement d'un préfet pour chaque département.

3 *mars* (12 ventose.) — Décret ordonnant la clôture de la liste des émigrés.

8 *mars* (17 ventose.) — Le premier consul arrête qu'il sera formé à Dijon une armée de réserve de soixante mille hommes.

22 *mars* (1er germinal.) — Création de la république des sept îles vénitiennes.

27 *mars* (6 germinal.) — Décret pour la création d'un conseil des prises.

2 *avril* (12 germinal.) — Le 1er consul nomme le général Carnot pour remplacer au ministère de la guerre le général Berthier, appelé par lui au commandement en chef de l'armée de réserve.

18 *avril* (28 germinal.) — Il nomme Bernadotte général en chef de l'armée de l'Ouest.

6 *mai* (16 floréal.) — Le premier consul quitte Paris pour aller prendre en personne le commandement de l'armée de réserve, devenue l'armée d'Italie.

15 *mai* (25 floréal.) — Il nomme premier grenadier des armées de la république le brave Latour-d'Auvergne, qui se refuse à tout avancement.

16, 17, 18 *mai* (26, 27, 28 floréal.) — Passage du mont Saint-Bernard par l'armé d'Italie, ayant le premier consul à sa tête.

22 *mai* (2 prairial.) — Prise de Suze et de Verceil.

25 *mai* (5 prairial.) — Prise de la citadelle d'Ivrée.

29 *mai* (9 prairial.) — Reprise de Nice et passage du Tesin.

2 *juin* (13 prairial.) — Prise de Milan. Le premier consul rétablit la république cisalpine.

7 *juin* (18 prairial.) — Prise de Pavie.

8 *juin* (19 prairial.) — Combat et prise de Plaisance.

9 *juin* (20 prairial.) — Passage du Pô et bataille de Montebello.

14 *juin* (25 prairial.) — Bataille de Marengo ; elle coûte aux Autrichiens vingt mille hommes, quarante pièces de canon, douze drapeaux ; à la France, le général Desaix, qui avait puissamment contribué à cette glorieuse victoire.

15 *juin* (26 prairial.) — Convention d'Alexandrie entre le premier consul et Mélas, commandant en chef l'armée autrichienne. Cette convention, ou plutôt cette capitulation du général autrichien restitue à la France toutes ses conquêtes en Italie.

18 *juin* (29 prairial.) — Le premier consul établit à Milan une *consulte* chargée de réorganiser la république cisalpine.

23 *juin* (4 messidor.) — Il rétablit l'université de Pavie.

26 *juin* (7 messidor.) — Le premier consul fait transporter le corps de Desaix au mont Saint-Bernard, et ordonne qu'il sera érigé en ce lieu un monument à la mémoire de ce jeune héros.

30 *juin* (11 messidor.) — Bonaparte ordonne la reconstruction de la place de Bellecour à Lyon et en pose lui-même la première pierre.

3 *juillet* (14 messidor.) — Retour du premier consul à Paris.

28 *juillet* (9 thermidor.) — Il signe les préliminaires de la paix entre la France et l'Autriche.

13 *août* (25 thermidor.) — Il nomme le général Brune commandant en chef de l'armée d'Italie.

25 *août* (7 fructidor.) — Il organise le conseil-d'état et nomme les conseillers.

3 *septembre* (16 fructidor.) — Convention d'amitié et de commerce entre les Etats-Unis et la république française.

20 *septembre* (troisième jour complémentaire.) — Nouvel armistice entre l'Autriche et la France. L'empereur ayant refusé de signer les préliminaires de paix, un autre congrès est indiqué à Lunéville, et le premier consul nomme le général Clark commandant extraordinaire de cette place.

Même jour. — Inauguration du prytanée de Saint-Cyr, et translation solennelle des cendres de Turenne au temple de Mars (l'église des Invalides).

30 *septembre* (8 vendémiaire.) — Traité de paix entre la France et le dey d'Alger.

6 *octobre* (14 vendémiaire.) — Le premier consul ordonne au général Brune de faire occuper le grand-duché de Toscane.

8 *octobre* (16 vendémiaire.) — Il nomme le général Berthier ministre de la guerre.

10 *octobre* (18 vendémiaire.) — Arrestation dans les couloirs de l'Opéra, de Demerville, Caracchi et autres, prévenus d'avoir voulu assassiner le premier consul.

11 *octobre* (19 vendémiaire.) — Bonaparte nomme son frère Joseph plénipotentiaire de la république au congrès de Lunéville.

24 *décembre* (3 nivose.) — Explosion d'une machine infernale dirigée contre la personne du premier consul au moment où, se rendant à l'Opéra, il passait dans la rue Saint-Nicaise; Bonaparte ne doit son salut qu'à l'adresse de son cocher, qui tourna la charette sur laquelle était la machine, au lieu de faire débarrasser le passage.

1801 (an IX.)

11 janvier (21 nivose.) — Création de tribunaux spéciaux : le gouvernement pourra en créer autant que bon lui semblera.

17 janvier (27 nivose.) — Rétablissement de la compagnie d'Afrique. Le premier consul charge le général Turreau de présider au confectionnement de la belle route d'Italie par le Simplon.

9 février (20 pluviose.) — Traité de paix entre la France et l'empereur d'Allemagne, signé à Lunéville par le comte de Cobentzel et Joseph Bonaparte.

10 février (21 pluviose.) — Arrêté des consuls qui ordonne la poursuite judiciaire des auteurs de la machine infernale.

18 février (27 pluviose.) — Armistice entre la république française et le roi des Deux-Siciles.

4 mars (13 ventose.) — Arrêté des consuls qui ordonne qu'il sera fait chaque année, du 17 au 22 septembre, une exposition publique des produits de l'industrie française. On peut regarder cet arrêté comme l'une des causes qui contribuèrent le plus puissamment aux développemens prodigieux de cette même industrie pendant tout le règne de Napoléon.

9 mars (18 ventose.) — Décret portant réunion des départemens de la Roër, de la Sarre, de Rhin et Moselle et du Mont-Tonnerre à la république française.

19 mars (28 ventose.) — Le gouvernement est autorisé par une loi à établir des bourses de commerce.

Même jour — Traité entre la république française et le roi d'Espagne, par lequel le duché de Parme est cédé à la France et la Toscane au prince de Parme, avec le titre de roi d'Etrurie.

25 *mars* (4 germinal.) — Le premier consul ordonne la construction de trois nouveaux ponts sur la Seine : un devant le jardin des Plantes, l'autre dans la Cité, le troisième devant le Louvre.

28 *mars* (7 germinal.) — Traité de paix entre la république française et le roi de Naples. Porto-Longone, l'île d'Elbe et la principauté de Piombino sont cédées à la France. Ferdinand s'engage en outre à fermer tous ses ports aux Anglais.

1er *avril* (11 germinal.) — Le premier consul nomme le général Macdonald ministre plénipotentiaire de la république près le roi de Danemarck.

6 *avril* (16 germinal.) — L. Régent et Carbon, convaincus d'avoir contribué à la confection de la machine infernale, sont décapités à Paris.

1er *mai* (11 floréal.) — Occupation de l'île d'Elbe par les Français.

8 *mai* (18 floréal.) — Organisation définitive de la société de la Charité maternelle.

21 *mai* (1er prairial.) — L'Institut présente au premier consul son projet de travail pour la continuation de son Dictionaire de la langue française.

4 *juillet* (14 messidor.) — Le premier consul nomme le nègre Toussaint-Louverture gouverneur à vie de Saint-Domingue.

15 *juillet* (26 messidor.) — Concordat entre le premier consul et le pape Pie VII. Les évêques et archevêques nommés par le premier consul recevront du pape l'institution canonique. Par ce concordat, Bonaparte devenait réellement le restaurateur de la religion en France. Les prêtres ne lui en ont pas gardé plus de reconnaissance.

24 *juillet* (6 thermidor.) — Traité de paix et d'alliance entre la république française et l'électeur de Bavière.

31 *juillet* (12 thermidor.) — Organisation de la gendarmerie en France.

27 *août* (9 fructidor.) — Création d'un ministère du trésor public. Bonaparte donne le portefeuille à Barbé-Marbois.

29 *septembre* (7 vendémiaire.) — Traité de paix signé à Madrid entre la république française et le roi de Portugal.

1er *octobre* (9 vendémiaire.) — Préliminaires de paix signés à Londres entre la France et l'Angleterre.

8 *octobre* (16 vendémiaire.) — Traité de paix signé à Paris entre la France et la Russie.

9 *octobre* (17 vendémiaire.) — Préliminaires de paix signés à Paris entre la France et la Sublime-Porte.

12 *novembre* (21 brumaire.) — Consulte législative de la république cisalpine, indiquée à Lyon. Le premier consul est invité à assister à ses séances.

16 *novembre* (25 brumaire.) — Célébration à Paris de fêtes solennelles à l'occasion de la paix.

21 *novembre* (30 brumaire.) — Départ de Brest de l'expédition de Saint-Domingue sous les ordres du général Leclerc, beau-frère de Bonaparte.

1802 (an x.)

8 *janvier* (18 nivose.) — Arrivée du premier consul à Lyon.

25 *janvier* (5 pluviose.) — Cédant au vœu de la consulte, le premier consul accepte le titre de président de la république italienne.

4 mars (13 ventose.) — Arrêté des consuls ordonnant qu'il leur soit présenté un tableau général des progrès et de l'état des sciences, des lettres et des arts, depuis 1789 jusqu'au 23 septembre 1802. Cet arrêté a pour objet d'encourager par toutes sortes de secours ces trois grandes branches de la prospérité publique et de perfectionner les méthodes employées pour l'enseignement en France.

8 mars (17 ventose.) — Traité de paix entre la France et la régence d'Alger.

Même jour. — Création d'un directeur de l'administration de la guerre, ayant rang et fonction de ministre. — Dejean est nommé directeur.

25 mars (4 germinal.) — Traité de paix définitif entre la république française, le roi d'Espagne, la république batave, d'une part, et la Grande-Bretagne de l'autre, signé à Amiens.

3 avril (13 germinal.) — Bonaparte, président de la république italienne, convoque à Milan le corps législatif pour le 24 juin 1804.

8 avril (18 germinal.) — Adoption par le corps législatif du concordat arrêté entre le premier consul et Pie VII, pour l'organisation du culte en France. — Le cardinal Caprara est autorisé par Bonaparte à exercer les fonctions de légat *à latere.* — Suppression des décades.

18 avril (28 germinal.) — Bonaparte et toutes les autorités constituées de la république assistent en grande pompe au *Te Deum* chanté à Notre-Dame, à l'occasion du traité de paix signé à Amiens et du rétablissement du culte catholique en France.

26 avril (6 floréal.) — Loi d'amnistie en faveur de tout prévenu d'émigration non radié; permission accordée à tout émigré de rentrer en France, sous la condition de prêter serment de fidélité au gouvernement et à la constitution de l'an VIII.

1er *mai* (11 floréal.) — Création des écoles primaires, secondaires et spéciales, autrement dites lycées, aux frais du trésor public.

8 *mai* (18 floréal.) — Le sénat conservateur nomme Bonaparte consul pour les dix années qui suivront celles pour lesquelles il a été nommé par la constitution.

10 *mai* (20 floréal.) — Arrêté des consuls portant que le peuple français sera consulté sur cette question : Napoléon Bonaparte sera-t-il consul à vie ?

19 *mai* (29 floréal.) — Loi portant création d'une légion-d'honneur en France ; elle a pour objet de récompenser les services civils et militaires, comme également utiles à l'état.

20 *mai* (30 floréal.) — Traité particulier entre la république française et le duc de Wurtemberg.

24 *mai* (4 prairial.) — Traité par lequel le prince d'Orange renonce à la dignité de stathouder des Provinces-Unies.

15 *juin* (26 prairial.) — Le premier consul fonde un prix (une médaille d'or de 3,000 fr.) pour encourager les savans à des expériences sur l'électricité et le galvanisme ; l'Institut sera juge des découvertes faites dans ces deux parties essentielles de la physique.

25 *juin* (6 messidor.) — Traité de paix entre la république française et la Porte-Ottomane, qui confirme tous les traités antérieurs.

2 *juillet* (13 messidor.) — Lucien Bonaparte, Joseph Bonaparte et le général Kellermann, sénateurs, sont nommés membres du grand conseil de la légion-d'honneur.

2 *août* (14 thermidor.) — Un sénatus-consulte interpré-

tant le vœu du peuple français, proclame Napoléon Bonaparte premier consul à vie, et lui donne le droit de se nommer un successeur.

4 *août* (16 thermidor.) — Autre sénatus-consulte organique qui accorde aux autres consuls cette même prorogation de pouvoir, et la présidence du sénat, dont ils seront membres de droit.

Même jour. — Création d'un grand-juge, ministre de la justice. — Regnier est nommé grand-juge.

21 *août* (3 fructidor.) — Le premier consul préside pour la première fois le sénat conservateur.

26 *août* (8 fructidor.) — Réunion de l'île d'Elbe à la France.

2 *septembre* (15 fructidor.) — Le sénat helvétique réclame la médiation du premier consul.

3 *septembre* (16 fructidor.) — Installation de la république valaisane.

11 *septembre* (24 fructidor.) — Réunion du Piémont à la France. Il est divisé en six départemens : le Pô, la Doire, la Sesia, la Stura, le Tanaro et Marengo.

14 *septembre* (27 fructidor.) — Décret qui supprime le ministère de la police de la république, et réunit ses attributions à celles de grand-juge.

1802 (an XI.)

4 *octobre* (12 vendémiaire.) — Décret qui crée une garde municipale soldée pour le service de la ville de Paris ; elle consiste en deux mille cent cinquante-quatre hommes à pied et cent quatre-vingts à cheval.

Même jour. — Les diverses écoles d'artillerie et de génie sont réunies à Metz.

18 octobre (26 vendémiaire.) — Un sénatus-consulte invite les étrangers à former en France des établissemens utiles; un an de domicile suffira pour acquérir le titre de citoyen français, mesure éminemment libérale et bien faite pour accroître la prospérité nationale.

12 décembre (21 frimaire.) — Bonaparte, premier consul, est proclamé restaurateur de l'indépendance du Valais.

24 décembre (3 nivose.) — Formation de chambres de commerce dans les principales villes de la république, en vertu d'un arrêté des consuls.

1803 (an XI.)

3 janvier (13 nivose.) — Le premier consul nomme le général Rochambeau commandant en chef de l'armée de St.-Domingue, et capitaine-général de cette colonie, en remplacement de son beau-frère, le général Leclerc, mort dans cette île.

4 janvier (14 nivose.) Sénatus-consulte qui crée trente sénatoreries, avec une dotation de 25,000 fr. en domaines nationaux.

17 janvier (27 nivose.) — Promotion au cardinalat, sur la demande du premier consul, de MM. de Belloy, archevêque de Paris; Fesch, oncle de Bonaparte, archevêque de Lyon; Cambacérès, frère du consul du même nom, archevêque de Rouen; et Boisgelin, archevêque de Tours.

23 janvier (3 pluviose.) — Nouvelle organisation de l'Institut de France; il est divisé en quatre classes: première, des sciences; deuxième, de la langue et de la littérature; troisième, d'histoire et de littérature ancienne; quatrième, des beaux-arts.

28 *janvier* (8 pluviose.) — Organisation d'une école spéciale militaire établie à Fontainebleau.

19 *février* (30 pluviose.) — Le premier consul, en sa qualité de médiateur de la confédération helvétique, termine les différens qui se sont élevés entre les cantons suisses. L'Helvétie est divisée en dix-neuf cantons ayant chacun leur propre constitution.

25 *février* (6 ventose.) — Etablissement à Compiègne d'une école spéciale des arts et métiers.

10 *mars* (19 ventose.) — Loi sur l'exercice de la médecine. — Rétablissement du doctorat pour les médecins et chirurgiens.

18 *avril* (28 germinal.) — Arrêté des consuls qui fixe le diamètre des nouvelles pièces d'or, d'argent et de cuivre.

30 *avril* (10 floréal.) — La république française cède aux Etats-Unis la Louisiane.

14 *mai* (24 floréal.) — Communication au sénat, au corps législatif et au tribunat, de l'*ultimatum* du roi d'Angleterre. Par cet ultimatum, entièrement contraire au traité d'Amiens, le roi de la Grande-Bretagne exigeait impérieusement la possession de l'île de Lampedosa et de Malte pour dix ans, en outre, l'évacuation de la Hollande.

22 *mai* (2 prairial.) — La république française déclare la guerre à l'Angleterre. — Ordre donné d'arrêter tous les Anglais qui se trouvent en France.

30 *mai* (10 prairial.) — Décret portant organisation de l'administration des monnaies.

3 *juin* (14 prairial.) — Occupation du Hanovre par les Français; l'armée anglaise est faite prisonnière de guerre;

fuite honteuse du duc de Cambridge, qui la commandait.

7 juin (18 prairial.) — La ville de Rouen, et d'autres à son exemple, votent la construction à ses frais d'un vaisseau de guerre, pour être employé dans la lutte contre les Anglais.

20 juin (1ᵉʳ messidor.) — Arrêté des consuls, portant qu'il ne sera plus reçu dans les ports de France aucune denrée provenant des colonies anglaises.

23 juin (4 messidor.) — Le premier consul Bonaparte part de Paris pour visiter des départemens de la ci-devant Belgique.

2 juillet (13 messidor.) — Il visite Dunkerque, Anvers, etc.

22 juillet (3 thermidor.) — Il arrive à Bruxelles, et y est reçu en triomphateur.

28 juillet (9 thermidor.) — Il ordonne la réunion du Rhin, de la Meuse et de l'Escaut par un grand canal de communication.

Même jour. — Il nomme l'amiral Truguet commandant en chef des forces navales rassemblées à Brest.

11 août (25 thermidor.) — Retour du premier consul à Paris.

19 août (1ᵉʳ fructidor.) — L'Angleterre refuse la médiation de la Russie, proposée par le premier consul.

21 août (3 fructidor.) — Bonaparte nomme le sénateur Lacépède grand-chancelier de la légion-d'honneur.

27 août (9 fructidor.) — Le vice-amiral Brueys est nommé commandant de la flottille nationale, avec le titre d'amiral.

1803 (an XII.)

24 septembre (1ᵉʳ vendémiaire.) — Le pont des arts, remarquable par son élégante construction en fer, est ouvert pour la première fois au public. — Le prytannée de Paris est converti en lycée.

27 *septembre* (4 vendémiaire.) — Traité d'alliance entre la France et la Suisse.

9 *octobre* (16 vendémiaire.) — Le premier consul donne une audience extraordinaire à l'ambassadeur de la Porte-Ottomane.

27 *octobre* (4 brumaire.) — Publication du traité par lequel la république française cède aux Etats-Unis la Louisiane, moyennant la somme de soixante millions de francs.

3 *novembre* (11 brumaire.) — Le premier consul part de Paris pour faire une tournée sur les côtes et visiter les immenses travaux qu'il a ordonnés pour une descente en Angleterre.

5 *novembre* (13 brumaire.) — Il assiste à un combat qui a lieu à Boulogne entre une division anglaise et la flottille française.

18 *novembre* (26 brumaire.) — Retour de Bonaparte à Paris.

20 *décembre* (28 frimaire.) — Sénatus-consulte qui donne une nouvelle organisation au corps législatif. Le premier consul fera l'ouverture de la session.

1804 (an XII.)

6 *janvier* (15 nivose.) — Ouverture du corps législatif par Bonaparte pour la session de l'an XII.

11 *janvier* (20 nivose.) — Le premier consul nomme le littérateur Fontanes président annuel du corps législatif, avec 100,000 fr. d'émolumens.

16 *janvier* (25 nivose.) — Il nomme le général Murat gouverneur de Paris.

31 *janvier.* (10 pluviose.) — Le général Jourdan commande en chef l'armée d'Italie.

15 *février* (25 pluviose.) — Arrestation du général Moreau, accusé d'avoir conspiré avec Pichegru et Georges Cadoudal, contre la vie du premier consul, et pour le rétablissement des Bourbons sur le trône.

17 *février* (27 pluviose.) — Rapport du grand-juge relativement à cette conspiration.

28 *février* (8 ventose.) — Arrestation de Pichegru dans la rue Chabanais.

9 *mars* (18 ventose.) — Arrestation de Georges Cadoudal au carrefour de l'Odéon.

10 *mars* (19 ventose.) — Ouverture du jubilé accordé à la France par le pape à l'occasion du concordat.

13 *mars* (22 ventose.) — Décret des consuls qui institue des écoles de droit dans toutes les grandes villes de la république.

17 *mars* (26 ventose.) — Arrestation du duc d'Enghien à Ettenheim, dans le margraviat de Bade.

21 *mars* (30 ventose.) — Ce jeune prince est jugé, condamné à mort par une commission militaire, et fusillé dans les fossés du château de Vincennes; il avait alors trente-deux ans.

Même jour. — Le corps législatif adopte le projet de loi concernant la réunion des lois civiles en un seul corps de lois, sous le nom de *Code Civil des Français*, appelé depuis *Code Napoléon.*

26 *mars* (5 germinal.) — Loi qui organise la régie des

droits-réunis et la place dans les attributions du ministre des finances. Français de Nantes est nommé directeur général.

4 *avril* (14 germinal.) — Formation d'une société pour la propagation de la vaccine.

30 *avril* (10 floréal.) — Séance extraordinaire du tribunat, pour entendre la motion d'un membre nommé Curée, tendant : 1° à ce que le premier consul Bonaparte soit déclaré empereur ; 2° que l'hérédité soit dans sa famille ; 3° que celles des institutions de la république qui ne sont que tracées soient définitivement arrêtées.

2 *mai* (12 floréal.) — Les membres du corps législatif réunis dans la salle de la questure, émettent le vœu que Napoléon Bonaparte soit déclaré empereur, que la dignité impériale soit héréditaire dans sa famille, que le système représentatif soit affermi sur des bases inébranlables. Carnot, membre du tribunat, se montre seul d'un avis contraire; dans un discours plein de beaux traits d'éloquence et brûlant de patriotisme, il déclare que cette dignité causera des guerres continuelles avec toute l'Europe, amenera inévitablement la ruine de la liberté, etc., etc.

18 *mai* (28 floréal.) — Sénatus-consulte organique, qui défère au premier consul Bonaparte le titre d'empereur des Français, et qui établit l'hérédité impériale dans sa descendance directe, naturelle et légitime, de mâles en mâles, par ordre de primogéniture, à l'exclusion des femmes. Les colléges électoraux, la haute-cour impériale, les grandes dignités de l'empire, sont établis par le même acte. Le même jour, l'empereur nomme les grands officiers de la couronne : Joseph Bonaparte, grand électeur ; Louis Bonaparte, connétable ; le consul Cambacérès, archi-chancelier de l'empire ; le consul Lebrun, archi-trésorier.

19 *mai* (29 floréal.) — L'empereur crée maréchaux de

l'empire les généraux, ses compagnons d'armes : Berthier, Murat, Moncey, Jourdan, Masséna, Augereau, Bernadotte, Soult, Brune, Lannes, Mortier, Ney, Davoust, Bessières, Kellermann, Lefebvre, Pérignon et Serrurier.

10 *juin* (21 prairial.) — Arrêt de la cour de justice criminelle qui condamne à la peine de mort Georges Cadoudal, Bouvet de Lozier, Russillon, Rochelle, Armand Polignac, Charles d'Hozier, de Rivière, Louis du Corps, Picot, Lajolais, Roger dit Loiseau, Coster-St.-Victor, Deville, Armand-Gaillard, Joyaux-Barban, Lemercier, P. J. Cadoudal et Mirelle; à deux ans de réclusion le général Moreau, Jules de Polignac, la fille Hezai et Rollan : les autres prévenus sont acquittés. Napoléon accorde la grâce à Armand de Polignac, de Rivière, Bouvet de Lozier, Lajolais, Rochelle, Gaillard, Russillion et Charles d'Hozier ; il commue la peine du général Moreau en un exil perpétuel.

12 *juin* (23 prairial.) — Réglement sur les inhumations.

10 *juillet* (21 messidor.) — Décret impérial qui rétablit le ministre de la police générale dans ses premières attributions. — Autre décret qui règle la forme de la décoration de la légion-d'honneur. — Autre qui crée un ministère des cultes, et nomme M. Portalis pour l'exercer.

15 *juillet* (26 messidor.) — Napoléon se rend en grande cérémonie à l'Hôtel militaire des Invalides, pour la première distribution de croix de la légion-d'honneur.

16 *juillet* (27 messidor.) — Organisation de l'école impériale polytechnique.

18 *juillet* (29 messidor.) — Napoléon part de Paris pour aller visiter les côtes et inspecter les camps qu'il y a ordonnés.

1er *août* (13 thermidor.) — Il visite celui d'Ambleteuse.

Le 5 il arrive à Calais, dont il visite le port et les fortifications. Le 9, il visite la rade de Dunkerque, et part pour Ostende; le 15 il retourne à Boulogne, après avoir visité Ostende, Furnes, Nieuport, etc., etc. Le 16, grande fête militaire au camp de la Tour-d'Ordre. Il reçoit le serment des troupes, et distribue les étoiles de la légion-d'honneur.

6 *août* (18 thermidor.) — Décret impérial qui rétablit les missions étrangères.

25 *août* (7 fructidor.) — Autre décret qui organise sur de nouvelles bases le corps des ingénieurs des ponts et chaussées.

10 *septembre* (23 fructidor.) — Institution de grands prix décennaux qui doivent être distribués de la main de Napoléon; toutes les sciences sont admises à y concourir.

12 *octobre* (20 vendémiaire.) — Retour de l'empereur à St.-Cloud.

17 *octobre* (25 vendémiaire.) Décret impérial qui convoque le corps législatif à l'occasion du couronnement de Napoléon.

6 *novembre* (15 brumaire.) — Sénatus-consulte qui déclare qu'après vérification des votes, le peuple français veut l'hérédité de la dignité impériale dans la famille de Napoléon 1er.

25 *novembre* (4 frimaire.) — Le pape Pie VII part le 2 de Rome, arrive à Fontainebleau où l'empereur s'était rendu au devant lui.

28 *novembre* (7 frimaire.) — Il arrive à Paris avec Napoléon dans la même voiture.

2 *décembre* (11 frimaire.) — L'empereur Napoléon 1er et l'impératrice Joséphine sont sacrés et couronnés dans l'église métropolitaine de Paris par le pape Pie VII.

3 *décembre* (12 frimaire.) — Distribution des aigles impériales au Champ-de-Mars ; les troupes, en les recevant, prêtent serment de fidélité à l'empereur.

13 *décembre*. (22 frimaire.) — Le sénat conservateur donne une grande fête, à l'occasion du couronnement.

16 *décembre* (25 frimaire.) — Autre fête brillante et banquet superbe donné à l'empereur et à l'impératrice par la ville de Paris.

27 *décembre* (6 nivose.) — Napoléon fait l'ouverture du corps législatif pour la session de l'an XIII.

1805 (an XIII.)

1er *janvier* (11 nivose.) Lettre de l'empereur Napoléon au roi d'Angleterre, dans laquelle il invite ce monarque à se réunir à lui pour procurer au monde la paix générale.

14 *janvier* (24 nivose.) — Inauguration de la statue de Napoléon dans la salle du corps législatif.

29 *janvier* (9 pluviose.) — Décret qui ordonne la construction d'une ville dans la Vendée, sous le nom de *Napoléon-Ville*.

1er *février* (12 pluviose.) — Création de la charge de grand-amiral et d'archi-chancelier de l'état et de l'empire ; la première est conférée au maréchal Murat, la deuxième à Eugène Beauharnais, adopté par l'empereur.

13 *mars* (22 ventose.) — Solennelle députation des colléges électoraux et corps constitués de la république italienne. Ils portent aux pieds du trône de Napoléon le vœu de leur nation, et le proclament roi d'Italie.

18 *mars* (27 ventose.) — L'empereur accepte la couronne de fer en présence du sénat de France. Dans cette même

séance, il cède à sa sœur Elisa, en toute propriété, le duché de Piombino, et confère au mari de cette princesse le titre de prince de l'empire.

24 *mars* (3 germinal.) Le fils du prince Louis-Napoléon, est baptisé par le pape Pie VII au château de Saint-Cloud.

31 *mars* (10 germinal.) — L'empereur et l'impératrice partent de Paris pour se rendre en Italie, et le pape pour se rendre à Rome.

24 *avril* (4 floréal.) — Visite faite à Turin, à Napoléon et à Joséphine, par le pape Pie VII.

8 *mai* (18 floréaal.) — L'empereur pose sur le champ de bataille de Marengo la première pierre du monument consacré aux braves qui y sont morts.

Même jour. — Il fait son entrée à Milan.

26 *mai* (6 prairial.) — Napoléon et Joséphine sont couronnés roi et reine d'Italie par le cardinal Caprara, archevêque.

6 *juin* (19 prairial.) — D'après le vœu émis par la république ligurienne (Gênes), elle est réunie à l'empire français.

7 *juin* (18 prairial.) — Le prince Eugène Beauharnais est nommé par Napoléon vice-roi du royame d'Italie.

10 *juin* (21 prairial.) — Napoléon part de Milan pour visiter quelques départemens du royaume d'Italie.

17 *juin* (28 prairial) — Il fonde l'ordre de la couronne de fer, et organise le même jour l'Université de Turin.

23 *juin* (4 messidor.) — Réunion de la république de Lucques à la principauté de Piombino. Bacciochi, beau-frère de Napoléon, prend le titre de prince de Lucques et de Piombino.

30 *juin* (11 messidor.) Arrivée de Napoléon et de José-

phine à Gênes, qui leur donne une fête superbe le 2 juillet.

11 *juillet* (22 messidor.) — Retour de l'empereur et de l'impératrice à Fontainebleau.

21 *juillet* (2 thermidor.) — Réunion de Parme, Plaisance et Guastalla à la France.

2 *août* (14 thermidor.) — Napoléon part de St.-Cloud pour Boulogne et visite les camps qui bordent la côte.

16 *août* (28 thermidor.) — D'après l'ordre de l'empereur, quatre-vingt mille hommes se réunissent sur les frontières de l'Autriche.

31 *août* (13 fructidor.) — Le prytannée de St.-Cyr est érigé en prytannée militaire français.

2 *septembre* (15 fructidor.) — Retour de Napoléon à Paris.

9 *septembre* (22 fructidor.) — Sénatus-consulte qui remet en usage le calendrier grégorien pour le 1er janvier 1806.

23 *septembre* (1er vendémiaire.) — Séance extraordinaire du sénat; l'empereur y expose la conduite hostile de l'Autriche, et annonce qu'il va commander ses armées en personne. Le sénat décrète une levée de quatre-vingt mille conscrits. Un second décret ordonne la réorganisation de la garde nationale pour la défense des côtes.

24 *septembre* (2 vendémiaire.) — L'empereur et l'impératrice partent pour Strasbourg.

1er *octobre* (9 vendémiaire.) — Napoléon passe le Rhin et harangue l'armée.

3 *octobre* (11 vendémiaire.) — La Suède s'engage à faire la guerre avec la France.

7 *octobre* (15 vendémiaire.) — Combat sur le Lech.

8 *octobre* (16 vendémiaire.) — Combat de Werthingen.

9 *octobre* (17 vendémiaire.) — Combat de Guntzbourg.

10 *octobre* (18 vendémiaire.) — L'empereur établit son quartier-général à Augsbourg.

14 *octobre* (22 vendémiaire.) — Combat d'Elchingen.

17 *octobre* (25 vendémiaire.) — Capitulation du général Mack dans la ville d'Ulm. Toute l'armée autrichienne est faite prisonnière de guerre.

21 *octobre* (29 vendémiaire.) — Prise de Munich. — Décret impérial qui ordonne que le mois écoulé depuis le 23 septembre jusqu'au 22 octobre, soit compté pour une campagne à toute l'armée.

24 *octobre* (2 brumaire.) — L'empereur fait son entrée dans Munich.

26 *octobre* (4 brumaire.) — Passage de l'Inn sur plusieurs points.

29 *octobre* (7 brumaire.) — Combat de Marienzel ; l'empereur établit son quartier-général à Braunau.

30 *octobre* (8 brumaire.) — Combat de Mebrenbach. Prise de Salzbourg ; le même jour l'armée d'Italie bat les Autrichiens.

31 *octobre* (8 brumaire.) — Combat de Lambach.

5 *novembre* (13 brumaire.) — Passage de la Traun par l'armé française.

9 *novembre* (18 brumaire.) — L'empereur établit son quartier-général à Molck, à seize lieues de Vienne.

11 *novembre* (20 brumaire.) — Combat de Diernstein.

13 *novembre* (22 brumaire.) — L'armée française fait son entrée dans Vienne ; Napoléon ne veut point y pénétrer, il établit son quartier-général à Schœnbrun.

15 *novembre* (24 brumaire.) — Le général Clarke est nommé gouverneur de la Haute et Basse-Autriche ; le con-

seiller-d'état Daru intendant général. — Combat d'Hollabrun entre les Français et l'avant-garde de l'armée russe.

16 *novembre* (25 brumaire.) — Défaite des Russes à Guntersdorf.

17 *novembre* (26 brumaire.) — Invasion du Tyrol par le maréchal Ney; combats de Clauzen et de Bautzen.

18 *novembre* (27 brumaire.) — Entrée du prince Murat dans Brünn, capitale de la Moravie; quartier-général de Napoléon à Porlitz; l'empereur d'Autriche se retire à Olmutz.

22 *novembre* (1er frimaire. — Combat naval de Trafalgar. Les flottes française et espagnole y sont détruites. L'amiral anglais est tué.

28 *novembre* (7 frimaire. — L'empereur Napoléon envoie le général Savary complimenter l'empereur Alexandre, dont le quartier-général est à Vischau. En même temps il donne l'ordre d'une retraite simulée pour tromper l'ennemi.

1er *décembre* (10 frimaire.) — Napoléon, à la vue des Russes manœuvrant pour le tourner, s'écrie : *demain toute cette belle armée sera à nous*. Le soir il visite les bivouacs, et reçoit de toutes parts les preuves de l'attachement et de l'enthousiasme qu'il communique à ses soldats.

2 *décembre* (11 frimaire.) — Grande et mémorable bataille d'Austerlitz. L'armée austro-russe est anéantie. Cette belle victoire met deux empereurs à la discrétion de Napoléon, et plus généreux qu'ils ne devaient l'être un jour à son égard, il s'abstient d'en abuser.

3 *décembre* (12 frimaire.) — Napoléon accorde à l'empereur d'Autriche une entrevue que celui-ci lui fait demander par le prince de Lichtenstein.

4 *décembre* (13 frimaire.) — Cette entrevue a lieu au bi-

vouac de Napoléon, auprès du village de Nasedlowitz. « *Je vous reçois dans le seul palais que j'habite depuis deux mois*, dit l'empereur des Français à celui d'Allemagne. » — « *Vous tirez si bon parti de votre habitation qu'elle doit vous plaire* », répond François avec un sourire qui devait être un peu forcé.

5 *décembre* (14 frimaire.) — Napoléon fait arrêter la marche de ses troupes, qui déjà environnaient les débris de l'armée russe, et étaient sur le point de prendre l'empereur Alexandre.

6 *décembre* (15 frimaire.) — Armistice conclu entre Napoléon et l'empereur d'Autriche. Alexandre retourne précipitamment à St.-Pétersbourg.

7 *décembre* (16 frimaire.) — Décret impérial en faveur des veuves et des enfans des militaires de tout grade morts à la bataille d'Austerlitz. — Autre décret qui ordonne que les canons russes et autrichiens pris sur le champ de bataille d'Austerlitz seront fondus, et serviront à l'érection sur la place Vendôme à Paris, d'une grande colonne consacrée à la gloire de l'armée victorieuse.

13 *décembre* (22 frimaire.) — Napoléon reçoit à Schœnbrunn la députation des maires de Paris ; il lui remet les drapeaux pris à Austerlitz, pour être déposés dans l'église Notre-Dame.

26 *décembre* (5 nivose.) — Traité de paix signé à Presbourg entre la France et l'Autriche ; les électeurs de Bavière et de Wurtemberg sont élevés à la dignité de rois. — Les états vénitiens sont réunis au royaume d'Italie.

27 *décembre* (6 nivose.) — Entrevue à Schœnbrunn de Napoléon et du prince Charles, frère de l'empereur d'Autriche.

Même jour. — Napoléon publie à Schœnbrunn une proclamation dans laquelle il déclare à l'Europe que la dynastie de Naples a cessé de régner.

1806. [1]

1er *janvier*. — Maximilien Joseph est proclamé roi de Bavière, en présence de l'empereur et de l'impératrice. — Le tribunat, en corps, porte au sénat quarante-cinq drapeaux pris à la bataille d'Austerlitz. — Le pont d'Austerlitz, construit en fer vis à vis le jardin des Plantes, est ouvert pour la première fois au public.

14 *janvier*. — Le roi de Bavière donne sa fille en mariage au prince Eugène de Beauharnais ; l'empereur et l'impératrice assistent à la cérémonie.

Même jour. — La communication en est faite au sénat par l'archi-chancelier, qui l'informe en même temps que l'empereur a adopté pour son fils le prince Eugène, et l'appelle à lui succéder comme roi d'Italie, à défaut de descendans naturels et légitimes de Napoléon.

19 *janvier*. — Les drapeaux pris à la bataille d'Austerlitz sont reçus par le clergé de Notre-Dame et appendus aux voûtes de la cathédrale.

26 *janvier*. — Retour de l'empereur et de l'impératrice à Paris ; ils reçoivent les complimens des différens corps de l'état.

6 *février*. — Le sultan Sélim III reconnaît Napoléon 1er empereur des Français.

---

[1] Par un sénatus-consulte en date du 9 septembre, le calendrier grégorien ayant été substitué au calendrier républicain pour le 1er janvier 1806, nous cessons de faire mention de celui-ci.

8 février. — Entrée des troupes françaises dans le royaume de Naples.

15 *février.* — Le prince Joseph, frère de l'empereur, prend possession de Naples.

Même jour. — Le roi de Prusse reçoit de Napoléon le Hanovre, en échange des propriétés qu'il a cédées à la France.

20 *février.* — L'église de Sainte-Geneviève (le Panthéon) est rendue au culte catholique ; elle conservera néanmoins la destination qu'elle avait reçue de l'assemblée constituante, d'être le lieu de sépulture des grands hommes.

Même jour. — Décret de l'empereur qui ordonne la restauration de l'église de Saint-Denis, et la consacre à la sépulture des princes de la dynastie de Napoléon.

— 28 *février.* Institution d'une chaire de belles-lettres à l'école polytechnique. M. Andrieux est nommé professeur.

2 *mars.* — Ouverture du corps législatif par Napoléon pour la session de 1806.

4 *mars.* — Adoption par l'empereur de la princesse Stéphanie, nièce de l'impératrice, et mariage de cette princesse avec le prince héréditaire de Bade.

12 *mars.* — Décrets pour le rétablissement et l'ouverture de canaux et de grandes routes.

15 *mars.* — Napoléon cède en toute propriété les duchés de Clèves et de Berg, à son beau-frère le prince Murat, qui en prend possession, sous le titre de duc de Berg et de Clèves.

30 *mars.* — Joseph Bonaparte est proclamé par son frère Napoléon, roi des Deux-Siciles. — La principauté de Guastalla est transférée à la princesse Pauline, sœur de Napoléon, sous le titre de duchesse de Guastalla ; et celle de Neufchâtel

au maréchal Berthier, sous le titre de prince de Neufchâtel.

Même jour. — Décret ou statut en forme de loi, qui fixe l'état des princes et princesses de la famille impériale.

4 avril. — Décret de Napoléon qui ordonne que le catéchisme approuvé par le cardinal légat, sera en usage dans toutes les églises françaises.

7 avril. — Cérémonies du mariage de la princesse Stéphanie Napoléon avec le prince héréditaire de Bade.

22 avril. — Loi qui donne à la banque de France une organisation définitive, et proroge à vingt-cinq ans le privilége de quinze années qui lui avait été accordé.

27 avril. — Le général Lauriston prend possession de la ville et du territoire de Raguse au nom de l'empereur des Français.

2 mai. — Décret qui ordonne la construction de quinze nouvelles fontaines à Paris.

10 mai. — Loi qui institue l'université impériale.

12 mai. — Clôture du corps législatif; il adopte dans cette session le Code de procédure civile.

28 mai. — L'électeur archi-chancelier d'Allemagne, le prince-primat, nomme pour son coadjuteur et son successeur le cardinal Fesch, oncle de Napoléon.

30 mai. — Décret qui invite tous les sujets de l'empire professant la religion juive d'envoyer des députés à Paris.

5 juin. — Une députation solennelle des états de Hollande demande à l'empereur son frère Louis Napoléon pour roi; l'empereur adhère au vœu des états.

Même jour. — Décret impérial qui transfère à M. Talleyrand, grand chambellan, la principauté de Bénévent, sous le titre de prince de Bénévent; et au maréchal d'empire Bernadotte, le titre de prince de Ponte-Corvo.

Même jour. — Napoléon donne une première audience à Mouhed-Effendi, ambassadeur extraordinaire de la Porte-Ottomane.

11 *juin*. — Décret portant organisation du conseil-d'état et fixant ses attributions.

16 *juin*. — Institution à l'école d'Alfort d'une chaire d'économie rurale.

24 *juin*. — Suppression des maisons de jeu dans tout l'empire.

4 *juillet*. — Loi qui organise les haras dans tous les départemens, et nomme les chefs de ces établissemens.

6 *juillet*. — Combats contre les Russes et les Monténégrins par les Français commandés par les généraux Lauriston et Molitor.

17 *juillet*. — Un traité solennel établit la confédération du Rhin : les rois de Bavière, de Wurtemberg, les électeurs archi-chancelier de Bade, le duc de Berg et de Clèves, et plusieurs autres princes d'Allemagne, composent cette confédération et se séparent à perpétuité de l'empire germanique. L'empereur Napoléon est proclamé protecteur de cette confédération, qui change entièrement l'état politique de l'Europe et tend à une pacification plus durable.

20 *juillet*. — Traité de paix signé à Paris entre la France et la Russie ; mais l'empereur Alexandre, influencé par l'Angleterre, refuse de le ratifier au terme convenu.

26 *juillet*. — Première assemblée des Juifs, convoqués à Paris par Napoléon, d'après son décret du 30 mai, sous le nom de *Grand-Sanhédrin* juif, et dont le but est de fixer le sort de cette nation errante et malheureuse.

5 *août*. — Lord Lauderdale arrive à Paris en qualité

d'ambassadeur, pour remplacer M. Fox dans les négociations ouvertes entre la France et l'Angleterre.

20 *septembre*. — L'empereur Napoléon réclame contre la Prusse, des princes liés par la confédération du Rhin, le contingent auquel chacun d'eux s'est obligé, dans le cas de guerre.

25 *septembre*. — L'empereur part de Saint-Cloud pour se mettre à la tête de ses armées, et combattre la quatrième coalition formée contre la France par la Prusse, la Russie, la Suède et l'Angleterre.

28 *septembre*. — Arrivée de Napoléon à Mayence, avec l'impératrice son épouse.

30 *septembre*. — L'électeur de Wurtzbourg accède à la confédération du Rhin, et prend le titre de grand-duc.

1er *octobre*. — Napoléon passe le Rhin avec son état-major.

7 *octobre*. — Message de l'empereur au sénat, dans lequel il annonce la nécessité de recommencer la guerre, et les dispositions qu'il vient de faire pour lui donner une issue favorable.

8 *octobre*. — L'empereur quitte Bamberg pour se porter à la tête de son armée.

9 *octobre*. — Combat de Saalbourg, et enlèvement des magasins de l'ennemi à Hoff.

10 *octobre*. — Combat de Saalfeldt; le prince Ferdinand de Prusse y est tué.

14 *octobre*. — Bataille d'Iéna. L'armée prussienne essuie une déroute complète, ou plutôt elle est anéantie, tant en hommes que sous le rapport du matériel. Le duc de Brunswick et le prince Henri de Prusse sont grièvement blessés; la reine n'échappe qu'avec peine à la poursuite des vainqueurs.

16 *octobre*. — Capitulation de la place d'Erfurt. Le prince d'Orange et le feld-maréchal Mollendorf sont faits prisonniers.

Même jour. — Le roi de Prusse demande un armistice, qui est refusé par Napoléon.

17 *octobre*. — Combat de Halle. Le prince Eugène de Wurtemberg, général de l'armée de réserve prussienne, a son corps d'armée presque entièrement détruit.

18 *octobre*. — Prise de Leipsick par le maréchal Davoust.

21 *octobre*. — Après une série de succès non interrompus, les Français interceptent la route de Magdebourg, où les Prussiens comptaient se rallier. Le duc de Brunswick met ses états sous la protection de l'empereur.

24 *octobre*. — Prise de Potsdam; l'empereur y établit son quartier-général le lendemain, visite le tombeau du grand Frédéric, et envoie à l'Hôtel des Invalides de Paris l'épée de ce fondateur de la monarchie prussienne.

25 *octobre*. — Capitulation de Spandau.

26 *octobre*. — Blocus de Magdebourg.

27 *octobre*. — Napoléon fait son entrée solennelle dans Berlin. Acte de clémence de l'empereur envers la femme du prince d'Hazlfeld, gouverneur de cette capitale.

28 *octobre*. — Prise de Prentzlow. Le grand-duc de Berg fait capituler le corps d'armée commandé par le prince de Hohenlohe.

29 octobre. — Prise de la forteresse de Stettin.

1er *novembre*. — Capitulation de la forteresse de Custrin.

Le maréchal Mortier s'empare de la Hesse au nom de l'empereur des Français.

6 et 7 *novembre*. — Bataille de Lubeck. Après des faits

d'armes inouïs, onze généraux prussiens, à la tête desquels se trouvaient Blücher, devenu depuis si fameux, et le prince de Brunswick-Oels, cinq cents dix-huit officiers, quatre mille chevaux, plus de vingt mille hommes et soixante drapeaux, sont les trophées de cette victoire. Lubeck, pris d'assaut, devient un horrible champ de carnage.

10 *novembre*. — Suspension d'arme entre l'empereur et le roi de Prusse, elle reste sans effet. Prise de la ville de Posen.

11 *novembre*. — Prise de la ville et forteresse de Magdebourg.

19 *novembre*. — L'empereur reçoit à Berlin une députation du sénat d'Hambourg. — Obligation imposée à toutes les villes occupées par les Français, de déclarer les marchandises et propriétés anglaises.

20 *novembre*. — Capitulation de la place d'Hameln.

25 *novembre*. — Capitulation de celle de Niembourg. — L'empereur rend à Berlin le fameux décret qui déclare les îles britanniques en état de blocus, et interdit avec elles tout commerce et toute communication.

27 *novembre*. — Napoléon, résolu de pousser avec vigueur la guerre contre la Russie qui venait d'accourir, quoique tardivement, au secours de la Prusse, établit son quartier-général à Posen.

28 *novembre*. — Combat de Lowiez, où le général russe Benigsen est battu.

29. — Occupation de Varsovie par les Français.

2 *décembre*. — Décret impérial qui ordonne l'érection sur l'emplacement de l'église de la Magdelaine, d'un monument à la gloire de l'armée, sous le nom de *Temple de la gloire*, et devant porter cette inscription : *L'empereur Napoléon aux soldats de la grande armée.*

3 *décembre*. — Capitulation de la forteresse le Glogau.

4 *décembre*. — Une levée de quatre-vingt mille conscrits est mise à la dispositon de l'empereur par le sénat conservateur.

6 *décembre*. — Passage de la Vistule par les Français, à Thorn.

11 *décembre*. — Passage du Bug à Ockecmin. Traité de paix et d'alliance entre l'empereur Napoléon et l'électeur de Saxe, qui accède à la confédération du Rhin, et prend le titre de roi de Saxe. Son contingent, en cas de guerre, est de vingt mille hommes.

16 *décembre*. — L'empereur part de Posen.

19 *décembre*. — Il arrive à Varsovie, et visite les retranchemens élevés dans le faubourg de Praga pour protéger cette ville.

23 *décembre*. — Il passe le Bug, fait jeter à l'embouchure de l'Wkra, dans cette rivière, un pont qui est achevé en deux heures, y fait passer une division du corps d'armée du maréchal Davoust, qui met en déroute quinze mille Russes à Czarnowo.

24 *décembre*. — Combat de Nazietzk; le général russe Kamenskoi est défait.

25 et 26 *décembre*. — Bataille de Pulstuck, retraite de l'armée russe après avoir perdu quatre-vingt pièces d'artillerie, tous ses caissons, douze cents voitures, et dix à douze mille hommes.

1807.

5 *janvier*. — Capitulation de Breslau.

7 *février*. — Bataille de Preusch-Eylau; l'armée russe est de nouveau obligée de battre en retraite.

9 février. — Première séance de l'Institut au palais des sciences et des arts (le Louvre).

15 février. — Combat d'Ostrolenka. Le général Soworow, fils du célèbre maréchal de ce nom, perd la vie dans cette affaire.

16 février. — L'empereur envoie à Paris les drapeaux pris à Eylau; il ordonne que les canons conquis à cette bataille seront fondus pour dresser une statue au général d'Hautpoult, commandant des cuirassiers, qui avait été tué dans cette journée.

24 février. — Combat de Peterswalde.

25 février. — Passage de la Passarge à Liebstadt.

5 mars. — Le pont d'Austerlitz est ouvert au passage des voitures.

6 mars. — Décret impérial qui met en état de siége les ports de Brest et d'Anvers; le premier sous les ordres du général sénateur Aboville, et le deuxième sous ceux du général sénateur Ferino.

7 mars. — Combat de Guttstadt et de Willemberg.

12 mars. — Combat de Lignau.

7 avril. — Sénatus-consulte qui appelle la conscription de 1808.

18 avril. — Suspension d'armes signée à Schlatkow entre l'empereur et le roi de Suède.

25 avril. — L'empereur établit son quartier-général à Finkenstein. — Décret impérial concernant les théâtres de Paris : ils sont divisés en grands théâtres et théâtres secondaires.

1er mai. — Capitulation de la place de Neiss, assiégée par le général Vandamme.

15 *mai.* — Combat livré devant les murs de Dantzick, assiégé par le maréchal Lefebvre, entre les troupes assiégeantes et le corps d'armée russe du général Kaminski, accouru pour secourir cette place. Les Russes sont repoussés avec perte.

24 *mai.* — Dantzick se rend au maréchal Lefebvre après cinquante-un jours de tranchée ouverte.

28 *mai.* — Décret impérial qui confère au maréchal Lefebvre le titre de duc de Dantzick pour le récompenser de l'activité qu'il avait déployée pendant le siége de cette ville.

1er *juin.* — L'empereur vient visiter Dantzick.

4 *juin.* — Les négociations de paix qui avaient été entamées entre la Russie et la France pendant que les deux armées prenaient quelque repos dans leurs quartiers, ayant été rompues, les hostilités recommencent, et les Russes sont battus à Spandenn, au moment où ils voulaient traverser la Passarge.

5. *juin.* — Nouveau combat de Spandenn; les Français franchissent la Passarge et se mettent à la poursuite des Russes.

6 *juin.* — Combat de Deppen, où les Russes sont culbutés de nouveau.

8 *juin.* — L'empereur établit son quartier-général à Deppen.

11 *juin.* — Bataille d'Heilsberg; elle reste presque sans résultat. Seulement le lendemain l'armée russe quitte les forts tranchemens qu'elle occupait en avant de cette ville.

14 *juin.* — Mémorable bataille de Friedland; cette fois, l'armée russe est entièrement anéantie, et les résultats obtenus par les Français placent cette journée à côté de celles de Marengo, d'Austerlitz et d'Iéna. Elle décidait de la campa-

gne, et la précipitation des Russes à se retirer était telle, qu'ils rompaient derrière eux tous les ponts, pour se soustraire à la vive poursuite de leurs vainqueurs.

16 *juin*. — Occupation de Kœnigsberg par les Français.

19 *juin*. — L'empereur Napoléon établit son quartier-général dans Tilsit, où, quelques jours auparavant, l'empereur de Russie et le roi de Prusse avaient établi le leur.

21 *juin*. — Armistice conclu entre les deux empereurs et le roi de Prusse.

25 *juin*. — Entrevue de ces trois monarques dans un bateau sur le Niémen; Alexandre, Napoléon et le roi de Prusse passent deux heures dans cette conférence. La moitié de la ville est déclarée neutre pour la facilité des communications. Du 25 juin au 9 juillet, les trois souverains se voient amicalement, et se donnent mutuellement des fêtes, pendant que leurs ministres s'occupaient des négociations relatives à la paix.

7 *juillet*. — Traité de paix entre les deux empereurs, déclaré commun aux rois de Naples et de Hollande, frères de Napoléon, et par lequel Alexandre reconnaît la confédération du Rhin, et promet sa médiation pour engager l'Angleterre à ne plus mettre d'obstacles à une paix générale.

9 *juillet*. — Traité de paix entre le roi de Prusse et l'empereur des Français, basé sur les clauses du précédent. Le roi de Prusse recouvre, de la générosité de Napoléon, toutes ses provinces, excepté celles de Pologne, spécifiées dans le traité, et qui seront possédées en toute souveraineté par le roi de Saxe.

13 *juillet*. — Les hostilités recommencent entre la France et la Suède.

17 *juillet*. — Napoléon rend une visite au roi de Saxe à Dresde.

24 *juillet.* — Son arrivée a Francfort.

27 *juillet.* — Son retour à Saint-Cloud.

28 *juillet.* Il reçoit en audience solennelle et successivement les félicitations du sénat, du tribunat, du corps législatif, de la cour de cassation, de la cour d'appel, du clergé, de la cour de justice criminelle, du corps municipal, etc.

9 *août.* — Berthier, prince de Neufchâtel, est élevé à la dignité de vice-connétable, et Talleyrand, prince de Bénévent, à celle de vice grand-électeur.

15 *août.* — Napoléon se rend en grand cortége à Notre-Dame pour y entendre le *Te Deum* en action de grâce, pour la paix de Tilsit.

16 *août.* — Ouverture du corps législatif par Napoléon; session de 1807.

19 *août.* — Sénatus-consulte qui supprime le tribunat, et donne au corps législatif une nouvelle organisation plus conforme aux vues de Napoléon.

Même jour. — Les Français s'emparent de la ville de Stralsund.

22 *août.* — Célébration du mariage de Jérôme-Napoléon Bonaparte avec la princesse Catherine, fille du roi de Wurtemberg.

3 *septembre.* — Décret ordonnant que le *Code civil des Français* portera désormais le titre de *Code Napoléon*.

3 *septembre.* — Capitulation de l'île de Rugen; cette conquête complète celle de toute la Poméranie suédoise.

8 *septembre.* — Décret qui établit la constitution du royaume de Westphalie, et proclame Jérôme Napoléon roi de ce pays.

18 *septembre.* — Clôture du corps législatif; il adopte dans cette session le Code de commerce.

28 *septembre*. — Décret qui institue et organise une cour des comptes.

1er *octobre*. — Décret qui réunit les diocèses de Parme et de Plaisance à l'église gallicane.

12 *octobre*. — Sénatus-consulte portant que les provisions ne seront expédiées aux juges qu'après cinq ans d'exercice.

14 *octobre*. — Exposition au Musée des objets d'art conquis par les armées.

27 *octobre*. — Traité signé à Fontainebleau entre la France et l'Espagne, par lequel les deux parties contractantes résolvent de se partager le Portugal, et le roi d'Espagne s'engage à donner le passage, à cet effet, à vingt-cinq mille hommes d'infanterie et à trois mille hommes de cavalerie de Napoléon.

29 *octobre*. — Décret impérial qui admet gratuitement dans les lycées deux cents nouveaux élèves, fils de militaires et de fonctionnaires publics.

6 *novembre*. — Le comte Tolstoi, ambassadeur de Russie, présente ses lettres de créance à l'empereur.

8 *novembre*. — Arrivée de l'ambassadeur de Perse à Paris; il est porteur de magnifiques présens pour l'empereur; les plus remarquables sont les sabres de Tamerlan et de Thamas Kouli-Kan.

10 *novembre*. — Dispositions relatives aux halles, marchés, et rues de Paris.

11 *novembre* — Traité de la France et de la Hollande; la ville de Flessingue est cédée aux Français.

16 *novembre*. — L'empereur part de Paris pour visiter ses états d'Italie.

21 *novembre*. — Il arrive à Milan.

25 *novembre*. — Entrée triomphale à Paris des corps de

la garde impériale. Fête superbe donnée par la ville à cette élite de l'armée.

28 *novembre*. — Seconde fête donnée à la même garde par le sénat dans son palais même.

29 *novembre*. — Napoléon arrive à Venise. Le *même jour*, le général Junot, après avoir traversé toute l'Espagne, s'empare d'Abrantès, première ville de Portugal.

30 *novembre*. — L'armée française prend possession de Lisbonne.

17 *décembre*. — Décret qui déclare *dénationalisé* tout bâtiment qui se soumettra aux dispositions de l'ordonnance rendue le 11 novembre par le roi d'Angleterre. (Cette ordonnance mettait tous les ports de France et ceux de ses alliés en état de blocus, et ordonnait la visite sur mer de tous les bâtimens européens qui y seraient rencontrés par les croisières britanniques.

20 *décembre*. — Napoléon proclame le fils du prince Eugène, prince de Venise, et sa fille Joséphine princesse de Bologne.

26 *décembre*. — Le ministre de l'intérieur pose la première pierre d'un grenier d'abondance à Paris, situé sur les terrains dépendans de l'ancien arsenal.

1808.

1er *janvier*. — Retour de l'empereur dans sa capitale.

4 *janvier*. — Napoléon et Joséphine vont dans l'atelier du peintre David voir le tableau de leur couronnement.

16 *janvier*. — Statuts définitifs de la banque de France.

27 *janvier*. — Le port de Flessingue et ses dépendances sont réunis à l'empire français.

1er *février*. — Organisation du gouvernement provisoire du Portugal. Le général Junot est nommé gouverneur-général.

2 *février*. — Sénatus-consulte portant création d'une nouvelle grande dignité sous le titre de gouverneur-général des départemens au-delà des Alpes; le prince Camille Borghèse, beau-frère de Napoléon, est nommé gouverneur-général.

6 *février*. — Rapport fait à l'empereur par la classe des sciences physiques et mathématiques, sur les progrès de ces sciences depuis 1789.

17 *février*. — Napoléon ordonne que les Algériens soient arrêtés dans ses états tant que ses sujets génois seront prisonniers à Alger.

19 *février*. — Rapport de la classe d'histoire et de littérature ancienne sur les progrès des sciences et des arts depuis 1789.

22 *février*. — Rapport de la classe de la langue et de la littérature française, présenté à l'empereur par Chénier, sur les progrès des lettres depuis 1789.

11 *mars*. — Sénatus-consulte qui institue des titres impériaux et héréditaires, tels que ceux de *ducs*, *comtes*, *barons*, etc.

16 *mars*. — Création des juges auditeurs auprès des cours d'appel.

17 *mars*. — Organisation définitive donnée à l'Université, et création d'une académie dans chaque ville où siège une cour d'appel. M. de Fontanes est nommé grand-maître de l'Université impériale.

26 *mars*. — Lettre du roi d'Espagne, Charles IV, à Napoléon, dans laquelle il lui fait part de sa résolution de commander lui-même ses forces de terre et de mer.

27 *mars*. — Bref du pape à Napoléon, où Pie VII se plaint des vexations que lui font éprouver les agens français.

2 *avril*. — L'empereur part de Paris pour se rendre à Baïonne.

3 *avril*. — Note du ministre des relations extérieures au légat du pape, en réponse au bref de Pie VII, et dans laquelle il déclare au cardinal Caprara que l'empereur ne saurait reconnaître le principe que les prélats ne sont point sujets du souverain, etc.

4 *avril*. — Napoléon fait son entrée à Bordeaux.

10 *avril*. — Arrivée de l'impératrice dans cette même ville.

15 *avril*. L'empereur arrive à Baïonne.

18 *avril*. — Il écrit au prince des Asturies (Ferdinand VII.)

20 *avril*. — Il reçoit dans le château de Marrac le prince des Asturies et Dom Carlos son frère.

22 *avril*. — Le général Miollis fait arrêter le gouverneur de Rome et l'envoie à Fenestrelle.

23 *avril*. — Le grand-duc de Berg entre dans Madrid à la tête d'une division française.

28 *avril*. — L'empereur Napoléon rend une visite au roi d'Espagne, à la reine et au prince de la Paix, qui viennent d'arriver à Baïonne.

2 *mai*. — Insurrection à Madrid; Murat, de concert avec la junte suprême du gouvernement espagnol, parvient à la calmer.

7 *mai*. — Il est nommé par le roi Charles IV lieutenant-général du royaume.

5.

8 mai — Traité signé à Baïonne par le roi Charles IV, dans lequel il cède à son allié et ami, l'empereur Napoléon, tous ses droits sur les Espagnes; adhésion de tous les enfans du roi à cet acte, qui est officiellement annoncé au conseil suprême de Castille et à celui de l'inquisition.

13 mai. — La junte du gouvernement espagnol, présidée par Murat, demande pour roi Joseph Napoléon, frère de l'empereur.

22 mai. — Le roi et la reine d'Espagne se retirent en France; Compiègne est désigné pour leur séjour; les princes sont envoyés au château de Valençay, propriété du diplomate Talleyrand dans le département d'Indre-et-Loire.

24 mai. — Sénatus-consulte qui réunit à l'empire français les duchés de Parme et de Plaisance et le duché de Toscane.

25 mai. — Napoléon convoque à Baïonne une junte générale espagnole pour le 15 juin.

6 juin. — L'empereur proclame son frère, Joseph Napoléon, roi des Espagnes et des Indes, et lui garantit l'intégrité de ses états.

7 juin. — Le nouveau roi reçoit les hommages des grands d'Espagne, des conseils et des diverses autorités existantes.

15 juin. — La junte espagnole tient sa première séance à Baïonne.

23 juin. — Insurrection générale en Espagne. Le maréchal Bessières défait une armée espagnole à San-Ander.

28 juin. — Combat et prise de Valence par le maréchal Moncey.

3 juillet. — Décrets impériaux relatifs à l'institution des majorats.

5 juillet. — Décret de Napoléon qui défend la mendicité dans tout l'empire français.

7 juillet. — L'acte constitutionnel est rédigé par la junte espagnole. Le roi prête serment à la nation, représentée par le président.

13 juillet. — L'empereur approuve et adopte la constitution espagnole. (Elle était, dans presque toutes ses dispositions, conforme à celle des Français, dite de l'an VIII : c'était beaucoup pour les Espagnols, encore sujets aux moines, à l'inquisition, etc.)

15 juillet. — Le grand-duc de Berg est proclamé par Napoléon, roi de Naples et de Sicile.

19 juillet. — L'archi-chancelier de l'empire, Cambacérès, est nommé duc de Parme, et l'archi-trésorier, Lebrun, duc de Plaisance.

Même jour. — Bataille de Baylen. Le général Dupont donne tête baissée dans une ambuscade, voit détruire une partie de son armée, et est obligé de capituler pour sauver le reste.

20 juillet. — Arrivée à Paris de l'ambassadeur perse Asker-Kan, avec une suite nombreuse.

21 juillet. — Honteuse capitulation de Baylen. L'armée française toute entière est prisonnière de guerre des Espagnols.

22 juillet. Napoléon quitte le château de Marrac, pour retourner dans sa capitale.

30 juillet. — Décret qui adjoint un très-grand nombre d'officiers de tous grades et de soldats légionnaires aux collèges électoraux de départemens et d'arrondissemens.

31 juillet. — M. Beugnot, conseiller-d'état, prend possession au nom de l'empereur Napoléon, du grand-duché de Berg, resté vacant par la nomination de Murat pour occuper le trône des Deux-Siciles à la place de Joseph, nommé roi d'Espagne.

12 *août*. — Combat de Rorissa en Portugal, entre les troupes françaises d'occupation et l'armée anglaise, commandée par le général Wellesley. Les Anglais sont repoussés avec perte.

13 *août*. Décrets impériaux qui ordonnent l'ouverture d'une grande route de Paris à Madrid, et de grands travaux publics dans plusieurs départemens.

15 *août*. — Retour de l'empereur à St.-Cloud.

21 *août*. — Bataille de Vimeyra, entre l'armée de lord Wellesley et celle des Français, commandés par le général Junot; les mauvaises dispositions de celui-ci donnent la victoire aux Anglais.

20 *août*. — L'empereur reçoit en grande cérémonie le comte Tolstoi, ambassadeur de Russie. — Exposition aux Tuileries des magnifiques présens envoyés par l'empereur Alexandre à l'empereur Napoléon.

30 *août*. — Convention pour l'évacuation du Portugal par l'armée française. Elle doit être reconduite en France sur des vaisseaux anglais; juste et honteux résultat d'une entreprise injuste.

1er *septembre*. — Décrets par lesquels l'empereur ordonne des établissemens publics en tous genres dans les départemens qui ont été le théâtre des guerres civiles.

6 et 7 *septembre*. — Communication au sénat du rapport du ministre des relations extérieures, Champagny, à l'empereur, et des traités qui mettent à sa disposition la couronne d'Espagne.

8 *septembre*. — Traité signé à Paris par le prince Guillaume de Prusse et le ministre des relations extérieures. Ce traité termine toutes les difficultés existantes entre le gouvernement français et celui de Prusse.

10 *septembre.* — Sénatus-consulte qui ordonne la levée de 80,000 conscrits destinés à compléter les armées d'Espagne.

11 *septembre.* — Grande revue passée aux Tuileries par l'empereur en personne ; il annonce à ses soldats qu'il va marcher avec eux en Espagne, où, dit-il, *nous avons aussi des outrages à venger.*

12 *septembre.* — Séance du sénat, dans laquelle le ministre des relations extérieures cherche à justifier les mesures prises par l'empereur contre l'Espagne. — Compte rendu par la société d'industrie nationale sur ses progrès en inventions et perfectionnemens.

13 *septembre.* — Décret qui convoque le corps législatif pour le 25 octobre suivant.

17 *septembre.* — Décret d'organisation de l'université impériale.

22 *septembre.* — Napoléon part de Paris pour se rendre dans les états de la confédération du Rhin.

23 *septembre.* — Le corps municipal et le préfet de la Seine reçoivent à la barrière le premier corps de la grande armée, commandé par le maréchal Victor, et se rendant en Espagne.

24 *septembre.* — Décret impérial relatif au culte grec professé dans la Dalmatie.

28 *septembre.* — Passage du sixième corps de la grande armée à Paris.

1er *octobre.* — Dernier jour du passage des troupes par Paris pour se rendre en Espagne.

6 *octobre.* — Les empereurs Napoléon et Alexandre ont une entrevue à Erfurt. Réunion dans cette ville de presque tous les princes membres de la confédération du Rhin. L'em-

pereur Alexandre promet à Napoléon de ne point apporter d'obstacle à ses projets sur l'Espagne.

14 *octobre.* — Départ d'Erfurt de LL. MM. l'empereur de Russie et l'empereur des Français pour se rendre dans leurs états respectifs.

18 *octobre.* — Arrivée à Saint-Cloud de l'empereur Napoléon.

22 *octobre.* — L'empereur et l'impératrice visitent le musée Napoléon; ils s'entretiennent long-temps avec les artistes français, tous présens à cette visite.

25 *octobre.* — Ouverture du corps législatif par l'empereur Napoléon, session de 1808.

27 *octobre.* — M. de Fontanes est nommé président du corps législatif.

29 *octobre.* — Départ de l'empereur pour se rendre à Baïonne.

2 *novembre.* — Décret portant création d'un nouveau département portant le nom de Tarn-et-Garonne.

3 *novembre.* — Arrivée de Napoléon au château de Marrac.

5 *novembre.* — Quartier-général de l'empereur à Vittoria.

9 *novembre.* — Combat de Gamonal. Le maréchal Soult dissipe l'avant-garde de l'armée d'Estramadure.

Même jour. — Quartier-général de Napoléon à Burgos.

11 *novembre.* — Bataille d'Espinosa-de-los-Monteros. L'armée du général Blacke est entièrement détruite.

22 *novembre.* — Bataille de Tudela. L'armée du général Castanos, la même qui avait fait capituler le général Dupont à Baylen, est mise en déroute après avoir perdu tout son matériel et presque tous ses drapeaux.

29 *novembre*. — L'empereur fait attaquer le défilé de Somo-Sierra, défendu par un corps de vingt mille Espagnols, et seul passage pour pénétrer à Madrid. L'ennemi est culbuté avec une perte immense.

1er *décembre*. — Quartier impérial de Napoléon à San-Augustino, à quelque distance de Madrid.

3 *décembre*. — Prise de Ségovie par le maréchal Lefebvre.

4 *décembre*. — Capitulation de Madrid; l'empereur refuse d'y entrer, et s'établit avec sa garde sur les hauteurs de Chamartin, à une lieue de la ville.

Même jour. — Décret impérial qui abolit l'inquisition en Espagne, et réduit considérablement le nombre des couvens d'hommes de ce royaume.

5 *décembre*. — Prise de la forteresse de Roses par le général Gouvion-St.-Cyr.

7 *décembre*. — Grande promotion dans la légion-d'honneur.

15 *décembre*. — Combat de Cardadeu; le marquis de Vivès, général en chef de l'armée espagnole de Catalogne, perd toutes ses troupes dans cette journée, et est destitué par la junte insurrectionnelle.

22 *décembre*. — L'empereur quitte son quartier-général de Chamartin, pour se porter à la poursuite de l'armée anglaise qui était entrée en Espagne, sous la conduite du général Moore.

25 *décembre*. — Décret impérial qui abolit tout reste de servage dans les duchés de Clèves et de Berg.

26 *décembre*. — Combat de Benavente entre l'avant-garde de l'armée française et l'arrière-garde de l'armée anglaise; retraite précipitée du général Moore.

31 *décembre*. — Clôture de la session du corps législatif.

1809.

1ᵉʳ *janvier*. — Quartier-général de Napoléon à Astorga.

3 *janvier*. — Défaite de l'arrière-garde anglaise au défilé de Cacabellos.

6 *janvier*. — Napoléon, instruit que l'Autriche arme contre la France, quitte précipitamment l'armée pour se rendre à Paris.

16 *janvier*. — Bataille de la Corogne; défaite de l'armée anglaise; le général en chef, sir John Moore, est tué.

18 *janvier*. — Prise de la Corogne par le maréchal Soult; les débris de l'armée anglaise venaient de s'embarquer dans le port de cette ville.

23 *janvier*. — Retour de Napoléon à Paris; il reçoit successivement les félicitations du sénat et des autres corps de l'empire.

27 *janvier*. — Prise de la place et du port du Ferrol.

1ᵉʳ *février*. — Décret qui nomme le cardinal Fesch archevêque de Paris.

7 *février*. — L'empereur reçoit l'Institut au château des Tuileries.

20 *février*. — Prise de Sarragosse. Cette ville est obligée de se rendre à discrétion, après avoir donné pendant deux mois l'exemple d'une défense héroïque et désespérée.

2 *mars*. — Le gouvernement général des départemens de la Toscane est érigé en grand-duché par Napoléon.

4 *mars*. — Combat de Monterey; le maréchal Soult bat le général espagnol, marquis de la Romana.

11 *mars*. — Décret et sénatus-consulte qui transfère le

grand-duché de Berg et de Clèves au jeune prince Napoléon Louis, fils du roi de Hollande, et neveu de l'empereur. — Autre décret qui confère à la sœur de l'empereur, Elisa, le gouvernement de la Toscane.

20 *mars*. — Bataille de Carvalko-Daeste; l'armée portugaise est mise en déroute par le maréchal Soult.

27 *mars*. — Bataille de Ciudad-Réal; défaite du général duc de l'Infantado par le général Sébastiani.

28 *mars*. — Bataille de Medellin; défaite du général espagnol Lacuesta.

29 *mars*. — Prise d'Oporto, seconde ville du Portugal.

2 *avril*. — Décret impérial qui institue des maisons d'éducation pour les filles des membres de la légion-d'honneur.

8 *avril*. — Autre décret, qui établit une école de cavalerie à St.-Germain.

9 *avril*. — Commencement des hostilités entre l'Autriche et la France.

Même jour. — Combat d'Amarante; défaite du général portugais Silveyra.

12 *avril*. — Napoléon part de Paris pour se rendre à son armée d'Allemagne.

16 *avril*. — Bataille de Sacile, entre les troupes françaises commandées par le prince Eugène, et l'armée autrichienne aux ordres de l'archiduc Jean; celle-ci est mise en fuite.

17 *avril*. — Quartier-général de l'empereur à Donawerth.

19 *avril*. — Bataille de Tann; défaite d'une partie de l'armée autrichienne aux ordres du prince Charles.

20 *avril*. — Bataille d'Abensberg; les Autrichiens perdent sept mille hommes, huit drapeaux et douze pièces de

canon. Dans cette bataille, Napoléon n'avait presque que des Bavarois à ses ordres.

21 *avril*. — Combat et prise de Landshut; les Autrichiens continuent leur retraite.

22 *avril*. — Bataille d'Eckmühl; quinze mille prisonniers, douze drapeaux, seize pièces de canon, sont les fruits de cette victoire, qui vaut au maréchal Davoust le titre de prince d'Eckmühl.

23 *avril*. — Bataille et prise de Ratisbonne; l'archiduc Charles opère précipitamment sa retraite en Autriche. Napoléon fut atteint d'une balle morte pendant cette bataille. On en reconnut la cicatrice lors de l'ouverture de son corps à l'île de Sainte-Hélène.

24 *avril*. — Combat de Neumarck.

25 *avril*. — Le roi de Bavière rentre dans sa capitale.

3 *mai*. — Combat d'Ebersberg.

6 *mai*. — Quartier-général de l'empereur à l'abbaye de Molck. Retraite du prince Charles en Bohême.

8 *mai*. — Bataille de la Piave, entre le prince Eugène et l'archiduc Jean; retraite précipitée de ce dernier.

10 *mai*. — Evacuation d'Oporto par le maréchal Soult, à l'approche d'une nombreuse armée anglaise.

Même jour. — La diète de Suède dépose le roi Gustave Adolphe.

11 et 12 *mai*. — Bombardement et capitulation de Vienne.

15 *mai*. — Retraite du maréchal Soult sur la Galice.

17 *mai*. — Passage du Danube par l'armée française.

19 *mai*. — Occupation du Tyrol par le maréchal Lefèbvre.

20 *mai*. — Arrivée du maréchal Soult à Orenzé, première ville de Galice.

Même jour. — L'empereur fait établir un pont dans l'île d'Inder-Lobau.

21 et 22 *mai.* — Bataille d'Esling; elle reste indécise, et coûte à l'armée la perte de l'un de ses plus braves guerriers, le maréchal Lannes, duc de Montebello.

25 *mai.* — Combat de San-Michel entre les troupes de l'armée d'Italie et celles de l'archiduc Jean. Déroute du général Jellachich.

31 *mai.* — Jonction de l'armée d'Italie avec la grande armée française sur les hauteurs du Sommering.

12 *juin.* — Décret ordonnant l'institution de plusieurs écoles d'équitation.

14 *juin.* — Bataille de Raab entre l'armée d'Italie et celle de l'archiduc Jean; nouvelle défaite de celui-ci.

17 *juin.* — Décret daté du camp impérial de Schœnbrunn, sur l'établissement des octrois.

19 *juin.* — Prise de la forteresse de Gérone, après onze jours de tranchée ouverte.

5 *juillet.* — Réunion de l'armée d'Italie à la grande armée dans l'île de Lobau.

6 *juillet.* — Grande Bataille de Wagram; la disparition de l'armée ennemie, dix-huit mille prisonniers, neuf mille blessés, quatre mille morts, quarante pièces de canon et dix drapeaux, sont les fruits de cette brillante victoire, qui met une troisième fois l'empereur d'Autriche à la discrétion de l'empereur Napoléon.

11 *juillet.* — Quartier-général de l'empereur à Znaïm; armistice accordé par Napoléon à l'armée autrichienne.

21 *juillet.* — L'empereur nomme maréchaux d'empire, les généraux Oudinot, Marmont et Macdonald, qui s'étaient particulièrement distingués à la bataille de Wagram.

27 *juillet*. — Bataille de Talavera de la Reyna, en Espagne, entre l'armée française, commandée par le roi Joseph, et l'armée anglo-espagnole aux ordres de sir Arthur Wellesley ; elle reste indécise.

30 *juillet*. — Débarquement de dix-huit mille Anglais dans l'île de Walcheren.

3 *août*. — Les Anglais investissent la ville de Flessingue.

7 *août*. — Décret concernant l'Université impériale.

8 *août*. — Combat d'Arzobispo ; les Espagnols sont mis en fuite par le maréchal Mortier.

9 *août*. — Bataille d'Almonacid ; le général Sébastiani met en fuite l'armée espagnole du général Vénégas.

11 *août*. — Combat de Dambroca en Espagne. L'ennemi perd trente-cinq bouches à feu et cent caissons.

12 *août*. — Combat du col de Banos. Le général Robert Wilson est battu par le général français Lorsay.

13 *août*. — Les Anglais jettent dans Flessingue des bombes et des fusées incendiaires dites à la Congrève.

16 *août*. — Le général Monet, gouverneur de Flessingue, livre aux Anglais, par capitulation, cette place importante. La garnison est prisonnière de guerre et emmenée comme telle en Angleterre.

Même jour. — Le prince de Ponte-Corvo (Bernadotte) et le ministre de l'administration de la guerre (Daru), sont chargés par l'empereur de la défense d'Anvers, et arrivent dans cette ville.

18 *août*. — Suppression de tous les ordres réguliers, mendians, monastiques, et même ceux astreints à des vœux, qui existent en Espagne.

21 *août*. — Ouverture des négociations pour la paix entre la France et l'Autriche.

22 septembre. — Décret qui nomme le maréchal Serrurier commandant général de la garde nationale de Paris.

14 septembre. — Lettre de l'empereur au ministre de la guerre, ordonnant de poursuivre le commandant de la place de Flessingue, le général Monet.

15 septembre. — Décret pour l'établissement des dépôts de mendicité.

24 septembre. — Les Anglais, après avoir fait de vaines tentatives contre Anvers, et avoir perdu les trois-quarts de leur monde par les fièvres dites *des Polders*, se rembarquent pour retourner en Angleterre.

1er octobre. — Décret qui crée un ordre des trois-toisons.

4 octobre. — Message de l'empereur au sénat, ayant pour objet d'ériger, en faveur du prince de Neufchâtel, le château de Chambord en principauté, sous le titre de principauté de Wagram.

12 octobre. — Tentative d'assassinat, faite à Schœnbrunn, sur la personne de Napoléon, par un jeune fanatique d'Erfurt.

14 octobre. — Traité de paix entre la France et l'Autriche, signé à Vienne par le prince Jean de Lichtenstein et le ministre des relations extérieures Champagny. — Napoléon quitte Schœnbrunn pour retourner en France.

19 octobre. — Décret impérial et sénatus-consulte qui met à la disposition du gouvernement trente-six mille conscrits pris sur les classes antérieures.

24 octobre. — Arrivée de l'empereur à Strasbourg.

26 octobre. — Son retour à Fontainebleau.

29 octobre. — Publication solennelle à Paris du traité de paix conclu entre l'Autriche et la France.

1er *novembre*. — Députation du sénat de Milan, reçue par l'empereur à Fontainebleau. — Décret qui fixe l'ouverture du corps législatif pour l'année 1809, au 1er décembre prochain.

10 *novembre*. — Décret qui confirme l'Institut et les réglemens des sœurs hospitalières. — Autre décret ordonnant la convocation des colléges électoraux.

13 *novembre*. — Arrivée du roi de Saxe à Paris.

17 *novembre*. — Le sénat et toutes les autorités constituées sont admis à complimenter l'empereur sur la paix glorieuse qu'il vient de conclure; il reçoit aussi une députation de Rome et de Florence.

18 *novembre*. — Bataille d'Ocana entre le général espagnol Arizaga et le général français Sébastiani. Les Espagnols complétement défaits.

20 *novembre*. — Présentation à l'empereur d'une députation du synode grec de Dalmatie.

1er *décembre*. — Arrivée à Paris des rois de Naples, de Hollande et de Wurtemberg.

2 *décembre*. — Célébration de l'anniversaire du couronnement de Napoléon. — *Te Deum* chanté en action de grâce de la paix, en présence de LL. MM. les rois de Naples, de Hollande, de Westphalie, de Saxe et de Wurtemberg, du sénat, et de tous les autres corps de l'état, dans l'église Notre-Dame.

10 *décembre*. — Arrivée à Paris du prince vice-roi d'Italie.

13 *décembre*. — Décret présenté au corps législatif, et relatif à son organisation.

16 *décembre*. — Décrets et sénatus-consultes relatifs à la

dissolution du mariage de l'empereur avec l'impératrice Joséphine ; l'impératrice conserve le titre d'*impératrice-reine*.

22 *décembre*. — Le roi et la reine de Bavière arrivent à Paris.

29 *décembre*. — Décret impérial qui établit les capacités et conditions des aspirans aux colléges des auditeurs.

31 *décembre*. — Adresse du sénat du royaume d'Italie à l'empereur. — Décret impérial qui proroge pour l'an 1810 l'exercice de leurs fonctions aux députés de la cinquième série du corps législatif.

1810.

6 *janvier*. — Traité de paix entre la France et la Suède.

9 *janvier*. — L'officialité de Paris déclare par une sentence la nullité quant aux liens spirituels du mariage de l'empereur Napoléon et de l'impératrice Joséphine.

13 *janvier*. — Loi sur l'importation et l'exportation des marchandises.

20 *janvier*. — L'armée française, aux ordres du général Sébastiani, franchit la Sierra-Morena, et envahit l'Andalousie.

30 *janvier*. — Fixation de la dotation de la couronne de France, du domaine extraordinaire, du domaine privé de Napoléon, du douaire des impératrices et des apanages des princes français.

3 *février*. — Session du corps législatif pour 1810. M. de Montesquiou est nommé président.

5 *février*. — Décret impérial sur la direction de la librairie et de l'imprimerie. Le nombre des imprimeurs, à Paris, est réduit à quatre-vingts.

Même jour. — Occuppation de Malaga en Espagne par le général Sébastiani.

17 *février.* — Sénatus-consulte qui réunit Rome et l'Etat romain à l'empire français, et divise ce pays en deux départemens.

20 *février.* — Le projet du code pénal est adopté par le corps législatif.

27 *février.* — Le prince archi-chancelier de l'empire, dans une assemblée du sénat, donne lecture d'un message de l'empereur, qui annonce le départ du prince de Neufchâtel pour faire la demande de la main de l'archiduchesse Marie-Louise, fille de l'empereur d'Autriche.

28 *février.* — Décret par lequel l'empereur déclare loi générale de l'empire, la déclaration faite par le clergé de France, en 1682, sur la puissance ecclésiastique.

29 *février.* — Prise de Séville par le roi d'Espagne Joseph.

1er *mars.* — Le prince Eugène Beauharnais est nommé prince de Venise; l'héritage du grand-duché de Francfort lui est assuré.

4 *mars.* — Décret impérial sur l'institution des majorats.

5 *mars.* — Le prince de Neufchâtel, ambassadeur de l'empereur, fait son entrée solennelle à Vienne.

9 *mars.* — L'impératrice Joséphine signe sa renonciation solennelle au titre et à ses droits d'épouse de l'empereur.

10 *mars.* — Décret sur les prisons et les prisonniers d'état.

11 *mars.* — Le prince de Neufchâtel épouse à Vienne, au nom de l'empereur, l'archiduchesse Marie-Louise.

13 *mars.* — L'impératrice Marie-Louise part de Vienne pour venir en France.

19 *mars.* — Décret portant que les juges de la cour de

cassation prendront le titre de conseillers, et les substituts du procureur impérial près la cour prendront le titre d'avocats généraux.

20 *mars*. — L'empereur part de Paris pour Compiègne.

22 *mars*. — Arrivée de l'impératrice Marie-Louise à Strasbourg.

25 *mars*. — Décret impérial portant, qu'à l'occasion du mariage de Napoléon, et pour célébrer cette époque mémorable, les prisonniers pour dettes seront mis en liberté; six mille filles seront dotées et épouseront des militaires; qu'il sera accordé une amnistie générale aux déserteurs, etc.

28 *mars*. — L'impératrice Marie-Louise arrive à Compiègne.

30 *mars*. — Napoléon et Marie-Louise partent de Compiègne pour se rendre à St.-Cloud.

1er *avril*. — Célébration du mariage civil de l'empereur et de l'impératrice, à St.-Cloud, par le prince archi-chancelier Cambacérès.

2 *avril*. — L'empereur et l'impératrice font leur entrée dans Paris. — Mariage religieux et solennel de LL. MM. dans une chapelle pratiquée exprès dans le Louvre, et richement décorée; le cardinal Fesch, grand-aumônier, donne la bénédiction nuptiale en présence de toute la famille impériale, des cardinaux, archevêques, évêques, des grands dignitaires de l'empire et d'une députation de tous les corps de l'état. — Grande fête dans Paris; emploi de tous les arts, de tous les talens, pour célébrer ce grand jour.

3 *avril*. — Le sénat de France, le sénat d'Italie, le conseil-d'état, le corps législatif, les ministres, les cardinaux, la cour de cassation, etc., etc., vont féliciter l'empereur et l'impératrice, qui les reçoivent assis sur leur trône; entourés

des princes et princesses de la famille impériale, des princes grands dignitaires de l'empire et des grands officiers des couronnes de France et d'Italie.

5 *avril*. — L'empereur et l'impératrice partent pour Compiègne.

6 *avril*. — Le gouverneur du château de Valençay, M. Berthemy, annonce à Foucher, ministre de la police générale, l'arrestation et l'envoi à Paris du baron de Kolli, envoyé d'Angleterre pour enlever le prince des Asturies.

8 *avril*. — Le prince des Asturies informe le gouverneur de Valençay de toutes les démarches faites par le baron de Kolli, et écrit à l'empereur qu'elles ont été faites toutes contre son gré.

10 *avril*. — Siège et prise d'Astorga en Espagne, par le duc d'Abrantès, Junot.

21 *avril*. — Loi sur les mines.

24 *avril*. — Décret impérial et sénatus-consulte qui réunissent à la France tous les pays situés sur la rive gauche du Rhin ; une partie forme le département des Bouches-du-Rhin, l'autre partie est réunie à d'autres départemens.

Même jour. — Prise du fort de Matagordo, en Espagne.

27 *avril*. — Départ de Napoléon et de Marie-Louise du château de Compiègne.

30 *avril*. — L'empereur et l'impératrice arrivent au palais de Laeken, en Belgique. — Décrets impériaux pour la continuation des travaux publics.

1er *mai*. — Napoléon et l'impératrice arrivent à Anvers.

5 *mai*. — Formation d'une société maternelle sous la protection de Marie-Louise, pour le soulagement des mères indigentes.

6 *mai*. — L'empereur et l'impératrice partent d'Anvers.

8 *mai*. — Décrets relatifs à la ville d'Anvers, et ordonnant des travaux de navigation intérieure.

9 *mai*. — L'empereur et l'impératrice arrivent à Middelbourg.

10 *mai*. — Napoléon va à Flessingue visiter le port et la ville.

12 *mai*. — Prise du fort d'Hostalrich en Espagne, par le maréchal duc de Castiglione. — Plusieurs décrets impériaux relatifs à des mesures d'administration extérieure.

13 *mai*. — Les îles de Walcheren, Sud-Beveland, Nord-Beveland, Schoxrwen et Tholen, forment un département de France, sous le nom de département des Bouches-de-l'Escaut.

14 *mai*. — Prise de Lérida en Espagne, par le général Suchet. — Napoléon et Marie-Louise arrivent à Bruxelles.

19 *mai*. — Décret relatif à la liberté des cultes dans le département du Haut-Rhin.

23 *mai*. — Plusieurs décrets pour les travaux des routes à terminer ou à ouvrir.

25 *mai*. — Décret qui autorise le libre exercice du culte catholique dans le département des Bouches-du-Rhin.

30 *mai*. — Napoléon et Marie-Louise arrivent à Rouen, après avoir visité Dunkerque, Lille et le Hâvre.

1er *juin*. — Retour de l'empereur et de l'impératrice à Paris.

3 *juin*. — Napoléon nomme gouverneur de Rome son ancien ministre de la police générale, Foucher. Le duc de Rovigo, Savary, est nommé pour remplacer le premier au ministère de la police.

7 *juin*. — Décret et sénatus-consulte qui déterminent le nombre des députés des départemens des Bouches-de-l'Escaut et des Deux-Nèthes.

8 *juin*. — Prise de la ville et du fort de Mequinenza en Espagne, par le général Suchet.

10 *juin*. — Le général Sarrazin, officier d'état-major, déserte et passe à l'ennemi.

Même jour. — La ville de Paris donne une fête brillante pour célébrer le mariage de Napoléon et de Marie-Louise; ceux-ci honorent de leur présence le banquet et le bal donnés à l'Hôtel-de-Ville.

24 *juin*. — La garde impériale donne au Champ-de-Mars, en son nom et au nom de l'armée, une fête, à l'occasion du mariage de Napoléon et de Marie-Louise.

27 *juin*. — Décret portant création d'un conseil de commerce et des manufactures près le ministère de l'intérieur.

28 *juin*. — Décret qui ordonne la construction d'un pont devant Bordeaux.

1er *juillet*. — L'ambassadeur d'Autriche donne une fête à l'occasion du mariage de Marie-Louise et de Napoléon; le feu prend dans la salle de bal; la femme de l'ambassadeur et plusieurs autres personnes périssent dans cet incendie; l'empereur emporte lui-même l'impératrice hors de la salle où le feu venait de se manifester.

3 *juillet*. — Louis Napoléon abdique la couronne de Hollande.

4 *juillet*. — Décret qui accorde des récompenses aux personnes qui découvriront des plantes indigènes propres à remplacer l'indigo.

6 *juillet*. — Service solennel, et obsèques magnifiques aux Invalides, du duc de Montebello, maréchal de l'empire; les cendres du brave Lannes sont portées en grand cortège au Panthéon, où elles sont déposées.

9 *juillet*. — Décret portant réunion de la Hollande à l'empire français; Amsterdam est nommée la troisième ville de l'empire.

10 *juillet*. — Prise de Ciudad-Rodrigo par le maréchal Ney.

11 *juillet*. — Décret portant la formation et l'organisation des cours impériales.

20 *juillet*. — Décret impérial portant création de six maisons d'éducation, dites *des Orphelines*, pour des filles de militaires morts au champ d'honneur.

21 *juillet*. — Destruction du fort de la Conception par le général Loison.

3 *août*. — Décret qui réduit le nombre des journaux à un par chaque département autre que celui de la Seine.

5 *août*. — Etat des militaires mutilés qui ont reçu des dotations, en vertu du décret impérial du 15 août 1809.

15 *août*. — Fête de l'empereur célébrée avec une grande pompe dans Paris et dans tout l'empire. — Réception des députations du royaume de Hollande et autres états réunis à la France.

18 *août*. — Décret impérial qui interdit aux inventeurs la vente des remèdes secrets. — Autre décret qui fixe la valeur des pièces dites de 24, de 12 et de 6 sous, et celle des monnaies du Brabant, de Liège et de Maëstricht, du royaume de Prusse et de Hollande.

19 *août*. — Décrets impériaux qui créent un conseil de marine et organisent les tribunaux de première instance.

20 *août*. — Décret impérial qui règle le service des ponts et chaussées au-delà des Alpes.

21 *août*. — Le maréchal Bernadotte, prince de Ponte-Corvo, est élu par la diète prince royal et héritier de la couronne de Suède.

22 *août*. — Décret impérial accordant une somme de 200,000 fr. pour être répartie entre les douze établissemens

qui auront fabriqué la plus grande quantité de sucre de raisin ; pour avoir droit à cette récompense, il faudra avoir fabriqué au moins dix mille kilogrammes de sucre.

28 *août.* — Siége et prise d'Almeida par le maréchal Masséna, prince d'Esling.

30 *août.* — L'impératrice Marie-Louise, protectrice de la société maternelle, reçoit les dames qui composent cette pieuse société.

13 *septembre.* — Décret relatif à la réduction en francs des monnaies évaluées précédemment en livres tournois.

17 *septembre.* — Formation d'une compagnie d'assurance contre l'incendie.

27 *septembre.* — Formation d'écoles spéciales de marine dans les ports de Brest et de Toulon.

Même jour. — Bataille de Busaco en Portugal, entre l'armée anglo-portugaise et l'armée française aux ordres du prince d'Esling. Lord Wellington est forcé d'abandonner toutes ses positions.

30 *septembre.* — Prise de Coimbre par l'armée française du Portugal.

10 *octobre.* — Retraite de l'armée anglo-portugaise; lord Wellington se retranche dans ses lignes, en avant de Lisbonne.

14 *octobre.* — L'abbé Maury, cardinal, est nommé par l'empereur archevêque de Paris.

15 *octobre.* — Défaite des Anglais sur la côte du royaume de Grenade, par le général Sébastiani.

18 *octobre.* — Décret qui ordonne l'établissement des cours prévôtales des douanes. — Autre décret contenant un réglement général pour l'organisation des départemens de la Hollande.

1er *novembre.* — Entrée solennelle à Stockholm du prince royal héréditaire de Suède, Bernadotte, prince de Ponte-Corvo.

2 *novembre.* — Défaite des Espagnols dans le royaume de Murcie par le général Sébastiani.

11 *novembre.* — Lettre du prince royal de Suède à Napoléon.

12 *novembre.* — Réunion de la république du Valais à l'empire français.

19 *novembre.* — Lettre du prince royal de Suède à Napoléon.

8 *décembre.* — Lettre du prince royal de Suède à Napoléon, dans laquelle il annonce que son père adoptif, le roi Charles XIII, a déclaré la guerre à l'Angleterre.

10 *décembre.* — Décret relatif à la réunion de la Hollande à l'empire français. — Autre décret contenant la nomination de la cour impériale de Paris.

11 *décembre.* — Décret qui établit une maison centrale de détention à Limoges. — Autre pour l'établissement d'un dépôt de mendicité dans le département de la Charente. — Autre, relatif à la fabrication et à la vente des draps de Carcassonne.

14 *décembre.* — Message de l'empereur au sénat, relatif au motif qui nécessite la réunion de la Hollande à l'empire français.

16 *décembre.* — Sénatus-consulte ordonnant la levée de quarante mille conscrits pour la marine, et de douze mille pour les armées de terre.

17 *décembre.* — Lettre du prince royal de Suède à Napoléon.

18 *décembre.* — Adresse du sénat à l'empereur, en réponse au message du 14.

Même jour. — Décret impérial qui établit une commission de gouvernement dans les départemens de l'Ems-Supérieur, des Bouches-du-Weser et des Bouches-de-l'Elbe.

19 *décembre.* — Décret qui nomme des censeurs impériaux, et fixe leur traitement. — Autre décret qui étend dans tout l'empire le bienfaisant établissement de la société maternelle.

25 *décembre.* — Révocation en faveur des Etats-Unis des décrets de Berlin et de Milan, concernant les neutres.

26 *décembre.* — Décret impérial sur l'administration générale de l'empire.

Même jour. — Demande par le ministre de la marine au roi de Suède, de deux mille marins pour compléter les équipages de la flotte de Brest.

1811.

1er *janvier.* — Siége et prise de Tortose en Espagne par le général Suchet.

Même jour. — Décret concernant les débiteurs des rentes constituées en argent, des rentes foncières et autres redevances, dans les départemens de Rome et du Trasimène. — Autre décret concernant les grades de docteurs en droit et en médecine, des ci-devant universités de Pise et de Sièue. — Autre, concernant un réglement sur la compétence et le mode de procéder dans les affaires relatives aux contributions dans les départemens de la Hollande. — Autre, concernant l'imprimerie et la librairie dans les mêmes départemens.

2 *janvier.* — Décrets relatifs aux rentes viagères sur l'état dont la préjouissance est dévolue au trésor public, comme subrogé aux droits d'un émigré. — Autre, qui crée un dépôt de mendicité pour le département de la Haute-Loire.

3 *janvier*. — Décret augmentant de 600,000 fr. les dotations du sénat, à raison de la nomination des sénateurs pour les départemens de l'Escaut et des Alpes.

4 *janvier*. — Décret concernant la nomination des présidens des colléges électoraux de plusieurs départemens.

7 *janvier*. — Adresse d'adhésion du chapitre métropolitain de Paris aux quatre propositions de 1682.

Même jour. — Décret qui soumet à la régie des droits réunis l'exploitation des tabacs dans l'empire français.

8 *janvier*. — Prise du fort Saint-Philippe-de-Balaguer, en Espagne, par le général Suchet.

Même jour. — Décret portant organisation du tribunal de première instance du département de la Seine. — Autre concernant les costumes des cours et tribunaux, des députations admises devant l'empereur, etc.

14 *janvier*. — Décret relatif à l'administration spéciale des tabacs.

20 *janvier*. — Décret concernant les enfans dont l'éducation est confiée à la charité publique.

22 *janvier*. — Prise d'Olivença, en Portugal, par le général Gérard.

23 *janvier*. — Décret relatif à l'établissement d'une taxe, pour l'entretien de la route du Mont-Cenis.

28 *janvier*. — Décret impérial qui ordonne que le bref du pape, donné à Savonne le 30 novembre, soit rejeté comme contraire aux lois de l'empire et à la discipline ecclésiastique.

30 *janvier*. — Décret concernant les impositions des travaux de ponts et chaussées.

4 *février*. — Décret qui met à la disposition du ministre

de la guerre les quatre-vingt mille conscrits dont l'appel est autorisé par le sénatus-consulte du 13 décembre 1810.

19 février. — Bataille de la Gébora entre l'armée française commandée par le duc de Trévise, et l'armée espagnole aux ordres des généraux Mendizabal, La Carrerra, et dom Caulos d'Espanna. L'ennemi est mis en pleine déroute.

21 février. — Sénatus-consulte concernant les conscrits des arrondissemens maritimes.

22 février. — M. de Châteaubriand est élu membre de l'Institut à la place vacante par la mort de Chenier.

Même jour. — Décret concernant l'établissement des maisons des orphelins.

4 mars. — Le prince d'Esling, après avoir tenu bloquée l'armée du lord Wellington pendant près de deux mois, n'ayant pu l'engager à recevoir bataille, est obligé de battre en retraite par la rareté des subsistances.

5 mars. — Bataille de Chiclana entre l'armée anglo-espagnole du général anglais Graham, et l'armée française aux ordres du duc de Bellune. Cette bataille, qui avait lieu sous les murs de Cadix, alors assiégée par les Français, délivra ceux-ci pour un temps du dangereux voisinage des Anglais, qui, ayant beaucoup souffert dans cette journée, furent obligés de se retrancher dans l'île de Léon.

9 mars. — Décret impérial concernant les emplois dans les administrations civiles, auxquels peuvent être appelés les militaires admis à la retraite, ou réformés par suite d'infirmités et de blessures.

11 mars. — Prise de Badajoz par le maréchal Mortier.

15 mars. — Prise de la forteresse d'Albuquerque par le duc de Trévise, Mortier.

Même jour. — Décret impérial ordonnant des mesures pour obtenir l'amélioration des races de bêtes à laines.

20 *mars.* — Naissance aux Tuileries, à neuf heures vingt minutes du matin, de Napoléon-François-Charles-Joseph, prince impérial, roi de Rome.

24 *mars.* — Décret impérial créant deux nouvelles places d'officiers de l'empire; l'une sous le titre d'inspecteur-général des côtes de la Ligurie, et l'autre sous celui d'inspecteur-général des côtes de la mer du Nord.

25 *mars.* — Décret qui établit trois écoles pratiques de marine.

28 *mars.* — Autre décret relatif à la dotation des invalides.

12 *avril.* — Le prince d'Hatzfeld complimente l'empereur sur la naissance du roi de Rome, de la part du roi de Prusse.

22 *avril.* — La naissance du roi de Rome est célébrée à Naples et à Milan.

25 *avril.* — Lettre de l'empereur aux évêques de l'empire, qui les appelle à Paris pour la tenue d'un concile national, dans le but principal de pourvoir au remplacement des évêques, notamment d'Allemagne, et de maintenir les principes et les libertés de l'église gallicane.

28 *avril.* — Décret concernant la formation du département de la Lippe.

5 *mai.* — Bataille de Fuentes-de-Onoro, entre l'armée anglo-portugaise de lord Wellington, et celle du maréchal prince d'Esling. Le succès de cette journée reste indécis.

10 *mai.* — Décret concernant le commerce de la France avec le Levant par les provinces illyriennes.

16 *mai.* — Bataille d'Albuhera entre les troupes anglo-portugo-espagnoles, aux ordres du maréchal Béresford, et l'armée du duc de Dalmatie. Les deux partis font des pertes énormes, et cette bataille reste encore indécise.

19 *mai*. — Emprunt de douze millions de francs, par le roi de Saxe, ouvert à Paris par MM. Pérégaux, Lafitte et compagnie, avec autorisation de l'empereur.

25 *mai*. — Décret ordonnant l'ouverture d'un canal de communication entre la ville de Caen et la mer.

9 *juin*. — Baptême à Notre-Dame du roi de Rome, fils de l'empereur. Grande réjouissance dans Paris.

14 *juin*. — Défaite du général espagnol Espoz-y-Mina, à Sanguesa, en Navarre, par le général Reille.

17 *juin*. — Ouverture du corps législatif par l'empereur.

18 *juin*. — Fête donnée par le préfet et les membres du conseil municipal de Paris, aux maires des bonnes villes de l'empire et du royaume d'Italie, à l'occasion du baptême du roi de Rome.

Même jour. — L'empereur nomme son oncle, le cardinal Fesch, président du concile national convoqué à Paris.

Même jour. — Levée du siége de Badajoz par les Anglo-Portugais et les Espagnols.

20 *juin*. — Première assemblée générale du concile national. — Banquet donné le même jour par les maires et députés des bonnes villes de l'empire, au ministre de l'intérieur, au préfet de Paris, etc.

23 *juin*. — Fête donnée à Saint-Cloud par l'empereur aux principales autorités constituées de l'empire.

Même jour. — Défaite d'une division anglaise par le géral Latour-Maubourg au combat d'Elvas.

28 *juin*. — Prise d'assaut de la ville de Tarragone, après un siége de six semaines, par le corps d'armée aux ordres du général Suchet.

10 *juillet*. — L'empereur, pour récompenser le général Suchet de sa belle conduite en Espagne, lui confère la dignité de maréchal d'empire.

14 *juillet*. — Prise du Mont-Serrat par le maréchal Suchet.

26 *juillet*. — Décret concernant la société de la charité maternelle.

29 *juillet*. — Décret qui ordonne le prélèvement d'un million, sous le titre de fonds spécial des embellissemens de Rome.

23 *août*. — L'empereur reçoit à St.-Cloud les dames formant le comité central de la charité maternelle.

25 *août*. — Défaite de l'armée espagnole de Galice, sur l'Esla, par le général Dorsenne.

28 *août*. — Décret impérial portant réglement sur l'entreprise des convois funèbres.

3 *septembre*. — Décret qui proroge l'amnistie en faveur des Français qui ont porté les armes contre leur patrie.

7 *octobre*. — Arrivée de l'empereur et de l'impératrice à Anvers.

13 *octobre*. — Décret sur les feuilles périodiques, journaux, annonces qui pourront circuler dans les départemens, et désignation des villes où ces papiers pourront être imprimés.

14 *octobre*. — Arrivée de Napoléon et de Marie-Louise à Amsterdam.

25 *octobre*. — Bataille de Sagonte entre les troupes espagnoles du général Blake et l'armée française aux ordres du maréchal Suchet, qui tenait assiégée la ville de Sagonte. Le général espagnol est mis en déroute, et obligé de renoncer à l'espoir de secourir la place.

26 *octobre*. — Reddition de Sagonte au maréchal Suchet.

2 *novembre*. — Décret qui crée dans les départemens de la Hollande deux académies impériales. — Autre qui élève

la ville de La Haye au rang des bonnes villes, dont les maires ont le droit d'assister au couronnement.

7 novembre. — Décret concernant les mesures relatives aux Français qui se réfugient en France après avoir commis un crime sur le territoire d'une puissance étrangère. — Autre sur les attributions respectives du conseil du sceau des titres et de l'intendance générale du domaine extraordinaire, relativement aux majorats et dotations.

28 novembre. — Défaite des Espagnols au camp de St.-Roch par le général Rey.

30 novembre. — Décret relatif aux bains et sources minérales d'Aix-la-Chapelle.

17 décembre. — Décret portant abolition de la féodalité dans les départemens des Bouches-de-l'Elbe, des Bouches-du-Weser et de l'Ems-supérieur.

21 décembre. — Sénatus-consulte qui met à la disposition du ministre de la guerre cent vingt mille hommes de la conscription de 1812, pour le recrutement de l'armée.

29 décembre. — Occupation de la ville de San-Philippe en Arragon, par le général Delort.

1812.

2 janvier. — Décret impérial portant organisation du service des états-majors des places.

4 janvier. — Prise de la place de Tarifa en Espagne, par le général Leval.

10 janvier. — Prise de la ville de Valence, capitale du royaume du même nom, par le maréchal Suchet.

17 janvier. — Décret qui établit des écoles pour la fabrication du sucre.

22 *janvier*. — Défaite des Espagnols au combat d'Altafulla en Espagne, par le général Decaen.

24 *janvier*. — Décret qui établit dans le royaume de Valence, conquis par le maréchal Suchet, un capital en biens fonds de la valeur de deux cent millions destinés à récompenser les services rendus par les officiers-généraux, officiers et soldats de l'armée d'Aragon. Par le même décret, Napoléon nomme le maréchal Suchet duc d'Albufera, avec abandon des titres et revenus attachés audit duché.

Même jour. — Traité d'alliance offensive et défensive, signé entre l'empereur Napoléon et le roi de Prusse.

1er *février*. — Siége et prise du fort de Peniscola en Espagne, par le maréchal Suchet.

1er *mars*. — Une armée française, commandée par le maréchal Davoust, entre dans la Poméranie prussienne.

11 *mars*. — Ordre du jour du maréchal Davoust, daté du quartier-général de Stettin, pour rappeler à tous les généraux et soldats que les Prussiens sont les amis des Français, et que, pendant le séjour de l'armée en Prusse, les troupes doivent observer la plus stricte discipline, etc., etc.

13 *mars*. — Sénatus-consulte relatif à l'organisation de la garde nationale divisée en trois bans.

14 *mars*. — Traité d'alliance entre Napoléon et l'Autriche, signé à Paris, avec des articles séparés, par lesquels Napoléon consent éventuellement à l'échange des provinces illyriennes contre une partie de la Gallicie, destinée à être réunie au futur royaume de Pologne.

17 *mars*. — Sénatus-consulte qui met à la disposition du ministre de la guerre 60.000 hommes du 1er ban de la garde nationale, et ordonne la levée ordinaire de la conscription.

27 *mars*. — Décret impérial portant qu'il sera élevé sur la

rive gauche de la Seine, entre le pont d'Iéna et celui de la Concorde, un édifice destiné à recevoir les archives de l'empire.

28 mars. — Capitulation militaire entre la France et la confédération helvétique.

Même jour. — L'un des corps de l'armée française, commandé par le duc de Regio, fait son entrée à Berlin. Le roi de Prusse, le prince royal et autres princes de la cour passent en revue cette troupe et en font l'éloge.

5 mai. — Décret relatif à la circulation des grains et farines.

8 mai. — Le roi de Westphalie, Jérôme, frère de Napoléon, établit son quartier-général à Varsovie.

9 mai. — L'empereur, accompagné de l'impératrice, part de Paris pour aller inspecter la grande armée réunie sur la Vistule.

11 mai. — Arrivée de Napoléon et de Marie-Louise à Metz.

12 mai. — A Mayence.

13 mai. — A Francfort.

17 mai. — A Dresde. L'empereur et l'impératrice dînent chez le roi de Saxe. Cour de l'empereur à Dresde. Grand spectacle donné à l'Europe. Napoléon, entouré de princes, de souverains, de rois, semble le monarque du monde.

24 mai. — Napoléon nomme M. de Pradt, ancien archevêque de Malines, ministre en Pologne.

Même jour. — Lettre du prince royal de Suède, Bernadote, à Napoléon.

25 mai. — L'empereur permet au vieux roi d'Espagne, Charles IV, de quitter Marseille avec sa famille, et de partir pour l'Italie, où le climat est plus convenable à sa santé.

2 *juin*. — Napoléon fait son entrée à Posen, dans le grand-duché de Varsovie.

5 *juin*. — Arrivée à Prague de Napoléon et de Marie-Louise.

14 *juin*. — Napoléon passe la revue du septième corps de la grande armée à Kœnigsberg.

17 *juin*. — Le roi de Westphalie établit son quartier-général à Pulstuck, dans le grand-duché de Varsovie.

19 *juin*. — Quartier-impérial de Napoléon à Gumbinen.

22 *juin*. — Quartier-général à Wilkowiski. Proclamation de Napoléon à la grande armée. — Ouverture de la campagne contre la Russie.

23 *juin*. — Arrivée de l'empereur à Kowno. — Passage du Niémen par l'armée française.

28 *juin*. — Prise de Wilna; Napoléon y établit son quartier-impérial. Il crée un gouvernement provisoire du royaume de Pologne.

30 *juin*. — Le roi de Westphalie fait son entrée à Grodno.

1er *juillet*. — Napoléon établit un gouvernement provisoire dans la Lithuanie.

12 *juillet*. — Le roi de Saxe, grand-duc de Varsovie, adhère à la confédération générale du royaume de Pologne.

13 *juillet*. — Passage de la Dwina par le maréchal Oudinot, près de Dunabourg.

16 *juillet*. — L'empereur Alexandre et le général Barclay de Tolly évacuent le camp retranché de la Drissa, menacé d'être tourné par les corps de l'armée française.

18 *juillet*. — Combat de Sibesch entre le maréchal Oudinot et le général russe comte de Witgenstein. — Quartier-général de l'empereur à Glubokoë.

19 *juillet*. — Retour de l'impératrice à Paris.

7.

21 *juillet.* — Bataille de Castalla. Le général Delort taille en pièces les troupes espagnoles du général O'donnel.

22 *juillet.* — Bataille de Salamanque ou des Arapiles, entre l'armée anglo-espagnole de lord Wellington et l'armée française du maréchal duc de Raguse.

Même jour. — Le général de division Loison, nommé gouverneur-général de la Prusse par l'empereur Napoléon, s'établit à Kœnigsberg.

23 *juillet.* — Bataille de Mohilow, où le prince Bagration, commandant la seconde armée russe, est battu par le maréchal Davoust.

Même jour. — Passage de la Dwina à Byszczykowice par le corps d'armée aux ordres du prince vice-roi d'Italie, Eugène Beauharnais.

25 *juillet.* — Défaite à Ostrowno du corps d'armée russe aux ordres du général Ostermann, par le général Nansouty.

27 *juillet.* — Second combat d'Ostrowno, où les Russes sont battus par le prince vice-roi. — Retraite précipitée du général russe Barclay de Tolly. — Entrée des Français à Witepsk.

Même jour. — Quartier-général du corps d'armée autrichien, allié de la France, aux ordres du prince de Schwartzenberg, à Nieuzwiez.

30 *juillet.* — Combat de Jakubowo, où le général russe Koulniew est battu par le général Legrand.

1er *août.* — Bataille d'Oboiarzina, entre le duc de Reggio et le général comte de Witgenstein ; la victoire, vivement disputée, reste au premier.

12 *août.* — Bataille de Gorodeczna, où le prince de Schwartzemberg, commandant l'aile droite de la grande armée

française, défait complétement l'armée aux ordres du général Tormasow.

Même jour. — Prise de Madrid par l'armée anglo-portugaise.

Même jour. — Défaite d'un corps russe de l'armée du général Barclay de Tolly par le maréchal Ney, à Krasnoi.

Même jour. — Défaite du général Witgenstein à Polotsk, par le maréchal Oudinot.

14 *août.* — Quartier-général de l'empereur à Basasna.

16 *août.* — Défaite de l'armée du général russe Tormasow au combat de Kobryn, par les généraux prince de Schwartzenberg et Regnier.

17 *août.* — Grande bataille de Smolensk, entre l'armée française commandée par Napoléon en personne, et les deux armées russes aux ordres des généraux Barclay de Tolly et prince Bagration. L'ennemi, battu sur tous les points, est obligé encore une fois de précipiter sa retraite.

18 *août.* — Bataille de Polotsk, où le général Gouvion-St.-Cyr défait le général russe Witgenstein. La belle conduite du général Gouvion St.-Cyr lui vaut peu de temps après le bâton de maréchal d'empire.

19 *août.* — Bataille de Valoutina-Gora, entre les troupes du maréchal Ney et le corps d'arrière-garde aux ordres du général russe Korfl, que le général Barclay laissait en arrière pour protéger sa retraite. Les Russes sont encore battus.

22 *août.* — Pose à Paris, par le ministre de l'intérieur, des premières pierres du palais de l'université, des beaux-arts et de celui des archives.

30 *août.* — Quartier-général de Napoléon à Wiasma.

7 *septembre.* — Grande et mémorable bataille de la Moskowa, livrée par l'empereur en personne. Le général russe

Kutusow, qui venait de prendre le commandement de tous les débris des armées précédemment aux ordres des généraux Barclay de Tolly, Bagration, Witgenstein, est battu de même que ses prédécesseurs. Les Russes perdent soixante pièces de canon, trente mille hommes tués ou blessés, cinq mille prisonniers, un grand nombre de drapeaux, trente-cinq généraux mis hors de combat, deux tués, etc., etc.

14 septembre. — Entrée de l'armée française à Moscow. L'empereur s'établit au Kremlin, antique palais des czars de Russie.

16 septembre. — Incendie général de Moscow, attribué par les uns à l'ambition de son gouverneur, le prince Rostopschin ; par d'autres aux conseils et à l'influence des Anglais.

5 octobre. — L'empereur Napoléon envoie le général Lauriston proposer la paix à l'empereur Alexandre ; mais le général Kutusow, qui voulait la continuation de la guerre, le retient à son quartier-général, et l'empêche de communiquer avec Alexandre.

17 octobre. — Combat de Wenkowo entre les troupes du roi de Naples, Murat, et celles du général Orlow-Denisow; celles-ci sont obligées de se retirer.

Même jour. — Bataille de Polotsk, entre le maréchal Gouvion-St.-Cyr et le général Witgenstein ; elle dure trois jours; les Français éprouvent de grandes pertes.

18 octobre. — Défaite du général russe Tbitchagow par le général Reynier, au combat d'Esen.

19 octobre. — L'empereur Napoléon voyant qu'il n'est plus d'espoir pour la paix, se détermine à la retraite et sort de Moscow avec sa garde.

21 octobre. — Arrivée de Napoléon à Fomenskoi.

22 octobre. — Jonction des trois armées françaises en Espagne, sous le commandement du maréchal Soult. — Levée du siége de Burgos par lord Wellington.

23 *octobre*. — Conspiration du général Mallet pour renverser le gouvernement impérial. Après avoir arrêté et conduit en prison le ministre de la police Savary et le préfet de police Pasquier, il est lui-même arrêté avec ses complices.

Même jour. — Le maréchal Mortier, avant de quitter Moscow, fait sauter le Kremlin.

24 *octobre*. — Bataille de Maloiaroslawetz, entre le corps aux ordres du prince vice-roi et celui du général Doctorow. Défaite des Russes.

3 *novembre*. — Le prince vice-roi repousse encore une fois les Russes au combat de Wiasma. La retraite de l'armée devient très-difficile.

14 *novembre*. — L'empereur Napoléon évacue la ville de Smolensk.

16 *novembre*. — Le prince vice-roi passe sur le ventre à une partie de l'armée de Kutusow à Korytnea, et rejoint l'empereur à Krasnoi.

17 *novembre*. — Prise par le général russe Tchitchagow de la ville de Minsk, où se trouvaient en magasin des subsistances pour cent mille hommes, pendant six mois.

18 *novembre*. — Combat de Krasnoi. Beau mouvement rétrograde du maréchal Ney.

Même jour. — Reprise de Madrid par le maréchal Soult. L'armée anglo-portugaise de lord Wellington est poursuivie l'épée dans les reins jusqu'à Ciudad-Rodrigo, en Portugal.

21 *novembre*. — L'empereur arrive à Trocha.

22 *novembre*. — A Tolotchin.

24 *novembre*. — L'armée française se concentre sur les bords de la Bérézina.

26 et 28 *novembre.* — Passage et bataille de la Bérézina. Une plume française se refuse à retracer les désastres de ces deux terribles journées.

29 *novembre.* — Quartier-impérial de Napoléon à Kamen.

5 *décembre.* — Napoléon arrive à Smorgori ; il remet le commandement de l'armée au roi de Naples. Jusque-là il avait partagé toutes les privations de ses malheureux soldats.

9 *décembre.* — Arrivée de l'armée française à Wilna.

10 *décembre.* — Arrivée de l'empereur Napoléon à Varsovie.

Même jour. — L'armée évacue Wilna, laissant dans cette ville les malades, qui furent presque tous massacrés par la populace russe.

14 *décembre.* — Le maréchal Ney, qui commandait l'arrière-garde, bat les troupes de l'hetmann Platow à Kowno.

Même jour. — L'empereur Napoléon arrive à Dresde.

18 *décembre.* — Retour de l'empereur à Paris.

20 *décembre.* — Napoléon reçoit les félicitations de tous les corps constitués de l'empire.

Même jour. — Les débris de l'armée française prennent position sur le Niémen.

21 *décembre.* — Message de l'empereur au sénat, pour demander une levée extraordinaire de trois cent cinquante mille hommes.

30 *décembre.* — Capitulation du général Yorcke, commandant les troupes prussiennes auxiliaires en Russie, avec le général russe Diebitch. Le roi de Prusse paraît d'abord désapprouver son lieutenant, mais sa conduite subséquente prouve bientôt que Yorcke avait agi de concert avec lui.

1813.

1ᵉʳ *janvier*. — Le roi de Naples, lieutenant-général de l'empereur, fait évacuer Kœnigsberg.

3 *janvier*. — Quartier-général à Elbing.

7 *janvier*. — A Marienbourg. — Proclamation du gouvernement provisoire, établi en Pologne par Napoléon, qui appelle aux armes tous les Polonais en état de les porter.

11 *janvier*. — Sénatus-consulte qui met à la disposition du gouvernement une levée de trois cent cinquante mille hommes.

13 *janvier*. — Evacuation de Marienwerder par les Français.

18 *janvier*. — Le roi de Naples déserte le poste qui lui avait été confié par l'empereur, force le prince Eugène à se charger du commandement, et quitte l'armée pour se rendre dans ses états.

Même jour. — Adresses du corps municipal de Paris et des cohortes de la garde nationale à l'empereur; expression d'un dévouement qui ne fut que trop mis à l'épreuve.

20 *janvier*. — Investissement de la place importante de Dantzick par les armées alliées contre la France.

21 *janvier*. — Arrivée à Berlin des premières colonnes envoyées de l'intérieur de la France pour reformer la grande armée.

23 *janvier*. — Le roi de Saxe abandonne sa capitale, en déclarant par une proclamation, que, quels que soient les événemens, il restera fidèle à l'alliance de l'empereur Napoléon.

24 *janvier*. — Concordat signé à Fontainebleau entre le pape et Napoléon.

30 janvier. — Le roi de Saxe appelle aux armes tous les Polonais du grand-duché de Varsovie.

2 février. — Sénatus-consulte rendu d'après la demande de Napoléon sur les cas prévus par la constitution, tels que la régence de l'empire, le couronnement de l'impératrice et celui du prince impérial, roi de Rome.

7 février. — L'armée française évacue la ligne de la Vistule.

12 février. — Le prince vice-roi fait évacuer Posen.

13 février. — Combat de Kalisch entre le général Reynier et le général Wintzingerode ; celui-ci est repoussé avec perte.

14 février. — L'empereur Napoléon fait l'ouverture du corps législatif.

15 fevrier. — Napoléon fait don à la ville d'Erfurt de son buste en bronze.

16 février. — Commencement du blocus de Stettin et des autres forteresses prussiennes occupées par les garnisons françaises.

18 février. — Quartier-général du prince vice-roi à Francfort ; l'armée française prend ses lignes sur l'Oder.

21 février. — Message de l'empereur au sénat pour lui annoncer qu'il a érigé en principauté, sous le titre de principauté de la Moskowa, le château de Rivoli, département du Pô, et les terres qui en dépendent, en faveur du maréchal Ney, duc d'Elchingen, et ses descendans.

22 février. — Quartier-général du prince vice-roi à Kœpenick.

24 février. — Convention signée à Paris entre la Prusse et le gouvernement impérial sur la restitution des gages précédemment donnés par la première puissance.

27 *février*. — Quartier-général du prince vice-roi à Schœneberg, près Berlin.

4 *mars*. — Evacuation de Berlin par l'armée française.

6 *mars*. — L'empereur Napoléon ordonne la levée de la conscription de 1814 en Italie.

9 *mars*. — Quartier-général du prince vice-roi à Leipzick.

10 *mars*. — Evacuation de Stralsund.

12 *mars*. — Les autorités françaises quittent Hambourg. — Schwerin donne aux autres princes allemands l'exemple de renoncer à la confédération du Rhin.

19 *mars*. — Le maréchal Davoust fait sauter le pont de Dresde, et se retire sur Leipzick, laissant le général Durutte avec le septième corps pour garder cette capitale de la Saxe.

21 *mars*. — Quartier-général du prince vice-roi à Magdebourg. — Arrivée à Vienne du comte de Narbonne, ambassadeur de Napoléon.

22 *mars*. — Entrée des Russes et du général Blucher à Dresde.

23 *mars*. — Lettre du prince royal de Suède à Napoléon; il déclare à celui-ci l'intention de la Suède, de faire cause commune contre la France.

24 *mars*. — L'empereur reçoit une députation du corps législatif.

26 *mars*. — Evacuation de la nouvelle ville de Dresde par le général Durutte.

30 *mars*. — Lettre-patente de Napoléon, qui confère la régence à l'impératrice Marie-Louise.

1er *avril*. — Déclaration de guerre de Napoléon contre la Prusse.

Même jour. — L'armée française du prince vice-roi se met en ligne derrière la Saale.

2 *avril.* — Combat de Lunebourg ; le général Morand est blessé à mort, et sa troupe, environnée de toutes parts, obligée de capituler.

3 *avril.* — Sénatus-consulte qui met à la disposition du ministre de la guerre cent quatre-vingt mille hommes, dont dix mille gardes d'honneur, quatre-vingt mille par un nouvel appel sur le premier ban de la garde nationale, et quatre-vingt dix mille conscrits de 1814 destinés d'abord à la défense des côtes. — Autre sénatus-consulte qui suspend le régime constitutionel dans la trente-deuxième division militaire (les villes anséatiques).

Même jour. — Grande reconnaissance ordonnée par le prince vice-roi en avant de Mockern ; les troupes alliées sont culbutées sur tous les points, et l'épouvante se répand jusqu'à Berlin, où l'on crut que les Français ne tarderaient pas à entrer.

4 *avril.* — Nouvel engagement entre les Français et les troupes des généraux russe et prussien Witgenstein et Bulow ; les premiers sont repoussés à leur tour.

6 *avril.* — Reprise de Lunebourg par le maréchal Davoust.

8 *avril.* — Décret impérial qui ordonne la réunion en société des donataires auxquels ont été affectés des portions du revenu des provinces illyriennes, et la création de cent vingt actions de deux mille francs.

10 *avril.* — Quartier-général du prince vice-roi à Aschersleben, au confluent de la Saale et de l'Elbe.

12 *avril.* — Prise de Villena en Espagne, par le maréchal Suchet.

13 *avril.* — Combat de Castella, où le maréchal Suchet bat les Anglais.

15 *avril.* — Napoléon quitte Saint-Cloud pour se mettre à la tête de ses armées.

16 *avril.* — Arrivée de l'empereur à Mayence.

17 *avril.* — Défaite à Sprakensbel du général russe Doernberg par le général Sébastiani.

Même jour. — Capitulation de la forteresse de Thorn.

19 *avril.* — Arrivée de la grande armée russe à Dresde.

24 *avril.* — Capitulation de la forteresse de Spandau.

26 *avril.* — Capitulation de la forteresse de Czentoschau.

25 *avril.* — Arrivée de l'empereur Napoléon à Erfurt. — Quartier-général du prince vice-roi à Naumbourg.

Même jour. — Combat de Weissenfels entre le maréchal Ney et le général Lanskoi; les Français s'emparent de Weissenfels.

27 *avril.* — Jonction des armées françaises de l'Elbe et du Mein près de Naumbourg.

29 *avril.* — Quartier-général du prince vice-roi à Mersebourg, après avoir chassé les troupes qui défendaient cette ville.

1er *mai.* — Quartier impérial de Napoléon à Lutzen. — Deuxième combat de Weissenfels entre le maréchal Ney et le général Wintzingerode; les Russes sont taillés en pièces et obligés de se retirer derrière le Flossgraben, pour couvrir les défilés de Pagau et de Zwenkau; les Français eurent à regretter le maréchal Bessières, duc d'Istrie, tué par un boulet.

2 *mai.* — Bataille de Lutzen, livrée par Napoléon en personne; l'armée alliée est mise en déroute et obligée de battre en retraite. Les Russes et les Prussiens avaient perdu plus de vingt mille hommes, et les vainqueurs douze mille.

3 *mai*. — L'armée victorieuse poursuit l'ennemi sur la route de Dresde.

4 *mai*. — Elle passe la Pleiss.

5 *mai*. — La Mulda.

8 *mai*. — Elle arrive devant Dresde.

9 *mai*. — L'empereur fait jeter un pont de bateaux à Priesnitz.

11 *mai*. — Reprise de Dresde par l'armée française. — L'empereur écrit à la maréchale Bessières, duchesse d'Istrie, pour l'informer de la mort glorieuse de son mari.

12 *mai*. Le roi de Saxe fait sa rentrée solennelle dans la capitale de ses états; l'empereur, qui avait été à sa rencontre, se tint à cheval à ses côtés, et le conduisit jusqu'au palais au bruit du canon, au son des cloches et aux acclamations du peuple et des troupes.

14 *mai*. — Décret de l'empereur daté de Dresde. « Voulant donner une preuve éclatante et signalée de notre satisfaction à notre bien-aimé fils le prince Eugène-Napoléon, vice-roi de notre royaume d'Italie, pour les constantes preuves d'attachement qu'il nous a données, et les services qu'il nous a rendus, notre palais de Bologne et la terre de Galliera, appartenant à notre domaine privé, sont érigés en duché, et ledit duché de Galliera est donné en toute propriété à la princesse de Bologne Joséphine-Maximilienne-Eugène-Napoléonne, fille aînée du prince vice-roi, etc. »

16 *mai*. — L'empereur Napoléon, vainqueur à Lutzen, offre la réunion d'un congrès à Prague pour la paix générale; son offre est refusée par les souverains alliés.

17 *mai*. — *Te Deum* chanté à Paris par ordre de l'impératrice régente, en actions de grâce, pour la victoire remportée à Lutzen.

18 *mai*. — Napoléon part de Dresde pour se mettre à la tête de son armée en Lusace.

Même jour. — Retour du prince vice-roi en Italie. L'empereur, qui prévoyait la prochaine défection de l'empereur d'Autriche, avait chargé son fils adoptif d'organiser une armée défensive en Italie.

20 *mai*. — Bataille de Bautzen, perdue par les alliés.

21 *mai*. — Bataille de Wurtchen, perdue par les alliés; l'empereur Napoléon et l'empereur Alexandre commandaient en personne dans ces deux journées.

Même jour. — Par un décret daté du champ de bataille de Wurtchen, Napoléon ordonne l'érection d'un monument sur le Mont-Cenis, destiné à transmettre à la postérité la plus reculée le généreux dévouement du peuple français, dont douze cent mille enfans s'étaient levés en 1813 pour défendre les frontières de la patrie menacées par l'ennemi. Vingt-cinq millions de francs étaient consacrés à l'érection de ce monument.

22 *mai*. — Combat de Reichenbach, entre l'arrière-garde de l'armée russe commandée par le général Miloradowitch, et le septième corps de l'armée française, aux ordres du général Reynier. Les Russes sont culbutés; mais les Français perdent le grand-maréchal du palais, Duroc, ami fidèle et sujet dévoué de l'empereur.

23 *mai*. — Le général Reynier culbute de nouveau les Russes au combat de Gorlitz.

26 *mai*. — Le général Maison est repoussé avec perte dans une attaque contre la ville d'Hanau.

28 *mai*. — Combat de Sprottau, où le général Sébastiani s'empare d'un nombreux convoi ennemi.

Même jour. — Le maréchal Oudinot fait fuir devant lui les alliés, au combat de Hoyerswerda.

29 *mai*. — Le comte de Schouvalow, aide-de-camp de l'empereur de Russie, et le général prussien Kleist se rendent auprès de l'empereur pour lui demander un armistice au nom de leurs souverains.

4 *juin*. — L'armistice demandé par l'empereur Alexandre et le roi de Prusse est accordé jusqu'au 20 juillet par Napoléon, qui réitère son offre d'un congrès à Prague pour une pacification générale, et propose de s'en rapporter à la médiation de son beau-père, l'empereur d'Autriche.

7 *juin*. — Le maréchal Davoust impose une contribution extraordinaire de quarante-huit millions à la ville de Hambourg.

10 *juin*. — Retour de Napoléon à Dresde.

12 *juin*. — Le maréchal Suchet bat les Anglais sous les murs de Tarragone, et les force de lever le siège de cette place.

13 *juin*. — L'impératrice-régente assiste au *Te Deum* chanté dans l'église Notre-Dame, à l'occasion de la victoire remportée par l'armée française à Wurtchen.

Même jour. — Défaite de l'armée anglo-espagnole commandée par le général Elio, par le maréchal Suchet, au combat de Xucar.

14 *juin*. — L'armée française en Espagne, dont le roi Joseph venait de prendre le commandement, se retire sur l'Ebre.

18 *juin*. — Décret de Napoléon qui ordonne de former une liste des absens dans la trente-deuxième division militaire.

21 *juin*. — Bataille de Vittoria entre l'armée anglo-espagnole de lord Wellington et celle des Français du roi Joseph, commandée par le maréchal Jourdan ; elle est perdue par la

faute des généraux français, et bientôt, par ses résultats, va ouvrir le chemin de la France aux Anglais.

23 juin. — Retraite de l'armée française d'Espagne sur la France.

26 juin. — L'empereur ordonne au maréchal Davoust d'imposer à la ville de Lubeck une contribution extraordinaire de six millions.

27 juin. — L'armée française d'Espagne, après avoir passé sans être inquiétée les gorges de Roncevaux et la vallée de Bastan, rentre sur le territoire français.

Même jour. — Prise du fort de Requena en Espagne, par le général Harispe, sur le général Elio.

30 juin. — Convention signée entre l'empereur Napoléon et l'empereur d'Autriche, par laquelle celui-ci s'engage à faire prolonger l'armistice accordé à l'empereur de Russie et au roi de Prusse jusqu'au 10 août.

1er juillet. — Sénatus-consulte qui ordonne que celui du 3 avril 1813, portant suspension pendant trois mois du régime constitutionnel dans les départemens de l'Ems-Supérieur, des Bouches du Weser et des Bouches-de-l'Elbe, composant la trente-deuxième division militaire, est prorogé pendant trois mois, à compter du 15 juillet courant.

12 juillet. — Arrivée à Baïonne du maréchal Soult, duc de Dalmatie, avec le titre de lieutenant-général de l'empereur en Espagne.

20 juillet. — L'armée française d'Espagne reprend l'offensive.

25 juillet. — Combat très-vif sous les murs de St.-Sébastien, entre les Anglais qui assiégeaient cette ville sous les ordres du général Graham, et la garnison commandée par le général Rey. Les Anglais sont repoussés avec une grande perte.

16 juillet. — Napoléon part de Dresde pour se rendre à Mayence.

27 *juillet*. — Bataille de Cubéry, entre le duc de Dalmatie et Wellington ; le premier est obligé de battre en retraite.

28 *juillet*. — Arrivée de Napoléon à Mayence et du général Caulincourt, duc de Vicence, ministre plénipotentiaire à Prague.

29 *juillet*. — Note présentée par les plénipotentiaires de France, le duc de Vicence et le comte de Narbonne, tendante à ce que le congrès pour la paix fût immédiatement ouvert à Prague pour la réunion effective des ministres et la vérification réciproque des pouvoirs.

31 *juillet*. — Combat d'Irun entre Wellington et le duc de Dalmatie ; il reste sans résultat.

6 *août*. — Retour de Napoléon à Dresde.

10 *août*. — Le comte de Metternich, après avoir gagné du temps en trompant par de fausses promesses les plénipotentiaires français, déclare enfin au duc de Bassano que l'armistice étant expiré, on ne peut plus ouvrir de congrès.

12 *août*. — Le duc de Bassano reçoit du comte de Metternich la déclaration de guerre de l'empereur d'Autriche contre son gendre.

13 *août*. — Le prince Eugène, vice-roi d'Italie, prend le commandement de l'armée française en Italie.

14 *août*. — Arrivée du roi de Naples, Joachim Murat.

15 *août*. — Napoléon part de Dresde pour se mettre à la tête de son armée, en Silésie.

17 *août*. — Reprise des hostilités en Allemagne et en Italie.

18 *août*. — Quartier-général de l'empereur à Gorlitz.

Même jour. — Le maréchal Suchet fait sauter les fortifications de Tarragone en Espagne.

19 *août*. — L'armée française pénètre dans la Bohême.

21 *août*. — Quartier-général de l'empereur à Lowender. — Combat de Trebine, où le duc de Reggio culbute tous les

avant-postes de l'armée du prince royal de Suède (Bernadotte).

22 *août*. — Plusieurs combats livrés par les divers corps de l'armée de Silésie, presque tous au désavantage des Français. — L'empereur retourne avec sa garde à Dresde, menacé par la grande armée alliée.

23 *août*. — Combat de Golberg, où le général Lauriston repousse avec une grande perte les troupes du général Blucher.

Même jour. — Combat de Gross-Beeren, entre le corps d'armée du duc de Reggio et les troupes de Bernadotte; celui-ci reste vainqueur, et met par cette victoire Berlin à l'abri de toute attaque.

24 *août*. — Sénatus-consulte qui met à la disposition du ministre de la guerre trente mille hommes pris dans les classes de 1814, 1813, 1812 et antérieures, dans vingt-quatre départemens du Midi.

25 *août*. — Quartier-général de l'empereur à Stolpen. Napoléon laisse le commandement de son armée de Lusace au maréchal Macdonald et se rend à Dresde.

26 *août*. — Combat livré sous les murs de Dresde, et sous les yeux de Napoléon, entre les troupes alliées aux ordres du prince autrichien Schwartzenberg, et celles commandées par le maréchal Gouvion St.-Cyr; l'ennemi est repoussé avec une grande perte.

Même jour. — Bataille de la Katzbach, entre le maréchal Blucher, commandant les troupes prussiennes, et l'armée de Silésie, que Napoléon avait laissée aux ordres du maréchal Macdonald; celui-ci est complétement battu par le premier.

27 *août*. — Bataille de Dresde, livrée par l'empereur à la grande armée alliée, commandée par l'empereur Alexandre et le prince de Schwartzenberg. L'ennemi est battu sur tous les points; il perd quarante mille hommes, dont dix-huit mille prisonniers, presque tous Autrichiens, vingt-six pièces de

canons, cent trente caissons et dix-huit drapeaux. — C'est dans cette journée que le général Moreau, honteusement arrivé d'Amérique au secours des ennemis de sa patrie, fut frappé d'un boulet qui le fit mourir quelques jours après.

30 *août*. — Bataille de Kulm ; l'armée du prince de Schwartzenberg, dans sa retraite après la bataille de Dresde, rencontre à Kulm le corps d'armée du général Vandamme, l'environne avec des forces quadruples et lui fait abandonner toute son artillerie, le général Vandamme ayant été obligé de se faire jour les armes à la main, après une perte de plus de dix mille hommes.

31 *août*. — Evacuation de la ville de St.-Sébastien en Espagne par les Français. Les Anglais, après être entrés dans cette malheureuse cité, y commettent des horreurs dont les annales de la guerre offrent peu d'exemples, et dont cette nation barbare était seule capable dans un siècle de civilisation.

1er *septembre*. — Retraite de l'armée française du maréchal Soult sur la Bidassoa.

3 *septembre*. — L'empereur part de Dresde pour se rendre en Lusace.

6 *septembre*. — Bataille de Jutterbogk entre le prince royal de Suède et le maréchal Ney, qui venait de remplacer le duc de Reggio. Encore moins heureux que celui-ci, Ney se laisse battre complétement, perd dix mille hommes, vingt-cinq pièces de canon, et est obligé de réorganiser entièrement son corps d'armée.

9 *septembre*. — Napoléon retourne à Dresde.

14 *septembre*. — L'empereur bat les alliés au combat de Geyersberg.

15 *septembre*. — Napoléon force le général Wittgenstein à se replier sur Kulm.

21 *septembre*. — Retour de l'empereur à Dresde.

4 octobre. — Message de l'empereur Napoléon au sénat, annonçant qu'il est en guerre avec l'Autriche.

7 octobre. — Séance solennelle du sénat, présidée par l'impératrice-régente; elle y prononce un discours, dont le but est d'encourager la nation à défendre son territoire contre les ennemis dont, dit-elle, elle connaît mieux que personne toutes les mauvaises intentions, et finit par demander une levée de deux cent quatre-vingt mille conscrits.

7 octobre. — Napoléon se porte de Dresde à la rencontre des deux armées commandées par Blucher et le prince de Suède.

8 octobre. — L'armée française du maréchal Soult passe la Bidassoa.

9 octobre. — Capitulation de la citadelle de Saint-Sébastien.

12 octobre. — L'ennemi, qui s'était replié à l'approche de Napoléon, est battu à Dessau par le prince de la Moskowa.

14 octobre. — Combat de Wachau, où l'empereur fait replier tous les postes du prince de Schwartzenberg.

Même jour. — Sénatus-consulte qui déclare que la France ne conclura aucun traité de paix avec la Suède, sans qu'au préalable celle-ci n'ait renoncé à la possession de l'île française de la Guadeloupe.

16 octobre. — Bataille de Wachau, gagnée par Napoléon sur les troupes alliées, commandées par le prince de Schwartzenberg, général en chef de toutes les troupes armées contre la France.

17 et 18 octobre. — Bataille de Leipsick. Napoléon, environné par des forces plus que doubles, épuise en vain toutes les ressources de son génie pour retenir la victoire; pour la première fois, depuis qu'il commandait les armées, elle lui échappe dans une bataille rangée. Il faut dire cependant, à la gloire de Napoléon, et surtout des soldats français, que, sans l'infâme trahison des troupes saxonnes, il est plus que probable que la bataille de Leipsick eût été le complément de la renommée militaire de l'empereur, au lieu d'être le commencement de tous les désastres qui ont amené sa chute.

19 octobre. — Retraite de l'armée française.

20 octobre. — L'armée française arrive à Weissenfels.

21 octobre. — A Freybourg.

22 octobre. — A Ollendorff, où elle culbute les cosaques de Platow.

23 octobre. — Quartier-général de l'empereur à Erfurt.

25 octobre. — Décret de Napoléon au quartier-impérial de Goeta, qui convoque le corps législatif pour le 2 décembre prochain.

30 octobre. — Bataille de Hanau. L'armée française, poursuivie par les alliés, et arrêtée dans sa marche par l'armée de Bavière, qui venait aussi de se déclarer contre la France, est encore obligée de livrer bataille. Elle passe sur le ventre du général de Wrede, qui commandait les Bavarois, lui tue six mille hommes, lui fait quatre mille prisonniers, et continue sa retraite en bon ordre.

31 octobre. — Le duc de Raguse, qui formait l'arrière-garde, attaque lui-même le général de Wrede à Hanau, le culbute encore, et l'oblige à rétrograder.

1er novembre. — Le prince vice-roi, après s'être défendu avec honneur contre les forces supérieures qui l'attaquaient en Italie, est obligé de repasser la Brenta et l'Adige.

2 novembre. — L'empereur et l'armée française passent le Rhin à Francfort.

9 novembre. — Arrivée de l'empereur à Paris.

11 novembre. — Le maréchal Gouvion Saint-Cyr capitule dans Dresde. Les alliés ont l'infamie de rompre la capitulation, et rendent ainsi inutile pour la France une armée de près de trente mille hommes.

15 *novembre.* — L'armée d'Italie met en fuite la gauche des Autrichiens au combat de Caldiero.

Même jour. — Sénatus-consulte qui proroge les pouvoirs de la série des députés au corps législatif qui devaient en sortir. — Autre qui donne à Napoléon le droit de nommer le président du corps législatif.

16 *novembre.* — Sénatus-consulte qui met à la disposition du gouvernement les trois cent mille conscrits demandés par l'impératrice, et qui devront être pris sur les classes de 1802, 1803 et années suivantes jusques et compris 1814.

18 *novembre.* — Les Autrichiens sont de nouveau battus au combat de San-Michele en Italie.

Même jour. — Le maréchal Soult est repoussé dans ses lignes au camp de Sarre.

27 *novembre.* — Reprise de Ferrare par le prince vice-roi sur les Autrichiens.

5 *décembre.* — Capitulation de Stettin.

8 *décembre.* — Combat de Rovigo en Italie, où les Autrichiens sont battus par le général Marcognet.

11 *décembre.* — Traité signé à Valençay entre Napoléon et Ferdinand VII, par lequel celui-ci s'engage à faire évacuer l'Espagne par l'armée britannique, et à ne persécuter aucun des Espagnols qui ont pris parti pour le roi Joseph.

13 *décembre.* — Bataille de Saint-Pierre d'Irube perdue par le maréchal Soult.

16 *décembre.* — Décret de Napoléon ordonnant la formation de trente cohortes de la garde nationale pour la garde des places fortes.

19 *décembre.* — Ouverture du corps législatif par l'empereur.

22 *décembre.* — Décret communiqué au sénat et au corps législatif, par lequel une commission extraordinaire est nom-

mée pour prendre communication de la négociation qui a eu lieu avec les puissances alliées.

25 *décembre*. — Commencement du siége d'Huningue par les alliés.

26 *décembre*. — Capitulation de Torgau.

27 *décembre*. — Déret impérial qui nomme vingt sénateurs commissaires extraordinaires dans les départemens.

29 *décembre*. — Capitulation de la ville de Dantzick après deux mois de siége.

30 *décembre*. — L'empereur reçoit dans la salle du trône une députation du sénat, qui lui présente une adresse de remercîment pour la communication faite le 22.

31 *décembre*. — Napoléon, irrité du rapport fait par la commission du corps législatif, apostrophe vivement les membres de cette commission, et dissout le corps législatif lui-même.

1814.

1er *janvier*. — Décret impérial qui ajourne la session législative.

2 *janvier*. — Réception solennelle, dans la salle du trône, du sénat, du corps législatif, et de toutes les autorités supérieures de l'état.

3 *janvier*. — Décret impérial en faveur des juifs de Paris.

6 *janvier*. — Les alliés, après avoir violé la neutralité de la Suisse, commencent à pénétrer en France.

9 *janvier*. — Décret de Napoléon, qui appelle à un service actif la garde nationale de Paris, et s'en déclare le commandant en chef.

11 *janvier*. — Joachim Murat, mu par la plus lâche ingratitude, signe à Naples un traité d'alliance avec l'Autriche contre son bienfaiteur Napoléon.

14 *janvier*. — Quartier-général à Lyon du maréchal Augereau, commandant du corps d'armée française sur le Rhône.

21 *janvier*. — Décret impérial pour la formation de douze régimens de voltigeurs et de tirailleurs de la jeune garde.

22 *janvier*. — Arrivée à Châtillon du duc de Vicence en qualité de ministre plénipotentiaire de Napoléon.

24 *janvier*. — Lettre-patente de Napoléon, et sénatus-consulte qui confèrent à l'impératrice Marie-Louise la régence de l'empire pendant l'absence de son mari.

Même jour. — Napoléon fait ses adieux à la garde nationale de Paris dans la personne de ses officiers, convoqués à cet effet au château des Tuileries, et recommande avec chaleur et dignité son épouse et son fils au courage et au dévouement des défenseurs de la capitale.

Même jour. — Le général Carnot écrit à l'empereur pour lui demander du service.

25 *janvier*. — Napoléon part de Paris pour se mettre à la tête de ses armées.

26 *janvier*. — Quartier-général de l'empereur à Vitry.

29 *janvier*. — Combat de Brienne entre l'armée française et celle des alliés aux ordres du prince de Schwartzenberg; Napoléon remporte l'avantage.

1er *février*. — Bataille de la Rothière entre Napoléon et les deux armées alliées du prince de Schwartzenberg et du général Blucher; elle est perdue par Napoléon.

3 *février*. — Retraite de l'armée française sur Troyes.

7 *février*. — Retraite de l'armée française sur Nogent.

8 *février*. — Bataille du Mincio en Italie, gagnée par le prince vice-roi sur le général autrichien Bellegarde.

9 *février*. — Organisation de la garde nationale sédentaire de Paris.

Même jour. — Napoléon concentre ses forces à Sezanne.

10 *février.* — Combat de Champ-Aubert entre deux divisions de l'armée française et le corps d'armée alliée aux ordres du général russe Alsusiew ; celui-ci est battu et fait prisonnier.

11 *février.* — Bataille de Montmirail ; le général Blucher est battu à son tour.

12 *février.* — Combat de Château-Thierry à l'avantage des Français.

Même jour. — Autre combat de Vaux-Champ ; le général Blucher est encore battu et obligé d'abandonner une partie de ses équipages pour s'échapper. L'armée de Silésie, qu'il commandait, est obligé de repasser la Marne.

14 *février.* — Combat de Soissons. Le général russe Wintzingerode s'empare de cette ville.

15 *février.* — Les maréchaux Macdonald, Victor et Oudinot concentrent leurs corps d'armée sur l'Hières, à cinq lieues de Paris.

16 *février.* — Napoléon, instruit des dangers que court la capitale, arrive à marche forcée sur Guignes, au secours des maréchaux menacés par le prince de Schwartzenberg.

Même jour. — Combats de Mormant et de Valzouan, perdus, le premier par les alliés, le second par le duc de Bellune.

18 *février.* — Bataille de Montereau, gagnée par l'empereur sur la grande armée alliée.

22 *février.* — Combat de Méry-sur-Seine, gagné par le duc de Reggio.

23 *février.* — Reprise de Troyes par l'armée française.

24 *février.* — Les souverains alliés font à Napoléon la demande d'un armistice, et consentent enfin à nommer des plénipotentiaires pour négocier de la paix au congrès de Châtillon.

26 *février*. — L'armée de Silésie du maréchal Blucher s'avance vers Paris par la vallée de la Marne.

27 *février*. — Combat de Meaux, gagné par le maréchal duc de Raguse.

Même jour. — Combats de Bar et de la Ferté, perdus par le maréchal Macdonald contre le prince de Schwartzenberg.

Même jour. — Bataille d'Orthez, perdue par le maréchal Soult.

28 *février*. — Combat de Gué-à-Trème, gagné contre le général Blucher par les maréchaux duc de Trévise et de Raguse. Blucher est obligé de suspendre sa marche sur Paris.

1er *mars*. — Combat de Lizy, gagné par les maréchaux Mortier et Marmont. Blucher est obligé de battre en retraite.

2 *mars*. — Napoléon marche sur les derrières de l'armée du général Blucher.

Même jour. — Combat de Bar-sur-Seine, perdu par le maréchal Macdonald.

3 *mars*. — Combat de Neuilly-Saint-Front; le maréchal Blucher, vaincu de nouveau, précipite sa retraite.

4 *mars*. — Combat de Saint-Parre, perdu par le maréchal Macdonald.

5 *mars*. — Reprise de Reims sur les alliés par le général Corbineau.

Même jour. — Décret qui appelle à l'armée six mille gardes nationaux de l'Aisne, et trois mille de la Marne.

6 et 7 *mars*. — Bataille de Craone, gagnée par l'empereur sur le maréchal Blucher.

9 et 10 *mars*. — Bataille de Laon livrée par Napoléon avec trente mille hommes contre cent mille ; elle est perdue par lui.

11 *mars*. — Retraite de l'armée française sur Soissons.

Même jour. — Rupture des conférences tenues à Lusigny pour traiter d'un armistice.

12 *mars*. — Combat de Reims; le général comte de Saint-Priest, français qui servait dans les rangs ennemis contre sa patrie, y est tué.

Même jour. — Occupation de Bordeaux par les Anglo-Espagnols.

14 *mars*. — Poursuite des alliés sur Béry-au-Bac.

16 *mars*. — Retraite du maréchal Soult sur Tarbes.

17 *mars*. — L'empereur part de Reims, et fait avancer son armée sur l'Aube.

Même jour. — Retraite du maréchal Macdonal sur Provins.

19 *mars*. — Combat de Fère-Champenoise, gagné par l'empereur.

Même jour. — Rupture du congrès de Châtillon.

20 *mars*. — Bataille d'Arcis-sur-Aube, gagnée par Napoléon.

Même jour. — Bataille de Limonest entre le maréchal Augereau et le prince de Hesse-Hombourg ; elle reste indécise.

21 *mars*. — Le maréchal Augereau évacue Lyon et se retire sur l'Isère.

23 *mars*. — L'empereur, avec ses principales forces, marche sur Saint-Dizier.

25 *mars*. — Double combat de Fère-Champenoise ; les maréchaux ducs de Trévise et de Raguse sont battus.

26 *mars*. — Combat de Saint-Dizier; le général Wintzengerode est battu par Napoléon.

Même jour. — Combats de Sezanne et de Chailly, perdus par les maréchaux Mortier et Marmont.

28 *mars*. — L'impératrice Marie-Louise et le roi de Rome, suivis des ministres, etc., quittent Paris et se retirent à Blois.

29 *mars*. — Passage de la Marne par les deux armées réunies du maréchal Blucher et du prince de Schwartzenberg.

Même jour. — L'empereur part de Troyes et court en poste sur Paris.

30 *mars*. — Bataille de Paris, perdue par le duc de Raguse.

31 *mars*. — Capitulation signée par le duc de Raguse; par ce seul fait il livre Paris et détruit le gouvernement impérial.

Même jour. — L'empereur apprend à la Cour-de-France la capitulation qui livrait sa capitale à l'ennemi.

1er *avril*. — Occupation de Paris par les alliés.

3 *avril*. — Le sénat décrète la déchéance de Napoléon Bonaparte.

Même jour. — L'empereur fait à Fontainebleau une première abdication en faveur de son fils sous la régence de l'impératrice Marie-Louise.

4 *avril*. — Sénatus-consulte qui délie le peuple français de son serment de fidélité envers Napoléon.

7 *avril*. — Ridicule constitution improvisée par le sénat.

10 *avril*. — Bataille de Toulouse entre le maréchal Soult et lord Wellington; elle reste indécise.

11 *avril*. — Traité conclu à Paris entre les puissances al-

liées et l'empereur Napoléon. Celui-ci obtient la souveraineté de l'île d'Elbe et deux millions de revenus payables par la France.

19 *avril.* — Entrevue de l'impératrice Marie-Louise et de l'empereur d'Autriche, son père, au château du Petit-Trianon, à Versailles.

20 *avril.* — Napoléon part de Fontainebleau pour se rendre à l'Ile d'Elbe.

22 *avril.* — Il arrive à Beaune.

24 *avril.* — Il rencontre près de Valence le maréchal Augereau ; celui-ci insulte grossièrement son ancien bienfaiteur.

25 *avril.* — Napoléon arrive à Orange.

26 *avril.* — Il couche près de Luc dans la campagne de sa sœur Pauline Borghèse.

27 *avril.* — Il arrive à Fréjus.

28 *avril.* — Il s'embarque sur la frégate anglaise *l'Indomptée.*

3 *mai.* — Napoléon débarque à Porto-Ferrajo, prend possession de l'île d'Elbe, dernier débris de sa vaste domination.

1815.

26 *février.* — Napoléon donne à sa garde l'ordre de se tenir prête à quitter l'Ile d'Elbe. A huit heures du soir il s'embarque lui-même sur le brick *l'Inconstant*, et s'écrie : *le sort en est jeté !* L'ordre est donné de voguer vers la France.

27 *février.* — Napoléon communique à sa garde le secret de l'expédition : *grenadiers*, leur dit-il, *nous allons en France, nous allons à Paris.*

1er *mars.* — Napoléon et sa petite troupe débarquent au golfe Juan à cinq heures du soir. C'est de là qu'il adresse à l'armée et au peuple français ces deux fameuses adresses qui firent voler le drapeau tricolore de clochers en clochers jusqu'à Notre-Dame; Napoléon y prenait le titre d'empereur, qui lui avait été conservé par le traité de Paris.

2 *mars*. L'empereur couche au village de Cerenon, après avoir traversé sans obstacle Cannes et Grasse. Il avait fait, ainsi que sa garde, vingt lieues dans cette première journée.

3 *mars*. — Il arrive à Barême.

4 *mars*. — A Digne.

5 *mars*. — A Gap. Le général Cambronne, commandant l'avant-garde, s'empare de la forteresse de Sisteron.

Même jour. — La nouvelle du débarquement de Napoléon, transmise par le télégraphe, arrive à Paris et répand la terreur et l'effroi.

6 *mars*. — L'empereur couche à Gap.

Même jour. — Ordonnance du roi, qui met à prix la tête de Napoléon, et ordonne à tout Français de lui courir sus. — Autre ordonnance qui convoque extraordinairement la Chambre des pairs et celle des députés. — Monsieur, comte d'Artois et le duc d'Orléans partent pour Lyon.

8 *mars*. — Napoléon est reçu dans la ville de Grenoble. Un détachement de soldats, qui gardait les approches de cette ville, avait refusé de laisser passer son avant-garde; Napoléon marche droit au détachement, suivi de sa garde, arme baissée : *Eh ! quoi mes amis*, leur dit-il, *vous ne me reconnaissez pas. Je suis votre empereur; s'il est parmi vous un soldat qui veuille tuer son général, son empereur, il le peut; me voilà* (en effaçant sa poitrine).

9 *mars*. — Napoléon couche à Bourgoin.

Même jour. — Ordonnance du roi, qui remet en activité tous les militaires en semestre, etc.

10 *mars*. — L'empereur est reçu à Lyon comme il l'avait été à Grenoble.

11 et 12 *mars*. — Napoléon séjourne à Lyon, et y rend plusieurs décrets par lesquels il dissolvait les chambres du roi et sa maison militaire, ordonnait aux émigrés rentrés à la suite du roi, de sortir de France dans un délai donné, abolissait la noblesse et les titres féodaux, convoquait les colléges électoraux en assemblée extraordinaire du Champ-de-Mai, etc., etc.

13 *mars*. — Napoléon couche à Mâcon.

Même jour. — Le prince de la Moscowa, maréchal Ney, prend le parti de l'empereur à Lons-le-Saulnier.

Même jour. — Déclaration des souverains alliés sur le retour de Napoléon en France.

14 *mars*. — Napoléon couche à Châlons.

15 *mars*. — A Autun.

Même jour. — Le roi et toute la famille royale prêtent serment de fidélité à la Charte au milieu des deux chambres convoquées extraordinairement.

16 *mars*. — L'empereur couche à Avalon.

17 *mars*. — Il arrive à Auxerre.

19 *mars*. — Il quitte Auxerre pour se rendre à Fontainebleau.

Même jour. — Le roi et toute la famille royale quittent Paris au milieu de la nuit.

20 *mars*. — L'empereur arrive le matin à Fontainebleau; le soir, à neuf heures, il fait son entrée dans la capitale.

21 *mars*. — Napoléon passe en revue les troupes présentes à Paris, et dans la harangue qu'il prononce dans cette circonstance, il s'attache à flatter également le peuple et le soldat.

Même jour. — Il nomme les différens ministres.

21 *mars.* — L'empereur reçoit les diverses autorités : par l'effet de cette versatilité de l'esprit, qui ne justifie que trop le mépris de Napoléon pour les hommes, la plupart de ceux qui l'avant-veille avaient encore juré de rester fidèles au roi, venaient féliciter l'empereur sur son heureux retour.

24 *mars.* — Décret qui supprime la censure, les censeurs et la direction de la librairie.

Même jour. — Arrivée à Paris de Joseph Bonaparte, frère de l'empereur.

25 *mars.* — Traité de Vienne, par lequel les puissances alliées s'engagent à ne point déposer les armes tant que Napoléon serait sur le trône de France.

Même jour. — Décret de Napoléon, qui ordonne aux ministres et officiers civils et militaires de la maison du roi et de celles des princes, ainsi qu'aux chefs des Chouans, des Vendéens et des volontaires royaux, de s'éloigner à trente lieues de Paris.

26 *mars.* — Grande réception aux Tuileries. L'empereur prononce un discours où l'on remarque ce passage. *Tout à la nation, et tout pour la France ; voilà ma devise.*

Même jour. — Déclaration du conseil-d'état, tendant à prouver la nullité de l'abdication de Fontainebleau.

27 *mars.* — Grande revue aux Tuileries. L'empereur annonce lui-même aux troupes que le roi et toute la famille royale ont quitté le territoire français.

Même jour. — Adresse des ministres à l'empereur.

29 *mars.* — Déclaration du conseil d'état en réponse à celle des puissances alliées du 13.

30 *mars.* — Circulaire du ministre des relations extérieures, Caulaincourt, duc de Vicence, aux ambassadeurs, ministres, et autres agens de France à l'extérieur.

31 *mars.* — Joachim Murat, roi de Naples, se déclare pour son beau-frère Napoléon, et appelle les Italiens à l'indépendance,

1er *avril.* — Décrets qui annullent les ordonnances du roi, relatives aux théâtres, au Conservatoire, à l'Hôtel des Invalides, etc.

2 *avril.* — Décret portant abolition de la traite des Nègres. — Napoléon reçoit l'Institut aux Tuileries.

Même jour. — La duchesse d'Angoulême est contrainte de quitter Bordeaux.

3 *avril.* — Le général Clausel prend possession de Bordeaux au nom de l'empereur, et fait arborer la cocarde tricolore dans cette ville.

Même jour. — Lettre de l'empereur aux divers souverains d'Europe.

4 *avril.* — Lettre du ministre de la police générale à tous les préfets de l'Empire.

7 *avril.* — Décret impérial concernant la garde nationale. — Autre, sur une nouvelle organisation de la police générale.

8 *avril.* — Convention signée au Pont St.-Esprit, entre le duc d'Angoulême et le général Grouchy. Le prince consent à être conduit à Cette, pour s'y embarquer.

Même jour. — Décret impérial relatif à la famille des Bourbons.

10 *avril.* — Décret impérial qui élève à la dignité de maréchal d'empire les généraux Grouchy, Bertrand, Drouot, d'Erlon, Belliard et Gérard.

11 *avril.* — Décret qui ordonne que tout fonctionnaire civil et militaire renouvellera le serment de fidélité à l'empereur.

15 avril. — Rapport du ministre des relations extérieures à l'empereur sur les dispositions hostiles des puissances, sur la rupture des communications entre elles et l'empire français.

16 avril. — Autre rapport du ministre de la police générale à l'empereur, sur la situation intérieure de la France, et circulaire du même aux préfets.

Même jour. — Décret portant que l'assemblée du Champ-de-Mai, convoquée pour le 26 du mois suivant, sera composée des membres de tous les colléges électoraux des départemens et d'arrondissemens de l'empire, et des députations nommées par tous les corps d'armée de terre et de mer. — Autre décret pour l'organisation d'un ou plusieurs corps francs par département. — Autre, qui augmente de douze membres la classe des beaux-arts (4ᵉ de l'Institut.)

22 avril. — Promulgation de l'acte additionnel aux constitutions de l'empire.

30 avril. — Décret sur le renouvellement des autorités municipales.

6 mai. — Lettre du ministre de la guerre aux préfets.

7 mai. — Nouveau rapport du ministre de la police générale sur la situation de l'empire.

9 mai. — Décret de Napoléon sur le rapport ci-dessus.

10 mai. — Arrivée à Paris du prince Lucien Bonaparte, frère de l'empereur.

24 mai. — Présentation des confédérés de Paris à l'empereur.

28 mai. — Pacte fédératif des Parisiens.

1ᵉʳ juin. — Solennité du Champ-de-Mai au Champ-de-Mars. L'empereur y fait un discours et distribue les aigles impériales à l'armée et à la garde nationale. D'après le recensement des votes émis à Paris et dans les départemens, l'acte additionnel du 22 avril est proclamé *constitution de l'état*.

3 *juin*. — Ouverture des deux chambres (des pairs et des représentans). M. Lanjuinais est nommé par l'empereur président de la chambre des représentans.

4 *juin*. — Grandes fêtes et réjouissances publiques à Paris pour célébrer l'acceptation de l'acte additionnel aux constitutions de l'empire.

5 *juin*. — Le président de la chambre des pairs, Cambacérès, donne communication à la chambre des représentans du décret de l'empereur contenant la nomination des pairs de France.

7 *juin*. — Ouverture solennelle de la session législative par l'empereur.

10 *juin*. — Déclaration par laquelle la Suisse annonce qu'elle accède au système de confédération des puissances contre Napoléon.

11 *juin*. — L'empereur reçoit les adresses des deux chambres des pairs et des représentans. Dans sa réponse, il annonce son départ pour l'armée dans la nuit suivante.

12 *juin*. — Napoléon quitte Paris à trois heures du matin.

13 *juin*. — Il arrive à Avesnes.

14 *juin*. — Proclamation de l'empereur à l'armée.

Même jour. — Rapport des deux chambres sur la situation de l'empire, présenté par le ministre de l'intérieur Carnot.

15 *juin*. — Combat de Fleurus, gagné par l'armée française.

16 *juin*. — Bataille de Ligny ou des Quatre-Bras, gagnée par l'armée française. Les Prussiens perdent 25,000 hommes.

17 *juin*. — Quartier-général de l'empereur à la ferme du Caillou, près Planchenois.

18 *juin*. — Bataille de Mont-Saint-Jean ou de Waterloo, perdue par l'armée française.

21 *juin.* — Retour de l'empereur à Paris. La chambre des représentans se déclare en permanence, et exprime des sentimens hostiles contre l'empereur.

22 *juin.* — Seconde abdication de l'empereur en faveur de son fils, Napoléon II.

23 *juin.* — Les deux chambres nomment une commission de gouvernement, composée de Fouché, duc d'Otrante, président; Carnot, Caulaincourt, Quinette et le général Grenier.

25 *juin.* — Napoléon se retire à la Malmaison, ancienne résidence de sa première épouse, Joséphine. Il adresse de là une proclamation à l'armée devant Paris.

26 *juin.* — Fouché, président de la commission de gouvernement, sous prétexte de protéger la sûreté de Napoléon, mais réellement pour rester maître de sa personne, envoie à la Malmaison une garde commandée par le général Becker.

27 *juin.* — Napoléon, apprenant l'approche des armées prussienne et anglaise, écrit à la commission de gouvernement, et demande à servir en sa qualité de général contre les ennemis de la patrie.

29 *juin.* — Napoléon quitte la Malmaison pour se rendre à Rochefort.

3 *juillet.* — Capitulation de Paris.

8 *juillet.* — Arrivée de Napoléon à Rochefort.

Même jour. — Rentrée de S. M. Louis XVIII à Paris.

13 *juillet.* — Napoléon écrit de Rochefort au prince-régent d'Angleterre, pour le prévenir que : « *comme Thémistocle, il vient s'asseoir aux foyers du peuple britannique.* »

15 *juillet.* — Napoléon s'embarque sur le brick l'*Epervier*, dans le dessein de se rendre sur le vaisseau anglais le *Bellerophon*. Au moment d'aborder, il s'aperçoit que le général Becker le suivait : « *Retirez-vous, général,* lui dit-il, *je ne veux pas qu'on puisse croire qu'un Français est venu me livrer à mes ennemis.* »

16 *juillet.* — Il fait voile vers l'Angleterre.

4 *août.* — Protestation de Napoléon contre la conduite de l'Angleterre à son égard.

8 *août.* — Lord Keith apporte à Napoléon l'ordre du gouvernement anglais de le transférer à Sainte-Hélène.

10 *août.* — Napoléon est embarqué sur *le Northumberland.*

11 *août.* — Il quitte le canal de la Manche. En passant à la hauteur du cap de la Hogue, Napoléon reconnut les côtes de France; il les salua aussitôt, et étendant ses mains vers le rivage, il s'écria d'une voix profondément émue : *Adieu, terre des braves! Adieu, chère France! Quelques traîtres de moins, et tu serais encore la grande nation et la maîtresse du monde!* Ces adieux de Napoléon à la terre qu'il avait illustrée devaient être les derniers.

18 *octobre.* — Napoléon débarque à l'île Sainte-Hélène [1].

1816.

11 *décembre.* — Lettre de Napoléon au comte de Las-Cases, au moment où celui-ci était forcé de quitter l'île Sainte-Hélène.

1818.

25 *juillet.* — On le prive de M. Barry E. O'Méara, médecin anglais qui avait mérité son affection.

1821.

15 *mars.* — Napoléon tombe dangereusement malade.
31 *mars.* — Il est obligé, par sa maladie, de rester au lit.

---

[1] Avec le comte Bertrand, le général Gourgaud, les comtes Montholon et Las-Cases, la comtesse Montholon, la comtesse Bertrand et les enfans de ces deux dernières.

15 *avril*. — Il fait mettre au pied de son lit le buste de son fils.

5 *mai*. — A sept heures du matin l'homme du siècle expire....... Ses derniers mots furent : « *Mon fils! Dieu protège la France!* »

6 *mai*. — Les médecins anglais font l'ouverture du corps de Napoléon, et déclarent que Napoléon est mort d'un cancer à l'estomac. On remarque que le procès-verbal d'ouverture n'est pas signé du docteur Antommarchi, médecin particulier de Napoléon.

8 *mai*. — Funérailles de Napoléon. Ses restes sont déposés dans une petite vallée de Sainte-Hélène, au pied d'un saule et auprès d'une source où cet illustre proscrit venait souvent se désaltérer, et sans doute méditer sur ses grandes destinées.

26 *juillet*. — Les habitans du village de Kostheim, à une demi-lieue de Mayence, que Napoléon avait exemptés d'impositions pendant quinze ans, dans le temps de ses prospérités, font célébrer par leur curé un service funèbre en l'honneur de leur bienfaiteur.

OEUVRES
DE NAPOLÉON
BONAPARTE.

LIVRE PREMIER.

PREMIÈRE CAMPAGNE D'ITALIE.

Au quartier-général à Nice, le 8 germinal an 4 (28 mars 1796).

Bonaparte, général en chef, au directoire exécutif.

Je suis, depuis plusieurs jours, dans l'enceinte de l'armée dont j'ai pris depuis hier le commandement.

Je dois vous rendre compte de trois choses essentielles : 1°. des départemens de Vaucluse, des Bouches-du-Rhône, du Var et des Basses-Alpes ; 2°. de la situation de l'armée, de ce que j'ai fait et de ce que j'espère ; 3°. de notre position politique avec Gênes.

Les quatre départemens de l'arrondissement de l'armée n'ont payé ni emprunt forcé, ni contributions en grains, ni effectué le versement des fourrages exigé par la loi du 7 vendémiaire, ni commencé à fournir le troisième cheval. Il y a beaucoup de lenteur dans la marche de ces administrations ; je leur ai écrit, je les ai vues, et l'on m'a fait espérer quelque activité sur des objets aussi essentiels à l'armée.

La situation administrative de l'armée est fâcheuse, mais elle n'est pas désespérante. L'armée mangera dorénavant du bon pain et aura de la viande, et déjà elle a touché quelques avances sur son prêt arriéré.

Les étapes pour la route du Rhône et du Var sont approvisionnées, et, depuis cinq jours, ma cavalerie, mes charrois et mon artillerie sont en mouvement. Je marcherai sous peu de temps. Un bataillon s'est mutiné; il n'a pas voulu partir de Nice, sous prétexte qu'il n'avait ni souliers, ni argent; j'ai fait arrêter tous les grenadiers, j'ai fait partir le bataillon, et, quand il a été au milieu de Nice, je lui ai envoyé contre-ordre et je l'ai fait passer sur les derrières. Mon intention est de congédier ce corps, et d'incorporer les soldats dans les autres bataillons, les officiers n'ayant pas montré assez de zèle. Ce bataillon n'est que de deux cents hommes; il est connu par son esprit de mutinerie.

J'ai été reçu à cette armée avec confiance; j'ai particulièrement été satisfait de l'accueil du général Schérer; il a acquis, par sa conduite loyale et son empressement à me donner tous les renseignemens qui peuvent m'être utiles, des droits à ma reconnaissance. Sa santé paraît effectivement un peu délabrée. Il joint à une grande facilité de parler des connaissances morales et militaires, qui peut-être le rendront utile dans quelque emploi essentiel.

Notre position avec Gênes est très-critique; on se conduit très-mal, on a trop fait ou pas assez, mais heureusement cela n'aura pas d'autre suite.

Le gouvernement de Gênes a plus de génie et plus de force que l'on ne croit; il n'y a que deux partis avec lui : prendre Gênes par un coup de main prompt, mais cela est contraire à vos intentions et au droit des gens; ou bien vivre en bonne amitié, et ne pas chercher à leur tirer leur argent, qui est la seule chose qu'ils estiment.

BONAPARTE.

Au quartier-général à Nice, le 9 germinal an 4 (29 mars 1796).

Au général chef de l'état-major.

Le troisième bataillon de la vingt-neuvième demi-brigade s'est rendu coupable de désobéissance; il s'est déshonoré par son esprit de mutinerie, en refusant de marcher aux divisions actives; les officiers se sont mal conduits; le commandant, capitaine Duverney, a montré de mauvaises intentions. Vous voudrez bien faire arrêter le citoyen Duverney, et le faire traduire devant un conseil militaire à Toulon, où vous adresserez la plainte qui sera portée par le commandant de la place.

Vous ferez traduire devant un conseil militaire, à Nice, les grenadiers accusés d'être les auteurs de la mutinerie. Vous ferez sortir les autres grenadiers, que vous distribuerez, cinq hommes par cinq hommes, dans les bataillons de l'armée.

Les officiers et sous-officiers n'ayant pas donné l'exemple de partir, et étant restés dans les rangs sans parler, sont tous coupables; ils seront sur-le-champ licenciés et renvoyés chez eux.

Les soldats du bataillon seront incorporés à Marseille, avec la quatre-vingt-troisième demi-brigade. La présente lettre sera mise à l'ordre de l'armée.   BONAPARTE.

Au quartier-général à Nice, le 9 germinal an 4 (29 mars 1796).

Au général chef de l'état-major.

Je vous ai écrit ce matin relativement aux officiers du troisième bataillon de la vingt-neuvième demi-brigade. Les officiers des grenadiers de ce corps se sont bien conduits; je vous prie d'en faire mention à l'ordre, de prendre, de votre côté, des renseignemens sur la conduite générale de tous les officiers et sous-officiers de ce corps, de vouloir me faire part du résultat de vos recherches, et de me proposer un mode pour pouvoir placer ceux qui n'ont pris aucune part à la mutinerie. BONAPARTE.

Au quartier-général à Nice, le 9 germinal an 4 (29 mars 1796).

Au général chef de l'état-major.

Le général Mouret commandera depuis la rivière d'Argent à Bandole, ensuite les limites des départemens des Basses-Alpes et du Var. Les cantons de Colmar et d'Entrevaux, seuls, ne seront pas de sa division. Le général Barbantane commandera depuis Bandole jusqu'au Rhône ; son commandement s'étendra dans les départemens des Bouches-du-Rhône et de Vaucluse.

Le général Mouret aura sous ses ordres le général de brigade Gardanne.

Le général Barbantane aura sous ses ordres les généraux Serviez et Verne.

Le général Despinois se rendra au quartier-général.

BONAPARTE.

Au quartier-général à Nice, le 9 germinal an 4 (29 mars 1796).

Au général chef de l'état-major.

La cavalerie sera partagée en deux divisions.

La première sera composée du premier régiment d'hussards, du dixième de chasseurs, du vingt-deuxième de chasseurs, du vingt-cinquième de chasseurs, du cinquième de dragons, du vingtième de dragons.

Le premier régiment d'hussards ira par Menton, Saint-Remo, Oneille, Albenga, et se rendra à Toirano. Le dixième de chasseurs ira à Albenga ; le vingt-deuxième de chasseurs suivra les mêmes étapes ; deux escadrons se rendront à la Pietra et les deux autres iront à Loano.

Le vingt-cinquième de chasseurs prendra aussi la même route ; deux escadrons iront à Borghe et deux autres à Cariale ; le cinquième de dragons restera à Albenga ; le vingtième de dragons ira à Alesio. La seconde division sera composée du septième régiment d'hussards, qui se rendra à la Pietra ; il partira de Nice le 10 germinal ; du treizième de hussards, qui se rendra à Loano ; du vingt-quatrième de chasseurs, qui ira à Oneille ; du huitième de dragons, qui ira au port Maurice ; du quinzième de dragons, qui se rendra à Ormea.

Vous ordonnerez au général de brigade Saint-Hilaire de parcourir les villes destinées à la première division de la cavalerie, et de vous rendre compte s'il y a des écuries en assez grand nombre pour loger les chevaux.

Vous ordonnnerez au général Serrurier d'envoyer un général de brigade faire la visite des villages où doit loger la seconde division. Vous recommanderez à ces généraux de mettre de la discrétion dans cette visite, et de ne rien faire qui puisse déclarer notre projet. BONAPARTE.

Au quartier-général à Nice, le 10 germinal an 4 (30 mars 1796).

Au général chef de l'état-major.

On donnera de la viande fraîche cinq fois par décade ; les bataillons qui ont pris aujourd'hui de la viande salée auront demain de la viande fraîche, et ceux qui ont eu de la viande fraîche auront du salé.

Les administrations de l'armée et les ateliers d'ouvriers prendront la viande tous ensemble. BONAPARTE.

Au quartier-général à Nice, le 11 germinal an 4 (31 mars 1796).

Au général chef de l'état-major.

Le général en chef est instruit que plusieurs commissaires des guerres et officiers ont, dans des caisses, des sommes provenant de différentes ventes, des contributions et des revenus des pays conquis. Cela étant contraire au bien du service, à l'ordre et à la constitution, il ordonne que ces différentes sommes soient remises, sans délai, dans la caisse du payeur de l'armée ou de ses préposés, afin qu'il en soit disposé, sur des ordonnances de l'ordonnateur en chef, pour le bien du service et pour procurer au soldat ce qui lui est dû.

BONAPARTE.

Au quartier-général à Nice, le 12 germinal an 4 (1er avril 1796).

Au général chef de l'état-major.

Il y aura trois divisions de la côte : la première division comprendra depuis le Rhône à Bandole, et les départemens de Vaucluse et des Bouches-du-Rhône; elle sera commandée par le général Barbantane.

La deuxième division sera commandée par le général Mouret, et comprendra depuis Bandole à la rivière d'Argent.

La troisième division comprendra depuis la rivière d'Argent jusqu'à Vintiniglia, et sera commandée par le général Casabianca.

Le général Stengel commandera la cavalerie de l'armée.

Le général Kilmaine commandera une des divisions de l'armée.

Le général Dujar commandera l'artillerie.

Le citoyen Sugny, chef de brigade d'artillerie, sera chef de l'état-major de cette arme. BONAPARTE.

Au quartier-général à Albenga, le 16 germinal an 4 (5 avril 1796).

Au général chef de l'état-major.

Vous voudrez bien faire réunir une commission militaire pour y juger l'émigré Moulin, pris à Ormea, et transféré à Nice par ordre du général Serrurier.   BONAPARTE.

Au quartier-général à Albenga, le 17 germinal an 4 (6 avril 1796).

Au directoire exécutif.

J'ai transporté le quartier-général à Albenga. Le mouvement que j'ai trouvé commencé contre Gênes a tiré l'ennemi de ses quartiers d'hiver; il a passé le Pô, et a avancé des avant-postes à Dey, en suivant la Bormida et la Bocchetta, laissant Gavi derrière lui. Beaulieu a publié un manifeste, que je vous envoie, et auquel je répondrai le lendemain de la bataille. J'ai été très-fâché et extrêmement mécontent de ce mouvement sur Gênes, d'autant plus déplacé, qu'il a obligé cette république à prendre une attitude hostile, et a réveillé l'ennemi que j'aurais pris tranquille : ce sont des hommes de plus qu'il nous en coûtera.

Le roi de Sardaigne se donne de son côté le plus grand mouvement ; il a fait une réquisition de jeunes gens depuis quinze ans.

J'ai trouvé à Oneille des marbres, qui sont évalués quelque argent ; j'ai ordonné qu'on en fît l'estimation, et qu'on les mît à l'enchère dans la rivière de Gênes : cela pourra nous donner une somme de trente à quarante mille livres.

La maison Flachat qui a l'entreprise des grains, et la maison Collot, qui a la viande, se conduisent bien : ils nous donnent de très-bons grains, et le soldat commence à avoir de la viande fraîche.

L'armée est dans un dénuement à faire peur ; j'ai encore de grands obstacles à surmonter, mais ils sont surmontables : la misère y a autorisé l'indiscipline, et sans discipline point de victoire. J'espère que cela s'arrangera promptement, déjà tout change de face ; sous peu de jours nous en serons aux mains.

J'ai fait faire avant-hier une reconnaissance vers Cairo ; les avant-postes des ennemis ont été culbutés, nous avons fait quelques prisonniers.

L'armée piémontaise est forte de cinquante mille hommes d'infanterie et de cinq mille de cavalerie ; je n'ai de disponible que quarante-cinq mille hommes, tout compris. On m'a retenu beaucoup de troupes sur les derrières, et au-delà du Rhône.

Chauvet, ordonnateur en chef, est mort à Gênes : c'est une perte réelle pour l'armée ; il était actif, entreprenant. L'armée a donné une larme à sa mémoire. BONAPARTE.

Au quartier-général à Albenga, le 19 germinal an 4 (8 avril 1796).

Au directoire exécutif.

J'ai reçu une lettre que m'a écrite le général Colli, qui commande l'armée du roi de Sardaigne, j'espère que la réponse que je lui ai faite (*Voy.* pag. 13) sera conforme à vos intentions. La trésorerie nous envoie souvent des lettres de change, qui sont protestées : une de 162,800 liv., qui était sur Cadix, vient de l'être; ce qui augmente nos embarras.

J'ai trouvé cette armée, non-seulement dénuée de tout, mais sans discipline, dans une insubordination perpétuelle. Le mécontentement était tel, que les malveillans s'en étaient emparés : l'on avait formé une compagnie du *Dauphin*, et l'on chantait des chansons contre-révolutionnaires. J'ai fait traduire à un conseil militaire deux officiers prévenus d'avoir crié *Vive le roi.* Je suppose que la mission du citoyen Moulin, comme parlementaire, était relative à des trames de cette nature, dont je cherche le fil avec opiniâtreté. Soyez sûr que la paix et l'ordre s'y rétabliront; tout se prépare ici. Je viens de faire occuper la position importante de....

Lorsque vous lirez cette lettre, nous nous serons déjà battus. La trésorerie n'a pas tenu parole : au lieu de 500,000 liv., elle n'en a envoyé que 300,000, et nous n'avons pas entendu parler d'une somme de 600,000, qui nous était annoncée; mais, malgré tout cela, nous irons. BONAPARTE.

Au quartier-général de Lascar, le 26 germinal an 4 (15 avril 1796).

Au directoire exécutif.

Je vous ai rendu compte que la campagne avait été ouverte le 20 mars, et de la victoire signalée que l'armée d'Italie a remportée aux champs de Montenotte [1] : j'ai aujourd'hui à vous rendre compte de la bataille de Millesimo.

Après la bataille de Montenotte, je transportai mon quartier-général à Lascar; j'ordonnai au général divisionnaire de se porter sur Santa-Zello, pour menacer d'enlever les huit bataillons que l'ennemi avait dans cette ville, et de se porter le lendemain, par une marche cachée et rapide, dans la ville de Cairo. Le général Masséna se porta, avec sa division, sur les hauteurs de Dego; le général divisionnaire Augereau, qui était en marche depuis deux jours, attaqua, avec les soixante-neuvième et trente-neuvième demi-brigades, dans la plaine de Lascar; le général de brigade Ménard occupa les hauteurs de Biestros; le général de brigade Joubert, avec la première brigade d'infanterie légère, occupa la position intéressante de Sainte-Marguerite.

[1] Cette lettre, où Bonaparte rendait compte de la bataille de Montenotte, ne s'est pas retrouvée.

Le 21, à la pointe du jour, le général Augereau, avec sa division, force les gorges de Millesimo, tandis que les généraux Ménard et Joubert chassent l'ennemi de toutes les positions environnantes, enveloppent, par une manœuvre prompte et hardie, un corps de quinze cents grenadiers autrichiens, à la tête desquels se trouvait le général Provera, chevalier de l'ordre de Marie-Thérèse, qui, loin de poser les armes et de se rendre prisonnier de guerre, se retira sur le sommet de la montagne de Cossaria, et se retrancha dans les ruines d'un vieux château, extrêmement fort par sa position.

Le général Augereau fit avancer son artillerie, on se canonna pendant plusieurs heures. A onze heures du matin, ennuyé de voir ma marche arrêtée par une poignée d'hommes, je fis sommer le général Provera de se rendre : le général Provera demanda à me parler ; mais une canonnade vive qui s'engageait vers ma droite m'engagea à m'y transporter. Il parlementa avec le général Augereau pendant plusieurs heures ; mais les conditions qu'il voulait n'étant pas raisonnables, le général Augereau fit former quatre colonnes, et marcha sur le château de Cossaria. Déjà l'intrépide général Joubert, grenadier pour le courage, et bon général par ses connaissances et ses talens militaires, avait passé avec sept hommes dans les retranchemens ennemis ; mais, blessé à la tête, il fut renversé par terre ; ses soldats le crurent mort, et le mouvement de sa colonne se ralentit. Sa blessure n'est pas dangereuse.

La seconde colonne, commandée par le général Bonel, marchait avec un silence morne et l'arme au bras, lorsque ce brave général fut tué au pied des retranchemens ennemis.

La troisième colonne, commandée par l'adjudant-général Guérin, fut également déconcertée dans sa marche, une balle ayant tué cet officier général. Toute l'armée a vivement regretté la perte de ces deux braves officiers.

La nuit, qui arriva sur ces entrefaites, me fit craindre que l'ennemi ne cherchât à se faire jour l'épée à la main. Je fis réunir tous les bataillons, et je fis faire des épaulemens en tonneaux, et des barrures d'obusiers, à demi-portée de fusil.

Le 25, à la pointe du jour, l'armée sarde et autrichienne et l'armée française se trouvèrent en présence; ma gauche, commandée par le général Augereau, tenait bloqué le général Provera. Plusieurs régimens ennemis, où se trouvait entre autres le régiment Beljioso, essayèrent de percer mon centre. Le général de brigade Ménard les repoussa vivement, je lui ordonnai aussitôt de se replier sur ma droite; et, avant une heure après midi, le général Masséna déborda la gauche de l'ennemi, qui occupait, avec de forts retranchemens et de vigoureuses batteries, le village de Dego. Nous poussâmes nos troupes légères jusqu'au chemin de Dego à Spino. Le général Laharpe marcha avec sa division sur trois colonnes serrées en masse; celle de gauche, commandée par le général Causse, passa la Bormida sous le feu de l'ennemi, ayant de l'eau jusqu'au milieu du corps, et attaqua l'aile gauche de l'ennemi, par la droite. Le général Servoni, à la tête de la deuxième colonne, traversa aussi la Bormida sous la protection d'une de nos batteries, et marcha droit à l'ennemi. La troisième colonne, commandée par l'adjudant-général Boyer, tourna un ravin, et coupa la retraite à l'ennemi.

Tous ces travaux, secondés par l'intrépidité des troupes et les talens des différens généraux, remplirent le but qu'on en attendait. Le sang-froid est le résultat du courage, et le courage est l'apanage des Français.

L'ennemi, enveloppé de tous les côtés, n'eut pas le temps de capituler; nos colonnes y semèrent la mort, l'épouvante et la fuite.

Pendant que, sur notre droite, nous faisions les dispositions pour l'attaque de la gauche de l'ennemi, le général

Provera, avec le corps de troupes qu'il commandait à Cossaria, se rendit prisonnier de guerre.

Nos troupes s'acharnèrent de tous les côtés à la poursuite de l'ennemi. Le général Laharpe se mit à la tête de quatre escadrons de cavalerie, et le poursuivit vivement.

Nous avons, dans cette journée, fait de sept à neuf mille prisonniers, parmi lesquels un lieutenant-général, vingt ou trente colonels ou lieutenans-colonels, et, presque entiers, les régimens suivans :

Corps francs : trois compagnies de Croates; les bataillons de Peregrine, Stein, Vilhelm, Schrœder, Teutesch ;

Quatre compagnies d'artillerie ; plusieurs officiers supérieurs du génie, au service de l'empereur; les régimens de Montferat, de la Marine, de Suze, et quatre compagnies de grenadiers au service du roi de Sardaigne ;

Vingt-deux pièces de canon, avec les caissons et tous les attelages, et quinze drapeaux.

L'ennemi a eu de deux mille à deux mille cinq cents hommes tués, parmi lesquels un colonel, aide-de-camp du roi de Sardaigne.

Le citoyen Riez, aide-de-camp du général Masséna, a eu son cheval tué sous lui, et le fils du général Laharpe a eu son cheval blessé.

Je vous ferai part, le plus tôt qu'il me sera possible, et lorsque j'aurai reçu les rapports, des détails de cette affaire glorieuse, et des hommes qui s'y sont particulièrement distingués.

Je vous demande le grade de général de brigade pour le citoyen Rampon, chef de la vingt-unième demi-brigade.

Le chef de la vingt-neuvième ayant été tué, j'ai nommé pour le remplacer le citoyen Lannes, chef de brigade à la suite.

BONAPARTE.

Au quartier-général de Carru, le 5 floréal an 4 (24 avril 1796).

Le général en chef de l'armée d'Italie au général Colli, commandant en chef l'armée du roi de Sardaigne.

Le directoire exécutif, monsieur, s'est réservé le droit de traiter de la paix : il faut donc que les plénipotentiaires du roi votre maître se rendent à Paris, ou attendent a Gènes les plénipotentiaires que le gouvernement français pourrait y envoyer

La position militaire et morale des deux armées rend toute suspension pure et simple impossible. Quoique je sois en particulier convaincu que le gouvernement accordera des conditions de paix honorables à votre roi, je ne puis, sur des présomptions vagues, arrêter ma marche; il est cependant un moyen de parvenir à votre but, conforme aux vrais intérêts de votre cour, et qui épargnerait une effusion de sang inutile et dès lors contraire à la raison et aux lois de la guerre, c'est de mettre en mon pouvoir deux des trois forteresses de Coni, d'Alexandrie, de Tortone, à votre choix: nous pourrons alors attendre, sans hostilités, la fin des négociations qui pourraient s'entamer. Cette proposition est très-modérée; les intérêts mutuels qui doivent exister entre le Piémont et la république française me portent à désirer vivement de voir s'éloigner de votre pays les malheurs de toute espèce qui le menacent. BONAPARTE.

Au quartier-général de Cherasco, le 7 floréal an 4 (26 avril 1796).

Au général Latour.

J'ai reçu, monsieur, l'ordre du roi, adressé au commandant de Coni, que vous vous êtes donné la peine de me faire passer. A l'heure qu'il est, il sera déjà parvenu. Je serai demain ici pour attendre l'ordre pour une des forteresses de

Tortone ou d'Alexandrie. Vous savez, monsieur, que la distance qu'il y a d'ici à une de ces deux places, fait qu'il est nécessaire que l'ordre du roi soit expédié demain, afin qu'il puisse parvenir le 16 floréal (30 avril).

Une division de mon armée est déjà de ce côté-là. L'on m'assure aujourd'hui que Beaulieu évacue votre territoire : je suis charmé, etc.   BONAPARTE.

Au quartier-général de Cherasco, le 8 floréal an 4 (27 avril 1796).

Au général Latour.

Je reçois à l'instant, monsieur, avec votre lettre, les deux ordres du roi pour Céva et Tortone.

Il n'y a, dans ce moment-ci, qu'un petit détachement à Fossano, qui se retirera incessamment. Après demain, il n'y aura plus personne à Bra, et j'aurai l'honneur de vous en prévenir.

Je ne garderai au-delà de la Stura qu'un corps-de-garde pour le pont de Cherasco.

Je me fais rendre compte par le général qui commande à Coni, de la situation du magasin de Notre-Dame de Loculo. J'aurai l'honneur de vous écrire dès que j'aurai la réponse.

Mon aide-de-camp part pour Paris. Vous avez bien voulu vous charger de lui livrer un passe-port, et de lui faire fournir des chevaux de poste.

J'aurai besoin de mille chevaux de trait. Je désirerais en acheter dans le Piémont ; je vous serai obligé d'accepter ce que vous proposera là-dessus le citoyen Thévenin, agent en chef des transports militaires.

Votre aide-de camp vous remettra une note des officiers prisonniers de guerre ; dès l'instant que vous m'aurez fait connaître ceux que vous désirez avoir, j'ordonnerai qu'on les envoie, soit à Coni, soit à Cherasco : vous me rendrez service de faire passer les nôtres à Tortone ou à Cherasco.

            BONAPARTE.

Au quartier-général de Cherasco, le 9 floréal an 4 (28 avril 1796).

Bonaparte, général en chef, au directoire exécutif.

Citoyens directeurs, Ceva, Coni et Alexandrie sont au pouvoir de votre armée, ainsi que tous les postes du Piémont au-delà de la Stura et du Tanaro.

Si vous ne vous accordez pas avec le roi de Sardaigne, je garderai ces places, et je marcherai sur Turin ; mon équipage de siége va filer sur Coni, pour se rendre à Cherasco.

En attendant, je marche demain sur Beaulieu, je l'oblige à repasser le Pô, je le passe immédiatement après ; je m'empare de toute la Lombardie, et, avant un mois, j'espère être sur les montagnes du Tyrol, trouver l'armée du Rhin, et porter de concert la guerre dans la Bavière. Ce projet est digne de vous, de l'armée et des destinées de la France.

Si vous n'accordez pas la paix au roi de Sardaigne, alors vous m'en préviendrez d'avance, afin que, si je suis dans la Lombardie, je puisse me replier et prendre des mesures.

Quant aux conditions de la paix avec la Sardaigne, vous pouvez dicter ce qui vous convient, puisque j'ai en mon pouvoir les principales places.

Ordonnez que quinze mille hommes de l'armée des Alpes soient à mes ordres et viennent me joindre, cela me fera alors une armée de quarante-cinq mille hommes, dont il sera possible que j'envoie une partie à Rome. Si vous me continuez votre confiance, et que vous approuviez ces projets, je suis sûr de la réussite : l'Italie est à vous.

Vous ne devez pas compter sur une révolution en Piémont, cela viendra ; mais il s'en faut que l'esprit de ces peuples soit mûr à cet effet.

J'ai justifié votre confiance et l'opinion avantageuse que vous avez conçue de moi ; je chercherai constamment à vous donner des preuves du zèle et de la bonne volonté où je suis de mériter votre estime et celle de la patrie.

Envoyez-moi, 1°. douze compagnies d'artillerie légère, je n'en ai pas une ; 2°. de la cavalerie et un commissaire ordonnateur en chef, habile et distingué et de génie. Je n'ai que des pygmées, qui me font mourir de faim dans l'abondance, car je suis dans le pays le plus riche de l'univers.

BONAPARTE.

Au quartier-général de Cherasco, le 10 floréal an 4 (29 avril 1796).

Au directoire exécutif.

La ville de Coni vient d'être occupée par nos troupes : il y avait dedans cinq mille hommes de garnison.

Je ne puis pas mettre en doute que vous n'approuviez ma conduite, puisque c'est une aile d'une armée qui accorde une suspension d'armes, pour me donner le temps de battre l'autre ; c'est un roi qui se met absolument à ma discrétion, en me donnant trois de ses plus fortes places et la moitié la plus riche de ses états.

Vous pouvez dicter en maître la paix au roi de Sardaigne ; je vous prie de ne pas oublier la petite île de Saint-Pierre, qui nous sera plus utile, par la suite, que la Corse et la Sardaigne réunies.

Si vous lui accordez la portion du Milanais que je vais conquérir, il faut que ce soit à condition qu'il enverra quinze mille hommes pour nous seconder et garder ce pays après que nous nous en serons rendus maîtres. Pendant ce temps-là, avec votre armée, je passerai l'Adige, et j'entrerai en Allemagne par le Tyrol. Dans cette hypothèse, il faut que nous gardions en dépôt, jusqu'à la paix générale, les places et les pays que nous occupons ; il faut y joindre que, le jour que quinze mille hommes piémontais passeront le Pô, il nous remettra la ville de Valence.

Mes colonnes sont en marche; Beaulieu fuit, j'espère l'attraper ; j'imposerai quelques millions de contributions au duc de Parme : il vous fera faire des propositions de paix ; ne vous pressez pas, afin que j'aie le temps de lui faire payer les frais de la campagne, approvisionner nos magasins, et remonter nos chariots à ses dépens.

Si vous n'acceptez pas la paix avec le roi de Sardaigne, si votre projet est de le détrôner, il faut que vous l'amusiez quelques décades, et que vous me préveniez de suite ; je m'empare de Valence et je marche sur Turin.

J'enverrai douze mille hommes sur Rome lorsque j'aurai battu Beaulieu, et l'aurai obligé de repasser l'Adige, lorsque je serai sûr que vous accorderez la paix au roi de Sardaigne, et que vous m'enverrez une partie de l'armée des Alpes.

Quant à Gênes, je crois que vous devez lui demander quinze millions en indemnités des frégates et bâtimens pris dans ses ports ; 2°. demander que ceux qui ont fait brûler *la Modeste* et appelé les Autrichiens, soient jugés comme traîtres à la patrie.

Si vous me chargez de ces objets, que vous gardiez surtout le plus grand secret, je parviendrai à faire tout ce que vous voudrez.

Si j'ai quelques chances à courir en Lombardie, c'est à cause de la cavalerie ennemie. Il m'arrive quarante artilleurs à cheval, qui n'ont pas fait la guerre, et qui sont démontés. Envoyez-m'en donc douze compagnies, et ne confiez pas l'exécution de cette mesure aux hommes des bureaux, car il leur faut dix jours pour expédier un ordre, et ils auront l'ineptie d'en tirer peut-être de la Hollande, afin que cela arrive au mois d'octobre.

Nos troupes viennent à l'instant d'entrer dans la citadelle de Ceva, et je viens de recevoir du roi de Sardaigne l'ordre de nous livrer la ville et la citadelle de Tortone.

BONAPARTE.

Au quartier-général de Cherasco, le 10 floréal an 4 (29 avril 1796).

Au citoyen Carnot.

La suspension d'armes conclue entre le roi de Sardaigne et nous me permet de communiquer par Turin, c'est-à-dire d'épargner la moitié de la route : je pourrais donc recevoir vos ordres et connaître vos intentions pour la direction à donner à l'armée.

Je suis maître de Coni, de Ceva, de Tortone; je vais passer le Pô et entrer dans le Milanais : en passant, je compte rançonner le duc de Parme, et lui faire payer cher son entêtement.

Mon projet serait d'atteindre les Autrichiens, et de les battre avant votre réponse, afin de me trouver à même de marcher sur Turin, sur Naples, ou sur l'Autriche en passant par le Tyrol.

Si le roi de Sardaigne se doutait, avant que je ne le sache, que vous ne voulussiez pas faire la paix, il me jouerait un mauvais tour. Si vous ne voulez pas la paix avec la Sardaigne, faites en sorte que ce soit moi qui le lui apprenne, afin que je sois maître de prendre mon temps, et que ses plénipotentiaires à Paris ne s'en doutent pas.

Si vous faites la paix avec le roi de Sardaigne, ordonnez ce que l'on doit faire vis-à-vis de Gênes, de Parme et de Rome.

Beaulieu a encore avec lui vingt-six mille hommes bien équipés; il avait trente-huit mille hommes au commencement de la campagne. Je marche avec vingt-huit mille hommes;

il a quatre mille hommes de cavalerie, je n'en ai que trois mille six cents, et en mauvais état.

La cour de Turin et celle de Vienne s'attendaient à des succès sûrs, cette campagne : les armées combinées étaient de soixante-quinze mille hommes, je les ai battues avec trente-cinq mille hommes ; j'ai besoin de secours, l'armée des Alpes peut me fournir quinze mille hommes.

Le général Châteauneuf-Randon devait me rendre les trois mille hommes qu'il a retenus à Nîmes, destinés pour ici ; avec ce renfort l'Italie est à vous, et je puis en même temps marcher sur Naples et Mantoue, surtout si je parviens à battre les ennemis avant peu.

Il vient d'arriver un officier du génie, je vous prie de m'envoyer de l'artillerie légère.

Je désirerais avoir le général Baraguay-d'Hilliers, pour servir dans son grade dans l'armée ; il me l'a demandé lui-même. BONAPARTE.

Au quartier-général d'Acqui, le 12 floréal an 4 (1er mai 1796).

Au citoyen Faypoult.

Mon cher ministre, en vertu de la suspension d'armes que j'ai faite avec le roi de Sardaigne, nos troupes sont entrées dans Coni et dans Ceva, elles entrent demain dans Tortone. Nous avons trouvé à Coni, outre les munitions de ville, tous les magasins de l'armée sarde.

Beaulieu passe le Pô, et va chercher au fond de la Lombardie refuge contre l'armée française ; il disait au roi de Sardaigne qu'il voulait ne se débotter qu'à Lyon, il n'en prend pas le chemin.

Il n'y a pas en Piémont la première idée d'une révolution, et la France ne voudrait pas, je pense, en faire une à ses frais. BONAPARTE.

Au quartier-général d'Acqui, le 12 floréal an 4 (1er mai 1796).

Au citoyen Faypoult.

Nous sommes arrivés à Acqui depuis hier; Beaulieu fuit si vite que nous ne pouvons l'attraper.

Demain Laharpe sera dans Tortone, où je désire beaucoup avoir une conférence avec vous sur des objets essentiels.

Envoyez-moi une note géographique, historique, politique et topographique sur les fiefs impériaux qui avoisinent Gênes, afin que j'en tire tout le parti possible.

Envoyez-moi une note sur les ducs de Parme, de Plaisance et de Modène, les forces qu'ils ont sur pied, les places fortes qu'ils ont, et en quoi consiste la richesse de ces pays-là; surtout envoyez-moi une note des tableaux, statues, cabinets et curiosités qui se trouvent à Milan, Parme, Plaisance, Modène et Bologne. Lorsque nous fîmes la paix avec l'Espagne, le duc de Parme devait y concourir : pourquoi ne le fit-il pas ?

Faites partir de suite six mille souliers pour Tortone.

Quant au citoyen Giacomoni, laissons-le, couvert d'opprobre et d'ignominie, voguer où il voudra. J'ai instruit le gouvernement de sa conduite, afin qu'il ne soit plus admis à servir avec les Français. BONAPARTE.

Au quartier-général de Bosco, le 13 floréal an 4 (2 mai 1796).

Au général en chef de l'armée piémontaise.

J'apprends, monsieur, que les Napolitains se sont emparés de Valence : l'intérêt du roi, celui de la république, sont également d'accord et exigent que vous chassiez promptement ces troupes de Valence.

Le courage qui anime votre armée, que j'ai été à même

d'apprécier, ne me laisse pas de doute que vous ne réoccupiez promptement Valence; vous savez d'ailleurs que c'est une des clauses de la suspension que nous avons conclue.

Si vous êtes dans le cas d'en avoir besoin, je vous offre le secours d'une division de l'armée que je commande.

Le général-chef de l'état-major aura l'honneur de vous faire passer demain l'état des prisonniers piémontais que nous avons faits depuis que nous sommes en campagne.

Je m'empresserai de vous faire passer le plus tôt possible ceux que vous désirez avoir de préférence. BONAPARTE.

Au quartier-général de Bosco, le 14 floréal an 4 (3 mai 1796).

Au chevalier Solar, gouverneur d'Alexandrie.

J'ai reçu, monsieur, la lettre que vous vous êtes donné la peine de m'écrire; je vous suis très-obligé des renseignemens que vous avez eu la complaisance de me donner. Je vous fais mon compliment sur l'évacuation de votre territoire par l'armée autrichienne. Je désire sincèrement pouvoir bientôt vous apprendre qu'ils ont également évacué les états de Sa Majesté au-delà du Pô. Incessamment une division de l'armée va se présenter à Valence pour y passer le Pô; je vous prie de me faire procurer les bateaux qui sont nécessaires; vous sentez qu'il est de l'intérêt du roi que les Autrichiens fassent un court séjour sur votre territoire.

J'aurai besoin aussi de quelques entrepreneurs pour nous procurer des moyens de charois. Je vous prie d'autoriser les différens sujets du roi à passer des marchés avec l'armée.

Je suis, monsieur, avec estime, etc. BONAPARTE.

Au quartier-général de Tortone, le 15 floréal an 4 (4 mai 1796).

Au général en chef de l'armée du Piémont.

Sous peu de jours, monsieur, je serai maître des états du roi au-delà du Pô, si le sort des armes continue d'être favorable à l'armée que je commande. J'obligerai M. Beaulieu à évacuer ces pays, qui seront conquis sur l'armée autrichienne et qui appartiendront de droit à la république. Cependant, je sens combien il est dur pour le roi de voir presque tous ses états envahis par nos troupes. Je vous propose en conséquence de réunir une division de six mille hommes d'infanterie et quinze cents chevaux à l'armée que je commande, pour m'aider à chasser les Autrichiens; je les mettrai en garnison dans les états du roi au-delà du Pô.

Cela est si urgent, monsieur, qu'il serait nécessaire que j'eusse la réponse le plus tôt possible. L'envie que j'ai de concilier les intérêts du roi avec ceux de la république et de l'armée me porte, monsieur, à vous faire ces ouvertures, que vous jugerez sans doute très-raisonnables.

Je suis avec considération, etc.   BONAPARTE.

Au quartier-général de Tortone, le 15 floréal an 4 (4 mai 1796).

Au général en chef de l'armée du roi de Sardaigne.

Les troupes de la république ont occupé ce matin le fort de Tortone : en conséquence, à dater d'aujourd'hui, il y a suspension d'armes entre les deux armées; je le mets à l'ordre, et j'espère que vous trouverez les officiers français disposés à vous donner les preuves de l'estime qu'ils ont pour votre armée.

Je donne des ordres pour que vous occupiez les villes de Fossano et de Bra.

J'adapterai à la ligne de démarcation tous les changemens que vous croirez nécessaires, en suivant cependant l'esprit de la suspension que nous avons conclue.

J'ai ordonné que l'on fasse venir quatre cents prisonniers pour échange des quatre cents que vous avez eu la bonté de faire passer à Cherasco.

Le chef de l'état-major vous fait passer l'état des officiers de votre armée que le sort des armes a rendus prisonniers. Je m'empresse de vous faire passer ceux à qui vous vous intéressez.

Je suis avec la considération la plus distinguée.

BONAPARTE.

Au quartier-général de Tortone, le 15 floréal an 4 (4 mai 1796).

Au général en chef de l'armée piémontaise.

Le marquis de Saint-Marsan, que j'ai eu l'honneur de voir ce matin, m'a fait part, monsieur, des inquiétudes et des plaintes que vous avez contre différens habitans d'Albe : je vais m'en faire rendre compte, et je vous instruirai de ce que j'aurai fait.

Je dois, à cette occasion, vous remercier de m'avoir fait connaître M. de Saint-Marsan ; il joint à des talens distingués un air prévenant qui lui captive l'estime de ceux qui ont affaire à lui. BONAPARTE.

Au quartier-général de Tortone, le 16 floréal an 4 (5 mai 1796).

Au général en chef de l'armée du Piémont.

Monsieur le marquis de Saint-Marsan, que j'ai eu l'honneur de voir hier, monsieur, vous aura remis plusieurs lettres par lesquelles vous aurez vu que tout ce que vous désirez relativement à plusieurs objets concernant la suspension d'armes a été exécuté. J'ai ordonné que l'on donne des sauvegardes à tous ceux qui pourraient en avoir besoin.

J'autorise les différens généraux à donner des passe-ports aux officiers de votre armée qui désireraient se rendre dans le pays occupé par l'armée.

Je me trouverai trop heureux, dans toutes les circonstances, de pouvoir vous donner des marques de l'estime et de la considération distinguées avec lesquelles je suis, etc.

BONAPARTE.

Au quartier-général de Tortone, le 17 floréal an 4 (6 mai 1796).

Au général en chef de l'armée du roi de Sardaigne.

En conséquence de la suspension d'armes que le roi a conclue avec les deux armées des Alpes et d'Italie, et des probabilités de paix dont j'ai de nouvelles assurances, je fais filer de l'armée des Alpes dix-sept mille hommes à l'armée d'Italie.

Neuf mille passeront par le col d'Argentières et se rendront à Coni, où ils passeront derrière la Stura pour venir me rejoindre.

Huit mille passeront le Saint-Bernard par la vallée d'Aoste, et viendront passer le Tanaro à Alexandrie, etc.

BONAPARTE.

Au quartier-général à Tortone, le 17 floréal an 4 (6 mai 1796).

Bonaparte, général en chef, au directoire exécutif.

L'armée d'Italie a pris hier possession de Tortone, où nous avons trouvé une tres-belle forteresse, qui a coûté plus de quinze millions au roi de Sardaigne.

Je vous ai annoncé, par mon aide-de-camp Murat, que nous avions occupé Coni et Ceva, que nous avons trouvées dans un état de défense respectable et approvisionnées de tout. Le lendemain de la signature de la suspension d'armes, le général Laharpe marcha avec sa division par la route de Bossogno à Acqui, le général Augereau par Stefano, et le général Masséna par Nizza de la Paglia. Beaulieu évacua ce pays et se réfugia dans Valence, où il passa le Pô avec toute son armée. Le général Masséna est arrivé, avec toute sa division, à Alexandrie, assez à temps pour s'emparer des magasins, que les Autrichiens, ne pouvant les emporter, avaient vendus à la ville. Le 13, l'armée allemande a repassé le Pô, a coupé les bateaux, et a brûlé ceux qu'elle a trouvés sur le rivage.

Les Napolitains, qui ordinairement ne sont pas entreprenans, se sont emparés de Valence.

N. B. Cette lettre n'a point été achevée.

Au grand-quartier-général à San-Giovani, le 17 floréal an 4
(6 mai 1796).

Du même au gouverneur du duché de Parme, à Plaisance.

Ayant à conférer avec vous, monsieur, sur des objets de la plus grande importance, vous voudrez bien vous rendre de suite à Castel-San-Giovani.

Il serait nécessaire que vous fussiez rendu ici avant deux heures après minuit, devant monter à cheval à cette heure-là. BONAPARTE.

Au grand quartier-général à Plaisance, le 17 floréal an 4
(6 mai 1796).

Du même au ministre d'Espagne à Parme.

J'ai reçu, monsieur, votre lettre. Comme il n'est pas dans mon cœur, ni dans l'intention du peuple français, de faire mal sans but et de nuire en rien aux peuples, je consens à suspendre toute hostilité contre le duc de Parme et la marche de mes troupes sur Parme; mais il faut que, dans la nuit, le duc envoie des plénipotentiaires pour conclure la suspension.

Je fais marcher quelques régimens de cavalerie, avec une brigade, à trois lieues de Plaisance: cela ne doit donner aucune inquiétude au duc de Parme, dès l'instant qu'il accepte les conditions dont nous sommes convenus.

Je suis charmé que cette occasion me mette à même de vous prouver les sentimens d'estime et de considération avec lesquels, etc.   BONAPARTE.

Au quartier-général à Plaisance, le 20 floréal an 4 (9 mai 1796).

Du même au citoyen Carnot.

Nous avons enfin passé le Pô. La seconde campagne est commencée, Beaulieu est déconcerté; il calcule assez mal, et il donne constamment dans les piéges qu'on lui tend: peut-être voudra-t-il donner une bataille, car cet homme-là a l'audace de la fureur et non celle du génie; mais les six mille hommes que l'on a obligés hier de passer l'Adda, et qui ont été défaits, l'affaiblissent beaucoup; encore une victoire, et nous sommes maîtres de l'Italie.

J'ai accordé une suspension d'armes au duc de Parme; le duc de Modène m'envoie des plénipotentiaires.

Si nous avions un ordonnateur habile, nous serions aussi bien qu'il est possible de l'imaginer. Nous allons faire établir des magasins considérables de blé, des parcs de six cents bœufs sur le derrière. Dès l'instant que nous arrêterons nos mouvemens, nous ferons habiller l'armée à neuf; elle est toujours à faire peur, mais tout engraisse; le soldat ne mange que du pain de Gonesse, bonne viande et en quantité, bon vin, etc. La discipline se rétablit tous les jours; mais il faut souvent fusiller, car il est des hommes intraitables qui ne peuvent se commander.

Ce que nous avons pris à l'ennemi est incalculable. Nous avons des effets d'hôpitaux pour quinze mille malades, plusieurs magasins de blé, farine, etc. Plus vous m'enverrez d'hommes, plus je les nourrirai facilement.

Je vous fais passer vingt tableaux des premiers maîtres, du Corrége et de Michel-Ange.

Je vous dois des remercîmens particuliers pour les attentions que vous voulez bien avoir pour ma femme, je vous la recommande; elle est patriote sincère, et je l'aime à la folie.

J'espère que les choses vont bien, pouvant vous envoyer une douzaine de millions à Paris; cela ne vous fera pas de mal pour l'armée du Rhin.

Envoyez-moi quatre mille cavaliers démontés, je chercherai ici à les remonter.

Je ne vous cache pas que, depuis la mort de Stengel, je n'ai plus un officier supérieur de cavalerie qui se batte. Je désirerais que vous me pussiez envoyer deux ou trois adjudans-généraux sortant de la cavalerie, qui aient du feu, et une ferme résolution de ne jamais faire de savantes retraites.

BONAPARTE.

Au quartier-général de Plaisance, le 20 floréal an 4 (9 mai 1796).

Au directoire exécutif.

Citoyen président, le brave Stengel est mort de la suite de ses blessures. J'ai envoyé à sa famille la lettre que vous lui aviez adressée.

Vous recevrez incessamment les articles de la suspension d'armes que j'ai accordée au duc de Parme. Je vous enverrai le plus tôt possible les plus beaux tableaux du Corrège, entre autres un saint Jérôme, que l'on dit être son chef-d'œuvre. J'avoue que ce saint prend un mauvais temps pour arriver à Paris : j'espère que vous lui accorderez les honneurs du Muséum. Je vous réitère la demande de quelques artistes connus, qui se chargeront du choix et des détails de transport des choses rares que nous jugerons devoir envoyer à Paris.

Tous les arrangemens sont pris pour les renforts qui doivent venir de l'armée des Alpes; il n'y aura aucune difficulté pour les passages. BONAPARTE.

Au quartier-général à Lodi, le 22 floréal an 4 (11 mai 1796).

Au citoyen Carnot.

La bataille de Lodi, mon cher directeur, donne à la république toute la Lombardie. Les ennemis ont laissé deux mille hommes dans le château de Milan, que je vais nécessairement investir. Vous pouvez compter dans vos calculs comme si j'étais à Milan; je n'y vais pas demain, parce que je veux poursuivre Beaulieu et chercher à profiter de son délire pour le battre encore une fois.

Bientôt il est possible que j'attaque Mantoue. Si j'enlève cette place, rien ne m'arrête plus pour pénétrer dans la Bavière : dans deux décades je puis être dans le cœur de l'Allemagne. Ne pourriez-vous pas combiner mes mouvemens avec l'opération de ces deux armées? Je m'imagine qu'à l'heure qu'il est, on se bat sur le Rhin; si l'armistice continuait, l'armée d'Italie serait écrasée. Si les deux armées du Rhin entrent en campagne, je vous prie de me faire part de leur position et ce que vous espérez qu'elles puissent faire, afin que cela puisse me servir de règle pour entrer dans le Tyrol, ou me borner à l'Adige. Il serait digne de la république d'aller signer le traité de paix, les trois armées réunies, dans le cœur de la Bavière, ou de l'Autriche étonnée. Quant à moi,

(29)

s'il entre dans vos projets que les deux armées du Rhin fassent des mouvemens en avant, je franchirai le Tyrol avant que l'empereur ne s'en soit sérieusement douté.

S'il était possible d'avoir un bon commissaire ordonnateur? celui qui est ici serait bon en second, mais il n'a pas assez de feu et de tête pour être en chef. BONAPARTE.

Au quartier-général à Lodi, le 24 floréal an 4 (13 mai 1796).

A M. Ferdinandi, ministre des affaires étrangères du duc de Parme.

J'ai reçu, monsieur, la ratification de la suspension d'armes que vous avez acceptée de la part du duc de Parme. Je vous envoie le général Cervoni, afin que vous puissiez régler avec lui tous les détails de l'exécution de ladite suspension.

Vous lui ferez remettre, dans la journée de demain, les 500,000 fr. qui, aux termes de la suspension, doivent être payés dans les cinq jours; il recevra également les chevaux, et il prendra les mesures nécessaires pour l'exécution de ladite suspension.

Je suis charmé, monsieur, que cette circonstance me mette à même de vous exprimer la considération, etc.

BONAPARTE.

Au quartier-général à Lodi, le 24 floréal an 4 (13 mai 1796).

Au citoyen Faypoult, ministre de la république, à Gênes.

Je vous suis très obligé des gravures que vous m'avez envoyées, et qui feront le plus grand plaisir à l'armée. Je vous prie d'envoyer, de ma part, vingt-cinq louis au jeune homme qui les a faites; engagez-le à faire graver le passage étonnant du pont de Lodi.

Puisque le fief de Montogio n'est point fief impérial, il

n'est pas compris dans l'ordre que j'ai donné pour l'imposition desdits fiefs.

Nous avons pris hier la ville de Pizzigithone, nous avons fait trois cents prisonniers et pris trois pièces de canon. Beaulieu se sauve à toutes jambes ; Cremone est à la république.

BONAPARTE.

Au quartier-général à Lodi, le 25 floréal an 4 (14 mai 1796).

Au directoire exécutif.

Après le combat de Fiombio, nous poursuivîmes l'ennemi jusqu'à Pizzigithone, mais nous ne pûmes passer l'Adda. Après la bataille de Lodi, Beaulieu se retira par Pizzigithone; nous nous y rendîmes le 22 ; mais il s'était déjà retiré au-delà de Cremone. Nous avons aussitôt investi et attaqué la ville de Pizzigithone, qui, après une vive canonnade, a été obligée de nous ouvrir ses portes ; nous y avons fait trois cents prisonniers et pris cinq pièces de canon de bronze.

Notre cavalerie s'est mise à la poursuite de l'ennemi. La ville de Cremone a ouvert ses portes ; toute la Lombardie appartient à la république.

On dit que la suspension d'armes, au Rhin, continue toujours. J'imagine qu'à l'heure qu'il est, vous avez porté vos regards sur un objet aussi essentiel ; il paraît même que les ennemis ont publié avec emphase, dans leur camp, que cette suspension était pour trois mois, et qu'ils allaient en conséquence recevoir de grands renforts.

BONAPARTE.

Au quartier-général à Lodi, le 25 floréal an 4 (14 mai 1796).

Au citoyen Carnot.

A la réception de la lettre du directoire, du 18, vos intentions étaient remplies, et le Milanais est à nous. Je marcherai bientôt, pour exécuter vos vues, sur Livourne et sur Rome; tout cela se fera dans peu de temps.

J'écris au directoire relativement à l'idée de diviser l'armée; je vous jure que je n'ai vu en cela que la patrie. Au reste, vous me trouverez toujours dans la ligne droite. Je dois à la république le sacrifice de toutes mes idées. Si l'on cherche à me mettre mal dans votre esprit, ma réponse est dans mon cœur et dans ma conscience.

Comme il serait possible que cette lettre, au directoire, ne fût pas bien interprêtée, et que vous m'avez témoigné de l'amitié, je prends le parti de vous l'adresser, en vous priant d'en faire l'usage que vous suggéreront votre prudence et votre attachement pour moi.

Kellermann commandera l'armée aussi bien que moi; car personne n'est plus convaincu, que je ne le suis, que les victoires sont dues au courage et à l'audace de l'armée; mais je crois que, réunir Kellermann et moi en Italie, c'est vouloir tout perdre. Je ne puis pas servir volontiers avec un homme qui se croit le premier général de l'Europe; et, d'ailleurs, je crois qu'il faut plutôt un mauvais général que deux bons. La guerre est comme le gouvernement, c'est une affaire de tact.

Je ne puis vous être utile qu'investi de la même estime que vous me témoigniez à Paris. Que je fasse la guerre ici ou ailleurs, cela m'est indifférent : servir la patrie, mériter de la postérité une feuille de notre histoire, donner au gouvernement des preuves de mon attachement et de mon dévouement, voilà toute mon ambition. Mais j'ai fort à cœur de ne pas perdre, dans huit jours, deux mois de fatigues, de peines et de dangers, et de ne pas me trouver entravé. J'ai commencé avec quelque gloire, je désire continuer d'être digne de vous. Croyez, d'ailleurs, que rien n'altérera l'estime que vous inspirez à ceux qui vous connaissent. BONAPARTE.

Au quartier-général à Lodi, le 25 floréal an 4 (14 mai 1796).

Au directoire exécutif.

Je reçois à l'instant le courrier parti, le 18, de Paris. Vos espérances sont réalisées, puisqu'à l'heure qu'il est, toute la Lombardie est à la république. Hier, j'ai fait partir une division pour cerner le château de Milan. Beaulieu est à Mantoue avec son armée; il a inondé tout le pays environnant; il y trouvera la mort, car c'est le plus malsain de l'Italie.

Beaulieu a encore une armée nombreuse : il a commencé la campagne avec des forces supérieures; l'empereur lui envoie dix mille hommes de renfort, qui sont en marche. Je crois très-impolitique de diviser en deux l'armée d'Italie ; il est également contraire aux intérêts de la république d'y mettre deux généraux différens.

L'expédition sur Livourne, Rome et Naples est très-peu de chose : elle doit être faite par des divisions en échelons, de sorte que l'on puisse, par une marche rétrograde, se trouver en force contre les Autrichiens, et menacer de les envelopper au moindre mouvement qu'ils feraient. Il faudra pour cela non-seulement un seul général, mais encore que rien ne le gêne dans sa marche et dans ses opérations. J'ai fait la campagne sans consulter personne, je n'eusse rien fait de bon s'il eût fallu me concilier avec la manière de voir d'un autre. J'ai remporté quelques avantages sur des forces supérieures, et dans un dénuement absolu de tout, parce que, persuadé que votre confiance se reposait sur moi, ma marche a été aussi prompte que ma pensée.

Si vous m'imposez des entraves de toutes espèces; s'il faut que je réfère de tous mes pas aux commissaires du gouvernement; s'ils ont droit de changer mes mouvemens, de m'ôter ou de m'envoyer des troupes, n'attendez plus rien de bon.

Si vous affaiblissez vos moyens en partageant vos forces ; si vous rompez en Italie l'unité de la pensée militaire, je vous le dis avec douleur, vous aurez perdu la plus belle occasion d'imposer des lois à l'Italie.

Dans la position des affaires de la république en Italie, il est indispensable que vous ayez un général qui ait entièrement votre confiance : si ce n'était pas moi, je ne m'en plaindrais pas ; mais je m'emploierais à redoubler de zèle pour mériter votre estime dans le poste que vous me confieriez. Chacun a sa manière de faire la guerre. Le général Kellermann a plus d'expérience et la fera mieux que moi ; mais tous les deux ensemble nous la ferons fort mal.

Je ne puis rendre à la patrie des services essentiels qu'investi entièrement et absolument de votre confiance. Je sens qu'il faut beaucoup de courage pour vous écrire cette lettre, il serait si facile de m'accuser d'ambition et d'orgueil ! mais je vous dois l'expression de tous mes sentimens, à vous qui m'avez donné dans tous les temps des témoignages d'estime que je ne dois pas oublier.

Les différentes divisions d'Italie prennent possession de la Lombardie. Lorsque vous recevrez cette lettre, nous serons déjà en route, et votre réponse nous trouvera probablement près de Livourne. Le parti que vous prendrez dans cette circonstance est plus décisif pour les opérations de la campagne, que quinze mille hommes de renfort que l'empereur enverrait à Beaulieu. BONAPARTE.

Au quartier-général à Milan, le 28 floréal an 4 (17 mai 1796).

Au citoyen Lallement, ministre à Venise.

Je vous remercie infiniment, citoyen ministre, des détails intéressans que vous me donnez sur la position des ennemis. Je vous envoie 6,000 liv. pour servir aux dépenses des espions à Trente, à Mantoue, et sur la route du Tyrol, et faites-moi savoir le jour où les bâtimens de Trieste sont partis pour Mantoue.

N'épargnez ni l'argent ni les peines, l'intérêt de la patrie le veut. Je vous ferai exactement toucher tout ce que vous dépenserez.

Envoyez-moi une carte exacte des états de Venise, et très-détaillée.

Il y a à Milan beaucoup de dispositions pour y créer une révolution.

Si les citoyens Jacob et Alliod ne sont pas indispensables à Venise, envoyez-les ici, je les emploierai dans le Milanais pour l'administration de ce pays.

Vous avez dû recevoir une lettre, de Lodi, du commissaire du gouvernement. Faites en sorte que vos lettres soient fréquentes et instructives : c'est sur vous que je compte pour avoir des nouvelles ; établissez un prix pour les courriers, de sorte que, lorsqu'ils arriveront avant telle heure, ils aient une gratification. BONAPARTE.

Au quartier-général à Milan, le 29 floréal an 4 (18 mai 1796).

Au général en chef de l'armée du roi de Sardaigne.

Je viens d'ordonner, monsieur, que les deux bateaux de sel arrêtés à Plaisance continuent leur route sur Valence.

Peut-être jugerez-vous à propos d'envoyer à Plaisance un officier ou un préposé, qui veillera à ce que tous les bateaux et autres convois appartenant au roi ne soient pas interceptés par l'armée. Du moment que vous m'aurez fait connaître là-dessus vos intentions, je m'empresserai de donner à cet officier les facilités nécessaires pour pouvoir remplir sa mission ; il pourrait également être chargé de parcourir les différentes rives du Pô, pour vous faire restituer les effets appartenans au roi, que nous aurions pu arrêter.

Le chef de l'état-major expédie les ordres aux troupes qui arriveront à Casale, de partir sur-le-champ pour Milan.

Je me suis occupé des différentes réclamations relatives à la province d'Alba. Je désire, monsieur, que vous soyez convaincu de l'empressement que j'aurai à faire quelque chose qui vous soit agréable.

Je vous prie de m'envoyer l'état des officiers que vous désirez que je vous renvoie en échange de ceux que vous avez eu la complaisance de relâcher sur parole.

J'envoie à Valence un officier du génie pour choisir un emplacement pour la construction du pont de Valence; mais comme je laisse au roi la jouissance de ses états en deçà du Pô, que M. Beaulieu n'a évacués que par mon passage du Pô à Plaisance, je crois qu'il serait convenable que vous donnassiez vous-même des ordres pour la construction dudit pont, qu'il me serait utile d'avoir avant huit jours.

BONAPARTE.

Au quartier-général à Milan, le 29 floréal an 4 (18 mai 1796).

Au directoire exécutif.

Le duc de Parme paye sa contribution; il a déjà versé 500,000 liv., et il s'exécute pour le reste. Faypoult aurait voulu que l'on ne fît rien payer à ce prince; mais l'ambassadeur d'Espagne à Turin, qui est venu me voir, est convenu que nous avions été modérés. Je ne doute pas, cependant, que le duc de Parme ne porte plainte; mais pourquoi n'a-t-il pas accepté la médiation de l'Espagne? BONAPARTE.

Au quartier-général à Milan, le 29 floréal an 4 (18 mai 1796).

Au général en chef de l'armée du roi de Sardaigne.

Je viens d'être informé, monsieur, que les différens agens militaires, dans le pays conquis, avaient séquestré les biens des seigneurs attachés à la cour.

Je viens de donner des ordres pour que les séquestres soient sur-le-champ levés, et qu'il n'y ait aucune espèce de différence entre les sujets du roi, soit qu'ils demeurent à Turin, ou dans les différentes villes soumises à la république.

BONAPARTE.

Au quartier-général à Milan, le 1er prairial an 4 (20 mai 1796).

Au citoyen Barthelemi, ambassadeur de la république, à Bâle.

Nous sommes maîtres de la Lombardie. Les troupes de la république, quoiqu'en petit nombre et dénuées de tout, ont surmonté tous les obstacles; les ennemis se sont retirés à Mantoue; demain notre corps de troupes sera ici. Je me presse de courir, et vous prie de me faire part des mouvemens de l'armée impériale dans la Bavière et dans la Souabe.

L'empereur peut-il affaiblir son armée du Rhin pour renforcer celle d'Italie? Quelles troupes pourrait-il encore envoyer dans le Tyrol? Je vous prie, citoyen ministre, de me faire part, là-dessus, des renseignemens que vous avez, et d'envoyer de tous côtés des agens, afin que vous puissiez m'instruire, avec précision, des forces que l'on ferait filer en Italie.

Je suis très-flatté, citoyen ministre, que cette circonstance m'ait procuré le plaisir de vous assurer, etc. BONAPARTE.

Au quartier-général à Milan, le 2 prairial an 4 (21 mai 1796).

Au ministre des finances.

L'armée d'Italie éprouve les plus grands besoins ; elle est dans la plus grande pénurie et le dénuement le plus affligeant des objets les plus essentiels ; elle se renforce tous les jours en hommes, et ses besoins s'accroissent en proportion.

Le directoire exécutif, qui m'a nommé au commandement de cette armée, a arrêté un plan de guerre offensif qui exige des mesures promptes et des ressources extraordinaires.

Le prêt de 2 sous en argent pour le soldat, et de 8 liv. pour les officiers, a manqué ; ce qui a mécontenté et découragé l'armée. Je vous prie de vous faire rendre compte, et d'avoir la bonté de m'instruire si je dois compter que la trésorerie seule subviendra à ce que le prêt ne manque pas. De toutes les dépenses, c'est la plus sacrée : l'armée d'Italie est la seule où le prêt ait manqué.

Le ministre de la guerre a ordonnancé, pour le service de pluviose et d'une partie de celui de ventose, à différentes fois, selon le bordereau ci-joint, la somme de....., et pour le service de l'artillerie, le 23 du mois, de 10,000 liv. en numéraire, et 500,000 liv. en assignats, et le 19 ventose, 30,000 liv. en numéraire, et 1,500,000 liv. en assignats.

On se plaint à l'armée de n'avoir reçu qu'une très-faible portion de cette somme. Je vous prie de vous faire rendre compte de celle qu'il reste à envoyer d'après les ordres ci-dessus, et de m'instruire de ce que vous espérez faire pour effectuer l'entier paiement. BONAPARTE.

Au quartier-général à Milan, le 2 prairial an 4 (21 mai 1796).

Au citoyen Bonelli, chef de bataillon.

Vous vous rendrez en Corse avec dix-huit hommes de votre choix. Le citoyen Sapey est chargé de vous faire passer en Corse et de vous faire porter des secours en poudre et en armes.

Il vous sera remis, à votre départ, 24,000 liv. en argent, dont vous vous servirez pour encourager les patriotes. Le citoyen Brassini restera à Gênes, et vous fera passer les secours dont vous pourrez avoir besoin, et vous remettra cent fusils, trois cents paires de pistolets, six cents livres de poudre et dix mille livres de plomb.

Dès l'instant que l'on aura des nouvelles plus sûres, on enverra davantage, et des brevets d'officiers, pour lever des bataillons au compte de la république française.

BONAPARTE.

Au quartier-général à Milan, le 2 prairial an 4 (21 mai 1796).

Aux citoyens Braccini et Paraviccini.

Vous resterez à Gênes pour correspondre avec les patriotes corses, et me tenir informé de tout ce qui se passe dans ce département, et lui envoyer des secours.

Le citoyen Balbi, banquier de la république, vous remettra 15,000 liv. Vous achèterez, avec cette somme, cent fusils, trois cents paires de pistolets, trois mille pierres à fusil, cinq à six mille livres de poudre, et huit à dix mille livres de plomb, que vous remettrez au citoyen Bonelli. Je donne des ordres pour qu'on vous fasse passer de Nice six cents fusils de chasse, que vous ferez passer successivement.

Le ministre de la république à Gênes est instruit de votre

mission. Vous vous présenterez à lui, afin qu'il vous donne tout ce dont vous pourriez avoir besoin.

Vous jouirez de 300 fr. d'appointemens par mois tant que durera votre mission. BONAPARTE.

Au quartier-général à Milan, le 2 prairial an 4 (21 mai 1796).

Au citoyen Sapey.

Je fais partir le citoyen Bonelli avec trente hommes et cent fusils, trois cents paires de pistolets, six mille livres de poudre et dix mille livres de plomb, pour secourir les patriotes de Corse.

Je charge les citoyens Braccini et Paraviccini de rester à Gênes, et de se ménager une correspondance avec les patriotes corses.

Votre zèle m'étant connu, je vous charge de procurer au citoyen Bonelli tous les moyens nécessaires pour passer en Corse; je vous ferai rembourser les frais que vous ferez à ce sujet. BONAPARTE.

Au quartier-général à Milan, le 2 prairial an 4 (21 mai 1796).

Au citoyen Faypoult.

Je vous envoie ci-joint une lettre interceptée, vous y verrez que vous avez des espions autour de vous.

La paix avec le roi de Sardaigne est faite à des conditions très-avantageuses; elle a été signée le 26 de ce mois.

Tout est tranquille à Paris, et les révolutionnaires de 93 sont encore mis à l'ordre et déjoués.

Vous trouverez ci-joint une proclamation à l'armée. Je préfère cette tournure à celle d'écrire aux peuples. L'armistice avec le duc de Parme a été approuvé; le directoire ne l'a pas trouvé assez honteux pour ce duc.

Nous avons imposé le Milanais à 20,000,000 fr. Je vous choisirai deux beaux chevaux parmi ceux que nous requerrons à Milan; ils serviront à vous dissiper des ennuis et des étiquettes du pays où vous êtes. Je veux aussi vous faire présent d'une épée. BONAPARTE.

Au quartier-général à Milan, le 3 prairial an 4 (22 mai 1796).

Au directoire exécutif.

Je viens de recevoir, citoyens directeurs, le courrier qui est parti le 26 de Paris. Il nous a apporté les articles de la paix glorieuse que vous avez conclue avec le roi de Sardaigne. Je vous prie d'en recevoir mes complimens.

Le commissaire Salicetti vous fera passer l'état des contributions que nous avons imposées. Vous pouvez, à cette heure, compter sur 6 à 8,000,000 argent en or ou argent, lingots ou bijoux, qui sont à votre disposition à Gênes, chez un des premiers banquiers. Vous pouvez disposer de cette somme, étant superflue aux besoins de l'armée. Si vous le désirez, je ferai passer 1,000,000 à Bâle pour l'armée du Rhin.

J'ai fait passer au général Kellermann 10,000 liv. en argent, je lui ferai passer demain 200,000 liv.

Les troupes sont satisfaites; elles touchent la moitié de leurs appointemens en argent; le pillage est réprimé, et la discipline avec l'abondance renaissent dans cette glorieuse armée.

Neuf mille hommes de l'armée des Alpes arriveront dans dix jours; je ne les attendrai pas, et déjà les troupes sont en mouvement pour marcher sur les gorges du Tyrol.

L'armée autrichienne reçoit tous les jours des renforts; mais j'imagine que notre armée du Rhin ne permettra pas à l'empereur de trop s'affaiblir de ce côté-là.

Vous trouverez ci-joint des lettres de la plus grande importance, entre autres celle où il est question de l'entretien de Louis XVIII avec plusieurs de nos postes à l'armée du Rhin.

La nouvelle de ces pourparlers se répète dans toutes les lettres d'émigrés ; je crois qu'il est urgent d'y mettre ordre.

Vous trouverez ci-joint l'état de ce que nous avons pris à Pavie : cela est très-considérable. Nous avons des magasins à Tortone, à Coni, à Ceva et à Mondovi.

Le duc de Parme n'ayant ni fusils, ni canons, ni places fortes, on n'a rien pu lui demander en ce genre.

Vous trouverez ci-joint une adresse à l'armée.

Vous trouverez aussi ci-joint la suspension que j'ai accordée au duc de Modène ; vous y verrez que c'est 10,000,000 de plus pour la république. Comme il n'a ni forteresses, ni fusils, il n'a pas été possible de lui en demander.

BONAPARTE.

P. S. Parmi les lettres d'émigrés ci-jointes, vous en trouverez une d'un prêtre qui écrit de Paris au cardinal de Zelada : quoiqu'il ne signe pas, il sera facile de le connaître, puisqu'il dit avoir soupé avec le général Dumuy la veille du départ de celui-ci. Une fois que le ministre de la police connaîtra ce correspondant de monseigneur le cardinal, il lui sera facile, en le faisant suivre pendant plusieurs jours, de parvenir à en connaître d'autres. Vous y trouverez aussi le nom d'un négociant de Lyon, qui fait passer des fonds aux émigrés.

Au quartier-général à Milan, le 5 prairial an 4 (24 mai 1796).

Au citoyen Oriani.

Les sciences qui honorent l'esprit humain, les arts qui embellissent la vie et transmettent les grandes actions à la postérité, doivent être spécialement honorés dans les gouvernemens libres. Tous les hommes de génie, et tous ceux qui ont obtenu un rang dans la république des lettres, sont frères, quel que soit le pays qui les ait vus naître.

Les savans dans Milan n'y jouissaient pas de la considération qu'ils devaient avoir. Retirés dans le fond de leurs laboratoires, ils s'estimaient heureux que les rois et les prêtres voulussent bien ne pas leur faire de mal. Il n'en est pas ainsi aujourd'hui, la pensée est devenue libre dans l'Italie : il n'y a plus ni inquisition, ni intolérance, ni despotes. J'invite les savans à se réunir et à me proposer leurs vues sur les moyens qu'il y aurait à prendre, ou les besoins qu'ils auraient pour donner aux sciences et aux beaux-arts une nouvelle vie et une nouvelle existence. Tous ceux qui voudront aller en France seront accueillis avec distinction par le gouvernement. Le peuple français ajoute plus de prix à l'acquisition d'un savant mathématicien, d'un peintre en réputation, d'un homme distingué, quel que soit l'état qu'il professe, que de la ville la plus riche et la plus abondante.

Soyez donc, citoyen, l'organe de ces sentimens auprès des savans distingués qui se trouvent dans le Milanais.

BONAPARTE.

Brescia, le 10 prairial an 4 (29 mai 1796).

A la république de Venise.

C'est pour délivrer la plus belle contrée de l'Europe du joug de fer de l'orgueilleuse maison d'Autriche, que l'armée française a bravé les obstacles les plus difficiles à surmonter.

La victoire, d'accord avec la justice, a couronné ses efforts; les débris de l'armée ennemie se sont retirés au-delà du Mincio. L'armée française passe, pour les poursuivre, sur le territoire de la république de Venise; mais elle n'oubliera pas qu'une longue amitié unit les deux républiques.

La religion, le gouvernement, les usages seront respectés; la plus sévère discipline sera maintenue; tout ce qui sera fourni à l'armée sera exactement payé en argent.

Le général en chef engage les officiers de la république de Venise, les magistrats et les prêtres à faire connaître ses sentimens au peuple, afin que la confiance cimente l'amitié qui depuis long-temps unit les deux nations.

Fidèle dans le chemin de l'honneur comme dans celui de la victoire, le soldat français n'est terrible que pour les ennemis de la liberté et de son gouvernement.   BONAPARTE.

Au quartier-général de Peschiera, le 13 prairial an 4
(1er juin 1796).

Au directoire exécutif.

Citoyens directeurs,

Après la bataille de Lodi, Beaulieu passa l'Adige et le Mincio. Il appuya sa doite au lac Garda, sa gauche sur la ville de Mantoue, et plaça des batteries sur tous les points de cette ligne, afin de défendre le passage du Mincio.

Le quartier-général arriva, le 9, à Brescia; j'ordonnai au général de division Kilmaine de se rendre, avec quinze cents hommes de cavalerie et huit bataillons de grenadiers, à Dezinzano. J'ordonnai au général Rosca de se rendre, avec une demi-brigade d'infanterie légère, à Salo. Il s'agissait de faire croire au général Beaulieu que je voulais le tourner par le haut du lac, pour lui couper le chemin du Tyrol, en passant par Riva. Je tins toutes les divisions de l'armée en arrière, en sorte que la droite, par laquelle je voulais effectivement attaquer, se trouvait à une journée et demie de marche de l'ennemi. Je la plaçai derrière la rivière de Chenisa, où elle avait l'air d'être sur la défensive, tandis que le général Kilmaine allait aux portes de Peschiera, et avait tous les jours des escarmouches avec les avant-postes ennemis, dans une desquelles fut tué le général autrichien Liptay.

Le 10, la division du général Augereau remplaça à Dezinzano celle du général Kilmaine, qui rétrograda à Lonado, et arriva, la nuit, à Castiglione. Le général Masséna se trouvait à Monte-Chiaro, et le général Serrurier à Montze. A deux heures après minuit, toutes les divisions se mirent en mouvement, toutes dirigeant leur marche sur Borgetto, où j'avais résolu de passer le Mincio.

L'avant-garde ennemie, forte de trois à quatre mille hommes et de dix-huit cents chevaux, défendait l'approche de Borgetto. Notre cavalerie, flanquée par nos carabiniers et nos grenadiers, qui, rangés en bataille, la suivaient au petit trot, chargea avec beaucoup de bravoure, mit en déroute la cavalerie ennemie, et lui enleva une pièce de canon. L'ennemi s'empressa de passer le pont et d'en couper une arche : l'artillerie légère engagea aussitôt la canonnade. L'on raccommodait avec peine le pont sous le feu de l'ennemi, lorsqu'une cinquantaine de grenadiers, impatiens, se jettent à l'eau, tenant leurs fusils sur leur tête, ayant de l'eau jusqu'au menton : le général Gardanne, grenadier pour la taille et le courage, était à la tête. Les soldats ennemis croient revoir la fameuse colonne du pont de Lodi : les plus avancés lâchent pied ; on raccommode alors le pont avec facilité, et nos grenadiers, en un instant, passent le Mincio, et s'emparent de Valeggio, quartier-général de Beaulieu, qui venait seulement d'en sortir.

Cependant les ennemis, en partie en déroute, étaient rangés en bataille entre Valeggio et Villa-Franca. Nous nous gardons bien de les suivre ; ils paraissent se rallier et prendre confiance, et déjà leurs batteries se multiplient et se rapprochent de nous : c'était justement ce que je voulais ; j'avais peine à contenir l'impatience ou, pour mieux dire, la fureur des grenadiers.

Le général Augereau passa, sur ces entrefaites, avec sa division ; il avait ordre de se porter, en suivant le Mincio, droit sur Peschiera, d'envelopper cette place, et de couper les gorges du Tyrol : Beaulieu et les débris de son armée se seraient trouvés sans retraite.

Pour empêcher les ennemis de s'apercevoir du mouvement du général Augereau, je les fis vivement canonner du village de Valeggio ; mais l'ennemi, instruit par ses patrouilles de cavalerie du mouvement du général Augereau, se mit aussitôt en route pour gagner le chemin de Castel-Nouvo : un renfort de cavalerie qui leur arriva les mit à même de protéger leur retraite. Notre cavalerie, commandée par le général Murat, fit des prodiges de valeur ; ce général dégagea lui-même plusieurs chasseurs que l'ennemi était sur le point de faire prisonniers. Le chef de brigade du dixième régiment de chasseurs, Leclerc, s'est également distingué. Le général Augereau, arrivé à Peschiera, trouva la place évacuée par l'ennemi.

Le 12, à la pointe du jour, nous nous portâmes à Rivoli ; mais déjà l'ennemi avait passé l'Adige et enlevé presque tous les ponts, dont nous ne pûmes prendre qu'une partie. On évalue la perte de l'ennemi, dans cette journée, à quinze cents hommes et cinq cents chevaux, tant tués que prisonniers. Parmi les prisonniers se trouve le prince de Couffla, lieutenant-général des armées du roi de Naples, commandant en chef la cavalerie napolitaine. Nous avons pris également cinq pièces de canon, dont deux de 12, et trois de 6, avec sept ou huit caissons chargés de munitions de guerre. Nous avons trouvé à Castel-Nuovo des magasins, dont une partie était déjà consumée par les flammes. Le général de division Kilmaine a eu son cheval blessé sous lui.

Voilà donc les Autrichiens entièrement expulsés de l'Italie. Nos avant-postes sont sur les montagnes de l'Allemagne. Je ne vous citerai pas tous les hommes qui se sont signalés par des traits de bravoure, il faudrait nommer tous les grenadiers et carabiniers de l'avant-garde ; ils jouent et rient avec la mort. Ils sont aujourd'hui parfaitement accoutumés avec la cavalerie, dont ils se moquent. Rien n'égale leur intrépidité, si ce n'est la gaieté avec laquelle ils font les marches les plus forcées. Ils servent tour à tour la patrie et l'amour.

Vous croiriez qu'arrivés au bivouac ils doivent au moins dormir ? Point du tout : chacun fait son conte ou son plan d'opérations du lendemain, et souvent on en voit qui rencontrent très-juste. L'autre jour, je voyais défiler une demi-brigade, un chasseur s'approcha de mon cheval : « Général, me dit-il, il faut faire cela ! Malheureux ! lui dis-je, veux-tu bien te taire. » Il disparaît à l'instant. Je l'ai fait en vain chercher ; c'était justement ce que j'avais ordonné que l'on fît.

BONAPARTE.

Au quartier-général de Peschiera, le 13 prairial an 4
(1er juin 1796).

Au directoire exécutif.

Citoyens directeurs,

La république de Venise a laissé occuper par les Impériaux Peschiera, qui est une place forte ; mais, grâce à la victoire de Borgetto, nous nous en sommes emparés, et je vous écris aujourd'hui de cette ville.

Le général Masséna occupe, avec sa division, Verone, belle et grande ville qui a deux ponts sur l'Adige.

BONAPARTE.

Au quartier-général à Roverbello, le 15 prairial an 4
(3 juin 1796).

A monsieur le duc d'Aoste.

J'ai reçu, monsieur, votre courrier; la conduite du roi à l'occasion de M. Bounnafier est digne de lui.

Je vais prendre des mesures pour que, pendant le peu de temps que la police de la ville d'Alba appartiendra à l'armée, il ne se commette aucun trouble; mais j'espère que nous hâterons, le plus que possible, le moment de l'exécution du traité, afin de voir consolidée la paix qui doit désormais unir les deux puissances.

J'ai ordonné au commandant de la place d'Alba de faire relâcher différens particuliers, sujets du roi, qui avaient été arrêtés, pour je ne sais pas trop quelle espèce de représailles.

Je me flatte que vous êtes persuadé que je n'oublierai rien de ce qui pourra vous être agréable, me mériter votre estime, et vous convaincre des sentimens de considération, etc.

BONAPARTE.

Au quartier-général à Roverbello, le 16 prairial an 4
(4 juin 1796).

Au ministre de la république à Venise.

Le sénat m'a envoyé deux sages du conseil; il est nécessaire que vous lui témoigniez le mécontentement de la république de ce que Peschiera a été livrée aux Autrichiens. Le sang français a coulé pour la reprendre. Il ne faut pas cependant nous brouiller avec une république dont l'alliance nous est utile.

J'ai parlé aux sages de la cocarde nationale ; je crois que vous devez fortement tenir pour que les Français la portent, et que l'injure qui a été faite soit réparée.

Tenez-moi instruit de tout en détail. Je pars à l'instant pour Milan, adressez-moi là vos nouvelles ; ne me laissez pas ignorer ce que fait Beaulieu et le mouvement des troupes en Bavière. BONAPARTE.

Au quartier-général à Milan, le 19 prairial an 4 (7 juin 1796).

Au directoire exécutif.

Par l'armistice conclu entre les deux armées française et napolitaine, nous obtenons les résultats suivans :

1°. Nous ôtons deux mille quatre cents hommes de cavalerie à l'armée autrichienne, et nous les plaçons dans un lieu où ils sont à notre disposition.

2°. Nous ôtons aux Anglais cinq vaisseaux de guerre et plusieurs frégates.

3°. Nous continuons à mettre les coalitions en déroute.

Si vous faites la paix avec Naples, la suspension aura été utile, en ce qu'elle aura affaibli de suite l'armée allemande. Si, au contraire, vous ne faites pas la paix avec Naples, la suspension aura encore été utile, en ce qu'elle me mettra à même de prendre prisonniers les deux mille quatre cents hommes de cavalerie napolitaine, et que le roi de Naples aura fait une démarche qui n'aura pas plu à la coalition. Cela me porte à traiter la question militaire : pouvons-nous et devons-nous aller à Naples ?

Le siége du château de Milan, la garde du Milanais et la garnison des places conquises, demandent quinze mille hommes.

La garde de l'Adige et des positions du Tyrol, vingt mille hommes.

Il ne reste, compris les secours qui arrivent de l'armée des Alpes, que six mille hommes.

Mais, eussions-nous vingt mille hommes, il ne nous conviendrait pas de faire vingt-cinq jours de marche, dans les mois de juillet et d'août, pour chercher la maladie et la mort. Pendant ce temps-là, Beaulieu repose son armée dans le Tyrol, la recrute, la renforce de secours qui lui arrivent tous les jours, et nous reprendra dans l'automne ce que nous lui avons pris dans le printemps. Moyennant cet armistice avec Naples, nous sommes à même de dicter à Rome toutes les conditions qu'il nous plaira; déjà, dans ce moment-ci, la cour de Rome est occupée à faire une bulle contre ceux qui prêchent en France la guerre civile, sous prétexte de religion.

Par la conversation que j'ai eue ce matin avec M. Azara, ministre d'Espagne, envoyé par le pape, il m'a paru qu'il avait ordre de nous offrir des contributions. Je serai bientôt à Bologne. Voulez-vous que j'accepte alors, pour accorder un armistice au pape, vingt-cinq millions de contributions en argent, cinq millions en denrées, trois cents cadres, des statues et des manuscrits en proportion, et que je fasse mettre en liberté tous les patriotes arrêtés pour faits de la révolution? J'aurai au reste le temps de recevoir vos ordres là-dessus, puisque je ne crois pas être à Bologne avant dix ou quinze jours. Alors, si les six mille hommes que commande le général Châteauneuf-Randon arrivent, il n'y aura pas d'inconvénient de se porter de Bologne jusqu'à Rome. Au reste, je vous prie de rester persuadé que lorsqu'une fois vous m'avez fait connaître positivement vos intentions, il faudrait qu'elles fussent bien difficiles, pour que je ne puisse pas les exécuter. BONAPARTE.

Au quartier-général à Milan, le 19 prairial an 4 (7 juin 1796).

Au directoire exécutif.

Lorsque M. Beaulieu sut que nous marchions pour passer le Mincio, il s'empara de la forteresse de Peschiera, qui appartient aux Vénitiens. Cette forteresse, située sur le lac de Garda, à la naissance du Mincio, a une enceinte bastionnée en très-bon état, et quatre-vingt pièces de canon, qui, à la vérité, n'étaient pas montées.

M. le provéditeur général, qui était à Verone avec deux mille hommes, aurait donc bien pu faire en sorte que cette place ne fût pas occupée par les Autrichiens, qui y sont entrés sans aucune espèce de résistance, lorsque j'étais arrivé à Brescia, c'est-à-dire à une journée de-là.

Dès que j'appris que les Autrichiens étaient à Peschiera, je sentis qu'il ne fallait pas perdre un instant à investir cette place, afin d'ôter à l'ennemi les moyens de l'approvisionner. Quelques jours de retard m'auraient obligé à un siége de trois mois.

Le combat de Borghetto et le passage du Mincio nous rendirent cette place deux jours après. Le provéditeur vint à grande hâte se justifier, je le reçus fort mal. Je lui déclarai que je marchais sur Venise porter moi-même plainte au sénat d'une trahison aussi manifeste. Pendant le temps que nous nous entretenions, Masséna avait ordre d'entrer à Verone, à quelque prix que ce fût. L'alarme à Venise a été extrême. L'archiduc de Milan, qui y était, s'est sauvé sur-le-champ en Allemagne.

Le sénat de Venise vient de m'envoyer deux sages du conseil, pour s'assurer définitivement où en étaient les choses. Je leur ai renouvelé mes griefs, je leur ai parlé aussi de l'accueil fait à Monsieur; je leur ai dit que, du reste, je vous avais rendu compte de tout, et que j'ignorais la manière dont vous prendriez cela : que, lorsque je suis parti de Paris, vous croyiez trouver dans la république de Venise une alliée fidèle aux principes ; que ce n'était qu'avec regret que leur conduite à l'égard de Peschiera m'avait obligé de penser autrement ; que, du reste, je croyais que ce serait un orage qu'il serait possible à l'envoyé du sénat de conjurer. En attendant, ils se prêtent de la meilleure façon à nous fournir ce qui peut être nécessaire à l'armée.

Si votre projet est de tirer cinq ou six millions de Venise, je vous ai ménagé exprès cette espèce de rupture. Vous pourriez les demander en indemnité du combat de Borghetto, que j'ai été obligé de livrer pour prendre cette place. Si vous avez des intentions plus prononcées, je crois qu'il faudrait continuer ce sujet de brouillerie, m'instruire de ce que vous voulez faire, et attendre le moment favorable, que je saisirai suivant les circonstances : car il ne faut pas avoir affaire à tout le monde à la fois.

La vérité de l'affaire de Peschiera est que Beaulieu les a lâchement trompés ; il leur a demandé le passage pour cinquante hommes, et il s'est emparé de la ville. Je fais dans ce moment-ci mettre Peschiera en état de défense, et, avant quinze jours, il faudra de l'artillerie de siége et un siége en règle pour la prendre. BONAPARTE.

Au quartier-général à Milan, le 19 prairial an 4 (7 juin 1796).

A M. le prince de Belmonte-Pignatelli.

L'armistice que nous avons conclu hier sera, je l'espère, le préambule de la paix. Les négociations doivent commencer le plus tôt possible, et dès-lors, quoique les troupes tardent à arriver à leurs cantonnemens, je ne crois pas que ce puisse être une raison de guerre, dès l'instant que l'ordre de S. M. le roi de Naples serait parvenu, et que le corps de troupes serait en marche pour se rendre à sa destination.

BONAPARTE.

Au quartier-général à Milan, le 19 prairial an 4 (7 juin 1796).

Au citoyen Faypoult, à Gênes.

Je ne vous écris pas aussi souvent que je le voudrais.

Je vous ai envoyé la relation de l'affaire de Borghetto; aujourd'hui je vous annonce la prise du faubourg Saint-Georges de Mantoue et le cernement de cette ville.

Je suis venu à Milan pour mettre à exécution le traité de paix avec le roi de Sardaigne.

Je vous prie de m'instruire des affaires de Corse; je compte faire passer à Gênes quinze cents fusils de chasse pour les y envoyer pour soutenir l'insurrection des patriotes.

Je suis instruit que le ministre de l'empereur à Gênes excite les paysans à la révolte, et leur fait passer de la poudre et de l'argent. Si cela est, mon intention est de le faire arrêter dans Gênes même.

BONAPARTE.

Au quartier-général à Milan, le 19 prairial an 4 (7 juin 1796).

Au citoyen Lallement, à Venise.

Je vois avec plaisir que vos discussions avec le sénat se sont terminées comme elles le devaient.

Tenez-moi instruit du mouvement de Beaulieu; ne négligez rien et envoyez de tous côtés des espions pour connaître ses opérations et les renforts qu'il reçoit.

BONAPARTE.

Au quartier-général à Milan, le 20 prairial an 4 (8 juin 1796).

Au citoyen Carnot.

Je vous dois des remercîmens pour les choses honnêtes que vous me dites. La récompense la plus douce des fatigues, des dangers, des chances de ce métier-ci se trouve dans l'estime du petit nombre d'hommes qu'on apprécie.

Par ma lettre au directoire, vous verrez notre position. Si les bataillons annoncés nous joignent à temps, il nous sera facile d'aller jusqu'à Rome. Cependant, comme les opérations d'Allemagne peuvent changer notre position d'un moment à l'autre, je crois qu'il serait bon qu'on me laissât la faculté de conclure l'armistice avec Rome, ou d'y aller : dans le premier cas, me prescrire les conditions de l'armistice ; dans le second, me dire ce que je dois y faire, car nos troupes ne pourraient pas s'y maintenir long-temps. L'espace est immense, le fanatisme très-grand, et la grande disproportion des distances rend les hommes hardis.

Je serai, dès l'instant que les inondations seront finies, à Livourne et à Bologne. Je recevrai là vos ordres, et si vous acceptez l'armistice avec Rome, je le conclurai là.

Nous sommes bientôt en juillet, où toutes les marches nous vaudront deux cents malades.

Il est arrivé un commissaire du directoire pour les contributions. Un million est parti pour Bâle pour l'armée du Rhin.

Vous avez à Gênes huit millions, vous pouvez compter là-dessus.

Deux millions encore partaient pour Paris ; mais le commissaire m'a assuré que votre intention est que tout aille à Gênes.

Je mériterai votre estime ; je vous prie de me continuer votre amitié, et de me croire pour la vie, etc.

BONAPARTE.

Au quartier-général à Milan, le 20 prairial an 4 (8 juin 1796).

Au général Clarke.

Votre jeune cousin m'est arrivé hier : il m'a l'air actif, quoique encore un peu jeune. Je le tiendrai avec moi : il sera bientôt à même d'affronter le péril et de se distinguer. J'espère qu'il sera digne de vous, et que j'aurai un bon compte à vous en rendre.

Je suis bien aise de faire quelque chose qui vous soit agréable.

Ici, tout va assez bien ; mais la canicule arrive au galop, et il n'existe aucun remède contre son influence dangereuse. Misérables humains que nous sommes, nous ne pouvons qu'observer la nature, mais non la surmonter.

La campagne d'Italie a commencé deux mois trop tard ; nous nous trouvons obligés de rester dans le pays le plus malsain de l'Italie. Je ne vois qu'un moyen pour ne pas être battus à l'automne, c'est de s'arranger de manière à ne pas être obligés de s'avancer dans le sud de l'Italie.

Selon tous les renseignemens que l'on nous donne, l'empereur envoie beaucoup de troupes à son armée d'Italie. Nous attendons ici avec impatience des nouvelles du Rhin. Si notre armée a des succès, comme je l'espère, il faut que l'on fasse payer à l'empereur son entêtement : en attendant, je vous prie de croire aux sentimens de fraternité.   BONAPARTE.

Au quartier-général à Milan, le 21 prairial an 4 (9 juin 1796).

Au général Kellermann.

J'ai vu, avec le plus grand plaisir, les demi-brigades que vous nous envoyez : elles sont en bon état et bien disciplinées.

Je ne crains pas d'abuser de votre bonté; je vous envoie un officier d'artillerie pour pourvoir, avec les fonds nécessaires, au transport de cinq mille fusils, que je vous prie instamment de nous faire passer, ainsi que douze obusiers de 6 pouces, et douze de 8.

J'attends avec empressement votre réponse pour les dix-huit cents hommes que je vous ai prié de faire mettre à Coni, afin d'en pouvoir retirer la garnison.

Vous devez avoir reçu cent mille francs; je donnerai des ordres pour que l'on vous en envoie cent mille autres.

BONAPARTE.

Au quartier-général à Milan, le 23 prairial an 4 (11 juin 1796).

Au citoyen Comeiras.

Je ferai fournir trois mille quintaux de blé aux Grisons, à condition qu'ils nous donneront des chevaux en paiement. J'ai, à votre demande, fait détruire le fort de...... Je vous enverrai tout ce que vous demandez. Il est nécessaire que vous ayez la plus grande surveillance du côté de la Valteline, pour connaître les mouvemens que Beaulieu pourrait faire, et m'en prévenir à temps.

Il me serait facile de vous faire passer quelques milliers de fusils de chasse; mais cela serait-il bien employé dans les mains de nos amis, et s'il est vrai que les chefs des ligues sont vendus à la maison d'Autriche, ne serait-il pas dangereux d'accroître leurs moyens de nuire ? BONAPARTE.

Au quartier-général à Milan, le 23 prairial an 4 (11 juin 1796).

Au directoire exécutif.

Le général Laharpe était du canton de Berne : les autorités de ce canton lui ont confisqué ses biens au commencement de la révolution. Je vous prie de vous intéresser pour les faire rendre à ses enfans.

Les Suisses nous ont fait demander la circulation de quelques milliers de riz, nous ne leur avons accordé qu'à condition que le canton de Berne restituerait au jeune Laharpe les biens de son père. J'espère que vous approuverez cette mesure. BONAPARTE.

Au quartier-général à Milan, le 23 prairial an 4 (11 juin 1796).

Au citoyen Barthelemy, ambassadeur à Bâle.

Le canton de Berne a confisqué, au commencement de la révolution, les biens de feu le général Laharpe; je vous prie de vous intéresser pour les faire rendre à son fils.

BONAPARTE.

Au quartier-général à Milan, le 23 prairial an 4 (11 juin 1796).

Au général Moreau.

Je vous fais passer un million que vous tirerez sur Bâle, des mains du citoyen Barthelemy, ambassadeur de la république à Gênes, à qui je donne ordre de l'adresser.

L'armée d'Italie a demandé au directoire la permission de vous faire passer cet argent, provenant des contributions de guerre, afin de soulager nos frères d'armes de l'armée du Rhin.

Je suis flatté que cette occasion, etc. BONAPARTE.

Au quartier-général à Pavie, le 24 prairial an 4 (12 juin 1796).

Au chef de l'état-major.

Vous donnerez les ordres pour que l'on établisse dans le château de Pavie deux mille lits, avec des fournitures complettes. Le commissaire des guerres requerra, à cet effet, de la ville, les matelas, couvertures et draps nécessaires.

BONAPARTE.

Au quartier-général à Tortone, le 25 prairial an 4 (13 juin 1796).

Le général en chef porte plainte à la commission militaire, contre le seigneur d'Arcquata, M. Augustin Spinola, comme étant le chef de la rébellion qui a eu lieu à Arcquata, où il a été assassiné plusieurs soldats, déchiré la cocarde tricolore, pillé les effets de la république, et arboré l'étendard impérial.

Le seigneur d'Arcquata et sa femme se sont toujours livrés à leurs instigations perfides.

Je demande que la commission militaire le juge conformément aux lois militaires. BONAPARTE.

Au quartier-général à Tortone, le 25 prairial an 4 (13 juin 1796).

Au gouverneur d'Alexandrie.

Les officiers et soldats de la garnison de Serravalle ont pris part à la dernière rébellion des fiefs impériaux; ils ont encouragé les paysans, en leur fournissant des munitions de guerre.

Cette conduite est très-éloignée d'être conforme aux intentions du roi et de M. le duc d'Aoste.

Je vous demande de faire punir sévèrement la conduite indigne de ces militaires. BONAPARTE.

Au quartier-général à Tortone, le 26 prairial an 4 (14 juin 1796).
Au chef de l'état-major.

Vous donnerez l'ordre au vingt-deuxième régiment de chasseurs à cheval de se rendre à Verone, au quartier-général du général Masséna, où il sera à sa disposition.

Vous donnerez l'ordre à toutes les compagnies de grenadiers ou détachemens de demi-brigades qui composent la division du général Masséna, de les rejoindre de suite.

Vous donnerez l'ordre au troisième bataillon de la deuxième demi-brigade de rejoindre sa demi-brigade. BONAPARTE.

Au quartier-général à Tortone, le 26 prairial an 4 (14 juin 1796).
Au sénat de la république de Gênes.

La ville de Gênes est le foyer d'où partent les scélérats qui infestent les grandes routes, assassinant les Français et interceptant nos convois, autant qu'il est en eux.

C'est de Gênes que l'on a soufflé l'esprit de rébellion dans les fiefs impériaux. M. Girola, qui demeure dans cette ville, leur a publiquement envoyé des munitions de guerre; il accueille tous les jours les chefs des assassins, encore dégouttans du sang français.

C'est sur le territoire de la république de Gênes que se commettent une partie de ces horreurs, sans que le gouvernement prenne aucune mesure; il paraît au contraire, par son silence et l'asile qu'il accorde, sourire aux assassins.

Malheur aux communes qui voient avec joie et même avec indifférence ces crimes qui se commettent sur leur territoire, et le sang français répandu par des assassins !

Il est indispensable que ce mal ait un terme, et que les hommes qui, par leur conduite, protégent les brigands, soient très-sévèrement punis.

Le gouverneur de Novi les protége, je demande que le gouvernement en fasse un exemple sévère.

M. Girola, qui a fait de Gênes une place d'armes contre les Français, doit être arrêté, ou au moins chassé de la ville de Gênes.

Ces satisfactions préalables sont dues aux mânes de mes frères d'armes, égorgés sur votre territoire.

Pour l'avenir, je vous demande une explication catégorique. Pouvez-vous ou non purger le territoire de la république des assassins qui le remplissent? Si vous ne prenez pas des mesures, j'en prendrai: je ferai brûler les villes et les villages sur lesquels il sera commis l'assassinat d'un seul Français.

Je ferai brûler les maisons qui donneront refuge aux assassins. Je punirai les magistrats négligens qui auraient transgressé le premier principe de la neutralité, en accordant asile aux brigands.

L'assassinat d'un Français doit porter malheur aux communes entières qui ne l'auraient pas protégé.

La république française sera inviolablement attachée aux principes de la neutralité; mais que la république de Gênes ne soit pas le refuge de tous les brigands. BONAPARTE.

Au quartier-général à Tortone, le 27 prairial an 4 (15 juin 1796).

Au citoyen Faypoult, ministre à Gênes.

Je vous envoie le général Murat, mon aide-de-camp. Je désire que vous le présentiez de suite au sénat pour lui remettre lui-même la note qu'il vous communiquera. Si vous la présentiez, il faudrait quinze jours pour avoir la réponse, et il est nécessaire d'établir une communication plus prompte, qui électrise ces messieurs.

L'armée du Rhin a battu les ennemis. Le général Berthier doit vous avoir envoyé le bulletin de Bâle.

Tout va bien ; je vous embrasse. Les nouvelles de Paris sont du 19 : rien de nouveau.

J'ai fait arrêter une quinzaine de chefs de brigands qui assassinaient nos soldats : ils seront impitoyablement fusillés. Dans ce moment-ci, une division fait justice d'Arcquata et des fiefs impériaux.

Faites placer à Novi un gouverneur meilleur que celui qui y est. Je n'entends pas que le sénat laisse assassiner nos soldats en détail. Je lui tiendrai parole. BONAPARTE.

Au quartier-général à Tortone, le 27 prairial an 4 (15 juin 1796).

Au même.

Nous avons établi beaucoup de batteries sur la rivière de Gênes ; il faudrait en vendre aujourd'hui les canons et les munitions aux Génois, afin de ne pas avoir à les garder, et de pouvoir cependant les trouver en cas de besoin.

BONAPARTE.

Au quartier-général à Tortone, le 28 prairial an 4 (16 juin 1796).

Au gouverneur de Novi.

Vous donnez refuge aux brigands, les assassins sont protégés dans votre territoire ; il y en a aujourd'hui dans tous les villages. Je vous requiers de faire arrêter tous les habitans des fiefs impériaux qui se trouvent aujourd'hui sur votre territoire ; vous me répondrez de l'exécution de la présente réquisition ; je ferai brûler les villes et les maisons qui donneront refuge aux assassins ou qui ne les arrêteront pas.

BONAPARTE.

Au quartier-général à Tortone, le 28 prairial an 4 (16 juin 1796).

Au chef de l'état-major.

Tous les détachemens de troupes qui sont dans les villes différentes des états du roi de Sardaigne rejoindront leurs corps, excepté les garnisons de Coni, Ceva, Cherasco, Tortone, Alexandrie, Oneille et Loano.

Il est défendu aux troupes et convois de l'armée de prendre d'autre route que par Nice, Coni, Fossano, Asti, Alexandrie, Tortone, Pavie, Milan, Cassano, Brescia, Peschiera, ou bien Pavie, Pizzigitone, Cremone, Casal-Major, Borgoforte, ou bien par Gênes, Novi, Tortone; ou bien par la vallée d'Aoste.

Les troupes du roi de Sardaigne s'étant chargées d'escorter les convois, on n'enverra qu'un ou deux hommes d'escorte.

Il ne sera plus fait de réquisitions dans les pays du roi de Sardaigne; on évacuera tous les magasins que l'on pourrait avoir dans ces pays, sur les places qui nous restent.

Il est expressément défendu aux commissaires des guerres d'accorder aucune route aux soldats isolés de leurs bataillons, jusqu'à ce qu'ils soient au nombre de vingt-cinq. A cet effet, les soldats qui se présenteront pour rejoindre leurs corps, resteront en subsistance dans la place jusqu'à ce qu'ils soient à ce nombre. Alors, le commissaire des guerres fera une feuille de route jusqu'à l'endroit où ils devront se séparer pour rejoindre chacun leurs corps.

Les commandans de place auront soin de faire armer les soldats, et de donner le commandement de ces détachemens à un sous-officier de garnison, s'il ne s'en trouve pas parmi ceux qui rejoignent; ce sous-officier accompagnera le détachement jusqu'à la garnison la plus prochaine.

Le général de division qui commande à Nice aura sous ses ordres tout le département des Alpes maritimes ; il nommera des commandans dans toutes les étapes, afin de surveiller les soldats passagers et les étapiers.

Le général de division qui commande à Coni, aura sous sa surveillance tout le pays compris entre le département des Alpes maritimes, la Stura, le Tanaro, jusqu'aux états de Gênes : dès lors il commandera à Ceva et à Cherasco ; il mettra, à chaque étape, un officier, auquel s'adresseront tous les militaires qui auront des feuilles de route, et sur le visa duquel les commandans piémontais feront délivrer l'étape à nos soldats.

Le général de division qui commandera à Tortone, aura sous sa surveillance tous les pays compris entre le Tanaro, la mer de Gênes, le Pô et les états du duc de Parme ; il commandera dès-lors à Alexandrie : il nommera des officiers pour surveiller les soldats de passage dans chaque étape. Ce ne sera que sur son visa que les agens du roi de Sardaigne délivreront l'étape à nos soldats.

Le général commandant la Lombardie commandera ; on nommera des officiers dans chaque étape pour surveiller les étapiers, et maintenir une bonne discipline chez les soldats de passage.

Le chef de l'état-major enverra à ces différens généraux la liste des officiers blessés, surnuméraires ou sans emploi, qui pourraient être employés à cet effet.

Le chef de l'état-major nommera deux officiers supérieurs pour surveiller les routes de Cassano à Peschiera, et de Pizzigitone à Goito : ces deux officiers se tiendront, le premier, à Chiaro, et le deuxième, à Casale-Major ; ils nommeront des officiers à chaque étape pour surveiller les soldats et tenir la main à ce que les employés de Venise délivrent exactement, et en bonne fourniture, les étapes aux soldats et aux chevaux.

Chacun des officiers supérieurs aura avec lui quinze hommes de gendarmerie à cheval et un détachement de cent cinquante hommes, qui lui serviront à escorter les prisonniers et à se porter partout où il serait nécessaire pour la sûreté de la route.

Le général commandant le Mantouan établira des officiers dans toutes les étapes de son arrondissement, les généraux de division en feront autant, chacun dans son arrondissement, et jusqu'à l'étape qui joint la grande route.

La route de Plaisance joindra la grande communication de l'armée à Saint-Colombar.

L'officier supérieur qui commande la place de Plaisance aura la surveillance sur toute la route, depuis Saint-Colombar à Parme.

On mettra neuf jours pour aller de Coni à Pavie, sept de Pavie à Peschiera, et six de Pavie à Goito.

BONAPARTE.

Au quartier-général à Bologne, le 3 messidor an 4 (21 juin 1796).

Au directoire exécutif.

La division du général Augereau, citoyens directeurs, a passé le Pô à Borgoforte, le 28 prairial; il est arrivé à Bologne le 1ᵉʳ messidor; il y a trouvé quatre cents soldats qui y ont été faits prisonniers.

Je suis parti de Tortone le 29 prairial; je suis arrivé le 1ᵉʳ messidor à Modène, d'où j'ai envoyé l'ordre, par l'adjudant-général Vegnat, à la garnison du château d'Urbin d'ouvrir ses portes, de poser les armes, et de se rendre prisonnière de guerre. J'ai continué ma route pour Bologne; je suis arrivé à minuit. Nous avons trouvé, dans le fort Urbin, cinquante pièces de canon bien approvisionnées, cinq cents fusils de calibre, de très-beau modèle, et des munitions de bouche pour nourrir six mille hommes pendant deux mois. Le fort Urbin est dans un bon état de défense; il a une enceinte bastionnée, revêtue et entourée de fossés pleins d'eau, avec un chemin couvert nouvellement réparé. Il était commandé par un chevalier de Malte, et trois cents hommes que nous avons faits prisonniers.

Nous avons fait prisonniers, à Bologne, le cardinal légat, avec tous les officiers de l'état-major, et pris quatre drapeaux. Nous avons également fait prisonnier le cardinal légat de Ferrare avec le commandant de ce fort, qui est un chevalier de Malte. Il y a dans le château de Ferrare cent quatorze pièces de canon.

L'artillerie que nous avons trouvée à Modène, au fort Urbin et au château de Ferrare, forme un équipage de siége qui nous mettra à même d'assiéger Mantoue.

Les vingt tableaux que doit nous fournir Parme sont partis. Le célèbre tableau de saint Jérôme est tellement estimé dans ce pays, qu'on offrait 1,000,000 pour le racheter.

Les tableaux de Modène sont également partis: le citoyen Barthelemy s'occupe, dans ce moment-ci, à choisir les tableaux de Bologne; il compte en prendre une cinquantaine, parmi lesquels se trouve la sainte Cécile, qu'on dit être le chef-d'œuvre de Michel-Ange.

Monge, Berthollet, Thouin, naturaliste, sont à Pavie, où ils s'occupent à enrichir notre Jardin des Plantes et notre Cabinet d'histoire naturelle. J'imagine qu'ils n'oublieront pas une collection complète de serpens, qui m'a paru bien mériter la peine de faire le voyage. Je pense qu'ils seront après-demain à Bologne, où ils auront aussi une abondante récolte à faire.

J'ai vu, à Milan, le célèbre Oriani: la première fois qu'il

vint me voir, il se trouva interdit, et ne pouvait pas répondre aux questions que je lui faisais. Il revint enfin de son étonnement : « Pardonnez, me dit-il, mais c'est la première fois que j'entre dans ces superbes appartemens ; mes yeux ne sont pas accoutumés...... » Il ne se doutait pas qu'il faisait, par ce peu de paroles, une critique bien amère du gouvernement de l'archiduc. Je me suis empressé de lui faire payer ses appointemens et de lui donner tous les encouragemens nécessaires.

Au premier courrier, je vous enverrai une copie des lettres que je lui ai écrites, dès l'instant que j'ai reçu la recommandation que vous m'avez envoyée pour lui. BONAPARTE.

Au quartier-général à Bologne, le 3 messidor an 4 (21 juin 1796).

Bonaparte, général en chef, aux commissaires du gouvernement près l'armée d'Italie.

Les mouvemens actuels d'une partie de l'armée de Wurmser sur la frontière des Grisons, et les renforts que Beaulieu reçoit tous les jours, ceux plus considérables encore qui sont en marche ; l'opération sur Livourne, que le gouvernement m'a ordonné d'entreprendre, et à laquelle je n'ai vu aucun inconvénient militaire, comptant sur l'arrivée de six mille hommes, que devait conduire le général Châteauneuf-Randon, lesquels ont reçu contre-ordre et sont toujours à Nîmes ; la garnison que je serai obligé de laisser dans la place de Livourne ; tout nous fait une nécessité de faire venir, le plus promptement possible, deux demi-brigades de l'armée des Alpes. Il serait possible d'en tirer une des deux qui sont à Lyon, et une existante dans le département de la Drôme. Il sera facile au général de l'armée des Alpes de remplacer les deux demi-brigades par des colonnes mobiles, composées de garde nationale sédentaire mise en réquisition, et je lui fais passer, à cet effet, 150,000 liv. en numéraire, pour subvenir à leur solde.

Je vous requiers donc de prendre les mesures les plus efficaces et les plus promptes pour que ces deux demi-brigades se rendent de suite à Milan : le besoin que nous en avons est tellement pressant, que je crois que l'on doit faire venir les plus près, et user de tous les moyens pour activer leur marche et leur arrivée à Milan. BONAPARTE.

Au quartier-général à Bologne, le 4 messidor an 4 (22 juin 1796).

Au citoyen Faypoult.

Je viens de recevoir votre courrier ; je connais trop bien l'esprit du perfide gouvernement génois, pour ne pas avoir prévu la réponse qu'il aurait faite.

Je viens de recevoir, par un courrier extraordinaire du directoire, la copie de la note que vous avez présentée lors de la prise de cinq bâtimens.

Voilà donc deux sujets de plainte; tenez querelle ouverte sur l'un et l'autre objet. Je vous charge spécialement de prendre les moyens les plus efficaces pour que l'argent, les bijoux et autres objets précieux appartenans à la république, et qui se trouvent à Gênes, soient bientôt évacués de cette place.

Faites appeler chez vous le citoyen Suci, et envoyez-moi, par un courrier extraordinaire, l'inventaire des effets, quels qu'ils soient, qui se trouvent à Gênes.

Je vous prie de me tenir instruit, dans le plus grand détail, de ce qui concerne notre position avec le sénat de Gênes. BONAPARTE.

Au quartier-général à Bologne, le 4 messidor an 4 (22 juin 1796).

A l'adjudant-général Leclerc.

Vous vous rendrez à Coire, capitale du pays des Grisons; vous y verrez le citoyen Comeyras, ministre de la république; vous parcourrez le pays jusqu'au débouché de Souabe; vous enverrez des espions prendre des renseignemens sur la position et les mouvemens de l'ennemi, de l'autre côté des montagnes. Vous m'instruirez de ce qui pourrait en mériter la peine, par un courrier extraordinaire, que vous adresserez au général Despinois à Milan.

Vous choisirez les positions que l'ennemi pourrait prendre pour descendre des montagnes dans le Milanais, en supposant qu'il voulût le tenter.

Vous resterez le temps nécessaire dans ce pays pour le parcourir, le connaître et acquérir les connaissances sur l'esprit qui anime les habitans. BONAPARTE.

Bologne, le 4 messidor an 4 (22 juin 1796).

Au général-chef des ligues grises.

Je vous adresse le citoyen Leclerc, adjudant-général, pour vous donner une marque de l'amitié de la république française et du désir que j'ai de vous être utile, comptant sur une parfaite réciprocité de votre part. BONAPARTE.

Au quartier-général à Bologne, le 5 messidor an 4 (23 juin 1796).

Au ministre de la république à Venise.

Je vous prie, citoyen ministre, de mettre plus d'activité dans votre correspondance secrète, et de pouvoir me faire passer tous les jours un bulletin des forces et des mouvemens de l'ennemi. Vous devriez avoir des espions à Trente, à Roveredo, à Inspruck, et avoir tous les jours des bulletins de ces endroits : c'est ainsi que fait le citoyen Barthelemy à Bâle, et qui, par là, rend des services majeurs à la république. Je suis instruit, par une voie indirecte, que Venise arme, et vous ne m'instruisez pas de quelle nature et de quelle force sont ces armemens. Vous sentez combien il importe que je sois instruit à temps sur des objets pareils. BONAPARTE.

Au quartier-général à Bologne, le 5 messidor an 4 (23 juin 1796).

Au citoyen Miot, ministre à Florence.

Je vous envoie le citoyen Marmont, mon aide-de-camp, chef de bataillon, pour remette une lettre au grand-duc de Toscane; elle est sous cachet volant, afin que vous puissiez en voir le contenu. Je désirerais que vous le présentassiez à son Altesse Royale. Si vous voulez me parler, écrivez ici avant demain matin. BONAPARTE.

Au quartier-général à Bologne, le 8 messidor an 4 (26 juin 1796).

Au citoyen Miot.

J'apprends à l'instant qu'en conséquence d'un ordre général qui a été donné de ne rien laisser passer de ce qui se rendrait à Bologne, à Florence, il pourrait se faire que M. Manfredini n'eût pas pu passer, et qu'il fût encore à Bologne. Si cela était, je serais désespéré de ce contre-temps. Je vous prie de faire mes excuses au grand-duc, et de faire partir de suite un courrier pour Bologne avec l'ordre ci-joint. BONAPARTE.

Au quartier-général à Livourne, le 9 messidor an 4
(27 juin 1796).

Le général-chef de l'état-major donnera sur-le-champ les ordres les plus précis au chef de bataillon Hulin, commandant la place de Livourne, de faire arrêter le gouverneur de la ville aussitôt qu'il sera informé que la soixante-quinzième demi-brigade arrivera ; que ce gouverneur soit mis sous bonne garde dans une maison près du camp, pour le faire partir de là pour Florence, dans une voiture qui sera escortée, lorsque le général en chef aura déterminé l'heure du départ de cet officier, pour lequel on aura d'ailleurs tous les égards convenables. BONAPARTE.

Au quartier-général à Livourne, le 11 messidor an 4
(29 juin 1796).

Le général Vaubois tiendra garnison à Livourne avec la soixante-quinzième demi-brigade, une compagnie d'artillerie et un escadron du premier régiment de hussards ; il fera mettre les batteries qui défendent l'entrée du port dans un bon état de défense, les fera arranger de manière qu'il n'y ait que des pièces d'un ou de plus deux calibres à chaque batterie ; il fera monter des grils à boulets rouges, et aura soin que les pièces soient approvisionnées à cent coups ; il choisira un fort de la ville, celui le plus dans le cas de se défendre, et qui a des communications avec l'intérieur ; il fera mettre ce fort en état de défense ; fera, à cet effet, les déplacemens d'artillerie qu'il jugera nécessaires ; établira un magasin où il y ait de quoi nourrir deux mille hommes pendant quarante jours avec tous les accessoires pour soutenir le siége.

Il n'épargnera aucun moyen pour maintenir Livourne dans une parfaite tranquillité ; il fera en sorte de s'attacher les troupes du grand-duc de Toscane, sur lesquelles il aura toujours l'œil ; il se maintiendra en bonne harmonie avec le gouverneur ; il lui renverra toutes les affaires de détail ; lui montrera de grands égards, surtout en particulier ; mais conservera sur lui, surtout en public, une grande supériorité. S'il y avait à Livourne des complots ou toute autre chose qui intéressât l'existence des troupes françaises, il prendra alors toutes les mesures nécessaires pour rétablir le calme et punir les malintentionnés. Il n'épargnera ni les personnes, ni les propriétés, ni les maisons.

Dans toutes les affaires difficiles qui pourraient lui survenir, il consultera le citoyen Miot, ministre de la république française à Florence, qui sera à même de lui donner de bons renseignemens.

Il protégera le consul dans l'opération intéressante dont il est chargé : se trouvant le premier agent de la république à Livourne, il surveillera tous les intérêts de la république, et me rendra compte de tous les abus qu'il ne dépendrait pas de lui de réprimer.

Il vivra d'une manière convenable ; il aura souvent à sa table les officiers du grand-duc et les consuls des puissances étrangères : il lui sera accordé à cet effet des dépenses extraordinaires.

Il nommera un officier pour surveiller le port ; il nommera un commandant de chaque fort ; il maintiendra les corsaires dans une sévère discipline, et veillera à ce qu'ils respectent le pavillon neutre, et spécialement le pavillon espagnol. Il se fera, tous les jours, rendre compte des rapports des vigies ; il me tiendra informé de tout ce qui se passe dans le pays où il se trouve, et m'enverra le rapport de toutes les nouvelles de Corse qui lui arriveront. Il écrira aux fiefs impériaux qui environnent la ville, afin qu'ils reconnaissent la république, et il me fera part du nombre de ces fiefs, et de leur population, de leur richesse, et de l'esprit qui les anime. Il maintiendra une sévère discipline vis-à-vis ses troupes ; il tiendra la main à ce que tous les soldats soient casernés, et que personne, depuis le général, jusqu'au dernier employé, ne soit logé chez l'habitant.

Il aura avec lui un adjudant-général, un commissaire des guerres, un employé de chaque partie de l'administration.

BONAPARTE.

Livourne, le 12 messidor an 4 (30 juin 1796).

Au consul de la république à Livourne.

Le consul de la république à Livourne fera lever les scellés et dresser les inventaires de tous les magasins appartenans à l'Angleterre et aux négocians anglais, à l'empereur, à la czarine de Russie, et enfin aux princes ou particuliers des états avec lesquels nous sommes en guerre. Il fera faire toutes les démarches, et prendra toutes les mesures nécessaires pour découvrir, faire restituer et saisir toutes les marchandises qui auraient été mises en dépôt par les différens particuliers chez des négocians livournais ; il fera même solder à cet effet tout ce qu'il croira nécessaire. BONAPARTE.

Au quartier-général à Bologne, le 14 messidor an 4
(2 juillet 1796).

Au directoire exécutif.

Dès l'instant, citoyens directeurs, que l'armée impériale fut battue sur le Mincio, l'on vit avancer l'artillerie de siége, et, du 29 au 30 prairial, on ouvrit la tranchée devant le château de Milan. Le 9 messidor, nos batteries se dégagèrent à la fois, et, pendant quarante-huit heures, obtinrent une telle supériorité de feu, que le gouverneur battit la chamade, et capitula le 11 à trois heures du matin.

Nous avons trouvé dans ce fort cinq mille fusils, deux cent milliers de poudre, cent cinquante bouches à feu, et des approvisionnemens assez considérables.

Le général Despinois a commandé ce siége. Il a reçu, le jour de l'ouverture de la tranchée, le brevet de général de division que vous lui avez envoyé [1].

Le citoyen Lekain, chef de bataillon, a commandé le génie, et le citoyen Verrière, l'artillerie. Je suis bien aise de saisir cette occasion pour témoigner la satisfaction que j'ai de l'activité et du zèle du citoyen Chasseloup, chef de brigade, commandant le génie de l'armée. BONAPARTE.

Au quartier-général de Roveredo, le 17 messidor an 4 (5 juillet 1796).

Au directoire exécutif.

Après le combat de Borghetto, citoyens directeurs, les ennemis se sont retirés sur les hautes montagnes pour nous défendre les issues du Tyrol; ils ont tiré des lignes, qu'ils ont fortifiées avec beaucoup de soins, entre la tête du lac de Garda et l'Adige. Masséna ordonna au général Joubert d'attaquer les ennemis par la Bochetta de Campion. Le chef de bataillon Marchand se mit en marche, tourna l'ennemi par la droite: ce fut le signal de l'attaque. Les armes sur le bras et sans tirer un coup de fusil, nos soldats gravirent les rochers escarpés, tuèrent cent hommes, firent deux cents prisonniers, avec quatre cents tentes et tous les bagages.

Pendant ce temps-là, le chef de bataillon Recco, officier de la plus grande bravoure, tourna l'ennemi par la gauche, s'empara de l'excellente position de Belone, tua trois cents hommes, et fit soixante-dix prisonniers.

L'ennemi a abandonné des retranchemens que nous n'au-

---

[1] Ce général Despinois est le même qui commandait Paris en 1816.

rions pas construits en six mois, tout a été culbuté ; et un mois de fatigues, de peines, est perdu en un instant.

Voilà le premier combat qui a eu lieu entre les deux armées, depuis que le nouveau général la commande.

J'irai bientôt attaquer l'escadre autrichienne qui tient le lac de Garda.

Voici les traits de bravoure qui ont honoré les républicains dans cette affaire :

Claude Roche, carabinier de la deuxième compagnie de la onzième demi-brigade d'infanterie légère, sauta le premier dans les retranchemens ennemis, tua l'officier ; et, sans s'arrêter à sa montre qui paraissait, ni à ses dépouilles, il se saisit de son sabre nu, en tua un Autrichien, et en fit trois prisonniers.

Jean Gerrin, de la même compagnie, tombe sur douze Autrichiens, les met en joue : son fusil ratte, il se jette sur eux le sabre à la main, coupe le bras au premier ; les autres tombent à ses genoux et se rendent.

Ardionne, sous-lieutenant de la même compagnie, le même qui, avec une vingtaine d'hommes, s'empara de la pièce de 13 à Borghetto, s'est toujours présenté dans les retranchemens, à la tête des carabiniers, auxquels son exemple fait affronter tous les dangers. BONAPARTE.

Au quartier-général à Roveredo, le 17 messidor an 4
(5 juillet 1796).

Au citoyen Faypoult, ministre de la république à Gênes.

Je préfère que les déserteurs allemands prennent plutôt du service dans l'armée espagnole que dans l'armée vénitienne, c'est pourquoi je vous prie de prévenir le recruteur espagnol que je l'autorise à se rendre à Brescia, où je lui ferai passer tous les déserteurs allemands.

Je suis ici depuis hier. Le général Masséna a été chercher l'ennemi, lui a tué quatre cents hommes, et lui a fait trois cent cinquante prisonniers.

Je m'approcherai à mesure de vos murs. BONAPARTE.

Au quartier-général à Roveredo, le 17 messidor an 4
(5 juillet 1796).

A l'ordonnateur de la marine à Toulon.

Il va partir de Bologne quatre-vingt voitures chargées de chanvre pour Nice, où elles seront à votre disposition.

J'ai écrit au ministre de la marine, pour le prévenir qu'il pourrait envoyer des commissaires à Rome pour toucher jusqu'à concurrence de 4,000,000 liv. numéraire.

Je serai toujours empressé de faire quelque chose qui puisse contribuer à la restauration de notre marine, quoiqu'au fond il faille un ordre du gouvernement.

BONAPARTE.

Au quartier-général de Roveredo, le 18 messidor an 4
(6 juillet 1796).

Au citoyen Carnot, membre du directoire exécutif.

Le général Berthier est furieux de la victoire imaginaire que les gazetiers allemands font remporter à Beaulieu sur nous. Quant à moi, je trouve que ces messieurs ont raison de chercher à se consoler par le seul moyen qui leur reste : les rêves ont toujours été la consolation des malheureux !

Toutes nos affaires diplomatiques en Italie, hormis Gênes et Venise, sont terminées.

Venise, le moment n'est pas favorable ; il faut auparavant prendre Mantoue et bien battre Wurmser.

Quant à Gênes, le juste moment est arrivé. J'écris là-dessus longuement au directoire : je suis de l'avis du citoyen Faypoult, qui est de chasser du gouvernement une vingtaine de familles qui nous ont trahis dans tous les temps, et de faire rappeler au contraire celles exilées qui ont montré de l'amitié pour nous. Dès l'instant que je connaîtrai vos intentions là-dessus, je me mettrai en devoir de les exécuter : en attendant, je vais commencer les négociations pour les dix millions.

Tout va assez bien ; l'ennemi se renforce ; nous ne le chercherons pas, à moins qu'il ne s'approche trop de l'Adige, et nous allons concentrer tous nos moyens pour enlever Mantoue.

BONAPARTE.

Au quartier-général à Roveredo, le 18 messidor an 4
(6 juillet 1796).

Le général en chef Bonaparte au directoire exécutif.

J'apprends à l'instant, citoyens directeurs, que la garnison de Mantoue a fait une sortie ; elle est rentrée plus vite qu'elle n'était sortie, en laissant une cinquantaine de morts.

Je ferai ce soir une dernière reconnaissance pour fixer les dernières opérations du siége ; dans quatre ou cinq jours, la tranchée sera ouverte.

Les divisions de l'armée qui sont sur les montagnes du Tyrol se portent parfaitement bien. La division du général Serrurier, qui assiége Mantoue, et qui est forte de sept mille hommes, commence à avoir cinquante malades tous les jours. Il m'est impossible de tenir moins de monde autour de Mantoue, où il y a au moins huit ou dix mille hommes de garnison. Il y a un mois que je tiens cette place bloquée de cette manière. L'ennemi, instruit probablement de la faiblesse des assiégeans, a voulu souvent faire des sorties, et a été toujours battu.

Mais actuellement je suis obligé de renforcer cette division, puisque l'ouverture de la tranchée va commencer. J'espère que nous aurons bientôt la ville, sans quoi nous aurions bien des malades.

Wurmser commence à faire des mouvemens pour chercher à débloquer Mantoue. J'attends avec quelque impatience les dix bataillons de l'armée de l'Océan, que vous m'avez annoncés depuis long-temps, et dont je n'ai pas encore eu de nouvelles.

Je ne m'occuperai des demandes à faire à Venise que lorsque l'affaire de Gênes sera finie, Mantoue pris, et les affaires qui vont s'entamer terminées.

On porte les renforts arrivés à l'ennemi à trente-un mille hommes, dont dix mille Tyroliens; dix-huit mille, reste de l'armée de Beaulieu; huit mille, garnison de Mantoue : en tout, soixante-sept mille hommes.

Voici la force de notre armée : Division de Masséna, treize mille hommes; de Sauret, huit mille; d'Augereau, huit mille; Serrurier, sept mille; Despinois, cinq mille; cavalerie, trois mille : en tout, quarante mille hommes.

Vous voyez la grande supériorité qu'a sur nous l'ennemi.

Dans les quarante mille hommes dont il est question, les garnisons de Livourne, de Milan, de Pavie, de Tortone, etc., ne sont pas comprises.

Je vous ai annoncé, dans ma dernière lettre, que j'avais demandé six mille fusils à la république de Lucques : ils étaient déjà en chemin; mais, n'étant pas de calibre, je les ai renvoyés.

J'ai fait séquestrer à Livourne tous les biens appartenans aux Napolitains, vu que, par l'armistice, la suspension d'armes n'est censée devoir commencer qu'au moment où la cavalerie napolitaine sera rendue dans les positions qui lui sont indiquées. Je crois cependant que vous pourrez ordonner la restitution des biens appartenans aux Napolitains, par un article du traité de paix. J'ai ordonné que tous les inventaires des effets appartenans aux Napolitains fussent faits devant leur consul.　　　　　　　　　　　　　　BONAPARTE.

Au quartier-général à Roveredo, le 18 messidor an 4
(6 juillet 1796).

Au directoire exécutif.

Je vous ai fait passer, citoyens directeurs, par mon dernier courrier, la demande que j'avais faite au sénat de Gênes, pour qu'il chassât le ministre de l'empereur, qui ne cessait de fomenter la rébellion dans les fiefs impériaux, et de faire commettre des assassinats. Vous recevrez la note que le secrétaire d'état a communiquée au citoyen Faypoult, et qu'il m'a envoyée. Vous recevrez également une lettre du ministre Faypoult, relativement aux affaires de Gênes; je vous prie de la prendre en considération, et de me donner vos ordres là-dessus. Quant à moi, je pense, comme le ministre Faypoult, qu'il faudrait chasser du gouvernement de Gênes une vingtaine de familles qui, par la constitution même du pays, n'ont pas le droit d'y être, vu qu'elles sont feudataires de l'empereur ou du roi de Naples; obliger le sénat à rapporter le décret qui bannit de Gênes huit ou dix familles nobles : ce sont celles qui sont attachées à la France, et qui ont, il y a trois ans, empêché la république de Gênes de se coaliser. Par ce moyen-là, le gouvernement de Gênes se trouverait composé de nos amis, et nous pourrions d'autant plus y compter, que les nouvelles familles bannies se retireraient chez les coalisés, et dès-lors les nouveaux gouvernans de Gênes les craindraient, comme nous craignons le retour des émigrés. Si vous approuvez ce projet-là, vous n'avez qu'à m'en donner l'ordre, et je me charge des moyens pour en assurer l'exécution.

J'attends la réponse à cette lettre dans la première décade de thermidor. BONAPARTE.

Au quartier-général à Roveredo, le 18 messidor an 4
(6 juillet 1796).

Le général en chef est instruit qu'il s'est commis des abus de toute espèce, et que les bons habitans du duché de Mantoue sont foulés par des réquisitions abusives : il ordonne en conséquence :

1°. Qu'il y aura trois assemblées dans le duché de Mantoue, composées d'un député par commune, qui s'assembleront le 24 du mois.

La première assemblée se tiendra à Roverbello, et comprendra les députés de tous les pays entre le Mincio, le Pô et les états de Venise.

La seconde assemblée se tiendra à Couraque, et comprendra les députés de tous les pays compris au-delà du Pô.

La troisième se tiendra à Castiglione de Scrivia, et comprendra les députés de tous les pays compris entre le Mincio, le Pô, le Bressan et la Lombardie.

2°. Chaque député portera avec lui : 1° son acte de députation par sa municipalité ; 2° un cahier des plaintes que les habitans ont à porter contre les différens individus de l'armée ; 3° un état des contributions en argent que le pays a fournies, et entre les mains de qui ; 4° un état des contributions en nature qui ont été fournies, et à qui données ; 5° un état de ce qui a été trouvé dans les caisses publiques ; 6° un état des impositions directes et indirectes, et ce qui est dû.

3°. Chaque assemblée sera présidée par le plus ancien

d'âge; elle s'assemblera dans un local qui sera désigné par les municipalités où elles se réuniront.

4°. Chaque assemblée nommera trois députés pour se rendre, avec tous les cahiers de plaintes et les états ci-dessus annoncés, auprès du général en chef. Immédiatement après, l'assemblée sera dissoute; elle ne pourra durer plus de douze heures.

5°. Le général en chef défend, sous les peines les plus sévères, aux agens de services, aux commissaires des guerres, aux officiers, de faire aucune réquisition, à moins qu'elle ne soit signée de l'ordonnateur en chef. BONAPARTE.

Au quartier-général à Roveredo, le 19 messidor an 4 (7 juillet 1796).

A M. le provéditeur-général.

Je reçois plusieurs rapports des assassinats qui ont été commis par les habitans du Pont de Saint-Marc contre les Français.

Je ne doute pas que vous n'y mettiez ordre le plus tôt possible, sans quoi les villages se trouveront exposés au juste ressentiment de l'armée, et je ferai sur eux un exemple terrible.

Je me flatte que vous ferez arrêter les coupables, et que vous placerez de nouveaux détachemens dans cette ville pour assurer les communications. BONAPARTE.

Au quartier-général à Verone, le 20 messidor an 4 (8 juillet 1796).

A M. le provéditeur-général.

Il y a entre les troupes françaises et les Esclavons une animosité que des malveillans se plaisent sans doute à cimenter. Il est indispensable, monsieur, pour éviter de plus grands malheurs, aussi fâcheux que contraires aux intérêts des deux républiques, que vous fassiez sortir, demain, de Verone, sous les prétextes les plus spécieux, les bataillons d'Esclavons que vous avez dans cette ville. BONAPARTE.

Au quartier-général à Verone, le 21 messidor an 4 (9 juillet 1796).

Au même.

Les circonstances actuelles de la guerre et la nécessité de défendre Verone, m'obligent, monsieur, à placer de l'artillerie sur les remparts de cette ville. J'ai l'honneur de vous prévenir que j'ai donné, à cet effet, des instructions au général d'artillerie. BONAPARTE.

Au quartier-général à Verone, le 24 messidor an 4 (12 juillet 1796).

Au directoire exécutif.

Le général Sauret, avec trois mille hommes, défend depuis Salo, situé sur le lac de Garda, jusqu'au lac d'Iseo.
Le général Masséna, avec douze mille hommes, défend depuis Torre jusqu'à Rivalta sur l'Adige, et de là il défend le passage de l'Adige jusqu'à San-Giovanni, trois milles plus bas que Verone. La ville de Verone a été mise en état de défense, en se servant de l'artillerie trouvée dans cette place.
Le général Despinois défend, avec cinq mille hommes, depuis San-Giovanni jusqu'à Runco.
Le général Augereau, avec huit mille hommes, défend depuis Runco jusqu'à Castaniara ; il y a des écluses par le moyen desquelles on peut inonder tout le pays inférieur.
Le général Kilmaine, avec deux mille hommes de cavalerie et douze pièces d'artillerie légère, est à Valeze, pour se porter partout où l'ennemi voudrait tenter un passage.

Porto-Legnago, où il y a un pont sur l'Adige, est mis en état de défense, en se servant de l'artillerie vénitienne trouvée dans cette place.

Indépendamment des ponts que nous avons à Porto-Legnago et à Verone, je fais établir, vis-à-vis la Chiusa, un pont de bateaux, défendu par de bonnes batteries de position.

Par le moyen de ces trois passages, l'armée passera rapidement, au premier mouvement de l'ennemi, de la défensive à l'offensive.

L'ennemi a ses avant-postes à Alta, à Malsesena, et il pousse maintenant des colonnes assez considérables derrière la Brenta; il a à peu près huit mille hommes à Bassano.

Nous sommes, depuis plusieurs jours, en observation dans cette position.

Malheur à celui qui calculera mal!.....

Quant à nous, nous sommes uniquement occupés au siége de Mantoue. Je médite un coup hardi : les bateaux, les habits autrichiens, les batteries incendiaires, tout sera prêt le 28. Les opérations ultérieures dépendront entièrement de la réussite de ce coup de main, qui, comme ceux de cette nature, dépend absolument du bonheur, d'un chien ou d'une oie.

Cette position de choses m'a fait penser qu'il fallait différer de dix à douze jours l'opération de Gênes, d'autant plus que j'aurai reçu réponse d'une lettre que je vous ai écrite.

Vous trouverez, ci-joint, copie d'une lettre que j'ai en conséquence écrite au ministre de la république, Faypoult. M. Cattaneo, que le sénat de Gênes a envoyé près de moi, m'a joint ce matin. Il a été, comme vous pensez, extrêmement satisfait de ce que je lui ai dit. Les démarches que fera Faypoult, et d'autres opérations accessoires, achèveront de nous faire parvenir à notre but, qui est de gagner une quinzaine de jours, au bout duquel temps notre situation en Italie sera tellement décidée, que je suivrai, sans obstacle, de point en point, les ordres que vous me donnerez sur Gênes et sur Venise.

Cette dernière république arme à force. Le citoyen Lallement ne m'a point prévenu, comme il aurait dû le faire, de la nature et de l'activité des armemens. Je vous fais passer copie de la note qu'il a écrite au sénat, et de la réponse du sénat. Au reste, je suis maître de toutes les places fortes de la république de Venise sur l'Adige. Peut-être jugerez-vous à propos de commencer dès à présent une petite querelle au ministre de Venise à Paris, pour que, après la prise de Mantoue et que j'aurai chassé les Autrichiens de la Brenta, je puisse trouver plus de facilité pour la demande que vous avez intention que je leur fasse de quelques millions.

Nous commençons à avoir beaucoup de malades devant Mantoue; mais pas un n'est encore mort. Les chaleurs sont excessives, et l'air de Mantoue extrêmement pestilentiel.

BONAPARTE.

Au quartier-général à Milan, le 25 messidor an 4 (13 juillet 1796).

Au citoyen Faypoult, ministre à Gênes.

Je n'ai pas encore vu M. Cattaneo, citoyen ministre : lorsque je le verrai, il sera content de moi, et je n'oublierai rien de tout ce qui peut l'endormir, et donner au sénat un peu plus de confiance.

Le temps de Gênes n'est pas encore venu, pour deux raisons :

1°. Parce que les Autrichiens se renforcent, et que bientôt j'aurai une bataille. Vainqueur, j'aurai Mantoue, et alors une simple estafette à Gênes vaudra la présence d'une armée ;

2°. Les idées du directoire exécutif sur Gênes ne me paraissent pas encore fixées.

Il m'a bien ordonné d'exiger la contribution ; mais il ne m'a permis aucune opération politique. Je lui ai expédié un courrier extraordinaire avec votre lettre, et je lui ai demandé des ordres, que j'aurai à la première décade du mois prochain. D'ici à ce temps-là, oubliez tous les sujets de plainte que nous avons contre Gênes.

Faites-leur entendre que vous et moi nous ne nous en mêlons plus, puisqu'ils ont envoyé M. Spinola à Paris. Faites-leur entendre que nous sommes très-contens du choix, et que cela nous est garant de leurs bonnes intentions. Dites-leur positivement que j'ai été très-satisfait des mesures qu'ils ont prises relativement à M. Girola ; enfin, n'oubliez aucune circonstance pour faire renaître l'espérance dans le cœur du sénat de Gênes, et l'endormir jusqu'au moment du réveil.

J'ai reçu toutes vos notes. Votre correspondance me devient extrêmement intéressante.

Vous trouverez, ci-joint, une lettre que m'écrit M. Vincent Spinola. Il me semble qu'il y a un territoire qui se trouve en discussion entre Gênes et le Piémont. Donnez-moi, là-dessus, des explications. Faites-moi savoir quel intérêt ils y mettent, et, sur la demande du sénat, dites-leur qu'il serait possible qu'on les mît de suite en possession ; enfin, citoyen ministre, faites en sorte que nous gagnions quinze jours, et que l'espoir renaisse, ainsi que la confiance entre vous et le gouvernement génois, afin que, si nous étions battus, nous le trouvions ami.

Faites passer promptement à Tortone tout ce qui se trouve chez M. Balbi. L'intention du directoire est de réunir tout à Paris, pour faire une grande opération de finance. J'y ferai passer trente millions. BONAPARTE.

Au quartier-général à Milan, le 26 messidor an 4 (14 juillet 1796).

Au directoire exécutif.

Toutes les troupes des divisions qui ont été employées à l'expédition de Livourne et de Bologne ont repassé le Pô, j'ai seulement ordonné qu'on laissât dans la citadelle de Ferrare quatre cents hommes.

La légation de Ferrare, par le traité, doit rester unie à la république française.

Un moine, arrivé de Trente, a apporté la nouvelle dans la Romagne que les Autrichiens avaient passé l'Adige, débloqué Mantoue, et marchaient à grandes journées dans la Romagne. Des imprimés séditieux, des prédicateurs fanatiques prêchèrent partout l'insurrection; ils organisèrent en peu de jours ce qu'ils appelèrent l'armée catholique et papale; ils établirent leur quartier-général à Lugo, gros bourg de la légation de Ferrare, quoique enclavé dans la Romagne.

Le général Augereau donna ordre au chef de brigade Pouraillier d'aller soumettre Lugo. Cet officier, à la tête d'un bataillon, arriva devant cette bourgade, où le tocsin sonnait depuis plusieurs heures; il y trouva quelques milliers de paysans. Un officier de grenadiers se porta en avant en parlementaire : on lui fit signe d'avancer, et, un instant après, il fut assailli d'une grêle de coups de fusil. Ces misérables, aussi lâches que traîtres, se sauvèrent : quelques centaines sont restées sur la place.

Depuis cet événement, qui a eu lieu le 18, tout est rentré dans l'ordre et est parfaitement tranquille. BONAPARTE.

Au quartier-général à Castiglione, le 2 thermidor an 4
(31 juillet 1796).

Au directoire exécutif.

J'ai à vous parler, citoyens directeurs, de notre position militaire, administrative et politique à Livourne.

Les batteries contre la mer sont en bon état ; nous avons réparé une citadelle où la garnison peut se mettre à l'abri contre une insurrection. Nous y avons deux mille huit cents hommes de garnison de très-bonnes troupes, deux compagnies d'artillerie, et un bon officier de génie. Si l'armée était obligée d'abandonner le nord de l'Italie, cette garnison se retirerait par Massa et la rivière de Gênes. Le général Vaubois, qui y commande, est un homme sage, ferme, et bon militaire.

Lors de notre entrée à Livourne, j'ai chargé le citoyen Belleville, consul de la république dans cette place, de mettre les scellés sur tous les magasins appartenans aux Anglais, Portugais, Russes, et à toutes les autres puissances avec qui nous sommes en guerre, ainsi qu'aux négocians de ces différentes nations. Je préviens le citoyen Belleville qu'il serait personnellement responsable des dilapidations qui pourraient avoir lieu. Cet homme est généralement estimé par sa probité. Après mon départ, une nuée d'agioteurs génois sont venus pour s'emparer de toutes ces richesses. Toutes les mesures que j'avais prises ont été dérangées, et l'on a substitué à un seul responsable, des commissions, où tout le monde dilapide en amusant son voisin. Vous trouverez ci-joint l'extrait de deux lettres du général Vaubois : on se conduit d'une manière dure envers les négocians livournais, on les traite avec plus de rigueur que vous n'avez intention que l'on se conduise envers les négocians anglais mêmes : cela alarme le commerce de toute l'Italie, et nous fait passer à ses yeux pour des Vandales, et cela a entièrement indisposé les négocians de la ville de Gênes; la masse du peuple de cette ville, qui nous a toujours été favorable, est actuellement très-prononcée contre nous.

Si notre conduite administrative à Livourne est détestable, notre conduite politique envers la Toscane n'est pas meilleure. Je me suis toujours gardé de faire aucune espèce de proclamation, et j'ai expressément ordonné qu'on ne fît en apparence aucun acte de gouvernement. La proclamation qui a été publiée vous prouvera combien l'on fait peu de cas de ma manière de voir et des ordres que j'ai donnés. La mesure de chasser les émigrés de Livourne et de vingt lieues à la ronde, par une proclamation, est aussi inutile qu'impolitique. Il y a très-peu d'émigrés dans Livourne, le grand-duc même a donné des ordres pour les chasser. Il était bien plus simple d'en faire arrêter trois ou quatre par les autorités même du pays : alors le peu qui reste se serait bientôt sauvé. Cette proclamation, où l'on s'attribue une juridiction sur vingt lieues de pays, est d'un très-mauvais effet, à moins que (ce qui est extrêmement contraire à vos instructions), nous ne voulions prendre le ton et la politique de l'ancienne Rome.

Les Anglais se sont emparés de Porto-Ferrajo. Maîtres de la mer comme ils le sont, il était difficile de s'opposer à cette entreprise. Quand nous serons maîtres de la Corse, ce qui ne doit pas tarder, il nous deviendra possible de les chasser de cette île. Je vous envoie copie de la lettre que m'a écrite le grand-duc de Toscane, de celle de notre ministre à Florence, et la copie de la réponse.

Dans la position actuelle de l'Italie, il ne faut nous faire aucun nouvel ennemi, et attendre la décision de la campagne pour prendre un parti conforme aux vrais intérêts de la république. Vous sentirez sans doute alors qu'il ne nous convient pas de laisser le duché de Toscane au frère de l'empereur. Je désirerais que jusqu'alors l'on ne se permît aucune menace, ni aucun propos à Livourne, contre la cour de Toscane. Les moindres de mes paroles et de celles de vos commissaires sont épiées et rapprochées avec une grande importance; mais l'on croit toujours être ici dans les couloirs de la convention. BONAPARTE.

Au quartier-général à Castiglione, le 2 thermidor an 4
(20 juillet 1796).

Au directoire exécutif.

Le citoyen Comeyras, ministre de la république près les Grisons, s'est rendu ces jours derniers au quartier-général: il aurait désiré qu'en conséquence des capitulats qui existaient entre l'archiduc de Milan et les ligues grises, j'eusse fait fournir du blé à ces dernières. Nous avons même eu une petite discussion, parce qu'il prétendait que vous aviez ordonné cette fourniture; mais, par la lecture de la lettre que le ministre Lacroix m'a écrite, il a été convaincu que ce n'était qu'une simple autorisation pour le faire si je le jugeais convenable. Je lui ai dès-lors fait observer qu'il m'était impossible de fournir la quantité de blé qu'il désirait, à moins que les ligues ne demandassent l'exécution de cet article des capitulats ; ce qui nous mettrait en droit d'exiger le passage qui est accordé à l'archiduc de Milan, en indemnisation de ladite fourniture.

Nous avons arrêté en conséquence qu'arrivé à Coire, il écrirait aux chefs des ligues qu'il avait éprouvé quelques obstacles à obtenir l'exécution de l'ordre du directoire pour la fourniture des blés, qui ne pouvait avoir lieu qu'en me faisant connaître officiellement les capitulats. Le commissaire Comeyras m'a demandé de l'argent pour payer les pension-

des Grisons; il croit qu'avec 60,000 francs notre parti dans ce pays serait considérablement accru.

Si les circonstances de la guerre nous conduisaient dans le pays des Grisons, ou si nous avions besoin d'y avoir une force pour s'opposer aux incursions des ennemis, y aurait-il de l'inconvénient à faire un corps de tous les Suisses qui ont été au service de France et qui sont pensionnés : ce qui formerait un corps d'élite de 800 hommes, connaissant parfaitement les chemins, et qui nous seraient d'un grand secours? BONAPARTE.

Au quartier-général à Castiglione, le 2 thermidor an 4
(20 juillet 1796).

Au directoire exécutif.

Messieurs du sénat de Venise voulaient nous faire comme ils firent à Charles VIII. Ils calculaient que comme lui nous nous enfoncerions dans le fond de l'Italie, et nous attendaient probablement au retour.

Je me suis sur-le-champ emparé de la citadelle de Vérone, que j'ai armée avec leurs canons, et en même temps j'ai envoyé un courier au citoyen Lallement, notre ministre à Venise, pour lui dire d'enjoindre au sénat de cesser ses armemens. Vous avez vu les notes que je vous ai envoyées là-dessus par mon dernier courrier, déjà l'armement a discontinué.

La république de Venise nous a déjà fourni 3,000,000 pour la nourriture de l'armée; ce n'est pas elle qui fournit, mais un entrepreneur qu'elle paye secrètement. J'en étais ainsi convenu avec le provéditeur-général, en convenant cependant qu'un jour la république française paierait.

Cet entrepreneur est venu plusieurs fois me trouver pour avoir de l'argent : je l'ai renvoyé avec des promesses, et ordre positif de continuer à fournir : il a été trouver les commissaires du gouvernement, qui lui ont donné une lettre de change de 300,000 liv. à prendre sur les contributions du pape. De toutes les mesures, c'était la plus mauvaise; aussi aujourd'hui ne veut-on plus fournir. Par cette lettre de change de 300,000 liv., payables dans un temps où l'on sait qu'il nous revient 21,000,000, on a ôté tout espoir d'être payé, et en même temps l'on a laissé sentir que, par l'importunité et en laissant manquer le service, l'on tirerait de nous de l'argent; de sorte qu'aujourd'hui je suis obligé de me fâcher contre le provéditeur, d'exagérer les assassinats qui se commettent contre nos troupes, de me plaindre amèrement de l'armement qu'on n'a pas fait du temps que les Impériaux étaient les plus forts, et, par là, je les obligerai à nous fournir, pour m'apaiser, tout ce qu'on voudra. Voilà comme il faut traiter avec ces gens-ci ; ils continueront à me fournir, moitié gré, moitié force, jusqu'à la prise de Mantoue, et alors je leur déclarerai ouvertement qu'il faut qu'ils me payent la contribution portée dans votre instruction, ce qui sera facilement exécuté. Je crois qu'il serait utile que vous témoignassiez à M. Quirini votre étonnement de l'armement des Vénitiens, qui était, sans aucun doute, dirigé contre nous. Il n'y a pas de gouvernement plus traître et plus lâche que celui-ci. BONAPARTE.

Au quartier-général à Castiglione, le 2 thermidor an 4 (20 juillet 1796).

Au citoyen Miot, ministre de la république à Florence.

J'ai reçu, citoyen ministre, vos différentes lettres relatives à l'occupation de Porto-Ferrajo par les Anglais. Tant qu'il y avait espoir de pouvoir résoudre le grand-duc à mettre cette place en état de résister, vous avez bien fait de lui parler ferme ; aujourdhui je crois comme vous que les menaces seraient impuissantes et inutiles. Je crois qu'il faut qu'il n'en soit plus question, ne laisser transpirer aucune marque de ressentiment, et attendre que les circonstances et les ordres du gouvernement nous mettent à même d'agir, non pas de parler.

Je vous prie de surveiller ce qui se fait à Livourne, et de m'en donner souvent des nouvelles. Si les circonstances s'opposent à ce que vous vous rendiez de suite à Rome, faites-le moi savoir, afin que je prenne d'autres mesures.

BONAPARTE.

Au quartier-général à Castiglioné, le 2 thermidor an 4
(20 juillet 1796).

Au citoyen Sapey.

Tous les Corses ont ordre de se rendre à Livourne, pour de là passer dans l'île. Le général Gentili va s'y rendre lui-même. Préparez tous les moyens possibles d'embarquement et de passage. J'ordonne au général Vaubois de tenir huit milliers de poudre, quatre mille fusils de chasse, mille paires de souliers et une certaine quantité de balles à votre disposition, pour pouvoir en fournir aux insurgés de ce département.

Je vous autorise à prendre les mesures que vous me proposez par votre lettre du 19 messidor. N'épargnez aucun moyen pour faire passer des secours et avoir des nouvelles des départemens de Corse.

BONAPARTE.

Au quartier-général à Castiglione, le 2 thermidor an 4
(20 juillet 1796).

Au citoyen Bonelli.

J'ai reçu votre lettre de Bocognano, en date du 23 juin. Je vous félicite de votre arrivée en Corse. J'ai donné l'ordre à tous les réfugiés de se préparer à partir pour se mettre à la tête des braves patriotes de Corse, secouer le joug anglais, et reconquérir la liberté, objet perpétuel des sollicitudes de nos compatriotes.

Quelle gloire pour eux, s'ils peuvent seuls chasser de la patrie ces orgueilleux Anglais! Gloire et bonheur pour ceux qui se prononceront les premiers! Je vous recommande de ne vous livrer à aucun esprit de parti; que tout le passé soit oublié, hormis pour le petit nombre d'hommes perfides qui ont égaré ce brave peuple.

Les armées de Sambre-et-Meuse et du Rhin sont dans le cœur de l'Allemagne; tout sourit à la république. Faites en sorte de faire parler bientôt de vous; embrassez nos bons amis, et assurez-les qu'avant peu ils seront délivrés de la tyrannie qui les opprime. BONAPARTE.

Au quartier-général à Castiglione, le 2 thermidor an 4
(20 juillet 1796).

A l'ordonnateur en chef.

Vous mettrez 100,000 francs à la disposition du citoyen Sucy, commissaire des guerres à Gênes, pour subvenir aux besoins des hôpitaux, des transports d'artillerie et de l'équipage de siège qui est à Savone, et à toutes les autres dépenses relatives aux troupes qui restent encore dans la rivière de Gênes. BONAPARTE.

Au quartier-général à Castiglione, le 2 thermidor an 4
(20 juillet 1796).

Au citoyen Garrau, commissaire du gouvernement.

La réquisition que vous avez faite, citoyen commissaire, au général Vaubois, est contraire à l'instruction que m'a donnée le gouvernement. Je vous prie de vous restreindre désormais dans les bornes des fonctions qui vous sont prescrites par le gouvernement du directoire exécutif; sans quoi, je me trouverais obligé de défendre, à l'ordre de l'armée, d'obtempérer à vos réquisitions. Nous ne sommes tous que par la loi : celui qui veut commander et usurper des fonctions qu'elle ne lui accorde pas, n'est pas républicain.

Quand vous étiez représentant du peuple, vous aviez des pouvoirs illimités, tout le monde se faisait un devoir de vous obéir : aujourd'hui vous êtes commissaire du gouvernement, investi d'un très-grand caractère; une instruction positive a réglé vos fonctions, tenez-vous y. Je sais bien que vous répéterez le propos que je ferai comme Dumouriez : il est clair qu'un général qui a la présomption de commander l'armée que le gouvernement lui a confiée, et de donner des ordres sans un arrêté des commissaires, ne peut être qu'un conspirateur.

BONAPARTE.

Au quartier-général à Castiglione, le 2 thermidor an 4
(20 juillet 1796).

Au général Vaubois.

Je suis très-peu satisfait, général, de votre proclamation. Le commissaire du gouvernement n'a pas le droit de vous requérir, et dans la place importante que vous commandez, l'on est aussi coupable d'obéir à ceux qui n'ont pas le droit de commander, que de désobéir à ses chefs légitimes. Par l'esprit de l'instruction que je vous avais donnée, et par tout ce que je vous avais dit de vive voix pendant mon séjour à Livourne, il devait vous être facile de sentir que cette proclamation n'aurait pas mon approbation.

Le citoyen Belleville a été uniquement chargé des opérations relatives au séquestre des biens appartenans dans Livourne à nos ennemis. J'ai appris avec étonnement le gaspillage et le désordre qui y existent.

Vous devez accorder au citoyen Belleville toute la force dont il peut avoir besoin, et vous devez le revêtir et lui donner toute la confiance nécessaire pour qu'il dénonce les abus, et fasse tourner au profit de la république les marchandises que nous avons séquestrées à nos ennemis.

Pressez l'armement et l'équipement de la soixante-quinzième demi-brigade, parce que, dès l'instant que ces braves gens seront reposés, mon intention est de les rappeler à l'armée.

L'intention du gouvernement n'est pas qu'on fasse aucun tort aux négocians livournais, ni aux sujets du grand-duc de Toscane. Tout en cherchant les intérêts de la nation, on doit être généreux et juste. J'ai été aussi affligé qu'étonné des vexations que l'on commet contre le commerce de Livourne.

Vous voudrez bien me rendre un compte détaillé de tout ce qui a été fait à ce sujet; vous aurez soin surtout de m'instruire par quelle autorité le citoyen Lachaise a quitté son consulat de Gênes pour s'ingérer dans les affaires de Livourne. Une grande quantité de réfugiés corses se rendent à Livourne, pour de là passer dans cette île. Tenez quatre mille fusils de chasse, un millier de paires de pistolets, six milliers de poudre et des balles en proportion à la disposition du citoyen Sapey, qui sera chargé de les faire passer aux patriotes insurgés de ce département. BONAPARTE.

Au quartier-général à Castiglione, le 3 thermidor an 4
(21 juillet 1796).

A son éminence le cardinal secrétaire d'état à Rome.

J'ai l'honneur, monseigneur, d'envoyer auprès de Sa Sainteté le citoyen Cacault, agent de la république française en Italie, pour qu'il puisse s'occuper de l'exécution de l'armistice qui a été conclu entre la république française et Sa Sainteté, sous la médiation de la cour d'Espagne. Je vous prie de vouloir bien le reconnaître en cette qualité.

BONAPARTE.

Au quartier-général à Castiglione, le 3 thermidor an 4
(21 juillet 1796).

Au citoyen Cacault.

Vous voudrez bien, en conséquence d'une lettre adressée au cardinal secrétaire d'état des affaires étrangères de Sa Sainteté, exiger un ordre du pape pour le commandant d'Ancône, afin qu'il reçoive la garnison que j'y enverrai.

Vous ferez partir les 5,000,000 qui doivent former le premier paiement; savoir, 2,000,000 au quartier-général, dont reçu sera donné par le payeur de l'armée, et le reste à Tortone. Il faudra que le premier convoi se mette en marche de Rome vingt-quatre heures après votre arrivée.

Les 500,000 qui doivent former le second paiement devront partir de Rome peu de jours après les premiers, puisque, selon l'armistice, ils doivent partir le 5 thermidor.

Les 5,500,000 liv. qui forment le dernier paiement, doivent partir de Rome le 5 vendémiaire.

Les savans et artistes qui doivent faire le choix des tableaux, manuscrits et statues, s'adresseront à vous, et vous leur donnerez la protection nécessaire en faisant les démarches qu'il conviendra. S'il était utile, pour les frais de transport, de donner des fonds aux artistes, vous les feriez prendre sur les fonds provenant des contributions du pape.

Sur 5,500,000 liv. que le pape doit nous fournir en dernier paiement, 4,000,000 sont destinés pour la marine. Le ministre de la marine doit envoyer, à cet effet, des commissaires.

Vous préviendrez, en attendant, pour que l'on prépare des chanvres, des bois et autres objets de construction de cette nature.

Les 1,500,000 liv. restant seront fournis en chevaux et draps pour habiller les troupes. Vous demanderez en conséquence quatre cents chevaux, taille de hussards; quatre cents, taille de dragons, et six cents de charrois, qui seront transférés à Milan, où l'estimation en sera faite entre le général Baurevoir, chargé des dépôts de l'armée, et les experts envoyés par le pape; pour le reste, des draps bleus et blancs pour habiller nos troupes.

Vous demanderez la liberté de tous les hommes qui sont arrêtés à Rome pour leurs opinions, et notamment pour les personnes dénommées dans la liste ci-jointe, ainsi que pour le citoyen Labrousse de Bordeaux.

En conséquence de la décision du directoire et de la commission, arrêtée à Florence par M. d'Azara, le pape se trouve tenu de payer les contributions qui avaient été imposées sur la légation de Ravenne, montant à 1,200,000 francs en denrées et 1,200,000 francs en argent. BONAPARTE.

Au quartier-général à Castiglione, le 4 thermidor an 4 (22 juillet 1796).

Au directoire exécutif.

Je vous ai instruit, citoyens directeurs, que j'ai fait passer en Corse une vingtaine de réfugiés.

J'ai ordonné au général de division Gentili et aux généraux de Casalta et Cervoni de se rendre à Livourne, d'où ils partiront pour se mettre à la tête des insurgés. Le général Gentili qui se trouve avoir ce commandement, est un homme sage, prudent, ayant l'estime des personnes du pays et la confiance des montagnards.

J'ordonne à la gendarmerie du département de Corse, de cent quatre-vingts hommes, tous du pays, de se rendre à Livourne, d'où je les ferai également passer : cela joint à quatre mille fusils de chasse, à six milliers de poudre, nous donnera tout l'intérieur du pays ; dès l'instant que tout cela sera organisé, j'y ferai passer une compagnie de canonniers avec cinq à six pièces de montagnes, avec quoi il est facile que l'on puisse s'emparer de Saint-Florent qui n'a aucune fortification permanente. Ce port pris, les Anglais n'ont plus d'intérêt à tenir les autres ; d'ailleurs, les habitans d'Ajaccio et de Bastia sont très-impatiens du joug anglais.

Je vous prie de vouloir bien me faire connaître si vous trouverez de l'inconvénient à accorder une amnistie générale au peuple de ce département, hormis aux principaux chefs.

BONAPARTE.

Au quartier-général à Castiglione, le 4 thermidor an 4 (22 juillet 1796).

Au directoire exécutif.

La ville de Reggio se soulève contre le duc de Modène ; des députés de cette ville sont venus me demander protection et assistance : comme nous avons conclu un armistice avec le duc de Modène, j'ai cru devoir les exhorter à la tranquillité. Je ne vous rends compte de ceci que pour que vous sachiez que les sujets du duc de Parme et de Modène sont très-peu attachés à leur prince.   BONAPARTE.

Au quartier-général à Brescia, le 4 thermidor an 4
(22 juillet 1796).

Au citoyen Salicetti.

La fortune a paru nous être contraire un moment : il s'est passé tant d'événemens depuis cinq ou six jours, et j'ai encore tant d'occupations, qu'il m'est impossible de vous en faire une relation exacte ; mais enfin, grâce à la victoire de Lonado et aux mesures rigoureuses que j'ai prises, les choses prendront une tournure satisfaisante. J'ai levé le siége de Mantoue ; je suis ici presque avec toute mon armée.

Je saisirai la première occasion de présenter bataille à l'ennemi : elle décidera du sort de l'Italie ; battu, je me retirerai de l'Adda ; battant, je ne m'arrêterai pas aux marais de Mantoue. Louis[1] vous dira de bouche les détails de nos deux victoires de Lonado et de Salo.

Louis vous parlera de ma force actuelle et de celle des ennemis. Écrivez au général Kellermann de me faire passer à doubles journées toutes les troupes disponibles ; assurez-vous que les châteaux de Milan, Tortone, Alexandrie et Pavie sont approvisionnés. Nous sommes ici extrêmement fatigués ; cinq de mes chevaux sont crevés de fatigue. Je ne puis écrire au directoire, je vous charge de lui annoncer en peu de mots ce que je vous marque et ce que Louis vous dira de bouche.

BONAPARTE.

Au quartier-général de Brescia, le 15 thermidor an 4
(2 août 1796).

Au directoire exécutif.

Nous avons essuyé des revers, citoyens directeurs, mais déjà la victoire commence à revenir sous nos drapeaux. Si

---
[1] Louis Bonaparte, son frère.

l'ennemi nous a surpris le poste de Salo et a eu le bonheur de nous enlever celui de la Corona, nous venons de le battre à Lonado, et de lui reprendre Salo. Je vous envoie un de mes aides-de-camp, qui pourra vous donner de bouche des renseignemens plus détaillés. Je vous enverrai demain une relation de tout ce qui s'est passé pendant ces six jours.

Vous pouvez compter sur le courage et la confiance de la brave armée d'Italie, et sur notre ferme résolution de vaincre. C'est dans cette circonstance difficile et critique que j'ai eu lieu d'admirer le courage et l'entier dévouement de l'armée à la gloire nationale. BONAPARTE.

Au quartier-général à Castiglione, le 16 thermidor an 4
(3 août 1796).

Au général Guillaume.

Vous devez avoir été témoin des batailles données à l'ennemi aujourd'hui et ces jours derniers : nous lui avons pris 20,000 hommes, et tué un grand nombre. L'armée ennemie est en pleine déroute, et demain ou après nous serons dans vos murs. En attendant, quelles que soient les circonstances, ne vous rendez qu'à la dernière extrémité. La brèche faite, montrez la plus grande fermeté.

Salut, estime et gloire. BONAPARTE.

Au quartier-général à Castiglione, le 19 thermidor an 4
(6 août 1796).

Au directoire exécutif.

Citoyens directeurs,

Les événemens militaires se sont succédés avec une telle rapidité depuis le 11, qu'il m'a été impossible de vous en rendre compte plus tôt.

Depuis plusieurs jours, les vingt mille hommes de renfort que l'armée autrichienne du Rhin avait envoyés à l'armée d'Italie étaient arrivés; ce qui, joint à un nombre considérable de recrues et à un grand nombre de bataillons venus de l'intérieur de l'Autriche, rendait cette armée extrêmement redoutable: l'opinion générale était que bientôt les Autrichiens seraient dans Milan.

Le 11, à trois heures du matin, la division du général Masséna est attaquée par des forces nombreuses; elle est obligée de céder l'intéressant poste de la Corona, au même instant une division de quinze mille Autrichiens surprend la division du général Soret à Salo, et s'empare de ce poste important.

Le général de brigade Guieux, avec six cents hommes de la quinzième demi-brigade d'infanterie légère, se renferme dans une grande maison de Salo, et là brave tous les efforts de l'ennemi qui le cernait de tous côtés. Le général de brigade Rusca a été blessé.

Tandis qu'une partie de cette division cernait le général Guieux à Salo, une autre partie descendit sur Brescia, surprit les factionnaires qui s'y trouvaient, fit prisonnières quatre compagnies que j'y avais laissées, quatre-vingts hommes du vingt-cinquième régiment de chasseurs, deux généraux et quelques officiers supérieurs qui étaient restés malades.

La division du général Soret, qui aurait dû couvrir Brescia, fit sa retraite sur Dezenzano. Dans cette circonstance difficile, percé par une armée nombreuse que ces avantages devaient nécessairement enhardir, je sentis qu'il fallait adopter un plan vaste.

L'ennemi, en descendant du Tyrol par Brescia et l'Adige, me mettait au milieu. Si l'armée républicaine était trop faible pour faire face aux divisions de l'ennemi, elle pouvait battre chacune d'elles séparément, et par ma position je me trouvais

7.

entre elles. Il m'était donc possible, en rétrogradant rapidement, d'envelopper la division ennemie descendue de Brescia, la prendre prisonnière et la battre complétement, et de là revenir sur le Mincio attaquer Wurmser et l'obliger à repasser dans le Tyrol ; mais pour exécuter ce projet, il fallait dans vingt-quatre heures lever le siége de Mantoue, qui était sur le point d'être pris, car il n'y avait pas moyen de retarder six heures. Il fallait, pour l'exécution de ce projet, repasser sur-le-champ le Mincio, et ne pas donner le temps aux divisions ennemies de m'envelopper. La fortune a souri à ce projet, et le combat de Dezenzano, les deux combats de Salo, la bataille de Lonado, celle de Castiglione en sont les résultats.

Le 12 au soir, toutes les divisions se mirent en marche sur Brescia; cependant la division autrichienne qui s'était emparée de Brescia était déjà arrivée à Lonado.

Le 13, j'ordonnai au général Soret de se rendre à Salo pour délivrer le général Guieux, et au général Dallemagne, d'attaquer et de reprendre Lonado, à quelque prix que ce fût. Soret réussit complétement à délivrer le général Guieux, à Salo, après avoir battu l'ennemi, lui avoir pris deux drapeaux, deux pièces de canon et deux cents prisonniers.

Le général Guieux et les troupes sous ses ordres sont restés quarante-huit heures sans pain et se battant toujours contre les ennemis.

Le général Dallemagne n'eut pas le temps d'attaquer les ennemis, il fut attaqué lui-même. Un combat opiniâtre, longtemps indécis, s'engagea; mais j'étais tranquille, la brave trente-deuxième demi-brigade était là. En effet, l'ennemi fut complétement battu; il laissa six cents morts sur le champ de bataille et six cents prisonniers.

Le 14 à midi, Augereau entra dans Brescia: nous y trouvâmes tous nos magasins, que l'ennemi n'avait pas encore eu le temps de prendre, et les malades qu'il n'avait pas eu le temps d'évacuer.

Le 15, la division du général Augereau retourna à Monte-Chiaro, Masséna prit position à Lonado et à Ponte-San-Marco. J'avais laissé à Castiglione le général Valette avec dix-huit cents hommes ; il devait défendre cette position importante, et par là tenir toujours la division du général Wurmser loin de moi. Cependant le 15 au soir, le général Valette abandonna ce village avec la moitié de ses troupes, et vint à Monte-Chiaro porter l'alarme, en annonçant que le reste de sa troupe était prisonnière ; mais abandonnés de leur général, ces braves gens trouvèrent des ressources dans leur courage, et opérèrent leur retraite sur Ponte-San-Marco. J'ai sur-le-champ, et devant sa troupe, suspendu de ses fonctions ce général, qui déjà avait montré très-peu de courage à l'attaque de la Corona.

Le général Soret avait abandonné Salo ; j'ordonnai au brave général Guieux d'aller reprendre ce poste essentiel.

Le 16, à la pointe du jour, nous nous trouvâmes en présence : le général Guieux, qui était à notre gauche, devait attaquer Salo ; le général Masséna était au centre et devait attaquer Lonado ; le général Augereau, qui était à la droite, devait attaquer par Castiglione. L'ennemi, au lieu d'être attaqué, attaqua l'avant-garde de Masséna, qui était à Lonado ; déjà elle était enveloppée, et le général Pigeon prisonnier : l'ennemi nous avait enlevé trois pièces d'artillerie à cheval. Je fis aussitôt former la dix-huitième demi-brigade et la trente-deuxième en colonne serrée, par bataillon ; et pendant le temps qu'au pas de charge, nous cherchions à percer l'ennemi, celui-ci s'étendait davantage pour chercher à nous envelopper : sa manœuvre me parut un sûr garant de la victoire. Masséna envoya seulement quelques tirailleurs sur les ailes des ennemis, pour retarder leur marche ; la première colonne arrivée à Lonado força les ennemis. Le quinzième régiment de dragons chargea les houlans et reprit nos pièces.

Dans un instant l'ennemi se trouva éparpillé et disséminé. Il voulait opérer sa retraite sur le Mincio; j'ordonnai à mon aide-de-camp, chef de brigade, Junot, de se mettre à la tête de ma compagnie des guides, de poursuivre l'ennemi, de le gagner de vitesse à Dezenzano, et de l'obliger par là de se retirer sur Salo. Arrivé à Dezenzano, il rencontra le colonel Bender avec une partie de son régiment de houlans, qu'il chargea; mais Junot ne voulant pas s'amuser à charger la queue, fit un détour par la droite, prit en front le régiment, blessa le colonel qu'il voulait prendre prisonnier, lorsqu'il fut lui-même entouré; et après en avoir tué six de sa propre main, il fut culbuté, renversé dans un fossé, et blessé de six coups de sabre, dont on me fait espérer qu'aucun ne sera mortel.

L'ennemi opérait sa retraite sur Salo: Salo se trouvant à nous, cette division errante dans les montagnes a été presque toute prisonnière. Pendant ce temps Augereau marchait sur Castiglione, s'emparait de ce village; toute la journée il livra et soutint des combats opiniâtres contre des forces doubles des siennes: artillerie, infanterie, cavalerie, tout a fait parfaitement son devoir; et l'ennemi, dans cette journée mémorable, a été complétement battu de tous les côtés.

Il a perdu dans cette journée vingt pièces de canon, deux à trois mille hommes tués ou blessés et quatre mille prisonniers, parmi lesquels trois généraux.

Nous avons perdu le général Beyrand. Cette perte, très-sensible à l'armée, l'a été plus particulièrement pour moi: je faisais le plus grand cas des qualités guerrières et morales de ce brave homme.

Le chef de la quatrième demi-brigade, Pourailler; le chef de brigade du premier régiment d'hussards, Bourgon; le chef de brigade du vingt-deuxième régiment de chasseurs, Marmet, ont également été tués.

La quatrième demi-brigade, à la tête de laquelle a chargé l'adjudant-général Verdier, s'est comblée de gloire.

Le général Dommartin, commandant l'artillerie, a montré autant de courage que de talent.

Le 17, j'avais ordonné au général Despinois de pénétrer dans le Tyrol par le chemin de Chieso, il devait auparavant culbuter cinq à six mille ennemis qui se trouvaient à Gavardo. L'adjudant-général Herbin eut de grands succès, culbuta les ennemis, en fit un grand nombre prisonniers ; mais n'ayant pas été soutenu par le reste de la division, il fut entouré, et ne put opérer sa retraite qu'en se faisant jour au des ennemis.

J'envoyai le général Saint-Hilaire à Salo pour se concerter avec le général Guieux, et attaquer la colonne ennemie qui était à Gavardo, pour avoir le chemin du Tyrol libre. Après une fusillade assez vive, nous défîmes les ennemis, et nous leur fîmes dix-huit cents prisonniers.

Pendant toute la journée du 17, Wurmser s'occupa à rassembler les débris de son armée, à faire arriver sa réserve, à tirer de Mantoue tout ce qui était possible, à les ranger en bataille dans la plaine, entre le village de Scanello, où il appuya sa droite, et la Chiesa, où il appuya sa gauche.

Le sort de l'Italie n'était pas encore décidé. Il réunit un corps de vingt-cinq mille hommes, une cavalerie nombreuse, et sentit pouvoir encore balancer le destin. De mon côté, je donnai des ordres pour réunir toutes les colonnes de l'armée.

Je me rendis moi-même à Lonado, pour voir les troupes que je pouvais en tirer ; mais quelle fut ma surprise, en entrant dans cette place, d'y recevoir un parlementaire, qui sommait le commandant de Lonado de se rendre, parce que, disait-il, il était cerné de tous côtés. Effectivement, les différentes vedettes de cavalerie m'annonçaient que plusieurs colonnes touchaient nos grand'gardes; et que déjà la route de Brescia à Lonado était interceptée au pont San-Marco. Je sentis alors que ce ne pouvait être que les débris de la division coupée qui, après avoir erré et s'être réunis, cherchaient à se faire passage.

La circonstance était assez embarrassante : je n'avais à Lonado qu'à peu près douze cents hommes; je fis venir le parlementaire, je lui fis débander les yeux; je lui dis que si son général avait la présomption de prendre le général en chef de l'armée d'Italie, il n'avait qu'à avancer; qu'il devait savoir que j'étais à Lonado, puisque tout le monde savait que l'armée républicaine y était; que tous les officiers-généraux et officiers supérieurs de la division seraient responsables de l'insulte personnelle qu'il m'avait faite : je lui déclarai que si sous huit minutes, toute sa division n'avait pas posé les armes, je ne ferais grâce à aucun.

Le parlementaire parut fort étonné de me voir là, et un instant après toute cette colonne posa les armes. Elle était forte de quatre mille hommes, deux pièces de canon, et cinquante hommes de cavalerie; elle venait de Gavardo, et cherchait une issue pour se sauver : n'ayant pas pu se faire jour le matin par Salo, elle cherchait à le faire par Lonado.

Le 18, à la pointe du jour, nous nous trouvâmes en présence; cependant il était six heures du matin et rien ne bougeait encore. Je fis faire un mouvement rétrograde à toute l'armée pour attirer l'ennemi à nous, du temps que le général Serrurier, que j'attendais à chaque instant, venait de Marcario, et dès-lors tournait toute la gauche de Wurmser. Ce mouvement eut en partie l'effet qu'on en attendait. Wurmser se prolongeait sur sa droite pour observer nos derrières.

Dès l'instant que nous aperçûmes la division du général Serrurier, commandée par le général Fiorella, qui attaquait la gauche, j'ordonnai à l'adjudant-général Verdière d'attaquer une redoute qu'avaient faite les ennemis dans le milieu de la plaine pour soutenir leur gauche. Je chargeai mon aide-de-camp, chef de bataillon, Marmont, de diriger vingt pièces d'artillerie légère, et d'obliger par ce seul feu l'ennemi à nous abandonner ce poste intéressant. Après une vive canonnade, la gauche de l'ennemi se mit en pleine retraite.

Augereau attaqua le centre de l'ennemi, appuyé à la tour de Solferino ; Masséna attaqua la droite, l'adjudant-général Leclerc, à la tête de la cinquième demi-brigade, marcha au secours de la quatrième demi-brigade.

Toute la cavalerie aux ordres du général Beaumont marcha sur la droite, pour soutenir l'artillerie légère et l'infanterie. Nous fûmes partout victorieux, partout nous obtînmes les succès les plus complets.

Nous avons pris à l'ennemi dix-huit pièces de canon, cent vingt caissons de munitions. Sa perte va à deux mille hommes, tant tués que prisonniers. Il a été dans une déroute complète ; mais nos troupes, harassées de fatigue, n'ont pu les poursuivre que l'espace de trois lieues. L'adjudant-général Frontin a été tué : ce brave homme est mort en face de l'ennemi.

Voilà donc en cinq jours une autre campagne finie. Wurmser a perdu dans ces cinq jours soixante-dix pièces de canon de campagne, tous ses caissons d'infanterie, douze à quinze mille prisonniers, six mille hommes tués ou blessés, et presque toutes les troupes venant du Rhin. Indépendamment de cela, une grande partie est encore éparpillée, et nous les ramassons en poursuivant l'ennemi. Tous les officiers, soldats et généraux ont déployé dans cette circonstance difficile un grand caractère de bravoure. Je vous demande le grade de général de brigade pour les adjudans Verdier et Vignolles : le premier a contribué aux succès d'une manière distinguée ;

le second, qui est le plus ancien adjudant-général de toute l'armée, joint à un courage sûr des talens et une activité rares. Je vous demande le grade de chef de bataillon pour l'adjoint Ballet, celui de général de division pour le général de brigade Dallemagne ; celui de chef de brigade d'artillerie pour le citoyen Songis, chef de bataillon.   BONAPARTE.

Au quartier-général à Verone, le 21 thermidor an 4
(8 août 1796).

Au directoire exécutif.

Citoyens directeurs, le 19 au matin l'ennemi tenait la ligne du Mincio, sa droite appuyée à son camp retranché à Peschiera, sa gauche à Mantoue, et son centre à Valeggio. Augereau se posta à Borghetto, et engagea une vive canonnade avec l'ennemi. Pendant ce temps-là, Masséna se porta à Peschiera, attaqua l'ennemi dans le camp retranché qu'il avait fait devant cette place, le mit en déroute, lui prit douze pièces de canon, et lui fit sept cents prisonniers.

Le résultat de ce combat a été d'obliger l'ennemi à lever le siége de Peschiera, et à quitter la ligne du Mincio.

Dans la journée du 20, Augereau passa le Mincio à Peschiera. La division du général Serrurier se porta sur Verone, où elle arriva à dix heures du soir, dans le temps que la division du général Masséna avait repris ses anciennes positions, fait quatre cents prisonniers, pris sept pièces de canon. L'arrière-garde ennemie était encore dans Verone ; les portes étaient fermées et les ponts-levis levés. Le provéditeur de Venise, sommé de les ouvrir, déclara qu'il ne le pouvait pas de deux heures. J'ordonnai aussitôt qu'on les ouvrît à coups de canon, ce que le général Dommartin fit exécuter sur-le-champ, et en moins d'un quart d'heure. Nous y avons trouvé différens bagages et fait quelques centaines de prisonniers.

Nous voilà donc retournés dans nos anciennes positions : l'ennemi fuit au loin dans le Tyrol ; les secours que vous m'avez annoncés venant des côtes de l'Océan commencent à arriver, et tout est ici dans la situation la plus satisfaisante.

L'armée autrichienne, qui depuis six semaines menaçait d'invasion en Italie, a disparu comme un songe, et l'Italie qu'elle menaçait est aujourd'hui tranquille.

Les peuples de Bologne, de Ferrare, mais surtout celui de Milan, ont, pendant notre retraite, montré le plus grand courage et le plus grand attachement à la liberté. A Milan, tandis que l'on disait que les ennemis étaient à Cassano, et que nous étions en déroute, le peuple demandait des armes, et l'on entendait dans les rues, sur les places, dans les spectacles, l'air martial : « Allons, enfans de la patrie. »

Le général Victor, à la tête de la dix-huitième demi-brigade, a montré la plus grande bravoure au combat de Peschiera.   BONAPARTE.

Au quartier-général à Verone, le 22 thermidor an 4
(9 août 1796).

A la municipalité de Milan.

Lorsque l'armée battait en retraite, que les partisans de l'Autriche et les ennemis de la liberté la croyaient perdue sans ressource ; lorsqu'il était impossible à vous-mêmes de soupçonner que cette retraite n'était qu'une ruse, vous avez montré de l'attachement pour la France, de l'amour pour la liberté ; vous avez déployé un zèle et un caractère qui vous ont mérité l'estime de l'armée, et vous mériteront celle de la république française.

Chaque jour votre peuple se rend davantage digne de la

liberté ; il acquiert chaque jour de l'énergie : il paraîtra sans doute un jour avec gloire sur la scène du monde. Recevez le témoignage de ma satisfaction, et du vœu sincère que fait le peuple français pour vous voir libres et heureux.

BONAPARTE.

Au quartier-général à Brescia, le 24 thermidor an 4
(11 août 1796).

Au citoyen Miot.

J'ai reçu vos différentes lettres, mon cher ministre ; vous recevrez plusieurs exemplaires de la relation que vous désirez. On dit l'empereur sur le point de mourir : cherchez à voir quelqu'un qui puisse vous instruire du moment où cela pourrait arriver.

Vous sentez combien cela est important, et combien il est essentiel que je sois instruit du moment où le grand-duc se mettra en chemin pour Vienne.

Faites passer par un courrier les pièces que j'adresse au général Vaubois et au citoyen Cacault. Instruisez-moi avec votre exactitude ordinaire. L'intérêt du gouvernement est que l'on ne fasse rien dans la Toscane qui puisse indisposer le grand-duc, maintenez donc la neutralité. BONAPARTE.

Au quartier-général à Brescia, le 25 thermidor an 4
(12 août 1796).

A M. le chevalier d'Azara, à Rome.

J'ai reçu, monsieur, plusieurs lettres de vous, auxquelles les circonstances et mes occupations ne m'ont pas permis de répondre aussi promptement que j'aurais voulu.

Cacault vous remettra les deux pièces authentiques que vous m'avez envoyées, avec une lettre de la municipalité de Ferrare : vous y verrez que c'est une affaire arrangée.

On m'assure que la cour de Rome vous a demandé de lui prouver que la France était érigée en république. On m'assure qu'à Rome on ne veut plus accorder de bénédictions aux Ferrarais et aux Bolonais, mais bien à ceux de Lugo. Joignez à cela le légat envoyé à Ferrare et le retard de l'exécution de l'armistice, et le roi votre maître se convaincra de la mauvaise foi d'un gouvernement dont l'imbécillité égale la faiblesse.

M. Capelletti se conduit fort mal à Bologne : c'est à vous, monsieur, à y mettre ordre ; je serais fâché de le chasser de la ville. Aussi bien, j'ignore ce qu'il est, ce qu'il fait, et ce qu'il prétend.

S. A. R. l'archiduc de Parme s'est conduit envers l'armée française avec la plus grande franchise et les sentimens d'amitié les plus sincères.

Je vous prie, monsieur, de croire aux sentimens, etc.

BONAPARTE.

Au quartier-général à Brescia, le 25 thermidor an 4 (12 août 1796).

Au citoyen Cacault, à Rome.

Le pape a envoyé un cardinal légat à Ferrare, dans le temps qu'il croyait sans doute les Français perdus. Cela est-il conforme au traité d'armistice que nous avons signé ? Les bourgeois de Ferrare ont refusé de le recevoir. Je viens de donner l'ordre à ce cardinal de se rendre sur-le-champ au quartier-général.

Vous recevrez une lettre de la municipalité de Ferrare qui paraît être d'accord avec M. d'Azara ; c'est donc une affaire finie. Je vous envoie en conséquence les deux pièces authentiques que le ministre m'avait envoyées.

Le premier convoi d'argent n'est pas encore arrivé : tout

va bien lentement. Il paraît qu'il y a beaucoup de mauvaise foi. Surveillez, et instruisez-moi ; envoyez des hommes affidés pour savoir ce qui se fait à Naples et ce qui s'y est fait pendant nos opérations militaires. Je vous enverrai des relations et des adresses qui vous feront plaisir, et vous mettront au fait de ce qui s'est passé. BONAPARTE.

Au quartier-général à Brescia, le 25 thermidor an 4 (12 août 1796).

A S. A. R. le grand-duc de Toscane.

J'ai reçu la lettre dont V. A. R. m'a honoré, en date du 13 juillet. Elle ne m'est arrivée que fort tard, ce qui, joint aux nombreux événemens qui viennent de se passer, a mis quelque retard dans ma réponse.

Le gouvernement a appris, avec la plus grande douleur, l'occupation de Porto-Ferrajo par les Anglais. Il aurait été si facile à votre altesse de défendre cette place ; il lui aurait été si avantageux de se conserver la possession de cette partie essentielle de ses états, qu'on est obligé de penser que la trahison de votre gouverneur, pareille à celle de Spannochi, est la cause de cet événement aussi désagréable pour la France que pour vos sujets.

Le directoire exécutif serait autorisé, sans doute, à s'emparer, par représailles, des états de votre altesse royale qui sont sur le continent ; mais, fidèle aux sentimens de modération, le gouvernement français ne changera en rien et n'altérera d'aucune manière la neutralité et la bonne harmonie qui règnent entre lui et votre altesse royale.

Je suis avec les sentimens d'estime, etc., de votre altesse royale le très, etc. BONAPARTE.

Au quartier-général à Brescia, le 25 thermidor an 4
(12 août 1796).

Au sénat de Bologne.

J'apprends, messieurs, que les ex-jésuites, les prêtres et les religieux troublent la tranquillité publique.

Faites-leur connaître que dans le même temps que la république française protége la religion et ses ministres, elle est inexorable envers ceux qui, oubliant leur état, se mêlent des affaires publiques ou civiles. Prévenez les chefs des différentes religions que la première plainte qui me sera portée contre les religieux, j'en rendrai tout le couvent responsable, je les chasserai de la ville, et je confisquerai leurs biens au profit des pauvres.   BONAPARTE.

Au quartier-général à Brescia, le 26 thermidor an 4
(13 août 1796).

Bonaparte, général en chef, au directoire exécutif.

L'ennemi, après sa retraite, occupait en force la Corona et Monte-Baldo ; il paraissait vouloir s'y soutenir. Masséna y a marché le 24 thermidor, s'est emparé de Monte-Baldo, de la Corona, de Preaboco, a pris sept pièces de canon et fait quatre cents prisonniers. Il se loue beaucoup de la trente-huitième demi-brigade d'infanterie légère, de son aide-de-camp Rey, et de son adjudant-général Chabran.

Le 25, j'ai ordonné au général Sauret et au général de brigade Saint-Hilaire de se rendre à la Rocca d'Anfo, où l'ennemi paraissait vouloir tenir. Cette opération a réussi : nous avons forcé la Rocca d'Anfo, rencontré l'ennemi à Lodrone : après un léger combat, nous avons pris ses bagages, six pièces de canon et onze cents prisonniers.

Augereau a passé l'Adige, a poussé l'ennemi sur Roveredo, et a fait quelques centaines de prisonniers. L'ennemi a dans Mantoue quatre mille malades; dans ce mois, les environs de cette place sont pestilentiels, et je me borne à y placer des camps d'observation qui tiennent la garnison dans les limites.

Si une division de l'armée du Rhin peut venir prendre position à Inspruck et jeter l'ennemi sur la droite, je me porterai à Trieste, je ferai sauter son port et saccager la ville.

Si l'armée de Sambre-et-Meuse arrive au Danube, que celle du Rhin puisse être en forces à Inspruck, je marcherai sur Vienne par le chemin de Trieste, et alors nous aurons le temps de retirer les immenses ressources que contient cette place.

Le premier projet peut s'exécuter de suite; pour le second, il faudrait une bonne bataille qui éparpillât le prince Charles, comme j'ai éparpillé Wurmser, et de suite marcher tous sur Vienne.

La chaleur est excessive. J'ai quinze mille malades, peu, très-peu de mortalités.

J'attends les secours que vous m'annoncez; il n'est encore arrivé que très-peu de choses. BONAPARTE.

Au quartier-général à Brescia, le 26 thermidor an 4 (13 août 1796).

Du même au directoire exécutif.

J'ai reçu avec reconnaissance, citoyens directeurs, le nouveau témoignage d'estime que vous m'avez donné par votre lettre du 13 thermidor. Je ne sais pas ce que MM. les journalistes veulent de moi : ils m'ont attaqué dans le même temps que les Autrichiens. Vous les avez écrasés par la publication de votre lettre; j'ai complétement battu les Autrichiens: ainsi, jusqu'à cette heure, ces doubles tentatives de nos ennemis ne sont pas heureuses. BONAPARTE.

Au quartier-général à Brescia, le 26 thermidor an 4
(13 août 1796).

Du même au directoire exécutif.

Les bijoux et diamans que l'armée a envoyés à Gênes, et qui, depuis, étaient en route pour Paris, et que l'on a fait rétrograder à Gênes, doivent valoir au moins deux ou trois millions; cependant on n'en a offert à Gênes que 400,000 fr. Je crois qu'il est de l'intérêt de la république que ces objets précieux soient transportés à Paris. Le grand nombre d'étrangers qui sont dans cette capitale rendront la vente de ces objets plus fructueuse; d'ailleurs, j'apprends que la compagnie Flachat doit les prendre pour 400,000 fr. Ce serait une affaire ruineuse pour le gouvernement.

J'avais fait mettre en séquestre les biens des Napolitains à Livourne. Le commissaire du gouvernement, à ce que m'écrit le consul, a fait lever ce séquestre; cependant cela aurait été un bon article du traité de paix. Cette cour de Naples se conduit mal : les Napolitans qui sont ici se sont très-mal conduits pendant nos événemens militaires, et je pense qu'il serait dangereux qu'ils continuassent à y rester. M. Pignatelli est-il à Paris? Les négociations de paix sont-elles commencées? Si cela n'est pas, je crois que nous avons le droit de séquestrer cette cavalerie. Il y a deux mille chevaux.

On dit que le roi de Naples s'avance sur le territoire du pape. Je lui ai fait signifier que s'il s'avançait sur le terrain de Sa Sainteté, l'armistice serait nul, et que je marcherais pour couvrir Rome.

La cour de Rome a cru l'armée perdue, et déjà elle avait envoyé un légat à Ferrare. La municipalité et la garde de cette ville se sont bien conduites et ont refusé de le recevoir. Je viens d'ordonner au cardinal de se rendre à mon quartier-général. BONAPARTE.

Au quartier-général à Brescia, le 26 thermidor an 4
(13 août 1796).

Du même au directoire exécutif.

Je crois utile, citoyens directeurs, de vous donner mon opinion sur les généraux employés à cette armée. Vous verrez qu'il en est fort peu qui peuvent me servir.

BERTHIER : talens, activité, courage, caractère, tout pour lui.

AUGEREAU : beaucoup de caractère, de courage, de fermeté, d'activité; a l'habitude de la guerre, est aimé du soldat, heureux dans ses opérations.

MASSÉNA : actif, infatigable, a de l'audace, du coup d'œil et de la promptitude à se décider.

SERRURIER : se bat en soldat, ne prend rien sur lui, ferme, n'a pas assez bonne opinion de ses troupes; est malade.

DESPINOIS : mou, sans activité, sans audace, n'a pas l'état de la guerre, n'est pas aimé du soldat, ne se bat pas à sa tête; a d'ailleurs de la hauteur, de l'esprit et des principes politiques sains : bon à commander dans l'intérieur.

SAURET : bon, très-bon soldat, pas assez éclairé pour être général, peu heureux.

ABATTUCCI [1] : pas bon à commander cinquante hommes.

GARNIER, MEUNIER, CASABIANCA : incapables, pas bons à commander un bataillon dans une guerre aussi active et aussi sérieuse que celle-ci.

MACQUART : brave homme, pas de talens, vif.

GAUTHIER : bon pour un bureau, n'a jamais fait la guerre.

Vaubois et Sahuguet étaient employés dans les places, je

---

[1] Vieux général de division; oncle du brave général Abattucci, mort au siége d'Huningue, en 1797.

viens de les faire venir à l'armée : j'apprendrai à les apprécier; ils se sont très-bien acquittés de ce que je leur ai confié jusqu'ici ; mais l'exemple du général Despinois, qui était très-bien à Milan et très-mal à la tête de sa division, m'ordonne de juger les hommes d'après leurs actions.

BONAPARTE.

Au quartier-général à Brescia, le 1er fructidor an 4
(18 août 1796).

Au général chef de l'état-major.

Vous ordonnerez au général de brigade Murat de partir pour Casal-Maggior, où il commandera une colonne mobile destinée à faire exécuter les différens articles de la réquisition relative à Casal-Maggior.

Vous lui nommerez une commission militaire qui l'accompagnera pour faire juger ceux qui auraient assassiné les Français, ceux qui seraient auteurs ou qui auraient excité à la révolte.

Il aura avec lui un commissaire des guerres et l'agent militaire pour percevoir la contribution d'un million.

Il effectuera en entier le désarmement; il aura soin d'effectuer en trois ou quatre jours les différentes dispositions de la proclamation.

Sa colonne mobile sera composée de cent hommes du vingt-unième régiment de chasseurs, de deux pièces d'artillerie légère et de la cinquante-unième demi-brigade.

BONAPARTE.

Au quartier-général à Brescia, le 1er fructidor an 4
(18 août 1796).

Au chef de l'état-major.

Les chefs de corps remettront aux généraux de division sous qui ils se trouvent, la note des officiers absens, et spécialement de ceux qui se trouveraient à Milan, Brescia et Plaisance.

2°. Ceux qui seraient à Brescia, à Milan et à Plaisance sans permission et qui se trouvent absens depuis plus de quarante-huit heures, seront sur-le-champ destitués par le général de division, qui en enverra à cet effet la note au chef de l'état-major.

3°. Le général de division se fera rendre compte de ceux qui sont absens par permission, révoquera les permissions qui ne seraient pas indispensables au service. Il fixera dans cette révocation le jour où l'officier doit rejoindre son corps, sous peine de destitution.

4°. Les commandans de Milan, de Brescia et de Plaisance feront publier dans la ville et consigner aux portes, que tout militaire, quel qu'il soit, même blessé, ait à se faire inscrire à l'état-major de la place.

5°. La municipalité n'accordera aucun billet de logement que sur le visa du commandant de la place.

6°. La municipalité remettra, tous les cinq jours, la liste des officiers logés dans la ville, avec le jour de leur arrivée. Les commandans des places enverront un double de cet état à l'état-major général.

7°. Ils feront arrêter tous les officiers qui se trouveraient dans leur ville sans une permission des chefs de corps, visée par le général de division.

8°. Ceux qui auraient des raisons réelles de service qui autorisassent leur séjour dans une de ces places, auront de l'état-major de la place un billet qui les autorisera à rester tant de jours.

9°. Tout officier qui sera surpris dans une de ces places six heures après l'expiration de sa permission sera arrêté, et il en sera rendu compte au général de division sous lequel se trouve son corps. BONAPARTE.

Au quartier-général à Brescia, le 1er fructidor an 4 (18 août 1796).

Au général Kellermann.

Nous sommes dans des circonstances, mon cher général, où nous avons le besoin le plus urgent de troupes.

Les maladies nous mettent tous les jours beaucoup de monde aux hôpitaux, je vous prie donc de ne pas perdre un seul moment, et d'activer la marche des troupes le plus qu'il vous sera possible. Le moindre retard peut être dangereux et produire le plus mauvais effet.

Wurmser reçoit à chaque instant de nouveaux renforts. Je compte, mon cher général, sur votre zèle ordinaire, et je vous prie de recevoir mes complimens pour les peines que vous n'avez cessé de vous donner. BONAPARTE.

Au quartier-général à Brescia, le 1er fructidor an 4 (18 août 1796).

Au directoire exécutif.

Le 28, à deux heures du matin, quinze cents hommes de la garnison de Mantoue sortaient par la porte de Cerese, dans le même moment que trois mille hommes sortaient par la porte de Pradella : tous nos avant-postes se retirèrent. L'ennemi était à une portée de fusil de nos batteries, qu'il espérait déjà enlever ; mais le brave cinquième bataillon de grenadiers était là. Les généraux Fevrilla et Dallemagne placent leurs troupes, saisissent le moment favorable, attaquent l'ennemi, le mettent en désordre après deux heures de combat, et le conduisent jusqu'aux palissades de la ville. La perte de l'ennemi est de cinq à six cents hommes.

Le 29, je comptais faire embarquer cent grenadiers, et j'espérais pouvoir m'emparer d'une des portes de la ville; mais les eaux ayant diminué de plus de trois pieds, il n'a pas été possible de tenter ce coup de main.

Le 30, à onze heures du soir, le général Serrurier ordonna au général Murat et à l'adjudant-général Vignolles, avec deux cents hommes, d'attaquer la droite du camp retranché des ennemis, dans le temps que le général Dallemagne, à la tête d'une bonne colonne, attaquait la gauche. Le chef de bataillon d'artillerie Andréossy, officier du plus grand mérite, avec cinq chaloupes canonnières qu'il avait armées, alla donner à l'ennemi une fausse alerte; et dans le temps qu'il attirait sur lui tous les feux de la place, les généraux Dallemagne et Murat remplissaient leur mission, et portaient dans les rangs ennemis le désordre et l'épouvante. Le chef de brigade du génie traça pendant ce temps à quatre-vingts toises l'ouverture de la tranchée sous le feu et la mitraille de l'ennemi. Au même instant les batteries de Saint-Georges, de Pradella et de la Favorite, les deux premières composées de six pièces de gros calibre, et à boulets rouges, de six gros mortiers; la dernière, de huit pièces, destinée à rompre la communication de la citadelle avec la ville, commencèrent à jouer contre la place. Dix minutes après, le feu se communiqua de tous côtés dans la ville. La douane, le Collorado et plusieurs couvens ont été consumés. A la pointe du jour, la tranchée n'était que faiblement tracée; l'ennemi réunissait une partie de ses forces, et cherchait à sortir sous le feu terrible des remparts; mais nos intrépides soldats, cachés dans des ravins, derrière des digues, postés dans toutes les sinuosités qui pouvaient un peu les abriter de la mitraille, les attendaient de pied ferme sans tirer. Cette morne constance seule déconcerta l'ennemi, qui rentra dans ses murs.

La nuit suivante, on a perfectionné la tranchée, et dans la nuit de demain, j'espère que nos batteries seront armées et prêtes à tirer.

Je ne vous parlerai pas de la conduite de l'intrépide général Serrurier, dont la réputation militaire est établie, et à qui nous devons, entre autres choses, le gain de la bataille de Mondovi. Le chef de brigade Chasseloup, le chef de bataillon Samson, et le chef de bataillon Meuron donnent tous les jours des preuves de talens, d'activité, de courage, qui leur acquièrent des titres à la reconnaissance de l'armée et de la patrie.

Toutes les troupes montrent une patience, une constance et un courage qui donnent l'audace de concevoir les entreprises les plus hardies.

Le chef de bataillon Dussot, qui commande le brave cinquième bataillon de grenadiers, est le même qui a passé, le premier, le pont de Lodi.

Je vous enverrai incessamment la sommation que j'ai faite au gouverneur, et la réponse qu'il m'a faite.

BONAPARTE.

Au quartier-général à Milan, le 8 fructidor an 4
(25 août 1796).

Du même au directoire exécutif.

1°. La division du général Sahuguet bloque Mantoue.

Le 7, à trois heures du matin, nous avons à la fois attaqué le pont de Governolo et Borgo-Forte, pour faire rentrer la garnison dans ses murs. Après une vive canonnade, le général Sahuguet, en personne, s'est emparé du pont de Governolo, dans le temps que le général Dallemagne s'emparait de Borgo-Forte. L'ennemi a perdu cinq cents hommes tués, blessés ou prisonniers. La douzième demi-brigade et le citoyen Lahoz se sont distingués.

2°. La division du général Augereau est à Verone.

3°. Celle du général Masséna est à Rivoli. Celle du général Sauret, dont je viens de donner le commandement au général Vaubois, est à Storo, le général Sauret étant malade.

Il a été indispensable de donner quelques jours de repos aux troupes, de rallier les corps disséminés après un choc si violent, et de réorganiser le service des administrations absolument en déroute : il y a de ces messieurs qui ont fait leur retraite tout d'une traite sur le golfe de la Spezzia.

Le commissaire des guerres Salva abandonne l'armée; l'esprit frappé, il voit partout des ennemis; il passe le Pô et communique à tout ce qu'il rencontre la frayeur qui l'égare, il croit les houlans à ses trousses : c'est en vain qu'il court en poste deux jours et deux nuits, rien ne le rassure; criant de tous côtés : *sauve qui peut*, il arrive à deux lieues de Gênes : il meurt après vingt-quatre heures d'une fièvre violente, dans les transports de laquelle il se croit blessé de cent coups de sabre, et toujours par les terribles houlans. Rien n'égale cette lâcheté que la bravoure des soldats. Beaucoup de commissaires des guerres n'ont pas été plus braves. Tel est, citoyens directeurs, l'inconvénient de la loi qui veut que les commissaires des guerres ne soient que des agens civils, tandis qu'il leur faut plus de courage et d'habitudes militaires qu'aux officiers mêmes : le courage qui leur est nécessaire doit être tout moral; il n'est jamais le fruit que de l'habitude des dangers. J'ai donc senti dans cette circonstance combien il est essentiel de n'admettre à remplir les fonctions de commissaire des guerres, que des hommes qui auraient servi dans la ligne plusieurs campagnes, et qui auraient donné des preuves de courage. Tout homme qui estime la vie plus que la gloire nationale et l'estime de ses camarades, ne doit pas faire partie de l'armée française. L'on est révolté lorsqu'on entend journellement les individus des différentes administrations avouer, et se faire presque gloire d'avoir eu peur.

Nous avons à l'armée quinze mille malades, il n'en meurt par jour que quinze ou vingt; mais on dit que le mois de septembre est le moment où les maladies sont plus dangereuses. Jusqu'à cette heure ce ne sont que des fièvres légères. Je viens de visiter les hôpitaux de Milan : j'ai été très-satisfait, ce qui est dû en partie au zèle et à l'activité du citoyen Burisse, agent principal de cette partie.

Je n'ai encore reçu aucune troupe venant de l'Océan; l'on nous a annoncé seulement trois mille hommes composant la sixième demi-brigade, qui arrivent à Milan le 15.

On ne m'a annoncé aucune troupe de la division du général Chateauneuf-Randon, seulement la dixième demi-brigade de ligne, forte de six cents hommes, est arrivée à Nice.

Si les six mille hommes que vous m'avez annoncés du général Chateauneuf-Randon et les treize mille hommes que l'on m'a annoncés depuis longtemps de l'armée de l'Océan étaient arrivés, mon armée se trouverait presque doublée, et j'aurais balayé devant moi l'armée autrichienne. Si ces renforts arrivent dans le courant du mois, nous continuerons à nous trouver dans une position respectable, et dans le cas même de mettre fin à l'extravagance de Naples; mais je crains que vos ordres sur le mouvement de ces troupes ne soient mal exécutés.

Nos demi-galères sont sorties de Peschiera, où elles ont pris dix grosses barques et deux pièces de canon appartenantes aux ennemis.

Tout est ici dans une position satisfaisante. Nous attendons la première nouvelle du général Moreau pour nous avancer dans le Tyrol; cependant, si cela tarde encore quelques jours, nous nous avancerons provisoirement jusqu'à Trente. On m'assure que le général Wurmser est rappelé et remplacé par le général Dewins.

Le roi de Sardaigne ayant licencié ses régimens provinciaux, les barbets se sont accrus. Un chariot portant de l'argent a été pillé. Le général Dugard allant à Nice a été tué. J'ai organisé une colonne mobile avec un tribunal contre les barbets, pour en faire justice.

Je ne puis influer d'aucune manière sur les départemens du Var et du Rhône; mon éloignement est tel, que je reçois les lettres beaucoup plus tard que le ministre de la guerre.

BONAPARTE.

Au quartier-général à Milan, le 8 fructidor an 4
(25 août 1796).

Au chef de l'état-major.

Vous voudrez bien envoyer les ordres pour qu'il soit réuni, au village de Tende, une colonne mobile composée de cinquante gendarmes du département des Alpes-Maritimes; cinquante gendarmes du département du Var; trois mille deux cents hommes pris dans la division du général Casabianca; deux cents hommes pris à Antibes et aux îles Marguerite; cent cinquante hommes de la garde nationale des Alpes-Maritimes; deux cents hommes de la garde nationale du district de Grasse; deux pièces de canon.

Cette colonne mobile sera commandée par le général Casabianca. La commission militaire que j'ai ordonnée pour juger les barbets, tiendra ses séances au village de Tende. Le département des Alpes-Maritimes enverra une commission, qui restera à Tende; elle sera chargée de recueillir tous les renseignemens que pourront lui donner les municipalités et les habitans pour détruire ces rassemblemens et purger le département des brigands qui l'infestent.

Les généraux, officiers supérieurs, soldats et commission, réunis à Tende, seront payés moitié en argent et moitié en mandats, comme l'armée active.

Le payeur de l'armée fera payer cette colonne mobile par le payeur de Coni; elle sera nourrie de vivres de la ville de Coni, et aura une ration de viande comme le reste de l'armée.

Les villages seront responsables des secours qu'ils donneraient aux scélérats.

Le général Macquart et le général piémontais seront prévenus de la formation de cette colonne mobile.

Le général Macquart aura ordre de se concerter avec le général Casabianca, pour envoyer de son côté de gros piquets, afin de détruire rapidement les brigands.

BONAPARTE.

Au quartier-général à Milan, le 8 fructidor an 4
(25 août 1796).

Au général chef de l'état-major.

Vous voudrez bien, citoyen général, ordonner au général Gentili d'organiser en compagnies tous les Corses réfugiés qui se trouvent à Livourne, officiers, sous-officiers et soldats. Les généraux corses, les chefs de brigade ou de bataillon réfugiés commanderont chacun une de ces compagnies. Il leur sera distribué des fusils de ceux existans dans la place.

Ces compagnies ne feront aucun service autre que celui relatif à l'embarquement pour la Corse. En cas de générale ou d'alerte, le général Gentili prendra les ordres du général de division commandant la place, pour les postes que devront occuper lesdites compagnies. Les capitaines, lieutenans ou sous-lieutenans faisant partie de ces compagnies devront être armés d'un fusil.

Je vous laisse le maître de faire un réglement pour déterminer tout ce que je n'aurais pas prévu, afin que tous les Corses réfugiés, faisant partie desdites compagnies, puissent toucher sans confusion les rations dues à leur grade, et qu'ils puissent, en cas d'événement, remplacer à Livourne le bataillon de la soixante-quinzième demi-brigade que j'en ai retiré.

Vous préviendrez le général Gentili que je lui enverrai incessamment des instructions sur l'expédition de la Corse.

La gendarmerie de la vingt-huitième division, étant organisée, devra concourir au service de la place. Vous autoriserez ses chefs à se recruter parmi les réfugiés corses existans à Livourne.   BONAPARTE.

Donnez l'ordre à deux cents hommes du bataillon de la douzième demi-brigade, qui est à Milan, de partir demain matin pour se rendre, par le chemin le plus court, à Casal-Maggior, pour être aux ordres du général Murat, et remplacer la cinquante-unième demi-brigade.

Donnez ordre à la cinquante-unième demi-brigade de partir aussitôt que ces deux cents hommes seront arrivés, pour se rendre à Livourne par le chemin le plus court.

Donnez l'ordre d'établir, sous trois fois vingt-quatre heures, dans le château de Pavie, un hôpital de vénériens. On tiendra, dans le magasin du château, cinq cents fusils avec pierres, cartouches, etc., afin de pouvoir armer, en cas d'événement, les vénériens.

Donnez l'ordre au bataillon de la sixième demi-brigade, le premier arrivé, de laisser deux cents hommes dans le château de Pavie. Aussitôt que ces deux cents hommes seront arrivés à Pavie, donnez ordre à la quatorzième demi-brigade de partir pour Livourne par le chemin le plus court. Faites passer en revue la cinquante-unième demi-brigade et la quatorzième, au moment de leur départ.

Ordonnez l'établissement d'un hôpital de cinq cents malades dans le château de Milan. Mon intention est que l'on choisisse les hommes les moins malades. Ordonnez qu'il y ait toujours dans le château de Milan cinq cents fusils, avec ce qui est nécessaire, pour, en cas d'événement, armer lesdits malades.   BONAPARTE.

Au quartier-général à Milan, le 8 fructidor an 4
(25 août 1796).

Au général de division Sauret.

La considération de votre santé m'a seule engagé à vous donner le commandement de la réserve, et à vous remplacer dans celui de la division actuellement sous vos ordres : cette division est encore destinée à des mouvemens dont la vivacité est incompatible avec votre état actuel ; mais vous saurez encore vous rendre utile dans le poste où je vous place, et qui n'est pas moins essentiel ; le service qu'il doit faire est moins rude et plus adapté à votre situation.

La réserve doit voir l'ennemi ; mais elle est destinée à le joindre par des chemins moins difficiles. Les services que vous avez rendus doivent vous assurer que ce changement n'a rien qui doive vous affecter ; il est absolument étranger à aucune diminution dans la confiance que je dois à votre bravoure et à votre patriotisme.   BONAPARTE.

Au quartier-général à Milan, le 9 fructidor an 4
(26 août 1796).

Au directoire exécutif.

Je vous enverrai incessamment, citoyens directeurs, deux lettres que je reçois de Corse. Les Anglais embarquent toutes les munitions de guerre sur des barques pour les transporter à l'île d'Elbe. Où donc est le projet qu'ils avaient pu avoir dans le temps qu'ils nous croyaient battus, de se porter sur Livourne, comme le pourrait faire croire une proclamation qu'ils ont publiée.

Tous les réfugiés corses sont déjà rendus à Livourne : le commissaire Salicetti compte partir demain.

BONAPARTE.

Au quartier-général à Milan, le 9 fructidor an 4
(26 août 1796).

Au directoire exécutif.

J'ai commencé à entamer les négociations à Venise, je leur ai demandé les vivres pour le besoin de l'armée. Je vous envoie la copie de la lettre au citoyen Lallement. Dès l'instant que j'aurai balayé le Tyrol, on entamera des négociations conformes à vos instructions; dans ce moment-ci, cela ne réussirait pas : ces gens-ci ont une marine puissante, et sont à l'abri de toute insulte dans leur capitale; il sera peut-être bien difficile de leur faire mettre les séquestres sur les biens des Anglais et sur ceux de l'empereur.

J'ai fait appeler à Milan le citoyen Faypoult. Nous sommes convenus des mesures préparatoires à prendre pour l'exécution de vos instructions sur Gênes.

Dès l'instant que nous serons à Trente, que l'armée du Rhin sera à Inspruck, et qu'une partie du corps de troupes qui m'arrive de la Vendée sera à Tortone, je me porterai à Gênes de ma personne, et votre arrêté sera exécuté dans toute sa teneur.

Quant au grand-duc de Toscane, il faut encore dissimuler. J'ai fait un changement de troupes dans la place de Livourne, pour détourner les calculateurs sur le nombre, et faire un mouvement dans l'intérieur de l'Italie, pour accroître les bruits que je fais courir pour contenir la populace de Rome et les Napolitains.   BONAPARTE.

Au quartier-général à Milan, le 9 fructidor an 4
(26 août 1796).

Au directoire exécutif.

Le roi de Naples, à la tête de vingt-quatre mille hommes (ce qui pourrait bien n'aller qu'à quinze mille), s'est avancé sur les terres du pape, menaçant de se porter sur Rome, et de là venir se joindre à Wurmser, ou se porter sur Livourne pour, de concert avec les Anglais, nous chasser de cette place. L'alarme était dans Rome, et le cabinet de Sa Sainteté était dans la plus grande consternation.

J'ai écrit au citoyen Cacault de rassurer la cour de Rome, et de signifier à celle de Naples que si le roi des Deux-Siciles s'avançait sur les terres de Rome, je regarderais l'armistice comme nul, et que je ferais marcher une division de mon armée pour couvrir Rome. Le citoyen Cacault m'assure, sans en être certain, que le roi de Naples s'est désisté de son entreprise, et qu'il est retourné de sa personne à Naples. Cette cour est perfide et bête. Je crois que si M. Pignatelli n'est pas encore arrivé à Paris, il convient de séquestrer les deux mille hommes de cavalerie que nous avons en dépôt, arrêter toutes les marchandises qui sont à Livourne, faire un manifeste bien frappé, pour faire sentir la mauvaise foi de la cour de Naples, principalement d'Acton : dès l'instant qu'elle sera menacée, elle deviendra humble et soumise. Les Anglais ont fait croire au roi de Naples qu'il était quelque chose. J'ai écrit à M. d'Azarra, à Rome ; je lui ai dit que si la cour de Naples, au mépris de l'armistice, cherche encore à se mettre sur les rangs, je prends l'engagement, à la face de l'Europe, de marcher contre les prétendus soixante-dix mille hommes avec six mille grenadiers, quatre mille hommes de cavalerie et cinquante pièces de canon. La bonne saison s'avance : d'ici à six semaines, j'espère que la plus grande partie de nos malades seront guéris. Les secours que vous m'annoncez arrivés, je pourrai à la fois faire le siége de Mantoue, et tenir en respect Naples et les Autrichiens.

La cour de Rome, pendant le temps de nos désastres, ne s'est pas mieux conduite que les autres ; elle avait envoyé un légat à Ferrare, je l'ai fait arrêter, et je le tiens en ôtage à Brescia : c'est le cardinal Mattei. Le vice-légat, nommé Grena, s'était sauvé, et n'était plus qu'à deux heures de Rome ; je lui ai envoyé l'ordre de venir à Milan : il est venu. Comme il est moins coupable, je le renverrai après l'avoir retenu quelques jours ici.

On fait courir beaucoup de bruits sur le roi de Sardaigne ; mais je crois que tout cela est dénué de fondement. Il a vendu son équipage d'artillerie, licencié ses régimens provinciaux ; et s'il cherche à recruter, c'est qu'il aime mieux avoir des troupes étrangères que des régimens nationaux, dont il est peu sûr. Il serait bon que les journalistes voulussent bien ne pas publier sur son compte des absurdités comme celles qu'on publie tous les jours. Il est des coups de plume écrits sur des ouï-dires, et sans mauvaise intention, qui nous font plus de mal, plus d'ennemis, qu'une contribution dont nous tirerions avantage. Peut-être serait-il utile qu'un journal officiel insérât un article qui démentît ces bruits absurdes et ridicules.

BONAPARTE.

Au quartier-général à Milan, le 9 fructidor an 4
(26 août 1796).

Au citoyen Miot, ministre de la république à Florence.

J'ai reçu toutes vos lettres. Il y a à Livourne deux mille deux cents hommes de la soixante-quinzième demi-brigade, et six cents Corses réfugiés que j'organise en compagnies. J'y envoie les quinzième et quatorzième demi-brigades, soyez tranquille.

Dissimulez avec le grand-duc ; s'il se conduit mal, il paiera tout à la fois : ces gens-ci sont peu à craindre.

BONAPARTE.

Au quartier-général à Brescia, le 13 fructidor an 4
(30 août 1796).

Au chef de l'état-major.

Il arrive quelquefois que le défaut de transport empêche le soldat de toucher sa ration de pain de vingt-quatre onces et qu'il n'en touche que douze : il est juste, lorsque cela arrive, de l'indemniser en lui donnant l'équivalent en argent. En conséquence, le général en chef ordonne qu'il sera, dans ce cas, donné un sou et demi par douze onces. L'inspecteur des vivres de la division devra donner un certificat, qui sera visé par le commissaire des guerres, par le chef d'état-major de la division, et par le général commandant le camp. Le quartier-maître, à la fin de la décade, présentera le certificat à l'ordonnateur en chef, qui le fera solder. BONAPARTE.

Au quartier-général à Brescia, le 13 fructidor an 4
(30 août 1796).

Aux habitans du Tyrol.

Vous sollicitez la protection de l'armée française, il faut vous en rendre dignes : puisque la majorité d'entre vous est bien intentionnée, contraignez ce petit nombre d'hommes opiniâtres à se soumettre, leur conduite insensée tend à attirer sur leur patrie les fureurs de la guerre.

La supériorité des armes françaises est aujourd'hui constatée : les ministres de l'empereur, achetés par l'or des Anglais, le trahissent; ce malheureux prince ne fait pas un pas qui ne soit une faute.

Vous voulez la paix, les Français combattent pour elle : nous ne passons sur votre territoire que pour obliger la cour de Vienne de se rendre au vœu de l'Europe désolée, et d'entendre les cris de ses peuples. Nous ne venons pas ici pour nous agrandir, la nature a tracé nos limites au Rhin et aux Alpes, dans le même temps qu'elle a posé au Tyrol les limites de la maison d'Autriche.

Tyroliens, quelle qu'ait été votre conduite, rentrez dans vos foyers; quittez des drapeaux tant de fois battus, et impuissans pour se défendre. Ce n'est pas quelques ennemis de plus que peuvent redouter les vainqueurs des Alpes et d'Italie, mais c'est quelques victimes de moins que la générosité de ma nation m'ordonne de chercher à épargner.

Nous nous sommes montrés redoutables dans les combats, mais nous sommes les amis de ceux qui nous reçoivent avec hospitalité.

La religion, les habitudes, les propriétés des communes qui se soumettront seront respectées.

Les communes dont les compagnies de Tyroliens ne seraient pas rentrées à notre arrivée seront incendiées, les habitans seront pris en ôtages et envoyés en France.

Lorsqu'une commune sera soumise, les syndics seront tenus de donner à l'heure même la note des habitans qui seraient à la solde de l'empereur, et s'ils font partie des compagnies tyroliennes, on incendiera sur-le-champ leurs maisons et on arrêtera leurs parens jusqu'au dernier degré, lesquels seront envoyés en ôtage en France.

Tout Tyrolien faisant partie des compagnies franches, pris les armes à la main, sera sur-le-champ fusillé.

Les généraux de division seront chargés de la stricte exécution du présent arrêté. BONAPARTE.

Au quartier-général de Due-Castelli, le 13 fructidor an 4
(30 août 1796).

Au directoire exécutif.

Je vous ai rendu compte, citoyens directeurs, dans ma dernière dépêche, que le général Wurmser, obligé d'abandonner Bassano, s'était porté de sa personne avec les débris de deux bataillons de grenadiers à Montebello, entre Vicence et Verone, où il avait rejoint la division qu'il avait fait marcher sur Verone, forte de quatre mille cinq cents hommes de cavalerie et cinq mille d'infanterie, au premier instant qu'il avait su que je me portais sur Trente.

Le 23, la division du général Augereau se porta sur Padoue; elle ramassa les débris de l'armée autrichienne et quatre cents hommes qui les escortaient : celle de Masséna se rendit à Vicence. Wurmser se trouvait entre l'Adige et la Brenta : il lui était impossible de franchir la Brenta, puisque deux divisions de l'armée lui en fermaient le passage; il ne lui restait d'autre ressource que de se jeter dans Mantoue; mais ayant prévu, à mon départ pour Trente, le mouvement que ferait le général Wurmser, j'avais laissé dans Verone le général de division Kilmaine, et fait garnir d'artillerie les remparts de cette place. Le général Kilmaine, avec sa sagacité ordinaire, a su imposer à l'ennemi et le tenir pendant quarante-huit heures en respect, le repoussant par le feu de son artillerie toutes les fois qu'il a essayé de pénétrer. Je n'avais pu lui laisser que des forces trop peu considérables pour contenir une ville très-populeuse, et pour repousser un corps d'armée qui avait autant de raisons de ne rien épargner pour se rendre maître de cette place importante. Il se loue beaucoup du chef de bataillon Muirond, qui y commandait l'artillerie.

Le 23 au soir, le général Wurmser apprit l'arrivée du général Masséna à Vicence, il sentit qu'il n'avait plus un moment à perdre; il fila toute la nuit le long de l'Adige, qu'il passa à Porto-Legnago.

Le 24 au soir, la division du général Masséna passa l'Adige à Ronco, dans le temps que la division du général Augereau marchait de Padoue sur Porto-Legnago, ayant bien soin d'éclairer sa gauche pour que l'ennemi ne cherchât pas à se sauver par Castel-Basilo.

Le 25, à la pointe du jour, je donnai ordre à la division du général Masséna de se porter à Sanguinetto, afin de barrer le passage à Wurmser; le général Sahuguet, avec une brigade, se porta à Castellaro, et eut ordre de couper tous les ponts sur la Molinella.

Combat de Cerea.

Pour se rendre de Ronco à Sanguinetto, il y a deux chemins : l'un, qui part de Ronco, passe par la gauche, en suivant l'Adige, et rencontre le chemin de Porto-Legnago à Mantoue; le second conduit directement de Ronco à Sanguinetto : c'était celui qu'il fallait prendre, au contraire on prit le premier. Le général Murat, à la tête de quelques centaines de chasseurs, arrivé à Cerea, rencontra la tête de la division de Wurmser; il culbuta plusieurs escadrons de cavalerie. Le général Pigeon, commandant l'avant-garde du général Masséna, sentant la cavalerie engagée, se précipite avec son infanterie légère pour la soutenir; il passe le village et s'empare du pont sur lequel l'ennemi devait passer : la division du général Masséna était encore éloignée. Après un moment d'étonnement et d'alarme donnée à la division du général Wurmser, ce général fit ses dispositions, culbuta notre avant-garde, reprit le pont et le village de Cerea. Je m'y étais porté au premier coup de canon que j'avais entendu, il n'était plus temps. Il faut faire à l'ennemi un pont d'or ou lui opposer une barrière d'acier. Il fallut se résoudre à laisser échapper l'ennemi, qui, selon tous les calculs et toutes les probabilités, devait être, ce jour-là, obligé de poser les armes et de se rendre prisonnier. Nous nous contentâmes de rallier notre avant-garde et de retourner à demi-chemin de Ronco à Cerea. Nous avons trouvé le lendemain sur le champ de bataille plus de cent hommes tués de l'ennemi, et nous lui avons fait deux cent cinquante prisonniers. Nous sommes redevables au courage du huitième bataillon de grenadiers et au sang-froid du général de brigade Victor, d'être sortis à si bon marché d'une lutte aussi inégale.

Combat de Castellaro.

Wurmser fila toute la nuit du 25 au 26 sur Mantoue avec une telle rapidité, qu'il arriva le lendemain de bonne heure à Nogara. Il apprit que les ponts de la Molinella étaient coupés, et qu'une division française l'attendait à Castellaro. Il sentit qu'il ne fallait pas essayer de forcer Castellaro, puisque, dès la pointe du jour, nous nous étions mis à sa poursuite : j'espérais encore le trouver se battant avec le général Sahuguet ; mais malheureusement celui-ci n'avait pas coupé le pont de Villa-Impenta sur la Molinella, à une lieue de sa droite : Wurmser avait filé par là. Dès l'instant que le général Sahuguet avait su son passage, il avait envoyé quelques chasseurs pour le harceler et retarder sa marche; mais il avait trop peu de monde pour pouvoir y réussir. Le général Charton, avec trois cents hommes, fut enveloppé par un régiment de cuirassiers. Au lieu de se poster dans les fossés, ces braves soldats voulurent payer d'audace et charger les cuirassiers ; mais après une vigoureuse résistance ils furent enveloppés. Le général Charton a été tué dans ce combat, et les trois cents hommes ont été faits prisonniers, parmi lesquels le chef de brigade Dugoulot, chef de la douzième demi-brigade d'infanterie légère.

Prise de Porto-Legnago.

Le général Augereau, arrivé le 21 devant Porto-Legnago, investit la place ; le général Masséna y envoya la brigade du général Victor pour l'investir du côté de l'Adige : après quelques pourparlers, la garnison, forte de seize cent soixante-treize hommes, se rendit prisonnière de guerre le 27. Nous y trouvâmes vingt-deux pièces de canon de campagne, tout attelées, ainsi que leurs caissons et les cinq cents hommes que Wurmser nous avait fait prisonniers au combat de Cerea, et qui, par ce moyen, furent délivrés.

Combat de Due-Castelli.

Le 28, la division du général Masséna partit à la pointe du jour de Castellero, se porta sur Mantoue par la route de

Due-Castelli, afin d'engager l'ennemi à rentrer dans la place, en s'emparant du faubourg Saint-George; le combat s'engagea à midi, il fut encore engagé trop promptement : la cinquième demi-brigade se trompa de chemin et n'arriva pas à temps. La nombreuse cavalerie ennemie étonna notre infanterie légère; mais la brave trente-deuxième soutint le combat jusqu'au soir, et nous restâmes maîtres du champ de bataille, éloignés de deux milles du faubourg Saint-George. Le général Sahuguet, après avoir investi la citadelle, s'est porté sur la Favorite : déjà il avait obtenu les plus grands succès, il avait pris à l'ennemi trois pièces de canon; mais il fut obligé de prendre une position en arrière, et d'abandonner l'artillerie qu'il venait de prendre à l'ennemi.

Bataille de Saint-George.

Cependant les hulans, les hussards et les cuirassiers ennemis, fiers de ces petits succès, inondaient la campagne; le général Masséna leur fit tendre des embuscades, qui obtinrent un succès d'autant plus heureux, qu'elles mirent aux prises notre infanterie légère avec eux. Nous en tuâmes ou prîmes environ cent cinquante. Les cuirassiers ne sont pas à l'abri de nos coups de fusil. L'ennemi a eu au moins trois cents blessés.

C'est dans ces petits chocs que le général Masséna a montré beaucoup de fermeté à rallier sa troupe et à la conduire au combat. Le général Kilmaine, à la tête du vingtième de dragons, a contenu l'ennemi, et a par là rendu un grand service. Ces combats, qui n'étaient dans la réalité que des échauffourées, donneront beaucoup de confiance à nos ennemis. Il fallait l'accroître par tous les moyens possibles, car nous ne pouvions pas avoir de plus grand bonheur que de porter l'ennemi à engager une affaire sérieuse hors de ses remparts.

Le général Masséna prit, la nuit du 28 au 29, une position en arrière. Le lendemain, à la pointe du jour, nous apprîmes que les ennemis avaient fait sortir presque toute leur garnison pour défendre la Favorite et Saint-George, et par là se conserver les moyens d'avoir des fourrages pour nourrir leur nombreuse cavalerie.

A deux heures après midi, le général Bon, commandant provisoirement la division du général Augereau, qui est malade, arriva de Governolo, longeant le Mincio, et attaqua l'ennemi placé en avant de Saint-George, sur notre gauche; le général la Salcette se porta pour couper les communications de la Favorite à la citadelle; le général Pigeon, passant par Villa-Nova, alla pour tourner une plaine où la cavalerie ennemie pouvait manœuvrer, et pour couper les communications de la Favorite à Saint-George.

Lorsque ces différentes attaques furent commencées, le général Victor, avec la dix-huitième demi-brigade de bataille, en colonne serrée par bataillon, et à la hauteur de division, marcha droit à l'ennemi; la trente-deuxième demi-brigade, soutenue par le général Kilmaine à la tête de deux régimens de cavalerie, marcha par la droite pour acculer les ennemis, et les pousser du côté où était le général Pigeon. Le combat s'engagea de tous côtés avec beaucoup de vivacité; le huitième bataillon de grenadiers, placé à l'avant-garde, et conduit par l'adjudant-général Leclerc et mon aide-de-camp Marmont, fit des prodiges de valeur.

La quatrième demi-brigade de bataille, qui avait sur la gauche commencé le combat, avait attiré la principale attention de l'ennemi, qui se trouvait percé par le centre: nous enlevâmes Saint-George. Un escadron de cuirassiers chargea un bataillon de la dix-huitième, qui le reçut baïonnette en avant, et fit prisonniers tous ceux qui survécurent à cette charge.

Nous avons fait dans cette bataille deux mille prisonniers, parmi lesquels un régiment entier de cuirassiers et une division de hulans. L'ennemi doit avoir au moins deux mille cinq cents hommes tués ou blessés; nous avons pris vingt-cinq pièces de canon avec leurs caissons tout attelés.

Parmi nos blessés dans les journées du 28 et du 29, sont : le général Victor, le général Bertin, le général Saint-Hilaire, le général Mayer, blessé en allant au secours d'un soldat chargé par un cuirassier ennemi; le général Murat, blessé légèrement; le chef de brigade Lannes; le chef de bataillon Rolland; le chef de brigade du dixième régiment de chasseurs à cheval, Leclerc, a été blessé en chargeant à la tête de son régiment. A l'affaire du 28, le chef de brigade de la dix-huitième, qui a eu son cheval tué sous lui à l'affaire de Bassano, s'est particulièrement distingué. Suchet, chef de bataillon de la dix-huitième, a été blessé à la journée du 25, en combattant courageusement à la tête de son bataillon. Aucun des officiers généraux n'est blessé grièvement, et j'espère que nous ne serons pas longtemps privés de leurs services.

L'adjudant-général Belliard, officier de distinction, qui a eu un cheval tué sous lui dans l'une des précédentes affaires, s'est parfaitement bien conduit. Les adjoints aux adjudans-généraux Charles et Salkoski se sont parfaitement conduits.

Je vous demande le grade de général de brigade pour le citoyen Leclerc, chef de brigade du dixième régiment de chasseurs à cheval, et de l'avancement pour les adjoints d'Amour et Ducos qui ont été blessés.

Je demande le grade de chef d'escadron d'artillerie légère pour les citoyens Rozet et Coindet, tous deux capitaines d'artillerie légère.

J'ai nommé adjudant-général l'ex-adjudant provisoire

Roche, officier très-distingué, qui s'est conduit parfaitement dans différentes affaires. J'ai nommé chef de brigade au premier régiment de hussards l'adjudant-général Picard, officier de la plus grande distinction. Le chef de brigade du septième régiment de hussards, le citoyen Paym, a été blessé à la tête de son régiment. Le quinzième de dragons s'est conduit, dans toutes ces circonstances, avec le plus grand courage.

Ainsi, si la garnison de Mantoue a été renforcée à peu près par cinq mille homme d'infanterie, je calcule que la bataille de Saint-George doit à peu près les lui avoir fait perdre. Quant à la cavalerie, c'est un surcroît d'embarras et de consommation. Je ne doute plus que Wurmser ne tente toute espèce de moyens pour sortir de Mantoue avec elle.

Depuis le 16 de ce mois nous sommes toujours nous battant, et toujours les mêmes hommes contre des troupes nouvelles. L'armée que nous venons presque de détruire était encore formidable; aussi il paraît qu'elle avait des projets hostiles, nous l'avons surprise et prévenue dans le temps qu'elle faisait son mouvement.

Je vous envoie mon aide-de-camp Marmont, porteur de vingt-deux drapeaux pris sur les Autrichiens.

BONAPARTE.

Au quartier-général à Trente, le 20 fructidor an 4 (6 septembre 1796).

Au directoire exécutif.

Nous n'avons pas d'autre chose à faire, citoyens directeurs, si nous voulons profiter de notre position actuelle, que de marcher sur Trieste. Nous serons à Botzen dès l'instant que l'armée du Rhin se sera avancée sur Inspruck; mais ce plan, que nous adoptons, et qui était bon au mois de juin, ne vaut plus rien à la fin de septembre. Les neiges vont bientôt rétablir les barrières de la nature, le froid commence déjà à être vif; l'ennemi, qui l'a senti, s'est jeté sur la Brenta pour couvrir Trieste. Je marche aujourd'hui le long de la Brenta, pour attaquer l'ennemi à Bassano, ou pour couper ses derrières s'il fait un mouvement sur Verone. Vous sentez qu'il est impossible que je m'engage dans les montagnes du Tyrol, lorsque toute l'armée ennemie est à Bassano et menace mon flanc et mes derrières. Arrivé à Bassano, je bats l'ennemi : comment voulez-vous qu'alors je le pousse par devant et que je cherche à lui enlever Trieste ? Le jour où j'aurais battu l'ennemi à Bassano, et où l'armée du Rhin serait à Inspruck, les quatre mille hommes, débris de la division qui gardait Trente, se retireraient, par Brixen et Lientz, sur le Frioul : alors la communication sera vraiment établie avec l'armée du Rhin, et j'aurai acculé l'ennemi au-delà de Trieste, point essentiel où se nourrit l'armée ennemie. Ensuite, selon la nature des circonstansès, je me tiendrai à Trieste ou je retournerai sur l'Adige. Après avoir détruit ce port, et selon la nature des événemens, je dicterai aux Vénitiens les lois que vous m'avez envoyées par vos ultérieures instructions. De là encore il sera facile, si les renforts du général Châteauneuf-Randon arrivent, et si vous me faites fournir dix mille hommes de l'armée des Alpes, d'envoyer une bonne armée jusqu'à Naples. Enfin, citoyens directeurs, voulez-vous cet hiver ne pas avoir la guerre au cœur de l'Italie ? Portons-la dans le Frioul.

L'armée du Rhin, occupant Inspruck, garde mon flanc gauche; d'ici à un mois, les neiges et les glaces le feront pour elle, et elle pourra retourner sur le Danube. Vous sentez mieux que moi, sans doute, l'effet que fera la prise de Trieste sur Constantinople, sur la Hongrie et sur toute l'Italie. Au reste, citoyens directeurs, le 22 je serai à Bassano. Si l'ennemi m'y attend, il y aura une bataille qui décidera du sort de tout ce pays-ci ; si l'ennemi se recule encore sur Trieste, je ferai ce que les circonstances militaires me feront paraître le plus convenable ; mais j'attendrai vos ordres pour savoir si je dois, ou non, me transporter sur Trieste.

Je crois qu'il serait nécessaire de former à Milan trois bataillons de Milanais, qui serviraient à renforcer l'armée qui bloque Mantoue. Si vous adoptez le projet de se porter sur Trieste, je vous prie de me faire connaître de quelle manière vous entendez que je me conduise avec cette ville, dans le cas où l'on jugerait à propos de l'évacuer quelque temps après.

BONAPARTE.

Au quartier-général de Trente, le 20 fructidor an 4
(6 septembre 1796).

Au directoire exécutif.

Citoyens directeurs,

La division du général Masséna passa l'Adige, le 26, au pont de Golo, suivant le grand chemin du Tyrol : elle est arrivée à Ala, le 17 ; le même jour, à deux heures après midi, notre cavalerie a sabré les avant-postes ennemis, et leur a pris six chevaux.

La division du général Augereau est partie de Verone dans le même temps, et s'est portée sur les hauteurs qui séparent les états de Venise du Tyrol.

La division du général Vaubois est partie en même temps de Storo, à la gauche du lac de Garda ; son avant-garde est arrivée à Torbole, où elle a été jointe par la brigade du général Guieux, qui s'était embarquée à Salo sur le lac de Garda ; son avant-garde, commandée par le général de brigade Saint-Hilaire, a culbuté l'ennemi, qu'il a rencontré au pont de la Sarca, et lui a fait cinquante prisonniers.

Le 17, au soir, le général Pigeon, commandant l'infanterie légère de la division du général Masséna, me donne avis que l'ennemi tient en force le village de Serravalle : il reçoit et exécute l'ordre d'attaquer, il force l'ennemi, et lui fait trois cents prisonniers.

Le 18, à la pointe du jour, nous nous trouvons en présence. Une division de l'ennemi gardait les défilés inexpugnables de Marco, une autre division au-delà de l'Adige gardait le camp retranché de Mori. Le général Pigeon, avec une partie de l'infanterie légère, gagne les hauteurs à la gauche de Marco ; l'adjudant Sornet, à la tête de la dix-huitième demi-brigade d'infanterie légère, attaque l'ennemi en tirailleurs ; le général de brigade Victor, à la tête de la dix-huitième demi-brigade d'infanterie de bataille en colonne serrée par bataillon, perce par le grand chemin ; la résistance de l'ennemi est long-temps opiniâtre : au même instant, le général Vaubois attaque le camp retranché de Mori ; après deux heures de combat très-vif, l'ennemi plie partout. Le citoyen Marois, mon aide-de-camp, capitaine, porte l'ordre au général Dubois de faire avancer le premier régiment de hussards, et de poursuivre vivement l'ennemi. Ce même général se met lui-même à la tête, et décide de l'affaire ; mais il reçoit trois balles, qui le blessent mortellement. Un de ses aides-de-camp venait d'être tué à ses côtés. Je trouve un instant après ce général expirant. « Je meurs pour la république, faites que j'aie le temps de savoir si la victoire est complète. » Il est mort.

L'ennemi se retire à Roveredo : j'ordonne au général de brigade Rampon de passer avec la trente-deuxième entre cette ville et l'Adige ; le général Victor, pendant ce temps-là, entre au pas de charge dans la grande rue ; l'ennemi se replie encore en laissant une grande quantité de morts et de prisonniers. Pendant ce temps-là, le général Vaubois a forcé le camp retranché de Mori, et poursuivi l'ennemi sur l'autre rive de l'Adige ; il était une heure après-midi : l'ennemi, battu partout, profitait des difficultés du pays, nous tenait tête à tous les défilés, et exécutait sa retraite sur Trente. Nous n'avions encore pris que trois pièces de canon et fait mille prisonniers.

Le général Masséna fait rallier toutes les demi-brigades, et donne un moment de repos à sa division : pendant ce temps, nous allons, avec deux escadrons de cavalerie, reconnaître les mouvemens de retraite de l'ennemi ; il s'est rallié en avant de Caliano, pour couvrir Trente, et donner le temps à son quartier-général d'évacuer cette ville. S'il a été battu pendant toute la journée devant Caliano, nulle position n'est inexpugnable. L'Adige touche presque à des montagnes à pic, et forme une gorge qui n'a pas quarante toises de largeur, fermée par un village, un château élevé, une bonne muraille qui joint l'Adige à la montagne, et où il a placé toute son artillerie. Il faut de nouvelles dispositions : le général Dommartin fait avancer huit pièces d'artillerie légère pour commencer la canonnade. Il trouve une bonne position, d'où il prend la gorge en écharpe

Le général Pigeon passe avec l'infanterie légère sur la droite ; trois cents tirailleurs se jettent sur les bords de l'Adige pour commencer la fusillade, et trois demi-brigades en colonne serrée et par bataillon, l'arme au bras, passent le défilé. L'ennemi, ébranlé par le feu de l'artillerie, par la hardiesse des tirailleurs, ne résiste pas à la masse de nos colonnes ; il abandonne l'entrée de la gorge ; la terreur se communique dans toute sa ligne, notre cavalerie le poursuit.

Le citoyen Marois, mon aide-de-camp, capitaine, suivi de cinquante hussards, veut gagner la tête et arrêter toute la colonne ennemie : il la traverse, et est lui-même jeté par terre et blessé de plusieurs coups ; une partie de l'armée ennemie lui a marché sur le corps ; il a plusieurs blessures dont aucune n'est mortelle. Le chef de brigade du premier régiment de hussards est tué. Le citoyen Bessières, capitaine de ma compagnie des guides, voit deux pièces de canon sur le point de s'échapper ; il s'élance avec cinq ou six guides, et, malgré les efforts des ennemis, arrête les pièces.

Six ou sept mille prisonniers, vingt-cinq pièces de canon, cinquante caissons, sept drapeaux, tel est le fruit de la bataille de Roveredo, une des plus heureuses de la campagne. La perte de l'ennemi doit avoir été considérable.

Le 19, à huit heures du matin, le général Masséna est entré dans Trente. Wurmser a quitté cette ville la veille, pour se réfugier du côté de Bassano.

Le général Vaubois, avec sa division, marcha aussitôt à la poursuite des ennemis. Son arrière-garde s'était retranchée à Lavis, derrière la rivière de Laviso, et gardait le débouché du pont, qu'il fallait cependant passer. Le général Dallemagne, à la tête de la vingt-cinquième demi-brigade, passe, non sans beaucoup de peine, sous le feu de l'ennemi, retranché dans le village, et le général Murat passe au gué à la tête d'un détachement du dixième de chasseurs, portant un nombre égal de fantassins pour poursuivre l'ennemi. L'adjudant-général Leclerc, avec trois chasseurs et le citoyen Desaix, chef de brigade des Allobroges, accompagné de douze carabiniers ou grenadiers, étaient parvenus à tourner l'ennemi, et s'étaient embusqués à une demi-lieue en avant ; la cavalerie, se sauvant au galop, se trouve tout d'un coup arrêtée ; l'adjudant-général Leclerc est légèrement blessé de quelques coups de sabre ; les ennemis cherchent à s'ouvrir un passage ; mais les douze carabiniers, secondés des trois chasseurs, croisent leurs baïonnettes et forment un rempart inexpugnable.

La nuit était déjà obscure : cent hussards ennemis sont pris, ainsi qu'un étendard du régiment de Wurmser.

BONAPARTE.

Au quartier-général de Cismone, le 22 fructidor an 4 (8 septembre 1796).

Au directoire exécutif.

Citoyens directeurs,

Je vous ai rendu compte du combat de Serravalle, de la bataille de Roveredo : j'ai à vous rendre compte du passage des gorges de la Brenta.

La division du général Augereau s'est rendue le 20 à Borgo du val de Lugana par Martillo et Val-Laiva ; la division du général Massena s'y est également rendue par Trente et Levico.

Le 21 au matin, l'infanterie légère faisant l'avant-garde du général Augereau, commandée par le général Lannes, rencontra l'ennemi, qui s'est retranché dans le village de Primolo, la gauche appuyée à la Brenta, et la droite à des gorges à pic. Le général Augereau fait sur-le-champ ses dispositions ; la brave cinquième demi-brigade d'infanterie légère attaque l'ennemi en tirailleurs ; la quatrième demi-brigade d'infanterie de bataille, en colonne serrée et par bataillon, marche droit à l'ennemi, protégée par le feu de l'artillerie légère : le village est emporté.

Mais l'ennemi se rallie dans le petit fort de Cavivo, qui barrait le chemin, et au milieu duquel il fallait passer ; la cinquième demi-brigade légère gagne la gauche du fort et établit une vive fusillade dans le temps où deux ou trois cents hommes passent la Brenta, gagnent les hauteurs de droite, et menacent de tomber sur les derrières de la colonne. Après une résistance assez vive, l'ennemi évacue ce poste ; le cinquième régiment de dragons, auquel j'ai fait restituer ses fusils, soutenu par un détachement du dixième régiment de chasseurs, se met à sa poursuite, atteint la tête de la colonne, qui, par ce moyen, se trouve toute prisonnière.

Nous avons pris dix pièces de canon, quinze caissons, huit drapeaux et fait quatre mille prisonniers. La nuit et les fatigues des marches forcées et des combats continuels que nos troupes ont soutenus, m'ont décidé à passer la nuit à Cismone; demain matin, nous traverserons le reste des gorges de la Brenta.

Les citoyens Stock, capitaine au premier bataillon de la cinquième demi-brigade d'infanterie légère; Milhaud, chef de brigade du cinquième régiment de dragons; Lauvin, adjudant, sous-lieutenant du même régiment; Duroc, capitaine d'artillerie, qui a eu son cheval tué sous lui; Jullien, aide-de-camp du général Saint-Hilaire; le frère du général Augereau et son aide-de-camp, se sont particulièrement distingués. L'ardeur du soldat est égale à celle des généraux et des officiers; il est cependant des traits de courage qui méritent d'être recueillis par l'historien, et que je vous ferai connaître.

Au quartier-général à Bassano, le 22 fructidor an 4
(8 septembre 1796).

Au directoire exécutif.

Citoyens directeurs,

Je vous ai rendu compte de la marche de l'armée d'Italie sur Trente et du passage des gorges de la Brenta. Cette marche rapide et inattendue de vingt lieues en deux jours, a déconcerté entièrement l'ennemi, qui croyait que nous nous rendrions droit sur Inspruck, et avait en conséquence envoyé une colonne sur Verone pour menacer cette place, et nous faire craindre pour nos derrières. Wurmser voulait nous couper, et il l'était lui-même.

Je vous ai rendu compte de notre marche et des événemens qui l'ont accompagnée jusqu'au 21 au soir, où nous avons couché au village de Cismone, près du débouché des gorges de la Brenta. Il ne me reste plus qu'à vous rendre compte de la bataille de Bassano.

Le 22, à deux heures du matin, nous nous mîmes en marche : arrivés aux débouchés des gorges, près du village de Salaqua, nous rencontrâmes l'ennemi. Le général Augereau se porta avec sa division sur la gauche, et envoya à sa droite la quatrième demi-brigade; j'y fis passer également toute la division du général Masséna. Il était à peine sept heures du matin, et le combat avait commencé. Forts de leur bonne position, et encouragés par la présence de leurs généraux, les ennemis tinrent quelque temps; mais grâce à l'impétuosité de nos soldats, à la bravoure de la cinquième demi-brigade légère, de la quatrième demi-brigade de ligne, l'ennemi fut partout mis en déroute. Le général Murat envoya des détachemens de cavalerie à la poursuite de l'ennemi. Nous marchâmes aussitôt sur Bassano : Wurmser et son quartier-général y étaient encore. Le général Augereau y entrait par sa gauche, dans le même temps que le général Masséna y entrait par sa droite, à la tête de la quatrième demi-brigade, dont une partie à la course, une partie en colonnes serrées, fonce sur les pièces qui défendent le pont de la Brenta, enlève ces pièces, passe le pont et pénètre dans la ville malgré les efforts des grenadiers, élite de l'armée autrichienne, chargés de protéger la retraite du quartier-général.

Nous avons, dans cette journée, fait cinq mille prisonniers, pris trente-cinq pièces de canon tout attelées, avec leurs caissons; deux équipages de pont de trente-deux bateaux, tout attclés; plus de deux cents fourgons également tout attelés, portant une partie des bagages de l'armée. Nous avons pris cinq drapeaux; le chef de brigade Lannes en a pris deux de sa main. Le général Wurmser et le trésor de l'armée n'ont été manqués que d'un instant. Une escouade de ma compagnie des guides, qui était à ses trousses, l'ayant poursuivi vivement, a eu deux hommes tués; et le citoyen Guérin, lieutenant de la compagnie, blessé.

Le général Verdier, le général Saint-Hilaire; le chef de bataillon de la quatrième demi-brigade, Frère, qui a été blessé; les citoyens Cassau et Gros, capitaines des grenadiers de la même brigade; le citoyen Stock, capitaine de la cinquième demi-brigade d'infanterie légère; le citoyen Pelard, carabinier de la cinquième demi-brigade (ce brave homme traversa trois pelotons ennemis, et arrêta l'officier général qui les commandait; il lui a seul tué treize hommes), se sont couverts de gloire.

Nous sommes dans ce moment à la poursuite d'une division de huit mille hommes que Wurmser avait fait marcher sur Vicence, et qui est le seul reste de cette armée formidable qui menaçait, il y a un mois, de nous enlever l'Italie.

En six jours, nous avons livré deux batailles et quatre combats; nous avons pris à l'ennemi vingt-un drapeaux; nous lui avons fait seize mille prisonniers, parmi lesquels plusieurs généraux; le reste a été tué, blessé ou éparpillé.

Nous avons, dans les six jours, toujours nous battant dans des gorges inexpugnables, fait quarante-cinq lieues, pris soixante-dix pièces de canon avec leurs caissons, leurs attelages, une grande partie du grand parc de l'armée, et des magasins considérables répandus sur toute la ligne que nous avons parcourue.

Je vous prie d'accorder le grade de général de brigade au chef de brigade Lannes : il est le premier qui ait mis l'ennemi en déroute à Dego, qui ait passé le Pô, le pont de Lodi, et qui soit entré dans Bassano; à l'adjudant-général Chabran, qui s'est particulièrement distingué à la bataille de Roveredo, comme il l'avait précédemment fait à celle de Lonado et à la retraite de Rivoli.

Je vous demande de nommer à la place de chef de brigade de la quatrième demi-brigade le chef de bataillon Frère, et de l'avancement pour les officiers qui se sont distingués dans les affaires différentes dont je vous ai rendu compte.

BONAPARTE.

De Montebello, le 24 fructidor an 4 (10 septembre 1796).

Au directoire exécutif.

Wurmser, avec quinze cents hommes de cavalerie, trois mille d'infanterie, et tout le quartier-général, est serré entre la division de Masséna, qui est partie ce matin de Vicence et file sur Villa-Nova, et la division du général Augereau, qui est partie de Padoue et va sur Porte-Legnago.

Wurmser, échappé de Bassano, s'est rendu à Citadella, de là à Vicence et à Montebello rejoindre ses troupes, et a essayé de forcer Verone; mais Kilmaine que j'y avais laissé, prévoyant son projet, l'a repoussé. J'apprends à cette heure qu'il longe l'Adige et tâche de gagner Mantoue. Il est possible que ce projet lui réussisse: alors, moyennant deux demi-brigades de plus que je donnerai à Sahuguet, je suis maître de l'Italie, du Tyrol et du Frioul.

BONAPARTE.

Au quartier-général à Milan, le 5ᵉ jour complémentaire an 4
(21 septembre 1796).

A sa majesté le roi de Sardaigne.

Les officiers préposés par votre majesté pour commander en la partie de ses états qui lui a été restituée par le traité de paix, voient, sinon avec plaisir, au moins avec indifférence, les assassinats et les brigandages qui se commettent contre les Français.

Par le traité de paix conclu entre votre majesté et la république française, la république devait continuer à occuper la partie de ces états qui avait été laissée à l'armée par le traité d'armistice ; croyant faire quelque chose d'agréable à votre majesté, je lui ai rendu non-seulement le gouvernement civil, mais encore le gouvernement militaire, avec la clause spéciale que les routes seraient gardées, et que même nos convois seraient escortés par ses troupes.

Je prie donc votre majesté de vouloir bien ordonner que l'on tienne un corps de troupes respectable aux villages de Limon et de Limonais, lequel ferait des patrouilles jusqu'à Lacas, escortant les convois, et prenant toutes les mesures nécessaires pour maintenir cette route sûre, ainsi que Vadier, et généralement dans tous les pays voisins de Demont, formant la communication de Coni à Barcelonnette.

Je demande également à votre majesté que les cinq individus qui ont été arrêtés à Borgo-San-Dalmazzo par les Français, soient remis entre les mains du commandant militaire à Coni.

Je la prie également de donner les ordres à ses différens gouverneurs, pour qu'ils s'emploient avec loyauté à faire arrêter les brigands, dans quelques endroits qu'ils soient trouvés.

Indépendamment de l'intérêt de l'humanité et de la justice, votre majesté donnera, par cette conduite, une preuve de sa loyauté, et contribuera à éteindre ces germes de discorde, qui finiraient par se propager dans l'intérieur de ses états. BONAPARTE.

Au quartier-général à Milan, le 5ᵉ jour complémentaire an 4 (21 septembre 1796).

Au ministre des affaires étrangères du roi de Sardaigne.

Je ne suis point diplomate, Monsieur, je suis militaire : vous pardonnerez ma franchise. Sur différens points des états de sa majesté, les Français sont assassinés, volés. Par le traité de paix, le roi qui est tenu de nous accorder le passage sur ses états, doit nous le donner sûr, et ce n'est même que pour cet effet que, contre la teneur du traité de paix, j'ai pris sur moi de restituer à sa majesté non-seulement le gouvernement civil, mais même le gouvernement militaire dans la partie de ses états qui lui a été restituée par la république. A Viné, à Limon, sous les yeux de la garnison de Demont, sous ceux des corps de troupes que M. Franchar commande à Borgo-San-Dalmazzo, l'on se porte tous les jours à des excès qui paraissent non-seulement tolérés, mais même encouragés par le gouvernement.

Je vous demanderai donc une explication simple :

1°. Le roi ne doit-il pas être tenu d'indemniser et de réparer les pertes faites en conséquence des délits qui se commettent sur son territoire contre les Français, lorsque ces délits se commettent en plein jour et par des corps soldés de deux ou trois cents personnes ?

2°. Le roi a-t-il, avec vingt-cinq mille hommes qu'il a sous les armes, assez de forces pour contenir dans ses états des brigands, et faire respecter les lois de la justice, de l'humanité et des traités?

On ne juge les hommes, monsieur, que par leurs actions: la loyauté du roi est généralement connue; cependant on se trouve bien forcé de penser qu'il est des raisons de politique qui portent à encourager, ou du moins à tolérer des atrocités aussi révoltantes.

J'ai écrit à sa majesté elle-même, je vous prie de lui présenter ma lettre. Le gouvernement français ne fera rien ouvertement ni secrètement, qui tendrait à détruire ou à affaiblir l'effet du gouvernement du roi sur ses peuples; vous n'ignorez pas, cependant, combien cela serait facile. Le jour où vous voudrez sincèrement détruire les brigands qui infestent notre communication de Coni à Barcelonette, ils n'existeront plus.

Je vous prie de me croire, etc.   BONAPARTE.

Au quartier-général à Milan, le 10 vendémiaire an 5
(1er octobre 1796).

Au chef de l'état-major.

Vous donnerez des ordres au général Kilmaine pour le désarmement du Mantouan, et pour qu'on restitue tous les chevaux qui ont été achetés aux soldats. Vous ferez payer chaque cheval le prix qu'il aura coûté, sans que cela puisse excéder cent vingt francs par cheval. Vous formerez trois colonnes mobiles, commandées par des hommes sages et probes, qui parcourront, la première, la partie du Mantouan comprise entre le Pô, le Mincio et l'Oglio; la seconde, la partie comprise entre le Mincio, le Pô et l'Adige; la troisième, tout ce qui se trouve en deçà du Pô. Je crois que cent cinquante hommes d'infanterie et la moitié en cavalerie seront plus que suffisans pour chacune de ces colonnes.

Chacune des colonnes se rendra aux trois chefs-lieux, Castiglione, Roverbello et Conzague, pour procéder au désarmement, à la recherche de tout ce qui appartiendrait aux Autrichiens, à l'arrestation des hommes turbulens qui auraient excité les peuples à prendre les armes contre l'armée, à la restitution des chevaux vendus par les soldats.

Je vous recommande surtout de vous faire rendre compte de la conduite des moines de San-Benedetto ; dans ce village il s'est commis des horreurs : j'y avais ordonné une imposition extraordinaire, qu'il faudra payer sur-le-champ. Vous demanderez au commissaire ordonnateur copie de mon ordre.

Je vous recommande aussi de mettre un terme à ces perpétuelles réquisitions qui désolent les pays conquis, sans presque aucun profit pour la république.

Concertez-vous avec le commissaire ordonnateur Aubernon, pour qu'un tas de fripons, sous prétexte de l'approvisionnement de l'armée, ne dépouillent pas les villages à leur profit. Vous êtes dans le Mantouan le premier agent de la république, vous devez donc porter votre surveillance sur tout ce qui peut intéresser l'ordre public. Il y a à Castiglione une commission administrative chargée de la levée des impositions, prêtez-lui main-forte et tous les secours qui dépendront de vous.   BONAPARTE.

Au quartier-général à Milan, le 10 vendémiaire an 5
(1er octobre 1796).

Au directoire exécutif.

Après la bataille de Saint-George, nous cherchâmes à attirer Wurmser à une seconde action, afin d'affaiblir la garnison dans une affaire *extrà muros* : nous nous gardâmes donc bien d'occuper le Sarraglio, j'espérais qu'il s'y rendrait; nous continuâmes seulement à occuper le pont de Governolo, afin de nous faciliter le passage du Mincio.

Le quatrième jour complémentaire, l'ennemi se porta avec quinze cents hommes de cavalerie à Castellucio; nos grand'gardes se replièrent, comme elles en avaient l'ordre; l'ennemi ne passa pas outre. Le 3 vendémiaire, il se porta sur Governolo, en suivant la ligne droite du Mincio : après une canonnade très-vive et plusieurs charges de notre infanterie, il fut mis en déroute; il eut cent hommes faits prisonniers et cinq caissons pris, tout attelés.

Le général Kilmaine, auquel j'ai donné le commandement des deux divisions qui assiègent Mantoue, resta dans ses mêmes positions jusqu'au 8, espérant toujours que l'ennemi, porté par l'envie de faire entrer des fourrages, chercherait à sortir; mais l'ennemi s'était campé à la Chartreuse, devant la porte Pradella et la chapelle, et devant la porte Cerese. Le général Kilmaine fit ses dispositions d'attaque, se porta par plusieurs points sur ces deux camps, que l'ennemi évacua à son approche, après une légère fusillade d'arrière-garde.

Nous occupons la porte Pradella et celle de Cerese, et nous bloquons la citadelle.

Il est impossible, dans ce moment-ci, de penser au siége de Mantoue, à cause des pluies; il ne sera faisable qu'en janvier. A cette époque, l'empereur aura une puissante armée dans le Tyrol et dans le Frioul : déjà il a réuni un corps de six mille hommes dans ce dernier pays, et il a fait venir huit mille hommes à Botzen.

Rien n'égale l'activité qu'il y a dans l'Empire pour recruter l'armée d'Italie.

Voici la force de notre armée :

J'ai dix-huit mille neuf cents hommes à l'armée d'observation, neuf mille hommes à l'armée de siége.

Je vous laisse à penser, si je ne reçois point de secours, s'il est possible que je résiste cet hiver à l'empereur, qui aura cinquante mille hommes dans six semaines.

J'ai demandé au commissaire du gouvernement de me faire passer la quarantième demi-brigade qui est à Lyon; j'ai ordonné que l'on me fasse passer la quatre-vingt-troisième, qui est à Marseille, et le dixième bataillon de l'Ain, qui est à Toulon, et qui doit être incorporé dans nos cadres. Ces deux demi-brigades, si elles arrivent, forment quatre mille cinq cents hommes.

Le général Willot a mal à propos retenu la onzième demi-brigade, forte de quatre cents hommes, et que le général Châteauneuf-Randon envoyait ici. Ajoutez à ce nombre le dixième bataillon de l'Ain, fort de cinq cents hommes, qui est à Nice, cela fait neuf cents hommes des six mille que ce général devait envoyer.

Renouvelez les ordres au général Châteauneuf-Randon; ordonnez le départ de la quarantième, qui est à Lyon, et de la quatre-vingt-septième, qui est à Marseille; faites-nous passer quinze mille hommes de ceux qui sont à portée; mais calculez que, sur quatre mille hommes que vous envoyez, il n'en arrivera que la moitié.

Songez qu'il faut que vous ayez en Italie, pour pouvoir vous soutenir pendant l'hiver, trente-cinq mille hommes d'infanterie à l'armée d'observation et dix-huit mille hommes d'infanterie à l'armée de siége, pour faire face à l'empereur. Ces deux forces réunies font cinquante-trois mille hommes, il en existe dans ce moment vingt-sept. Supposez que la saison étant meilleure, il nous rentre trois mille malades, quoique les pluies d'automne nous en donne beaucoup, il resterait vingt-trois mille hommes à nous envoyer.

J'espère avoir, avant un mois, si par des courriers extraordinaires vous confirmez mes ordres et mes réquisitions, huit mille hommes, tirés des garnisons du midi.

Il faut donc encore quinze mille hommes. Si vous les faites partir de Paris ou des environs, ils pourront arriver dans le courant de décembre; mais il faut qu'ils aient les ordres de suite. Si vous avez des dépôts, envoyez-nous-en de même pour encadrer dans nos corps.

Il nous faudrait encore quinze cents hommes de cavalerie légère ou des dragons : par exemple, le quatorzième régiment de chasseurs. Il faudrait huit cents canonniers pour le siége de Mantoue, dix officiers du génie, et quelques officiers supérieurs d'artillerie pour le même siége.

Il nous faudrait de plus quinze cents charretiers, organisés en brigades, ayant leurs chefs; je n'ai que des Italiens qui nous volent : deux bataillons de sapeurs et sept compagnies de mineurs.

Si la conservation de l'Italie vous est chère, citoyens directeurs, envoyez-moi tous ces secours. Il me faudrait également vingt mille fusils; mais il faudrait que ces envois arrivassent, et qu'il n'en soit pas comme de tout ce que l'on annonce à cette armée, où rien n'arrive. Nous avons une grande quantité de fusils, mais ils sont autrichiens; ils pèsent trop, et nos soldats ne peuvent s'en servir.

Nous avons ici des fabriques de poudre, dont nous nous servons, et qui nous rendent trente milliers par mois : cela pourra nous suffire.

Je vous recommande de donner des ordres pour que les huit mille hommes que j'attends à la fin d'octobre arrivent : cela seul peut me mettre à même de porter encore de grands coups aux Impériaux. Pour que les trois mille hommes du général Châteauneuf-Randon arrivent, il faut qu'ils partent six à sept mille.

J'essaye de faire lever ici une légion armée de fusils autrichiens, et habillée avec l'uniforme de la garde nationale du pays : cette légion sera composée de trois mille cinq cents hommes au complet ; il est possible que cela réussisse.

Les avant-postes du général Vaubois ont rencontré la division autrichienne qui défend le Tyrol ; il a fait à l'ennemi cent dix prisonniers.

Quelles que soient les circonstances qui se présenteront, je vous prie de ne pas douter un seul instant du zèle et du dévouement de l'armée d'Italie à soutenir l'honneur des armes de la république.   BONAPARTE.

Au quartier-général à Milan, le 11 vendémiaire an 5
(2 octobre 1796).

Au directoire exécutif.

Le peuple de la Lombardie se prononce chaque jour davantage ; mais il est une classe très-considérable qui désirerait, avant de jeter le gant à l'empereur, d'y être invitée par une proclamation du gouvernement, qui fût une espèce de garant de l'intérêt que la France prendra à ce pays-ci à la paix générale.

Cete résolution du gouvernement, et l'arrêté qui établirait un gouvernement régulateur, et qui reconnaîtrait dès aujourd'hui l'indépendance de la Lombardie, avec quelques modifications pour la durée de la guerre, vaudrait à l'armée autant qu'un secours de trois à quatre mille hommes.

Les friponneries qui se commettent sont innombrables : au milieu de la guerre, il ne m'a pas été possible d'y porter un coup d'œil sévère ; mais aujourd'hui, pendant le séjour à Milan que les circonstances me permettent, je vous promets de leur faire une guerre vive : je vous annoncerai bientôt que le conseil en aura fait justice d'une douzaine.

Désormais le peuple de la Lombardie, plus heureux, sentira moins le poids de l'armée, et sera moins sujet aux vexations. Il n'en est pas de même du malheureux Mantouan : la nature frémit en pensant à la nuée de coquins qui désolent ce pays. J'ai fait quelques dispositions pour atténuer le mal.

Bologne et Ferrare, n'ayant pas de troupes, sont les plus heureux de tous : on vient d'y établir des surveillans ; s'ils font comme les anciens agens militaires de la Lombardie, qui se sont pour la plupart sauvés avec une caisse, ils porteront la désolation dans ce beau pays. Je vais avoir soin de m'en faire rendre compte.

Reggio a fait sa révolution et a secoué le joug du duc de Modène. C'est peut-être le pays d'Italie qui est le plus prononcé pour la liberté.

Modène avait essayé d'en faire autant ; mais les quinze cents hommes de troupes que le duc y tient en garnison ont fait feu sur le peuple et dissipé l'attroupement. Je crois que le plus court de tout ceci serait de déclarer l'armistice rompu, vu qu'il est encore dû cinq à six cent mille liv., et de mettre cette place à l'instar de Bologne et de Reggio. Ce seraient des ennemis de moins que nous aurions, car la régence ne dissimule pas la crainte que nous lui inspirons, et la joie qu'elle ressent des succès des ennemis. Je vous prie de vouloir bien me prescrire vos ordres là-dessus.

Je crois qu'il ne faut pas laisser cet état dans la situation de déchirement où il se trouve, mais déclarer au plénipotentiaire que vous avez à Paris les négociations rompues. Au lieu d'avoir un nouvel ennemi, nous aurions au contraire des secours et des alliés, les peuples de Modène et de Reggio réunis. Cependant, comme la face des affaires change tous les quinze jours dans ce pays, puisque cela suit les opérations militaires, et qu'il ne faudrait pas que votre rupture avec Modène arrivât dans un instant où je ne pourrais pas disposer de quinze cents hommes pendant quelques jours, pour établir un nouvel ordre de chose dans ce pays, vous pourriez déclarer à l'envoyé de Modène que vous m'avez fait connaître vos intentions, et que vous me chargez de la conclusion de la paix avec son prince. Il viendrait alors au quartier-général, ayant soin de lui signifier qu'il y soit rendu avant douze jours. Je lui déclarerais alors que toutes négociations sont rompues, dans le même instant que nos troupes entreront dans Modène, feront poser les armes à la garnison, prendront pour ôtages les plus enragés aristocrates, et mettront en place les amis de la liberté de Modène.

Vous aurez alors Modène, Reggio, Bologne et Ferrare, où la masse du peuple se forme tous les jours pour la liberté, et où la majorité nous regarde comme libérateurs, et notre cause comme la leur.

Les états de Modène arrivent jusqu'au Mantouan : vous sentez combien il nous est intéressant d'y avoir, au lieu d'un gouvernement ennemi, un gouvernement dans le genre de celui de Bologne, qui nous serait entièrement dévoué. Nous pourrions, à la paix générale, donner le Mantouan au duc de Parme, ce qui serait politique sous tous les rapports ; mais il serait utile que vous fissiez connaître cela à l'ambassadeur d'Espagne, pour que cela revienne au duc de Parme ; ce qui l'engagerait à nous rendre beaucoup de services. Puisque nous sommes alliés avec l'Espagne, il ne serait point indifférent que le duc de Parme réunît à notre armée un de ses régimens de sept à huit cents hommes : cela me rendrait disponible un pareil nombre de nos troupes, et ferait que tous les habitans du duché de Parme regarderaient notre cause comme la leur ; ce qui est toujours beaucoup. J'emploierai ce corps devant Mantoue, ou pour l'escorte des prisonniers et des convois, ce que nos gens font très-mal : sur quatre mille prisonniers, il s'en sauve ordinairement mille ; ce qui est produit par le petit nombre d'escortes que je peux y mettre. J'ai essayé, pour les escortes, de quatre cents hommes Milanais, ce qui m'a parfaitement réussi ; il faudrait aussi que le duc fût obligé de nous fournir un bataillon de pionniers fort de huit cents hommes, avec les outils.

Eloignés, comme nous sommes de la France, ce sera pour nous un bon secours que l'alliance de ce prince, puisque ses états sont sur le théâtre de la guerre.

Les barbets désolent nos communications : ce ne sont plus des voleurs isolés, ce sont des corps organisés de quatre à cinq cents hommes. Le général Garnier, à la tête d'une colonne mobile que j'ai organisée, occupe dans ce moment-ci Tende ; il en a arrêté et fait fusiller une douzaine.

L'administration du département du Var s'est refusée à fournir deux cents hommes que j'ai mis en réquisition pour la formation de cette colonne mobile. Le général Willot non-seulement a refusé d'obéir à un ordre que j'ai donné pour le départ du dixième bataillon de l'Ain, mais encore il a retenu la onzième demi-brigade, que le général Châteauneuf-Randon envoyait à l'armée, et un escadron du dix-huitième régiment de dragons. Ce général a cependant huit mille hommes dans sa division, troupes suffisantes pour conquérir le midi de la France, s'il était en révolte.

Je tiens en respect et je fais la police dans un pays ennemi plus étendu que toute sa division, avec huit ou neuf cents hommes. Ce général a des idées trop exagérées, et embrasse trop les différentes opinions des partis qui déchirent la France, pour pouvoir maintenir l'ordre dans le Midi sans une armée puissante.

Le général Willot a servi, au commencement de la révolution, à l'armée d'Italie ; il jouit de la réputation d'un brave homme et d'un bon militaire, mais d'un royaliste enragé. Ne le connaissant pas, et n'ayant pas eu le temps de peser ses opérations, je suis bien loin de confirmer ce jugement ; mais, ce qui me paraît bien avéré, c'est qu'il agit dans le Midi comme dans la Vendée, ce qui est un bon moyen pour la faire naître.

Quand on n'a égard à aucune autorité constituée, que l'on déclare en masse tous les habitans de plusieurs départemens indignes du nom de citoyen, on veut ou se former une armée considérable, ou faire naître la guerre civile : je ne vois pas de parti mitoyen. Si vous laissez le général Willot à Marseille, il faut lui donner une armée de vingt mille hommes, ou vous attendre aux scènes les plus affligeantes.

Quand une ville est en état de siége, il me semble qu'un militaire devient une espèce de magistrat, et doit se conduire avec la modération et la décence qu'exigent les circonstances, et il ne doit pas être un instrument de factions, un officier d'avant-garde. Je vous soumets toutes ces réflexions, spécialement par la nécessité que j'ai d'avoir des troupes.

Je vous prie aussi d'ôter de dessous mes ordres la huitième division, parce que les principes et la conduite du général Willot ne sont pas ceux qu'il doit avoir dans sa place, et que je me croirais déshonoré de voir, dans un endroit où je commande, se former un ferment de trouble, et de souffrir qu'un général sous mes ordres ne soit qu'un instrument de factions.

Par sa désobéissance et par son insubordination, il est la cause des horreurs qui se commettent dans ce moment dans le département des Alpes-Maritimes. Le convoi des tableaux chefs-d'œuvre d'Italie a été obligé de rentrer à Coni ; il eût été pris par les barbets. Si le général Willot n'obéit pas sur-le-champ à l'ordre que je lui ai donné de faire partir la quavingt-troisième demi-brigade, mon projet est de le suspendre de ses fonctions. Nice même, dans ce moment-ci, n'est pas en sûreté.

Les barbets tirent leurs forces du régiment provincial de

Nice, que le roi de Sardaigne a licencié; peut-être serait-il utile de faire un corps particulier de tous les habitans des Alpes maritimes qui se sont trouvés engagés dans le régiment provincial et le corps franc au moment de la guerre. On pourrait, dans ce cas, déclarer qu'ils ne reprendront leurs droits de citoyens qu'après avoir servi deux ans sous les drapeaux de la république.

J'ai écrit au ministre des affaires étrangères et au roi de Sardaigne lui-même des lettres très-fortes. J'espère que tous les jours le nombre de ces brigands sera moins redoutable.

J'ai envoyé à Turin le citoyen Poussielgue, secrétaire de la légation à Gênes, sonder les dispositions de ce cabinet pour un traité d'alliance; il nous faut ce prince ou la république de Gênes. J'avais même désiré une entrevue avec le ministre des affaires étrangères du roi de Sardaigne; mais cela n'a pu s'arranger. BONAPARTE.

Au quartier-général à Milan, le 11 vendémiaire an 5
(2 octobre 1796).

Au directoire exécutif.

La république de Venise a peur: elle trame avec le roi de Naples et le pape; elle se fortifie et se retranche dans Venise. De tous les peuples de l'Italie, le Vénitien est celui qui nous hait le plus: ils sont tous armés, et il est des cantons dont les habitans sont braves. Leur ministre à Paris leur écrit que l'on s'arme, sans quoi tout est perdu: on ne fera rien de tous ces gens-là si Mantoue n'est pas pris.

Le roi de Naples a soixante mille hommes sur pied, il ne peut être attaqué et détrôné que par dix-huit mille hommes d'infanterie et trois mille de cavalerie. Il serait possible que, de concert avec l'Autriche et Rome, il portât un corps sur Rome et ensuite sur Bologne et Livourne: ce corps pourrait être de quinze mille hommes, et inquiéterait beaucoup l'armée française.

Le grand-duc de Toscane est absolument nul sous tous les rapports.

Le duc de Parme se conduit assez bien; il est nul aussi sous tous les rapports.

Rome est forte par son fanatisme : si elle se montre contre nous, elle peut accroître de beaucoup la force du roi de Naples, m'obliger à tenir trois mille hommes de plus sur mes derrières, par l'inquiétude qu'elle mettrait dans l'esprit de ces peuples : seule, sans Naples, il faudrait deux mille hommes d'infanterie et quinze cents de cavalerie pour la soumettre. Si elle arme, le fanatisme lui donne quelque force; il y aurait du sang de répandu : réunie avec Naples, l'on ne peut marcher à Rome avec moins de vingt mille hommes d'infanterie et deux mille hommes de cavalerie; et si l'on voulait aller à Naples après avoir été à Rome, il faudrait une armée de vingt-quatre mille hommes d'infanterie et de trois mille cinq cents de cavalerie. Je pense que six mille hommes d'infanterie et cinq cents de cavalerie suffiraient pour tenir les états du pape en respect, en s'y conduisant avec adresse et caractère, une fois que l'on s'en serait rendu maître.

Le roi de Sardaigne fomente la rébellion des barbets. Si Naples et Rome agissent contre nous, il faudra trois mille hommes de plus dans les places du Piémont.

Gênes. Le 16 de ce mois, le ministre Faypoult présentera une note au sénat, et nous ferons notre opération, conformément à vos ordres; si elle réussit, nous pourrons compter sur le gouvernement.

Si vous persistez à faire la guerre à Rome et à Naples, il faut vingt-cinq mille hommes de renfort, qui, joints aux vingt mille, nécessaires pour tenir tête à l'empereur, font un renfort de quarante-cinq mille hommes qu'il faudrait. Si vous faites la paix avec Naples, et qu'il n'y ait que Rome, il serait possible, avec les seules forces destinées à tenir tête à l'empereur, de profiter d'un moment favorable pour l'écraser; il faudrait compter cependant sur un surcroît de trois mille hommes.

Je crois que vous ne pouvez faire à la fois, dans la position actuelle de la république, la guerre à Naples et à l'empereur. La paix avec Naples est de toute nécessité : restez avec Rome en état de négociations ou d'armistice jusqu'au moment de marcher sur cette ville superbe.

Rome deviendrait très-forte de sa réunion avec Naples. Si nous sommes battus sur le Rhin, il nous convient de faire la paix avec Rome et avec Naples.

Il est une autre négociation qui devient indispensable, c'est un traité d'alliance avec le Piémont et Gênes. Je voudrais donner Massa et Carrara, les fiefs impériaux à Gênes, et la faire déclarer contre la coalition.

Si vous continuez la guerre avec Naples, il me paraît nécessaire de prendre Lucques et d'y mettre garnison : cette place est forte et bien armée; elle couvre les états de Gênes et offre une retraite à la garnison de Livourne.

Par cette lettre et celles que je vous enverrai incessamment, vous connaîtrez parfaitement notre position. Je n'avais jamais compté qu'après avoir détruit en une campagne deux armées à l'empereur, il en aurait une plus puissante, et que les deux armées de la république hiverneraient bien loin du Danube : le projet de Trieste et de Naples était fondé sur des suppositions.

J'ai écrit à Vienne, et ce soir le courrier part dans le même temps que l'armée se porte sur la Brenta.

Je fais fortifier l'Adda; mais c'est une faible barrière. Je vous le répète, des secours prompts; car l'empereur fait déjà filer ses troupes.

La négociation avec Rome a été mal conduite : il fallait, avant de l'entamer, qu'elle eût rempli les conditions de l'armistice ; l'on pouvait au moins attendre quelques jours, et l'on aurait facilement eu les cinq millions du second paiement, dont une partie était déjà arrivée à Rimini. On a montré au pape tout le traité à la fois, il fallait au contraire préalablement l'obliger à se prononcer sur le premier article ; mais surtout on ne devait pas choisir l'instant où l'armée était dans le Tyrol, et l'on devait avoir à l'appui un corps de troupes à Bologne, qui se serait accru par la renommée. Cela nous coûte dix millions, cinq de denrées, et tous les chefs-d'œuvre d'Italie, qu'un retard de quelques jours nous aurait donnés.

Tous ces pays-ci sont si peuplés, la situation de nos forces est si connue, tout cela est tellement travaillé par l'empereur et par l'Angleterre, que la scène change tous les quinze jours.

Si nous ne réussissons pas dans tout ce que nous entreprendrons, je vous prie de croire que ce ne sera pas faute de zèle et d'assiduité.

BONAPARTE.

Au quartier-général à Milan, le 11 vendémiaire an 5
(2 octobre 1796).

A Sa Majesté l'empereur d'Allemagne, roi de Hongrie et de Bohême, archiduc d'Autriche, etc.

Sire, l'Europe veut la paix. Cette guerre désastreuse dure depuis trop long-temps.

J'ai l'honneur de prévenir votre majesté que si elle n'envoie pas des plénipotentiaires à Paris pour entamer les négociations de paix, le directoire exécutif m'ordonne de combler le port de Trieste et de ruiner tous les établissemens de votre majesté sur l'Adriatique. Jusqu'ici j'ai été retenu dans l'exécution de ce plan, par l'espérance de ne pas accroître le nombre des victimes innocentes de cette guerre.

Je désire que votre majesté soit sensible aux malheurs qui menacent ses sujets, et rende le repos et la tranquillité au monde.

Je suis avec respect, de votre majesté,

BONAPARTE.

Au quartier-général à Milan, le 11 vendémiaire an 5 (2 octobre 1796).

Au chef de l'état-major.

J'apprends, citoyen général, que plusieurs négocians génois, en conséquence d'une intrigue, sont sortis avec grand fracas de Gênes, et se sont réfugiés à Milan, laissant entrevoir qu'ils sont instruits que les Français doivent bombarder Gênes. Vous voudrez bien leur donner ordre de sortir sur-le-champ de la Lombardie, et de retourner à Gênes, ayant à cœur d'ôter aux malveillans les moyens d'inquiéter le brave peuple de Gênes, auquel l'armée d'Italie a des obligations essentielles, tant pour les blés qu'il nous a procurés dans les momens de détresse, que par l'amitié que, de tout temps, il a témoignée pour la république.

Dans ce moment, où ils viennent de fermer leur port aux Anglais et de chasser le ministre de l'empereur qui avait fomenté la rébellion des fiefs impériaux, ils ont des droits plus particuliers à la protection de la république française.

BONAPARTE.

Au quartier-général à Milan, le 13 vendémiaire an 5
(4 octobre 1796).

Au citoyen Garreau, commissaire du gouvernement.

Nous avons le plus grand besoin d'argent, soit à l'armée, soit en France : je crois donc qu'il faudrait que vous prissiez ce soir des mesures pour faire ramasser le plus qu'il sera possible des sommes sur les créances de la chambre, les capitaux de l'archiduc et les créances connues sous le nom de Rivellet : ces trois objets pourront nous être d'une grande ressource, et vous savez que nous avons besoin de ne rien épargner. BONAPARTE.

Au quartier-général à Milan, le 14 vendémiaire an 5
(5 octobre 1796).

Au cardinal Mattei.

Les circonstances dans lesquelles vous vous êtes trouvé, Monsieur, étaient difficiles et nouvelles pour vous ; c'est à cela que je veux bien attribuer les fautes essentielles que vous avez commises. Les vertus morales et chrétiennes que tout le monde s'accorde à vous donner, me font désirer vivement que vous vous rendiez dans votre diocèse. Assurez tous les ministres du culte et les religieux des différentes congrégations, de la protection spéciale que je leur accorderai, toutes les fois cependant qu'ils ne se mêleront pas des affaires politiques des nations. BONAPARTE.

Au quartier-général à Milan, le 15 vendémiaire an 5
(6 octobre 1796).

Au souverain pontife.

J'ai l'honneur de communiquer à votre sainteté un manifeste qui circule dans la Romagne, afin de connaître s'il est officiel, ou s'il est publié par les ennemis de la religion et de votre sainteté.   BONAPARTE.

Au quartier-général à Milan, le 15 vendémiaire an 5
(6 octobre 1796).

Au citoyen Faypoult, ministre de la république française à Gênes.

J'apprends, citoyen ministre, que le citoyen Gosselin, commissaire ordonnateur de l'armée, se trouve à Gênes : je vous prie de le faire arrêter et conduire à Milan.

BONAPARTE.

Au quartier-général à Milan, le 15 vendémiaire an 5
(6 octobre 1796).

Au chef de l'état-major.

Vous ferez arrêter et conduire à Milan le commissaire des guerres Flague, partout où il se trouvera. Il est accusé d'avoir vendu un tonneau de quinquina. On présume qu'il est à Livourne.   BONAPARTE.

Au quartier-général à Milan, le 17 vendémiaire an 5
(8 octobre 1796).

Au directoire exécutif.

Mantoue ne pourra pas être pris avant le mois de février, je dois déjà vous l'avoir annoncé : vous verrez par là que notre position en Italie est incertaine, et notre système politique très-mauvais.

Nous avons entamé des négociations avec Rome lorsque l'armistice n'était pas rempli, lorsque dix millions en tableaux et cinq millions en denrées étaient sur le point de nous être livrés. Rome arme, fanatise les peuples; l'on se coalise de tous côtés contre nous, l'on attend le moment pour agir, l'on agira avec succès si l'armée de l'empereur est un peu renforcée.

Trieste est aussi près de Vienne que Lyon l'est de Paris : en quinze jours les troupes y arrivent. L'empereur a déjà, de ce côté-là, une armée.

Je vous ferai passer toutes les pièces qui vous mettront à même de juger de notre position et de la situation des esprits.

Je crois la paix avec Naples très-essentielle, et l'alliance avec Gênes, ou la cour de Turin, nécessaire.

Faites la paix avec Parme et une déclaration qui prenne sous la protection de la France les peuples de la Lombardie, Modène, Reggio, Bologne et Ferrare, et par-dessus tout, envoyez des troupes. Il est de nécessité, à la fin d'une campagne comme celle-ci, d'envoyer quinze mille hommes de recrues. L'empereur en a envoyé trois fois pendant la campagne.

On gâte tout en Italie, le prestige de nos forces se dissipe : l'on nous compte. Je crois imminent, et très-imminent, que vous preniez en considération la situation de votre armée en Italie, que vous adoptiez un système qui puisse vous donner des amis, tant du côté des princes que du côté des peuples. Diminuez vos ennemis. L'influence de Rome est incalculable. On a très-mal fait de rompre avec cette puissance; tout cela sert à son avantage. Si j'eusse été consulté sur tout cela, j'eusse retardé la négociation de Rome comme celle de Gênes et de Venise. Toutes les fois que votre général en Italie ne sera pas le centre de tout, vous courrez de grands risques. On n'attribuera pas ce langage à l'ambition ; je n'ai que trop d'honneur, et ma santé est tellement délabrée, que je crois être obligé de vous demander un successeur. Je ne peux plus monter à cheval, il ne me reste que du courage, ce qui est insuffisant dans un poste comme celui-ci.

Tout était prêt pour l'affaire de Gênes ; mais le citoyen Faypoult a pensé qu'il fallait retarder. Environné de peuples qui fermentent, la prudence veut que l'on se concilie celui de Gênes jusqu'à nouvel ordre. J'ai fait sonder par le citoyen Poussielgue la cour de Turin, elle est décidée à une alliance. Je continue cette négociation. Des troupes, des troupes, si vous voulez conserver l'Italie. BONAPARTE.

Au quartier-général à Milan, le 17 vendémiaire an 5
(8 octobre 1796).

Au directoire exécutif.

Cent cinquante hommes de la garnison de Mantoue étaient sortis le 8, à dix heures du matin, de la place, avaient passé le Pô à Borgoforte pour chercher des fourrages ; cependant, à cinq heures après midi, nous achevâmes le blocus de Mantoue en nous emparant de la porte Pradella et de celle de Cerese, comme j'ai eu l'honneur de vous en instruire par mon dernier courrier.

Ce détachement, se trouvant par là séparé de Mantoue, chercha à se retirer à Florence. Arrivé à Reggio, les habitans en furent instruits, coururent aux armes et les empêchèrent de passer, ce qui les obligea à se retirer dans le château de Monte-Chiragolo, sur les états du duc de Parme. Les braves habitans de Reggio les poursuivirent, les investirent et les firent prisonniers par capitulation. Dans la fusillade qui a eu lieu, les gardes nationales de Reggio ont eu deux hommes tués. Ce sont les premiers qui aient versé leur sang pour la liberté de leur pays.

Les braves habitans de Reggio ont secoué le joug de la tyrannie de leur propre mouvement, et sans même être assurés qu'ils seraient soutenus par nous. BONAPARTE.

Au quartier-général à Milan, le 17 vendémiaire an 5
(8 octobre 1796).

Au directoire exécutif.

Je vous ferai passer, citoyens directeurs, une proclamation sur Modène. Ces petits régentaux s'avisent de conspirer, je les ai prévenus. Pourquoi faut-il que je n'aie pas deux brigades pour en faire autant à Rome? Mais je n'ai pas de troupes disponibles, et Naples est là qui nous obligerait à rétrograder. L'affaire de Modène améliore un peu notre position.

Je suis ici environné de voleurs; j'ai déjà trois commissaires des guerres, deux administrateurs et des officiers au conseil militaire. BONAPARTE.

Au quartier-général à Milan, le 18 vendémiaire an 5
(9 octobre 1796).

Au commissaire du gouvernement.

Il faudrait, je crois, réunir un congrès à Modène et à Bologne, et le composer des députés des états de Ferrare, Bologne, Modène et Reggio; les députés seront nommés par les différens gouvernemens, de manière que l'assemblée soit composée d'une centaine de personnes. Vous pourriez faire la distribution proportionnée à la population en favorisant un peu Reggio. Il faudra avoir soin qu'il y ait parmi ces députés des nobles, des prêtres, des cardinaux, des négocians et de tous les états, généralement estimés patriotes. On y arrêterait, 1°. l'organisation de la légion italienne; 2°. l'on ferait une espèce de fédération pour la défense des communes ; 3°. ils pourraient envoyer des députés à Paris pour demander leur liberté et leur indépendance. Ce congrès ne devrait pas être convoqué par nous, mais seulement par des lettres particulières : cela produirait un grand effet, et serait une base de méfiance et d'alarme pour les potentats de l'Europe, et il est indispensable que nous ne négligions aucun moyen pour répondre au fanatisme de Rome, pour nous faire des amis et pour assurer nos derrières et nos flancs. Je désirerais que ce congrès fût tenu le 23 de ce mois. Je vous prie de prendre en grande considération cet objet, je ferai en sorte de m'y trouver pour cette époque. Nous sommes ici sans un sou, et tout coûte. Procurez-nous de l'argent. BONAPARTE.

Au quartier-général à Milan, le 19 vendémiaire an 5
(10 octobre 1796).

Au chef de l'état-major.

Vous voudrez bien, général, donner l'ordre de faire arrêter l'officier qui commandait le poste de la Chiuza lors de l'affaire du 11 thermidor, et le faire traduire au conseil militaire comme traître ou lâche, ayant rendu ce poste sans raison et sans y être forcé. BONAPARTE.

Au quartier-général à Milan, le 20 vendémiaire an 5
(11 octobre 1796).

Au directoire exécutif.

L'affaire de Modène, citoyens directeurs, a parfaitement réussi : ce pays est content et heureux de se voir délivré du joug qui pesait sur lui. Les patriotes sont nombreux et en place. Je vous enverrai différens imprimés qui vous mettront au fait de la tournure que je donne à l'esprit pour opposer fanatisme à fanatisme, et nous faire des amis des peuples qui, autrement, deviendraient nos ennemis acharnés. Vous y trouverez l'organisation de la légion lombarde. Les couleurs nationales qu'ils ont adoptées sont le vert, le blanc et le rouge.

Parmi les officiers, il y a beaucoup de Français; les autres sont des officiers italiens, qui, depuis plusieurs années, se battent avec nous à l'armée d'Italie. Le chef de brigade est un nommé Lahoz, milanais : il était aide-de-camp du général Laharpe. Je l'avais pris avec moi; il est connu des représentans qui ont été à l'armée d'Italie, et spécialement du citoyen Ritter.

Je vous enverrai un manuscrit de l'organisation que je compte donner à la première légion italienne. A cet effet, j'ai écrit aux commissaires du gouvernement pour que les gouvernans de Bologne, de Modène, de Reggio et de Ferrare aient à se réunir en congrès : cela se fera le 23. Je n'oublie rien de ce qui peut donner de l'énergie à cette immense population, et tourner les esprits en notre faveur. La légion lombarde sera soldée, habillée, équipée par les Milanais. Pour subvenir à cette dépense, il faudra les autoriser à prendre l'argenterie des églises, ce qui vient à peu près à 1,000,000.

Je vous enverrai différentes lettres avec différentes notes du citoyen Cacault. Tout annonce que, d'ici à un mois, de grands coups se porteront en Italie. D'ici à ce temps, il faudra avoir conclu une alliance avec Gênes ou avec le roi de Sardaigne. Vous ferez peut-être aussi très-bien de faire la paix avec le roi de Naples.

J'ai renvoyé le citoyen Poussielgue à Turin pour continuer sa négociation; je lui ai dit de vous instruire directement de Turin, de l'issue de cette seconde entrevue.

Faites surtout que je sois instruit de notre position actuelle avec Naples; vous savez que j'ai deux mille quatre cents hommes de cavalerie napolitaine, que je fais surveiller, et qu'il faudrait prévenir, si nous avions de plus fortes raisons de nous méfier de Naples : s'ils agissent de leur côté en même temps que les Autrichiens et les autres puissances, cela ne laisserait pas d'être un surcroît d'embarras. Au mois de thermidor, lorsque je me repliais sur Brescia, je pensais à les faire arrêter, et je ne l'osai pas.

Le général Serrurier m'écrit de Livourne que le grand-duc arme aussi.

Pour peu que ma santé me le permette, croyez que je n'épargnerai rien de ce qui sera en mon pouvoir pour conserver l'Italie.

Je vous ferai tenir une lettre du citoyen Faypoult : il me paraît, d'après cela, qu'on négocie l'affaire de Gênes à Paris, et que nous avons bien fait de ne pas nous en mêler. Cette conduite inspire au gouvernement génois de la méfiance. Je reviens à mon principe, en vous engageant à traiter avant un mois avec Gênes et Turin. BONAPARTE.

Au quartier-général à Milan, le 20 vendémiaire an 5
(11 octobre 1796).

Au directoire exécutif.

Des corps nombreux de l'empereur filent dans le Tyrol. Les pluies d'automne continuent toujours à nous donner beaucoup de malades. Il n'y a pas grand'chose à espérer du renfort des hommes aux hôpitaux, puisqu'il y a à présumer que c'est dans un mois que l'on frappera ici les grands coups.

Je vous enverrai incessamment la réponse que le général Châteauneuf m'a faite par un courrier extraordinaire que je lui avais expédié : il s'ensuit donc que je ne puis rien espérer au-delà de deux mille hommes, et votre ordre en portait six mille. Vous m'avez prévenu, par le dernier courrier, qu'il allait m'arriver dix mille hommes, indépendamment de ces deux mille hommes. Vous devez me faire connaître le jour et le lieu de leur départ, avec leur état de situation : s'il part dix mille hommes, vous devez calculer qu'il n'en arrivera que cinq mille.

Je ne sais pas encore si le général Kellermann fait venir la quarantième de Lyon, et si le général Willot obéit à l'ordre que je lui ai donné de faire partir la quatre-vingt-troisième. De ces deux demi-brigades, si elles arrivent à temps, dépend peut-être le destin de l'Italie.

Je fais fortifier Pizzighitone, Reggio, et tous les bords de l'Adda. J'ai fait fortifier également les bords de l'Adige ; enfin, dans l'incertitude du genre de guerre que je ferai et des ennemis qui pourront m'attaquer, je n'oublie aucune hypothèse, et je fais dès aujourd'hui tout ce qui peut me favoriser. Je fais mettre en même temps les châteaux de Ferrare et d'Urbin près Bologne en état de défense.

Nous avons beaucoup d'officiers d'artillerie et du génie malades. Faites-nous partir une dixaine d'officiers de chacune de ces armes, des hommes actifs et braves : Mantoue nous a ruiné ces deux armes. Je vous prie de laisser le commandement de ces armes au citoyen Chasseloup et au général Lespinasse : ce sont deux très-bons officiers. J'ai tant de généraux de brigade blessés et malades que, malgré ceux que vous faites tous les jours, il m'en manque encore : il est vrai qu'on m'en a envoyé de si ineptes, que je ne puis les employer à l'armée active.

Je vous prie de nous envoyer le général Duvigneau et quelques autres de cette trempe. Envoyez-nous plutôt des généraux de brigade que des généraux de division. Tout ce qui nous vient de la Vendée n'est pas accoutumé à la gran de guerre ; nous faisons le même reproche aux troupes, mais elles s'aguerrissent.

Mantoue est hermétiquement bloqué, et cela avec sept mille hommes d'infanterie, et mille cinq cents hommes de cavalerie.

Envoyez-nous des hommes qui aient servi dans la cavalerie, pour recruter nos régimens ; nous leur procurerons des chevaux : qu'ils viennent avec leur uniforme de dragons, chasseurs ou hussards, leurs sabres et carabines, hormis les dragons qui doivent avoir des fusils comme l'infanterie. Il y a tant de ces anciens gendarmes qui infestent les rues de Paris : moyennant quelques recruteurs qui courraient les rues, en faisant ressouvenir qu'ici on paye en argent, je crois qu'il serait possible de vous en procurer un bon nombre. Nous avons plus de mille deux cents hommes de cavalerie malades ou blessés, et leurs chevaux sont à ne rien faire aux dépôts. Envoyez-nous des officiers de cavalerie, chefs de brigade, capitaines, nous trouverons ici à les placer : que ce soit des hommes qui se battent.

Je vous prie de donner la retraite aux chefs de brigade Goudran du vingtième de dragons, et au citoyen Senilhac du vingt-cinquième de chasseurs : ce sont des hommes qui sont malades la veille d'une affaire ; ces gens-là n'aiment pas le sabre. Je vous prie aussi de faire donner la retraite au citoyen Gourgonier, chef d'escadron au premier de hussards.

Le chef du septième régiment de hussards, qui a été blessé, est un brave homme, mais il est trop vieux, et il faut lui accorder sa retraite. Moyennant que ces officiers supérieurs manquent, les affaires écrasent un petit nombre de braves qui finissent par être blessés, prisonniers ou tués ; et les corps se trouvent sans chef. BONAPARTE.

Au quartier-général à Milan, le 21 vendémiaire an 5
(12 octobre 1796).

Au directoire exécutif.

Je vous enverrai l'état de ce que l'armée a dépensé. Vous y verrez que les calomnies que l'on s'est plu mal à propos à accumuler sur l'ordonnateur Denniée ne peuvent pas l'atteindre. C'est un bon travailleur et un homme d'ordre, sans avoir cependant des talens transcendans.

Vous remarquerez qu'il y a une grande différence entre le compte du payeur de l'armée et celui des commissaires du gouvernement : cela roule sur quatre ou cinq millions. Les commissaires du gouvernement prétendent avoir donné cinq millions de plus au payeur, qui, de son côté, est en règle, puisqu'il dit : présentez-moi mes bons; d'ailleurs il connaît sa dépense. Je crois que cette différence vient de ce que les commissaires du gouvernement ont eux-mêmes ordonnancé des fonds et fait payer des dépenses arriérées, sans que cet argent ait été versé dans la caisse du payeur et que l'ordonnateur l'ait ordonnancé; ce qui est subversif de toute comptabilité et de tout ordre. Il est à ma connaissance que trois ou quatre adjudans-généraux, ayant été faits prisonniers, ont eu, à leur retour, 3,000 liv. de gratification accordées par les commissaires : vous sentez bien que l'ordonnateur n'aurait pas fait solder ces gratifications. Elles ont été accordées à de braves officiers qui les méritaient; mais cela a produit le mauvais effet de faire naître des prétentions chez tous les officiers supérieurs qui ont été faits prisonniers, et malheureusement il n'y a que trop d'argent de dépensé en indemnités pour pertes. Au moindre petit échec, chacun a perdu son porte-manteau; les conseils d'administration signent tout ce que l'on veut, cela m'a fait prendre le parti de ne plus faire accorder, même gratification de campagne, sans signature du ministre; ce qui nous économisera beaucoup.

Vous voyez donc que, depuis six mois que nous sommes en campagne, on n'a dépensé que onze millions : il reste donc à vous expliquer pourquoi on a dépensé si peu, c'est que, 1°. on a long-temps vécu de réquisitions; 2°. nous avons eu des denrées en nature de Modène, Parme, Ferrare et Bologne; 3°. la république nous a fourni et nous fournit encore beaucoup de denrées; enfin nous vivons souvent avec les magasins de l'ennemi.

Je vous prie de nous envoyer le commissaire ordonnateur Naudin : il est un peu vieux, mais je le connais pour un homme probe et sévère, il pourra être chargé utilement pour la république d'un des services de cette armée; je crois même que vous feriez bien de le faire ordonnateur des contributions, chargé de correspondre avec le ministre des finances et la trésorerie : vos commissaires pourraient alors en avoir simplement la surveillance comme des autres parties, ce qui les rendrait au rôle passif qu'ils doivent avoir par vos instructions, et remédierait aux abus sans nombre qui existent.

Je ne puis pas d'ailleurs vous dissimuler qu'il n'y a presque aucun ordre dans les contributions. Vos commissaires ne sont pas assez habitués aux détails de la comptabilité; il faut de plus un esprit de suite, que leurs occupations ou le grand caractère dont ils sont revêtus ne leur permet pas d'avoir.

Je crois donc qu'un commissaire ordonnateur, chargé en chef des contributions, indépendant du commissaire ordonnateur en chef, qui aurait un payeur nommé par la trésorerie, surveillerait d'une manière efficace la compagnie Flachat, en ce qu'il aurait un détail exact, une comptabilité sûre de tout ce qu'il aurait remis et des lettres de change qui sont tirées.

Enfin, vos commissaires font de beaux tableaux, qui ne s'accordent ni avec ceux du payeur, ni avec ceux de la compagnie Flachat : pourquoi? C'est que la comptabilité est une science à part ; elle exige un travail à part et une attention réfléchie : d'ailleurs, peut-être penserez-vous qu'il convient de ne pas donner une comptabilité de détails à des hommes qui ont une responsabilité morale et politique. Si, suivant l'esprit de vos instructions, vos commissaires ne doivent que surveiller, il faut que jamais ils n'agissent ; et il y a, en général, une présomption défavorable contre ceux qui manient de l'argent.

BONAPARTE.

Au quartier-général à Milan, le 21 vendémiaire an 5
(12 octobre 1796).

Au directoire exécutif.

Depuis que je suis à Milan, citoyens directeurs, je m'occupe à faire la guerre aux fripons ; j'en ai fait juger et punir plusieurs : je dois vous en dénoncer d'autres. En leur faisant une guerre ouverte, il est clair que j'intéresse contre moi mille voix, qui vont chercher à pervertir l'opinion. Je comprends que, s'il y a deux mois, je voulais être duc de Milan, aujourd'hui je voudrai être roi d'Italie ; mais, tant que mes forces et votre confiance dureront, je ferai une guerre impitoyable aux fripons et aux Autrichiens.

La compagnie Flachat n'est qu'un ramassis de fripons sans crédit réel, sans argent et sans moralité : je ne serai pas suspect pour eux, car je les croyais actifs, honnêtes et bien intentionnés ; mais il faut se rendre à l'évidence.

1°. Ils ont reçu quatorze millions, ils n'en ont payé que six, et ils refusent d'acquitter les mandats donnés par la trésorerie, à moins de quinze ou vingt pour cent. Ces honteuses négociations se font publiquement à Gênes. La compagnie prétend qu'elle n'a pas de fonds; mais, moyennant cet honnête profit, elle consent à solder le mandat.

2°. Ils ne fournissent aucune bonne marchandise à l'armée; les plaintes me viennent de tous côtés; ils sont même fortement soupçonnés d'avoir fait pour plus de quatre-vingt mille quintaux de blé en versemens factices, en corrompant les garde-magasins.

3°. Leur marché est onéreux à la république, puisqu'un million, qui pèse, en argent, dix mille livres, serait transporté par cinq ou six voitures, et en poste, pour cinq à six mille francs, tandis qu'il en coûte près de cinquante mille, la trésorerie leur ayant accordé dans son marché cinq pour cent. Flachat et Laporte ont peu de fortune et aucun crédit; Peregaldo et Payen sont des maisons ruinées et sans crédit; cependant, c'est à la réunion de ces quatre noms que l'on a confié tous les intérêts de la république en Italie. Ce ne sont pas des négocians, mais des agioteurs, comme ceux du Palais-Royal.

4°. Peregaldo, né à Marseille, s'est désavoué d'être Français; il a renié sa patrie et s'est fait Génois : il ne porte pas la cocarde, il est sorti de Gênes avec sa famille, répandant l'alarme en disant que nous allions bombarder Gênes. Je l'ai fait arrêter et chasser de la Lombardie. Devons-nous souffrir que de pareilles gens, plus mal intentionnées et plus aristocrates que les émigrés mêmes, viennent nous servir d'espions, soient toujours avec le ministre de Russie à Gênes, et s'enrichissent encore avec nous?

Le citoyen Lacheze, consul à Gênes, est un fripon : sa conduite à Livourne, en faisant vendre des blés à Gênes à vil prix, en est la preuve.

Les marchandises ne se vendent pas à Livourne. Je viens de donner des ordres à Flachat de les faire vendre; mais je parie que, grâce à tous ces fripons réunis, cela ne rendra pas deux millions : ce qui devrait en rendre sept au moins.

Quant aux commissaires des guerres, hormis Denniée, ordonnateur en chef, Boinod, Mazad et deux ou trois autres, le reste n'est que des fripons : il y en a trois en jugement; ils doivent surveiller, et ils donnent les moyens de voler, en signant tout. Il faut nous en purger, et nous en renvoyer de probes, s'il y en a ; il faudrait en trouver qui eussent déjà de quoi vivre.

Le commissaire ordonnateur Gosselin est un fripon : il a fait des marchés de bottes à trente-six livres, qui ont été renouvelés depuis à dix-huit livres.

Enfin, vous dirai-je qu'un commissaire des guerres, Flack, est accusé d'avoir vendu une caisse de quinquina que le roi d'Espagne nous envoyait? D'autres ont vendu des matelas ; mais je m'arrête, tant d'horreurs font rougir d'être Français. La ville de Cremone a fourni plus de cinquante mille aunes de toile fine pour les hôpitaux, que ces fripons ont vendue : ils vendent tout.

Vous avez calculé sans doute que vos administrateurs voleraient, mais qu'ils feraient le service et auraient un peu de pudeur : ils volent d'une manière si ridicule et si impudente, que, si j'avais un mois de temps, il n'y en a pas un qui ne pût être fusillé. Je ne cesse d'en faire arrêter et d'en faire mettre au conseil de guerre ; mais on achète les juges : c'est ici une foire, tout se vend. Un employé accusé d'avoir mis une contribution de 18,000 fr. sur Salo, n'a été condamné qu'à deux mois de fers. Et puis comment voulez-vous prouver ? ils s'étayent tous.

Destituez ou faites arrêter le commissaire ordonnateur Gosselin; destituez les commissaires dont je vous envoie la note. Il est vrai qu'ils ne demandent peut-être pas mieux.

Venons aux agens de l'administration.

Thevenin est un voleur, il affecte un luxe insultant : il m'a fait présent de plusieurs très-beaux chevaux dont j'ai besoin, que j'ai pris, et dont il n'y a pas eu moyen de lui faire accepter le prix. Faites-le arrêter et retenir six mois en prison ; il peut payer 500,000 fr. de taxe de guerre en argent : cet homme ne fait pas son service. Les charrois sont pleins d'émigrés, ils s'appellent *royal charrois*, et portent le collet vert sous mes yeux ; vous pensez bien que j'en fais arrêter souvent, mais ils ne sont pas ordinairement où je me trouve.

Sonolet, agent des vivres jusqu'aujourd'hui, est un fripon : l'agence des vivres avait raison.

Ozou est un *fripon* et ne fait jamais son service.

Collot fait son service avec exactitude, il a du zèle et plus d'honneur que ces coquins-là.

Le nouvel agent qui a été envoyé par Cerf-Beer paraît meilleur que Thevenin. Je ne vous parle ici que des grands voleurs. Diriez-vous que l'on cherche à séduire mes secrétaires jusque dans mon antichambre? Les agens militaires sont tous des fripons. Un nommé Valeri est en jugement à Milan, les autres se sont sauvés.

Le citoyen Faypoult, votre ministre ; Poussielgue, secrétaire ; et Sucy, commissaire ordonnateur, honnêtes hommes, sont témoins des friponneries que commet la compagnie Flachat à Gênes ; mais je suis obligé de partir demain pour l'armée : grande joie pour tous les fripons qu'un coup d'œil sur l'administration m'a fait connaître.

Le payeur de l'armée est un honnête homme, un peu borné ; le contrôleur est un fripon, témoin sa conduite à Bologne.

Les dénonciations que je fais, sont des dénonciations en ame et conscience comme jury. Vous sentez que ce n'est pas dans ma place et avec mon caractère que je vous les dénoncerais, si j'avais le temps de ramasser des preuves matérielles contre chacun d'eux : ils se couvrent tous.

Desgranges, agent des vivres, est intelligent; mais il nous faudrait ici Saint-Maime, homme de mérite et de considération : le service se ferait, et vous épargneriez plusieurs millions : je vous prie de nous l'envoyer. Enfin il faudrait pour agens non pas des tripoteurs d'agiotage, mais des hommes qui eussent une grande fortune et un certain caractère. Je n'ai que des espions. Il n'y a pas un agent de l'armée qui ne désire notre défaite, pas un qui ne corresponde avec nos ennemis ; presque tous ont émigré sous des prétextes quelconques ; ce sont eux qui disent notre nombre et qui détruisent le prestige : aussi je me garde plus d'eux que de Wurmser; je n'en ai jamais avec moi ; je nourris pendant les expéditions mon armée sans eux, mais cela ne les empêche pas de faire des comptes à leur manière. BONAPARTE.

Au quartier-général à Modène, le 26 vendémiaire an 5
(17 octobre 1796).

Au directoire exécutif.

Je vous ai rendu compte, citoyens directeurs, que j'avais formé une colonne mobile à Tende contre les barbets ; elle remplit parfaitement sa tâche. Les barbets sont mis de tous côtés en déroute, plusieurs de leurs chefs ont été fusillés. Le général Garnier, qui commande cette colonne mobile, montre beaucoup de zèle et se donne beaucoup de mouvement.

Les maladies continuent toujours, mais jusqu'à cette heure elles n'ont pas fait de grands ravages.

Je vous avais demandé dans ma dernière lettre vingt-cinq mille fusils; mais en ayant trouvé soixante-quatre mille à Livourne, appartenant au roi d'Espagne, j'en ai fait prendre vingt mille que j'ai fait conduire à l'armée. M. Azara, à qui j'en ai demandé la permission, m'a écrit que cela ne le regardait pas, mais qu'il n'y voyait pas un grand inconvénient, dès l'instant qu'on les ferait remplacer.

Je vous prie de prendre avec la cour d'Espagne les arrangemens que vous croirez bons. Si vous lui faites rendre ces fusils aux Pyrénées, elle y gagnera, puisqu'ils auraient pu être pris par les Anglais.

Les Autrichiens ont dans ce moment-ci quatorze mille hommes dans le Tyrol et quinze mille sur la Piave : ils attendent de nouveaux renforts. L'attaque tardera encore probablement quelques décades. Si la quatre-vingt-troisième est partie de Marseille comme je l'ai ordonné, et la quarantième de Lyon, comme le général Kellermann me l'a promis, il n'y a rien à craindre, et nous battrons encore cette fois-ci les Autrichiens. Si la circonstance de l'évacuation de la Méditerranée par les Anglais vous portait à ne pas vouloir faire la paix avec Naples, il faudrait chercher à l'amuser encore quelque temps. Je ne pense pas, si nous sommes maîtres de la mer, qu'il ose faire avancer des troupes par ici.

Si nous devenons maîtres de la Méditerranée, je crois qu'on doit exiger du commerce de Livourne 5 ou 6,000,000 fr. au lieu de 2 qu'il offre pour indemniser des marchandises qu'il a aux Anglais.

Enfin, citoyens directeurs, plus vous nous enverrez d'hommes, plus non-seulement nous les nourrirons facilement, mais encore plus nous leverons de contributions au profit de la république. L'armée d'Italie a produit dans la campagne d'été 20,000,000 fr. à la république, indépendamment de sa solde et de sa nourriture : elle peut en produire le double pendant la campagne d'hiver, si vous nous envoyez en recrues et en nouveaux corps une trentaine de mille hommes.

Rome et toutes ses provinces, Trieste et le Frioul, même une partie du royaume de Naples deviendront notre proie; mais, pour se soutenir, il faut des hommes.

BONAPARTE.

Au quartier-général à Modène, le 26 vendémiaire an 5 (17 octobre 1796).

Au directoire exécutif.

Je vous ferai passer, citoyens directeurs, la lettre que je viens de recevoir du général Gentili : il paraît, d'après cela, que la Méditerranée va devenir libre. La Corse, restituée à la république, offrira des ressources à notre marine, et même un moyen de recrutement à notre infanterie légère.

Le commissaire du gouvernement, Salicetti, part ce soir pour Livourne pour se rendre en Corse. Je vais ordonner à la huitième division de tenir un bataillon prêt à embarquer à Toulon; je ferai également partir un bataillon de Livourne, lesquels, joints à deux corps de gendarmerie, suffiront pour y établir le bon ordre.

Le général Gentili va commander provisoirement cette division : je lui donne les instructions nécessaires pour l'organisation de deux corps de gendarmerie. Je l'autorise provisoirement à mettre en réquisition plusieurs colonnes mobiles, pour pouvoir donner force au commissaire du gouvernement de pouvoir occuper les forteresses jusqu'à l'arrivée des troupes françaises. Lorsque ces troupes seront arrivées dans l'île, mon projet est d'y envoyer le général Berruyer pour y commander : j'y envoie un officier d'artillerie et un du génie pour y organiser la direction; mais comme cette île contient cinq à six forteresses aussi faibles qu'inutiles, je leur prescris de ne faire aucune dépense, mais seulement de faire des projets pour la défense du golfe Saint-Florent : il n'y a que ce point qui soit bien essentiel à la république, et où dès-lors il conviendrait de concentrer toute la défense de l'île, en y établissant une place, une fortification permanente, et en y employant pour la construire les sommes que coûteraient la réparation et l'entretien des forteresses inutiles de Bastia, Corte, Calvi, Ajaccio et Bonifaccio, où il suffit d'entretenir simplement des batteries de côtes. Si nous eussions eu une place à Saint-Florent et que nous y eussions concentré toutes nos forces, les Anglais ne se seraient pas emparés de cette île.

Comme l'établissement de Saint-Florent est encore en l'air, je crois que vous devriez concentrer toute l'administration militaire à Ajaccio, qui, jusqu'à ce que Saint-Florent soit devenu quelque chose, est le point le plus intéressant de l'île. Ce serait une grande faute que de placer à Bastia, comme l'avait fait l'ancienne administration, le point central de l'administration, vu que Bastia étant situé du côté de l'Italie, communique très-difficilement avec la France. L'expulsion des Anglais de la Méditerranée a une grande influence sur le succès de nos opérations militaires en Italie. L'on doit exiger de Naples des conditions plus sévères, cela fait le plus grand effet moral sur l'esprit des Italiens, assure nos communications, et fera trembler Naples jusque dans la Sicile.

BONAPARTE.

Au quartier-général à Modène, le 26 vendémiaire an 5
(17 octobre 1796).

Au directoire exécutif.

Bologne, Modène, Reggio et Ferrare se sont réunis en congrès, en envoyant à Modène une centaine de députés : l'enthousiasme le plus vif et le patriotisme le plus pur les animent; déjà ils voient revivre l'ancienne Italie : leur imagination s'enflamme, leur patriotisme se remue, et les citoyens de toutes les classes se serrent. Je ne serais pas étonné que ce pays-ci et la Lombardie, qui forment une population de deux à trois millions d'hommes, ne produisissent vraiment une grande secousse dans toute l'Italie. La révolution n'a pas ici le même caractère qu'elle a eu chez nous : d'abord, parce qu'elle n'a pas les mêmes obstacles à vaincre et que l'expérience a éclairé les habitans; nous sommes bien sûrs au moins que le fanatisme ne nous fera pas de mal dans ce pays-ci, et que Rome aura beau déclarer une guerre de religion, elle ne fera aucun effet dans ce pays conquis.

Une légion de deux mille cinq cents hommes s'organise, habillée, soldée et équipée aux frais de ce pays-ci et sans que nous nous en mêlions. Voilà un commencement de force militaire, qui, réunie aux trois mille cinq cents que fournit la Lombardie, fait à peu près six mille hommes. Il est bien évident que si ces troupes, composées de jeunes gens qui ont le désir de la liberté, commencent à se distinguer, cela aura pour l'empereur et pour l'Italie des suites très-importantes. Je vous enverrai par le prochain courrier les actes et les manifestes publiés à cette occasion par le congrès.

J'attends avec quelque impatience les troupes que vous m'annoncez. J'ai fait sommer Wurmser dans Mantoue, je vous ferai passer la sommation; je n'ai pas jugé à propos de me servir de l'arrêté que vous m'envoyez, puisque vous m'en laissez le maître : par la réponse qu'il me fera, je verrai le ton qu'il prend. Le courrier que vous m'avez ordonné d'envoyer à Vienne est parti il y a long-temps : il doit être arrivé à cette heure, et j'en attends la réponse.

Dès l'instant que je saurai bien positivement que les Anglais ont passé le détroit, et que je saurai quelles sont vos intentions sur Naples et où en sont vos négociations, je prendrai avec Rome le ton qu'il convient : j'espère que j'obligerai ces gaillards-là à restituer l'argent qu'ils envoyaient pour la contribution et qu'ils ont fait retourner de Ravenne à Rome.

BONAPARTE.

Au quartier-général à Modène, le 26 vendémiaire an 5
(17 octobre 1796).

Au général Gentili.

Vous passerez en Corse, citoyen général, pour y commander cette division. Arrivé dans cette île, vous donnerez le commandement temporaire de Bastia au citoyen Ristori, chef de brigade; celui d'Ajaccio au citoyen Regi, chef de brigade; celui de Saint-Florent au citoyen Jean-Charles Cotoni, capitaine; celui de Corte au citoyen Collé, chef de brigade; celui de Bonifaccio au citoyen Sabrini, capitaine, et celui de Calvi au citoyen Mamobli, capitaine.

Vous leverez trois compagnies dans la garde nationale de Bastia, qui feront le service de la forteresse; vous choisirez trois capitaines patriotes, entre autres, le citoyen Girasco.

Vous leverez deux compagnies dans la garde nationale d'Ajaccio, qui feront le service de la garde de la forteresse; vous nommerez capitaines les citoyens Tornano et Levio.

Vous leverez de même une compagnie, prise dans la garde de Bonifaccio, de Calvi, de Saint-Florent et de Corte, pour la garde des forteresses et des magasins de la place.

Vous ferez extraire des compagnies de gendarmerie de la vingt-huitième division tous les officiers et soldats qui sont des départemens du Liamone et du Golo. Vous laisserez le commandement de la gendarmerie du département du Liamone au citoyen Gentili, avec le grade de chef de bataillon.

Vous vous concerterez avec le commissaire du gouvernement Salicetti pour le choix des autres emplois ; vous prendrez des hommes attachés à la république et à la liberté.

Vous organiserez trois colonnes mobiles dans le département du Golo, fortes chacune de trois cents hommes. Vous en organiserez deux dans le département du Liamone. Vous donnerez le commandement de l'une au citoyen Grimaldi ; vous choisirez pour les deux autres des patriotes braves et républicains : en Balagne et dans les terres des communes, vous choisirez, pour commander l'une des colonnes mobiles du département du Liamone, le citoyen Bouchi, et un patriote reconnu pour le côté de la Rogue.

Vous accorderez un pardon général à tous ceux qui n'ont été qu'égarés ; vous ferez arrêter et juger par une commission militaire les quatre députés qui ont porté la couronne au roi d'Angleterre, les membres du gouvernement et les meneurs de cette infâme trahison, entre autres les citoyens Pozzo di Borgo, Bertholani, Piraldi, Stefanopoli, Tartarolo, Filipi et l'un des chefs de bataillon qui seront convaincus d'avoir porté les armes contre les troupes de la république.

Ainsi, la vengeance nationale n'aura à peser que sur une trentaine d'individus, qui se seront peut-être sauvés avec les Anglais.

Vous ferez également arrêter tous les émigrés, s'il y en avait qui eussent l'audace de continuer leur séjour dans les terres occupées par les troupes républicaines.

Mais je vous recommande surtout de faire une prompte justice de quiconque, par un ressentiment contraire à la loi, se serait porté à assassiner son ennemi ; enfin, citoyen général, faites ce qui dépend de vous pour rétablir la tranquillité dans l'île, étouffer toutes les haines, et réunir à la république ce pays si longtemps agité.

Le payeur de l'armée aura soin de fournir aux dépenses

de la solde des différens corps de troupes françaises, qui partiront de Toulon au moment où la liberté des passages sera constatée, et qui se rendront en Corse pour occuper les forteresses.

Vous donnerez l'ordre au général Lavoni et à l'adjudant-général Galliazzini de se rendre à Modène, ainsi qu'à tous les officiers supérieurs qui seraient en activité dans les demi-brigades de cette armée, hormis ceux qui auraient été désignés comme devant remplir des commandemens temporaires, et qui dès-lors seront remplacés à leurs corps.

L'ordre est donné pour qu'il ne soit payé aucun traitement à un officier hors de sa demi-brigade ; engagez tous ceux qui sont avec vous à rejoindre leurs corps, où leur présence est nécessaire, tandis qu'elle devient inutile en Corse. Cependant, si vous croyez qu'il y en ait quelques-uns que vous dussiez garder ; vous m'en enverrez la note, afin qu'il leur soit accordé de deux à trois décades, pour ensuite rejoindre leurs corps ; vous aurez soin aussi de n'oublier aucun moyen pour faire passer à Livourne et de là à l'armée le plus de Corses qu'il sera possible. A cet effet, il sera nécessaire d'établir à Livourne un dépôt pour les habiller, les armer et leur donner leur route, à mesure qu'ils arriveront. Le seul moyen de faire sortir de Corse tous les hommes inquiets, ceux mêmes qui ont combattu pour les Anglais, c'est de les envoyer à l'armée. Si vous pouvez vous emparer de l'île d'Elbe avec le général Serrurier, auquel je donne l'ordre de vous aider dans le cas où cette expédition serait possible, je vous autorise à en prendre possession.

Tenez-moi souvent instruit de tout ce que vous ferez. Donnez l'ordre à deux des députés les plus intelligens de se rendre au quartier-général, qui sera à Bologne ou à Ferrare.

BONAPARTE.

Modène, le 26 vendémiaire an 5 (17 octobre 1796).

Au citoyen Cacault, agent de la république à Rome.

Je reçois à l'instant la nouvelle que les Anglais évacuent la Méditerranée : ils ont déjà évacué la Corse, qui a arboré l'étendard tricolor, et m'a envoyé des députés pour prêter serment d'obéissance.

Un courrier arrivé de Toulon m'apporte la nouvelle que notre escadre, composée de dix-huit vaisseaux de guerre et de dix frégates, est sur le point de mettre à la voile ; qu'elle est déjà dans la grande rade, et qu'elle a à sa suite un convoi de soixante voiles chargé de troupes de débarquement.

Le délire étrange du pays où vous êtes ne sera pas long, il y sera bientôt porté un prompt remède. Cette folie passera comme un rêve ; ce qui restera, ce sera la liberté de Rome et le bonheur de l'Italie.

Cent députés de Bologne, Modène, Reggio et Ferrare ont été réunis ici : il règne dans tous ces pays un enthousiasme auquel on n'avait pas le droit de s'attendre. La première légion de la Lombardie est déjà organisée, la première légion italienne s'organise : c'est le général Rusca qui commande cette légion. Vous sentez bien que j'ai mis un bon nombre de vieux officiers accoutumés à vaincre et à commander.

Restez, toutefois, encore à Rome. L'intention du gouvernement est qu'on mette ces gens dans leur tort.

BONAPARTE.

Au quartier-général à Bologne, le 28 vendémiaire an 5
(19 octobre 1796).

Au peuple de Modène.

J'ai vu avec plaisir en entrant dans votre ville l'enthousiasme qui anime les citoyens, et la ferme résolution où ils sont de conserver leur liberté. La constitution et votre garde nationale seront promptement organisées ; mais j'ai été affligé de voir les excès auxquels se sont portés quelques mauvais sujets indignes d'être Bolonais.

Un peuple qui se livre à des excès est indigne de la liberté ; un peuple libre est celui qui respecte les personnes et les propriétés. L'anarchie produit la guerre intestine et les calamités publiques. Je suis l'ennemi des tyrans ; mais avant tout je suis l'ennemi des scélérats, des brigands qui les commandent lorsqu'ils pillent ; je ferai fusiller ceux qui, renversant l'ordre social, sont nés pour l'opprobre et le malheur du monde.

Peuple de Bologne, voulez-vous que la république française vous protège ? voulez-vous que l'armée française vous estime et s'honore de faire votre bonheur ? voulez-vous que je me vante quelquefois de l'amitié que vous me témoignez ? Réprimez ce petit nombre de scélérats, faites que personne ne soit opprimé : quelles que soient ses opinions, nul ne peut être opprimé qu'en vertu de la loi ;.... faites surtout que les propriétés soient respectées. BONAPARTE.

Au quartier-général à Ferrare, le 30 vendémiaire an 5 (21 octobre 1796).

A Monsieur le cardinal Mattei.

La cour de Rome a refusé d'adopter les conditions de paix que lui a offertes le directoire ; elle a rompu l'armistice, et en suspendant l'exécution des conditions, elle arme : elle veut la guerre, elle l'aura ; mais, avant de pouvoir de sang-froid prévoir la ruine et la mort des insensés qui voudront faire obstacle aux phalanges républicaines, je dois à ma nation, à l'humanité, à moi-même, de tenter un dernier effort pour ramener le pape à des sentimens plus modérés, conformes à ses vrais intérêts, à son caractère et à la raison. Vous connaissez, monsieur le cardinal, les forces et la puissance de l'armée que je commande : pour détruire la puissance temporelle du pape, il ne me faudrait que le vouloir. Allez à Rome; voyez le Saint-Père, éclairez-le sur ses vrais intérêts; arrachez-le aux intrigans qui l'environnent, qui veulent sa perte et celle de la cour de Rome. Le gouvernement français permet encore que j'écoute des négociations de paix; tout pourrait s'arranger. La guerre, si cruelle pour les peuples, a des résultats terribles pour les vaincus; évitez de grands malheurs au pape : vous savez combien je désire finir par la paix une lutte que la guerre terminerait pour moi sans gloire comme sans perils.

Je vous souhaite, monsieur le cardinal, dans votre mission, le succès que la pureté de vos intentions mérite.

BONAPARTE.

Verone, le 3 brumaire an 5 (24 octobre 1796).

Au citoyen Cacault.

Je vous ferai passer une lettre du ministre Delacroix. Le directoire me prévient que vous êtes chargé de continuer les négociations avec Rome. Vous me tiendrez exactement instruit de ce que vous ferez, afin que je saisisse le moment favorable pour exécuter les intentions du directoire exécutif. Vous sentez bien qu'après la paix avec Naples et avec Gênes, la bonne harmonie qui règne avec le roi de Sardaigne, la reprise de la Corse et notre supériorité décidée dans la Méditerranée, je n'attendrai que le moment pour m'élancer sur Rome et y venger l'honneur national : la grande affaire actuellement est de gagner du temps. Mon intention est, lorsque j'entrerai sur les terres du pape, ce qui encore est éloigné, de le faire, en conséquence de l'armistice, pour prendre possession d'Ancône ; de là, je serai plus à même d'aller plus loin, après avoir mis en ordre mes derrières.

Enfin, le grand art actuellement est de jeter réciproquement la balle pour tromper le vieux renard. Si vous pouviez obtenir un commencement d'exécution de l'armistice, je crois que cela serait bon, mais difficile, à ce que je crois.

Nos affaires reprennent aujourd'hui, et la victoire paraît revenir sous nos drapeaux. BONAPARTE.

Au quartier-général à Verone, le 3 brumaire an 5
(24 octobre 1796).

Au directoire exécutif.

Je suis fâché, citoyens directeurs, que votre lettre du 20 vendémiaire me soit arrivée trop tard. Je vous prie de vous reporter aux circonstances où je me trouvais : Rome imprimant des manifestes fanatiques; Naples faisant marcher des forces ; la régence de Modène manifestant ses mauvaises intentions et rompant l'armistice en faisant passer des convois à Mantoue. La république française se trouvait avilie, menacée : ce coup de vigueur, de rompre l'armistice de Modène, a rétabli l'opinion et a réuni Bologne, Ferrare, Modène et Reggio sous un même bonnet. Le fanatisme s'est trouvé déjoué, et les peuples, accoutumés à trembler, ont senti que nous étions encore là : la république avait le droit de casser un armistice qui n'était pas exécuté. La régence même ne désavoue pas d'avoir envoyé des secours dans Mantoue.

Modène, Reggio, Ferrare et Bologne, réunis en congrès, ont arrêté une levée de deux mille huit cents hommes, sous le titre de *Première légion italienne :* l'enthousiasme est très-grand ; les paysans qui portaient des vivres dans Mantoue sont venus eux-mêmes nous apprendre les routes cachées qu'ils tenaient. La plus parfaite harmonie règne entre nous et les peuples.

A Bologne, ville de soixante-quinze mille ames, l'enthousiasme est extrême : déjà même la dernière classe du peuple s'est portée à des excès ; ils ne voulaient pas reconnaître le sénat : il a fallu les laisser organiser leur constitution et me prononcer fortement pour le sénat, afin de rétablir l'ordre.

A Ferrare, un évêque cardinal, prince romain qui jouit de 150,000 liv., donne tout au peuple et est toujours dans l'église. Je l'ai envoyé à Rome sous le prétexte de négocier, mais dans la réalité pour m'en débarrasser : il a été content de sa mission.

La folie du pape est sans égale ; mais la nouvelle de Naples et de la Méditerranée le fera changer. Mon projet, lorsque je le pourrai, est de me rendre à Ancône au moyen de l'armistice, et de n'être ennemi que là.

Je vous ferai passer une proclamation que j'ai faite à Bologne, et la lettre que j'ai écrite au cardinal archevêque de Ferrare.

Je vous fais mon compliment du traité souscrit avec Gênes : il est utile sous tous les rapports.

La vente de Livourne se fait actuellement. J'occupe, avec une petite garnison, Ferrare. Les barbets sont battus, défaits et fusillés. Vos ordres pour mettre les licenciés à la solde du congrès de la Lombardie sont exécutés.

BONAPARTE.

Au quartier-général à Vérone, le 4 brumaire an 5
(25 octobre 1796).

Au directoire exécutif.

Nous sommes en mouvement : l'ennemi paraît vouloir passer la Piave pour s'établir sur la Brenta ; je le laisse s'engager : les pluies, les mauvais chemins, les torrens m'en rendront bon compte.

Nous verrons comme cela s'engagera. Je vous prie de me dire la conduite que je dois tenir à Trieste, si jamais, après la saison des pluies et une bonne victoire, j'étais obligé de porter la guerre dans le Frioul. Si vous pouviez envoyer trois frégates dans l'Adriatique, elles seraient utiles dans toutes les hypothèses.

La paix avec Naples et Gênes, notre situation avec les peuples, et les troupes que vous annoncez, vous assurent l'Italie, si elles arrivent. La vingt-neuvième demi-brigade, partie de Paris, forte de 4,000 hommes, est arrivée ici à 1100. Si Willot ne retient que 2,000 hommes, la quatre-vingt-troisième devrait déjà être en marche. Cette très-bonne demi-brigade est forte de 2,500 hommes : elle se repose depuis un an ; elle devrait, selon mes ordres, être déjà à Nice. Si je l'ai avant les grands coups, comme il paraît que j'aurai la quarantième, j'espère non-seulement battre les Autrichiens, prendre Mantoue, mais encore prendre Trieste, obliger Venise à faire ce que l'on voudra, et planter nos drapeaux au Capitole.

Il sera nécessaire d'envoyer en Corse au moins 1200 hommes ; il serait bon que quelques frégates se rendissent à Ajaccio et à Saint-Florent, pour se faire voir.

Si vous envoyez quelques frégates dans l'Adriatique, il serait bon qu'un officier de l'équipage vînt se concerter avec moi pour choisir un point pour les protéger et de correspondance. Il serait bon qu'une grosse gabarre vînt à l'embouchure du Pô, je la chargerais de chanvre et de bois de construction : elle pourrait en place nous apporter trois mille fusils, dix mille baïonnettes, deux mille sabres de chasseurs et de hussards, quatre mille obus de six pouces, mille boulets de 12, et six mille boulets de 18 : ce sont des choses dont nous avons toujours besoin. Je ne vois que ce moyen pour que la marine ait bientôt des approvisionnemens, qui sont abondans dans le Ferrarais et la Romagne. Si l'on craint de manquer de blé au printemps, l'on peut envoyer des bateaux à l'embouchure du Pô, je ferai filer tout le blé que l'on voudra.

Les neiges tombent, cela n'empêche pas de se battre dans le Tyrol. Il ne sera pas impossible que j'évacue Trente : j'en serais fâché, les habitans nous sont très-affectionnés ; je ne le ferai qu'au moment où cela sera utile : je n'y pense pas encore.

Wurmser est à la dernière extrémité ; il manque de vin, de viande et de fourrage ; il mange ses chevaux et a quinze mille malades. Il a trouvé le moyen de faire passer à Vienne la proposition que je lui ai faite. Je crois que nous serons bientôt aux mains ici : dans cinq décades, Mantoue sera pris ou délivré. S'il m'arrive seulement la quatre-vingt-troisième et la quarantième, c'est-à-dire, cinq mille hommes, je réponds de tout ; mais, une heure trop tard, ces forces ne seront plus à temps. Si j'étais forcé de me replier, Mantoue serait secouru.

Je fais travailler à force à fortifier Pizzighitone et le château de Tresso, sur l'Adda, ainsi que nos deux ponts sur le Pô.

Six cents matelots ou soldats faits prisonniers par les Anglais sont arrivés de Bastia à Livourne. Lorsque vous enverrez des troupes en Corse, je crois que vous ferez bien de ne choisir, pour y commander, aucun général ni commandant de place, de ce pays.

On a le projet, à ce que j'apprends, de donner une amnistie générale en Corse : il faut, à ce que je crois, en excepter : 1°. les quatre députés qui ont porté la couronne à Londres ; 2°. les membres du conseil d'état du vice-roi, composé de six personnes ; enfin les émigrés, qui étaient portés comme tels sur les registres du département. Je crois que c'est la seule mesure de rendre l'amnistie sûre, cela n'en exceptera que douze ou quinze ; sur tant de coupables, c'est être indulgent.

J'ai fait arrêter à Livourne le citoyen Panalieri, secrétaire de Paoli, arrivant de Londres, et venant de nouveau intriguer.

BONAPARTE.

Au quartier-général à Verone, le 4 brumaire an 5 (25 octobre 1796).

Au directoire exécutif.

Il paraît, citoyens directeurs, par votre lettre de vendémiaire, que les savans et artistes se sont plaints d'avoir manqué de quelque chose : il serait très-ingrat de notre part de ne pas leur donner tout ce qui leur est nécessaire, car ils servent la république avec autant de zèle que de succès, et je vous prie de croire que, de mon côté, j'apprécie plus que personne les secours réels que rendent à l'état les arts et les sciences, et que je serai toujours empressé de seconder de tout mon zèle vos intentions sur cet objet.

BONAPARTE.

Au quartier-général à Verone, le 4 brumaire an 5
(25 octobre 1796).

Au citoyen Poussielgue.

J'ai reçu votre lettre du 30. Les propositions ne sont pas acceptables. Donner toute la Lombardie pour un secours de huit mille hommes, c'est-à-dire pour 5,000, car il n'y en aura jamais davantage, c'est trop demander aujourd'hui, que la paix avec Naples et Gênes est faite. Le Piémont gagne beaucoup à faire une alliance avec nous ; il est sûr par là d'effacer de l'esprit de ses sujets le mépris que leur donne le dernier traité. Ajoutez à cela : 1°. des espérances vagues d'être favorisé dans le traité de paix ; 2°. les fiefs impériaux, ou un équivalent de masse du côté de la rivière de Gênes : cela devrait être bien suffisant.

L'article 11 est inadmissible ; jamais la France ne garantirait rien qu'autant que le succès permettrait de l'obtenir. Continuez toujours vos négociations.

Tout ici va bien. BONAPARTE.

Au quartier-général à Verone, le 4 brumaire an 5
(25 octobre 1796).

Aux membres du congrès d'état.

Je vous autorise, messieurs, à prendre toutes les mesures que vous croyez utiles, en les communiquant au général commandant la Lombardie, et obtenant son approbation.

Vous pouvez, en conséquence, accorder aux étrangers la faculté d'acheter des biens stables dans la Lombardie, rappeler tous les absens et surtout ceux demeurant en pays ennemi, sous peine de séquestrer leurs biens ; saisir les rentes de ceux qui servent chez des puissances ennemies ; chasser tous les prêtres et les moines qui ne sont pas natifs de la

Lombardie; accroître l'imposition directe au point de pouvoir suffire à la solde journalière de la légion lombarde; changer les municipalités, les préteurs et les professeurs des écoles; et pour chacune de ces mesures il vous faudra, à chaque acte, le conseil du général commandant la Lombardie.

Quant à la saisie de toute l'argenterie des églises, je la crois nécessaire; mais je pense que la moitié vous suffit pour la légion lombarde; l'autre moitié sera versée dans la caisse de l'armée, qui éprouve des besoins réels.

J'ai renvoyé l'exécution de cette mesure essentielle aux commissaires du gouvernement, qui nommeront un agent pour se concerter avec vous. BONAPARTE.

Au quartier-général à Verone, le 7 brumaire an 5
(28 octobre 1796).

Au citoyen Cacault.

Je vous fais passer un paragraphe que je reçois en ce moment du directoire. Je vous prie, en conséquence, de commencer des ouvertures avec le cardinal secrétaire d'état, ou de vous servir du cardinal Mattei, qui pourra parler directement au pape. Dès l'instant que la cour de Rome sera décidée à ouvrir une nouvelle négociation avec nous, vous m'en ferez part, et vous pourriez venir avec le ministre qu'elle aura nommé, dans une ville que je vous indiquerai, comme par exemple, Cremone.

Vous pouvez donc signifier au pape que la réponse de Paris m'est arrivée, que, par une suite des sentimens de modération qu'a adoptés le gouvernement français, il m'a chargé de terminer avec Rome toute espèce de différent, soit par les armes, soit par une nouvelle négociation. Désirant donner au pape une marque du désir que j'ai de voir cette guerre si longue se terminer, et les malheurs qui affligent la nature humaine avoir un terme, je lui offre une manière honorable de sauver encore son honneur et le chef de la religion. Vous pouvez l'assurer de vive voix que j'ai toujours été contraire au traité qu'on lui a proposé, et surtout à la manière de négocier; que c'est en conséquence de mes instances particulières et réitérées, que le directoire m'a chargé d'ouvrir la route d'une nouvelle négociation. J'ambitionne bien plus d'être le sauveur du Saint-Siége, que d'en être le destructeur. Vous savez vous-même que nous avons toujours eu des principes conformes, et moyennant la faculté illimitée que m'a donnée le directoire, si l'on veut être sage à Rome, nous en profiterons pour donner la paix à cette belle partie du monde, et tranquilliser les consciences timorées de beaucoup de peuples.

J'attends votre réponse par le retour du courrier.

Rien de nouveau des armées. L'armée de Sambre-et-Meuse s'avance sur le Mein, et l'armée du Rhin a délivré Kelh et est absolument hors de tout danger. BONAPARTE.

Au quartier-général à Verone, le 11 brumaire an 5
(1ᵉʳ novembre 1796).

A son altesse royale le duc de Parme et de Plaisance.

J'ai reçu la lettre de votre altesse royale, le 24 octobre ; je me suis empressé de satisfaire à ce qu'elle désire. L'intention du gouvernement français est de faire tout ce qui pourra être agréable à votre altesse royale : elle me trouvera, dans toutes les circonstances, prêt à lui donner les secours et les forces dont elle pourrait avoir besoin.

Si des employés de l'armée se conduisaient mal, j'invite votre altesse royale à les faire arrêter : lorsqu'ils sont dans ses états, ils doivent s'y comporter avec la décence et le respect qui est dû à l'autorité du prince. Lorsque votre altesse royale voudra m'en tenir instruit, je les ferai sévèrement punir.

La bonne intelligence qui règne entre les deux états, la bonne conduite que votre altesse royale a tenue dans toutes les circonstances, doivent l'assurer de l'amitié et de la protection de la république française contre ceux qui voudraient méconnaître son autorité et transgresser les lois établies dans ses états. Je serai toujours charmé de trouver les occasions de témoigner à votre altesse royale les sentimens d'estime et de considération, etc. BONAPARTE.

Au quartier-général à Verone, le 11 brumaire an 5
(1er novembre 1796).

Au commandant de Plaisance.

L'intention du gouvernement français, citoyen, est que non-seulement la neutralité qui existe entre la république française et les états de Parme soit respectée, mais encore que le prince soit protégé par l'armée française toutes les fois qu'il en aurait besoin.

Vous voudrez bien vous conduire en conséquence, et punir sévèrement tout Français qui s'écarterait de cette conduite. BONAPARTE.

Au quartier-général à Verone, le 11 brumaire an 5
(1er novembre 1796).

Au général Serrurier.

Je ne reconnais pas au commissaire du gouvernement le droit de faire des arrêtés pour requérir des généraux de division. Je vous renvoie, en conséquence, l'arrêté des commissaires.

Quand le général Gentili, chargé de l'expédition, vous demandera quelque chose, vous serez maître de le lui accorder lorsque vous penserez qu'il ne pourra en résulter aucun inconvénient; mais ne m'alléguez jamais un arrêté des commissaires, qui pour moi est absolument insignifiant : et cette méthode est sujette à trop d'abus pour que vous ne sentiez pas vous-même la conséquence de ne pas y donner lieu. Quand les commissaires vous envoient un arrêté, renvoyez-le, en disant que vous ne connaissez d'ordres que ceux de l'état-major. BONAPARTE.

Au quartier-général à Verone, le 11 brumaire an 5
(1er novembre 1796).

Au général Gentili.

J'ai reçu, citoyen général, la lettre que vous m'avez écrite. J'ai vu avec plaisir que vous ne perdiez pas de vue l'occasion de vous emparer de l'île d'Elbe. Je n'ai pas encore sur la Corse des nouvelles assez précises; mais du moment que nous serons maîtres de la mer, des frégates françaises se rendront à Ajaccio, et ce ne sera qu'à leur retour que je ferai passer des troupes en Corse. Vous devez vivre en bonne intelligence avec le commissaire du gouvernement, sans vous croire obligé pourtant d'obéir à tous les arrêtés qu'il pourrait prendre pour le service militaire, qui vous regarde seul. Vous devez surtout ne permettre aucun acte législatif, ni qu'on s'éloigne en rien des lois constitutionelles de la république. Il faut que la Corse soit une bonne fois française, et il ne faut plus y entretenir ce petit tripotage de connivences particulières, qui tendent à éloigner les amis de la France. Je ne crois pas que l'intention du gouvernement soit d'accorder une amnistie aux quatre citoyens qui ont eu assez de bassesse pour porter la couronne au roi d'Angleterre, et à ceux qui étaient membres du conseil d'état. BONAPARTE.

Au quartier-général à Verone, le 11 brumaire an 5
(1er novembre 1796).

Au commissaire ordonnateur en chef.

Le sénat de Bologne a fourni au citoyen Arena plus de soixante mille aunes de toiles, estimées trois à quatre cent mille liv. Comme cet entrepreneur n'avait point d'ordre pour fournir des chemises, que le peu qu'il en a présenté au magasin étaient défectueux, impropre au service, et de toile grossière, vous voudrez bien ordonner à cet entrepreneur de ne faire aucune fourniture, mais le prévenir que la valeur de ladite toile sera portée en compte de la valeur de ses fournitures de souliers : on m'assure qu'il lui est dû à peu près le montant de ladite toile, surtout en faisant prendre les quarante mille paires de souliers qu'il a dans ce moment à Milan.

Je vous prie de ne pas perdre un instant pour vous rendre à Verone avec le payeur, parce qu'il est instant que nous prenions des mesures pour le service de l'armée et des opérations qui doivent avoir lieu. Quoique vous puissiez être incommodé, votre seule présence à Verone vous mettra à même de diriger le commissaire qui vous remplace, et de donner de l'unité au service. Je vous prie, avant de partir, de voir le citoyen Flachat, pour savoir si toutes les soies et marchandises qui existaient à Milan sont vendues, et quels sont les fonds qu'il peut fournir à l'armée.

Voyez aussi le congrès d'état et la municipalité de Milan, pour savoir où en sont les contributions ; voyez également sur cet objet les bureaux des commissaires du gouvernement, et qu'ils vous disent enfin clairement les ressources qu'ils ont pour l'armée : tous ces gens-là ne pensent qu'à voler. S'il arrivait que vous ne pussiez pas absolument venir, voyez à charger quelqu'un de votre opération; envoyez-lui, à cet effet, les instructions dont il aura besoin.

J'apprends avec indignation que le citoyen Auzou se retire avec les quinze ou seize cent mille liv. qu'il a à l'armée: cette conduite est celle d'un escroc.

Le service des charrois de l'artillerie, celui des fourrages, celui de la viande, enfin tous les services exigent que l'on prenne un parti.

Rendez-vous donc sur-le-champ ici. BONAPARTE.

Au quartier-général à Verone, le 13 brumaire an 5
(3 novembre 1796).

Au commissaire du gouvernement.

Nous manquons entièrement d'argent; toutes nos caisses sont vides et tous nos services entravés : le service même du prêt du soldat n'est pas assuré. Vos bureaux, citoyen commissaire, font de très-beaux états qui ne sont jamais d'accord avec le payeur, et, depuis trois mois que l'on cherche à concilier vos comptes, il n'y a jamais moyen de trouver l'emploi de trois ou quatre millions qui existent de différence.

L'ordonnateur, depuis deux mois, n'a reçu que deux millions : tout souffre, et nous sommes en présence de l'ennemi. Vous m'aviez dit que vous faisiez passer les vingt-mille livres de Modène à Milan, et on n'en a fait passer que la moitié. Des trois cent mille livres qui devaient être soldées à Ferrare, il n'a été soldé que la moitié. Quant à Livourne, bien loin de nous présenter de l'argent, on nous offre de cinq à six cent mille liv. portées sans aucune forme légale. La compagnie Flachat, qui a toutes les ressources de l'armée, qui a tous les fonds, qui fait tous ses services en promesses, est la seule qui ait les moyens de pourvoir aux besoins urgens du moment. Faites qu'elle verse dans la caisse du payeur général de l'armée quinze cent mille liv. Vous devez fournir à nos besoins, et depuis deux mois, l'ordonnateur crie que tous les services manquent.

Je vous prie donc, citoyen commissaire, de songer que toute l'armée est en mouvement, que nous sommes en présence de l'ennemi, que le moindre retard peut nous être funeste; occupez-vous donc à faire fournir à l'ordonnateur l'argent qui est nécessaire : nous sommes ici à la veille des plus grands événemens. Si la quatre-vingt-troisième demi-brigade, aujourd'hui soixante-quinzième, était partie de Marseille, conformément à l'ordre que j'ai donné, nous n'aurions rien à craindre, mais trois mille hommes de bonne troupe de moins, dans des circonstances comme celles-ci, sont pour nous un terrible malheur. La quarantième même arrive bien tard : il paraît que tout au plus le premier bataillon arrivera à temps ; cependant, comme nous avons quelques bataillons en route, je vous prie d'expédier un courrier au général Kellermann, pour le requérir et le prier de faire filer ce qu'il y a de disponible. Toutes les troupes de l'Empire sont arrivées en poste avec une célérité surprenante; ils paraissent vraiment décidés à faire de grands sacrifices, et nous, on nous a livrés à nous-mêmes : de belles promesses et quelques petits corps de troupe sont tout ce qu'on nous a donné. BONAPARTE.

Au quartier-général à Vérone, le 15 brumaire an 5
(5 novembre 1796).

Au général Baraguay d'Hilliers.

Nous sommes en présence de l'ennemi, qui a passé la Piave. Vous sentez combien nous avons besoin de troupes; activez donc la marche de tous les dépôts et de tous les bataillons qui nous arrivent, bien entendu que vous prendrez des mesures pour que les fusils qui sont à Cremone soient répartis aux dépôts de Lodi et de Cassano, et que tous les soldats qui nous viendront soient armés. Vous dirigerez les dépôts des divisions d'Augereau et de Masséna sur Verone, où ils prendront de nouveaux ordres à l'état-major ; les dépôts de Mantoue à l'ordinaire, et les dépôts de la division du général Vaubois, à Peschiera, où ils recevront de nouveaux ordres. Envoyez-nous promptement les quatre-vingts hommes du cinquième régiment de dragons que vous avez gardés à Milan; faites partir le premier bataillon de la légion lombarde pour Verone. Vous ne nous écrivez plus assez. Nous ne savons plus exactement ce qui arrive à Milan : il faut que vous ayez une correspondance suivie avec le général qui commande à Tortone, pour être instruit du jour où partent les différens bataillons de Tortone, des jours où ils arrivent à Milan, et l'annoncer aussitôt.

L'ennemi paraît en force : il est nécessaire d'avoir à la fois de l'activité, de la vigilance, et de seconder de votre mieux les opérations de l'armée, spécialement les approvisionnemens de l'artillerie. Ayez l'œil sur ce qui pourrait se passer du côté de Bergame et dans les vallées de Trompir et Dider: quoique ce soit loin de vous, cela vous intéresse trop, pour que vous ne soyez pas prévenu avant tous les autres de ce qui pourrait arriver de ce côté-là, qui méritât votre attention.

L'armée manque totalement de fonds, le service même du prêt est exposé. Je vous prie de remettre la lettre que je vous fais passer au commissaire du gouvernement, s'il y est, ou au citoyen Flachat. Voyez également le congrès d'état et la municipalité de Milan, pour que tout ce qui est dû soit promptement payé.

Si nous faisons des prisonniers, peut-être les ferai-je passer de l'autre côté du Pô, pour les dépayser. J'espère que la deuxième cohorte de la légion lombarde sera promptement organisée, ce qui vous fournira les moyens d'escorte.

BONAPARTE.

Au quartier-général à Verone, le 14 brumaire an 5
(4 novembre 1796).

Au chef de l'état-major.

Le général Masséna a évacué aujourd'hui Bassano, à cinq heures du matin, l'ennemi se trouvant en force à Castel Franco. La soixante-quinzième doit être arrivée, à cette heure, à Vicence. Le général Augereau est déjà à Montebello : indépendamment des hussards du premier régiment, ce général aura encore le vingtième de dragons, fort de trois cent cinquante hommes. J'ai donné au général Meynier le commandement de Verone, au général Kilmaine le commandement depuis le fort de la Chiuza jusqu'à Rovigo, ainsi que celui de Mantoue; il se tiendra à Verone. Picot, qui est parti à minuit de Padoue, et qui a été jusque dans les postes ennemis, m'assure qu'ils ne sont pas plus de 8 à 9,000 hommes. Aucune de leurs patrouilles n'a encore paru à Padoue. Arrangez-vous bien avec le général Vaubois pour qu'il exécute comme il faut les dispositions du plan. J'espère que cette fois nous pourrons, d'un seul coup, donner du fil à retordre. Si cette lettre vous rencontre en chemin, faites-en part au général Vaubois, et par Dieu recommandez-lui de ne pas ménager les courriers. Cet adjoint peut continuer jusque chez le général Vaubois et me renvoyer Louis. Je ne serai pas fâché que le citoyen Junot reste jusqu'à l'attaque de demain. S'il est convenu qu'on doive attaquer demain, qu'il fasse en sorte que j'aie des nouvelles trois fois dans la journée.

En passant la Chiuza, donnez un petit coup d'œil, et assurez-vous qu'il n'y manque pas de munitions de bouche; assurez-vous aussi de la situation du pont et de l'espèce de garde qu'on y fait, cela toutefois autant que la nuit vous le permettra. BONAPARTE.

Au quartier-général à Vicence, le 15 brumaire an 5
(5 novembre 1796).

Au chef de l'état-major.

Nous sommes arrivés avec la division Augereau à Vicence: celle de Masséna était à huit milles d'ici, où elle s'est arrêtée lossqu'elle a su notre arrivée. L'ennemi est entré hier au soir à Bassano, où l'on dit qu'il n'a que deux ou trois mille hommes. Le reste de ses troupes, que l'on porte à sept ou huit mille hommes, est à Citadella, un corps léger a même passé la Brenta à Ospidaletta da Brenta. Masséna va aller les chasser.

Pressez par tous les moyens possibles l'arrivée des cinq pontons; il faudrait les faire venir en poste, vous avez dû les rencontrer entre Villa-Nova et Montebello. Si ces pontons m'arrivent, je passerai la Brenta cette nuit; j'ai fait préparer ici trente-six chevaux pour les conduire où j'en aurai besoin. J'avais ordonné qu'on en préparât un égal nombre à Montebello; jusqu'à cette heure, tout se dispose très-bien ici : si nous avons nos pontons ce soir, la journée de demain sera décisive. Masséna n'a perdu autre chose qu'un seul homme qui avait eu la cuisse cassée, qu'il a déposé à l'hôpital de Bassano. J'imagine que le bataillon des grenadiers arrivera aujourd'hui à Vicence. Je vous attends avec impatience. Je n'ai pas de nouvelles du général Lespinasse, du général Dommartin, ni d'aucun officier du génie. BONAPARTE.

Au quartier-général à Milan, le 18 brumaire an 5
(8 novembre 1796).

Au général Rusca.

J'apprends par la lettre qui m'est apportée par le citoyen....., que les affaires de la Grafagniana sont un peu arrangées.

Trois compagnies de grenadiers et cent cinquante hommes de piquet de la dix-neuvième sont partis pour se rendre à Modène. Le citoyen Lahoz, chef de brigade, est parti avec deux cohortes de sa légion et deux pièces de canon pour se rendre également à Modène. J'ai envoyé l'ordre que vous avez dû faire passer au général commandant à Livourne, pour qu'il envoie trois cents hommes par Massa et Carrara. Je désire qu'avec ces forces, et les deux cohortes de Modène et de Reggio, vous vous rendiez à Castel-Novo, que vous fassiez arrêter et fusiller six chefs, que vous fassiez brûler la maison d'une famille de ce pays, très-connue pour être à la tête de la rébellion, et que vous fassiez arrêter douze ôtages et désarmer tous ceux qui auront pris part à cette rébellion, après quoi vous publierez un pardon général pour le passé. Vous mettrez dans le château de Monte-Alsonso une garnison de cinquante hommes de la cohorte de Modène ; après quoi, vous donnerez l'ordre au citoyen Lahoz de se rendre, avec ses deux cohortes et celles de Modène et de Reggio, six pièces de canon et quatre-vingts hommes de cavalerie, à Livourne, pour y tenir garnison sous les ordres du général commandant.

Vous donnerez l'ordre sur-le-champ à la cohorte de Bologne et à celle de Ferrare de se rendre à Cremone. Je donne ordre au général Ménard, qui y commande, de compléter leur armement.

Quant aux grenadiers et au piquet de la dix-neuvième, si vous croyez ne pas en avoir besoin pour la Grafagniana, vous les retiendrez à Modène jusqu'à ce que vos opérations soient finies, et immédiatement après vous les renverrez à Milan.

J'oubliais de vous dire qu'il faudra faire prêter au gouvernement de Modène, à la petite ville de Castel-Novo, et à tous les villages qui ont pris part à la révolte, un nouveau serment d'obéissance à la république française.

Mettez de l'éclat, dépêchez-vous, et punissez sévèrement les coupables, afin que l'envie ne leur prenne pas de se révolter lorsque nous pourrions être occupés.

BONAPARTE.

Au quartier-général à Vérone, le 24 brumaire an 5 (14 novembre 1796).

Au directoire exécutif.

Je vous dois compte des opérations qui se sont passées depuis le 21 de ce mois : s'il n'est pas satisfaisant, vous n'en attribuerez pas la faute à l'armée : son infériorité, et l'épuisement où elle est des hommes les plus braves me font tout craindre pour elle. Peut-être sommes-nous à la veille de perdre l'Italie. Aucun des secours attendus n'est arrivé; la quatre-vingt-troisième demi-brigade ne part pas ; tous les secours venant des départemens sont arrêtés à Lyon et surtout à Marseille. On croit qu'il est indifférent de les arrêter huit ou dix jours, on ne songe pas que les destinées de l'Italie et de l'Europe se décident ici pendant ce temps-là. Tout l'empire a été en mouvement et y est encore. L'activité de notre gouvernement, au commencement de la guerre, peut seule donner une idée de la manière dont on se conduit à Vienne. Il n'est pas de jour où il n'arrive cinq mille hommes ; et, depuis deux mois qu'il est évident qu'il faut des secours ici, il n'est encore arrivé qu'un bataillon de la quarantième, mauvaise troupe et non accoutumée au feu, tandis que toutes nos vieilles milices de l'armée d'Italie languissent en repos dans la huitième division. Je fais mon devoir, l'armée fait le sien : mon ame est déchirée, mais ma conscience est en repos. Des secours, envoyez-moi des secours ; mais il ne faut plus s'en faire un jeu : il faut, non de l'effectif, mais du présent sous les armes. Annoncez-vous six mille hommes, le ministre de la guerre annonce six mille hommes effectifs et trois mille hommes présens sous les armes; arrivés à Milan, ils sont réduits à quinze cents hommes : ce n'est donc que quinze cents hommes que reçoit l'armée.

Je fus informé, le 10, qu'un corps de deux mille cinq cents Autrichiens s'avançait de la Goricie, et déjà était campé sur la Piave; j'envoyai aussitôt le général Masséna, avec un corps d'observation, à Bassano sur la Brenta, avec ordre de se retirer à Vicence du moment que l'ennemi aurait passé la Piave. J'ordonnai au général Vaubois d'attaquer les postes ennemis dans le Trentin, et surtout de le chasser de ses positions entre le Lawis et la Brenta. L'attaque eut lieu le 12, la résistance fut vive. Le général Guieux emporta Saint-Michel et brûla les ponts des ennemis ; mais ceux-ci rendirent notre attaque nulle sur Segonzano, et la quatre-vingt-cinquième demi-brigade y fut maltraitée malgré sa valeur. Nous avons eu trois cents blessés, cent hommes tués et deux cent cinquante prisonniers; nous avons fait cinq cents prisonniers, et tué beaucoup de monde à l'ennemi.

Le 13, j'ordonnai que l'on recommençât l'attaque sur Segonzano, qu'il fallait avoir; et en même temps instruit que l'ennemi a passé la Piave, je pars avec la division du général Augereau. Nous nous joignons à Vicence avec la division Masséna, et nous marchons, le 15, au-devant de l'ennemi, qui avait passé la Brenta. Il fallait étonner comme la foudre, et balayer, dès son premier pas, l'ennemi. La journée fut vive, chaude et sanglante : l'avantage fut à nous, l'ennemi repassa la Brenta, et le champ de bataille nous resta. Nous fîmes cinq cent dix-huit prisonniers, et tuâmes considérablement de monde ; nous enlevâmes une pièce de canon. Le général Lanusse a été blessé d'un coup de sabre. Toutes les troupes se sont couvertes de gloire.

Cependant le 13, l'ennemi avait attaqué le général Vaubois sur plusieurs points et menaçait de le tourner, ce qui obligea ce général à faire sa retraite sur la Pietra, sa droite adossée à des montagnes, sa gauche à Mori. Le 16, l'ennemi ne se présenta point; mais, le 17, le combat fut des plus opiniâtres. Déjà nous avions enlevé deux pièces de canon et fait treize cents prisonniers, lorsque, à l'entrée de la nuit, une terreur panique s'empara de nos troupes ; la déroute devint complette : nous abandonnâmes six pièces de canon.

La division prit, le 18, sa position à Rivoli et à la Corona par un pont que j'avais fait jeter exprès. Nous avons perdu, dans cette retraite, outre six pièces de canon, trois mille hommes tués, blessés ou prisonniers. La perte de l'ennemi doit avoir été considérable.

Ayant appris une partie de ce qui se passait dans le Tyrol, je m'empressai de partir le 17, à la pointe du jour, et nous arrivâmes le 18, à la pointe du jour, à Verone.

Le 21, à trois heures après midi, ayant appris que l'ennemi était parti de Montebello et avait campé à Villa-Nova, nous partîmes de Verone. Nous rencontrâmes son avantgarde à Saint-Martin. Augereau l'attaqua, la mit en déroute, et la poursuivit trois milles : la nuit la sauva.

Le 22, à la pointe du jour, nous nous trouvâmes en présence. Il fallait battre l'ennemi de suite ; nous l'attaquâmes avec intelligence et bravoure. La division Masséna attaqua la gauche, le général Augereau la droite. Le succès était complet ; le général Augereau s'était emparé du village de Caldero, et avait fait deux cents prisonniers ; Masséna s'était emparé de la hauteur qui tournait l'ennemi, et avait pris cinq pièces de canon ; mais la pluie, qui tombait à seaux, se change brusquement en une petite grelasse froide, qu'un vent violent portait au visage de nos soldats, et favorise l'ennemi ; ce qui, joint à un corps de réserve qui ne s'était pas encore battu, lui fait reprendre la hauteur. J'envoie la soixante-quinzième demi-brigade, qui était restée en réserve, et tout se maintint jusqu'à la nuit ; mais l'ennemi reste maître de la position. Nous avons eu six cents blessés, deux cents morts et cent cinquante prisonniers, parmi lesquels le général de brigade Launai, le chef de brigade Dupuis, qui a été blessé pour la seconde fois. L'ennemi doit avoir perdu davantage.

Le temps continue à être mauvais. Toute l'armée est excédée de fatigue et sans souliers : je l'ai reconduite à Verone, où elle vient d'arriver.

Une colonne ennemie, commandée par Laudon, s'avance sur Brescia, une autre sur Chiuza, pour faire sa jonction avec le corps d'armée. Pour résister à tout cela, je n'ai que dix-huit mille hommes.

L'ennemi a au moins cinquante mille hommes, composés : 1°. d'un corps autrichien venant du Rhin ; 2°. de toutes les garnisons de la Pologne et des frontières de la Turquie ; 3°. du reste de son armée d'Italie, recrutée de dix mille hommes.

Aujourd'hui, 24 brumaire, repos aux troupes ; demain, selon les mouvemens de l'ennemi, nous agirons. Je désespère d'empêcher la levée du blocus de Mantoue, qui dans huit jours était à nous. Si ce malheur arrive, nous serons bientôt derrière l'Adda, et plus loin s'il n'arrive pas de troupes.

Les blessés sont l'élite de l'armée : tous nos officiers supérieurs, tous nos généraux d'élite sont hors de combat ; tout ce qui m'arrive est si inepte ! et ils n'ont pas la confiance du soldat. L'armée d'Italie, réduite à une poignée de monde, est épuisée. Les héros de Lodi, de Millesimo, de Castiglione et de Bassano sont morts pour leur patrie ou sont à l'hôpital ; il ne reste plus aux corps que leur réputation et leur orgueil. Joubert, Lannes, Lanusse, Victor, Murat, Charlot, Dupuis, Rampon, Pigeon, Menard, Chabran, sont blessés ; nous sommes abandonnés au fond de l'Italie. La présomption de mes forces nous était utile ; on publie à Paris, dans des discours officiels, que nous ne sommes que trente mille hommes.

J'ai perdu dans cette guerre peu de monde, mais tous des hommes d'élite qu'il est impossible de remplacer. Ce qui me reste de braves voit la mort infaillible, au milieu de chances si continuelles et avec des forces si inférieures. Peut-être l'heure du brave Augereau, de l'intrépide Masséna, de Berthier, de..... est près de sonner : alors ! alors ! que deviendront ces braves gens? Cette idée me rend réservé ; je n'ose plus affronter la mort, qui serait un sujet de découragement et de malheur pour qui est l'objet de mes sollicitudes.

Sous peu de jours, nous essaierons un dernier effort : si la fortune nous sourit, Mantoue sera pris, et avec lui l'Italie. Renforcé par mon armée de siége, il n'est rien que je ne puisse tenter. Si j'avais reçu la quatre-vingt-troisième, forte de trois mille cinq cents hommes connus à l'armée, j'eusse répondu de tout ! Peut-être, sous peu de jours, ne sera-ce pas assez de quarante mille hommes. BONAPARTE.

Au quartier-général à Modène, le 25 brumaire an 5
(15 novembre 1796).

Au commissaire du gouvernement.

La compagnie Flachat n'a fait encore aucune vente ; cependant elle a des soies et autres marchandises assez importantes dans la Lombardie et à Tortone. Les ventes qu'elle fait à Livourne se font par devant elle, il est indispensable d'y faire intervenir le consul de la république. Cette compagnie, qui a reçu quatorze à quinze millions, ne paye pas les mandats, sous le prétexte qu'elle n'a pas d'argent, mais effectivement pour les faire négocier par main tierce, à quinze ou vingt pour cent de perte. Faites-vous remettre l'état des mandats qu'elle a aujourd'hui acquittés; ordonnez-lui : 1°. d'afficher, sous vingt-quatre heures, la vente de toutes les marchandises qu'elle a, pour être faite ensuite conformément à votre arrêté ; 2°. que tout l'argent provenant des marchandises soit, vingt-quatre heures après, versé dans la caisse centrale, sans que, sous quelque prétexte que ce soit, cette compagnie puisse retenir cet argent ; 3°. qu'elle vous remette l'état des versemens en grains qu'elle a faits à l'armée depuis le commencement de la campagne ; car elle est fortement prévenue d'avoir fait des versemens factices pour quatre-vingt mille quintaux.

Je vous engage à porter sur cette compagnie un œil sévère. De tous côtés on réclame contre elle ; tous ses agens sont d'un incivisme si marqué, que je suis fondé à croire qu'une grande partie sert d'espions à l'ennemi. Je vous prie de prévenir cette compagnie que, si M. Paragallo, Français assez indigne pour avoir désavoué le caractère national, vient en Lombardie, je le ferai mettre en prison. J'ai de fortes raisons pour croire que cet homme a des liaisons avec le ministre de Russie à Gênes, et je suis instruit d'ailleurs que je suis environné d'espions; les employés qu'elle a à Livourne sont en grande partie des émigrés. BONAPARTE.

Au quartier-général à Verone, le 29 brumaire an 5
(19 novembre 1796).

Au commissaire du gouvernement.

L'armée est sans souliers, sans prêt, sans habits; les hôpitaux manquent de tout; nos blessés sont sur le carreau et dans le dénûment le plus horrible; tout cela provient du défaut d'argent, et c'est au moment où nous venons d'acquérir 4,000,000 à Livourne, et où les marchandises que nous avons à Tortone et à Milan nous offrent encore une ressource réelle. Modène devait aussi nous donner 1,800,000 fr., et Ferrare des contributions assez fortes; mais il n'y a ni ordre ni ensemble dans la partie des contributions dont vous êtes spécialement chargé. Le mal est si grand, qu'il faut un remède. Je vous prie de me répondre dans la journée si vous pouvez pourvoir aux besoins de l'armée; dans le cas contraire, je vous prie d'ordonner au citoyen Haller, fripon qui n'est venu dans ce pays-ci que pour voler, et qui s'est érigé intendant des finances des pays conquis, qu'il rende ses comptes à l'ordonnateur en chef qui est à Milan, et en même temps de leur laisser prendre les mesures pour procurer à l'armée ce qui lui manque. L'intention du gouvernement est que ses commissaires s'occupent spécialement des besoins de l'armée, et je vois avec peine que vous ne vous en occupez pas, et que vous laissez ce soin à un étranger dont le caractère et les intentions sont très-suspectes.

Le citoyen Salicetti fait des arrêtés d'un côté, vous de l'autre; et le résultat de tout cela est que l'on ne s'entend pas et que l'on n'a pas d'argent. Les quinze cents hommes que nous tenons à Livourne nous coûtent plus qu'une armée; enfin nous sommes, grâce à tous ces inconvéniens-là, sur le point de manquer des choses indispensables. Nos soldats manquent déjà de ce qu'ils ne devraient pas manquer dans un pays aussi riche, et après les succès qu'ils obtiennent.

BONAPARTE.

Au quartier-général à Verone, le 29 brumaire an 5
(19 novembre 1796).

Au directoire exécutif.

Je suis si harassé de fatigue, citoyens directeurs, qu'il ne m'est pas possible de vous faire connaître tous les mouvemens militaires qui ont précédé la bataille d'Arcole, qui vient de décider du sort de l'Italie.

Informé que le feld-maréchal Alvinzi, commandant l'armée de l'empereur, s'approchait de Verone, afin d'opérer sa jonction avec les divisions de son armée qui sont dans le Tyrol, je filai le long de l'Adige avec les divisions Augereau et Masséna; je fis jeter, dans la nuit du 24 au 25, un pont de bateaux à Ronco, où nous passâmes cette rivière : j'espérais arriver dans la matinée à Villa-Nova, et par là enlever les parcs d'artillerie de l'ennemi, ses bagages, et attaquer l'armée ennemie par le flanc et ses derrières. Le quartier-général du général Alvinzi était à Caldero; cependant, l'ennemi, qui avait eu avis de quelques mouvemens, avait envoyé un régiment de Croates et quelques régimens hongrois dans le village d'Arcole, extrêmement fort par sa position, au milieu de marais et de canaux.

Ce village arrêta l'avant-garde de l'armée pendant toute la journée. Ce fut en vain que les généraux, sentant toute l'importance du temps, se jetèrent à la tête pour obliger nos colonnes de passer le petit pont d'Arcole. : trop de courage nuisit; ils furent presque tous blessés : les généraux Verdier, Bon, Verne, Lannes furent mis hors de combat. Augereau, saisissant un drapeau, le porta au-delà du pont; il resta là plusieurs minutes sans produire aucun effet. Cependant, il fallait passer ce pont, ou faire un détour de plusieurs lieues, qui nous aurait fait manquer toute notre opération : je m'y portai moi-même, je demandai aux soldats s'ils étaient encore les vainqueurs de Lodi; ma présence produisit sur les troupes un mouvement qui me décida encore à tenter le passage. Le général Lannes, blessé déjà de deux coups de feu, retourna et reçut une troisième blessure plus dangereuse; le général Vignolle fut également blessé. Il fallut renoncer à forcer de front ce village, et attendre qu'une colonne commandée par le général Guieux, que j'avais envoyée par Albaretto, fût arrivée. Elle n'arriva qu'à la nuit, s'empara du village, prit quatre pièces de canon et fit quelques centaines de prisonniers. Pendant ce temps-là, le général Masséna attaquait une division que l'ennemi faisait filer sur notre gauche; il la culbuta et la mit dans une déroute complète.

On avait jugé à propos d'évacuer le village d'Arcole, et nous nous attendions, à la pointe du jour, à être attaqués par toute l'armée ennemie, qui se trouvait avoir eu le temps de faire filer ses bagages et ses parcs d'artillerie, et de se porter en arrière pour nous recevoir.

A la petite pointe du jour, le combat s'engagea partout avec la plus grande vivacité. Masséna, qui était sur la gauche, mit en déroute l'ennemi et le poursuivit jusqu'aux postes de Caldero. Le général Robert, qui était sur la chaussée du centre, avec la soixante-cinquième, culbuta l'ennemi à la baïonnette et couvrit le champ de bataille de cadavres. J'ordonnai à l'adjudant Vial de longer l'Adige avec une demi-brigade, pour tourner toute la gauche de l'ennemi; mais ce pays offre des obstacles invincibles; c'est en vain que ce brave adjudant-général se précipite dans l'eau jusqu'au cou, il ne peut pas faire une diversion suffisante. Je fis, pendant la nuit du 26 au 27, jeter des ponts sur les canaux et les marais, le général Augereau y passa avec sa division. A dix heures du matin, nous fûmes en présence : le général Masséna à la gauche, le général Robert au centre, le général Augereau à la droite. L'ennemi attaqua vigoureusement le centre, qu'il fit plier. Je retirai alors la trente-deuxième de la gauche, je la plaçai en embuscade dans les bois, et au moment où l'ennemi, poussant vigoureusement le centre, était sur le point de tourner notre droite, le général Gardanne sortit de son embuscade, prit l'ennemi en flanc et en fit un carnage horrible. La gauche de l'ennemi, étant appuyée à des marais et par la supériorité du nombre, imposait à notre droite : j'ordonnai au citoyen Hercule, officier de mes guides, de choisir 25 hommes dans sa compagnie, de longer l'Adige d'une demi-lieue, de tourner tous les marais qui appuyaient la gauche des ennemis, et de tomber ensuite au grand galop sur le dos de l'ennemi en faisant sonner plusieurs trompettes. Cette manœuvre réussit parfaitement ; l'infanterie ennemie se trouva ébranlée, le général Augereau sut profiter du moment. Cependant, elle résiste encore quoiqu'en battant en retraite, lorsqu'une petite colonne de huit à neuf cents hommes, avec quatre pièces de canon que j'avais fait filer par Porto-Legnago pour prendre une position en arrière de l'ennemi et lui tomber sur le dos, acheva de la mettre en déroute. Le général Masséna, qui s'est reporté au centre, marcha droit au village d'Arcole, dont il s'empara, et poursuivit l'ennemi jusqu'au village de San-Bonifacio ; mais la nuit nous empêcha d'aller plus avant.

Le fruit de la bataille d'Arcole est : quatre à cinq mille prisonniers, quatre drapeaux, dix-huit pièces de canon. L'ennemi a perdu au moins quatre mille morts et autant de blessés.

Outre les généraux que j'ai nommés, les généraux Robert et Gardanne ont été blessés. L'adjudant-général Vaudelin a été tué. J'ai eu deux de mes aides-de-camp tués, les citoyens Elliot et Muiron, officiers de la plus grande distinction; jeunes encore, ils promettaient d'arriver un jour avec gloire aux premiers postes militaires. Notre perte, quoique très-peu considérable, a été très-sensible, en ce que ce sont presque tous nos officiers de distinction.

Cependant le général Vaubois a été attaqué et forcé à Rivoli, position importante qui mettait à découvert le blocus de Mantoue. Nous partîmes, à la pointe du jour, d'Arcole. J'envoyai la cavalerie sur Vicence à la poursuite des ennemis, et je me rendis à Verone, où j'avais laissé le général Kilmaine avec trois mille hommes.

Dans ce moment-ci, j'ai rallié la division Vaubois, je l'ai renforcée, et elle est à Castel-Novo. Augereau est à Verone, Masséna sur Villa-Nova.

Demain, j'attaque la division qui a battu Vaubois, je la poursuis jusque dans le Tyrol, et j'attendrai alors la reddition de Mantoue, qui ne doit pas tarder quinze jours. L'artillerie s'est comblée de gloire.

Les généraux et officiers de l'état-major ont montré une activité et une bravoure sans exemple, douze ou quinze ont été tués; c'était véritablement un combat à mort : pas un d'eux qui n'ait ses habits criblés de balles.

Je vous enverrai les drapeaux pris sur l'ennemi.

BONAPARTE.

Au quartier-général à Verone, le 29 brumaire an 5
(19 novembre 1796).

Au citoyen Carnot, membre du directoire.

Les destinées de l'Italie commencent à s'éclaircir ; encore une victoire demain, qui ne me semble pas douteuse, et j'espère, avant dix jours, vous écrire du quartier-général de Mantoue. Jamais champ de bataille n'a été aussi disputé que celui d'Arcole ; je n'ai presque plus de généraux, leur dévouement et leur courage sont sans exemple. Le général de brigade Lannes est venu au champ de bataille, n'étant pas encore guéri de la blessure qu'il a reçue à Governolo. Il fut blessé deux fois pendant la première journée de la bataille ; il était, à trois heures après-midi, étendu sur son lit, souffrant, lorsqu'il apprend que je me porte moi-même à la tête de la colonne ; il se jette à bas de son lit, monte à cheval et revient me trouver. Comme il ne pouvait pas être à pied, il fut obligé de rester ; il reçut, à la tête du pont d'Arcole, un coup qui l'étendit sans connaissance. Je vous assure qu'il fallait tout cela pour vaincre ; les ennemis étaient nombreux et acharnés, les généraux à leur tête : nous en avons tué plusieurs. BONAPARTE.

Au quartier-général à Verone, le 29 brumaire an 5
(19 novembre 1796).

Au général Clarke.

Votre neveu Elliot a été tué sur le champ de bataille d'Arcole. Ce jeune homme s'était familiarisé avec les armes, il a plusieurs fois marché à la tête des colonnes ; il aurait été un officier estimable ; il est mort avec gloire et en face de l'ennemi, il n'a pas souffert un instant. Quel est l'homme raisonnable qui n'envierait pas une telle mort ? Quel est celui qui, dans les vicissitudes de la vie, ne s'estimerait point heureux de sortir de cette manière d'un monde si souvent méprisable? Quel est celui d'entre nous qui n'a pas regretté cent fois de ne pas être ainsi soustrait aux effets puissans de la calomnie, de l'envie, et de toutes les passions haineuses qui semblent presque exclusivement diriger la conduite des hommes?

BONAPARTE.

Au quartier-général à Verone, le 5 frimaire an 5 (23 novembre 1796).

Au citoyen Miot.

Je reçois, citoyen ministre, la lettre que vous m'avez écrite avant de partir pour la Corse. La mission que vous avez à remplir est extrêmement difficile; ce ne sera que lorsque toutes les affaires seront arrangées, qu'il sera permis de faire passer des troupes en Corse. Vous y trouverez le général Gentili, qui commande cette division. C'est un honnête homme, généralement estimé dans ce pays.

Le Corse est un peuple extrêmement difficile à connaître; ayant l'imagination très-vive, il a les passions extrêmement actives.

BONAPARTE.

Au quartier-général à Verone, le 3 brumaire an 5 (24 novembre 1796).

A monsieur Paul Greppi.

J'ai reçu, monsieur, la lettre que vous vous êtes donné la peine de m'écrire de Milan, en date du 6 brumaire dernier.

J'y ai vu avec indignation le détail de la scène anarchique et licencieuse dont vous avez failli être la victime. Tant que les armées françaises seront à Milan, je ne souffrirai jamais que les propriétés soient insultées, non plus que les personnes. Je désire qu'après avoir fait votre tournée en Toscane, vous retourniez dans votre patrie à Milan ; et soyez sûr qu'on réprimera cette poignée de brigands, presque tous étrangers à Milan, qui croient que la liberté est le droit d'assassiner, qui ne pensent pas à imiter le peuple français dans ses momens de courage et dans les élans de vertus qui ont étonné l'Europe, mais qui chercheraient à renouveler ces scènes horribles produites par le crime, et dont les auteurs seront l'objet éternel de la haine et du mépris du peuple français, même de l'Europe et de la postérité. Soyez donc sans inquiétude; et persuadez-vous que le peuple français et l'armée que je commande, ne laisseront jamais asseoir sur les ruines de la liberté la hideuse et dégoûtante anarchie : nous avons des baïonnettes pour exterminer les tyrans, mais avant tout le crime. BONAPARTE.

Au quartier-général à Verone, le 4 frimaire an 5
(24 novembre 1796).

Au directoire exécutif.

Je vous ai instruit, citoyens directeurs, par ma dernière lettre, que le général Vaubois avait été obligé d'abandonner la position de Rivoli, et que l'ennemi était déjà arrivé à Castel-Novo : je profitai de la déroute de l'ennemi à Arcole pour faire repasser sur-le-champ l'Adige à la division du général Masséna, qui opéra sa jonction à Villa-Franca avec celle du général Vaubois, et, réunies, elles marchèrent à Castel-Novo, le 1er frimaire, tandis que la division du général Augereau se portait sur les hauteurs de Sainte-Anne, afin de couper la vallée de l'Adige à Dolce, et par ce moyen couper la retraite de l'ennemi.

Le général Joubert, commandant l'avant-garde des divisions Masséna et Vaubois réunies, atteignit l'ennemi sur les hauteurs de Campora; après un combat assez léger, nous parvînmes à entourer un corps de l'arrière-garde ennemie, lui faire douze cents prisonniers, parmi lesquels le colonel du régiment de Berberek. Un corps de trois à quatre cents hommes ennemi, voulant se sauver, se noya dans l'Adige

Nous ne nous contentâmes pas d'avoir repris la position de Rivoli et de la Corona, nous poursuivîmes l'ennemi à Preabano. Augereau, pendant ce temps-là, avait rencontré un corps ennemi sur les hauteurs de Sainte-Anne, et l'avait dispersé, lui avait fait trois cents prisonniers, était arrivé à Dolce, avait brûlé deux équipages de pontons, leurs haquets, et enlevé quelques bagages.

Le général Wurmser a fait une sortie sur Mantoue hier, 3, à sept heures du matin; la canonnade a duré toute la journée. Le général Kilmaine l'a fait rentrer comme à l'ordinaire, plus vite qu'il n'était sorti, et lui a fait deux cents prisonniers, pris un obusier et deux pièces de canon. Wurmser était en personne à cette sortie. Voilà la troisième fois, m'écrit le général Kilmaine, que Wurmser tente de faire des sorties, toutes les fois avec aussi peu de succès. Wurmser n'est heureux que dans les journaux que les ennemis de la république soldent à Paris.   BONAPARTE.

Au quartier-général à Milan, le 14 frimaire an 5
(4 décembre 1796).

Au général Rusca.

Il est essentiel, citoyen général, d'occuper le fort de Grafagniana et de faire terminer les troubles qui altèrent la tranquillité de ce pays-là; je n'ai pas de renseignemens assez positifs pour déterminer le parti qu'il convient de prendre, je vous prie de me faire un détail de ce que je dois penser à ce sujet.

Je vous autorise à ordonner aux ôtages qui ont été la cause du trouble, de se rendre à Milan, si vous le jugez nécessaire.

Faites arrêter et conduire à Milan le général du pape, qui est à Modène.

Ayez la plus grande surveillance, et instruisez-moi de ce qui se trame; faites courir le bruit que je fais passer six mille hommes à Modène, cela imposera.

Ordonnez sur-le-champ qu'il y ait deux députés de la Grafagniana au congrès de Modène, je vous autorise à les nommer.

J'attends, par le retour de l'ordonnance, des renseignemens précis, qui me mettent à même de prendre un parti.

BONAPARTE.

Au quartier-général à Milan, le 14 frimaire an 5
(4 décembre 1796).

Au citoyen Faypoult.

La compagnie Flachat était à la fois receveur de l'argent provenant des contributions et fournisseur de l'armée. La compagnie Flachat devait naturellement entrer dans les dépenses de l'armée, et dès lors soldées par le payeur; cependant la maison Flachat à Gênes, dans les comptes qu'elle vous a présentés, porte cinq millions en compensation. Il est indispensable d'exiger, par tous les moyens possibles, la prompte rentrée des cinq millions, dont une partie pourra servir à solder le reste des mandats, spécialement celui de la marine et de l'armée des Alpes. Les besoins de l'armée sont si urgens, que nous avons besoin de compter sur la ressource de l'autre partie, pour pouvoir fournir au service. Je vous engage donc à prendre les moyens que vous croirez les plus expéditifs pour faire rentrer promptement lesdits cinq millions dans la caisse de la république. BONAPARTE.

Au quartier-général à Milan, le 16 frimaire an 5
(6 décembre 1796).

Au directoire exécutif.

Le citoyen Denniée est un brave homme, bon comme ordonnateur ordinaire, mais n'ayant point assez de caractère ni de talens pour être en chef. Je désirerais que vous m'envoyassiez le commissaire ordonnateur Wilmanzi, dont tout le monde dit beaucoup de bien.

J'ai fait arrêter le citoyen Auzou, agent en chef des fourrages de l'armée; il a reçu 1,700,000 fr. depuis la campagne, et il laisse manquer son service partout : je vais le faire juger par un conseil militaire. Il faudrait quelque grand exemple; malheureusement il y a beaucoup de tripotage dans ces conseils, qui ne sont pas assez sévères.

Un nommé Lemosse, que l'opinion publique dénonce et qui me l'a été plus spécialement par les moines d'un couvent, où il a proposé de recevoir deux cents sequins pour ne pas y établir un hôpital, a été élargi par le conseil militaire pendant mon absence : je viens d'ordonner qu'il serait destitué et chassé de l'armée, mais cette punition est bien faible.

BONAPARTE.

Au quartier-général à Milan, le 16 frimaire an 5
(6 décembre 1796).

Au directoire exécutif.

Le général Clarke est arrivé depuis quelques jours; j'ai écrit le même soir à M. le maréchal Alvinzi. Le général Clarke a pensé, avec raison, devoir écrire une lettre à l'empereur même, laquelle est partie avec une lettre pour M. Alvinzi.

Le général Clarke m'a communiqué l'objet de sa mission.

Si l'on n'eût considéré que la situation de cette armée, il eût été à désirer que l'on eût attendu la prise de Mantoue, car je crains qu'un armistice sans Mantoue ne soit pas un acheminement à la paix, et soit tout à l'avantage de Vienne et de Rome.

Je vous ferai passer trois notes relatives à l'objet important dont est chargé le général Clarke. J'espère qu'avant peu de jours nous recevrons la réponse de Vienne, et que ce général se rendra à sa destination pour y remplir vos intentions.

BONAPARTE.

Au quartier-général à Milan, le 16 frimaire an 5
(6 décembre 1796).

Au directoire exécutif.

Le gouvernement de Venise a très-bien traité l'armée autrichienne; il y avait auprès de M. d'Alvinzi des provéditeurs et des approvisionnemens.

Les Allemands, en s'en allant, ont commis toutes espèces d'horreurs, coupé les arbres fruitiers, brûlé les maisons et pillé les villages. Dans ce moment-ci, les ennemis sont à Trente et sur la Brenta. Nous sommes sur l'Adige, et nous occupons la ligne de Montebaldo; il paraît qu'ils se renforcent considérablement dans le Tyrol, où est dans ce moment-ci M. Alvinzi.

Il ne nous est encore rien arrivé, et il ne nous est rien annoncé des dix mille hommes du Rhin, ni des dix mille hommes de l'Océan : ces deux renforts nous sont bien nécessaires.

Si la campagne prochaine a lieu, il faut tourner tous nos efforts du côté du Frioul, et pour cela avoir deux armées en Italie : une dans le Tyrol, qui occupera Trente et qui attaquerait les ennemis; l'autre, dans le Frioul, se porterait à

Trieste, et s'emparerait de tous les établissemens des ennemis dans cette mer-là.

Si vous pouviez faire passer trente mille hommes ici, l'on pourrait les nourrir et les payer, et envahir tout le Frioul; l'empereur serait obligé : 1°. de retirer trente mille hommes du côté du Rhin; 2°. de retenir au moins vingt mille hommes pour seconde ligne, puisque, sans cela, une bataille heureuse compromettrait Vienne : alors on ne ferait presque pas de guerre sur le Rhin, et le théâtre se trouverait très-éloigné de chez nous.

Il n'y a à ce projet qu'une objection, ce sont les maladies que nos troupes gagnent en été en Italie; mais cette assertion est fausse : nous avons eu à cette armée vingt mille malades, sur lesquels quatre mille blessés; des seize mille autres, quatorze mille sont de Mantoue, et deux mille sont du reste de l'armée : ce n'est pas la proportion ordinaire.

Envoyez-nous donc dix mille hommes du Rhin et dix mille de l'Océan, joignez-y quinze cents hommes de cavalerie, quelques compagnies d'artillerie, et je vous promets, avant le mois de mai, de dégager le Rhin, de forcer l'empereur à une guerre d'autant plus désastreuse, qu'elle sera à ses dépens sur son territoire.

Mon armée actuelle, renforcée par les dix mille hommes du Rhin et les dix mille de l'Océan que vous m'avez annoncés, est suffisante pour le Tyrol et l'Italie.

Les dix mille hommes qui assiègent Mantoue, qui seront bientôt douze mille, avec les vingt mille hommes que je vous demande, formeront l'armée du Frioul : avec ces deux armées j'irai à Vienne, ou du moins je me maintiendrai toute la campagne prochaine dans les états de l'empereur, vivant à ses dépens, ruinant ses sujets, en portant la guerre de l'insurrection en Hongrie.

Enfin, citoyens directeurs, je crois que du prompt départ

des dix mille hommes du Rhin peut dépendre le sort de l'Italie ; mais que si vous en tirez dix mille autres, et que vous y joigniez dix à quinze mille hommes de l'Océan, vous aurez le droit d'attendre des millions, des succès et une bonne paix. De Trieste à Vienne il y a cent lieues sans places fortes, sans plan de défense arrêté : ce pays-là n'a jamais été le théâtre de la guerre. BONAPARTE.

Au quartier-général à Milan, le 18 frimaire an 5
(8 décembre 1796).

Au citoyen Auzou.

J'ai reçu, citoyen, les deux lettres que vous m'avez écrites.
Si je ne vous ai pas encore fait dire la raison pour laquelle je vous ai fait arrêter, c'est que j'attendais les installations des nouveaux conseils militaires, qui, étant composés d'officiers, vous donneront des juges plus éclairés et plus dans le cas de vous entendre.

Je me plains de vous, parce que votre service n'a jamais été organisé dans l'armée et ne s'y est jamais fait ; parce que Peschiera n'a jamais été approvisionné ; parce que vous n'avez jamais fourni les moyens nécessaires à vos sous-traitans ; parce qu'enfin vous avez laissé tomber le service à plat dans un moment critique pour l'armée ; enfin parce que vous ne vous êtes jamais trouvé au quartier-général, toutes les fois que votre présence y était nécessaire, c'est-à-dire lorsque l'ennemi était sur le point de nous attaquer.

C'est par votre coupable négligence que nous avons perdu plusieurs centaines de chevaux, que le service de l'artillerie a considérablement souffert, et que la cavalerie, obligée de courir les champs et de fouiller les fermes pour assurer sa subsistance, s'est souvent portée à des excès propres à nous aliéner l'esprit des habitans ; tout cela cependant lorsque votre service a reçu depuis le commencement de la campagne dix-sept à dix-huit cent mille liv., dont vous n'avez certainement pas dépensé le tiers.

Je vous prie de m'envoyer : 1°. un état des consommations journalières des fourrages dans l'armée, ou un relevé des bons pour un des mois passés ; 2°. un état de l'emploi que vous avez fait de l'argent qui vous a été remis ; 3°. un état exact de ce que vous avez remis à chacun de vos sous-traitans ; 4°. enfin s'il arrivait qu'il y en eût parmi eux qui, par leur conduite ou leur incapacité, et quoique ayant reçu des fonds, eussent fait manquer le service, de me les dénoncer.

BONAPARTE.

Au quartier-général à Milan, le 18 frimaire an 5
(8 décembre 1796).

Au provéditeur-général de la république de Venise.

Je n'ai pas reconnu, monsieur, dans la note que vous m'avez fait passer, la conduite des troupes françaises sur le territoire de la république de Venise, mais bien celle des troupes de sa majesté l'empereur, qui partout où elles ont passé, se sont portées à des horreurs qui font frémir.

Le style de cinq pages, sur les six que contient la note qu'on vous a envoyée de Verone, est d'un mauvais écolier de rhétorique, auquel on a donné pour thèse de faire une amplification. Eh ! bon Dieu, monsieur le provéditeur, les maux inséparables d'un pays qui est le théâtre de la guerre, produits par le choc des passions et des intérêts, sont déjà si grands et si affligeans pour l'humanité, que ce n'est pas, je vous assure, la peine de les augmenter au centuple, et d'y broder des contes de fées, sinon rédigés avec motifs, au moins extrêmement ridicules.

Je donne un démenti formel à celui qui oserait dire qu'il

y a eu dans les états de Venise une seule femme violée par les troupes françaises. Ne dirait-on pas, à la lecture de la note ridicule qui m'a été envoyée, que toutes les propriétés sont perdues, qu'il n'existe plus une église et une femme respectées dans le Veronais et le Brescian ? La ville de Verone, celle de Brescia, celle de Vicence, de Bassano, en un mot toute la terre-ferme de l'état de Venise, souffrent beaucoup de cette longue lutte; mais à qui la faute ? C'est celle d'un gouvernement égoïste, qui concentre dans les îles de Venise toute sa sollicitude et ses soins, sacrifie ses intérêts à ses préjugés et à sa passion, et le bien de la nation vénitienne entière à quelques caquetages de coteries. Certes, si le sénat eût été mu par l'intérêt du bien public, il eût senti que le moment était venu de fermer à jamais son territoire aux armées indisciplinées de l'Autriche, et par là de protéger ses sujets et de les garantir à jamais du théâtre de la guerre.

On me menace de faire naître des troubles et de faire soulever les villes contre l'armée française : les peuples de Vicenzia et de Bassano savent à qui ils doivent s'en prendre des malheurs de la guerre, et savent distinguer notre conduite de celle des armées autrichiennes.

Il me paraît qu'on nous jette le gant. Etes-vous, dans cette démarche, autorisé par votre gouvernement ? La république de Venise veut-elle aussi se déclarer contre nous ? Déjà je sais que la plus tendre sollicitude l'a animée pour l'armée du général Alvinzi : vivres, secours, argent, tout lui a été prodigué; mais, grâce au courage de mes soldats et à la prévoyance du gouvernement français, je suis en mesure, et contre la perfidie, et contre les ennemis déclarés de la république française.

L'armée française respectera les propriétés, les mœurs et la religion; mais malheur aux hommes perfides qui voudraient lui susciter de nouveaux ennemis ! C'est sans doute par leur influence qu'on assassine tous les jours sur le territoire de Bergame et de Brescia. Mais puisqu'il est des hommes que les malheurs que leur inconduite pourrait attirer sur la terre-ferme ne touchent pas, qu'ils apprennent que nous avons des escadres : certes, ce ne sera pas au moment où le gouvernement français a généreusement accordé la paix au roi de Naples, où il vient de resserrer les liens qui l'unissaient à la république de Gênes et au roi sarde, qu'on pourra l'accuser de chercher de nouveaux ennemis; mais ceux qui voudraient méconnaître sa puissance, assassiner ses citoyens et menacer ses armées, seront dupes de leurs perfidies et confondus par la même armée qui, jusqu'à cette heure, et non encore renforcée, a triomphé de ses plus grands ennemis.

Je vous prie du reste, monsieur le provéditeur, de croire, pour ce qui vous concerne personnellement, aux sentimens d'estime, etc. BONAPARTE.

Au quartier-général à Milan, le 18 frimaire an 5 (8 décembre 1796).

Au citoyen Lallemant, à Venise.

Des mouvemens insurrectionnels qui sont entièrement apaisés ont eu lieu dans la partie du ci-devant duché de Modène appelé la Grafagniana; ils sont attribués en grande partie au nommé Frater-Zoccolente Magesi, cordelier du couvent de Castel-Nuovo, à la Grafagniana. On m'assure que ce scélérat s'est retiré à Venise : il pourrait se trouver, soit auprès du duc, soit dans le couvent des cordeliers de cette ville.

Je vous prie d'adresser au gouvernement de Venise une note pour demander son arrestation, et de me faire part du fruit de vos démarches. BONAPARTE.

Au quartier-général à Milan, le 20 frimaire an 5
(10 décembre 1796).

A monsieur le provéditeur-général de la république de Venise, à Brescia.

Si j'ai été surpris, monsieur, du ton de la dernière note que l'on m'a envoyée à Verone, c'est que, comme son extrême exagération est évidente à tous les yeux, j'ai pensé qu'elle pouvait être le fait d'un commencement de système : la conduite tenue envers l'armée de M. Alvinzi m'en fournissait une preuve assez naturelle. Quoi qu'il en soit, monsieur, l'armée française suivra la ligne qu'elle a tenue depuis le principe de la campagne, et l'on n'oubliera jamais de punir exemplairement les soldats qui pourraient s'éloigner des règles d'une sévère discipline.

Je vous demande seulement, monsieur, que vous vouliez bien engager les gouverneurs qui sont sous vos ordres, lorsqu'ils auront des plaintes à me faire, à m'indiquer simplement ce qu'ils voudraient que l'on fît, sans les noyer dans un tas de fables. Vous me trouverez au reste toujours disposé à vous donner des preuves des sentimens, etc.

BONAPARTE.

Au quartier-général à Milan, le 20 frimaire an 5
(10 décembre 1796).

Au congrès d'état.

Je ne vois aucun inconvénient, citoyens, à ce que vous envoyiez des députés à la fédération de Reggio : l'union des patriotes fait leur force. Je suis bien aise de saisir ces circonstances pour détruire des bruits répandus par la malveillance. Si l'Italie veut être libre, qui pourrait désormais l'en empêcher? Ce n'est pas assez que les différens états se réunissent, il faut, avant tout, resserrer les liens de fraternité entre les différentes classes de l'état; réprimer surtout le petit nombre d'hommes qui n'aiment la liberté que pour arriver à une révolution : ils sont ses plus grands ennemis, et ils prennent toute espèce de figures pour remplir leurs desseins perfides.

L'armée française ne souffrira jamais que la liberté en Italie soit couverte de crimes. Vous pouvez, vous devez être libres sans révolution, sans courir les chances et sans éprouver les malheurs qu'a éprouvés le peuple français. Protégez les propriétés et les personnes, et inspirez à vos compatriotes l'amour et le respect des lois et des vertus guerrières, qui défendent et protégent les républiques et la liberté. La scène que plusieurs mauvais sujets se sont permise envers le citoyen Greppi, a jeté des craintes et inspiré une terreur que vous devez vous efforcer de dissiper. Comprimez les malveillans, mais n'accoutumez pas un petit nombre de personnes à s'intituler le peuple et à commettre des crimes en son nom.

BONAPARTE.

Au quartier-général à Milan, le 21 frimaire an 5
(11 décembre 1796).

Au citoyen Lavalette, aide-de-camp du général en chef.

Vous vous rendrez à Plaisance, vous y passerez toute la journée de demain; vous me rendrez compte de la situation des deux têtes de pont, de celle de l'artillerie qui les défend, et vous m'en enverrez l'inventaire, ainsi que l'état de situation de la garnison de Plaisance. Vous m'enverrez l'état nominatif de tous les Français qui sont à Plaisance, avec des notes sur ce qu'ils font, et depuis quel temps ils y sont; vous visiterez les hôpitaux, vous m'en enverrez l'état de situation avec des observations sur la tenue, et un résumé de quelles demi-brigades sont les malades, avec l'état nominatif des officiers qui y seraient; vous visiterez tous les magasins et vous m'enverrez les inventaires ; vous partirez demain, dans la nuit, de Plaisance, vous arriverez le 23 au matin à Parme; vous vous rendrez chez son Altesse Royale, vous la complimenterez de ma part sur le traité de paix qui vient d'unir les deux états.

Vous vous ferez remettre l'état de tous les Français qui sont à Parme, vous ferez arrêter ceux qui y sont sans raison, surtout, si vous pouvez le rencontrer, un aventurier qui s'est dit long-temps mon aide-de-camp, s'appelant Lemarais, et de me l'envoyer sous bonne escorte à Milan, ainsi qu'un commissaire nommé Fleuri.

Je vous ferai passer une lettre pour le premier ministre du duc. Je le prie de faire confectionner deux mille paires de bottes, dont il faudra que vous emportiez un échantillon, que vous demanderez au général Beaurevoir, et, au défaut d'échantillon, un modèle, et vingt-cinq mille paires de souliers.

Vous m'écrirez de Parme sur tous ces objets; vous partirez dans la nuit du 23 au 24, pour vous rendre à Reggio et à Modène. Vous m'enverrez de chacune de ces deux villes la liste des Français qui s'y trouvent, soit officiers, ou soldats, ou employés ; vous me ferez connaître tout ce qui pourrait vous frapper, qui pourrait caractériser l'esprit des habitans de ces deux villes, surtout pour ce qui regarde leur légion.

De Modène vous irez joindre le général Rusca; vous m'écrirez sur la situation actuelle de la Grafagniana, sur la manière dont se sont comportées les légions italiennes, sur les exemples que l'on a faits, ainsi qu'à Carrara; de là vous vous rendrez à Livourne.

Vous m'enverrez l'état nominatif de tous les Français qui sont dans cette place, ne faisant pas partie de la garnison.

Vous m'écrirez le plus souvent possible pour m'instruire de l'état des choses, et vous ne reviendrez que lorsque je vous en aurai donné l'ordre, à moins qu'il n'y ait quelque chose de fort intéressant qui nécessitât votre retour.

BONAPARTE.

Au quartier-général à Milan, le 21 frimaire an 5
(11 décembre 1796).

Au général Rusca.

Le général Vaubois me rend compte, citoyen général, que, le 16 de ce mois, il y a eu une révolte dans la ville de Carrara : mon intention est qu'après avoir exécuté mes ordres à la lettre à Castel-Novo, vous vous transportiez à Carrara, et que vous fassiez fusiller trois des chefs, brûler la maison du plus apparent de ceux qui ont pris part à la rébellion, et que vous preniez six ôtages, que vous enverrez au château de Milan; ils ont fait couper le bois de Levinzo : mon intention est que mon ordre, tant pour Castel-Novo que pour Carrara, soit promptement exécuté. Il faut ôter au peuple l'envie de se révolter et de se laisser égarer par les malveillans.

BONAPARTE.

Au quartier-général à Milan, le 21 frimaire an 5
(11 décembre 1796).

Au général Vaubois.

Vous voudrez bien, citoyen général, me faire rendre compte de l'ordre qui portait de couper le bois de Levinzo. C'est toujours par des exactions faites par le commissaire du gouvernement, qu'on excite le peuple à se révolter; il faut que la punition des chefs principaux de la révolte soit éclatante. Je donne l'ordre au général Rusca de s'y transporter de Castel-Novo, d'en faire fusiller trois et d'en arrêter six en ôtage, et de brûler dans la ville de Carrara la maison la plus apparente d'un de ceux qui ont pris part à la rébellion. Vous voudrez bien organiser les trois demi-brigades que vous avez à Livourne, et en former deux bataillons de la soixante-neuvième, et le troisième bataillon sera formé par les troupes qui arrivent de l'Océan. Les quatre-vingts hommes de cavalerie, les sept cents hommes de la légion italienne et les neuf cents de la légion lombarde, avec six pièces de canon qui doivent vous arriver, vous mettront à même de chasser les Anglais de la côte et d'imposer aux malveillans.

Rendez-moi compte de la conduite qu'ont tenue les agens militaires du côté de Massa et de Carrara.

Sous quelque prétexte que ce soit et sur quelque ordre que ce puisse être, ne laissez rien sortir de Livourne. Toutes les ressources qui peuvent y être, sont absolument nécessaires pour l'armée, qui manque de tout, et dont les finances sont dans le plus mauvais état. Le commissaire ordonnateur a dû donner les ordres pour la vente de tous les objets que vous demandez. Quant aux habillemens pour les demi-brigades que que vous avez sous vos ordres à Livourne, l'essai qu'on en a fait sur la soixante-quinzième a si mal réussi, qu'il est impossible de penser à leur en faire fournir dans cette ville; mais on en fera faire à Milan. BONAPARTE.

Au quartier-général à Milan, le 21 frimaire an 5
(11 décembre 1796).

Au sénat de Bologne.

L'imposition appelée *imposta* pèse sur le peuple des campagnes de Bologne.

L'impôt appelé *casuel*, que retirent les curés des paroisses a un but d'utilité réelle, puisqu'il doit suppléer à l'entretien des ministres du culte ; mais il n'est pas moins onéreux pour le peuple, qui est obligé de payer pour recevoir les sacremens : vous avez bien des moyens pour abolir ces deux impositions et améliorer le sort de vos concitoyens.

Moyennant l'ordre que vous avez donné pour expulser les moines qui ne sont pas Bolonais, vous avez économisé l'entretien de trois ou quatre cents personnes ; il faut que ce soit le peuple qui jouisse de l'avantage que la sagesse de vos mesures a procuré à votre république.

Ordonnez qu'il n'y ait dans l'état de Bologne qu'un seul couvent du même ordre, supprimez tous ceux qui auraient moins de quinze religieux ; resserrez les couvens de religieux, et servez-vous des ressources considérables que cela vous donnera, pour remplacer dans votre trésor public le déficit qu'y produirait la suppression de la taxte dite *imposta*, et indemniser les curés et vicaires du déficit que leur procurera la supression du *casuel*.

Je vous prie de faire exécuter l'ordre que je vous envoie sur les commandeurs de Malte. Je n'ai pas voulu l'étendre aux moines, parce que j'ai pensé que vous en profiteriez pour soulager le peuple. BONAPARTE.

Au quartier-général à Milan, le 21 frimaire an 5
(11 décembre 1796).

Au sénat de Bologne et au gouvernement provisoire de Modène et de Ferrare.

Vous voudrez bien commander à tous les commandeurs et autres bénéficiers ou fermiers de l'ordre de Malte de verser dans la caisse du sénat, dans le courant de nivose, une année de leurs revenus, sous peine d'être déchus de leurs bénéfices ou fermes. Les receveurs du sénat et des gouvernemens de Ferrare et de Modène en tiendront compte à la caisse du payeur de l'armée, et, pour cet effet, correspondront avec l'ordonnateur en chef. BONAPARTE.

Au quartier-général à Milan, le 21 frimaire an 5 (11 décembre 1796).

Au citoyen Fréville, secrétaire d'ambassade à Florence.

J'avais déjà reçu, citoyen, par le général commandant à Livourne le procès-verbal fait par l'officier commandant le détachement français qui a passé à Sienne. J'y ai vu avec la plus vive satisfaction que la conduite du gouverneur, commandant pour son altesse royale le grand-duc de Toscane, avait été conforme aux principes de neutralité de ce prince avec la république française. De mauvais sujets de la ville de Sienne se sont portés à quelques excès injurieux pour l'armée française, le temps n'est pas éloigné où nous verrons si les habitans de Sienne soutiendront ce caractère de mépris qu'ils paraissent manifester chez eux contre l'armée française; ils ont insulté un détachement de deux cents hommes : ils sont les seuls du brave peuple toscan qui se soient éloignés des sentimens d'estime qu'on professe assez généralement pour la république française.

N'entretenez pas la cour de Toscane de ces vétilles, dès l'instant qu'il est prouvé que le gouverneur a fait ce qui dépendait de lui pour réprimer ces malintentionnés.

Lorsque le moment sera venu, j'ordonnerai à un général français d'apprendre aux habitans de Sienne qu'on n'insulte pas en vain l'armée française, et que tôt ou tard on la trouve dans son sein, en bon nombre et lorsque l'on s'y attend le moins. Il ne sera plus temps alors de se repentir.

BONAPARTE.

Au quartier-général à Milan, le 21 frimaire an 5
(11 décembre 1796).

Au citoyen Rusca.

Je vous prie, général, de témoigner ma satisfaction aux municipalités de la Mirandole et de Saint-Felsa sur la conduite qu'elles ont tenue. Vous voudrez bien sur-le-champ faire constater que les cinq rebelles arrêtés à Concordia ont continué à frapper ceux qui avaient la cocarde nationale et à détruire l'arbre de la liberté : après quoi, vous les ferez fusiller tous les cinq, au milieu de la place publique de Modène, par la légion modenaise. Vous ferez partir les deux ôtages pour le château de Milan, où ils seront sévèrement gardés. J'approuve fort la conduite que vous avez tenue dans cette affaire délicate : c'est à votre promptitude qu'est due la bonne issue de votre opération.

J'attends avec quelque intérêt les nouvelles que vous allez me donner de votre expédition sur Castel-Novo et Carrara ; j'espère que vous aurez ponctuellement exécuté les ordres que je vous ai donnés. BONAPARTE.

Au quartier-général à Milan, le 21 frimaire an 5
(11 décembre 1796).

Au général Rusca.

Je vous ferai tenir, citoyen général, le procès-verbal de ce qui s'est passé à Carrara. Mon intention est que vous fassiez arrêter tous ceux qui sont dénoncés comme ayant participé à la révolte ; s'ils étaient sauvés, vous feriez brûler leurs maisons, sans cependant qu'il y en ait plus d'une de brûlée par village qui s'est mal comporté : tous les ôtages que vous croirez pouvoir assurer la tranquillité seront arrêtés et envoyés à Milan. Ce n'est pas qu'il y ait quelque chose à craindre tant que nous serons vainqueurs ; mais, à la moindre vicissitude, ils pourraient remuer, ce qui serait un mauvais exemple pour les fiefs impériaux et pour les habitans des montagnes de l'Apennin.

Faites transporter à Livourne les pièces de canon qui se trouvent du côté de Carrara, lorsque la tranquillité y sera parfaitement rétablie ; lorsque vous aurez mis les patriotes en place, faites tout ce qui pourrait être nécessaire pour effrayer les malveillans et contenter les peuples ; jetez un coup d'œil sur les fiefs impériaux, et faites-moi connaître ce que l'on pourrait faire pour nous attacher les habitans.

BONAPARTE.

Au quartier-général à Milan, le 23 frimaire an 5
(13 décembre 1796).

Aux citoyens Peregallo, Flachat et compagnie.

Vous avez, messieurs, reçu l'argent destiné à l'entretien de l'armée, et elle éprouve les besoins les plus pressans : le prêt manque depuis deux décades ; ce service doit être fait sous la responsabilité de la trésorerie, avec laquelle vous avez un marché qui y affecte spécialement le produit de toutes les contributions et des marchandises provenant des conquêtes de l'armée d'Italie. Il est notoire que vous avez reçu 5,000,000 dont vous n'avez rendu aucun compte. J'aime à croire que vous solderez sur-le-champ 600,000 liv. nécessaires au payeur de l'armée, et je vous préviens qu'il a en conséquence tiré sur vous des lettres de change pour 600,000 fr.

Si, par une mauvaise foi inconcevable, vous aviez l'imprudence d'éluder l'escompte de ladite lettre de change, vous seriez responsable des événemens qui pourraient survenir, du tort que cela ferait à l'armée, et je requiers le citoyen Faypoult de vous considérer comme des banqueroutiers et de vous traiter comme tels. BONAPARTE.

Au quartier-général à Milan, le 24 frimaire an 5 (14 décembre 1796).

Au citoyen Faypoult.

Le citoyen Regnier vous communiquera un arrêté des commissaires du gouvernement, qui tire 600,000 liv. sur la maison Flachat et Perregallo, sur les 5,000,000 qu'ils ont, provenant des contributions de l'armée, et qu'ils auraient dû verser dans la caisse du payeur. Cette somme est destinée à solder le prêt, qui manque à l'armée depuis deux décades. S'ils n'acceptent pas les lettres de change, je vous requiers de faire mettre le scellé sur la maison Flachat, Castelli, Peregallo et compagnie, et de chercher à procurer cet argent au payeur de l'armée. Des opérations de la plus grande conséquence peuvent tenir à l'exécution de cette mesure.

J'ai ordonné au général Baraguay d'Hilliers de faire mettre les scellés sur les papiers du correspondant de cette maison à Milan.

L'armée manque de tout, le prêt est arriéré de deux décades; nous n'avons plus de ressources que dans les 5,000,000 et les 2,000,000 qui doivent nous rentrer d'après la convention, les ratifications ayant été échangées à Paris. Le payeur va tirer pour 2,000,000 pour ce dernier objet.

Vous devez avoir, outre les sept caisses venant de Bologne, quatre ou cinq caisses venant de Milan, qui ont été estimées, je crois, 8 à 9000,000 fr. Gardez-les bien précieusement, car il viendra un temps où nous pourrons avoir besoin de nous en servir pour nourrir l'armée, en empruntant dessus.

BONAPARTE.

Au quartier-général à Milan, le 24 frimaire an 5
(14 décembre 1796).

Au général Baraguay d'Hilliers.

Vous voudrez bien, citoyen général, faire venir chez vous le citoyen Rouillet, agent en chef de la compagnie Flachat, le sommer de verser dans la caisse du payeur les 4 ou 5,000,000 qu'il a, provenant des contributions, et, sur son refus, le faire mettre en état d'arrestation et les scellés sur ses papiers.

BONAPARTE.

Au quartier-général à Verone, le 1er nivose an 5
(20 décembre 1796).

Au directoire exécutif.

Je vous envoie onze drapeaux pris sur l'ennemi aux batailles de Rivoli et de la Favorite. Le citoyen Bessières, commandant des guides, qui les porte, est un officier distingué par sa valeur et sa bravoure, et par l'honneur mérité qu'il a de commander une compagnie de braves gens qui ont toujours vu fuir l'ennemi devant eux, et qui, par leur intrépidité, nous on rendu, dans la campagne, des services très-essentiels.

BONAPARTE.

Au quartier-général à Milan, le 8 nivose an 5
(28 décembre 1796).

Au directoire exécutif.

Il y a dans ce moment-ci en Lombardie trois partis : 1°. celui qui se laisse conduire par les Français ; 2°. celui qui voudrait la liberté, et montre même son désir avec quelque impatience ; 3°. le parti ami des Autrichiens, et ennemi des

Français. Je soutiens et j'encourage le premier, je contiens le second, et je réprime le troisième.

Il est faux que j'aie augmenté la contribution de la Lombardie de huit millions, et le parti qui vous a remis un mémoire basé sur ce fait, ferait beaucoup mieux de payer les cinq millions que lui et ses associés doivent à la république, et ont volé à l'armée, que de parler d'un pays où sa compagnie s'est fait universellement mépriser par les coquineries de toutes espèces qu'elle a commises.

Les républiques cispadanes sont divisées en trois partis : 1°. les amis de leur ancien gouvernement ; 2°. les partisans d'une constitution indépendante, mais un peu aristocratique ; 3°. les partisans de la constitution française ou de la pure démocratie. Je comprime le premier, je soutiens le second et je modère le troisième.

Je soutiens le second et je modère le troisième, parce que le parti des seconds est celui des riches propriétaires et des prêtres, qui en dernière analyse finiraient par gagner la masse du peuple, qu'il est essentiel de rallier autour du parti français.

Le dernier parti est composé de jeunes gens, d'écrivains, et d'hommes qui, comme en France et dans tous les pays, ne changent de gouvernement, n'aiment la liberté que pour faire une révolution.

Les Allemands et le pape réunissent leur crédit pour insurger les Apennins ; leurs efforts sont inutiles : une partie de la Grafagniana s'était cependant révoltée, ainsi que la petite ville de Carrara. J'ai envoyé une petite colonne mobile pour mettre ces gens-là à la raison, et faire des exemples terribles, qui apprennent à ces montagnards à ne pas jouer avec nous. La révolte des Apennins, si elle se faisait au moment où nous aurions affaire à l'ennemi, nous donnerait beaucoup d'embarras. Ces montagnes arrivant jusqu'à Tortone, leurs habitans pourraient gêner les communications : aussi j'y ai perpétuellement les yeux.

Dans ce moment-ci, les républiques cispadanes sont réunies dans un congrès qu'elles tiennent à Reggio.

BONAPARTE.

Au quartier-général à Milan, le 8 nivose an 5
(28 décembre 1796).

Au directoire exécutif.

Je vous enverrai la lettre écrite par le général Alvinzi et la réponse du général Berthier : en conséquence le baron Vincent et le général Clarke se réunissent à Vicence, le 13 de ce mois. Mon opinion est que, quelque chose que l'on puisse stipuler pour le *statu quo* de Mantoue, l'exécution en sera toujours impossible. Si l'empereur consent à conclure l'armistice sans le pape, l'avantage de pouvoir retirer trente millions, cet hiver, d'Italie, et de pouvoir en donner quinze aux armées de Sambre-et-Meuse et du Rhin, est une considération telle, qu'elle nous permet d'ouvrir la campagne prochaine avec avantage.

Mais si l'empereur veut y comprendre le pape, l'armistice nous fera perdre Mantoue, l'argent de Rome, et donnera le temps au pape d'organiser une force militaire avec des officiers autrichiens : cela mettrait toutes les chances contre nous pour la campagne prochaine.

BONAPARTE.

Au quartier-général à Milan, le 8 nivose an 5
(28 décembre 1796).

Au directoire exécutif.

Les Vénitiens ayant accablé de soins l'armée du général Alvinzi, j'ai cru devoir prendre une nouvelle précaution, en m'emparant du château de Bergame, qui domine la ville de ce nom et empêcherait les partisans ennemis de venir gêner notre communication entre l'Adda et l'Adige.

De toutes les provinces de l'État de Venise, celle de Bergame est la plus mal intentionnée à notre égard. Il y avait dans la ville de ce nom un comité chargé de répandre les nouvelles les plus ridicules sur le compte de l'armée; c'est sur le territoire de cette province que l'on a le plus assassiné de nos soldats, et c'est de là que l'on favorisait la désertion des prisonniers autrichiens. Quoique la prise de la citadelle de Bergame ne soit pas une opération militaire, il n'en a pas moins fallu de la dextérité et de la fermeté : le général Baraguay d'Hilliers, que j'en avais chargé, s'est dans cette occasion parfaitement conduit; je vais lui donner le commandement d'une brigade, et j'espère qu'aux premières affaires il méritera sur le champ de bataille le grade de général de division.

Je vous ferai passer plusieurs pièces de ma correspondance avec le duc de Parme, bonnes à communiquer à notre ambassadeur en Espagne, pour s'en faire un mérite près la cour de Madrid.

J'a eu une entrevue avec M. Manfredini, qui, comme vous le savez, a été gouverneur de l'empereur, du prince Charles et du grand-duc de Toscane; je suis convenu avec lui, après deux heures de pourparlers et de finesses diplomatiques, que, moyennant deux millions, j'évacuerais Livourne : il a beaucoup pleuré misère. J'attends la réponse du grand-duc sous quelques jours.

Les Napolitains m'ont fait signifier la paix et m'ont demandé la permission de s'en retourner à Naples, je leur ai répondu que le gouvernement ne m'avait pas encore signifié la paix, que j'allais vous expédier un courrier, que j'attendrais des ordres. Je vous prie de me faire connaître vos intentions à ce sujet. Je désirerais cependant, auparavant de les laisser s'en aller, avoir terminé quelque chose avec Rome : car cette cavalerie m'est un gage que le roi de Naples s'en tiendra à la paix et se conduira comme il faut.

Quant à Rome, le pape a dans ce moment réuni toutes ses forces à Faïenza et dans les autres villes de la Romagne, où il a près de six mille hommes. Comme cela fait très-peur aux Bolonais et pourrait servir à favoriser l'évasion de Wurmser de la place de Mantoue, conformément à un article de l'armistice, je ferai arrêter des ôtages dans les différens pays, conformément à l'usage de toutes les nations, et ces ôtages seront les citoyens les plus attachés au pape et les plus grands ennemis du parti français : par ce moyen, le pays s'organisera de lui-même comme Bologne. Je séquestrerai tous les revenus de la Romagne et de la Marche, pour me tenir lieu de paiement des quinze millions, conformément à l'armistice. Je mettrai à Ancône les quinze cents hommes que je tiens à Livourne, et par ce moyen j'éloignerai ce corps d'ennemis qui paraît se combiner avec la position d'Alvinzi à Padoue et l'ordre que l'empereur vient de donner à Wurmser ; et je trouverai de l'argent pour l'armée.

Si je tarde quelques jours dans l'exécution de ce projet, c'est 1°. qu'il faut laisser passer quelques jours pour que l'impression faite sur les Vénitiens par l'occupation de Bergame soit entièrement détruite ; 2°. qu'il faut que je m'assure que les secours que vous m'annoncez sont en route et arrivent véritablement. Vous sentez bien qu'il me faut au moins trois mille hommes pour aller jusqu'à Ancône, qui est à quarante lieues de Bologne. Si les dix mille hommes de secours de l'Océan et les dix mille du Rhin que vous m'annoncez depuis long-temps arrivent enfin, je prendrai six mille hommes pour aller à Rome. Vous sentez combien, dans toutes ces hypothèses, il est essentiel d'avoir toujours en ôtages les trois mille Napolitains, qui tiendront en respect la cour de Naples, qui d'ailleurs, à ce qu'on m'assure, commence déjà à désarmer. Cela aussi est une raison pour laquelle je retarde de quelques jours mon opération.

Le citoyen Poussielgue vous a rendu compte en détail de l'issue de la négociation avec Turin. Il paraît que ces gens-là ne peuvent pas s'accoutumer au nouvel état de choses. Le nouveau roi met de l'ordre dans ses finances, se captive ses sujets, et je ne doute pas qu'il n'espère, par la continuation de la guerre, pouvoir jouer de nouveau un rôle. Je crois que notre politique à l'égard de ce prince doit consister à maintenir toujours chez lui un ferment de mécontentement, et surtout à bien s'assurer de la destruction des places du côté des Alpes. BONAPARTE.

Au quartier-général à Milan, le 8 nivose an 5
(28 décembre 1796).

Au directoire exécutif.

Le citoyen Muiron a servi, depuis les premiers jours de la révolution, dans le corps de l'artillerie; il s'est spécialement distingué au siége de Toulon, où il fut blessé en entrant par une embrasure dans la célèbre redoute anglaise.

Son père était alors arrêté comme fermier-général : le jeune Muiron se présente à la convention nationale, au comité révolutionnaire de sa section, couvert du sang qu'il venait de répandre pour la patrie; il obtint la libération de son père.

Au 13 vendémiaire, il commandait une des divisions d'artillerie qui défendaient la convention; il fut sourd aux séductions d'un grand nombre de ses connaissances et des personnes de sa société. Je lui demandai si le gouvernement pouvait compter sur lui : « Oui, me dit-il, j'ai fait serment de soutenir la république, je fais partie de la force armée, j'obéirai en obéissant à mes chefs; je suis d'ailleurs, par ma manière de voir, ennemi de tous les révolutionnaires, et tout autant de ceux qui n'en adoptent les maximes et la marche que pour rétablir un trône, que de ceux qui voudraient rétablir ce régime cruel où mon père et mes parens ont si longtems souffert. » Il s'y comporta effectivement en brave homme, et fut très-utile dans cette journée, qui a sauvé la liberté.

Depuis le commencement de la campagne d'Italie, j'avais pris le citoyen Muiron pour mon aide-de-camp : il a rendu dans presque toutes les affaires des services essentiels; enfin il est mort glorieusement sur le champ de bataille d'Arcole, laissant une jeune veuve enceinte de huit mois.

Je vous demande, en considération des services rendus dans les différentes campagnes de cette guerre par le citoyen Muiron, que la citoyenne veuve Berault Courville, sa belle-mère, soit rayée de la liste des émigrés, sur laquelle elle a été inscrite, quoiqu'elle n'ait jamais émigré, ainsi que le citoyen Charles-Marie Berault Courville, son beau-frère. Ce jeune homme avait quatorze ans lorsqu'il a été mis sur la liste des émigrés, étant en pays étranger pour son éducation.

BONAPARTE.

Au quartier-général à Milan, le 8 nivose an 5 (28 décembre 1796).

Au directoire exécutif.

L'armée du général Alvinzi est sur la Brenta et dans le Tyrol; l'armée de la république est le long de l'Adige, et occupe la ligne de Montebaldo, Corona, Rivoli. Nous avons une avant-garde en avant de Porto-Legnago.

Mantoue est cerné avec le plus grand soin. Le 2 de ce mois, le général Dumas surprit un espion qui entrait dans la ville : c'est un cadet autrichien qui avait été expédié de

Trente par Alvinzi. Après de grandes façons, il avoua qu'il était porteur de dépêches, et, effectivement, il rendit, vingt-quatre heures après (allant à la garde-robe), un petit cylindre où était renfermée la lettre de l'empereur que je vous ferai passer. Si cette méthode de faire avaler les dépêches n'était pas parfaitement connue, je vous enverrais les détails, afin que cela soit envoyé à nos généraux, parce que les Autrichiens se servent souvent de cette méthode. Ordinairement les espions gardent cela dans le corps pendant plusieurs jours; s'ils ont l'estomac dérangé, ils ont soin de reprendre le petit cylindre, de le tremper dans de l'élixir et de le réavaler. Ce cylindre est trempé dans de la cire d'Espagne, déliée dans du vinaigre.

Vous verrez, par la lettre de l'empereur, que Wurmser doit effectivement être à toute extrémité; la garnison ne se nourrit que de *poulenta* et de viande de cheval; cependant il est possible que sa réduction tarde encore : les Autrichiens mettent tant d'espérance dans cette place, qu'il n'est pas étonnant qu'ils souffrent toutes les extrémités avant de la rendre.

Le parti qu'ordonne l'empereur n'est pas bien dangereux.

Le corps franc des volontaires de Vienne, fort de quatre mille hommes, est arrivé à Trente; il y a un caporal qui est chambellan : c'est une garde nationale. Trois mille hommes sont déjà arrivés à Trente, venant du Rhin, et quatre mille recrues de Hongrie. Les chemins sont chargés de troupes. Nous, au contraire, nous en sommes toujours au premier des renforts annoncés au commencement de la campagne, qui n'arrivent pas encore.

L'état de situation que vous m'avez envoyé est plein de doubles emplois et de fautes. Je suis entré en campagne avec un corps d'armée de vingt-quatre mille hommes d'infanterie, une division du col de Tende et de Fenestre, et les garnisons des Alpes-Maritimes de huit mille hommes, dont six mille m'ont rejoint après la bataille de Mondovi, en descendant le col de Tende. J'ai donc eu trente mille hommes de la ci-devant armée d'Italie dans les plaines du Piémont.

L'armée des Alpes m'a fourni huit mille cinq cents hommes, qui ne doivent pas être considérés comme renfort, puisque l'armée des Alpes défendait les frontières d'Italie.

On peut donc considérer l'armée d'Italie proprement dite comme ayant été primitivement de trente-huit mille cinq cents hommes d'infanterie.

Le gouvernement l'a renforcée de deux mille six cents hommes venant du général Châteauneuf-Randon, et des trente-troisième, sixième, quarantième et cinquante-huitième demi-brigades, venant de la Vendée, et de la quatorzième, venant de Paris, faisant en tout dix mille hommes.

Si donc l'armée n'avait perdu personne, elle aurait cinquante-un mille cent hommes d'infanterie, mais sur lesquels quatre mille hommes ont été tués sur le champ de bataille, comme vous le verrez par l'état que je vous ferai passer; mille blessés hors de service; deux mille morts aux hôpitaux: en tout sept mille.

On a donc perdu sept mille hommes, dont mille cavaliers, pionniers ou artilleurs: reste ainsi quarante-cinq mille cent hommes d'infanterie, dont elle est composée.

Vous voyez donc, citoyens directeurs, que votre armée a reçu, non pas cinquante-sept mille hommes de renfort, mais seulement douze mille six cents hommes, dans une campagne où il y a eu tant de batailles, et où les mêmes hommes ont détruit l'armée sarde et l'armée de Beaulieu, fortes de soixante-treize mille hommes: l'armée de Beaulieu, renforcée de vingt mille hommes du Rhin, commandés par Wurmser; l'armée de Wurmser, renforcée de dix-huit mille hommes tirés de la Pologne, six mille du Rhin et douze mille recrues, commandés par Alvinzi; et nous sommes à la veille d'avoir affaire aux débris de toutes ces armées, renforcés par quatre mille volontaires de Vienne, trois mille hommes du Rhin, trois mille recrues déjà arrivées, quinze cents que l'on m'assure que les ennemis attendent dans le courant de janvier, plus, les recrues qui arrivent de tous les côtés.

Il a fallu du bonheur et du bien joué pour vaincre Alvinzi. Comment espérer vaincre, avec les mêmes troupes, Alvinzi, renforcé de trente à trente-cinq mille hommes, tandis que nous n'avons encore reçu que trois mille hommes?

La guérison de nos malades est sûrement un avantage; mais les malades de Wurmser se guérissent aussi dans Mantoue.

Vous m'annoncez dix mille hommes de l'Océan et dix mille du Rhin, mais rien de cela n'arrive; il y a cependant six décades de votre annonce. On dit même que la tête de cette colonne de l'Océan a rétrogradé.

Il paraît, d'après la lettre de l'empereur, qu'une lutte se prépare pour janvier; faites au moins que les secours qui devaient arriver contre Alvinzi, et dont la victoire d'Arcole nous a mis à même de nous passer, arrivent actuellement: sans quoi, vous sacrifiez l'armée la plus attachée à la constitution, et qui, quels que soient les mouvemens que se donnent les ennemis de la patrie, sera attachée au gouvernement et à la liberté avec le même zèle et la même intrépidité qu'elle a mis à conserver l'Italie à la république.

Je le dis avec une vraie satisfaction, il n'est point d'armée qui désire davantage la conservation de la constitution sacrée, seul refuge de la liberté et du peuple français. L'on hait ici et l'on est prêt à combattre les nouveaux révolutionaires, quel que soit leur but. Plus de révolution, c'est l'espoir le plus cher du soldat : il ne demande pas la paix, qu'il désire intérieurement, parce qu'il sait que c'est le seul moyen de ne la pas obtenir, et que ceux qui ne la désirent pas l'appellent bien haut pour qu'elle n'arrive pas. Le soldat se prépare à de nouvelles batailles, et s'il jette quelquefois un coup d'œil sur l'esprit qui anime plusieurs villes dans l'intérieur, son regret est de voir les déserteurs accueillis, protégés, et les lois sans force dans un moment où il s'agit de décider du sort du peuple français.

Enfin, citoyens directeurs, l'ennemi retire ses troupes du Rhin pour les envoyer en Italie; faites de même, secourez-nous : il n'y aura jamais que la disproportion trop marquée des ennemis, qui pourra nous vaincre. Nous ne vous demandons que des hommes, nous nous procurerons le reste avec d'autant plus de facilité, que nous serons plus nombreux.

Je vous envoie une pétition des officiers de la cinquante-septième, qui réclament le citoyen Maçon, leur chef de brigade, arrêté par ordre du général Willot.

BONAPARTE.

Au quartier-général à Milan, le 8 nivose an 5
(28 décembre 1796).

Au commissaire ordonnateur en chef.

Il se fait un très-grand abus, citoyen ordonnateur : il n'y a aucune espèce d'ordre dans la dépense du payeur, il n'y en a pas non plus dans la livraison de vos ordonnances. Mes intentions sont que vous donniez les instructions nécessaires au payeur, pour qu'il y ait un mode de comptabilité qui nous mette à même de connaître, chaque jour, la situation où nous nous trouvons.

Le payeur de l'armée ne paiera, sur les fonds qui sont mis dans sa caisse pour la solde des troupes, que le prêt des demi-brigades, de l'artillerie, des sapeurs, des mineurs et de la cavalerie, ainsi que les appointemens des officiers de l'armée et des commissaires des guerres.

Il y aura chaque mois 150,000 fr. à votre disposition, sur lesquels, conformément à l'ordre du ministre, du 11 nivose an 4, vous sera remboursé ce qui est nécessaire au pansement, aux médicamens et ferrage des chevaux, c'est-à-dire, trois francs par mois par cheval : il faudra donc que vous envoyiez une ordonnance à chaque conseil d'administration en prévenant le payeur que vous y affecterez une somme sur les 150,000 liv.

Vous ferez également solder, sur cette somme, la gratification d'entrée en campagne, les indemnités de pertes d'équipages; les frais de bureaux pour toute l'armée seront compris dans un état général que vous présentera le chef de l'état-major.

Les frais de poste pour toute l'armée et les dépenses extraordinaires seront soldés par le chef de l'état-major. Vous lui remettrez, à cet effet, au commencement de chaque mois, 50,000 liv. sur les 150,000 qui sont à votre disposition, et il devra, à la fin de chaque mois, vous présenter l'état des frais de bureaux de toute l'armée et des frais de poste.

Sous quelque prétexte que ce soit, vous ne pourrez jamais dépenser plus de 100,000 fr. par mois pour les objets dont il est ci-dessus question, et 50,000 pour les deux articles dont est chargé le chef de l'état-major.

Lorsque des circonstances extraordinaires nécessiteront une augmentation de fonds, il faudra, auparavant, que vous donniez une ordonnance au payeur, afin que les fonds mis à votre disposition soient approuvés.

Les appointemens des médecins et autres administrateurs des hôpitaux seront payés sur les fonds mis à votre disposition, et vous vous arrangerez avec le payeur; mais il faut que, sous quelque prétexte que ce soit, l'on ne détourne point pour une autre destination les fonds destinés à la solde des troupes.

Pour le mois de nivose, l'on a fait des fonds pour le prêt, et l'on a mis 100,000 liv. à votre disposition; je vais ordonner qu'on en remette 50,000 en exécution du présent ordre. Je vous prie de me faire connaître les sommes qui vous sont nécessaires pour la solde des officiers de santé.

Je vous prie d'envoyer copie de la présente lettre au payeur de l'armée.   BONAPARTE

Note donnée par le général Bonaparte au général divisionnaire Clarke [1].

Mantoue est bloqué depuis plusieurs mois : il y a au moins dix mille malades qui sont sans viande et sans médicamens; il y a six à sept mille hommes de garnison qui sont à la demi-ration de pain, à la viande de cheval et sans vin; le bois même est rare. Il y avait dans Mantoue six mille chevaux de cavalerie et trois mille d'artillerie : ils en tuent cinquante par jour, ils en ont salé six cents; beaucoup sont morts faute de fourrage; il en reste encore dix-huit cents de cavalerie, qui se détruisent tous les jours : il est probable que dans un mois Mantoue sera à nous. Pour accélérer cette reddition, je fais préparer de quoi servir trois batteries incendiaires, qui commenceront à jouer le 25 de ce mois.

L'armée, qui était venue avec tant de forces au secours de Mantoue, est battue : elle pourra être renforcée dans quinze jours, mais il nous arrive des secours; d'ailleurs le général Clarke ne peut pas entamer ses négociations avant douze jours, et à cette époque, si la cour de Vienne conclut l'armistice, c'est que l'on ne serait pas dans le cas de se présen-

---

[1] Cette note, sans date, nous a paru appartenir à la même époque que la lettre précédente.

ter avec quelque espoir de succès. Dans le cas contraire, la cour de Vienne attendrait l'issue de ses derniers efforts avant de rien conclure.

Maîtres de Mantoue, l'on sera trop heureux de nous accorder les limites du Rhin.

Rome n'est point en armistice avec la république française, elle est en guerre ; elle ne veut payer aucune contribution, la prise de Mantoue seule peut lui faire changer de conduite.

Nous perdrions donc par l'armistice :

1°. Mantoue jusqu'en mai, et, à cette époque, nous le trouverions parfaitement approvisionné, quelque arangement que l'on fasse ; et les chaleurs le rendraient imprenable à la fin de l'armistice.

2°. Nous perdrions l'argent de Rome, que nous ne pouvons avoir sans Mantoue : l'Etat de l'église est inabordable en été.

3°. L'empereur, étant plus près, ayant plus de moyens de recruter, aura en mai une armée plus nombreuse que la nôtre : car, quelque chose que l'on fasse, dès que l'on ne se battra plus, tout le monde s'en ira. Dix à quinze jours de repos feront du bien à l'armée d'Italie, trois mois la perdront.

4°. La Lombardie est épuisée : nous ne pouvons nourrir l'armée d'Italie qu'avec l'argent du pape ou de Trieste. Nous nous trouverions très-embarrassés à l'ouverture de la campagne qui suivrait l'armistice.

5°. Maîtres de Mantoue, l'on sera dans le cas de ne pas comprendre le pape dans l'armistice ; l'armée d'Italie aura une telle prépondérance, que l'on se trouvera heureux à Vienne de pouvoir la paralyser pendant quelques mois.

6°. Si, après l'armistice, on doit recommencer une nouvelle campagne, l'armistice nous sera très-préjudiciable ; si l'armistice doit être le préliminaire de la paix, il ne faut le faire qu'après la prise de Mantoue : il y aura le double de chances pour qu'il soit bon et profitable.

7°. Conclure l'armistice actuellement, c'est s'ôter les moyens et les probabilités de faire une bonne paix dans un mois.

Tout se résume à attendre la prise de Mantoue, à renforcer cette armée de tous les moyens possibles, afin d'avoir de l'argent pour la campagne prochaine, non-seulement pour l'Italie, mais même pour le Rhin, et afin de pouvoir prendre une offensive si déterminée et si alarmante pour l'empereur, que la paix se conclue sans difficulté et avec gloire, honneur et profit.

Si l'on veut renforcer l'armée d'Italie de vingt mille hommes, y compris les dix mille que l'on nous annonce du Rhin, et de quinze cents hommes de cavalerie, l'on peut promettre, avant le mois d'avril, 30,000,000 fr. aux armées du Rhin et de Sambre et Meuse, et obliger l'empereur à tourner tous ses efforts du côté du Frioul. BONAPARTE.

Note remise au général Clarke par le général Bonaparte [1].

Après y avoir songé long-temps, je ne vois pas de condition raisonnable que l'on puisse établir pour le *statu quo* de Mantoue.

Il y a trois choses :
1°. Les fourrages pour la cavalerie ;
2°. Les vivres pour la garnison et les habitans ;
3°. Les remèdes pour les malades.

Quelque chose que l'on fasse et que l'on établisse, nous verrons nous échapper Mantoue, si l'on conclut l'armistice

---

[1] Cette deuxième note, aussi sans date, appartient encore à l'époque précitée.

avant la prise de cette place, et, sans cette place, nous n'obtiendrons pas de paix raisonnable.

Je le répète, l'armistice, soit qu'on le considère comme les préliminaires de la paix, soit comme devant nous servir pour les préparatifs de la campagne prochaine, sera utile et conforme aux intérêts de la république lorsque nous aurons Mantoue. Je crois qu'il n'y a qu'un moyen de retarder la paix de l'Europe, c'est de conclure un armistice sans avoir Mantoue; c'est un sûr moyen de faire une nouvelle campagne, pour le succès de laquelle on aura rendu nuls tous les succès obtenus dans celle-ci. Que l'on n'oublie pas qu'une démarche prématurée en ce genre peut tout perdre.

Les limites que l'on devrait désigner sont :[1]

Les troupes impériales ne pourraient pas passer la Brenta ;

Les troupes françaises, l'Adige.

Du côté du nord, les troupes impériales ne pourront passer Alla, Mori, Torbole, Thion jusqu'à Lodrone, sans pouvoir de ce côté entrer dans les états vénitiens ;

Les troupes françaises, la Chiuza, Rivoli, Torri, Salo, Brescia, Bergame.

Le reste de l'Italie, soit qu'il ait appartenu à l'empereur, soit au duc de Modène ou à l'archiduchesse de Milan, demeurerait *in statu quo*.

Bologne, Ferrare, Ancône *in statu quo*, conformément à l'exécution de l'armistice avec le pape ; mais comme l'armistice doit être exécuté en thermidor et en brumaire, et que cette époque est passée, on pourra lui accorder un mois, au plus, à compter du jour où se signera le traité.

BONAPARTE.

Au quartier-général à Milan, le 12 nivose an 5
(1er janvier 1797).

Au chef de l'état-major.

Vous voudrez bien faire traduire devant le conseil militaire de la Lombardie les citoyens Bockty, Chevilly et Descriveur, employés à différentes administrations de l'armée, pour avoir volé et compromis l'armée et les opérations les plus importantes de la guerre. C'est par cette dilapidation infâme, le rachat des bons et les versemens factices, qu'ils ont compromis mon opération et ont été la cause de la perte d'un grand nombre de nos camarades ; enfin ce sont de pareilles friponneries qu'il faut réprimer par des exemples sévères, pour empêcher qu'au milieu de l'Italie, c'est-à-dire la contrée la plus fertile de l'Europe, le soldat ne manque du nécessaire, comme cela est arrivé plusieurs fois.

J'accuse M. Bockty d'avoir porté la corruption parmi nos agens, et de n'être venu à l'armée que pour faire manquer mon opération en faisant des versemens factices.

J'accuse le citoyen Chevilly d'être un des points d'appui de tout ce manége, et d'avoir gagné des sommes considérables au détriment du soldat.

Le citoyen Descriveur, garde-magasin à Cremone, a offert à M. Bockty dix mille pintes de vin de versement factice : il est connu depuis longtemps pour faire cet infâme commerce.

Je demande en conséquence que ces trois employés soient condamnés à la peine de mort, ne devant pas être considérés comme de simples voleurs, mais comme des hommes qui tous les jours atténuent les moyens de l'armée et font manquer les opérations les mieux concertées, ou du moins n'en permettent la réussite qu'après une expansion de sang français, qui est trop précieux pour qu'on ne prenne pas toutes les mesures capables d'épouvanter leurs complices, trop nombreux dans l'armée d'Italie. BONAPARTE.

Au quartier-général à Milan, le 12 nivôse an 5
(1er janvier 1797).

Au citoyen président du congrès cispadan.

J'ai appris avec le plus vif intérêt, par votre lettre du 30 décembre, que les républiques cispadanes s'étaient réunies en une seule, et que, prenant pour symbole un carquois, elles étaient convaincues que leur force est dans l'unité et l'indivisibilité. La misérable Italie est depuis longtemps effacée du tableau des puissances de l'Europe. Si les Italiens d'aujourd'hui sont dignes de recouvrer leurs droits et de se donner un gouvernement libre, l'on verra un jour leur patrie figurer glorieusement parmi les puissances du globe; mais n'oubliez pas que les lois ne sont rien sans la force. Votre premier regard doit se porter sur votre organisation militaire. La nature vous a tout donné, et, après l'unité et la sagesse que l'on remarque dans vos différentes délibérations, il ne vous manque plus, pour atteindre au but, que d'avoir des bataillons aguerris et animés du feu sacré de la patrie.

Vous êtes dans une position plus heureuse que le peuple français, vous pouvez arriver à la liberté sans la révolution et ses crimes. Les malheurs qui ont affligé la France avant l'établissement de la constitution ne se verront jamais au milieu de vous. L'unité qui lie les diverses parties de la république cispadane, sera le modèle constamment suivi de l'union qui régnera entre toutes les classes de ses citoyens; et le fruit de la correspondance de vos principes et de vos sentimens soutenus par le courage, sera la liberté, la république et la prospérité. BONAPARTE.

Au quartier-général à Milan, le 12 nivose an 5
(1ᵉʳ janvier 1797).

A M. Bataglia, provéditeur de la république de Venise à Brescia.

Je reçois à l'instant, monsieur, la lettre que vous vous êtes donné la peine de m'écrire. Les troupes françaises ont occupé Bergame pour prévenir l'ennemi, qui avait l'intention d'occuper ce poste essentiel. Je vous avouerai franchement que j'ai été bien aise de saisir cette circonstance pour chasser de cette ville la grande quantité d'émigrés qui s'y étaient réfugiés, et châtier un peu les libellistes, qui y sont en grand nombre, et qui, depuis le commencement de la campagne, ne cessent de prêcher l'assassinat contre les troupes françaises, et qui ont, jusqu'à un certain point, produit cet effet, puisqu'il est constant que les Bergamasques ont plus assassiné de Français, que le reste de l'Italie ensemble.

La conduite de M. le provéditeur de Bergame a toujours été très-partiale en faveur des Autrichiens, et il ne s'est jamais donné la peine de dissimuler, tant par sa correspondance que par ses propos et par ses actions, la haine qui l'anime contre l'armée française. Je ne suis point son juge, ni celui d'aucun sujet de la sérénissime république de Venise; cependant, lorsque, contre les intentions bien connues de leur gouvernement, il est des personnes qui transgressent les principes de la neutralité et se conduisent en ennemis, le droit naturel m'autoriserait aussi à me servir de représailles.

Engagez, je vous prie, M. le provéditeur de Bergame, qui est votre subordonné, à être un peu plus modeste, plus réservé et un peu moins fanfaron lorsque les troupes françaises sont éloignées de lui. Engagez-le à être un peu moins pusillanime, à se laisser moins dominer par la peur à la vue des premiers pelotons français. Si ce sentiment, qui est celui peut-être d'un châtiment qu'il savait avoir mérité par sa conduite passée à l'égard des Français, ne l'avait prédominé, le château de Bergame n'aurait point été évacué par les troupes vénitiennes, mais on s'y serait conduit comme à Brescia et à Verone.

Immédiatement après le reçu de votre lettre, j'ai pris en considération la position de la ville de Bergame, que j'ai fait évacuer par une partie des troupes qui y étaient. J'ai donné l'ordre au général Baraguay d'Hilliers de restituer le château à la garnison vénitienne et de faire le service ensemble. Quant à la tranquillité de Bergame, vos intentions, celle du gouvernement de Venise et la bonté de ce peuple m'en sont un sûr garant. Je connais le petit nombre d'hommes mal intentionnés, qui, depuis six mois, ne cessent de prêcher la croisade contre les Français. Malheur à eux, s'ils s'écartent des sentimens de modération et d'amitié qui unissent les deux gouvernemens !

C'est avec plaisir que je saisis cette occasion, monsieur, pour rendre justice au désir de la tranquillité publique que montrent M. l'évêque de Bergame et son respectable clergé. Je me convaincs tous les jours d'une vérité bien démontrée à mes yeux, c'est que si le clergé de France eût été aussi sage, aussi modéré, aussi attaché aux principes de l'Évangile, la religion romaine n'aurait subi aucun changement en France ; mais la corruption de la monarchie avait infecté jusqu'à la classe des ministres de la religion : l'on n'y voyait plus des hommes d'une vie exemplaire et d'une morale pure, tels que le cardinal Mattei, le cardinal archevêque de Bologne, l'évêque de Modène, l'évêque de Pavie, l'archevêque de

Pise; il m'a paru quelquefois, discourant avec ces personnages respectables, me retrouver aux premiers siècles de l'Eglise.

Je vous prie de croire, monsieur, aux sentimens d'estime, etc. BONAPARTE.

Au quartier-général à Milan, le 17 nivose an 5 (6 janvier 1797).

Au directoire exécutif.

Plus j'approfondis, dans mes momens de loisir, les plaies incurables des administrations de l'armée d'Italie, plus je me convaincs de la nécessité d'y porter un remède prompt et infaillible.

La comptabilité de l'armée est, chez le payeur, dans un désordre frappant; on ne peut avoir compte de rien, et à la réputation de friponner bien constatée du contrôleur se joint l'ineptie des autres employés. Tout se vend. L'armée consomme cinq fois ce qui lui est nécessaire, parce que les gardes-magasins font de faux bons, et sont de moitié avec les commissaires des guerres.

Les principales actrices de l'Italie sont entretenues par les employés de l'armée française; le luxe, la dépravation et la malversation sont à leur comble. Les lois sont insuffisantes : il n'y a qu'un seul remède; il est à la fois analogue à l'expérience, à l'histoire et à la nature du gouvernement républicain : c'est une syndicature, magistrature qui serait composée d'une ou de trois personnes, dont l'autorité durerait seulement trois ou cinq jours, et qui, pendant ce court espace, aurait le droit de faire fusiller un administrateur quelconque de l'armée. Cette magistrature, envoyée tous les ans aux armées, ferait que tout le monde ménagerait l'opinion publique, et garderait une certaine décence, non-seulement dans les mœurs et dans la dépense, mais encore dans le service journalier.

Le maréchal de Berwick fit pendre l'intendant de l'armée, parce qu'il manqua de vivres; et nous, au milieu de l'Italie, ayant tout en abondance, dépensant dans un mois cinq fois ce qu'il nous faudrait, nous manquons souvent. Ne croyez pas cependant que je sois mou, et que je trahisse la patrie dans cette portion essentielle de mes fonctions. Je fais arrêter tous les jours des employés, je fais examiner leurs papiers, visiter les caisses; mais je ne suis secondé par personne, et les lois n'accordent pas une assez grande autorité au général pour pouvoir imprimer une terreur salutaire à cette nuée de fripons. Cependant le mal diminue, et, à force de gronder, de punir et de me fâcher, les choses, je l'espère, se feront avec un peu plus de décence; mais songez, je vous le répète, à l'idée que je vous donne d'une syndicature.

Je vous ferai passer incessamment le procès-verbal qu'on m'apporte de l'interrogatoire d'un fournisseur arrêté par mes ordres : par ce procès-verbal, vous verrez combien le mal est porté à son comble et a besoin d'un remède puissant.

La compagnie Flachat a donné à l'Italie l'exemple des rachats. Le commissaire ordonnateur Sucy, qui avait connaissance de tous ces tripotages, m'en a parlé avec quelques détails lors de son dernier voyage à Milan.

Ces gens-là ont peut-être gagné trois millions par des versemens factices. Cette compagnie doit cinq millions à l'armée, provenant des contributions; le payeur de l'armée a tiré, sur sa maison à Gênes, pour six cent mille livres de traites pour le prêt, elle a eu l'impudeur de les laisser protester. J'ai regardé la compagnie comme banqueroutière, et j'ai fait mettre les scellés sur ses maisons de Livourne et de Gênes. Je vous prie de donner des ordres pour faire arrêter à Paris les agens de cette compagnie : ce sont les plus grands escrocs de l'Europe; ils nous ont mis ici dans une situation bien embarrassante. J'ai voulu faire arrêter Flachat et son beau-frère, agent de la compagnie à Milan, jusqu'à ce qu'ils eussent payé ; mais ces fripons s'étaient sauvés.

En vous parlant des friponneries qui se commettent, je ne dois pas manquer de rendre justice aux employés qui se conduisent bien et avec décence.

Je suis très-content du citoyen Pesillicot, agent de la compagnie Cerfbeer. Si cette compagnie nous avait envoyé un homme comme celui-là au commencement de la campagne, elle eût gagné plusieurs millions, et l'armée encore davantage.

Je suis également content de l'agent des vivres-viandes, Collot : c'est un administrateur, il soutient son service.

Parmi les commissaires des guerres, la probité du citoyen Boinot est particulièrement distinguée et reconnue par toute l'armée. S'il y avait à l'armée une quinzaine de commissaires des guerres comme celui-là, vous pourriez leur faire présent de cent mille écus à chaque, et nous aurions encore gagné une quinzaine de millions. Je vous prie de donner à ces différens administrateurs des marques de votre satisfaction.

Je vous enverrai une dénonciation du commissaire des guerres Boinot contre l'ancien agent de la compagnie Cerfbeer, Thévenin. BONAPARTE.

Au quartier-général à Ancône, le 24 nivose an 5
(12 février 1797).

A M. le prince Belmonte Pignatelli, ministre de S. M. le roi des Deux-Siciles.

Le directoire exécutif m'a envoyé dans le temps, monsieur, les notes que vous lui avez remises, exprimant le désir que le roi votre maître avait que l'armistice conclu entre la république française et le pape continuât à avoir lieu et pût servir à un accommodement définitif.

J'ai en conséquence réitéré dès-lors auprès de la cour de Rome mes instances pour l'exécution des conditions de l'armistice, et pour y ouvrir des négociations de paix, comme vous le verrez par les pièces que je vous ferai passer. Mais la cour de Rome, livrée à l'esprit de vertige, a préféré le hasard des armes : la guerre est devenue dès-lors inévitable; mais, fidèle au système de modération qui dirige exclusivement les opérations du directoire exécutif, et envieux de donner à sa majesté le roi des Deux-Siciles une preuve de la considération qu'a pour lui la république française, après la première conférence que j'ai eu l'honneur d'avoir avec vous, j'ai écrit la lettre que je vous ai communiquée à M. le cardinal Mattei. Je ne doute point que le directoire exécutif de la république française ne soit charmé, dans toutes les circonstances, de saisir les occasions d'affermir la paix qui l'unit à sa majesté le roi des Deux-Siciles, et de montrer sa modération au milieu des succès éclatans que vient d'obtenir l'armée d'Italie, par les défaites de l'armée autrichienne et la prise de Mantoue, comme elle a montré à l'Europe sa fermeté dans tout ce qui tendait à soutenir la dignité de la république et la gloire des armes françaises. BONAPARTE.

Au quartier-général à Verone, le 24 nivose an 5
(13 janvier 1797).

Au général Joubert.

Je vous prie de me faire connaître le plus tôt possible si vous croyez que l'ennemi a devant vous plus de neuf mille hommes. Il est très-nécessaire que je sache si l'attaque que l'on vous fait est une attaque réelle, égale ou supérieure à vos forces, ou si c'est une attaque secondaire et pour donner le change.

L'ennemi nous présente sur Verone à peu près six mille hommes, que je donne ordre d'attaquer dans le moment. Si vous avez neuf ou dix mille hommes devant vous, ce qui doit réellement être pour oser faire une attaque véritable, il s'ensuivrait qu'il n'aurait pas du côté de Legnago plus de neuf à dix mille hommes; si cela était, et que votre attaque et celle que je fais faire ici réussissent ce soir comme il faut, je serai bien loin d'avoir à craindre qu'ils ne passent l'Adige. BONAPARTE.

Au quartier-général à Villa-Franca, le 26 nivose an 5
(15 janvier 1797).

Au général Joubert.

Je vous apprends avec plaisir, mon cher général, que le général Augereau a attaqué hier l'ennemi, lui a pris quelques hommes, douze pièces de canon, lui a brûlé ses ponts, etc.

Vous avez bien fait de garder la soixante-quinzième; la victoire ne sera pas douteuse, et le succès de ce matin est d'un bon augure. Mantoue fait dans ce moment-ci une sortie qui ne paraît pas lui réussir.

J'envoie la dix-huitième demi-brigade, qui arrive à son secours. BONAPARTE.

Au quartier-général à Roverbello, le 26 nivose an 5
(15 janvier 1796).

Au général Joubert.

La dix-huitième et la cinquante-septième sont ici. L'ennemi, après avoir passé l'Adige, s'est divisé en deux corps : le premier s'est mis en marche vers Mantoue, le second est resté à Anghuiara pour défendre le pont de l'Adige. Les généraux de division Guieux et Augereau ont attaqué ce corps, auquel ils ont fait deux mille prisonniers, pris plusieurs pièces de canon, et brûlé tous ses ponts sur l'Adige.

Le premier corps s'est présenté à midi à Saint-George : le général Miollis, qu'il a sommé de se rendre, lui a répondu à coups de canon. Après une fusillade très-opiniâtre, l'ennemi n'a point pu forcer ce poste essentiel; il est dans ce moment-ci entre Saint-George et le Mincio, au village de Valdagno, où il cherche à communiquer par le lac avec la garnison de Mantoue. Je fais reconnaître dans ce moment sa position; j'attends quelques rapports sur les reconnaissances que j'ai fait faire de la Molinella, après quoi je chercherai à le battre. Si le général Augereau, comme je pense, se porte sur Castellara à la suite de cette colonne qui lui a échappé, vous sentez que nous vraincrons facilement. La trente-deuxième vient d'arriver à Franca, cela nous mettra à même de finir bientôt cette lutte sanglante et vive, qui est, je crois, une des plus actives de la campagne. J'attends avant minuit un petit billet de votre part, de la Corona.   BONAPARTE.

Au quartier-général à Verone, le 28 nivose an 5 (17 janvier 1797).

Au général Joubert.

Nous voilà donc aux mêmes positions où nous étions, M. Alvinzi ne peut pas en dire autant : il s'agit actuellement de savoir en profiter. Je vous prie de me faire passer votre état de situation, et de veiller à ce qu'il soit exact. Je viens d'ordonner qu'on vous envoie le vingt-quatrième régiment de chasseurs en place du vingt-deuxième : si cet arrangement ne vous convenait pas, il faut que vous m'en préveniez sur-le-champ.

Je viens d'ordonner au général d'artillerie de fournir à votre division douze pièces d'artillerie prêtes à marcher, et trois pièces d'artillerie de montagne. Il ne peut vous manquer pour marcher que des souliers et des vivres. Faites vérifier dans vos magasins, et faites transporter à Rivoli trente mille rations de biscuit, et assurez-vous qu'il existe dans vos magasins tout ce qui est nécessaire pour avoir, le 30 au soir, trente mille rations de pain : cela fait des vivres pour votre division pendant quatre jours.

Il paraît encore vous manquer de souliers : faites-moi connaître dans la nuit, au juste et sans exagération, combien il vous en faut. Renvoyez-moi la carte que j'ai laissée chez vous, de la ligne entre Rivoli et l'Adige.

Je vous préviens que vous vous mettrez en mouvement dans la nuit du 30 nivose au 1ᵉʳ pluviose.

Faites-moi passer le plus tôt possible une relation des deux journées de la Corona, du combat de Rivoli, le nom des hommes qui se sont distingués et l'avancement qu'on pourrait leur donner.

Vous voilà avec deux seuls généraux de brigade, Baraguay d'Hilliers et Vial ; je viens de donner les ordres pour que le général Dugoulet se rende sous vos ordres ; je ferai demain donner des ordres à un quatrième.

Je n'ai point vu le chef de brigade de la quatorzième de ligne à la bataille de Rivoli : mon intention est que les chefs de brigade commandant restent toujours à leurs corps, et que les membres du conseil militaire, quel que soit leur grade, se trouvent à leurs drapeaux à toutes les affaires générales.   BONAPARTE.

Au quartier-général à Roverbello, le 28 nivose an 5
(17 janvier 1797).

Au directoire exécutif.

Il s'est passé depuis le 23 des opérations d'une importance telle, et qui ont si fort multiplié les actions militaires, qu'il m'est impossible, avant demain, de vous en faire un détail circonstancié. Je me contente aujourd'hui de vous les annoncer.

Le 23 nivose, l'ennemi est venu attaquer la division du général Masséna devant Verone, ce qui a donné lieu au combat de Saint-Michel, où nous l'avons battu complétement. Nous lui avons fait six cents prisonniers et pris trois pièces de canon. Le même jour, il attaqua la tête de notre ligne de Montebello, et donna lieu au combat de la Corona, où il a été repoussé. Nous lui avons fait cent dix prisonniers.

Le 24, à minuit, la division de l'armée ennemie, qui depuis le 19 était établie à Bevilaqua, où elle avait fait replier l'avant-garde du général Augereau, jeta rapidement un pont sur l'Adige, à une lieue de Porto-Legnago, vis-à-vis Anghiari.

Le 24, au matin, l'ennemi fit filer une colonne très-forte par Montagna et Caprino, et par là obligea la division du général Joubert à évacuer la Corona et à se concentrer à Rivoli. J'avais prévu le mouvement, je m'y portai dans la nuit, et cela donna lieu à la bataille de Rivoli, que nous avons gagnée le 25 et le 26, après une résistance opiniâtre, et où nous avons fait à l'ennemi treize mille prisonniers, pris plusieurs drapeaux et plusieurs pièces de canon. Le général Alvinzi, presque seul, a eu beaucoup de peine à se sauver.

Le 25, le général Guieux attaqua l'ennemi à Anghiari,

pour chercher à le culbuter avant qu'il eût entièrement effectué son passage. Il ne réussit pas dans son objet, mais il fit trois cents prisonniers.

Le 26, le général Augereau attaqua l'ennemi à Anghiari, ce qui donna lieu au second combat d'Anghiari. Il lui fit deux mille prisonniers, s'empara de seize pièces de canon, et brûla tous les ponts sur l'Adige; mais l'ennemi, profitant de la nuit, défila sur Mantoue. Il était déjà arrivé à une portée de canon de cette place; il attaqua Saint-George, faubourg que nous avions retranché avec soin, et ne put l'emporter. J'arrivai dans la nuit avec des renforts, ce qui donna lieu à la bataille de la Favorite, sur le champ de bataille de laquelle je vous écris. Le fruit de cette bataille est sept mille prisonniers, des drapeaux, des canons, tous les bagages de l'armée, un régiment de hussards, et un convoi considérable de grains et de bœufs que l'ennemi prétendait faire entrer dans Mantoue. Wurmser a voulu faire une sortie pour attaquer l'aile gauche de notre armée; mais il a été reçu comme d'ordinaire et obligé de rentrer. Voilà donc, en trois ou quatre jours, la cinquième armée de l'empereur entièrement détruite.

Nous avons fait vingt-trois mille prisonniers, parmi lesquels un lieutenant-général, deux généraux, six mille hommes tués ou blessés, soixante pièces de canon, et environ vingt-quatre drapeaux. Tous les bataillons de volontaires de Vienne ont été faits prisonniers : leurs drapeaux sont brodés des mains de l'impératrice.

L'armée du général Alvinzi était de près de cinquante mille hommes, dont une partie était arrivée en poste de l'intérieur de l'Autriche.

Du moment que je serai de retour au quartier-général, je vous ferai passer une relation détaillée, pour vous faire connaître les mouvemens militaires qui ont eu lieu, ainsi que les corps et les individus qui se sont distingués. Nous n'avons eu dans toutes ces affaires que sept cents hommes tués et environ douze cents blessés. L'armée est animée du meilleur esprit et dans les meilleures dispositions.

Vous m'avez annoncé, depuis plus de trois mois, dix mille hommes venant de l'Océan ; il n'est encore arrivé que la soixante - quatrième demi-brigade, forte de dix-huit cents hommes.

L'empereur aura réorganisé une nouvelle armée en Italie, avant que je n'aie reçu ces dix mille hommes.

BONAPARTE.

Au quartier-général à Verone, le 29 nivose an 5
(18 janvier 1797).

Au directoire exécutif.

Citoyens directeurs,

Je m'étais rendu à Bologne avec deux mille hommes, afin de chercher, par ma proximité, à en imposer à la cour de Rome, et lui faire adopter un système pacifique, dont cette cour parait s'éloigner de plus en plus depuis quelque temps.

J'avais aussi une négociation entamée avec le grand-duc de Toscane, relativement à la garnison de Livourne, que ma présence à Bologne terminerait infailliblement.

Mais, le 18 nivose, la division ennemie qui était à Padoue se mit en mouvement ; le 19, elle attaqua l'avant-garde du général Augereau qui était à Bevilaqua, en avant de Porto-Legnago ; après une escarmouche assez vive, l'adjudant-général Dufour qui commandait cette avant-garde, se retira à San-Zeno, et le lendemain à Porto-Legnago, après avoir eu le temps, par sa résistance, de prévenir toute la ligne de la marche de l'ennemi.

Je fis passer aussitôt sur l'Adige les deux mille hommes

que j'avais avec moi à Bologne, et je partis immédiatement après pour Verone.

Le 23, à six heures du matin, les ennemis se présentèrent devant Verone, et attaquèrent l'avant-garde du général Masséna, placée au village de Saint-Michel : ce général sortit de Verone, rangea sa division en bataille, et marcha droit à l'ennemi, qu'il mit en déroute, lui enleva trois pièces de canon, et lui fit six cents prisonniers. Les grenadiers de la soixante-quinzième enlevèrent les pièces à la baïonnette ; ils avaient à leur tête le général Brune, qui a eu ses habits percés de sept balles.

Le même jour et à la même heure, l'ennemi attaquait la tête de notre ligne de Montebaldo, défendue par l'infanterie légère du général Joubert : le combat fut vif et opiniâtre, l'ennemi s'était emparé de la première redoute ; mais Joubert se précipita à la tête de ses carabiniers, chassa l'ennemi, qu'il mit en déroute complète, et lui fit cent dix prisonniers.

Le 24, l'ennemi jeta brusquement un pont à Anghiari, et y fit passer son avant-garde, à une lieue de Porto-Legnago ; en même temps le général Joubert m'instruisit qu'une colonne assez considérable filait par Montagna, et menaçait de tourner son avant-garde à la Corona. Différens indices me firent connaître le véritable projet de l'ennemi, et je ne doutai plus qu'il n'eût envie d'attaquer, avec ses principales forces, ma ligne de Rivoli, et par là arriver à Mantoue : je fis partir dans la nuit la plus grande partie de la division du général Masséna, et je me rendis moi-même à Rivoli, où j'arrivai à deux heures après minuit.

Je fis aussitôt reprendre au général Joubert la position intéressante de San-Marco ; je fis garnir le plateau de Rivoli d'artillerie, et je disposai le tout, afin de prendre, à la pointe du jour, une offensive redoutable, et de marcher moi-même à l'ennemi.

A la pointe du jour, notre aile droite et l'aile gauche de l'ennemi se rencontrèrent sur les hauteurs de San-Marco : le combat fut terrible et opiniâtre.

Le général Joubert, à la tête de la trente-troisième, soutenait son infanterie légère que commandait le général Vial.

Cependant, M. Alvinzi, qui avait fait ses dispositions, le 24, pour enfermer toute la division du général Joubert, continuait d'exécuter son même projet ; il ne se doutait pas que pendant la nuit j'y étais arrivé avec des renforts assez considérables pour rendre son opération non-seulement impossible, mais encore désastreuse pour lui. Notre gauche fut vivement attaquée ; elle plia, et l'ennemi se porta sur le centre.

La quatorzième demi-brigade soutint le choc avec la plus grande bravoure. Le général Berthier, chef de l'état-major, que j'y avais laissé, déploya dans cette occasion la bravoure dont il a fait si souvent preuve dans cette campagne.

Les Autrichiens, encouragés par leur nombre, redoublaient d'efforts pour enlever les canons placés devant cette demi-brigade : un capitaine s'élance au devant de l'ennemi, en criant : quatorzième, laisserez-vous prendre vos pièces ? En même temps la trente-unième, que j'avais envoyée pour rallier la gauche, paraît, reprend toutes les positions perdues, et, conduite par son général de division Masséna, rétablit entièrement les affaires.

Cependant, il y avait déjà trois heures que l'on se battait, et l'ennemi ne nous avait pas encore présenté toutes ses forces; une colonne ennemie qui avait longé l'Adige, sous la protection d'un grand nombre de pièces, marche droit au plateau de Rivoli pour l'enlever, et par là menace de tourner la droite et le centre. J'ordonnai au général de cavalerie Leclerc de se porter pour charger l'ennemi, s'il parvenait à s'emparer du plateau de Rivoli, et j'envoyai le chef d'escadron Lasalle, avec cinquante dragons, prendre en flanc l'infanterie ennemie qui attaquait le centre, et la charger vigoureusement. Au même instant, le général Joubert avait fait descendre des hauteurs de San-Marco quelques bataillons qui plongeaient le plateau de Rivoli. L'ennemi, qui avait déjà pénétré sur le plateau, attaqué vivement et de tous côtés, laisse un grand nombre de morts, une partie de son artillerie, et rentre dans la vallée de l'Adige. A peu près au même moment, la colonne ennemie qui était déjà depuis long-temps en marche pour nous tourner et nous couper toute retraite, se rangea en bataille sur des pitons derrière nous. J'avais laissé la soixante-quinzième en réserve, qui non-seulement tint cette colonne en respect, mais encore en attaqua la gauche qui, s'était avancée, et la mit sur-le-champ en déroute. La dix-huitième demi-brigade arriva sur ces entrefaites, dans le temps que le général Rey avait pris position derrière la colonne qui nous tournait : je fis aussitôt canonner l'ennemi avec quelques pièces de 12 ; j'ordonnai l'attaque, et, en moins d'un quart d'heure, toute cette colonne, composée de plus de quatre mille hommes, fut faite prisonnière.

L'ennemi, partout en déroute, fut partout poursuivi, et pendant toute la nuit on nous amena des prisonniers. Quinze cents hommes qui se sauvaient par Guarda furent arrêtés par cinquante hommes de la dix-huitième, qui, du moment qu'ils les eurent reconnus, marchèrent sur eux avec confiance et leur ordonnèrent de poser les armes.

L'ennemi était encore maître de la Corona, mais ne pouvait plus être dangereux. Il fallait s'empresser de marcher contre la division de M. le général Provera, qui avait passé l'Adige, le 24, à Anghiari ; je fis filer le général Victor avec la brave cinquante-septième, et rétrograder le général Masséna, qui, avec une partie de sa division, arriva à Roverbello, le 25.

Je laissai l'ordre, en partant, au général Joubert d'attaquer, à la pointe du jour, l'ennemi s'il était assez téméraire pour rester encore à la Corona.

Le général Murat avait marché toute la nuit avec une demi-brigade d'infanterie légère et devait paraître, dans la matinée, sur les hauteurs de Montebaldo, qui dominent la Corona : effectivement, après une résistance assez vive, l'ennemi fut mis en déroute, et ce qui était échappé à la journée de la veille fut fait prisonnier : la cavalerie ne put se sauver qu'en traversant l'Adige à la nage et il s'en noya beaucoup.

Nous avons fait, dans les deux journées de Rivoli, treize mille prisonniers, et pris neuf pièces de canon : les généraux Sandos et Meyer ont été blessés en combattant vaillamment à la tête des troupes.

Combat de Saint-George.

M. le général Provera, à la tête de six mille hommes, arriva le 26, à midi, au faubourg de Saint-George ; il l'attaqua pendant toute la journée, mais inutilement : le général de brigade Miolis défendait ce faubourg ; le chef de bataillon du génie Samson, l'avait fait retrancher avec soin ; le général Miolis, aussi actif qu'intrépide, loin d'être intimidé des menaces de l'ennemi, lui répondit avec du canon, et gagna ainsi la nuit du 26 au 27, pendant laquelle j'ordonnai au général Serrurier d'occuper la Favorite avec la cinquante-septième et la dix-huitième demi-brigade de ligne et toutes les forces disponibles que l'on put tirer des divisions du blocus ; mais, avant de vous rendre compte de la bataille de la Favorite, qui a eu lieu le 27, je dois vous parler des deux combats d'Anghiari.

Premier combat d'Anghiari.

La division du général Provera, forte de dix mille hommes, avait forcé le passage d'Anghiari ; le général de division Guieux avait aussitôt réuni toutes les forces qu'il avait trouvées, et avait marché à l'ennemi : n'ayant que quinze cents hommes, il ne put parvenir à faire repasser la rivière à l'ennemi ; mais il l'arrêta une partie de la journée et lui fit trois cents prisonniers.

Deuxième combat d'Anghiari.

Le général Provera ne perdit pas un instant et fila sur-le-champ sur Castellara. Le général Augereau tomba sur l'arrière-garde de sa division, et après un combat assez vif, enleva toute l'arrière-garde de l'ennemi, lui prit seize pièces de canon, et lui fit deux mille prisonniers. L'adjudant-général Duphot s'y est particulièrement distingué par son courage. Les neuvième et dix-huitième régimens de dragons et le vingt-cinquième régiment de chasseurs s'y sont parfaitement conduits. Le commandant des hulans se présente devant un escadron du neuvième régiment de dragons, et, par une de ces fanfaronnades communes aux Autrichiens : Rendez-vous ! crie-t-il au régiment. Le citoyen Duvivier fait arrêter son escadron : Si tu es brave viens me prendre, crie-t-il au commandant ennemi. Les deux corps s'arrêtent, et les deux chefs donnèrent un exemple de ces combats que nous décrit avec tant d'agrément Le Tasse. Le commandant des hulans fut blessé de deux coups de sabre : ces troupes alors se chargèrent, et les hulans furent faits prisonniers.

Le général Provera fila toute la nuit, arriva, comme j'ai eu l'honneur de vous le dire, à Saint-George, et l'attaqua le 26; n'ayant pas pu y entrer, il projeta de forcer la Favorite, de percer les lignes du blocus, et, secondé par une sortie que devait faire Wurmser, de se jeter dans Mantoue.

Bataille de la Favorite.

Le 27, à une heure avant le jour, les ennemis attaquèrent la Favorite, dans le temps que Wurmser fit une sortie, et attaqua les lignes du blocus par Saint-Antoine; le général Victor, à la tête de la cinquante-septième demi-brigade, culbuta tout ce qui se trouva devant lui. Wurmser fut obligé de rentrer dans Mantoue presque aussitôt qu'il en était sorti, et laissa le champ de bataille couvert de morts et de prisonniers de guerre. Serrurier fit avancer alors le général Victor avec la cinquante-septième demi-brigade, afin d'acculer Provera au faubourg de Saint-George, et par là le tenir bloqué. Effectivement la confusion et le désordre étaient dans les rangs ennemis; cavalerie, infanterie, artillerie, tout était pêle-mêle; la terrible cinquante-septième demi-brigade n'était arrêtée par rien; d'un côté elle prenait trois pièces de canon, d'un autre elle mettait à pied le régiment des hussards de Herdendy. Dans ce moment le respectable général Provera demanda à capituler; il compta sur notre générosité, et ne se trompa pas. Nous lui accordâmes le capitulation dont je vous enverrai les articles : six mille prisonniers, parmi lesquels tous les volontaires de Vienne, vingt pièces de canon, furent le fruit de cette journée mémorable.

L'armée de la république a donc, en quatre jours, gagné deux batailles rangées et six combats, fait près de vingt-cinq mille prisonniers, parmi lesquels un lieutenant-général et deux généraux, douze à quinze colonels, etc.; pris vingt drapeaux, soixante pièces de canon, et tué ou blessé au moins six mille hommes.

Je vous demande le grade de général de division pour le général Victor, celui de général de brigade pour l'adjudant-général Vaux; toutes les demi-brigades se sont couvertes de gloire, et spécialement les trente-deuxième, cinquante-septième et dix-huitième de ligne, que commandait le général Masséna, et qui, en trois jours, ont battu l'ennemi à Saint-Michel, à Rivoli et à Roverbello. Les légions romaines faisaient, dit-on, vingt-quatre milles par jour; nos brigades en font trente, et se battent dans l'intervalle.

Les citoyens Desaix, chef de la quatrième demi-brigade d'infanterie légère; Marquis, chef de la dix-neuvième; Fournesy, chef de la dix-septième, ont été blessés. Les généraux de brigade Vial, Brune, Bon, et l'adjudant-général Argod se sont particulièrement distingués.

Les traits particuliers de bravoure sont trop nombreux pour être tous cités ici. BONAPARTE.

Au quartier-général à Verone, le 1er pluviose an 5
(20 janvier 1797).

Au directoire exécutif.

Citoyens directeurs,

Je vous envoie onze drapeaux pris sur l'ennemi aux batailles de Rivoli et de la Favorite. Le citoyen Bessières, commandant des guides, qui les porte, est un officier distingué par sa valeur et sa bravoure, et par l'honneur qu'il a de commander une compagnie de braves gens qui ont toujours vu fuir la cavalerie ennemie devant eux, et qui, par leur intrépidité, nous ont rendu, dans la campagne, des services très-essentiels.

BONAPARTE.

Au quartier-général à Vérone, le 1ᵉʳ pluviose an 5
(20 janvier 1797).

Au directoire exécutif.

Je vous ferai passer, citoyens directeurs, des lettres interceptées, qui sont extrêmement intéressantes, en ce que vous y verrez l'opiniâtre mauvaise foi de la cour de Rome, et le refus que paraît faire le cabinet de Vienne d'accepter l'alliance de Rome; ce qui ne peut provenir que du désir qu'il peut avoir de ne pas mettre d'entraves à la paix générale.

J'ai fait imprimer ces lettres dans les gazettes de Bologne et de Milan, afin de convaincre toute l'Italie de l'imbécille radotage de ces vieux cardinaux.

Je fais demain passer le Pô, près de Ferrare, à cinq mille hommes, qui marcheront droit sur Rome.

On entend beaucoup de bruit dans Mantoue, ce qui fait penser que les assiégés, conformément aux instructions de l'empereur, brisent les affûts et les trains d'artillerie: cela n'est qu'une conjecture; mais ce qui n'en est pas une, c'est qu'ils sont depuis long-temps à la demi-ration de pain, à la viande de cheval, sans vin ni eau-de-vie.

Nous sommes aujourd'hui en mouvement pour occuper Vicence et Padoue, où nous aurons de meilleurs cantonnemens. Si les renforts que vous m'annoncez de l'armée du Rhin arrivent, nous ne tarderons pas à avoir ici de grands événemens; mais j'ai vu un état que l'on m'a envoyé, où l'on calcule les demi-brigades à deux mille quatre cents hommes. Je tiens pour impossible que les demi-brigades, après une campagne comme l'a faite l'armée du Rhin, puissent être de ce nombre. Je crois que c'est beaucoup que de les évaluer à deux mille; il y en aura encore tant qui s'échapperont en route !

Le neuvième régiment de dragons n'a ici qu'un escadron, ainsi que le cinquième de cavalerie et le dix-huitième de dragons ; je vous prie de vouloir bien ordonner que ces régimens soient en entier réunis à l'armée d'Italie, sans quoi vous perdrez de très-bons corps ; ce sera d'ailleurs un bon renfort de cavalerie que vous nous donnerez; spécifiez dans votre ordre que les hommes qui composent ces régimens doivent rejoindre leurs corps à Milan, soit à pied, soit à cheval. Le dépôt du premier régiment de cavalerie est à Lille, je vous prie d'ordonner qu'il se mette en marche pour se rendre à Milan.

Nous avons besoin ici d'un renfort de cavalerie, le quinzième régiment de chasseurs ne suffit pas. On dit qu'aux autres armées l'on ne se sert pas de la grosse cavalerie, moi je l'estime et m'en sers beaucoup; je désirerais que vous pussiez m'en envoyer un millier d'hommes, ce qui, joint à un autre régiment de dragons, ferait à peu près deux à trois mille hommes de cavalerie de renfort, qui nous suffiraient.

Nous n'avons que deux bataillons de pionniers réduits à rien, je vous prie de nous en envoyer deux autres.

Je vous prie surtout d'ordonner que tous les régimens de cavalerie que l'on m'enverra aient leurs armes, sabres et mousquetons, et les dragons leurs fusils.

Il nous faudrait encore trois ou quatre compagnies d'artillerie légère, et cinq à six cents hommes d'artillerie à pied, et quelques bons officiers de cette arme ; car, excepté les citoyens Chasseloup et Samson, les autres ne sont pas en état de tracer une flèche, et ne font que des bêtises. Tous ceux que vous annoncez ne viennent pas : il ne manque cependant pas d'officiers de génie et d'artillerie; mais ce sont des officiers de paix et de bureau, qui ne voient jamais le feu, de sorte qu'excepté les deux que je vous ai nommés, le reste est sans expérience : aussi se plaint-on généralement dans l'armée des ouvrages que fait le génie.

Le commissaire ordonnateur Denniée a peu de santé; Villemansy ne vient pas, ni Naudin, ni Eyssautier: tous ces messieurs font ce qui leur convient; cependant, il est de plus en plus urgent que la partie administrative soit organisée.

Je vous enverrai la liste des officiers-généraux qui, par leur peu de talens, sont incapables de commander, et que je vous prie de retirer de l'armée.

Si vous m'envoyez des généraux, ou des adjudans-généraux, je vous prie de ne pas m'envoyer de ceux qui ont servi dans la Vendée, parce qu'ils n'entendent rien à la guerre. Si Chasset n'était plus utile à Paris, ainsi que les adjudans-généraux Sherlock, Doulcet et Beauvais, je vous prie de me les envoyer. Je désirerais aussi avoir l'adjudant-général Espagne et Camin : je crois que ce dernier n'est plus employé ; mais c'est un officier de la plus grande distinction.

Quant à des généraux de division, à moins que ce ne soient des officiers distingués, je vous prie de ne m'en pas envoyer; car notre manière de faire la guerre ici est si différente des autres, que je ne peux pas confier une division sans avoir éprouvé, par deux ou trois affaires, le général qui doit la commander.

Je vous prie d'envoyer ici l'adjudant-général Saint-Martin, le chef de brigade d'artillerie Gueriau, actuellement directeur du parc de l'armée des Alpes, le chef de bataillon d'artillerie Allix, le chef de bataillon du génie Laroche. Il est très-essentiel pour l'armée et pour la république de m'envoyer ici des jeunes gens qui apprennent à faire la guerre de mouvement et de manœuvres; c'est celle qui nous a fait obtenir de grands succès dans cette armée. BONAPARTE.

Au quartier-général à Verone, le 3 pluviose an 5
(22 janvier 1797).

Au citoyen Cacault.

Vous aurez la complaisance, citoyen ministre, de partir de Rome six heures après la réception de cette lettre, et vous viendrez à Bologne. On vous a abreuvé d'humiliations à Rome, et on a mis tout en usage pour vous en faire sortir; aujourd'hui, résistez à toutes les instances, partez.

Je serai charmé de vous voir et de vous assurer des sentimens d'estime et de considération avec lesquels je suis.

BONAPARTE.

Lettre au cardinal Mathei incluse dans la précédente.

Les étrangers qui influencent la cour de Rome ont voulu et veulent encore perdre ce beau pays; les paroles de paix que je vous avais chargé de porter au Saint-Père, ont été étouffées par ces hommes pour qui la gloire de Rome n'est rien, mais qui sont entièrement vendus aux cours qui les emploient; nous touchons au dénouement de cette ridicule comédie. Vous êtes témoin du prix que j'attachais à la paix, et du désir que j'avais de vous épargner les horreurs de la guerre. Les lettres que je vous fais passer, et dont j'ai les originaux entre les mains, vous convaincront de la perfidie, de l'aveuglement et de l'étourderie de ceux qui dirigent actuellement la cour de Rome. Quelque chose qui puisse arriver, je vous prie, monsieur le cardinal, d'assurer Sa Sainteté qu'elle peut rester à Rome sans aucune espèce d'inquiétude. Premier ministre de la religion, il trouvera, à ce titre, protection pour lui et pour l'église. Assurez également tous les habitans de Rome qu'ils trouveront dans l'armée française des amis qui ne se féliciteront de la victoire, qu'autant qu'elle pourra améliorer le sort du peuple, et affranchir l'Italie de la domination des étrangers; mon soin particulier sera de ne point souffrir qu'on apporte aucun changement à la religion de nos pères.

Je vous prie, monsieur le cardinal, d'être assuré que, dans mon particulier, je me ferai un devoir de vous donner, dans toutes les circonstances, la marque de l'estime et de l'attachement avec lesquels je suis. BONAPARTE.

Au quartier-général à Verone, le 9 pluviose an 5
(28 janvier 1797).

Au directoire exécutif.

La division du général Augereau s'est rendue à Padoue, de là elle a passé la Brenta, et s'est rendue à Citadella, où elle a rencontré l'ennemi, qui a fui à son approche.

Le général Masséna s'est rendu à Vicence, de là à Bassano, et a poursuivi l'ennemi qui s'est retiré au-delà de la Piave et dans les gorges de la Brenta : il a envoyé le brave général Mesnard à sa poursuite, celui-ci l'a atteint à Carpenedolo, et lui a fait huit cents prisonniers après un combat assez vif. Les grenadiers de la vingt-cinquième demi-brigade ont passé le pont de la Brenta à la baïonnette, et ont fait une boucherie horrible de ce qui s'est opposé à leur passage.

La division du général Joubert est en marche pour suivre l'ennemi dans les gorges du Tyrol, que la mauvaise saison rend difficiles ; il a rencontré hier à Avio l'arrière-garde de l'ennemi, et lui a fait trois cents prisonniers après un léger combat.

La division Rey a accompagné les prisonniers. Rien de nouveau au blocus de Mantoue.

J'ai écrit au citoyen Cacault de sortir de Rome trois heures après la réception du courrier que je lui ai expédié à cet effet.

Le temps est horrible, il pleut à seaux depuis quarante-huit heures.

Je donne ordre au citoyen Leroux de prendre les fonctions d'ordonnateur en chef; j'engage le citoyen Denniée à rester à l'armée comme ordonnateur de division, nous n'en avons pas trop. Le commissaire Naudin est arrivé.

Si le citoyen Villemansy doit venir en Italie, qu'il se dépêche, parce qu'une fois la campagne commencée, il ne pourra plus reprendre le fil de nos opérations.

Il n'est encore arrivé aucune des troupes des dix mille hommes de l'Océan, que les dix-huit cents hommes de la soixante-quatrième demi-brigade. BONAPARTE.

Au quartier-général à Verone, le 9 pluviose an 5
(28 janvier 1797).

Au citoyen Carnot, membre du directoire exécutif.

J'ai reçu votre lettre, mon cher directeur, sur le champ de bataille de Rivoli. J'ai vu dans le temps avec pitié tout ce que l'on débite sur mon compte. L'on me fait parler chacun suivant sa passion. Je crois que vous me connaissez trop pour imaginer que je puisse être influencé par qui que ce soit. J'ai toujours eu à me louer des marques d'amitié que vous m'avez données à moi et aux miens, et je vous en conserverai toujours une vraie reconnaissance; il est des hommes pour qui la haine est un besoin, et qui, ne pouvant pas bouleverser la république, s'en consolent en semant la dissension et la discorde partout où ils peuvent arriver. Quant à moi, quelque chose qu'ils disent, ils ne m'atteignent plus : l'estime d'un petit nombre de personnes comme vous, celle de mes camarades et du soldat, quelquefois aussi l'opinion de la postérité, et par-dessus tout le sentiment de ma conscience et la prospérité de ma patrie, m'intéressent uniquement.

Deux divisions de l'armée sont aujourd'hui à Bassano; l'ennemi, à ce qu'on m'assure, évacue Trente; Mantoue est toujours strictement bloqué. Le baron de Saint-Vincent est parti le 4 de Trente pour Vienne. Le 15, nous bombardons Mantoue. Colli, celui qui commandait l'armée autrichienne en Piémont, est débarqué à Ancône avec quelques officiers et sous-officiers autrichiens; il a déjà passé en revue l'armée papale. Quand vous aurez reçu cette lettre, une de nos divisions aura déjà attaqué cette armée. J'ai écrit au citoyen Cacault pour qu'il eût sur-le-champ à évacuer Rome : on n'a pas d'idée des mauvais traitemens que cette prêtraille lui a fait essuyer.

J'attends toujours avec impatience Villemansi; Denniée ne va plus, Leroux va exercer ses fonctions en attendant.

Tous les officiers autrichiens, généraux et autres, auxquels j'ai fait part de la bêtise de la cour de Vienne, qui, dans les entrevues avec le général Clarke, a paru ne pas reconnaître la république, ont beaucoup crié. L'opinion publique, à Vienne, est très-contraire à Thugut. J'ai dit à Manfredini, la dernière fois que je l'ai vu, que si l'empereur voulait avoir la preuve que Thugut s'était vendu à la France dans le temps de son ambassade à Constantinople, il serait facile de la lui procurer. Je vous prie de presser Truguet pour l'envoi de quelques frégates das l'Adriatique.

La tête des troupes que vous annoncez venant du Rhin, n'est pas encore arrivée à Lyon; de Lyon à Verone il y a vingt-huit jours de marche; nous sommes aujourd'hui au 9 pluviose : ainsi il n'y a pas d'espoir qu'avant le 9 ventose nous puissions avoir ici un seul bataillon des colonnes venant du Rhin. Des dix mille hommes de l'Océan annoncés depuis tant de temps, il n'y a encore que dix-huit cents hommes, formant la soixante-quatrième demi-brigade, qui soient arrivés. De Vienne à Trente, il n'y a que trente jours de marche ; de Vienne à la Piave, c'est-à-dire, près de Bassano, il y a encore moins. J'ai écrit à la trésorerie relativement à son indécente conduite avec la compagnie Flachat. Ces gens-là nous ont infiniment nui en emportant cinq millions, et par là nous ont mis dans la situation la plus critique. Quant à moi, s'ils viennent dans l'arrondissement de l'armée, je les ferai mettre en prison, jusqu'à ce qu'ils aient rendu à l'armée les cinq millions qu'ils lui ont enlevés. Non-seulement la trésorerie ne pense pas à faire payer le prêt à l'armée et à lui fournir ce dont elle a besoin, mais encore elle protège les fripons qui viennent à l'armée pour s'engraisser. Je crains bien que ces gens-là ne soient plus ennemis de la république que les cours de Vienne et de Londres.

Vous verrez, par la lettre que j'ai écrite au directoire, que nous venons encore de faire onze cents prisonniers aux deux combats de Carpenedolo et d'Avio. Nous serons sous peu à Trente. Je compte garder cette partie du Tyrol et la Piave jusqu'à l'arrivée des forces que vous m'annoncez. Dès l'instant qu'elles seront arrivées, je serai bientôt à Trieste, à Clagenfurth et à Brixen ; mais il faut pour ces opérations que les trente mille hommes que vous m'annoncez arrivent.

Je vous serai obligé, par le premier courrier, de me donner des nouvelles de l'expédition d'Irlande, surtout s'il y en a de mauvaises : car, pour peu que nous ayons quelque désavantage, on ne manquera pas d'exagérer au centuple.

BONAPARTE.

Au quartier-général à Bologne, le 13 pluviose an 5
(1er février 1797).

Au directoire exécutif.

Je vous fais passer, citoyens directeurs, la lettre que m'a écrite M. le maréchal Wurmser : je lui ai répondu que je ne pouvais accorder la capitulation qu'il me demandait, et que par égard pour lui, je lui permettrais de sortir avec cinq cents hommes à son choix, à condition qu'ils ne serviraient pas pendant trois mois contre la république, mais que tout le reste devait être prisonnier. J'ai laissé mes instructions au général Serrurier, et je suis parti pour Bologne.

Le général Serrurier vient de m'instruire qu'il vient de recevoir un nouveau parlementaire, par lequel il lui offre sa place, à condition qu'il sortira avec sa garnison, et qu'il s'engagera à ne pas servir pendant un an contre la république française. Je vais répondre au général Serrurier que je m'en tiens à ma première proposition, et que si le général Wurmser n'y a pas accédé avant le 15, je me rétracte, et ne lui accorde pas d'autre capitulation que d'être prisonnier de guerre avec sa garnison.

J'ai fait partir ce matin la division du général Victor, qui s'est portée à Imola, première ville des Etats du pape. Je vous enverrai ma proclamation et d'autres pièces imprimées à cette occasion.

Ne pourrait-on pas, si nous allions jusqu'à Rome, réunir le Modénois, le Ferrarois et la Romagne, et en faire une république, qui serait assez puissante? Ne pourrait-on pas donner Rome à l'Espagne, à condition qu'elle garantirait l'indépendance de la nouvelle république? Alors nous pourrions restituer à l'empereur le Milanez, le Mantouan, et lui donner le duché de Parme, en cas que nous fussions obligés de passer par là, afin d'accélérer la paix, dont nous avons besoin. L'empereur n'y perdrait rien, l'Espagne y gagnerait beaucoup, et nous y gagnerions plus encore; nous aurions un allié naturel en Italie, qui deviendrait puissant, et avec lequel nous correspondrions par Massa-Carrara et l'Adriatique.

BONAPARTE.

Au quartier-général à Bologne, le 13 pluviose an 5
(1er fevrier 1797).

Au directoire exécutif.

Citoyens directeurs,

Je vous ai rendu compte, par mon dernier courrier, des combats d'Avio et de Carpenedo. Les ennemis se retirent sur Morri et Torbole, appuyant leur droite au lac, et la gauche à l'Adige ; le général Murat s'embarqua avec deux cents hommes, et vint débarquer à Torbole.

Le général de brigade Vial, à la tête de l'infanterie légère, après avoir fait une marche très-longue dans les neiges et dans les montagnes les plus escarpées, tourna la position des ennemis, et obligea un corps de quatre cent cinquante hommes et douze officiers à se rendre prisonniers. On ne saurait donner trop d'éloges aux quatrième et dix-septième demi-brigades d'infanterie légère que conduisait ce brave général : rien ne les arrêtait ; la nature semblait être d'accord avec nos ennemis ; le temps était horrible, mais l'infanterie légère de l'armée d'Italie n'a pas encore rencontré d'obstacle qu'elle n'ait vaincu.

Le général Joubert entra à Roveredo ; l'ennemi, qui avait retranché avec le plus grand soin la gorge de Calliano, célèbre par la victoire que nous y avons remportée lors de notre première entrée dans le Tyrol, parut vouloir lui disputer l'entrée de Trente.

Le général Béliard chercha à tourner l'ennemi par la droite, dans le temps que le général de brigade Vial, continuant à marcher sur la rive droite de l'Adige, le culbuta, lui fit trois cents prisonniers, et arriva à Trente, où il trouva dans les hôpitaux de l'ennemi deux mille malades ou blessés, qu'il a recommandé à notre humanité en fuyant : nous y avons pris quelques magasins.

Dans le même temps, le général Masséna avait fait marcher deux demi-brigades pour attaquer l'ennemi qui occupait le château de Scala, entre Feltro et Primolazo. L'ennemi a fui à son approche, et s'est retiré au-delà de la Prado, en laissant une partie de ses bagages.

Le général Augereau s'est approché de Treviso; le chef d'escadron Duvivier a culbuté la cavalerie ennemie, après lui avoir enlevé plusieurs postes. BONAPARTE.

Au quartier-général à Mantoue, le 14 pluviôse an 5 (2 février 1797).

Au ministre de la guerre.

Je réponds, citoyen ministre, à votre lettre relative à la demande que vous me faites sur la situation militaire actuelle de l'île de Corse.

Le général de brigade Casalta, que j'envoyai en Corse, débarqua à la tête de la gendarmerie de ce département et de plusieurs autres réfugiés, et acheva de chasser les Anglais de cette île.

Le général Gentili ne tarda pas à y passer avec tous les réfugiés corses qui se trouvaient à l'armée d'Italie, et qui, par leurs liaisons dans le pays, acheveront de consolider notre établissement. Je fis passer également cent canonniers avec plusieurs officiers d'artillerie et du génie, pour armer les différens forts. Le général Gentili a, par mon ordre, créé, dans les départemens du Golo et du Liamone, un bon corps de gendarmerie, et cinq colonnes mobiles composées de trois cents hommes, tant pour veiller à la défense de la côte, que pour comprimer nos ennemis intérieurs.

La garde des forts d'Ajaccio, Bonifacio et Bastia est confiée à des corps de gardes nationales d'une fidélité et d'un patriotisme reconnus.

Le commissaire ordonnateur de l'armée a passé des marchés et fait approvisionner les différentes places de l'île de tout ce qui leur était nécessaire, en même temps qu'il a pourvu à la solde de tous ces différens corps.

Depuis que les deux départemens qui composent l'île de Corse sont rentrés sous la domination de la république, il n'y a eu aucun assassinat ni attentat aux propriétés ; jamais pays n'a été plus tranquille, et jamais révolution ne s'est faite avec aussi peu de commotion.

Je n'ai pas fait passer de troupes en Corse : nous avons l'habitude d'y tenir cinq mille hommes de garnison, et mes troupes m'étaient trop nécessaires en Italie pour pouvoir en distraire la moindre partie pour la Corse, dont la tranquillité d'ailleurs a été mieux assurée par les mesures de police intérieure que j'ai prises, et par l'argent que j'y ai fait passer, que par un corps de quatre mille hommes. Cependant, lorsque les affaires de Rome seront terminées, et que les Anglais auront évacué Porto-Ferrajo, je ferai passer six cents hommes dans le fort de Bastia, et quatre cents dans celui d'Ajaccio.

Vous pouvez être, citoyen ministre, sans aucune inquiétude sur la tranquillité intérieure et extérieure de l'île de Corse. Il n'y a, je crois, qu'un ennemi de la patrie qui puisse exiger que l'on ait affaibli les corps de l'armée d'Italie pour envoyer en Corse des troupes à peu près inutiles. Si le directoire continue à me laisser le maître de faire ce qu'il conviendra, j'enverrai des troupes en Corse dès que la situation de l'armée me le permettra, ou que les circonstances l'exigeront.

BONAPARTE.

Au quartier-général à Faenza, le 15 pluviose an 5
(3 février 1797).

Au directoire exécutif.

Citoyens directeurs,

Je vous ai rendu compte hier de l'arrivée de nos troupes à Trente : le général Joubert, arrivé dans cette ville, envoya aussitôt à la poursuite de l'ennemi.

Le général Vial, à la tête de l'infanterie légère, occupa la ligne du Lawis ; les débris de l'armée autrichienne étaient de l'autre côté. Le général Vial passa le Lawis à pied, à la tête de la vingt-neuvième demi-brigade, poussa l'ennemi jusqu'à Saint-Michel, lui fit huit cents prisonniers, et joncha la terre de morts. La jonction des généraux Masséna et Joubert est faite, et ce dernier général occupe la ligne du Lawis qui couvre Trente.

L'aide-de-camp Lambert, l'adjudant Cansillon se sont particulièrement distingués.

Je me suis attaché à montrer la générosité française vis-à-vis de Wurmser, général âgé de soixante-dix ans, envers qui la fortune a été, cette campagne-ci, très-cruelle, mais qui n'a pas cessé de montrer une connaissance et un courage que l'histoire remarquera. Enveloppé de tous côtés après la bataille de Bassano, perdant d'un seul coup une partie du Tyrol et son armée, il ose espérer de pouvoir se réfugier dans Mantoue, dont il est éloigné de quatre à cinq journées, passe l'Adige, culbute une de nos avant-gardes à Cerca, traverse la Molinella et arrive dans Mantoue. Enfermé dans cette ville, il a fait deux ou trois sorties, toutes lui ont été malheureuses, et à toutes il était à la tête. Mais, outre les obstacles très-considérables que lui présentaient nos lignes de circonvallation, hérissées de pièces de campagne, qu'il était obligé de surmonter, il ne pouvait agir qu'avec des soldats découragés par tant de défaites, et affaiblis par les maladies pestilentielles de Mantoue. Ce grand nombre d'hommes qui s'attachent toujours à calomnier le malheur, ne manqueront pas de chercher à persécuter Wurmser.

Le général Serrurier et le général Wurmser ont dû avoir hier une conférence pour fixer le jour de l'exécution de la capitulation, et s'accorder sur les différens qu'il y a entre l'accordé et le proposé.

La division du général Victor a couché le 13 à Imola, première ville de l'état papal. L'armée de Sa Sainteté avait coupé les ponts et s'était retranchée avec le plus grand soin sur la rivière de Senio, qu'elle avait bordée de canons. Le général Lannes, commandant l'avant-garde, aperçut les ennemis qui commençaient à le canonner : il ordonna aussitôt aux éclaireurs de la légion lombarde d'attaquer les tirailleurs papistes; le chef de brigade Lahoz, commandant cette légion, réunit ses grenadiers, qu'il fit former en colonne serrée, pour enlever, la baïonnette au bout du fusil, les batteries ennemies. Cette légion, qui voit le feu pour la première fois, s'est couverte de gloire; elle a enlevé quatorze pièces de canon sous le feu de trois à quatre mille hommes retranchés. Pendant que le feu durait, plusieurs prêtres, un crucifix à la main, prêchaient ces malheureuses troupes. Nous avons pris à l'ennemi quatorze pièces de canon, huit drapeaux, quatre mille prisonniers, et tué quatre ou cinq cents hommes. Le chef de brigade Lahoz a été légèrement blessé. Nous avons eu quarante hommes tués ou blessés.

Nos troupes se portèrent aussitôt sur Faenza, elles en trouvèrent les portes fermées; toutes les cloches sonnaient le tocsin, et une populace égarée prétendait en défendre l'issue. Tous les chefs, notamment l'évêque, s'étaient sauvés : deux ou trois coups de canon enfoncèrent les portes, et nos gens entrèrent au pas de charge. Les lois de la guerre m'autorisaient à mettre cette ville infortunée au pillage; mais comment se résoudre à punir aussi sévèrement toute une ville pour le crime de quelques prêtres ? J'ai envoyé chez eux cinquante officiers que j'avais faits prisonniers, pour qu'ils allassent éclairer leurs compatriotes, et leur faire sentir les dangers qu'une extravagance pareille à celle-ci leur ferait courir. J'ai fait, ce matin, venir tous les moines, tous les prêtres; je les ai rappelés aux principes de l'Evangile, et j'ai employé toute l'influence que peuvent avoir la raison et la nécessité, pour les engager à se bien conduire : ils m'ont paru animés de bons principes; j'ai envoyé à Ravennes le général des camaldules, pour éclairer cette ville, et éviter les malheurs qu'un plus long aveuglement pourrait produire; j'ai envoyé à Cézène, patrie du pape actuel, le P. don Ignacio, prieur des bénédictins.

Le général Victor continua hier sa route, et se rendit maître de Forti; je lui ai donné l'ordre de se porter aujourd'hui à Cézène. Je vous ai envoyé différentes pièces qui convaincront l'Europe entière de la folie de ceux qui conduisent la cour de Rome. Je vous enverrai aussi deux autres affiches, qui vous convaincront de la démence de ces gens-ci ; il est déplorable de penser que cet aveuglement coûte le sang des pauvres peuples, innocens instrumens et de tout temps victimes des théologiens. Plusieurs prêtres, et entre autres un capucin, qui prêchaient l'armée des catholiques, ont été tués sur le champ de bataille.

BONAPARTE.

Au quartier-général à Forti, le 15 pluviose an 5
(3 février 1797).

Au directoire exécutif.

Je vous fais passer, citoyens directeurs, le mémoire que m'envoie le citoyen Faypoult; vous frémirez d'indignation lorsque vous y verrez avec quelle impudence on vole la république. Je donne les ordres pour que l'on arrête le citoyen Legros, contrôleur de la trésorerie, et le commissaire des guerres Lequeue; j'engage le citoyen Faypoult à faire arrêter à Gênes les citoyens Paillaud et Peregaldo. Vous ne souffrirez pas, sans doute, que les voleurs de l'armée d'Italie trouvent leur refuge à Paris. Pendant que je me battais et que j'étais éloigné de Milan, le citoyen Flachat s'en est allé, emportant cinq à six millions à l'armée, et nous a laissés dans le plus grand embarras. Si l'on ne trouve pas de moyens d'atteindre la friponnerie manifestement reconnue de ces gens-là, il faut renoncer au règne de l'ordre, à l'amélioration de nos finances et à maintenir une armée aussi considérable en Italie.

BONAPARTE.

Au quartier-général à Bologne, le 18 pluviose an 5
(6 février 1797).

Proclamation.

L'armée française va entrer sur le territoire du pape; elle protégera la religion et le peuple.

Le soldat français porte d'une main la baïonnette, sûr garant de la victoire, et offre, de l'autre, aux différentes villes et villages paix, protection et sûreté..... Malheur à ceux qui la dédaigneraient, et qui, de gaîté de cœur, séduits par des hommes profondément hypocrites et scélérats, attireraient dans leurs maisons la guerre et ses horreurs, et la vengeance d'une armée qui a, dans six mois, fait cent mille prisonniers des meilleures troupes de l'empereur, pris quatre cents pièces de canon, cent dix drapeaux, et détruit cinq armées.

Art. 1er. Tout village ou ville, où, à l'approche de l'armée française, on sonnera le tocsin, sera sur-le-champ brûlé, et les municipaux seront fusillés.

II. La commune sur le territoire de laquelle sera assassiné un Français sera sur-le-champ déclarée en état de guerre; une colonne mobile y sera envoyée; il y sera pris des ôtages, et il y sera levé une contribution extraordinaire.

III. Tous les prêtres, religieux et ministres de la religion, sous quelques noms que ce soit, seront protégés et maintenus dans leur état actuel, s'ils se conduisent selon les principes de l'Évangile, et, s'ils sont les premiers à le transgresser, ils seront traités militairement, et plus sévèrement que les autres citoyens.
BONAPARTE.

Au quartier-général à Pezaro, le 19 pluviose an 5
(7 février 1797).

Au directoire exécutif.

Le général Bernadotte m'écrit de Metz pour m'annoncer que les six demi-brigades venant de l'armée de Sambre-et-Meuse, qui, au compte du général Moreau, devaient être de deux mille quatre cents hommes chacune, ce qui devrait faire quatorze mille quatre cents hommes, n'en font que douze mille huit cents. En supposant que les six demi-brigades envoyées par le général Moreau soient d'égale force, cela ferait vingt-cinq mille hommes : pour avoir trente mille hommes, il faudrait donc encore ordonner le départ de deux demi-brigades; vous pourriez nous en envoyer deux de l'armée de l'Océan.

Ces corps perdront nécessairement en route du monde; le

moins qu'ils puissent perdre, c'est cinq cents hommes chacun, ce qui réduirait le secours de trente mille hommes annoncés pour l'armée à dix-neuf mille hommes; je crois donc qu'il serait nécessaire que vous nous envoyassiez encore trois demi-brigades, en les tirant, soit de l'armée des départemens de l'intérieur, soit des deux armées du Rhin. Avec ces cinq demi-brigades de renfort, le secours extraordinaire envoyé serait de dix-sept demi-brigades : c'est beaucoup les calculer, si on les porte, arrivées à Milan, à quinze cents hommes, surtout les demi-brigades d'infanterie légère, qui ne sont guère, dans toutes les armées, que la moitié des autres; ces demi-brigades feraient donc vingt-cinq mille cinq cents hommes. Le secours serait donc encore inférieur de cinq mille hommes aux trente mille que votre intention est d'envoyer à l'armée d'Italie.

Le général Kellermann vous fait un double emploi quand il compte la quarantième, qui nous a été envoyée il y a deux mois, et qui a été portée sur un autre envoi. Nous n'avons donc véritablement reçu, des dix mille hommes annoncés, que la soixante-quatrième et la treizième, formant en tout moins de quatre mille hommes.

Il m'est annoncé quatre régimens de troupes à cheval des deux armées, et le quinzième de chasseurs venant de Bourges. Je vous ai demandé deux escadrons, restés à Bordeaux et à Marseille, du dix-huitième de dragons; deux escadrons du cinquième de cavalerie et du neuvième de dragons restés à Lyon, et les différens petits détachemens de la cavalerie de l'armée qui sont restés dans la huitième division, et qu'il est instant de rallier à leurs corps. Si vous pouvez m'envoyer six cents hommes de grosse cavalerie, six cents dragons et sept à huit cents hommes des différentes armes de la cavalerie, à pied et armés, et que nous chercherons à monter avec les chevaux que nous pourrons trouver, je me trouverai suffisamment fort en cavalerie.

De l'annonce faite, au commencement de la campagne, par le ministre, de l'artillerie légère, il nous manque quatre compagnies, qui ne sont jamais venues ; nous en avons le plus grand besoin.

Je compte mettre en ligne contre les Allemands la légion lombarde, qui se bat assez bien ; mais elle n'est pas à quinze cents hommes. La légion polonaise qu'on lève fournira à peu près quinze cents hommes, qui, avec la légion cispadane, serviront à garder l'Italie inférieure.

Je vous prie d'envoyer à l'armée le citoyen Champeaux, ci-devant chef de brigade du dixième de chasseurs, et que j'ai nommé chef de brigade du septième de hussards, qui est très-pillard, mais que Champeaux remettra à l'ordre.

Je vous recommande de nous envoyer deux mille charretiers pour l'artillerie. BONAPARTE.

Au quartier-général à Ancône, le 22 pluviose an 5
(10 février 1797).

Au directoire exécutif.

Nous avons beaucoup à nous plaindre, citoyens directeurs, de la conduite des baillis suisses. Je n'ai fait mettre les barques canonnières sur le lac de Lugano que pour empêcher la contrebande qui se faisait, et arrêter la désertion des prisonniers autrichiens, protégés par les Suisses. Nous avions droit de mettre ces barques sur le lac, puisqu'une bonne partie du rivage nous appartient ; d'ailleurs, si les baillis suisses continuent à se mal conduire, je ne leur accorderai plus de blé, et s'ils se permettent des voies de fait, je ferai brûler les villages qui se seront mal comportés. Les Suisses d'aujourdh'ui ne sont plus les hommes du quatorzième siècle: ils ne sont fiers que lorsqu'on les cajole trop; ils sont humbles et bas lorsqu'on leur fait sentir qu'on n'a pas besoin d'eux : si nous ne les secourions pas du côté du Milanez, ils mourraient de faim; nous avons donc le droit d'exiger qu'ils se conduisent avec égard. BONAPARTE.

Au quartier-général à Ancône, le 22 pluviose an 5
(10 février 1797).

Au directoire exécutif.

Citoyens directeurs,

Nous avons conquis en peu de jours la Romagne, le duché d'Urbin et la marche d'Ancône. Nous avons fait à Ancône douze cents prisonniers de l'armée du pape; ils s'étaient postés habilement sur des hauteurs en avant d'Ancône. Le général Victor les a enveloppés, et les a tous pris sans tirer un coup de fusil. L'empereur venait d'envoyer au pape trois mille beaux fusils, que nous avons trouvés dans la forteresse d'Ancône avec près de cent vingt pièces de canon de gros calibre; une cinquantaine d'officiers que nous avons faits prisonniers ont été renvoyés, avec le serment de ne plus servir le pape. La ville d'Ancône est le seul port qui existe, depuis Venise, sur l'Adriatique; il est, sous tous les points de vue, très-essentiel pour notre correspondance de Constantinople : en vingt-quatre heures on va d'ici en Macédoine. Aucun gouvernement n'était aussi méprisé par les peuples mêmes qui lui obéissent, que celui-ci. Au premier sentiment de frayeur que cause l'entrée d'une armée ennemie, a succédé la joie d'être délivré du plus ridicule des gouvernemens.

Le 22, à six heures du soir.

P.S. Nous sommes maîtres de Notre-Dame-de-Lorette.
BONAPARTE.

Au quartier-général à Ancône, le 23 pluviose an 5.
(11 février 1797).

Au directoire exécutif.

Citoyens directeurs,

Je vous ferai passer la capitulation de Mantoue ; nos troupes ont occupé la citadelle le 15 et, aujourd'hui, la ville est entièrement évacuée par les Autrichiens. Je vous enverrai les inventaires de l'artillerie et du génie et la revue de la garnison, dès l'instant qu'ils me seront parvenus. C'est le général Serrurier qui a assiégé la première fois Mantoue ; le général Kilmaine, qui a établi le deuxième blocus, a rendu de grands services ; c'est lui qui a ordonné que l'on fortifiât Saint-George, qui nous a si bien servis depuis. La garnison de Mantoue a mangé cinq mille chevaux, ce qui fait que nous en avons fort peu trouvé. Je vous demande le grade de général de brigade pour le citoyen Chasseloup, commandant du génie de l'armée. Il a assiégé le château de Milan, la ville de Mantoue, et on en était déjà aux batteries de brèche, lorsque j'ordonnai qu'on levât le siège ; il a, dans cette campagne, fait fortifier Peschiera, Legnago et Pizzighitone. Je vous demande le grade de chef de brigade pour les citoyens Samson et Maubert ; ils l'ont mérité, en rendant des services dans plus de quarante combats, et en faisant des reconnaissances dangereuses et utiles. Je vous ai demandé le grade de général de division d'artillerie pour le général Lespinasse. Je vous prie aussi d'employer le général Dommartin dans l'armée d'Italie.

BONAPARTE.

Au quartier-général à Ancône, le 25 pluviose an 5
(13 février 1797).

A Monsieur le cardinal Mattei.

J'ai reconnu, dans la lettre que vous vous êtes donné la peine de m'écrire, monsieur le cardinal, cette simplicité de mœurs qui vous caractérise. Vous verrez, par l'imprimé que je vous envoie, les raisons qui m'ont engagé à rompre l'armistice conclu entre la république française et Sa Sainteté.

Personne n'est plus convaincu du désir que la république française avait de faire la paix, que le cardinal Busca, comme il l'avoue dans sa lettre à M. Albani, qui a été imprimée et dont j'ai l'original dans les mains.

On s'est rallié aux ennemis de la France lorsque les premières puissances de l'Europe s'empressaient de reconnaître la république et de désirer la paix avec elle ; on s'est long-temps bercé de vaines chimères et on n'a rien oublié pour consommer la destruction de ce beau pays. Je n'entendrai jamais à aucune proposition qui tendrait à terminer les hostilités entre la république française et Sa Sainteté, qu'au préalable on n'ait ordonné le licenciement des régimens créés après l'armistice ; secondement, que l'on n'ait ôté par notification publique le commandant de l'armée de Sa Sainteté aux officiers-généraux envoyés par l'empereur. Ces clauses remplies, il reste encore à Sa Sainteté un espoir de sauver ses états en prenant plus de confiance dans la générosité de la république française, et en se livrant toute entière et promptement à des négociations pacifiques.

Je sais que Sa Sainteté a été trompée : je veux bien encore prouver à l'Europe entière la modération du directoire exécutif de la république française, en lui accordant cinq jours pour envoyer un négociateur muni de pleins pouvoirs, qui se rendra à Foligno, où je me trouverai et où je désire de pouvoir contribuer en mon particulier à donner une preuve éclatante de la considération que j'ai pour le Saint-Siége.

Quelque chose qu'il arrive, monsieur le cardinal, je vous prie d'être persuadé de l'estime distinguée avec laquelle je suis, etc. BONAPARTE.

Au quartier-général à Macereta, le 27 pluviose an 5
(15 février 1797).

Au directoire exécutif.

Je vous fais passer, citoyens directeurs, 1°. la copie d'une lettre que m'a écrite le cardinal Mattei.

2°. La copie d'une note qui m'a été remise par le prince de Belmonte Pignatelli, envoyé près de moi par sa cour.

Il m'a dit confidentiellement et m'a montré des articles de son instruction, aussi très-confidentiellement et non officiellement, où le roi son maître prenait un tel intérêt aux affaires de Rome, qu'il faisait marcher un corps de troupes pour appuyer ses représentations sur Rome.

Je lui ai répondu très-confidentiellement que, si je n'avais point abattu l'orgueil du pape, il y a trois mois, c'est que je ne doutais pas que le roi de Naples voulait se mêler, contre le droit des gens et la teneur du traité, de cette affaire-là, et que véritablement alors je n'avais pas le moyen de lui répondre; mais qu'aujourd'hui j'avais de disponibles les trente mille hommes qui étaient devant Mantoue, et les quarante mille hommes qui me venaient de l'intérieur; que si le roi son maître me jetait le gant, je le ramasserais; que la république donnerait au roi de Naples toutes les satisfactions compatibles avec sa dignité et son intérêt : il a, en reprenant le ton officiel, désavoué ce qui avait été dit en confidence.

J'ai répondu au cardinal Mattei la lettre que je vous envoie, au prince Belmonte Pignatelli la note que je vous envoie également.

Je vous fais tenir la mesure que j'ai adoptée à Ancône pour l'organisation de l'administration, le parti que j'ai pris ici relativement à l'organisation de la province, ainsi qu'un ordre que j'ai donné en faveur des prêtres réfractaires. Cet ordre n'est pas contraire à la loi ; il est conforme à nos intérêts et à la bonne politique : car ces prêtres nous sont fort attachés et beaucoup moins fanatiques que les Romains. Ils sont accoutumés à ce que les prêtres ne gouvernent pas, et c'est déjà beaucoup : ils sont très-misérables ; les trois quarts pleurent quand ils voient un Français : d'ailleurs, à force d'en faire des battues, on les oblige à se réfugier en France. Comme ici nous ne touchons en aucune manière à la religion, il vaut beaucoup mieux qu'ils y restent ; si vous approuvez cette mesure et qu'elle ne contrarie pas les principes généraux, je tirerai de ces gens-là un grand parti en Italie.

Ancône est un très-bon port, on va delà en vingt-quatre heures en Macédoine, et en dix jours à Constantinople. Mon projet est d'y ramasser tous les juifs possible ; je fais mettre dans le meilleur état de défense la forteresse ; il faut que nous conservions le port d'Ancône à la paix générale, et qu'il reste toujours français : cela nous donnera une grande influence sur la Porte Ottomane et nous rendra maîtres de la mer Adriatique, comme nous le sommes, par Marseille, l'île de Corse et Saint-Pierre, de la Méditerranée. Quinze cents hommes de garnison, et 2 à 300,000 liv. pour fortifier un monticule voisin, et cette ville sera susceptible de soutenir un très-long siége.

Loretto contenait un trésor à peu près de 3,000,000 liv. tournois, ils nous ont laissé à peu près pour un million sur les sept ; je vous envoie de plus la madone avec toutes les reliques. Cette caisse vous sera directement adressée, et vous en ferez l'usage que vous jugerez convenable ; la madone est de bois.

La province de Macerata, connue plus communément sous le nom de Marche d'Ancône, est une des plus belles et sans contredit la plus riche des états du pape. Nos troupes seront, j'espère, ce soir à Foligno, et passeront la journée de demain à se réunir au deuxième bataillon de la soixante-troisième qui était à Livourne, et que j'ai fait venir. Voici ce que je compte faire :

J'accorderai la paix au pape, moyennant qu'il cédera en toute propriété à la république la légation de Bologne, la légation de Ferrare, la légation de Romagne, le duché d'Urbin et la Marche d'Ancône, et qu'il nous paiera, 1°. les 3,000,000 valeur du trésor de Loretto; 2°. les 15,000,000 valeur de ce qui reste dû pour l'armistice; il donnera tous les chevaux de cavalerie, tous les chevaux de son artillerie ; qu'il chassera Colli et tous les Autrichiens, et nous donnera les armes de tous les nouveaux régimens créés depuis l'armistice. Si cela n'est pas accepté, j'irai à Rome.

Je préfère l'accommodement à aller à Rome, 1°. parce que cela m'évitera une discussion qui peut être très-sérieuse avec le roi de Naples ; 2°. parce que le pape et tous les princes se sauvant de Rome, je ne pourrai jamais en tirer ce que je demande; 3°. parce que Rome ne peut pas exister long-temps dépouillée de ses belles provinces : une révolution s'y fera toute seule. 4°. Enfin la cour de Rome nous cédant tous ses droits sur ce pays, on ne pourra pas, à la paix générale, regarder cela comme un succès momentané, puisque ce sera une chose très-finie ; et enfin cela nous donnera la division qui est ici, disponible tout de suite pour les opérations du Frioul, et me donnera le temps, avant d'être entré en lutte avec les Autrichiens, de conclure quelque article secret avec le sénat de Venise.

Je vous enverrai incessamment la seconde lettre que vient de m'écrire le cardinal Mattei.

Rien de nouveau, de bien intéressant dans le Tyrol, ni sur la Piave, si ce n'est des escarmouches, dont l'état-major vous fait passer le bulletin.

Je vous enverrai l'inventaire de l'artillerie trouvée à Mantoue, Ancône et autres places.

J'attends toujours Villemansy avec la plus grande impatience. Nous avons besoin d'un homme qui ait le sens commun dans cette place : tous ceux que j'ai vus depuis le commencement de la campagne, sont à peine bons pour être commissaires dans une place.

Verninac est arrivé à Naples, je lui répondrai du moment que le chemin sera libre, pour lui indiquer la route qu'il doit tenir.

Au quartier-général à Tolentino, le 29 pluviose an 5 (17 février 1797).

Au général Joubert.

Vous avez dû recevoir, citoyen général, la onzième demi-brigade et la cinquième : la vingt-sixième d'infanterie légère doit être, à l'heure qu'il est, à Verone ; elle a ordre de suivre la cinquième, devant être de la même division avec ces dernières brigades. J'avais pensé que le quartier-général de cette division devait être à Borgo de Val-Sugano ; cependant, si vous croyez qu'il serait mieux placé à Levico ou à Pergine, je vous autorise à donner des ordres en conséquence.

J'ai reçu votre lettre du 21 pluviose, je vous engage à réfléchir et à observer davantage les localités ; car je ne conçois pas que, votre ligne du Lawis forcée, et votre mouvement de retraite exécuté pendant la nuit, vous n'ayez pas une position intermédiaire la plus rapprochée possible de cette première, où vous puissiez vous tenir toute la journée, remettre ensemble vos troupes, et recevoir les hommes éparpillés ou les corps qui n'auraient pas pu rejoindre dans la nuit; la nuit suivante, vous remettre en marche, s'il le faut, et reprendre la ligne de Mori et de Torbole, et là tenir en échec l'ennemi plusieurs jours; enfin, arriver à la Corona, au camp retranché de Castel-Novo, et enfin sous les murs de Mantoue ou de Vérone: agir autrement, ce ne serait pas faire la guerre, dont l'art ne consiste qu'à gagner du temps lorsqu'on a des forces inférieures. Pour empêcher l'ennemi d'attaquer d'abord Torbole et Mori, le moyen qui m'a paru le plus clair était de faire construire un pont sur l'Adige et d'en retrancher la tête: ce pont devrait être situé entre Roveredo et Trente. Par ce moyen, l'ennemi ne peut rien tenter sur Mori et Torbole, même après avoir forcé le général Rey, qui doit toujours exécuter sa retraite sur Torbole.

Je vous prie de me répondre positivement à cette question: Y a-t-il, de Torbole à Mori, une bonne ligne? Elle servirait par le lac et par l'Adige, et j'avais ordonné: 1°. que l'on ferait à cette ligne tous les travaux nécessaires; 2°. qu'on y construirait dans l'endroit le plus favorable une redoute avec des coupures de chemins, de manière que cela fît la même position que la Chiusa et Rivoli, à l'exception que l'ennemi n'étant pas sur la rive du côté de Mori, on n'a pas besoin d'autant de forces pour défendre ce point, que pour le plateau de Rivoli.

Je vous prie de relire l'instruction que je vous ai fait passer au moment de votre entrée à Trente, et d'en faire strictement les préparatifs, cela tenant à un système général de guerre pour la campagne dans laquelle nous allons entrer, me reposant entièrement sur vous et sur le commandant du génie, auquel j'ai donné ordre de se rendre à Trente ; sur les positions à tenir et sur l'application des idées générales contenues dans mon instruction.

Mon principe pour la défense du Tyrol est, dès l'instant que vous êtes obligé d'évacuer Trente, de vous rallier en avant de Roveredo, occupant, avec toute la division Rey, les hauteurs de Mori : rallié là pendant toute une journée, passer l'Adige et placer les trois divisions entre l'Adige, Mori et Torbole, plaçant seulement quelques pièces de canon et quelques détachemens dans les endroits les plus étroits entre Mori et Rivoli, pour empêcher l'ennemi de pouvoir se porter sur Ala, et même y construire, dans l'endroit le plus favorable, une bonne redoute, ayant soin de pratiquer des coupures de tous les côtés, et vis-à-vis de laquelle on doit avoir un pont avec une tête très-bien retranchée. Qui est maître d'une rive de l'Adige et a un pont, est maître des deux rives. Lorsqu'ensuite l'occupation de la ligne de Torbole et Mori par suite des événemens qui peuvent arriver aux autres divisions de l'armée, deviendrait inutile, alors Mantoue, Peschiera, ou une place quelconque, offrent une protection à la division.

La ligne de Rivoli ne peut donc plus me servir de rien, à moins que ce ne soit comme ligne de passage pour gagner quelques jours de temps : cette ligne est trop éloignée des gorges de la Brenta, pour que le corps d'armée puisse jamais être secouru par un mouvement de flanc sur Trente : au lieu que celle de Mori, avec un pont qui permet de passer de l'autre côté, aide aux divisions, qui, par un mouvement rétrograde, enfileraient les gorges de la Brenta, pour se porter sur les flancs de l'ennemi à Trente. En voilà assez, je crois, pour vous faire sentir l'importance de la position de Mori ; il faut que l'art y seconde la nature. S'il arrivait une circonstance où vous puissiez être forcé dans la ligne de Torbole, plus tôt que dix jours après l'avoir été au Lawis, la campagne serait manquée.

Sous peu de jours, je serai de retour à l'armée, où je sens que ma présence devient nécessaire. L'armée est à trois jours de Rome; je suis en traité avec cette prêtraille, et, pour cette fois-ci, le Saint-Père sauvera encore sa capitale, en nous cédant ses plus beaux états et de l'argent, et, par ce moyen, nous sommes en mesure pour exécuter la grande tâche de la campagne prochaine. BONAPARTE.

Au quartier-général à Tolentino, le 30 pluviose an 5 (18 février 1797).

Au directoire exécutif.

Nos troupes se sont emparées de l'Ombrie et du pays de Perrugia; nous sommes maîtres aussi de la petite province de Camerino.

Je rencontre ici le cardinal Mattei, le neveu du pape, le marquis Massimo, et monsieur Galeppi, qui viennent avec des pleins pouvoirs du pape pour traiter.

On m'a écrit de Venise que le prince Charles est arrivé à Trieste, et que, de tous côtés, les troupes autrichiennes sont en marche pour renforcer l'armée ennemie.

Je vous ai instruit, par ma dernière dépêche, que les douze demi-brigades que vous m'envoyez, ne faisaient pas dix-neuf mille hommes. Le ministre de la guerre vient d'écrire au général Kellermann de garder deux mille hommes et de faire retourner un régiment de cavalerie à l'armée du Rhin. Voilà donc les trente mille hommes que vous m'annonciez réduits à dix-sept mille hommes : c'est un très-beau renfort pour l'armée d'Italie! mais cela me rend trop faible pour pouvoir me diviser en deux corps d'armée, et exécuter le plan de campagne que je m'étais proposé. BONAPARTE.

Au quartier-général à Tolentino, le 1ᵉʳ ventose an 5
(19 février 1797).

Au directoire exécutif.

Je vous fais passer, citoyens directeurs, le rapport du citoyen Monge, que j'ai envoyé à Saint-Marin, avec le discours qu'il a prononcé lorsque les douze drapeaux pris sur le pape et cinq drapeaux autrichiens, reste de ceux pris aux dernières affaires, ont été apportés.

Le général Bernadotte est arrivé, et sa division se réunit à Padoue; le calcul que j'avais fait, de porter les demi-brigades à quinze cents hommes, l'une portant l'autre, se vérifie.

Je vous demande le grade de général de brigade pour l'adjudant-général Duphot, qui a eu, dans ces différentes affaires, cinq chevaux tués sous lui: c'est un de nos plus braves officiers.

Le pape a ratifié le traité de paix conclu à Tolentino; dès que j'en aurai l'original, je vous l'expédierai.

Le roi de Sardaigne a approuvé le traité d'alliance offensive et défensive conclu par le général Clarke, qui, dans des lettres très-détaillées, vous expose les différentes démarches qu'il a faites pour arriver à des négociations de paix. Il nous a paru que l'on ne pouvait pas à la fois entamer une négociation de paix séparée avec Vienne, et prêter l'oreille à la proposition qui serait faite à l'ouverture d'un congrès: tant que la cour de Vienne aura l'espoir d'obtenir de nous l'ouverture d'un congrès, elle n'entendra jamais des propositions de paix séparée.

Nous ne porterons jamais la cour de Vienne à entrer en négociation avec nous, qu'en nous prononçant décidément contre l'ouverture d'un congrès, qui, par la lenteur des formes, ne pourrait pas éviter la campagne qui va s'ouvrir, et qu'un esprit d'humanité et de philosophie, qui, malheureusement, n'est pas partagé par l'empereur, vous fait désirer d'éviter.

Je fais travailler à l'armement et aux approvisionnemens de Mantoue, dans le même temps que je fais travailler aux mines pour la détruire. Notre position en Italie me paraît fort satisfaisante.

Je n'ai pas été à Milan depuis la prise de Mantoue, parce que les habitans de la Lombardie attendent mon arrivée, et espèrent que je vais leur permettre la réunion de leurs assemblées primaires.

Le moment d'exécuter vos ordres pour Venise n'est pas encore arrivé; il faut, avant, ôter toute incertitude sur le sort des combats que les deux armées vont avoir à se livrer; je désirerais même que la flottille que le ministre de la marine me promet, fût arrivée dans l'Adriatique.

J'ai nommé le citoyen Meuron, qui nous a rendu des services sur le lac de Garda, consul de la république à Ancône: je vous prie de le confirmer.

J'espère, avant quinze jours, indépendamment de la corvette *la Brune*, qui est arrivée dans l'Adriatique, avoir une vingtaine de corsaires à Ancône; ce qui nous rendra maîtres du commerce de l'Adriatique. BONAPARTE.

Au quartier-général à Tolentino, le 1er ventose an 5
(19 février 1797).

A Sa Sainteté le Pape Pie VI.

Je dois remercier Votre Sainteté des choses obligeantes contenues dans la lettre qu'elle s'est donné la peine de m'écrire.

La paix entre la république française et Votre Sainteté

vient d'être signée, je me félicite d'avoir pu contribuer à son repos particulier.

J'engage Votre Sainteté à se méfier des personnes qui sont à Rome, vendues aux cours ennemies de la France, ou qui se laissent exclusivement guider par les passions haineuses, qui entraînent toujours la perte des états.

Toute l'Europe connaît les inclinations pacifiques et les vertus conciliatrices de Votre Sainteté. La république française sera, j'espère, une des amies les plus vraies de Rome.

J'envoie mon aide-de-camp, chef de brigade, pour exprimer à Votre Sainteté l'estime et la vénération parfaites que j'ai pour sa personne, et je la prie de croire au désir que j'ai de lui donner, dans toutes les occasions, les preuves de respect et de vénération avec lesquels j'ai l'honneur d'être, etc.

BONAPARTE.

Au quartier-général à Bassano, le 20 ventose an 5
(10 mars 1797).

Aux soldats de l'armée d'Italie.

La prise de Mantoue vient de finir une campagne qui vous a donné des titres éternels à la reconnaissance de la patrie.

Vous avez remporté la victoire dans quatorze batailles rangées et soixante-dix combats ; vous avez fait plus de cent mille prisonniers, pris à l'ennemi cinq cents pièces de canon de campagne, deux mille de gros calibre, quatre équipages de pont.

Les contributions mises sur les pays que vous avez conquis ont nourri, entretenu, soldé l'armée pendant toute la campagne ; vous avez en outre envoyé trente millions au ministre des finances pour le soulagement du trésor public.

Vous avez enrichi le Muséum de Paris de plus de trois

cents objets, chefs-d'œuvre de l'ancienne et nouvelle Italie, et qu'il a fallu trente siècles pour produire.

Vous avez conquis à la république les plus belles contrées de l'Europe; les républiques Lombarde et Cispadane vous doivent leur liberté; les couleurs françaises flottent pour la première fois sur les bords de l'Adriatique, en face et à vingt-quatre heures de navigation de l'ancienne Macédoine; les rois de Sardaigne, de Naples, le pape, le duc de Parme se sont détachés de la coalition de nos ennemis, et ont brigué notre amitié; vous avez chassé les Anglais de Livourne, de Gênes, de la Corse....; mais vous n'avez pas encore tout achevé, une grande destinée vous est réservée : c'est en vous que la patrie met ses plus chères espérances, vous continuerez à en être dignes.

De tant d'ennemis qui se coalisèrent pour étouffer la république, à sa naissance, l'empereur seul reste devant nous. Se dégradant lui-même du rang d'une grande puissance, ce prince s'est mis à la solde des marchands de Londres; il n'a plus de politique, de volonté que celle de ces insulaires perfides, qui, étrangers aux malheurs de la guerre, sourient avec plaisir aux maux du continent.

Le directoire exécutif n'a rien épargné pour donner la paix à l'Europe; la modération de ses propositions ne se ressentait pas de la force de ses armées : il n'avait pas consulté votre courage, mais l'humanité et l'envie de vous faire rentrer dans vos familles; il n'a pas été écouté à Vienne; il n'est donc plus d'espérances pour la paix, qu'en allant la chercher dans le cœur des états héréditaires de la maison d'Autriche. Vous y trouverez un brave peuple accablé par la guerre qu'il a eue contre les Turcs, et par la guerre actuelle. Les habitans de Vienne et des Etats de l'Autriche gémissent sur l'aveuglement et l'arbitraire de leur gouvernement; il n'en est pas un qui ne soit convaincu que l'or de l'Angleterre a corrompu les ministres de l'empereur. Vous respecterez leur religion et leurs mœurs, vous protégerez leurs propriétés; c'est la liberté que vous apporterez à la brave nation hongroise.

La maison d'Autriche, qui, depuis trois siècles, va perdant à chaque guerre une partie de sa puissance, qui mécontente ses peuples, en les dépouillant de leurs priviléges, se trouvera réduite, à la fin de cette sixième campagne (puisqu'elle nous contraint à la faire) à accepter la paix que nous lui accorderons, et à descendre, dans la réalité, au rang des puissances secondaires, où elle s'et déjà placée en se mettant aux gages et à la disposition de l'Angleterre.

BONAPARTE.

Au quartier-général à Bassano, le 20 ventose an 5 (10 mars 1797).

A M. Bataglia, provéditeur-général de la république de Venise à Verone.

J'ai été douloureusement affecté en apprenant que la tranquillité publique est troublée à Brescia. J'espère que, moyennant la sagesse des mesures que vous prendrez, il n'y aura pas de sang de répandu. Vous savez que, dans la position actuelle des esprits en Europe, les persécutions ne feraient qu'autoriser les mécontens contre le gouvernement.

Dans la plupart des villes de l'état vénitien, il y a des personnes qui montrent à chaque instant leur partialité pour les Autrichiens, qui ne cessent de maudire et de se montrer très-indisposées contre les Français. Quelques-unes, mais en petit nombre, paraissent préférer les mœurs et l'affabilité des Français à la rudesse des Allemands. Il serait injuste de punir ces derniers et de leur faire un crime de la partialité que l'on ne trouve pas mauvaise en faveur des Allemands.

Le sénat de Venise ne peut avoir aucune espèce d'inquiétude, devant être bien persuadé de la loyauté du gouvernement français, et du désir que nous avons de vivre en bonne amitié avec votre république ; mais je ne voudrais pas que, sous prétexte de conspiration, l'on jetât sous les plombs du palais de Saint-Marc tous ceux qui ne sont pas ennemis déclarés de l'armée française, et qui nous auront, dans le cours de cette campagne, rendu quelques services.

Désirant pouvoir contribuer à rétablir la tranquillité et ôter toute espèce de méfiance entre les deux républiques, je vous prie, monsieur, de me faire connaître le lieu où je pourrai avoir l'honneur de vous voir, ainsi que de croire aux sentimens d'estime et de considération, etc.

BONAPARTE.

Sacile, le 25 ventose an 5 (15 mars 1797).

Instruction pour la conduite à tenir dans le Tyrol.

ART. 1er. Confirmer par une proclamation toutes les lois et tous les magistrats existans.

2. Ordonner, par une proclamation, que l'on continue, comme à l'ordinaire, l'exercice public du culte de la religion.

3. Beaucoup cajoler les prêtres, et chercher à se faire un parti parmi les moines, en ayant soin de bien distinguer les théologiens et les autres savans qui peuvent exister parmi eux.

4. Parler en bien de l'empereur, dire beaucoup de mal de ses ministres et de ceux qui le conseillent.

5. Donner un ordre pour que tous les Tyroliens qui ont été au service de l'empereur rentrent chez eux, et leur assurer la protection et la sauve-garde de la république.

6. Dès l'instant qu'on serait maître de Brixen et de tous

les pays en deçà des hautes montagnes, y établir une commission de gouvernement, à laquelle vous donnerez le nom et l'organisation consacrés dans le pays, que vous chargerez de percevoir toutes les impositions qui se percevaient pour le compte de l'empereur, et qu'elle versera, sous sa responsabilité, dans la caisse de l'armée.

7. Ne prendre ni les monts-de-piété, ni les caisses qui appartiendront aux villes, mais seulement les caisses et magasins appartenant à l'empereur; enfin, avoir beaucoup d'aménité et chercher à se concilier les habitans.

8. A ces mesures on joindra celle d'exécuter avec rigueur le désarmement, de prendre des ôtages dans les endroits où on le croirait nécessaire, et de mettre des impositions en forme de contributions sur les villages qui se conduiraient mal, et où il y aurait eu de nos soldats assassinés.

BONAPARTE.

Au quartier-général à Valdasone, le 27 ventose an 5
(17 mars 1797).

Au directoire exécutif.

Citoyens directeurs,

Depuis la bataille de Rivoli, l'armée d'Italie occupait les bords de la Piave et du Lawis; l'armée de l'empereur, commandée par le prince Charles, occupait l'autre rive de la Piave, avait son centre placé derrière le Cordevole, et appuyait sa droite à l'Adige du côté de Bellune.

Le 20, au matin, la division du général Masséna se rend à Feltre: l'ennemi, à son approche, évacue la ligne de Cordevole et se porte sur Bellune.

La division du général Serrurier se porte à Asolo, elle est assaillie par un temps horrible; mais le vent et la pluie, à la veille d'une bataille, ont toujours été pour l'armée d'Italie un présage de bonheur.

Le 23, à la pointe du jour, la division passe la Piave vis-à-vis le village de Vidor : malgré la rapidité et la profondeur de l'eau, nous ne perdons qu'un jeune tambour. Le chef d'escadron Lasalle, à la tête d'un détachement de cavalerie, et l'adjudant-général Leclerc, à la tête de la vingt-unième demi-brigade d'infanterie légère, culbutent le corps ennemi, qui voulait s'opposer à notre passage, et se portent rapidement à San-Salvador. Mais l'ennemi, au premier avis du passage, a craint d'être cerné, et a évacué son camp de la Capanna.

Le général Guieux, à deux heures après midi, passe la Piave à Ospedalleto, et arrive le soir à Conegliano : un soldat entraîné par le courant est sur le point de se noyer; une femme attachée à la cinquante-unième se jette à la nage et le sauve; je lui ai fait présent d'un collier d'or, auquel sera suspendue une couronne civique avec le nom du soldat qu'elle a sauvé.

Notre cavalerie, dans cette journée, rencontre plusieurs fois celle de l'ennemi, et a toujours l'avantage; nous prenons quatre-vingts hussards.

Le 23, le général Guieux, avec sa division, arrive à Sacile, tombe sur l'arrière-garde ennemie, et, malgré l'obscurité de la nuit, lui fait cent prisonniers. Un corps de hulans demande à capituler ; le citoyen Sciebeck, chef d'escadron, s'avance et reste mort ; le général Dugua, commandant la réserve, est légèrement blessé.

Cependant, la division du général Masséna arrive à Bellune, poursuit l'ennemi qui s'est retiré du côté de Cadore, enveloppe son arrière-garde, fait sept cents prisonniers, parmi lesquels cent hussards, un colonel, et le général Lusignan, qui commandait tout le centre. Le dixième de chasseurs se distingue comme à son ordinaire. M. de Lusignan s'est couvert d'opprobre par la conduite qu'il tint à Brescia envers nos malades ; j'ordonne qu'il soit conduit en France sans pouvoir être échangé.

Le 26, la division du général Guieux part de Pardenone, à cinq heures du matin ; celle du général Bernadotte part de Sacile, à trois heures du matin ; celle du général Serrurier part de Sassiano, à quatre heures du matin : tous se dirigent sur Valvasone.

La division du général Guieux dépasse Valvasone et arrive sur le bord du Tagliamento, à onze heures du matin. L'armée ennemie est retranchée de l'autre côté de la rivière, dont elle prétend nous disputer le passage. Mon aide-de-camp, chef d'escadron Croisier, va, à la tête de vingt-cinq guides, à la reconnaissance jusqu'aux retranchemens ; il est accueilli par la mitraille.

La division du général Berdanotte arrive à midi : j'ordonne sur-le-champ au général Guieux de se porter sur la gauche pour passer la rivière à la droite des retranchemens ennemis, sous la protection de douze pièces d'artillerie. Le général Bernadotte doit la passer sur la droite ; l'une et l'autre de ces divisions forment leurs bataillons de grenadiers, se rangent en bataille, ayant chacune une demi-brigade d'infanterie légère en avant, soutenue par deux bataillons de grenadiers, et flanquée par la cavalerie. L'infanterie légère se met en tirailleurs ; le général Dommartin, à la gauche, et le général Lespinasse à la droite, font avancer leur artillerie, et la canonnade s'engage avec la plus grande vivacité ; j'ordonne que chaque demi-brigade ploie, en colonne serrée sur les ailes de son second bataillon, ses premier et troisième bataillons.

Le général Duphot, à la tête de la vingt-septième d'infanterie légère, se jette dans la rivière ; il est bientôt de l'autre côté. Le général Bon le soutient avec les grenadiers de la division du général Guieux. Le général Murat fait le même mouvment sur la droite, et est également soutenu par les grenadiers de la division Bernadotte. Toute la ligne se met en mouvement, chaque demi-brigade par échelon, des escadrons de cavalerie en arrière des intervalles. La cavalerie ennemie veut, plusieurs fois, charger notre infanterie, mais sans succès; la rivière est passée et l'ennemi est partout en déroute. Il cherche à déborder notre droite avec sa cavalerie, et notre gauche avec son infanterie; j'envoie le général Dugua et l'adjudant-général Kellermann à la tête de la cavalerie de réserve : aidés par notre infanterie, commandée par l'adjudant-général Mireur, ils culbutent la cavalerie ennemie, et font prisonnier le général qui la commande.

Le général Guieux fait attaquer le village de Gradisca, et, malgré les ombres de la nuit, s'en empare, et met l'ennemi dans une déroute complète; le prince Charles n'a que le temps de se sauver.

La division du général Serrurier, à mesure qu'elle arrive, passe la rivière, et se met en bataille pour servir de réserve.

Nous avons pris à l'ennemi, dans cette journée, six pièces de canon, un général, plusieurs officiers supérieurs, et fait quatre ou cinq cents prisonniers.

La promptitude de notre déploiement et de notre manœuvre, la supériorité de notre artillerie épouvantèrent tellement l'armée ennemie, qu'elle ne tint pas et profita de la nuit pour fuir.

L'adjudant-général Kellermann a reçu plusieurs coups de sabre en chargeant, à la tête de la cavalerie, avec son courage ordinaire.

Je vais m'occuper de récompenser les officiers qui se sont distingués dans ces différentes affaires. BONAPARTE.

Au quartier-général à Gradisca, le 30 ventose an 5
(20 mars 1797).

Au directoire exécutif.

Citoyens directeurs,

Je vous ai rendu compte du passage de la Piave, des combats de Longara, de Sacile, et de la journée du Tagliamento.

Le 28, la division du général Bernadotte part à trois heures du matin, dépasse Palma-Nova, et prend position sur le torrent de la Torre, où les hussards se rencontrent.

La division du général Serrurier prend position sur la droite, celle du général Guieux sur la gauche; j'envoie le citoyen Lasalle, avec le vingt-quatrième de chasseurs, à Voine.

L'ennemi, à notre approche, évacue Palma-Nova, où nous trouvons trente mille rations de pain et mille quintaux de farine en magasin : il y avait dix jours que le prince Charles s'était emparé de cette place, appartenant aux Vénitiens; il voulait l'occuper, mais il n'avait pas eu le temps de s'y établir.

Le général Masséna arrive à Saint-Daniel, à Osopo, à Gemona, et pousse son avant-garde dans les gorges.

Le 29, le général Bernadotte s'avance et bloque Gradisca; le général Serrurier se porte vis-à-vis San-Pietro pour passer l'Izonzo; l'ennemi a plusieurs pièces de canon et quelques bataillons de l'autre côté pour en défendre le passage.

J'ordonne différentes manœuvres, qui épouvantent l'ennemi, et le passage s'exécute sans opposition. Je ne dois pas oublier le trait de courage du citoyen Andréossy, chef de brigade d'artillerie, que je charge de reconnaître si la rivière est guéable; il se précipite lui-même dans l'eau, et la passe et la repasse à pied. Cet officier est d'ailleurs distingué par ses talens et ses connaissances étendues.

Passage de l'Isonzo et prise de Gradisca.

Le général Serrurier se porte sur Gradisca en suivant les crêtes supérieures qui dominent cette ville.

Pour amuser pendant ce temps-là l'ennemi et l'empêcher de s'apercevoir de sa manœuvre, le général Bernadotte fait attaquer, par des tirailleurs, les retranchemens ennemis; mais nos soldats, emportés par leur ardeur naturelle, s'avancent, la baïonnette en avant, jusque sous les murs de Gradisca. Ils sont reçus par une forte fusillade et de la mitraille. Le général Bernadotte, obligé de les soutenir, fait avancer quatre pièces de canon pour enfoncer les portes; mais elles sont couvertes par une flèche bien retranchée.

Cependant le général Serrurier arrive sur les hauteurs qui maîtrisent Gradisca, rend toute retraite impossible à la garnison; l'ennemi n'a donc plus ni probabilité de se défendre, ni espoir de s'échapper; le général Bernadotte lui fait la sommation que je vous envoie, et il capitule.

Trois mille prisonniers, l'élite de l'armée du prince Charles, dix pièces de canon, huit drapeaux sont le fruit de cette manœuvre. Nous avons en même temps passé l'Isonzo et pris Gradisca.

La division du général Bernadotte s'est conduite avec un courage qui nous est un garant de nos succès à venir. Le général Bernadotte, ses aides-de-camp, ses généraux ont bravé tous les dangers. Je vous demande le grade de général de brigade pour l'adjudant-général Mireur.

Le général Bernadotte se loue beaucoup du général Murat, commandant son avant-garde, du général Friand, de l'adjudant-général Mireur, du citoyen Campredon, comman dant du génie ; du citoyen Zaillot, commandant l'artillerie ; du citoyen Lahure, chef de la quinzième demi-brigade d'infanterie légère ; du citoyen Marin, et des deux frères Conroux. Le citoyen Duroc, mon aide-de-camp, capitaine, s'est conduit avec la bravoure qui caractérise l'état-major de l'armée d'Italie.

Le citoyen Miquet, chef de la quatre-vingt-huitième demi-brigade, a été blessé.

Combat de Casasola.

La division du général Masséna s'empare du fort de la Chiusa, rencontre l'ennemi, qui veut lui disputer le passage du pont de Casasola. Ses tirailleurs font replier ceux de l'ennemi, et un instant après les grenadiers des trente-deuxième et cinquante-septième demi-brigades, en colonne serrée, forcent ce pont, culbutent l'ennemi malgré ses retranchemens et ses chevaux de frise, le poursuivent jusqu'à la Ponteba, et lui font six cents prisonniers, tous des régimens nouvellement venus du Rhin ; tous les magasins que l'ennemi avait de ce côté tombent en notre pouvoir.

Les chasseurs du dixième régiment, le sabre à la main, foncent dans les retranchemens ennemis, et acquièrent un nouveau titre à l'estime de l'armée. BONAPARTE.

Au quartier-général à Goritz, le 2 germinal an 5
(22 mars 1797).

Au directoire exécutif.

Citoyens directeurs,

Nous sommes entrés hier dans Goritz : l'armée ennemie a effectué sa retraite avec tant de précipitation, qu'elle a laissé dans nos mains quatre hôpitaux contenant quinze cents malades, et tous les magasins de vivres et de munitions de guerre, dont je vous ferai passer l'état par le premier courrier.

La division du général Bernadotte s'est rendue hier à Camiza, son avant-garde et l'arrière-garde ennemie se sont rencontrées à Caminia; le dix-neuvième régiment de chasseurs à cheval a chargé l'ennemi avec une telle impétuosité, qu'il lui a fait cinquante hussards prisonniers, avec leurs chevaux. Le général Masséna a poursuivi l'ennemi jusqu'à la Ponteba.

BONAPARTE.

Au quartier-général à Goritz, le 4 germinal an 5
(24 mars 1797).

Au directoire exécutif.

Citoyens directeurs,
Je vous fais passer l'état des objets que nous avons trouvés à Goritz. Je vous enverrai par le prochain courrier l'état de ce que nous avons trouvé à Trieste.

Nous sommes maîtres des célèbres mines d'Idria; nous y avons trouvé des matières préparées pour deux millions, on va s'occuper à les charroyer. Si cette opération se fait sans accident, elle sera fort utile à nos finances.

BONAPARTE.

Au quartier-général à Goritz, le 4 germinal an 5
(24 mars 1797).

Au directoire exécutif.

Citoyens directeurs,
Le général Guieux, avec sa division, se rendit, le 2, de Cividal à Caporeto; il rencontra l'ennemi retranché à Pufero, l'attaqua, lui prit deux pièces de canon, et lui fit une

centaine de prisonniers, et le poursuivit dans les gorges de Caporeto à la Chiusa autrichienne, en laissant le champ de bataille couvert d'Autrichiens.

Cependant le général Masséna, avec sa division, est à Tarwis : j'ai donc lieu d'espérer que les deux mille hommes que le général Guieux a poussés devant lui tomberont dans les mains de la division Masséna.

Le général de division Dugua est entré hier soir dans Trieste. BONAPARTE.

Au quartier-général à Goritz, le 4 germinal an 5 (24 mars 1797).

Au directoire exécutif.

M. Pezaro, sage grand de la république de Venise, a été envoyé ici, accompagné d'un sage de terre-ferme; il est revenu relativement aux événemens de Brescia et de Bergame. Les peuples de ces deux villes ont désarmé la garnison vénitienne, et chassé les provéditeurs de la république de Venise. Un germe d'insurrection gagne toutes les têtes de cette république. Je vous envoie une lettre que m'avait écrite précédemment M. Battaglia, provéditeur de la république de Venise, et la réponse que je lui ai faite. Ma conduite avec M. Pezaro était assez délicate : ce n'est pas dans un moment où Palma-Nova n'est pas encore approvisionné et armé, où nous avons besoin de tous les secours du Frioul, et de toute la bonne volonté des gouvernemens vénitiens pour nous approvisionner dans les défilés de l'Allemagne, qu'il fallait nous brouiller. Il ne fallait pas non plus qu'ils pussent envoyer quatre ou cinq mille hommes, et écraser les personnes qui, à Brescia et à Bergame, nous sont attachées, quoique je n'approuve pas leur conduite, et que je croie que leur insurrection nous est, dans le moment, très-nuisible; mais le parti ennemi de la France est, dans ces différentes villes, si acharné contre nous, que, s'il prenait le dessus, il faudrait être en guerre ouverte avec toute la population. J'ai dit à M. Pezaro que le directoire exécutif n'oubliait pas que la république de Venise était l'ancienne alliée de la France; que nous avions un désir bien formé de la protéger de tout notre pouvoir. J'ai demandé seulement d'épargner l'effusion du sang, et de ne pas faire un crime aux citoyens vénitiens qui avaient plus d'inclination pour l'armée française que pour l'armée impériale; que nous ne soutenions pas les insurgés, qu'au contraire je favoriserais les démarches que ferait le gouvernement; mais que je croyais que, comme ils avaient envoyé un courrier au directoire exécutif, il serait bon peut-être d'en attendre le retour, parce que je croyais que la seule intervention de la France dans ces affaires pourrait ramener les esprits sans avoir besoin de recourir aux armes. Nous nous sommes quittés bons amis, il m'a paru fort content. Le grand point, dans tout ceci, est de gagner du temps. Je vous prie, pour ma règle, de me donner une instruction détaillée.

Les villes d'Ancône, du duché d'Urbin, de la province de Macerata, m'accablent de députations pour me demander à ne pas retourner sous l'autorité papale. La révolution gagne véritablement toutes les têtes en Italie; mais il faudrait encore bien du temps pour que les peuples de ces pays pussent devenir guerriers et offrir un spectacle sérieux.

Je vous envoie un exemplaire de la constitution de la république cispadane.

Les Lombards sont très-impatiens; ils voudraient qu'on déclarât leur liberté, et qu'on leur permît également de se faire une constitution; ils soudoient, dans ce moment, quinze cents Polonais et deux mille hommes de la légion lombarde. L'un et l'autre de ces corps commencent à s'organiser assez bien. BONAPARTE.

Au quartier-général à Goritz, le 5 germinal an 5 (25 mars 1797).

Au directoire exécutif.

Citoyens directeurs,

Je vous ai rendu compte, par mon dernier courrier, qu'une colonne de l'armée du prince Charles était cernée entre la division du général Masséna, qui était à Tarwis, et celle du général Guieux, qui, arrivé à Caporeto, le poussait devant lui dans les gorges.

Combat de Tarvis.

Le général Masséna, arrivé à Tarwis, fut attaqué par une division ennemie, partie de Clagenfurth, et qui venait au secours de la division qui était cernée. Après un combat extrêmement opiniâtre, il la mit en déroute, lui fit une grande quantité de prisonniers, parmi lesquels trois généraux. Les cuirassiers de l'empereur, arrivant du Rhin, ont extrêmement souffert.

Affaire de la Chiusa. — Prise de ce poste.

Cependant le général Guieux poussa la colonne qu'il avait battue à Pufero, jusqu'à la Chiusa autrichienne, poste extrêmement retranché, mais qui fut enlevé de vive force, après un combat très-opiniâtre, où se sont particulièrement distingués les généraux Bon, Verdier, et la quatrième demi-brigade, ainsi que la quarante-troisième. Le général Kablès défendait lui-même la Chiusa avec cinq cents grenadiers : par le droit de la guerre, les cinq cents hommes devaient être passés au fil de l'épée ; mais ce droit barbare a toujours été méconnu et jamais pratiqué par l'armée française.

La colonne ennemie, voyant la Chiusa prise, activa sa marche, et tomba au milieu de la division du général Masséna, qui, après un léger combat, la fit toute prisonnière : trente pièces de canon, quatre cents chariots portant les bagages de l'armée, cinq mille hommes, quatre généraux, sont tombés en notre pouvoir.

Je m'empresse de vous faire part de cet événement, parce que, dans les circonstances actuelles, il est indispensable que vous soyez prévenu de tout sans retard. Je me réserve de vous rendre un compte plus détaillé de tous ces évènemens, dès l'instant que j'aurai recueilli tous les rapports, et que les momens seront moins pressans.

La chaîne des Alpes qui sépare la France et la Suisse de l'Italie, sépare le Tyrol italien du Tyrol allemand, les états de Venise des états de l'empereur, et la Carinthie du comté de Goritz et de Gradisca. La division Masséna a traversé les Alpes italiques, et est venue occuper le débouché des Alpes noriques. Nos ennemis ont eu la maladresse d'engager tous leurs bagages et une partie de leur armée par les Apes noriques, qui dès-lors se sont trouvés pris.

Le combat de Tarwis s'est donné au-dessus des nuages, sur une sommité qui domine l'Allemagne et la Dalmatie ; dans plusieurs endroits où notre ligne s'étendait, il y avait trois pieds de neige, et la cavalerie, chargeant sur la glace, a essuyé des accidens dont les résultats ont été extrêmement funestes à la cavalerie ennemie. BONAPARTE.

Au quartier-général à Clagenfurth, le 12 germinal an 5
(1er avril 1797).

Au directoire exécutif.

Je vous ai rendu compte, dans ma dernière dépêche, des combats de Trévise et de la Chiusa. Le 8, trois divisions de l'armée se trouvaient avoir traversé les gorges qui, de l'état vénitien, conduisent en Allemagne, et campaient à Villach, sur les bords de la Drave.

Le 9, le général Masséna se mit en marche avec sa division; il rencontra, à une lieue de Clagenfurth, l'armée ennemie, et il s'engagea un combat, où l'ennemi perdit deux pièces de canon et deux cents prisonniers. Nous entrâmes le même soir à Clagenfurth, qui est la capitale de la Haute et Basse-Carinthie. Le prince Charles, avec les débris de son armée extrêmement découragée, fuit devant nous.

Notre avant-garde est aujourd'hui entre Saint-Veit et Freisach. La division du général Bernadotte est à Laubach, capitale de la Carniole. J'ai envoyé le général polonais Zajonseck, à la tête d'un corps de cavalerie, pour suivre la vallée de la Drave, arriver à Lintz et opérer ma jonction avec le général Joubert; qui est à Brixen; elle doit être faite à l'heure qu'il est.

Depuis le commencement de cette campagne, le prince Charles a perdu près de vingt mille hommes de ses troupes, qui sont nos prisonniers. Les habitans de la Carniole et de la Carinthie ont pour le ministère de Vienne et d'Angleterre un mépris qui ne se conçoit pas; la nation anglaise accapare tellement la haine et l'exécration du continent, que je crois que, si la guerre dure encore quelque temps, les Anglais seront réellement exécrés, qu'ils ne seront plus reçus nulle part.

Voilà donc les ennemis entièrement chassés des états de

Venise ; la Haute et Basse-Carniole, la Carinthie, le district de Trieste, et tout le Tyrol, soumis aux armes de la république.

Nous avons trouvé, près de Villach, un magasin de fer coulé, de cartouches et de poudre, de mine de plomb, d'acier, de fer et de cuivre. Nous avons trouvé, près de Clagenfurth, des manufactures d'armes et de drap. BONAPARTE.

Au quartier-général à Clagenfurth, le 12 germinal an 5
(1er avril 1797).

Au directoire exécutif.

Combat du Lavis.

Les divisions des généraux Joubert, Baraguey d'Hilliers et Delmas se sont mises en mouvement le 30 ventose ; elles ont enveloppé les corps ennemis qui se trouvaient sur le Lavis. Après un combat extrêmement opiniâtre, nous avons fait quatre mille prisonniers, pris trois pièces de canon, deux drapeaux, et tué près de deux mille hommes, dont une grande partie de chasseurs tyroliens.

Combat de Tramin.

Cependant l'ennemi s'était retiré sur la rive droite de l'Adige ; et paraissait vouloir tenir encore. Le 2 germinal, le général Joubert, commandant les trois divisions, se porta à Salurn ; le général Vial s'empara du pont de Neumark, et passa la rivière pour empêcher l'ennemi de se retirer sur Botzen. La fusillade s'engagea avec la plus grande force. Le combat paraissait incertain, lorsque le général de division Dumas, commandant la cavalerie, se précipita dans le village de Tramin, fit six cents prisonniers, et prit deux pièces de canon : par ce moyen, les débris de la colonne ennemie, commandée par le général Laudon, n'ont pas pu arriver à Botzen, et errent dans les montagnes.

Combat de Clausen.

Nous sommes entrés dans la ville de Botzen : le général Joubert ne s'y arrêta pas ; il y laissa une force suffisante pour suivre le général Laudon, et marcha droit à Clausen. L'ennemi, profitant de la défense qu'offrait le pays, avait fait les meilleures dispositions. L'attaque fut vive et bien concertée, et le succès long-temps incertain. L'infanterie légère grimpa des rochers inaccessibles ; les onzième et trente-troisième demi-brigades d'infanterie de bataille, en colonne serrée, et commandées par le général Joubert, en personne, surmontèrent tous les obstacles ; l'ennemi, percé par le centre, a été obligé de céder, et la déroute est devenue générale. Nous avons fait à l'ennemi quinze cents prisonniers.

Le général Joubert arriva à Brixen, toujours poursuivant l'ennemi ; le général Dumas, à la tête de la cavalerie, a tué, de sa propre main plusieurs cavaliers ennemis ; il a été blessé légèrement de deux coups de sabre ; son aide-de-camp Dermoncourt a été blessé dangereusement ; ce général a, pendant plusieurs minutes, arrêté seul, sur un pont, un escadron de cavalerie ennemie qui voulait passer, et a donné le temps aux siens de le rejoindre.

Nous avons trouvé à Brixen, Botzen et dans divers autres endroits, des magasins de toutes espèces, entr'autres trente mille quintaux de farine.

Partout l'ennemi, tant dans le Tyrol que dans la Carinthie et la Carniole, nous a laissé des hôpitaux ; je laisse au chef de l'état-major et au commissaire ordonnateur en chef le soin d'envoyer au ministre de la guerre les états des effets qu'on y a trouvés. BONAPARTE.

Au quartier-général à Clagenfurth, le 12 germinal an 5 (1er avril 1797).

Au peuple de la Carinthie.

L'armée française ne vient pas dans votre pays pour le conquérir, ni pour porter aucun changement à votre religion, à vos mœurs, à vos coutumes ; elle est l'amie de toutes les nations, et particulièrement des braves peuples de Germanie.

Le directoire exécutif de la république française n'a rien épargné pour terminer les calamités qui désolent le continent. Il s'était décidé à faire le premier pas et à envoyer le général Clarke à Vienne, comme plénipotentaire, pour entamer des négociations de paix ; mais la cour de Vienne a refusé de l'entendre ; elle a même déclaré à Vicence, par l'organe de M. de Saint-Vincent, qu'elle ne reconnaissait pas de république française. Le général Clarke a demandé un passeport pour aller lui-même parler à l'empereur ; mais les ministres de la cour de Vienne ont craint, avec raison, que la modération des propositions qu'il était chargé de faire, ne décidât l'empereur à la paix. Ces ministres, corrompus par l'or de l'Angleterre, trahissent l'Allemagne et leur prince, et n'ont plus de volonté que celle de ces insulaires perfides, l'horreur de l'Europe entière.

Habitans de la Carinthie, je le sais, vous détestez autant que nous, et les Anglais, qui seuls gagnent à la guerre actuelle, et votre ministère, qui lui est vendu. Si nous sommes en guerre depuis six ans, c'est contre le vœu des braves Hongrois et des citoyens éclairés de Vienne, et des simples et bons habitans de la Carinthie.

Eh bien! malgré l'Angleterre et les ministres de la cour de Vienne, soyons amis; la république française a sur vous les droits de conquête, qu'ils disparaissent devant un contrat qui nous lie réciproquement. Vous ne vous mêlerez pas d'une guerre qui n'a pas votre aveu. Vous fournirez les vivres dont nous pouvons avoir besoin. De mon côté, je protégerai votre religion, vos mœurs et vos propriétés; je ne tirerai de vous aucune contribution. La guerre n'est-elle pas par elle-même assez horrible? Ne souffrez-vous pas, déjà trop, vous, innocentes victimes des sottises des autres? Toutes les impositions que vous avez coutume de payer à l'empereur serviront à indemniser des dégâts inséparables de la marche d'une armée, et à payer les vivres que vous nous aurez fournis.

BONAPARTE.

Au quartier-général de Clagenfurth, le 12 germinal an 5 (1er avril 1797).

Au directoire exécutif.

Citoyens directeurs,
Je vous fais tenir la copie de la lettre que j'ai envoyée, par mon aide-de-camp, au prince Charles.

BONAPARTE.

Copie de la lettre écrite par le général en chef de l'armée d'Italie, à son altesse royale M. le prince Charles.

Du 11 germinal an 5 (31 mars 1797).

M. le général en chef,
Les braves militaires font la guerre et désirent la paix : celle-ci ne dure-t-elle pas depuis six ans? Avons-nous assez tué de monde et commis assez de maux à la triste humanité? Elle réclame de tous côtés. L'Europe, qui avait pris les armes

contre la république française, les a posées; votre nation reste seule, et cependant le sang va couler encore plus que jamais. Cette sixième campagne s'annonce par des présages sinistres; quelle qu'en soit l'issue, nous tuerons de part et d'autre quelques milliers d'hommes de plus, et il faudra bien que l'on finisse par s'entendre, puisque tout a un terme, même les passions haineuses.

Le directoire exécutif de la république française avait fait connaître à sa majesté l'empereur le dessein de mettre fin à la guerre qui désole les deux peuples, l'intervention de la cour Londres s'y est opposée : n'y a-t-il donc aucun espoir de nous entendre ? Et faut-il, pour les intérêts ou les passions d'une nation étrangère aux maux de la guerre, que nous continuions à nous entr'égorger ? Vous, M. le général en chef, qui, par votre naissance, approchez si près du trône et êtes au-dessus de toutes les petites passions qui animent souvent les ministres et les gouvernemens, êtes-vous décidé à mériter le titre de bienfaiteur de l'humanité entière, et de vrai sauveur de l'Allemagne ? Ne croyez pas, M. le général en chef, que j'entende par là qu'il ne soit pas possible de la sauver par la force des armes; mais, dans la supposition que les chances de la guerre nous deviennent favorables, l'Allemagne n'en sera pas moins ravagée. Quant à moi, M. le général en chef, si l'ouverture que j'ai l'honneur de vous faire peut sauver la vie à un seul homme, je m'estimerai plus fier de la couronne civique que je me trouverai avoir méritée, que de la triste gloire qui peut revenir des succès militaires.

Je vous prie de croire, M. le général en chef, aux sentimens d'estime et de considération distingués avec lesquels je suis, etc. BONAPARTE.

Au quartier-général à Scheifling, le 16 germinal an 5
(5 avril 1797).

Au directoire exécutif.

Combat de Burk.

Citoyens directeurs,

Le général Joubert a attaqué, le 8, la gorge d'Inspruck : les bataillons fraîchement arrivés du Rhin voulaient la défendre ; après une canonnade de quelques instans, le général Joubert a décidé l'affaire en marchant droit à la tête de la quatre vingt-cinquième demi-brigade, en colonne serrée par bataillon : l'ennemi a été culbuté en laissant cent morts, six cents prisonniers, deux pièces de canon, tous les équipages et vingt dragons.

Le général Dumas, qui a chargé, à la tête de la cavalerie, dès l'instant que l'infanterie eut percé, a eu son cheval tué sous lui. Le général de brigade Belliard, qui commandait la quatre-vingt-cinquième ; le brave Gaspard Lavisé, chef de cette demi-brigade, et l'aide-de-camp Lambert, se sont particulièrement distingués. Je vous demande, pour le général Dumas, qui, avec son cheval, a perdu une paire de pistolets, une paire de pistolets de la manufacture de Versailles.

BONAPARTE.

Au quartier-général à Scheifling, le 16 germinal an 5
(5 avril 1797).

Au directoire exécutif.

Combat des gorges de Neumarck.

Citoyens directeurs,

L'armée s'est mise en marche le 12. La division du général Masséna, formant l'avant-garde, a rencontré l'ennemi dans les gorges qui se trouvent entre Freisack et Neumark. L'arrière-garde ennemie a été culbutée dans toutes les positions qu'elle a voulu disputer, et nos troupes s'acharnèrent à la poursuivre avec une telle vitesse, que le prince Charles fut obligé de faire revenir, de son corps de bataille, les huit bataillons de grenadiers, les mêmes qui ont pris Kelh et qui sont en ce moment l'espoir de l'armée autrichienne ; mais la deuxième d'infanterie légère, qui s'est distinguée depuis son arrivée par son courage, ne ralentit pas son courage un seul instant, se jeta sur les flancs de droite et de gauche, dans le temps que le général Masséna, pour fouler la gorge, faisait mettre en colonne les grenadiers de la dix-huitième et de la trente-deuxième. Le combat s'engagea avec fureur : c'était l'élite de l'armée autrichienne qui venait lutter contre nos vieux soldats d'Italie. L'ennemi avait une position superbe, qu'il avait hérissée de canons ; mais elle ne fit que retarder de peu de temps la défaite de l'arrière-garde ennemie. Les grenadiers ennemis furent mis dans une complète déroute, laissèrent le champ de bataille couvert de morts, et cinq à six cents prisonniers.

L'ennemi profita de toute la nuit pour filer. A la pointe du jour, nous entrâmes dans Neumark. Le quartier-général fut, ce jour-là, à Freisack.

Nous avons trouvé à Freisack quatre mille quintaux de farine, une grande quantité d'eau-de-vie et d'avoine. Ce n'était qu'une faible partie des magasins qui y existaient, l'ennemi avait brûlé le reste : nous en avons trouvé autant à Neumarck.

Combat de Hundelmarck.

Le 14, le quartier-général se porta à Scheifling. L'avant-garde, sur le point d'arriver à Hundelmarck, rencontra l'arrière-garde de l'ennemi, qui voulait lui disputer sa couchée.

La deuxième d'infanterie légère était encore d'avant-garde. Après une heure de combat, l'arrière-garde ennemie, qui, ce jour-là, était composée de quatre régimens venant du Rhin, fut encore mise en déroute, et nous laissa six cents prisonniers, et au moins trois cents morts sur le champ de bataille. Notre avant-garde mangea encore, ce jour-là, le pain et but l'eau-de-vie préparés pour l'armée autrichienne.

Notre perte, dans ces deux combats, a été de fort peu de chose : le chef de brigade Carere, officier du plus grand courage, et qui nous a rendu, dans la campagne les plus grands services, a été tué d'un boulet. C'est le seul officier que nous ayons perdu : il est vivement regretté.

Aujourd'hui nous occupons Kintenfeld, Murau et Jundenburg. L'ennemi paraît s'être décidé à une retraite plus précipitée, et à ne plus engager de combat partiel.

J'ai fait poursuivre, par la division du général Guieux, la division du général autrichien Spork, qui voulait faire sa jonction par la vallée de la Marche, et dont l'avant-garde était déjà arrivée à Murau. Notre arrivée prompte à Scheifling a rendu cette jonction impossible : désormais elle ne peut plus se faire qu'au de-là des montagnes qui avoisinent Vienne.

Je vous envoie la réponse que m'a faite le prince Charles à ma lettre du 10, avant le combat du 13 ; deux heures après avoir envoyé cette réponse, comme nous marchions sur Freisack, il a fait demander, par un de ses aides-de-camp, une suspension de quatre heures, proposition entièrement inadmissible. Il voulait, en gagnant quatre heures, gagner la journée, et par là avoir le temps de faire sa jonction avec le général Sporck : c'était précisément la raison qui me faisait marcher jour et nuit.

Depuis le commencement de la campagne, le citoyen Ordonner, chef de brigade du dixième régiment de chasseurs, montre un courage qui lui captive l'estime de l'armée.

BONAPARTE.

Au quartier-général à Scheifling, le 16 germinal an 5
(5 avril 1797).

A M. Pesaro, sage grand de la république de Venise.

Les affaires militaires, monsieur, qui se sont succédé avec la plus grande rapidité, m'ont empêché de répondre à la lettre que vous vous êtes donné la peine de m'écrire.

De tous les points du territoire de la république de Venise, il me vient des plaintes sur la conduite des agens de cette république à l'égard de l'armée française. A Verone, on affiche tous les jours des placards pour exciter la haine du peuple contre nous, et effectivement les assassinats commencent et deviennent fréquens sur la route de Verone à la Piave.

Un vaisseau de guerre vénitien a tiré des coups de canon sur la frégate *la Brune*, et l'a empêchée de mouiller dans le golfe, tandis qu'un convoi autrichien y mouillait.

La maison du consul de Zante a été pillée et brûlée, et votre gouvernement l'a laissé faire.

Toutes les personnes qui sont soupçonnées d'avoir prêté secours à l'armée française sont ouvertement persécutées, dans le temps qu'on encourage de nombreux agens que la maison d'Autriche a dans Verone et autres lieux des états de Venise.

La république française, ne se mêle pas, monsieur, des affaires intérieures de la république de Venise ; mais la nécessité de veiller à la sûreté de l'armée me fait un devoir de prévenir les entreprises que l'on pourrait faire contre elle.

BONAPARTE.

Au quartier-général à Scheifling, le 16 germinal an 5
(5 avril 1797.)

A la municipalité de Brescia et à celle de Bergame.

J'ai reçu, citoyens, la lettre que vous vous êtes donné la peine de m'écrire : il ne m'appartient pas d'être juge entre le peuple de votre province et le sénat de Venise ; mon intention cependant est qu'il n'y ait aucune espèce de trouble ni de mouvement de guerre, et je prendrai toutes les mesures pour maintenir la tranquillité sur les derrières de l'armée.

Les troupes françaises continueront de vivre avec le peuple de Brescia dans le même esprit de neutralité et de bonne intelligence, et je désire, dans toutes les occasions, pouvoir vous donner des preuves de l'estime que j'ai pour vous.

BONAPARTE.

Au quartier-général à Scheifling, le 16 germinal an 5
(5 avril 1797).

A M. Pesaro, sage grand de la république de Venise.

Le duc de Modène, monsieur, doit plus de 30,000,000 à l'état de Modène : en conséquence, je vous requiers de faire mettre en séquestre, soit l'argent qu'il a dans la banque de Venise, soit le trésor qui se trouve dans le palais où il demeure, et dès aujourd'hui je regarde le gouvernement vénitien comme répondant de ladite somme.

Je vous prie de croire aux sentimens d'estime, etc.

BONAPARTE.

Au quartier-général à Indenburg, le 19 germinal an 5
(8 avril 1797).

Au directoire exécutif.

J'ai eu l'honneur de vous envoyer la lettre que j'avais écrite au prince Charles, et sa réponse.

Je vous fais passer,

1°. Copie de la lettre qu'il m'a écrite de nouveau, en date du 6 avril;

2°. La note qui m'a été remise par MM. les généraux Bellegarde et Meerveldt;

3°. La réponse que je leur ai faite;

4°. Une seconde lettre du prince Charles, et enfin les conditions de la suspension d'armes de cinq jours, que nous avons conclue. Vous y remarquerez, par la ligne de démarcation, que nous nous trouvons avoir occupé Gratz, Bruck, et Rotenmann, que nous n'occupions pas encore.

D'ailleurs, mon intention était de faire reposer deux ou trois jours l'armée; cette suspension dérange donc fort peu les opérations militaires.

Ces généraux sont sur-le-champ repartis pour Vienne, et le plénipotentiaire de S. M. l'empereur doit être arrivé au quartier-général avec des pleins pouvoirs pour une paix séparée, avant l'expiration de la suspension d'armes, que j'ai fait grande difficulté de leur accorder, mais qu'ils ont jugée indispensable.

Je leur ai dit que toute clause préliminaire à la négociation de paix devait être la cession jusqu'au Rhin; ils m'ont demandé une explication sur l'Italie, à laquelle je me suis refusé: ils m'ont, de leur côté, déclaré que, si S. M. l'empereur devait tout perdre, elle sortirait de Vienne, et s'exposerait à toutes les chances; je leur ai observé que, lorsque je m'expliquais d'une manière définitive sur les limites du Rhin, et que je me taisais sur l'Italie, c'était faire entendre qu'on admettait la discussion sur cette clause essentielle.

On m'a paru ne pas approuver les principes de Thugut, et que même l'empereur commençait à s'en apercevoir.

Nos armées n'ont pas encore passé le Rhin, et nous sommes déjà à vingt lieues de Vienne. L'armée d'Italie est donc seule exposée aux efforts d'une des premières puissances de l'Europe.

Les Vénitiens arment tous leurs paysans, mettent en campagne tous leurs prêtres, et secouent avec fureur tous les ressorts de leur vieux gouvernement, pour écraser Bergame et Brescia. Le gouvernement vénitien a en ce moment vingt mille hommes armés sur mes derrières.

Dans les états du pape même, des rassemblemens considérables de paysans descendent des montagnes, et menacent d'envahir toute la Romagne.

Les différens peuples d'Italie, réunis par l'esprit de liberté, et agités en différens sens par les passions les plus actives, ont besoin d'être contenus et surveillés.

Je vous enverrai la situation des troupes que j'ai avec moi, et de celles que j'ai en Italie.

Tout me porte à penser que le moment de la paix est arrivé, et que nous devons la faire dans un moment où nous pouvons dicter les conditions, pourvu qu'elles soient raisonnables.

Si l'empereur nous cède ce qui lui appartient du côté de la rive gauche du Rhin, comme prince de la maison d'Autriche, et si, comme chef de l'empire, il reconnaît les limites de la république au Rhin ; s'il cède à la république cispadane le duché de Modène et Carrare ; s'il nous donne Mayence, dans l'état où elle se trouve, en échange contre Mantoue, je crois que nous aurons fait une paix beaucoup plus avantageuse que ne le portent les instructions du général Clarke. Nous restituerons, il est vrai, toute la Lombardie et tous les pays que nous occupons dans ce moment-ci; mais n'aurons-nous pas tiré de nos succès tout le parti possible, lorsque nous aurons le Rhin pour limite, et que nous aurons institué dans le cœur de l'Italie une république de deux millions d'habitans, qui, par Carrare, se trouvera près de nous, nous donnera le commerce du Pô, de l'Adriatique, et s'agrandira à mesure que le pape se détruira.

Je viens d'expédier un courrier au général Clarke pour que, de Turin, il se rende en toute diligence ici : il est porteur de vos instructions, et a des pleins pouvoirs pour finir cette négociation; j'espère qu'il arrivera à temps, pour ne pas faire perdre le moment, qui est tout dans les négociations de cette nature.

Si, contre mon attente, la négociation ne réussissait pas, je me trouverais embarrassé sur le parti que j'aurais à prendre; je chercherais néanmoins à attirer l'ennemi dans une affaire, à le battre, à obliger l'empereur à abandonner Vienne : après quoi je serais obligé de rentrer en Italie, si les armées du Rhin restaient dans l'inaction où elles se trouvent encore.

J'espère, quelque parti que je me trouve obligé de prendre, mériter votre approbation. Je me suis trouvé, depuis le commencement de la campagne, passer, à chaque pas, dans une position neuve, et j'ai toujours eu le bonheur de voir la conduite que j'ai tenue répondre à vos intentions.

BONAPARTE.

Au quartier-général à Indenburg, le 20 germinal an 5 (9 avril 1797).

Au général Kilmaine.

Dès l'instant que votre aide-de-camp est arrivé, j'ai pris en grande considération la dépêche dont il était porteur. Je vous envoie :

1°. Une lettre au doge de Venise, et une à Lallemant, qu'il doit présenter en forme de note. Vous verrez, par ces deux lettres, que Junot porte à Venise et dont il doit avoir réponse sous vingt-quatre heures, quel est le rémède qu'il faut porter à tout ce tripotage.

Si Junot reçoit une réponse satisfaisante, il vous en préviendra à son départ de Venise; s'il ne reçoit pas de réponse satisfaisante, il se rendra près de vous à Mantoue.

La division du général Victor doit être arrivée à Padoue : vous ferez sur-le-champ désarmer la division de Padoue, prendre les officiers et le gouverneur, que vous enverrez prisonniers à Milan; vous en ferez autant à Treviso, Bassano et Verone, et si le sénat avait remis garnison à Brescia et à Bergame, vous en feriez autant. Vous ferez imprimer et répandre la proclamation que je vous envoie, et vous en feriez d'autres, conformes aux circonstances. Vous ferez marcher la colonne mobile, que vous avez réunie, avec votre prudence ordinaire, à Crema, pour punir les montagnards qui ont assassiné nos gens et pour les désarmer.

Pour faire la guerre aux différentes vallées, il faut dissoudre le rassemblement en menaçant leurs villages, et tomber inopinément sur un village où ils ne sont pas en force et le brûler.

A Bergame, à Brescia, à Verone, à Padoue, à Treviso, à Bassano, vous organiserez une municipalité choisie parmi les principaux citoyens, avec une garde qu'ils seront autorisés à se composer parmi les meilleurs patriotes, pour leur police: après quoi, vous me renverrez le plus tôt possible la division du général Victor. Je crois qu'il est essentiel que vous veilliez à ce que votre communication du Frioul ne soit pas interrompue.

Je vous envoie des ordres de l'état-major qui vous donnent le commandement de tout le Mantouan, de la division Victor et de tous les états vénitiens.

J'imagine que vous avez une carte du Frioul.

Vous aurez soin de faire arrêter tous les nobles vénitiens et tous les hommes les plus attachés au sénat, pour que leur tête réponde de ce qui sera fait à Venise aux personnes qui nous étaient attachées et qu'on a arrêtées.

Vous aurez bien soin de ne vous laisser arrêter par aucune espèce de considération. Si dans vingt-quatre heures la réponse n'est pas faite, que tout se mette en marche à la fois, et que sous vingt-quatre heures il n'existe pas un soldat vénitien sur le continent. Vous préviendrez sur-le-champ le commandant d'Ancône et celui de Trieste de faire courir nos corsaires sur les bannières vénitiennes.

Vous sentez combien il serait dangereux de laisser aux troupes vénitiennes le temps de se réunir. Quant aux soldats vénitiens que vous ferez prisonniers, vous les ferez escorter par les soldats lombards, et vous les enverrez à Bologne et à Milan pour être gardés par les gardes nationales de ces deux villes. Ayez soin de vous emparer de la cavalerie vénitienne pour monter vos dépôts.

Tout va ici fort bien, et si l'affaire de Venise est bien menée, comme tout ce que vous faites, ces gaillards-là se repentiront, mais trop tard, de leur perfidie. Le gouvernement de Venise, concentré dans sa petite île, ne serait pas, comme vous pensez bien, de longue durée.

Je pense donc qu'il faut que vous partiez sur-le-champ pour Mantoue, et même pour Porto-Leguago et Peschiera. Entrer dans toutes les places, désarmer toutes leurs garnisons, faire prisonniers tous les nobles de terre-ferme : cela ne doit être qu'une seule opération et qui, au plus tard, doit être faite vingt-quatre heures après que Junot sera parti de Venise. BONAPARTE.

Au quartier-général à Indenburg, le 20 germinal an 5 (9 avril 1797).

Au peuple de la terre-ferme de la république de Venise.

Le sénat de Venise a, depuis le commencement de cette guerre, concentré toutes ses sollicitudes dans les lagunes ; indifférent aux maux de la terre-ferme, il l'a livrée aux armées ennemies qui guerroyaient dans vos contrées. Le gouvernement du sénat de Venise n'offre protection ni pour vos personnes ni pour vos propriétés ; il vient, par suite de ce système qui le rend indifférent à votre sort, de s'attirer l'indignation de la république française.

Je sais que, n'ayant aucune part à son gouvernement, je dois vous distinguer dans les différens châtimens que je dois infliger aux coupables. L'armée française protégera votre religion, vos personnes et vos propriétés ; vous avez été vexés par ce petit nombre d'hommes qui se sont, depuis les temps de barbarie, emparés du gouvernement. Si le sénat de Venise a sur vous le droit de conquête, je vous en affranchirai ; s'il a sur vous le droit d'usurpation, je vous restituerai vos droits. Quant aux insensés qui, conseillés par des hommes perfides, voudraient prendre part, et attirer sur leurs villes les maux de la guerre, je les plaindrai, et les punirai de manière à servir d'exemple aux autres, et à les faire repentir de leur folie.

BONAPARTE.

Au quartier-général à Indenburg, le 20 germinal an 5
(9 avril 1797).

Au sérénissime Doge de la république de Venise.

Toute la terre-ferme de la sérénissime république de Venise est en armes. De tous les côtés, le cri de ralliement des paysans que vous avez armés est : *Mort aux Français :* plusieurs centaines de soldats de l'armée d'Italie en ont déjà été les victimes. Vous désavouez vainement des rassemblemens que vous avez organisés : croiriez-vous que dans un moment où je suis au cœur de l'Allemagne, je sois impuissant pour faire respecter le premier peuple de l'univers ? Croyez-vous que les légions d'Italie souffriront le massacre que vous excitez ? Le sang de mes frères d'armes sera vengé, et il n'est aucun des bataillons français qui, chargé d'un si noble ministère, ne sente redoubler son courage et tripler ses moyens. Le sénat de Venise a répondu par la perfidie la plus noire aux procédés généreux que nous avons toujours eus avec lui. Je vous envoie mon premier aide-de-camp, pour être porteur de la présente lettre. La guerre ou la paix. Si vous ne prenez pas sur-le-champ les moyens de dissiper les rassemblemens; si vous ne faites pas arrêter et livrer en mes mains les auteurs des assassinats qui viennent de se commettre, la guerre est déclarée. Le Turc n'est pas sur vos frontières, aucun ennemi ne vous menace ; vous avez fait à dessein naître des prétextes, pour avoir l'air de justifier un rassemblement dirigé contre l'armée : il sera dissous dans vingt-quatre heures. Nous ne sommes plus au temps de Charles VIII. Si, contre le vœu bien manifesté du gouvernement français, vous me réduisez au parti de faire la guerre, ne pensez pas cependant, qu'à l'exemple des soldats que vous avez armés, les soldats français ravagent les campagnes du peuple innocent et infortuné de la terre-ferme; je le protégerai, et il bénira un jour jusqu'aux crimes qui auront obligé l'armée française à le soustraire à votre gouvernement tyrannique.   BONAPARTE.

Au quartier-général à Indenburg, le 20 germinal an 5
(9 avril 1797).

Au citoyen Lallemant, ministre de la république française à Venise.

Enfin, nous n'en pouvons plus douter, citoyen ministre, le but de l'armement des Vénitiens est de couper les derrières de l'armée française. Certes, il m'était difficile de concevoir comment Bergame, qui, de toutes les villes de l'état de Venise, est celle qui était le plus aveuglément dévouée au sénat, ait été la première à s'ameuter contre lui; il est encore plus difficile de concevoir comment, pour apaiser cette légère émeute, on a besoin de vingt-cinq mille hommes, et pourquoi M. Pesaro, lors de notre conférence à Goritzia, a refusé l'offre que je lui faisais de la médiation de la république pour faire rentrer ces places dans l'ordre.

Tous les procès-verbaux qui ont été faits par les différens provéditeurs de Brescia, de Bergame et de Crema, où ils attribuent l'insurrection de ces pays aux Français, sont une série d'impostures dont le but serait inexplicable, si ce n'était de justifier aux yeux de l'Europe la perfidie du sénat de Venise.

On a habilement profité du temps où l'on pensait que j'étais embarrassé dans les gorges de la Carinthie, ayant en tête l'armée du prince Charles, pour faire cette perfidie sans exemple, si l'histoire ne nous avait transmis celle contre Charles VIII et les Vêpres siciliennes. On a été plus habile que Rome; en saisissant un moment où l'armée était plus occupée; mais sera-t-on plus heureux? Le génie de la république française, qui a lutté contre l'Europe entière, serait-il venu échouer dans les lagunes de Venise?

1°. Un vaisseau de guerre vénitien a attaqué et maltraité la frégate *la Brune*, en prenant sous sa protection un convoi autrichien.

2°. La maison du consul de Zante a été brûlée; le gouvernement a vu avec plaisir insulter l'agent de la république française.

3°. Dix mille paysans armés et soudoyés par le sénat ont assassiné plus de cinquante Français sur la route de Milan à Bergame.

4°. La ville de Vérone, celles de Venise et de Padoue sont pleines de troupes; on s'arme de tous côtés, contre ce que m'avait promis M. Pesaro, sage grand de la république de Venise.

5°. Tout homme qui a prêté assistance à la France est arrêté et emprisonné. Les agens de l'empereur sont fêtés et sont à la tête des assassinats.

6°. Le cri de ralliement de tous côtés est: *mort aux Français*; de tous côtés, les prédicateurs, qui ne prêchent que ce que le sénat veut, font retentir des cris de fureur contre la république française.

7°. Nous sommes donc dans le fait en état de guerre avec la république de Venise, qui le sait si bien, qu'elle n'a trouvé d'autre moyen pour masquer son mouvement, que de désavouer en apparence des paysans qu'elle arme et solde réellement.

En conséquence, vous demanderez au sénat de Venise:

1°. Une explication catégorique, sous douze heures; savoir, si nous sommes en paix ou en guerre; et dans le dernier cas, vous quitterez sur-le-champ Venise; dans le second, vous exigerez :

1°. Que tous les hommes arrêtés pour opinions, et qui ne

sont nullement coupables que d'avoir montré de l'attachement pour la France, soient sur-le-champ mis en liberté;

2°. Que toutes les troupes, hormis les garnisons ordinaires qui existaient il y a cinq mois dans les places de la terre-ferme, évacuent la terre-ferme;

3°. Que tous les paysans soient désarmés comme ils l'étaient il y a un mois.

4°. Que le sénat prenne des mesures pour maintenir la tranquillité dans la terre-ferme, et ne pas concentrer toute sa sollicitude dans les lagunes;

5°. Quant aux troubles de Bergame et de Brescia, j'offre, comme je l'ai déjà fait à M. Pesaro, la médiation de la république française, pour tout faire rentrer dans l'état habituel;

6°. Que les auteurs de l'incendie de la maison du consul de Zante soient punis, et sa maison rétablie aux frais de la république;

7°. Que le capitaine de vaisseau qui a tiré sur la frégate *la Brune* soit puni, et que la valeur du convoi que, contre la neutralité, il a protégé, soit remboursée.

BONAPARTE.

Au quartier-général à Indenburg, le 20 germinal an 5 (9 avril 1797).

Au directoire exécutif.

Mon courrier partait lorsqu'un aide-de-camp du général Kilmaine m'apporte la nouvelle de l'insurrection presque générale des paysans vénitiens contre nous.

J'ai sur-le-champ expédié mon aide-de-camp Junot, avec ordre de porter lui-même: 1°. au doge de Venise une lettre dont je vous envoie la copie;

2°. Au citoyen Lallemant, notre ministre à Venise, deux lettres dont je vous envoie également les copies.

3°. Au général Kilmaine un ordre dont je vous envoie aussi copie.

Enfin, j'ai donné à ce général le commandement de tous les états vénitiens et d'une partie de la division du général Victor, qui était de retour de Rome.

Quand vous lirez cette lettre, nous serons maîtres de tous les états de terre-ferme, ou bien tout sera rentré dans l'ordre, et vos instructions exécutées. Si je n'avais pas pris une mesure aussi prompte, et que j'eusse donné à tout cela le temps de se consolider, cela aurait pu être de la plus grande conséquence. BONAPARTE.

Au quartier-général de Léoben, le 27 germinal an 5 (16 avril 1797).

Au directoire exécutif.

En conséquence de la suspension d'armes que je vous ai envoyée par mon dernier courrier, la division du général Serrurier a occupé Gratz, ville contenant quarante mille habitans, et estimée une des plus considérables de l'état de l'empereur.

Les généraux Joubert, Delmas et Baraguay d'Hilliers ont eu, à Balzano et à Milback, différens combats, desquels ils sont toujours sortis vainqueurs. Ils sont parvenus à traverser le Tyrol, à faire, dans les différens combats, huit mille prisonniers, et à se joindre avec la grande armée par la vallée de la Drave. Par ce moyen, toute l'armée est réunie. Notre ligne s'étend depuis la vallée de la Drave, du côté de Spital à Rotenmann, le long de la Muhr, Brutz, Gratz, et jusqu'auprès de Fiume.

Je vous envoie une note des officiers qui se sont particulièrement distingués dans les affaires du Tyrol, et auxquels j'ai accordé de l'avancement.

Vous trouverez aussi l'organisation que j'ai donnée à la Styrie et à la Carniole.

Vous trouverez également une proclamation du général Bernadotte, ainsi qu'un mandement de l'évêque de Liebach.

BONAPARTE.

Au quartier-général à Léoben le 27 germinal an 5
(16 avril 1797).

Au directoire exécutif.

Je vous envoie, par l'adjudant-général Leclerc, des dépêches très-intéressantes sur la situation de l'armée et sur les négociations entamées ; il vous donnera de vive voix tous les détails que je pourrais avoir oubliés. En traversant l'Allemagne, il sera à même de voir les différens mouvemens des troupes ennemies, et d'en instruire les généraux Hoche et Moreau, à son arrivée sur le Rhin. Je vous prie de me le renvoyer de suite. Tous les officiers que j'envoie à Paris y restent trop long-temps : ils dépesnent leur argent et se perdent dans les plaisirs.

Je vous envoie, par un capitaine de hussards, qui a quatre-vingts ans de service, plusieurs drapeaux pris sur l'ennemi.

BONAPARTE.

Au quartier-général de Léoben, le 27 germinal an 5
(16 avril 1797).

Au directoire exécutif.

Le général Meerveldt est venu me trouver à Léoben, le 24, à neuf heures du matin : après avoir pris connaissance de son plein pouvoir pour traiter de la paix, nous sommes convenus d'une prolongation de suspension d'armes jusqu'au 20 avril soir (8 floréal prochain). Ces pleins pouvoirs étaient pour lui et pour M. le marquis de Gallo, ministre de Naples à Vienne; j'ai refusé d'abord de l'admettre comme plénipotentaire de l'empereur, étant, à mes yeux, revêtu de la qualité d'ambassadeur d'une puissance amie, qui se trouve incompatible avec l'autre. M. Gallo est arrivé lui-même le 25. Je n'ai pas cru devoir insister dans cette opposition, parce que cela aurait apporté beaucoup de lenteurs, et parce qu'il paraît revêtu d'une grande confiance de l'empereur; enfin, parce que les Autrichiens et les Hongrois sont très-irrités de voir les étrangers jouer le principal rôle dans une affaire aussi importante, et que, si nous rompons, ce sera un moyen très-considérable d'exciter le mécontentement contre le gouvernement de Vienne. La première opération dont il a été question, a été une promesse réciproque de ne rien divulguer de ce qui serait dit : on l'avait rédigée, mais ces messieurs tiennent beaucoup à l'étiquette, ils voulaient toujours mettre l'empereur avant la république, et j'ai refusé net.

Nous sommes à l'article de la reconnaissance. Je leur ai dit que la république française ne voulait point être reconnue; elle est en Europe ce qu'est le soleil sur l'horizon : tant pis pour qui ne veut pas la voir et ne veut pas en profiter.

Ils m'ont dit que, quand même les négociations se rompraient, l'empereur, dès aujourd'hui, reconnaissait la république française, à condition que celle-ci conserverait avec S. M. l'empereur la même étiquette que ci-devant le roi de France. Je leur ai répondu que, comme nous étions fort indifférens sur tout ce qui est étiquette, nous ne serions pas éloignés d'adopter cet article. Nous avons, après cela, beaucoup parlé dans tous les sens et de toutes les manières.

Le 26, M. Gallo est venu chez moi à huit heures du matin; il m'a dit qu'il désirait neutraliser un endroit où nous pussions continuer nos conférences en règle. On a choisi un jardin, au milieu duquel est un pavillon; nous l'avons déclaré neutre, farce à laquelle j'ai bien voulu me prêter pour ménager la puérile vanité de ces gens-ci. Ce prétendu point neutre est environné de tous côtés par l'armée française; et au milieu des bivouacs de nos divisions : cela eût été fort juste et fort bon s'il se fût trouvé au milieu des deux armées. Arrivés dans la campagne neutre, l'on a entamé les négociations. Voici ce qui en est résulté :

1°. La cession de la Belgique, et la reconnaissance des limites de la république française conformément au décret de la convention; mais ils demandent des compensations qu'ils veulent nécessairement en Italie.

2°. Ils demandent la restitution du Milanez; de sorte qu'ils auraient voulu, en conséquence de ce premier article, le Milanez et une portion quelconque des états de Venise ou des légations : si j'eusse voulu consentir à cette proposition, ils avaient le pouvoir de signer sur-le-champ. Cet arrangement ne m'a pas paru possible.

S. M. l'empereur a déclaré ne vouloir aucune compensation en Allemagne. Je leur ai offert, pour le premier article, la restitution du Milanez et de la Lombardie, ils n'ont pas voulu : de sorte que nous avons fini par trois projets qu'ils ont expédiés, par un courrier extraordinaire, à Vienne, et dont ils auront la réponse dans deux ou trois jours.

PREMIER PROJET.

Art. 1er. La cession de la Belgique, les limites constitutionnelles de la France.

2. A la paix avec l'empire, l'on fixera tout ce qui est relatif au pays qu'occupe la France jusqu'au Rhin.

3. Les deux puissances s'arrangeront ensemble pour donner à l'empereur tous les pays du territoire vénitien compris entre le Mincio, le Pô et les états d'Autriche.

4. On donnera au duc de Modène les pays de Brescia compris entre l'Oglio et le Mincio.

5. Le Bergamasque et tous les pays des états de Venise compris entre l'Oglio et le Milanez, ainsi que le Milanez, formeraient une république; Modène, Bologne, Ferrare, la Romagne formeraient une république.

6. La ville de Venise continuerait à rester indépendante, ainsi que l'Archipel.

DEUXIÈME PROJET.

Les articles 1 et 2 sont les mêmes que les précédens.
3. L'évacuation du Milanez et de la Lombardie.

TROISIÈME PROJET.

Les deux premiers articles comme dans les précédens.
3. La renonciation par S. M. l'empereur de tous ses droits au Milanez et à la Lombardie.

4. La France s'engagerait à donner à S. M. l'empereur des compensations proportionnées au Milanez et au duché de Modène, qui seront l'objet d'une négociation, et dont il devrait être en possession au plus tard dans trois mois.

Si l'un de ces trois projets est accepté à Vienne, les préliminaires de la paix se trouveraient signés le 20 avril (8 floréal), sans quoi, vu que les armées du Rhin n'ont fait encore aucun mouvement, je leur proposerais un armistice pur et simple pour les trois armées, et pour trois mois, pendant lesquels on ouvrira des négociations de paix. Pendant ce temps, on fortifierait Clagenfurth et Gratz, on ferait venir toutes les munitions de guerre de ce côté-ci, l'armée s'organiserait parfaitement, et vous auriez le temps d'y faire passer quarante mille hommes de l'armée du Rhin : moyennant quoi vous auriez une armée extrêmement considérable, dont la seule vue obligerait l'empereur à faire de plus grands sacrifices.

Si rien de tout cela n'est accepté, nous nous battrons, et si l'armée de Sambre-et-Meuse s'est mise en marche le 20, elle pourrait, dans les premiers jours du mois prochain, avoir frappé de grands coups et se trouver sur la Reidnitz. Les meilleurs généraux et les meilleures troupes sont devant moi. Quand on a bonne volonté d'entrer en campagne, il n'y a rien qui arrête, et jamais, depuis que l'histoire nous retrace des opérations militaires, une rivière n'a pu être un obstacle réel. Si Moreau veut passer le Rhin, il le passera ; et s'il l'avait déjà passé, nous serions dans un état à pouvoir dicter les conditions de la paix d'une manière impérieuse et sans courir aucune chance; mais qui craint de perdre sa gloire est sûr de la perdre. J'ai passé les Alpes juliennes et les Alpes noriques sur trois pieds de glace ; j'ai fait passer mon artillerie par des chemins où jamais charriots n'avaient passé, et tout le monde croyait la chose impossible. Si je n'eusse vu que la tranquillité de l'armée et mon intérêt particulier, je me serais arrêté au-delà de l'Isonzo. Je me suis précipité dans l'Allemagne pour dégager les armées du Rhin et empêcher l'ennemi d'y prendre l'offensive. Je suis aux portes de Vienne, et cette cour insolente et orgueilleuse a ses plénipotentaires à mon quartier-général. Il faut que les armées du Rhin n'aient point de sang dans les veines : si elles me laissent seul, alors je m'en retournerai en Italie. L'Europe entière jugera la différence de conduite des deux armées : elles auront ensuite sur le corps toutes les forces de l'empereur, elles en seront accablées, et ce sera leur faute. BONAPARTE.

Au quartier-général à Léoben, le 30 germinal an 5
(19 avril 1797).

Au directoire exécutif.

Je vous ai envoyé, par l'adjudant-général Leclerc, plusieurs projets d'arrangement qui avaient été envoyés à Vienne, et sur lesquels les plénipotentiaires attendaient des instructions. M. de Vincent, aide-de-camp de S. M. l'empereur, est arrivé sur ces entrefaites, les plénipotentiaires sont revenus chez moi pour reprendre le cours de la négociation ; après deux jours, nous sommes convenus et nous avons signé les préliminaires de la paix, dont je vous envoie les articles.

Tout ce qui a été déclaré département par la loi de la convention restera à la république.

La république lombarde se trouve non-seulement confirmée, mais encore accrue de tout le Bergamasque et de tout le Crémasque, qui lui sont déjà réunis dans ce moment par l'insurrection de ces deux pays. La partie du Mantouan qui est sur la rive droite de l'Oglio et du Pô s'y trouve également incorporée ; le duché de Modène et de Reggio, qui, par la principauté de Massa et de Carrara, touche à la Méditerranée, et par la partie du Mantouan touche au Pô et au Milanez, s'y trouve également compris. Nous aurons donc dans le cœur de l'Italie une république avec laquelle nous communiquerons par les états de Gênes et par la mer ; ce qui nous donnera, dans toutes les guerres futures en Italie, une correspondance assurée. Le roi de Sardaigne se trouve désormais être entièrement à notre disposition.

La place de Pizzighitone, qui est aujourd'hui véritablement plus forte que Mantoue ; la place de Bergame et celle de Crema, que l'on rétablira, garantiront la nouvelle république contre les incursions de l'empereur, et nous donneront toujours le temps d'y arriver. Du côté de Modène, il y a également plusieurs positions faciles à fortifier, et pour lesquelles on emploiera une partie de l'immense artillerie que nous avons dans ce moment en Italie. Quant à la renonciation de nos droits sur les provinces de Bologne, Ferrare et sur la Romagne, en échange des états de Venise, elles restent toujours en notre pouvoir. Lorsque l'empereur et nous, de concert, nous aurons réussi à faire consentir le sénat à cet échange, il est évident que la république de Venise se trouvera influencée par la république lombarde et à notre disposition. Si cet échange ne s'effectue pas, et que l'empereur entre en possession d'une partie des états de Venise sans que le sénat veuille reprendre une compensation qui est inconvenante et insuffisante, les trois légations restent toujours en notre pouvoir, et nous réunirons Bologne et Ferrare à la république lombarde. Le gouvernement de Venise est le plus absurde et le plus tyrannique des gouvernemens ; il est d'ailleurs hors de doute qu'il voulait profiter du moment où nous étions dans le cœur de l'Allemagne pour nous assassiner. Notre république n'a pas d'ennemi plus acharné. Son influence se trouve considérablement diminuée, et cela est tout à notre avantage : cela d'ailleurs lie l'empereur et la France, et obligera ce prince, pendant les premiers temps de notre paix, à faire tout ce qui pourra nous être agréable. Cet intérêt commun que nous avons avec l'empereur nous remet la balance dans la main ; nous nous trouvons par là placés entre la Prusse et la maison d'Autriche, ayant des intérêts majeurs à arranger avec l'une et l'autre. D'ailleurs, nous ne devons pas nous dissimuler que, quoique notre position militaire soit brillante, nous n'avons point dicté les conditions. La cour avait évacué Vienne ; le prince Charles et son armée se repliaient sur celle du Rhin ; le peuple de la Hongrie et de toutes les parties des états héréditaires se levait en masse, et même, dans ce moment-ci, leur tête est déjà sur nos flancs. Le Rhin n'était pas passé, l'empereur n'attendait que ce moment pour quitter Vienne et se porter à la tête de son armée. S'ils eussent fait la bêtise de m'attendre, je les aurais battus ; mais ils se seraient toujours repliés devant nous, se seraient réunis à une partie de leurs forces du Rhin et m'auraient accablé. Alors la retraite devenait difficile, et la perte de l'armée d'Italie pouvait entraîner celle de la république; aussi étais-je bien résolu à essayer de lever une contribution dans les faubourgs de Vienne et à ne plus faire un pas. Je me trouve ne pas avoir quatre mille hommes de cavalerie, et, au lieu de quarante mille hommes que je vous avais demandés, il n'en est pas arrivé vingt mille.

Si je me fusse, au commencement de la campagne, obstiné à aller à Turin, je n'aurais jamais passé le Pô ; si je m'étais obstiné à aller à Rome, j'aurais perdu Milan ; si je m'étais obstiné à aller à Vienne, peut-être aurais-je perdu la république. Le vrai plan de campagne pour détruire l'empereur était celui que j'ai fait, mais avec six mille hommes de cavalerie et vingt mille hommes de plus d'infanterie; ou bien si, avec les forces que j'avais, on eût passé le Rhin dans le temps que je passais le Tagliamento, comme je l'avais pensé, puisque deux courriers de suite m'ont ordonné d'ouvrir la campagne. Dès l'instant que j'ai prévu que les négociations s'ouvraient sérieusement, j'ai expédié un courrier au général Clarke, qui, chargé plus spécialement de vos instructions dans un objet aussi essentiel, s'en serait mieux acquitté que moi ; mais lorsque, après dix jours, j'ai vu qu'il n'était pas arrivé, et que le moment commençait à presser, j'ai dû laisser tout scrupule et j'ai signé. Vous m'avez donné plein pouvoir sur toutes les opérations diplomatiques ; et, dans la position des choses, les préliminaires de la paix, même avec l'empereur, sont devenus une opération militaire. Cela sera un monument de la gloire de la république française, et un présage infaillible qu'elle peut, en deux campagnes, soumettre le continent de l'Europe, si elle organise ses armées avec force, et surtout l'arme de la cavalerie.

Je n'ai pas, en Allemagne, levé une seule contribution; il n'y a pas eu une seule plainte contre nous. J'agirai de même en évacuant, et, sans être prophète, je sens que le temps viendra où nous tirerons parti de cette sage conduite; elle germera dans toute la Hongrie, et sera plus fatale au trône de Vienne que les victoires qui ont illustré la guerre de la liberté.

D'ici à trois jours, je vous enverrai la ratification de l'empereur; je placerai alors mon armée dans tout le pays vénitien, où je la nourrirai et entretiendrai jusqu'à ce que vous m'ayez fait passer vos ordres. Quant à moi, je vous demande du repos. J'ai justifié la confiance dont vous m'avez investi; je ne me suis jamais considéré pour rien dans toutes mes opérations, et je me suis lancé aujourd'hui sur Vienne, ayant acquis plus de gloire qu'il n'en faut pour être heureux, et ayant derrière moi les superbes plaines de l'Italie, comme j'avais fait au commencement de la campagne dernière, en cherchant du pain pour l'armée que la république ne pouvait plus nourrir.

La calomnie s'efforcera en vain de me prêter des intentions perfides: ma carrière civile sera comme ma carrière militaire, une et simple. Cependant vous devez sentir que je dois sortir de l'Italie, et je vous demande avec instance de renvoyer, avec la ratification des préliminaires de paix, des ordres sur la première direction à donner aux affaires d'Italie, et un congé pour me rendre en France. BONAPARTE.

Au quartier-général à Trieste, le 11 floréal an 5
(30 avril 1797).

Au directoire exécutif.

Je suis parti, il y a deux jours, de Gratz, après avoir conféré avec M. de Gallo, qui, étant de retour de Vienne, m'a montré les préliminaires de paix que nous avons faits, ratifiés par l'empereur dans la forme ordinaire.

Il m'a dit : 1°. que l'empereur éloignerait les émigrés et le corps de Condé, qui ne seraient plus à sa solde.

2°. Que l'empereur désirait traiter sa paix particulière, le plus tôt possible, et en Italie. Nous avons choisi Brescia pour le lieu des conférences.

3°. Que la paix de l'empire pouvait se traiter à Constance ou dans quelque autre ville de ce genre.

4°. Qu'à la seule paix de l'empire on appellerait les alliés, qui ne seront point appelés à la paix particulière.

5°. Que l'empereur avait déjà donné des pouvoirs pour traiter de la paix définitive, et M. Gallo m'a sur ce interpellé pour savoir si le général Clarke avait des pouvoirs. J'ai dit qu'il fallait, avant tout, attendre vos ordres.

6°. Enfin que la cour de Vienne est de bonne foi et désire serrer de toutes les manières son système politique avec celui de la France, et que le directoire exécutif trouverait avec l'empereur un cabinet de bonne foi et qui marche droit. Le ministre d'Angleterre à Vienne s'est fortement fâché avec M. Thugut, il paraît que les Anglais le prennent fort haut, et taxent l'empereur de mauvaise foi. BONAPARTE.

Au quartier-général à Palma-Nova, le 11 floréal an 5
(30 avril 1797).

Au citoyen Lallemant, ministre de la république française à Venise.

Le sang français a coulé dans Venise, et vous y êtes encore ! attendez-vous donc qu'on vous en chasse ? Les Français ne peuvent plus se promener dans les rues, ils sont accablés d'injures et de mauvais traitemens ; et vous restez simple spectateur ! Depuis que l'armée est en Allemagne, on a, en terre-ferme, assassiné plus de quatre cents Français ; on a assiégé la forteresse de Verone, qui n'a été dégagée qu'après un combat sanglant, et, malgré tout cela, vous restez à Venise ! Quant à moi, j'ai refusé d'entendre les députés du sénat, parce qu'ils sont tout dégoûtans du sang de Laugier, et je ne les verrai jamais qu'au préalable ils n'aient fait arrêter l'amiral et les inquisiteurs qui ont ordonné ce massacre, et ne les aient remis entre mes mains. Je sais bien qu'ils chercheront à faire tomber la vengeance de la république sur quelques misérables exécuteurs de leurs atrocités ; mais nous ne prendrons pas le change.

Faites une note concise et digne de la grandeur de la nation que vous représentez, et des outrages qu'elle a reçus : après quoi, partez de Venise, et venez me joindre à Mantoue.

Ils n'ont rien exécuté de ce que je leur ai demandé : ce sont tous les prisonniers qu'ils ont faits depuis que l'armée française est en Italie, qu'ils devaient relâcher, et non pas un seulement, ainsi qu'ils l'ont fait. BONAPARTE.

Au quartier-général à Palma-Nova, le 11 floréal an 5
(30 avril 1797).

A messieurs les envoyés du sénat de Venise.

Je n'ai lu qu'avec indignation, messieurs, la lettre que vous m'avez écrite relativement à l'assassinat de Laugier. Vous avez aggravé l'atrocité de cet événement sans exemple dans les annales des nations modernes, par le tissu de mensonges que votre gouvernement a fabriqués pour chercher à se justifier.

Je ne puis point, messieurs, vous recevoir. Vous et votre sénat êtes dégoûtans du sang français. Lorsque vous aurez fait remettre entre mes mains l'amiral qui a donné l'ordre de faire feu, le commandant de la tour, et les inquisiteurs qui dirigent la police de Venise, j'écouterai vos justifications. Vous voudrez bien évacuer dans le plus court délai le continent de l'Italie.   BONAPARTE.

Au quartier-général à Trieste, le 11 floréal an 5
(30 avril 1797).

Au directoire exécutif.

Les Vénitiens se conduisent tous les jours de plus mal en plus mal; la guerre est ici déclarée de fait : le massacre qu'ils viennent de faire du citoyen Laugier, commandant l'aviso *le Libérateur de l'Italie*, est la chose la plus atroce du siècle.

Le citoyen Laugier sortait de Trieste; il fut rencontré par la flottille de l'empereur, composée de huit à dix chaloupes canonnières : il se battit une partie de la journée avec elles, après quoi il chercha à se réfugier sous le canon de Venise; il y fut reçu par la mitraille du fort. Il ordonna à son équipage de se mettre à fond de cale, et lui, avec sa troupe, demanda pourquoi on le traitait en ennemi; mais au même instant il reçoit une balle qui le jette sur le tillac, roide mort. Un matelot qui se sauvait à la nage fut poursuivi par les Esclavons, et tué à coups de rames. Cet événement n'est qu'un échantillon de tout ce qui se passe tous les jours dans la terre-ferme. Lorsque vous lirez cette lettre, la terre-ferme sera à nous, et j'y ferai des exemples dont on se souviendra. Quant à Venise, j'ai ordonné que tous les bâtimens de Venise qui se trouvent à Trieste et à Ancône soient sur-le-champ séquestrés : il y en a ici plusieurs frétés, pour l'Amérique, qu'on évalue fort haut, indépendamment d'une cinquantaine d'ordinaires. Je ne crois pas que Lallemant trouve de sa dignité de rester à Venise, tout comme M. Quirini à Paris.

Si le sang français doit être respecté en Europe; si vous voulez qu'on ne s'en joue pas, il faut que l'exemple sur Venise soit terrible ; il nous faut du sang; il faut que le noble amiral vénitien qui a présidé à cet assassinat soit publiquement justicié.

M. Quirini cherchera à intriguer à Paris ; mais les faits et la trahison infâme des Vénitiens, qui voulaient assassiner les derrières de l'armée pendant que nous étions en Allemagne, sont trop notoires.

Je compte qu'ils ont en ce moment-ci assassiné plus de quatre cents de nos soldats; et cependant il n'y a jamais eu en terre-ferme plus de troupes vénitiennes, et cependant ils l'ont inondée de leurs Esclavons. Ils ont essayé de s'emparer de la citadelle de Vérone, qui encore dans ce moment-ci se canonne avec la ville.

Le sénat m'a envoyé à Gratz une députation, je l'ai traitée comme elle le méritait. Ils m'ont demandé ce que je voulais, je leur ai dit de mettre en liberté tous ceux qu'ils avaient arrêtés : ce sont les plus riches de la terre-ferme, qu'ils suspectent être nos amis, parce qu'ils nous ont bien accueillis ; de désarmer tous les paysans, de congédier une partie de leurs Esclavons, puisqu'un armement extraordinaire est inutile; de chasser le ministre de l'Angleterre, qui a fomenté tous les troubles, et qui est le premier à se promener, le lion de Saint-Marc sur sa gondole, et la cocarde vénitienne qu'il porte depuis qu'ils nous assassinent ; de remettre dans nos mains la succession de Thiery, qui est évaluée à vingt millions; de nous remettre toutes les marchandises appartenant aux Anglais : leur port en est plein; de faire arrêter ceux qui ont assassiné les Français ou du moins les plus marquans des nobles vénitiens.

Tout à l'heure je pars pour Palma-Nova, de là pour Trevise, et de là pour Padoue. J'aurai tous les renseignemens de tout ce qui a été commis pendant que nous étions en Allemagne ; je recevrai également les rapports de Lallemant sur l'assassinat de Laugier.

Je prendrai des mesures générales pour toute la terreferme, et je ferai punir d'une manière si éclatante, qu'on s'en souviendra une autre fois. BONAPARTE.

Au quartier-général à Trieste, le 11 floréal an 5 (30 avril 1797).

Au directoire exécutif.

Il m'aurait fallu trois mois pour dégrader les moles du port de Trieste, encore ne l'aurais-je pas détruit, car ce port n'est simplement qu'une rade.

Mantoue n'est pas fort par l'art, mais seulement par sa position; il n'y a rien ou peu de chose à détruire, et que les ennemis auraient rétabli en peu de temps et avec très-peu de travail.

Ayant un équipage de siége en Italie, nous prendrons Mantoue, tant que nous voudrons, dans vingt jours de tranchée. Lorsque Wurmser m'obligea à en lever le siége, nous étions aux batteries de brèche et sur le point d'y entrer. Pendant le blocus, nous avons, avec sept mille hommes, bloqué vingt mille hommes : vous voyez donc que cette place n'est pas aussi essentielle qu'on se l'imagine ; mais j'avais un seul avantage, c'est que l'équipage de siége de l'ennemi était fort loin, et que je comptais mettre dedans la ville deux ou trois mille Français, et le reste des Italiens : ce qui, avec les nouveaux ouvrages que j'avais fait faire, me faisait espérer de tenir en échec une armée autrichienne.

D'après le nouvel ordre de choses, nous aurions donc pour frontières l'Oglio et un rang de places fortes, telles que Pizzighitone, Crema et Bergame.

Pizzighitone vaut mieux que Mantoue.

BONAPARTE.

Au quartier-général à Trieste, le 11 floréal an 5 (30 avril 1797).

Au directoire exécutif.

Je ne suis pas étonné que l'on ait fait courir le bruit que nous avons été battus dans le Tyrol : il n'a jamais entré dans mon projet de percer par deux endroits à la fois, ce qui m'aurait obligé de garder deux communications au lieu d'une.

J'ai dû percer par le Tyrol et par la Carinthie, parce qu'il fallait que, jusqu'à ce que l'offensive fût décidément à notre avantage, être en état de la soutenir ; parce qu'il fallait empêcher l'ennemi de nous couper : mais lorsque j'ai été à Clagenfurth et à Freysach, que l'offensive a été déterminée, j'ai voulu sur-le-champ porter toutes mes forces à ma droite et refuser constamment ma gauche, qui était suffisamment assurée par le camp retranché de Castel-Novo, de Peschiera et de Mantoue. Pendant ce temps-là, toutes mes forces étant concentrées sur ma droite, j'aurais marché à Salzbourg;

l'ennemi eût été obligé d'évacuer Inspruck ; de là j'aurais traversé les gorges de l'Inn et marché dans la Bavière. J'aurais auparavant levé des contributions sur le faubourg de Vienne.

Ce plan a totalement manqué par l'inaction de l'armée du Rhin. Si Moreau avait voulu marcher, nous eussions fait la campagne la plus étonnante, et bouleversé la situation de l'Europe. Au lieu de cela, il s'est rendu à Paris, n'a voulu rien faire ; et quand j'ai vu par vos lettres mêmes que vous n'aviez d'autre espérance qu'en faisant mouvoir Hoche seul, j'ai cru la campagne perdue, et je n'ai pas douté que nous ne fussions battus les uns après les autres.

Quant à moi, je me suis jeté sans aucune espèce de considération au milieu de l'Allemagne ; j'ai fait plus de vingt-quatre mille prisonniers, obligé l'empereur d'évacuer Vienne, et j'ai fait conclure la paix à mon quartier-général. Les conditions de cette paix sans doute sont avantageuses à la France et à l'empereur : c'est ce qui fait sa bonté. Elle nous ôte l'influence de la Prusse, et nous met à même de tenir la balance dans l'Europe.

Il est vrai que cette paix n'a pas été comme celle du Pape et du roi de Sardaigne ; mais c'est que l'empereur est aussi puissant que nous, qu'on se levait de tous côtés en masse, et que partout, en Hongrie et dans le Tyrol, on était sous les armes, qu'il ne restait rien à faire, puisque Vienne était évacuée par la maison impériale, et qu'en portant la guerre dans la Bavière, j'aurais été tout seul. C'était améliorer la situation de l'empereur, que de rester sans rien faire dans les positions que j'occupais, puisque cela mettait ses états dans une tension énergique, qui lui aurait donné, dans vingt jours, une foule de combattans. Nous nous sommes bien conduits en Allemagne, mais l'armée du Rhin s'était mal conduite l'année dernière ; l'impression qu'elle avait faite durait encore, de sorte que la manière dont nous nous conduisions n'avait pas le temps d'arriver jusqu'aux différens peuples prévenus.

La paix, au contraire, a remis tout en Allemagne dans l'état naturel. En évacuant ce pays, je garde véritablement tout ce que j'avais pris, en conservant la Ponteba et les hauteurs de la Carinthie, qui, dans une marche, me mettent en Allemagne, et j'ôte aux peuples de la Hongrie, de l'Autriche et de Venise les raisons de s'armer et de se croire en danger. Si les hostilités doivent recommencer, il faut, avant tout, prendre un parti pour Venise : sans quoi, il me faudrait une armée pour les contenir. Je sais que le seul parti qu'on puisse prendre, c'est de détruire ce gouvernement atroce et sanguinaire : par ce moyen nous tirerons des secours de toute espèce d'un pays que, sans cela, il faudra garder plus que le pays ennemi.

Il est impossible de prendre plus de précautions que je n'en ai pris contre les Vénitiens, dont je connais la profonde duplicité. Je suis maître de toutes leurs forteresses, et à l'heure où vous lirez cette lettre, je le serai tellement de toute la terre-ferme, qu'il n'y aura d'autre chose à faire que de prendre un parti.

Pendant l'armistice, il y a eu une escarmouche fort vive entre le chef de brigade Dagobert et la levée en masse de la Croatie.

Les ennemis étaient parvenus à Trente, que je n'ai jamais gardé sérieusement, parce que, par sa position, il est hors du système de la guerre; mais tout a été rétabli dans l'état ordinaire. BONAPARTE.

Au quartier-général à Palma-Nova, le 12 floréal an 5
(1er mai 1797).

Au directoire exécutif.

Je reçois à l'instant des nouvelles de la république cispadane. Les choix ont été fort mauvais. Les prêtres ont influencé toutes les élections, des cardinaux et des évêques sont venus exprès de Rome pour diriger les choix du peuple; ils voient bien que leur salut ne dépend plus que de leur influence dans le corps législatif.

La république cispadane, comme la Lombardie, a besoin d'un gouvernement provisoire pendant trois ou quatre ans, pendant lesquels on cherchera à diminuer l'influence des prêtres : sans quoi, vous n'auriez rien fait en leur donnant la liberté. Dans les villages, ils dictent des listes et influencent toutes les élections; mais, conformément à vos ordres et aux traités, je vais commencer par réunir sous un même gouvernement provisoire la Lombardie et la Cispadane : après quoi, je prendrai les mesures qui se concilient avec leurs mœurs, pour y diminuer l'influence des prêtres et éclairer l'opinion.

BONAPARTE.

Au quartier-général à Palma-Nova, le 13 floréal an 5
(2 mai 1797).

Au chef de l'état-major.

Je vous fais passer, citoyen général, un manifeste relatif aux Vénitiens; vous voudrez bien faire en sorte qu'il y en ait mille exemplaires imprimés dans la nuit : vous en enverrez une copie à la congrégation de Milan, pour qu'elle le fasse traduire en italien et qu'elle le fasse imprimer et répandre partout.

BONAPARTE.

Au quartier-général à Palma-Nova, le 13 floréal an 5
(2 mai 1797).

Bonaparte, général en chef de l'armée d'Italie.

MANIFESTE.

Pendant que l'armée française est engagée dans les gorges de la Styrie et laisse loin derrière elle l'Italie et les principaux établissemens de l'armée, où il ne reste qu'un petit nombre de bataillons, voici la conduite que tient le gouvernement de Venise :

1º. Il profite de la semaine sainte pour armer quarante mille paysans, y joint dix régimens d'Esclavons, les organise en différens corps d'armée et les poste aux différens points, pour intercepter toute communication entre l'armée et ses derrières.

2º. Des commissaires extraordinaires, des fusils, des munitions de toute espèce, une grande quantité de canons sortent de Venise même pour achever l'organisation des différens corps d'armée.

3º. On fait arrêter en terre-ferme ceux qui nous ont accueillis; on comble de bienfaits et de toute la confiance du gouvernement tous ceux en qui on connaît une haine furibonde contre le nom français, et spécialement les quatorze conspirateurs de Verone que le provéditeur Prioli avait fait arrêter il y a trois mois, comme ayant médité l'égorgement des Français.

4º. Sur les places, dans les cafés et autres lieux publics de Venise, on insulte et on accable de mauvais traitemens tous les Français, les dénommant du nom injurieux de jacobins, de régicides, d'athées : les Français doivent sortir de Venise, et peu après il leur est même défendu d'y entrer.

5°. On ordonne au peuple de Padoue, de Vicence, de Vérone, de courir aux armes, de seconder les différens corps d'armée et de commencer enfin ces nouvelles Vêpres siciliennes. Il appartient au Lion de Saint-Marc, disent les officiers vénitiens, de vérifier le proverbe, que *l'Italie est le tombeau des Français*.

6°. Les prêtres en chaire prêchent la croisade, et les prêtres, dans l'état de Venise, ne disent jamais que ce que veut le gouvernement. Des pamphlets, des proclamations perfides, des lettres anonymes sont imprimés dans les différentes villes et commencent à faire fermenter toutes les têtes; et dans un état où la liberté de la presse n'est pas permise, dans un gouvernement aussi craint que secrètement abhorré, les imprimeurs n'impriment, les auteurs ne composent que ce que veut le sénat.

7°. Tout sourit d'abord aux projets perfides du gouvernement; le sang français coule de toutes parts; sur toutes les routes on intercepte nos convois, nos courriers et tout ce qui tient à l'armée.

8°. A Padoue, un chef de bataillon et deux autres Français sont assassinés. A Castiglione de Mori, nos soldats sont désarmés et assassinés. Sur toutes les grandes routes de Mantoue à Legnago, de Cassano à Verone, nous avons plus de deux cents hommes assassinés.

9°. Deux bataillons français voulant rejoindre l'armée, rencontrent à Chiari une division de l'armée vénitienne, qui veut s'opposer à leur passage; un combat s'engage et nos braves soldats se font passage en mettant en déroute ces perfides ennemis.

10°. A Valeggio il y a un autre combat; à Dezenzano, il faut encore se battre: les Français sont partout peu nombreux; mais ils savent bien qu'on ne compte pas le nombre des bataillons ennemis lorsqu'ils ne sont composés que d'assassins.

11º. La seconde fête de Pâques, au son de la cloche, tous les Français sont assassinés dans Verone. On ne respecte ni les malades dans les hôpitaux, ni ceux qui, en convalescence, se promènent dans les rues, et qui sont jetés dans l'Adige, ou meurent percés de mille coups de stylet : plus de quatre cents Français sont assassinés.

12º. Pendant huit jours, l'armée vénitienne assiége les trois châteaux de Verone : les canons qu'ils mettent en batterie leur sont enlevés à la baïonnette ; le feu est mis dans la ville, et la colonne mobile qui arrive sur ces entrefaites, met ces lâches dans une déroute complète, en faisant trois mille hommes de troupe de ligne prisonniers, parmi lesquels plusieurs généraux vénitiens.

13º. La maison du consul français de Zante est brûlée dans la Dalmatie.

14º. Un vaisseau de guerre vénitien prend sous sa protection un convoi autrichien, et tire plusieurs boulets contre la corvette *la Brune*.

15º *Le Libérateur de l'Italie*, bâtiment de la république, ne portant que trois à quatre petites pièces de canon, et n'ayant que quarante hommes d'équipage, est coulé à fond dans le port même de Venise et par les ordres du sénat. Le jeune et intéressant Laugier, lieutenant de vaisseau, commandant ce bâtiment, dès qu'il se voit attaqué par le feu du fort et de la galère amirale, n'étant éloigné de l'un et de l'autre que d'une portée de pistolet, ordonne à son équipage de se mettre à fond de cale : lui seul, il monte sur le tillac au milieu d'une grêle de mitraille, et cherche, par ses discours, à désarmer la fureur de ces assassins, mais il tombe roide mort ; son équipage se jette à la nage et est poursuivi par six chaloupes montées par des tronpes soldées par la république de Venise, qui tuent à coups de hache plusieurs de ceux qui cherchaient leur salut dans la haute-mer. Un contre-maître, blessé de plusieurs coups, affaibli, faisant sang de tous côtés, a le bonheur de prendre terre à un morceau de bois touchant au château du port; mais le commandant lui-même lui coupe le poignet d'un coup de hache.

Vu les griefs ci-dessus, et autorisé par le titre 12, art. 328 de la constitution de la république, et vu l'urgence des circonstances :

Le général en chef requiert le ministre de France près la république de Venise de sortir de ladite ville; ordonne aux différens agens de la république de Venise dans la Lombardie et dans la terre-ferme vénitienne, de l'évacuer sous vingt-quatre heures.

Ordonne aux différens généraux de division de traiter en ennemi les troupes de la république de Venise, de faire abattre dans toutes les villes de la terre-ferme le Lion de Saint-Marc. Chacun recevra, à l'ordre du jour de demain, une instruction particulière pour les opérations militaires ultérieures. BONAPARTE.

Au quartier-général à Palma-Nova, le 14 floréal an 5 (3 mai 1797).

Au directoire exécutif.

Je reçois dans l'instant des nouvelles de Verone. Je vous envoie les rapports du général de division Balland, du général Kilmaine et du chef de brigade Beaupoil. Dès l'instant que j'eus passé les gorges de la Carinthie, les Vénitiens crurent que j'étais enfourné en Allemagne, et ce lâche gouvernement médita des Vêpres siciliennes. Dans la ville de Venise et dans toute la terre-ferme on courut aux armes. Le sénat exhorta les prédicateurs, déjà asssez portés par eux-mêmes à prêcher la croisade contre nous. Une nuée d'Esclavons, une grande quantité de canons, et plus de cent cinquante mille fusils furent envoyés dans la terre-ferme; des commissaires extraordinaires, avec de l'argent, furent envoyés de tous côtés pour enrégimenter les paysans. Cependant M. Pezaro, sage grand, me fut envoyé à Goritzia, afin de chercher à me donner le change sur tous ces armemens. J'avais des raisons de me méfier de leur atroce politique, que j'avais assez appris à connaître; je déclarai que si cet armement n'avait pour but que de faire rentrer des villes dans l'ordre, il pouvait cesser, parce que je me chargeais de faire rentrer les villes dans l'ordre, moyennant qu'ils me demanderaient la médiation de la république : il me promit tout, et ne tint rien. Il resta à Goritzia et à Udine assez de temps pour être persuadé par lui-même que j'étais passé en Allemagne, et que les marches rapides que je faisais tous les jours donneraient le temps d'exécuter les projets qu'on avait en vue.

Le 30 germinal, des corps de troupes vénitiennes considérables, augmentés par une grande quantité de paysans, interceptèrent les communications de Verone à Porto-Legnago. Plusieurs de mes courriers furent sur-le-champ égorgés et les dépêches portées à Venise. Plus de deux mille hommes furent arrêtés dans différentes villes de la terre-ferme et précipités sous les plombs de Saint-Marc : c'étaient tous ceux que la farouche jalousie des inquisiteurs soupçonnait de nous être favorables. Ils défendirent à Venise que le canal où ils ont coutume de noyer les criminels fût nettoyé. Eh! qui peut calculer le nombre des Vénitiens que ces monstres ont sacrifiés?

Cependant, au premier vent que j'eus de ce qui se tramait, j'en sentis la conséquence; je donnai au général Kilmaine le commandement de toute l'Italie. J'ordonnai au général Victor de se porter avec sa division, à marches forcées, dans le pays vénitien. Les divisions du Tyrol s'étant portées sur l'armée active, cette partie devenait plus découverte; j'y envoyai sur-le-champ le général Baraguey d'Hilliers. Cependant le général Kilmaine réunit des colonnes mobiles de Polonais, de Lombards et de Français qu'il avait à ses ordres, et qu'il avait remis sous ceux des généraux Chabran et Lahoz. A Padoue, à Vicence et sur toute la route, les Français étaient impitoyablement assassinés. J'ai plus de cent procès-verbaux, qui tous démontrent la scélératesse du gouvernement vénitien.

J'ai envoyé à Venise mon aide-de-camp Junot, et j'ai écrit au sénat la lettre dont je vous ai envoyé copie.

Pendant ce temps, ils étaient parvenus à rassembler à Verone quarante mille Esclavons, paysans, ou compagnies de citadins, qu'ils avaient armés, et au signal de plusieurs coups de la grosse cloche de Verone et de sifflets, on court sur tous les Français, qu'on assassine : les uns furent jetés dans l'Adige; les autres, blessés et tout sanglans, se sauvèrent dans les forteresses, que j'avais depuis long-temps eu soin de réparer et de munir d'une nombreuse artillerie.

Je vous envoie le rapport du général Balland ; vous y verrez que les soldats de l'armée d'Italie, toujours dignes d'eux, se sont, dans cette circonstance comme dans toutes les autres, couverts de gloire. Enfin, après six jours de siége, ils furent dégagés par les mesures que prit le général Kilmaine après les combats de Desenzano, de Valeggio et de Verone. Nous avons fait trois mille cinq cents prisonniers et avons enlevé tous leurs canons. A Venise, pendant ce temps, on assassinait Laugier, on maltraitait tous les Français, et on les obligeait à quitter la ville. Tant d'outrages, tant d'assassinats ne resteront pas impunis : mais c'est à vous surtout et au corps législatif qu'il appartient de venger le nom français d'une manière éclatante. Après une trahison aussi horrible, je ne vois plus d'autre parti que celui d'effacer le nom vénitien de dessus la surface du globe. Il faut le sang de tous les nobles vénitiens pour apaiser les mânes des Français qu'ils ont fait égorger.

J'ai écrit à des députés que m'a envoyés le sénat la lettre que je vous fais passer ; j'ai écrit au citoyen Lallemant la lettre que je vous envoie également. Dès l'instant où je serai arrivé à Trevise, j'empêcherai qu'aucun Vénitien ne vienne en terre-ferme, et je ferai travailler à des radeaux, afin de pouvoir forcer les lagunes, et chasser de Venise même ces nobles, nos ennemis irréconciliables et les plus vils de tous les hommes. Je vous écris à la hâte; mais dès l'instant que j'aurai recueilli tous les matériaux, je ne manquerai pas de vous faire passer dans le plus grand détail l'histoire de ces conspirations aussi perfides que les Vêpres siciliennes.

L'évêque de Verone a prêché, la Semaine Sainte et le jour de Pâques, que c'était une chose méritoire et agréable à Dieu, que de tuer les Français. Si je l'attrape, je le punirai exemplairement. BONAPARTE.

Au quartier-général à Milan, le 17 floréal an 5
(6 mai 1797).

Au directoire exécutif.

Il y a eu des troubles dans la division de la Corse, occasionés par l'insurrection de la gendarmerie, qui n'était pas payée.

Ce défaut de fonds est produit par la dilapidation qui a été faite des fonds envoyés. Depuis que la Corse est restituée à la France, nous y avons fait passer 700,000 fr., outre une grande quantité de blé et d'autres approvisionnemens.

Je vous envoie les lettres que j'ai écrites au général Gentili et à l'ordonnateur en chef. Je crois que l'on doit tenir à faire un exemple sur le commissaire des guerres et le commissaire faisant les fonctions de payeur, qui devaient, avant tout, solder la troupe.

Le général Vaubois et le général Lafont, qui y vont commander, mettront, j'espère, plus d'économie, et j'engage l'ordonnateur en chef à y faire passer promptement un autre commissaire. La dix-neuvième demi-brigade, forte de douze cents hommes, et qui était à Livourne, va s'embarquer pour se rendre en Corse. BONAPARTE.

Au quartier-général à Milan, le 17 floréal an 5 (6 mai 1797).

Au général Gentili.

Je ne puis vous dissimuler mon mécontentement sur le mauvais emploi des sommes qui ont été envoyées en Corse pour le service de la division. Plus de la moitié a été dilapidée ou dépensée à des choses inutiles, tandis que tout devait être uniquement consacré au service de la force armée.

1°. Il est inutile que vous envoyiez des adjoints à Paris.

2°. Les commissaires du gouvernement ne devaient pas être payés sur les fonds des soldats.

3°. Vous n'aviez pas le droit de faire donner 1000 francs à l'adjudant-général Franceschi.

4°. Vous ne deviez rien faire donner aux officiers isolés, à qui, il y a trois mois, j'avais ordonné de rejoindre.

De plus grands abus ont eu lieu encore dans la distribution de 4 à 500,000 fr. que vous avez précédemment reçus : aucun article ne sera porté en compte à l'ordonnateur et au payeur, ils s'arrangeront ensemble pour les faire rembourser à la république. BONAPARTE.

Au quartier-général à Milan, le 17 floréal an 5
(6 mai 1797).

Au commissaire ordonnateur en chef.

Des troubles sont nés en Corse par le défaut d'argent, cela pourrait même devenir extrêmement sérieux; il est donc indispensable que vous fassiez passer le plus promptement possible 100,000 fr. à Ajaccio, uniquement destinés pour payer la gendarmerie de ces deux départemens. Il est aussi nécessaire que vous vous fassiez rendre un compte exact de l'emploi des sommes que vous y avez envoyées; que vous rappelliez sur-le-champ l'ordonnateur, et que vous y envoyiez un homme probe et intelligent, que vous rendrez responsable de l'emploi des fonds.   BONAPARTE.

Au quartier-général à Milan, le 17 floréal an 5
(6 mai 1797).

A M. l'évêque de Côme.

J'ai reçu, monsieur l'évêque, la lettre que vous vous êtes donné la peine de m'écrire, avec les deux imprimés; j'ai vu avec déplaisir la devise qu'un zèle malentendu de patriotisme a fait mettre au-dessus d'un de vos imprimés. Les ministres de la religion ne doivent, comme vous l'observez fort bien, jamais s'émanciper dans les affaires civiles; ils doivent porter la teinte de leur caractère, qui, selon l'esprit de l'Evangile, doit être pacifique, tolérant et conciliant. Vous pouvez être persuadé qu'en continuant à professer ces principes, la république française ne souffrira pas qu'il soit porté aucun trouble au culte de la religion et à la paix de ses ministres.

Jetez de l'eau et jamais de l'huile sur les passions des hommes; dissipez les préjugés et combattez avec ardeur les faux prêtres, qui ont dégradé la religion en en faisant l'instrument de l'ambition des puissans et des rois. La morale de l'Evangile est celle de l'égalité, et dès-lors elle est la plus favorable au gouvernement républicain, que va désormais avoir votre patrie.

Je vous prie, monsieur l'évêque, de croire aux sentimens, etc. BONAPARTE.

Au quartier-général à Milan, le 17 floréal an 5
(6 mai 1797).

Au chef de l'état-major.

Vous donnerez ordre, citoyen général, que tous les soldats vénitiens qui ont été faits prisonniers soient transférés en France, et que tous les officiers soient mis; savoir, les généraux, colonels, lieutenans-colonels et capitaines au château de Milan, et les lieutenans et sous-lieutenans, cadets, etc., au château de Pavie.

Vous chargerez un officier supérieur de les interroger; ils doivent être considérés comme assassins, et non comme avoués par leur prince. Vous me rendrez compte de leur interrogatoire. BONAPARTE.

Au quartier-général à Milan, le 17 floréal an 5
(6 mai 1797).

Bonaparte, général en chef de l'amée d'Italie, arrête :

ART. 1er. La ville de Verone paiera une imposition de cent vingt mille sequins, qui sera affectée aux dépenses de l'armée.

2. Elle paiera, en outre, une contribution de cinquante mille sequins, qui sera distribuée entre tous les soldats et officiers qui se sont trouvés assiégés dans les châteaux, et ceux qui formaient la colonne mobile qui s'est emparée de la ville.

3. Tous les effets qui sont au mont-de-piété et qui ont une valeur moindre de 50 fr. seront rendus au peuple. Tous les effets d'une valeur supérieure seront séquestrés au profit de la république.

4. Verone n'étant point la route de l'armée, ni le séjour d'aucun dépôt, il est expressément défendu de rien payer sous prétexte d'effets perdus, soit aux administrateurs, soit aux militaires; il ne sera admis, soit dans la comptabilité en argent, soit dans celle en matières, aucun déficit justifié par des pertes faites à Verone.

5. Le commissaire ordonnateur en chef fera dresser un état des pertes qui auront été faites par les personnes formant la garnison des forts qui se trouvaient aux hôpitaux, et il sera frappé une troisième contribution sur la seule ville et territoire de Verone, du montant de ladite indemnité.

6. Tous les chevaux de voiture et de selle qui se trouveront à Verone seront affectés aux charrois d'artillerie ou à la cavalerie.

7. La ville de Verone fournira, dans le plus court délai, des cuirs pour faire quarante mille paires de souliers et deux mille paires de bottes; du drap pour faire douze mille paires de culottes, douze mille vestes et quatre mille habits; des toiles pour faire douze mille chemises et douze mille paires de guêtres; douze mille chapeaux et douze mille paires de bas; une partie desdits effets sera destinée pour l'habillement de la division du général Joubert.

8. Toute l'argenterie existante dans les églises ou autres bâtimens publics, ainsi que tout ce qui appartiendrait au gouvernement, sera confisqué au profit de la république.

9. Il sera réuni sur-le-champ une commission militaire qui, quarante-huit heures après la réception du présent ordre, déclarera ennemis de l'humanité et assassins les cinquante principaux coupables auteurs de l'assassinat qui a eu lieu le

jour de la seconde fête de Pâques ; lesdits coupables seront arrêtés et envoyés garottés à Toulon pour être de là transférés à la Guiane : si cependant parmi ces cinquante il s'en trouvait de nobles Vénitiens, ou de ceux qui furent arrêtés il y a plusieurs mois, envoyés à Venise comme coupables de conspiration contre la république française, et qui depuis ont été relâchés, ils seront condamnés à être fusillés ; les séquestres seront mis sur-le-champ sur tous les biens, meubles et immeubles desdits condamnés, et leurs biens fonds seront confisqués et affectés à faire rebâtir les maisons du peuple qui ont été brûlées pendant le siége, et à indemniser les autres personnes de la ville qui se trouveraient avoir perdu.

10. On fera un désarmement général dans tout le Veronais, et quiconque sera trouvé avoir désobéi à l'ordre du désarmement, sera condamné à être envoyé pour six ans de fers à Toulon.

11. Tous les tableaux, collections de plantes, de coquillages, etc., qui appartiendraient, soit à la ville, soit aux particuliers, seront confisqués au profit de la république ; les particuliers qui seront dans le cas d'être indemnisés, le seront sur les biens des condamnés.

12. Le général chef de l'état-major, le général divisionnaire Augereau, et le commissaire ordonnateur en chef prendront toutes les mesures pour l'exécution du présent ordre.

BONAPARTE.

Au quartier-général à Milan, le 19 floréal an 5
(8 mai 1797).

Au directoire exécutif.

Je vous fais passer, citoyens directeurs, la ratification du grand-duc de Toscane, que j'ai oublié de vous envoyer. Les

Anglais ayant évacué Porto-Ferrajo, j'ordonne que l'on évacue également Livourne. **BONAPARTE.**

P. S. Je vous fais tenir également une note explicative, remise par les plénipotentaires de l'empereur.

Au quartier-général à Milan, le 19 floréal an 5
(8 mai 1797).

Au directoire exécutif.

Je suis parti, le 12 floréal, de Palma-Nova, et je me suis rendu à Mestre. J'ai fait occuper par les divisions des généraux Victor et Baraguay d'Hilliers toutes les extrémités des lagunes. Je ne suis éloigné actuellement que d'une petite lieue de Venise, et je fais les préparatifs pour pouvoir y entrer de force, si les choses ne s'arrangent pas. J'ai chassé de la terre-ferme tous les Vénitiens, et nous en sommes en ce moment exclusivement les maîtres. Le peuple montre une grande joie d'être délivré de l'aristocratie vénitienne : il n'existe plus de Lion de Saint-Marc.

Comme j'étais sur les bords des lagunes, sont arrivés trois députés du grand conseil, qui me croyaient encore en Allemagne et qui venaient avec des pleins pouvoirs du même conseil, pour finir tous les différens. Ils m'ont remis la note que je vous envoie. En conséquence, je leur ai fait répondre par le général Berthier la lettre que je vous fais tenir ; je viens de recevoir une nouvelle députation, qui m'a remis la note que je vous envoie.

Les inquisiteurs sont arrêtés ; le commandant du fort de Lido, qui a tué Laugier, est arrêté ; tout le corps du gouvernement a été destitué par le grand conseil ; et celui-ci lui-même a déclaré qu'il allait abdiquer sa souveraineté et établir la forme du gouvernement qui me paraîtrait la plus convenable. Je compte d'après cela y faire établir une démocratie, et même faire entrer dans Venise trois ou quatre mille hommes de troupes. Je crois qu'il devient indispensable que vous renvoyiez M. Quirini.

Depuis que j'ai appris le passage du Rhin par Hoche et Moreau, je regrette bien qu'il n'ait pas eu lieu quinze jours plus tôt, ou que du moins Moreau n'ait pas dit qu'il était dans le cas de l'effectuer. Notre position militaire est tout aussi bonne aujourd'hui qu'il y a quinze jours; j'occupe encore Clagenfurth, Goritzia et Trieste. Tous les paysans vénitiens sont désarmés; dans toutes les villes, ceux qui nous étaient opposés sont arrêtés; nos amis sont partout en place, et toute la terre-ferme est municipalisée. On travaille tous les jours sans relâche aux fortifications de Palma-Nova.

Je vous prie de désigner le Frioul pour le lieu où les Autrichiens doivent nous faire passer les prisonniers français. Nous ne leur en restituerons qu'à mesure qu'ils nous restitueront les nôtres.

Le choix des membres qui composent le directoire de la Cisalpine est assez mauvais; il s'est fait pendant mon absence, et a été absolument influencé par les prêtres; mais comme Modène et Bologne ne doivent faire qu'une seule république avec Milan, je suspens l'activité du gouvernement, et je fais rédiger ici par quatre comités différens toutes les lois militaires, civiles, financières et administratives qui doivent accompagner la constitution. Je ferai, pour la première fois, tous les choix, et j'espère que d'ici à vingt jours toute la nouvelle république italienne sera parfaitement organisée et pourra marcher toute seule.

Mon premier acte a été de rappeler tous les hommes qui s'étaient éloignés, craignant les suites de la guerre. J'ai engagé l'administration à concilier tous les citoyens et à détruire toute espèce de haine qui pourrait exister. Je refroidis les têtes chaudes et j'échauffe les froides. J'espère que le bien inestimable de la liberté donnera à ce peuple une énergie nouvelle et le mettra dans le cas d'aider puissamment la république française dans les guerres futures que nous pourrions avoir. BONAPARTE.

Milan, le 20 floréal an 5 (9 mai 1797).

Le général en chef voit avec indignation les vols que commettent plusieurs agens français, qui, sous différens prétextes, s'introduisent dans les monts-de-piété des villes vénitiennes, y mettent les scellés pour y voler tout ce qui est à leur convenance,

En conséquence, il ordonne :

1°. Aux généraux de division de faire lever tous les scellés des monts-de-piété et de les restituer à leurs administrateurs, et, en attendant, qu'il ne soit porté aucun changement auxdites administrations (hormis celui de la ville de Verone).

2°. De faire vérifier par les administrateurs et les membres des municipalités ce qui manque aux monts-de-piété et autres établissemens publics, depuis l'apposition des scellés, et de faire arrêter sur-le-champ les agens ou commissaires qui auraient mis les scellés ou qui seraient coupables de dilapidations, et de les faire traduire devant le conseil militaire de sa division.

3°. Les municipalités de la terre-ferme vénitienne enverront sur-le-champ au général en chef une note de tout ce qui aurait été pris et qui serait à leur connaissance.

4°. La propriété des villes et des habitans de la terre-ferme vénitienne est sous la responsabilité des généraux de division qui y commandent : ils prendront toutes les mesures possibles pour faire arrêter les coupables, réprimer les abus, et garantir ce pays des ravages de cette nuée de voleurs qui semble s'y être donné rendez-vous. BONAPARTE.

Au quartier-général à Milan, le 20 floréal an 5
(9 mai 1797).

Au général chef de l'état-major.

Vous voudrez bien, citoyen général, conformément au traité d'alliance qui existe entre la république française et sa majesté le roi de Sardaigne, ordonner que tous les déserteurs des troupes sardes soient sur-le-champ rendus, et défendre aux différens chefs de corps, soit français, soit milanais, de recevoir aucun déserteur sarde.

Vous voudrez bien donner l'ordre aux commandans de la Lombardie pour qu'ils prennent les mesures afin qu'il existe une sévère discipline sur les frontières du Piémont, et s'opposent à tout ce qui pourrait troubler la tranquillité des états du roi de Sardaigne.

Vous voudrez bien également ordonner au commandant de Tortone de faire tout ce qui dépendra de lui pour maintenir la tranquillité dans les états du roi de Sardaigne, s'opposer à la contrebande du blé et des bestiaux, et enfin avoir pour sa majesté le roi de Sardaigne les sentimens que notre position actuelle doit lui assurer.

Vous le préviendrez également que l'évêque de Tortone va prendre possession de son évêché, et qu'il ait pour lui tous les égards qui sont dus à son caractère.

Vous voudrez bien ordonner au général Casabianca de faire ôter l'arbre de la liberté de la ville de Ceva, et de faire tout son possible pour maintenir le bon ordre dans les états de sa majesté le roi de Sardaigne.

Vous donnerez les ordres pour que les nommés Viniatteri, Rozetti et Strovengo, chefs de la conspiration qui a eu lieu pour assassiner le roi de Sardaigne, soient arrêtés.

BONAPARTE.

Au quartier-général à Milan, le 24 floréal an 5
(13 mai 1797).

Au directoire exécutif.

Le dernier courrier que j'ai reçu de vous est du 3 floréal, et je ne connais pas encore vos intentions relativement aux préliminaires de la paix : cela ne laisse pas que de m'embarrasser dans la direction à donner aux différentes affaires actuelles.

Je vous ai rendu compte, par mon dernier courrier, du terme où en était la négociation de Venise. Les négociateurs et le citoyen Lallemant sont ici ; mais, pendant ce temps-là, les affaires marchent à grands pas dans Venise même, où l'emprisonnement des inquisiteurs et l'effervescence populaire rendent les propriétés incertaines, sans la présence d'une force française.

Je vous envoie une lettre du citoyen Villetard, secrétaire de la légation française à Venise.

J'ai donné ordre au général Baraguay d'Hilliers d'y entrer avec cinq mille hommes.

J'ai envoyé ordre au citoyen Bourdé, commandant la flottille de l'Adriatique, de s'y rendre également.

Vous ordonnerez au général Lahoz d'éloigner de Milan les citoyens Lerese, Anisette et Barnabitte, et de les employer hors de cette ville, les engageant à ne rien faire qui trouble la tranquillité des états du roi de Sardaigne.

Il est probable, quoiqu'il ne soit cependant pas sûr, que

lorsque vous lirez cette lettre, vous serez maîtres de Venise et de son arsenal.

La république cispadane paraît vouloir se réunir avec Venise, si cette ville accepte le gouvernement représentatif, plutôt que de se réunir avec le Milanez.

La république lombarde serait alors composée des pays compris entre le Tesin, le Pô, l'Oglio et le Modenais; ce qui ferait deux millions de population.

La république de Venise démocrate serait composée, 1°. du Trévisan, deux cent mille habitans; 2°. du Dogodo, cent mille; 3°. de la Polésine, de Rovigo et d'Adria, quatre-vingt mille; 4°. de la ville de Venise, cent cinquante mille; 5°. des îles du Levant, deux cent mille; 6°. de la Cispadane, six cent mille; 7°. de la Romagne, trois cent mille : en tout, un million six cent mille habitans.

Les deux républiques concluraient une alliance offensive et défensive avec la France contre les Anglais.

Nous trouverons dans l'arsenal de Venise quelques ressources pour notre marine, et quelques vaisseaux de guerre, s'ils sont d'une bonne construction.

J'ai fait partir de Trieste pour Toulon six bâtimens chargés de blé et d'acier. BONAPARTE.

Au quartier-général à Milan, le 25 floréal an 5
(14 mai 1797).

Extrait d'une lettre au directoire exécutif.

Je vous envoie une lettre du citoyen Villetard, une autre du général Baraguay d'Hilliers, et enfin la délibération du grand-conseil, qui a abdiqué. Je crains fort que cette pauvre ville de Venise ne soit en partie pillée par les Esclavons, à l'heure où je vous écris.

J'ai envoyé, par un courrier extraordinaire, au doge la proclamation que je vous fais passer, afin de chercher à y rétablir la tranquillité.

Demain, je conclurai un traité avec les députés vénitiens : j'espère que cette affaire s'achèvera heureusement, et que, si nous ne sommes pas, à l'heure qu'il est, dans Venise, nous ne tarderons pas à y être.

La marine pourra y gagner quatre ou cinq vaisseaux de guerre, trois ou quatre frégates, pour 3 ou 4,000,000 de cordages, de bois et d'autres objets qui lui sont nécessaires.

J'ai envoyé des courriers à Gênes et à Livourne, pour qu'on me fasse passer en toute diligence tous les matelots français ou corses qui s'y trouveraient ; je prendrai ceux des lacs de Mantoue et de Garda, et je diminuerai le nombre de ceux que j'ai sur la flottille.

Je vous prie de m'envoyer en poste un contre-amiral, un major d'escadre, etc.

J'aurais aussi besoin de quatre ou cinq cents matelots, qui pourraient se rendre à Gênes, d'où ils viendraient à Tortone, où ils recevront, du commandant de la place, les ordres, et trouveront les moyens de s'embarquer sur le Pô jusqu'à Venise.

J'espère, si tout réussit conformément à mes espérances, avoir :

Quatre bâtimens de guerre, tout équipés et approvisionnés pour six mois ; trois frégates françaises, compris *la Brune*; deux corvettes françaises et quinze chaloupes canonnières.

Ces vingt-quatre bâtimens seront prêts, j'espère, à mettre à la voile avant l'arrivée du contre-amiral.

Je trouverai les bâtimens et les frégates vénitiennes prêtes à mettre à la voile, parce qu'elles viennent de croiser dans l'Archipel.   BONAPARTE.

Traité de paix entre la république française et la république de Venise.

Le directoire exécutif de la république française et le grand-conseil de la république de Venise, voulant rétablir sans délai l'harmonie et la bonne intelligence qui régnaient ci-devant entre elles, conviennent des articles suivans :

Art. 1. Il y aura paix et amitié entre la république française et la république de Venise ; toutes les hostilités cesseront dès à présent.

2. Le grand-conseil de Venise, ayant à cœur le bien de sa patrie et le bonheur de ses concitoyens, et voulant que les scènes qui ont eu lieu contre les Français ne puissent plus se renouveler, renonce à ses droits de souveraineté ; ordonne l'abdication de l'aristocratie héréditaire, et reconnaît la souveraineté de l'état dans la réunion de tous les citoyens, sous la condition cependant que le gouvernement garantira la dette publique nationale, l'entretien des pauvres gentilshommes qui ne possèdent aucun bien fonds, et les pensions viagères accordées sous le titre de provisions.

3. La république française, sur la demande qui lui en a été faite, voulant contribuer, autant qu'il est en elle, à la tranquillité de la ville de Venise et au bonheur de ses habitans, accorde une division de troupes françaises pour y maintenir l'ordre et la sûreté des personnes et des propriétés, et seconder les premiers pas du gouvernement dans toutes les parties de son administration.

4. La station des troupes françaises à Venise n'ayant pour but que la protection des citoyens, elles se retireront aussitôt que le nouveau gouvernement sera établi, ou qu'il déclarera n'avoir plus besoin de leur assistance. Les autres divisions de l'armée française évacueront également toutes les parties du

territoire vénitien qu'elles occuperont dans la terre-ferme, lors de la conclusion de la paix continentale.

5. Le premier soin du gouvernement provisoire sera de faire terminer le procès des inquisiteurs et du commandant du fort de Lido, prévenus d'être les auteurs et instigateurs des Pâques vénitiennes et de l'assassinat commis dans le port de Venise; il désavouera d'ailleurs ces faits de la manière la plus convenable et la plus satisfaisante pour le gouvernement français.

6. Le directoire exécutif, de son côté, par l'organe du général en chef de l'armée, accorde pardon et amnistie générale pour tous les autres Vénitiens qui seraient accusés d'avoir pris part à toute conspiration contre l'armée française; et tous les prisonniers seront mis en liberté après la ratification.

Ainsi a été arrêté et convenu, savoir : au nom de la république française, par les citoyens Bonaparte, général en chef de l'armée d'Italie; et Lallemant, ministre plénipotentiaire de la république française près celle de Venise; et, au nom du grand-conseil vénitien, par MM. François Dona, Léonard Justiani et Louis Moncenigo, députés munis de pleins pouvoirs, dont l'original est annexé aux présentes, lesquelles devront être ratifiées par les hautes puissances contractantes, dans le plus court délai possible, pour sortir leur entière exécution.

Fait à Milan, le 27 floréal an 5 de la république française (16 mai 1797). *Signé* BONAPARTE, etc.

Articles secrets faisant suite et partie du traité de paix conclu ce jourd'hui 27 floréal an 5 de la république française (16 mai 1797), entre la république française et celle de Venise.

Art. 1er. La république française et la république de Venise s'entendront entre elles pour l'échange des différens territoires.

2. La république de Venise versera dans la caisse du payeur de l'armée d'Italie trois millions tournois en numéraire; savoir, un million dans le mois de prairial prochain, un second million dans le mois de messidor, et le troisième million lorsque le gouvernement provisoire sera entièrement organisé.

3. La république de Venise fournira pour la valeur de trois autres millions tournois en chanvres, cordages, agrès et autres objets nécessaires à la marine, sur la réquisition des commissaires qui seront nommés par le général en chef de l'armée, et en tant que ces objets existeront réellement dans les magasins ou dépôts de l'arsenal.

4. La république de Venise fournira en outre trois vaisseaux de ligne et deux frégates en bon état, armés et équipés de tout le nécessaire, sans comprendre l'équipage, et au choix du général en chef, qui, de son côté, promet au gouvernement vénitien la médiation de la république française pour terminer promptement les différens survenus entre celle de Venise et la régence d'Alger.

5. La république de Venise remettra enfin aux commissaires à ce destinés vingt tableaux et cinq cents manuscrits au choix du général en chef.

Les cinq articles ci-dessus, quoique convenus et transcrits séparément, sont néanmoins essentiellement inhérens au traité ostensible conclu ce jourd'hui entre les deux républiques, et n'en sont de fait que la continuation : en sorte que la non exécution d'un seul desdits articles secrets rendrait le traité en entier nul et non stipulé.

Ainsi a été arrêté et convenu ; savoir, au nom de la république française, par le citoyen Bonaparte, général en chef de l'armée d'Italie, et par le citoyen Lallemant, ministre plénipotentiaire de la république française près celle de Venise, et au nom du directoire exécutif.

Et au nom du grand-conseil vénitien, par MM. François Dona, Léonard Justiniani et Louis Moncenigo, députés munis de pleins pouvoirs, dont l'original est annexé au traité ostensible de ce jour.

Fait et signé à Milan, le 27 floréal an 5 de la république française (16 mai 1797). *Signé* BONAPARTE, etc.

Milan, le 25 floréal an 5 (14 mai 1797).

Aux citoyens de Venise.

Les citoyens de la ville de Venise sont sous la protection de la république française : en conséquence, je déclare que je traiterai en ennemi de la république française tout homme qui porterait la moindre atteinte aux personnes et aux propriétés des habitans de Venise.

Si, vingt-quatre heures après la publication du présent ordre, les Esclavons n'ont pas, conformément à l'ordre qui leur a été donné par les magistrats de Venise, quitté cette ville pour se rendre en Dalmatie, les officiers et les aumôniers des différentes compagnies d'Esclavons seront arrêtés, traités comme rebelles, et leurs biens, en Dalmatie, confisqués. Le général en chef fera, à cet effet, marcher une division de l'armée en Dalmatie, et ils seront la cause de ce que la guerre et ses horreurs seront transplantés au milieu de leurs foyers.

BONAPARTE.

Au quartier-général à Milan, le 25 floréal an 5.
(14 mai 1797).

Au directoire exécutif.[1]

J'organise la république cisalpine : j'ai à cet effet quatre comités qui travaillent sans relâche à la confection des lois organiques qui doivent accompagner la publication de la constitution.

Le citoyen Serbelloni, par la réputation dont il jouit dans ce pays-ci, et par l'ascendant que donne la fortune, est propre à remplir avec succès une place de membre du directoire exécutif ; il est d'ailleurs tellement compromis avec les Autrichiens, que c'est une des personnes de l'opinion de laquelle nous devons être les plus sûrs : je l'ai donc fait prévenir par l'administration de la Lombardie qu'il était nommé à la place de directeur ; je vous prie de faire en sorte qu'il parte de suite pour Milan.

Je vous envoie une lettre du citoyen Villetard, une autre du général Baraguay d'Hilliers, et enfin la délibération du grand-conseil, qui a abdiqué ; je crains fort que cette pauvre ville de Venise ne soit en partie pillée par les Esclavons à l'heure où je vous écris.

J'ai envoyé, par un courrier extraordinaire, au doge la proclamation que je vous fais passer, afin de chercher à y rétablir la tranquillité.

Demain, je conclurai un traité avec les députés vénitiens ; j'espère que cette affaire s'achevera heureusement, et que si nous ne sommes pas à l'heure qu'il est dans Venise, nous ne tarderons pas à y être.

La marine pourra y gagner quatre ou cinq vaisseaux de guerre, trois ou quatre frégates, pour trois ou quatre millions de cordages, de bois et d'autres objets nécessaires à la marine.

---

[1] Cette lettre, relatée déjà en partie par extrait, se trouve complette ici.

J'ai envoyé des courriers à Gênes et à Livourne, pour qu'on me fasse passer en toute diligence tous les matelots français ou corses qui s'y trouveraient ; je prendrai ceux des lacs de Mantoue et de Garda, et je diminuerai le nombre de ceux que j'ai sur la flottille.

Je vous prie de m'envoyer en poste un contre-amiral, un major d'escadre, etc.

J'aurais aussi besoin de quatre ou cinq cents matelots, qui pourraient se rendre à Gênes, d'où ils viendraient à Tortone, où ils recevront, du commandant de la place, les ordres et trouveront les moyens de s'embarquer sur le Pô jusqu'à Venise.

J'espère, si tout réussit conformément à mes espérances, avoir quatre bâtimens de guerre tout équipés et approvisionnés pour six mois ; trois frégates françaises, compris *la Brune* ; deux corvettes françaises et quinze chaloupes canonnières.

Ces vingt-quatre bâtimens seront prêts, j'espère, à mettre à la voile avant l'arrivée du contre-amiral.

Je trouverai les bâtimens et frégates prêtes à mettre à la voile, parce qu'elles viennent de croiser dans l'Archipel.

Le million pour Toulon, que je vous ai annoncé, part demain ; un autre million, dont cinq cent mille francs en or et autant en argent, part après demain 27 pour Paris ; il pourra servir à vivifier notre marine à Brest.

Les deux millions que le ministre des finances a tirés sur le citoyen André, négociant, seront acquittés en marchandises ou en terres ; ce qui, joint à un million pour l'armée de Sambre-et-Meuse, autant pour celle du Rhin, et cinq cent mille francs pour celle des Alpes, cinq cent mille francs que nous coûte la Corse, formera la somme de cinq millions que l'armée d'Italie aura fournis depuis la nouvelle campagne.

Vingt-cinq mille quintaux de blé, et pour cent mille francs

de chanvre avec de l'acier, sont partis de Trieste pour Toulon.

Le pape nous a donné huit millions de diamans, qui, à l'évaluation de Modène, ne valent pas davantage que quatre millions cinq cent mille francs.

Le service de l'armée est assuré pour prairial, messidor, thermidor et fructidor.

Treize ou quatorze millions d'arriéré, que nous avions à l'armée, vont être payés en biens nationaux du pays.

Les objets de Rome se réunissent tous à Livourne : il serait urgent que le ministre de la marine envoyât les prendre par trois ou quatre frégates, afin de les mettre à l'abri de tous risques.

Une soixantaine de citoyens de différentes villes du midi se sont présentés à moi pour avoir des secours ; je les ai distribués dans toute l'Italie pour y être employés chacun son métier. Le chef de l'état-major enverra au ministre de la police générale les noms, âge, demeure, profession de ces citoyens.

J'ai chargé Comeyras de se rendre à Sion, pour chercher à ouvrir une négociation avec le Valais, afin de conclure un traité au nom de la France et de la république cisalpine, qui nous accorde le passage depuis le lac de Genève au lac Majeur, en suivant la vallée du Rhône. J'ai envoyé un excellent ingénieur des ponts et chaussées pour savoir ce que coûterait cette route à établir : elle irait de Versois à Bouveret par le lac, quinze lieues ; de Bouveret à Sion, dix lieues ; de Sion à Brigge, huit lieues ; de Brigge à Dossola, huit lieues ; de Dossola au lac Majeur, huit lieues ; du lac Majeur à Milan, douze lieues : ce qui ferait soixante et une lieues de Versois à Milan, ou cent soixante de Milan à Paris : sur ces soixante et une lieues, les quinze du lac et les vingt de Dossola à Milan, c'est-à-dire trente-cinq, sont en grande route ; il reste donc vingt-six lieues à faire, dont se chargerait le Milanez.

J'ai chargé le même ingénieur d'aller jusqu'au pont de........ et de voir ce qu'il faudrait pour faire sauter le rocher dans lequel s'enfuit le Rhône, et par-là rendre possible l'exploitation des bois du Valais et de la Savoie, bois immenses et qui peuvent seuls relever notre marine. On m'assure qu'il ne faut pas plus de 2 ou 300,000 fr. pour cette opération.

La Toscane et les Grisons vont conclure un traité d'alliance avec la nouvelle république cisalpine : il faudrait obtenir des Suisses les bailliages italiens, qui n'ont qu'une population de quarante mille âmes ; nous pourrions leur donner le Freythal, et, s'il était nécessaire, la nouvelle république s'obligerait à fournir tous les ans une certaine quantité de riz et de blé.
BONAPARTE.

Au quartier-général à Milan, le 25 floréal an 5
(14 mai 1797).

A M. le général-major comte de Meerveldt, ministre de S. M. l'empereur.

J'ai l'honneur de vous prévenir, Monsieur le général, que je viens de recevoir à l'instant du directoire exécutif de la république française la ratification des préliminaires que nous avons signés à Léoben.

Je me rendrai dans la ville que vous voudrez bien indiquer, afin de procéder aux échanges.

Je vous prie de faire passer le courrier que vous m'enverrez, par Trévise, où il s'adressera au général Gauthier, qui lui indiquera l'endroit où je pourrai me trouver.

J'ai également l'honneur de vous faire part, comme j'ai eu l'honneur d'en prévenir M. le marquis de Gallo par l'envoi de mon aide-de-camp, que le directoire exécutif de la république française a bien voulu munir de ses pleins pouvoirs pour traiter de la paix définitive, le général Clarke et moi : je vous prie de le faire connaître à S. M. l'empereur, afin que les plénipotentiaires qu'elle voudra envoyer se réunissent le plus promptement possible dans la ville de Brescia, comme nous en étions convenus, ou dans toute autre qui paraîtra plus convenable.

Je vous prie de vouloir bien donner des ordres pour qu'à Trieste on se hâte de payer le reste de la contribution, afin de me mettre dans le cas, comme nous en étions convenus, de l'évacuer.

L'évacuation de Clagenfurth a souffert quelque retard par celui qu'a mis l'administration de cette ville à fournir les chariots nécessaires au transport des effets militaires.

Je vous prie de donner aussi des ordres à cet égard, et de croire aux sentimens d'estime et de considération avec lesquels, etc. BONAPARTE.

Au quartier-général à Milan, le 26 floréal an 5 (15 mai 1797).

Au citoyen Faypoult, ministre de la république française, à Gênes.

Je réponds à votre lettre du 21 floréal, citoyen ministre. Je pense, comme vous, que la chute entière de Venise amène celle de l'aristocratie de Gênes ; mais il faut pour cela encore quinze jours pour que les affaires de Venise soient bien complétement terminées.

Il est hors de doute qu'il faut laisser Gênes république indépendante ; mais il n'est pas moins vrai qu'en réunissant à Gênes tous les fiefs impériaux, il faudrait chercher à avoir le golfe de la Spezzia pour la nouvelle république. Cette seconde pensée s'exécuterait naturellement lorsque le gouvernement aristocratique serait dissous, et le corps de l'état en fusion : alors nous serions toujours sûrs d'avoir avec nous Gênes ou la Spezzia.

Je vous salue et vous prie de m'écrire un peu plus souvent relativement à l'idée que vous avez. BONAPARTE.

Au quartier-général à Montebello, le 30 floréal an 5 (19 mai 1797).

Au directoire exécutif.

Je vous ai envoyé le traité que j'ai conclu avec Venise, en conséquence duquel cinq à six mille hommes sous les ordres du général Baraguay d'Hilliers ont dû prendre, le 27, possession de la ville. J'ai eu plusieurs buts en concluant ce traité.

1º. D'entrer dans la ville sans difficultés : avoir l'arsenal et tout en notre possession, et pouvoir en tirer ce qui nous convient, sous le prétexte de l'exécution des articles secrets.

2º. De nous trouver à même, si le traité de paix avec l'empereur ne s'exécutait pas, de rallier à nous et de faire tourner à notre avantage tous les efforts du territoire vénitien.

3º. De ne pas attirer sur nous l'espèce d'odieux de la violation des préliminaires relatifs au territoire vénitien, et en même temps de donner des prétextes et de faciliter leur exécution.

4º. Et enfin de calmer tout ce qu'on pourrait dire en Europe, puisqu'il est constaté que notre garnison de Venise n'est qu'une opération momentanée, et un acte de protection sollicité par Venise même.

Le pape est très-malade et a quatre-vingt-trois ans. Sur la première nouvelle que j'en ai eue, j'ai fait réunir tous mes Polonais à Bologne, d'où je les pousserai jusqu'à Ancône. Quelle conduite dois-je tenir si le pape meurt ?

Gênes demande à grands cris la démocratie, le sénat m'envoie des députés pour sonder là-dessus mes intentions. Il est très-possible qu'avant dix ou douze jours l'aristocratie de Gênes subisse le même sort que celle de Venise.

Il y aurait alors en Italie trois républiques démocratiques, qui, pour le moment, ne pourraient être que difficilement réunies, vu les coupures qu'y produisent les états intermédiaires de Parme et de l'empereur, et vu d'ailleurs l'enfance dans laquelle sont encore les Italiens ; mais, et la liberté de la presse, et les événemens futurs ne manqueront pas de réunir ces trois républiques en une seule.

1°. La république cisalpine comprenant la Lombardie, le Bergamasque, le Crémasque, le Modenois, Massa-Carara, la Graffiniana, le golfe de la Spezzia, forme une population de dix-huit à dix-neuf cent mille habitans.

2°. La république cispadane, comprenant le Bolonais, le Ferrarois, la Romagne, Venise, Rovigo, et une partie du Trévisan et les îles de l'Archipel, forme une population de seize à dix-huit cent mille habitans.

3°. La république ligurienne, comprenant les fiefs impériaux, Gênes et les états de Gênes, hormis le golfe de la Spezzia.

Les états du duc de Parme et ceux du roi de Sardaigne ne tarderont pas à s'insurger ; je fais cependant ce qui est possible pour soutenir le duc de Parme et le roi de Sardaigne.

La république cisalpine et cispadane se réuniront difficilement, de sorte que si l'empereur s'arrange à laisser la Marche trévisane et la Polésine de Rovigo, il sera possible de laisser Venise avec la république cispadane.

Si, au contraire, il ne voulait pas, l'on réunirait ces deux républiques en une, parce qu'alors il est bien prouvé que la république cispadane ne serait pas assez forte pour maintenir la ville de Venise, comme ville de province.

En attendant, je laisse subsister la Cispadane organisée séparément, puisque sa réunion avec la Lombardie mécontenterait beaucoup de monde, et pourrait être regardée par l'empereur comme une violation des préliminaires, et que d'ailleurs la capitale à Bologne nous permettra d'avoir une grande influence sur toutes les affaires de Rome.

Je vous envoie donc l'ordre que je donne aujourd'hui pour la réunion de la Romagne à la république cispadane. Je profiterai de cette circonstance pour leur faire renommer un autre directoire, celui qu'ils ont nommé étant assez mal composé.

Quand ensuite la paix définitive avec l'empereur sera faite, je prendrai des mesures pour réunir ces deux républiques; mais en attendant il faut que je profite des momens de repos pour organiser parfaitement l'une et l'autre, afin que si les choses se brouillent avec l'empereur, nous puissions être sûrs que nos derrières soient tranquilles, et que si les affaires de Rome viennent à se brouiller par la mort du pape, l'on puisse partir de là pour faire toutes les opérations qui deviendraient nécessaires. BONAPARTE.

Au quartier-général à Milan, le 30 floréal an 5
(19 mai 1797).

Au directoire exécutif.

Je vous envoie, citoyens directeurs, plusieurs lettres relatives à la conduite des Vénitiens :

1º. Plusieurs lettres du général de division Kilmaine.

2º. Un échantillon des manifestes, et autres lettres anonymes que l'on fait imprimer dans l'état de Venise pour exciter le peuple contre les Français.

3º. Plusieurs lettres du général commandant à Verone, et du général commandant à Mantoue.

4º. Une lettre du citoyen Lallemant.

Vous y verrez que toutes sont extrêmement alarmantes sur les intentions des Vénitiens, et ont dû m'obliger à prendre un parti.

Je vous envoie également quelques lettres interceptées sur un courrier de Naples, qui vous donneront quelques renseignemens sur les mouvemens extraordinaires qui se passaient à Vienne. BONAPARTE.

Au quartier-général à Milan, le 30 floréal an 5 (19 mai 1797).

Au directoire exécutif.

Je vous envoie, citoyens directeurs, une convention militaire faite avec un officier de l'état-major du roi de Sardaigne, pour régler différens objets de police relativement à ses troupes. Je ne vous l'ai pas envoyée, parce que j'ai attaché fort peu d'importance à cette transaction, qui n'est qu'une opération purement militaire. Les troupes sont toujours restées à Novare; elles ne sont jamais sorties des états du roi, et tout est encore, jusqu'à cette heure, *in statu quo*. Il est cependant nécessaire de ménager le roi de Sardaigne, afin que si jamais la négociation traîne en longueur, on puisse se servir de ses troupes pour donner une inquiétude de plus à l'empereur. Ce roi est au reste fort peu de chose, et, dès l'instant que Gênes, la France et le Milanez seront gouvernés par les mêmes principes, il sera très-difficile que ce trône puisse continuer à subsister; mais il s'écroulera sans nous, et par le seul poids des événemens et des choses. BONAPARTE.

Au quartier-général à Montebello, le 1er prairial an 5
(20 mai 1797).

Au directoire exécutif.

Le général Baraguay d'Hilliers a pris possession de la ville de Venise, de tous les forts, de toutes les îles qui en dépendent.

Cette malheureuse ville était en proie à l'anarchie et à la guerre civile. Les Français y ont été reçus aux acclamations de tout le peuple, et chacun, depuis l'instant qu'ils sont entrés, tient sa personne et sa propriété comme sûres.

La confiance que les différens peuples qui ont vu de près l'armée d'Italie, ont dans sa bonne discipline et l'esprit de justice qui anime les officiers et les soldats, est un des fruits les plus doux d'une bonne conduite, qui leur assure un titre plus sûr à la reconnaissance de l'humanité, que les victoires qu'ils ont remportées.

Je vous fais passer deux proclamations du gouvernement provisoire de Venise.

Je vous ferai tenir deux lettres du secrétaire de légation à Venise, qui vous donneront quelques détails sur les derniers événemens qui ont précédé l'entrée des Français.

Les ministres d'Angleterre, de Russie et M. d'Entraigues s'étaient sauvés de la ville.

J'attends avec impatience un contre-amiral, des matelots et quelques capitaines de vaisseaux, pour pouvoir promptement équiper une escadre à Venise.

J'attends, sous deux ou trois jours, M. de Gallo, pour l'échange des ratifications.

Je vous prie de ne pas perdre un instant à me donner et à m'envoyer des instructions sur la conduite à tenir envers Rome : le Pape a une mauvaise santé, il peut mourir d'un instant à l'autre : il y a d'ailleurs beaucoup de fermentation à Rome.

Je vous ai déjà rendu compte que l'aristocratie est agonisante à Gênes.

Toutes les marchandises appartenant aux Anglais, aux Russes et aux Portugais, à Venise, sont confisquées.

Je vous enverrai, par le prochain courrier, un recueil de toutes les pièces que j'ai fait imprimer, relatives aux affaires de Venise. BONAPARTE.

Au quartier-général de Montebello, le 2 prairial an 5 (21 mai 1797).

Au général Baraguay d'Hilliers.

Le citoyen Haller vous aura remis une lettre, dans laquelle je vous parlais de la nécessité de ne pas mécontenter le commerce de Venise, et de ne faire aucune démarche ostensible qui pût servir de prétexte aux puissances étrangères de réclamer contre vous. Il faut maintenir la police dans la ville, veiller à la sûreté de vos troupes et des positions que vous occupez, et ne vous mêler en aucune manière du gouvernement de la ville. La position actuelle de Venise est extrêmement critique. Je préfère que le gouvernement provisoire ou le citoyen Lallemant fassent les démarches ostensibles. Il est extrêmement nécessaire que vous paraissiez le moins possible. Procurez à la ville toutes les facilités qui seront en votre pouvoir, soit pour les subsistances, soit pour ce qui pourrait dépendre de vous ; ne laissez cependant rien sortir, et ne souffrez pas qu'on touche à ce qui est dans l'arsenal ou dans les magasins d'armes.

Exigez que l'on rappelle le plus promptement possible l'escadre qui est à Corfou, et faites qu'on envoie les troupes italiennes qui sont à Venise, pour remplacer les Esclavons dans Corfou et les îles de l'Adriatique. BONAPARTE.

NOTE DES PLÉNIPOTENTIAIRES.

Articles convenus dans la séance du 24 mai 1797 (5 prairial an 5 de la république française), entre les plénipotentiaires de S. M. l'empereur et roi, et ceux de la république française.

ART. 1er. Les négociations pour la paix définitive entre S. M. l'empereur et roi et la république française seront ouvertes demain 15 mai 1797 (6 prairial an 5 de la république française), à Montebello, entre S. Exc. monsieur le marquis de Gallo, plénipotentiaire de S. M. l'empereur et roi; les citoyens Bonaparte, général en chef de l'armée française en Italie, et Clarke, général de division des armées de la république française, plénipotentiaires de ladite république.

2. Le traité de cette paix définitive devra être conclu et notifié par S. M. l'empereur et roi et par le directoire exécutif de la république française, avant l'ouverture des négociations pour la paix de l'empire. Il sera tenu secret, et ne sera soumis à la ratification du corps législatif de France qu'au moment dont les deux puissances contractantes conviendront.

3. Les négociations pour la paix définitive entre l'empire germanique et la république française auront lieu à Rastadt; elles commenceront le 1er juillet 1797 (3 messidor an 5 de la république).

3. Aucune puissance étrangère ne sera admise à ces négociations; mais S. M. l'empereur et roi offrira par un des articles du traité définitif entre elle et la république française, sa médiation pour la paix à conclure entre ladite république et les alliés de S. M. impériale et royale. Cette médiation sera acceptée dans le même article, pour la république française.

4. Si dans quinze jours le plénipotentiaire de S. M. impé-

riale préfère, au lieu de la condition stipulée dans les articles précédens, que les puissances alliées soient appelées au congrès de Rastadt, S. M. l'empereur et roi et le directoire de la république française se chargeront, chacun de son côté, d'y inviter leurs alliés respectifs; et il sera donné des passe-ports de part et d'autre pour les plénipotentiaires des alliés invités.

Fait à Montebello, le 24 mai 1797 (5 prairial an 5 de la république française une et indivisible).

Signé DE GALLO, BONAPARTE, etc.

Au quartier-général à Montebello, le 6 prairial an 5
(25 mai 1797).

Au chef de l'état-major.

Vous voudrez bien, citoyen général, prendre les mesures et donner les ordres pour la réunion d'une colonne mobile, qui sera sous le commandement du général de brigade Lasnes, et qui sera composée de la treizième demi-brigade de ligne, de six pièces d'artillerie, savoir : deux pièces de 3, deux pièces de 12, deux obusiers et cinq caissons d'infanterie; un caisson d'outils tranchans, douze cents haches, avec une compagnie de pionniers.

Vous donnerez les ordres sur-le-champ, par un courrier extraordinaire, pour faire partir demain de Mantoue la quarante-neuvième demi-brigade.

Vous donnerez l'ordre à la onzième et à la neuvième demi-brigade d'infanterie légère de se rendre sur-le-champ à Mantoue pour y tenir garnison.

Le général de brigade Lasnes passera demain la revue, à huit heures du matin, de la treizième demi-brigade, de la partie de la vingt-deuxième qui est à Milan, de l'artillerie et des caissons. L'escadron du vingt-deuxième régiment de chasseurs qui est à Mantoue, et le neuvième, qui est aussi dans cette ville, auront ordre de se rendre à Pizzighitone, où ils recevront de nouveaux ordres. Demain, après la revue, le général Lasnes viendra me rendre compte de la situation dans laquelle se trouve sa troupe.

Le huitième de dragons recevra l'ordre de se rendre à Milan, et laissera, en passant, vingt-cinq hommes de ceux qui sont le plus en état à Mantoue. BONAPARTE.

Au quartier-général à Montebello, le 6 prairial an 5 (25 mai 1797).

Au directoire exécutif.

Je profite, citoyens directeurs, du retour d'un courrier, pour vous faire part de l'ouverture des négociations pour la paix définitive.

Je vous envoie copie des articles que nous avons arrêtés hier; je vous enverrai, par un courrier extraordinaire que j'expédierai demain matin, l'échange des ratifications.

Je vous envoie aussi copie d'une lettre que je reçois du citoyen Faypoult. Il paraît que le parti qui se disait patriote s'est extrêmement mal conduit, et qu'il a, par ses sottises et par son imprudence, donné gain de cause aux aristocrates.

Si les patriotes avaient voulu être quinze jours tranquilles, l'aristocratie était perdue, et mourait d'elle-même.

J'attends des renseignemens ultérieurs pour connaître le parti à prendre. BONAPARTE.

Au quartier-général à Montebello, le 7 prairial an 5 (26 mai 1797).

Au directoire exécutif.

Je vous fais passer, citoyens directeurs, le traité préliminaire et la ratification de l'empereur. Le plénipotentiaire de l'empereur aurait désiré que ce traité eût été transcrit sur du parchemin, et que les sceaux eussent été plus volumineux. Je crois effectivement que la première observation est juste, et peut-être trouverez-vous utile de l'appliquer désormais à des transactions dont le souvenir doit se conserver long-temps.

Je vous envoie l'espèce de protestation qu'il a faite à ce sujet : je l'ai reçue purement et simplement sans même lui en accuser la réception.

Il paraît qu'en traitant avec le Roi de France, l'empereur ne donnait point l'initiative : cela est pour ce prince d'une importante singulière ; ses plénipotentiaires allèguent que le roi de Prusse agirait comme agira la France, et que l'empereur serait dégradé de son rang et déshonoré.

Comme l'empereur met à cela autant d'importance qu'au traité du Rhin, je vous prie de me marquer l'importance que vous y mettrez vous-mêmes.

Peut-être serait-ce une sottise de notre part d'insister sur une pure formalité qui nous maintiendrait en Europe au rang où nous étions, contre des avantages réels.

J'aimerais beaucoup mieux que l'on continuât à agir dans toutes les transactions comme a agi le roi de France, et ensuite, d'ici à deux ou trois ans, lorsque la circonstance se présentera de passer une transaction nécessaire à l'empereur, déclarer, au nom du corps législatif, que les peuples sont indépendans et égaux en droits ; que la France reconnaît pour ses égaux tous les souverains qu'elle a conquis, et qu'elle n'en reconnaît point de supérieur. Cette manière de faire tomber une étiquette qui s'écroule d'elle-même par sa vétusté, me paraît plus digne de nous et surtout plus conforme à nos intérêts dans le moment actuel : car, s'il est prouvé que l'empereur veut plutôt persister dans cette étiquette, que de nous, empêcher d'avoir deux ou trois villages, ce serait un mauvais calcul que de s'y refuser.

Je vous ai expédié hier, par un courrier d'occasion, la tournure que nous prétendions donner à la négociation : vous avez dû recevoir l'original, je vous en envoie une copie.

M. de Gallo est à la fois le favori de l'impératrice, de l'empereur et de Thugut, dont il est le vieil ami : il paraît jouir d'un grand crédit à Vienne.

Nous avons eu aujourd'hui la première conférence sur le traité définitif. Nous nous sommes résumés et nous sommes convenus d'écrire réciproquement pour présenter les projets suivans :

1°. La ligne du Rhin à la France; 2°. Salzbourg, Passau, à l'empereur; 3°. au roi de Prusse, l'équivalent du duché de Clèves en Allemagne, et, en cas qu'il ne voulût pas de cet arrangement, la restitution du duché de Clèves; 4°. le maintien du corps germanique, aux changemens ci-dessus près; 5°. la garantie réciproque desdits articles.

Pour l'Italie : 1°. Venise à l'empereur; 2°. Mantoue, Brescia, jusqu'à l'Adige, à la nouvelle république.

L'empereur paraît désirer des indemnités pour le duc de Modène : cela n'est pas facile à arranger, à moins qu'on ne lui donne et qu'il ne se contente de l'île de Zante.

Aucun de ces articles n'est convenu, et c'est seulement ce qui m'a paru le plus raisonnable de part et d'autre : c'est d'ailleurs dans ce sens que M. de Gallo a écrit à Vienne.

Dans quinze jours, la négociation prendra véritablement une tournure sérieuse; car jusqu'à cette heure le cabinet de Vienne a été conduit par un seul homme, qui paraît être fort peu habile, pas du tout prévoyant, et divaguant sur tout; il est même sans système, flottant au milieu des intrigues de toute l'Europe, et n'ayant, en dernière analyse, qu'une idée, que je crois de bonne foi, c'est de ne plus renouveler la guerre.

Il m'a paru aussi que c'était moins à nous accorder les limites du Rhin que l'on avait répugnance, qu'à faire aucun changement qui accrût la puissance du roi de Prusse, ou qui culbuterait entièrement le corps germanique.

Nous avons besoin : 1°. des articles secrets faits avec le roi de Prusse; 2°. de connaître si vous adoptez le système posé pour la limite du Rhin, c'est-à-dire le faire garantir par l'empereur; garantir le corps germanique, en lui accordant Salzbourg et Passau; offrir au roi de Prusse une compensation à ce qu'il a sur la rive gauche du Rhin, et même, s'il veut s'en servir de prétexte pour se fâcher, le lui restituer. Culbuter le corps d'Allemagne, c'est perdre l'avantage de la Belgique, de la limite du Rhin : car c'est mettre dix ou douze millions d'habitans dans la main de deux puissances dont nous nous soucions également.

Si le corps germanique n'existait pas, il faudrait le créer tout exprès pour nos convenances.

Approuvez-vous notre système pour l'Italie?

Venise, qui va en décadence depuis la découverte du cap de Bonne-Espérance et la naissance de Trieste et d'Ancône, peut difficilement survivre aux coups que nous venons de lui porter. Population inepte, lâche et nullement faite pour la liberté; sans terre, sans eau, il paraît naturel qu'elle soit laissée à ceux à qui nous donnons le continent.

Nous prendrons les vaisseaux, nous dépouillerons l'arsenal, nous enleverons tous les canons, nous détruirons la banque, et nous garderons Corfou et Ancône. Le premier sera stipulé dans le traité; le second, que nous avons, devient tous les jours plus redoutable, et nous le conserverons jusqu'à ce que les nouvelles affaires de Rome nous le donnent sans retour.

On dira que l'empereur va devenir puissance maritime ; mais il lui faudra bien des années, il dépensera beaucoup d'argent, ne sera jamais que du troisième ordre, et il aura effectivement diminué sa puissance.

Si l'on persiste, à Vienne, à s'en tenir aux préliminaires, alors nous réunirons tout en une seule république ; en cas de guerre, nous filerons derrière le Pô par les états de Modène et de Ferrare ; nous nous porterons à Venise, et nous attaquerons le Frioul et la Carinthie sans nous embarrasser ni de Mantoue, ni de l'Adige, ni de la Brenta.

Il me faudrait tous les décrets de la convention relatifs aux pays réunis. Je désirerais encore que vous m'envoyassiez en poste quelqu'un qui connût jusqu'aux villages et aux moindres circonstances des nouvelles frontières que nous accepterions, si l'on en adoptait d'autres que celle du Rhin.

BONAPARTE.

Au quartier-général à Milan, le 7 prairial an 5
(26 mai 1797).

Au ministre des relations extérieures.

J'ai reçu, citoyen ministre, toutes les lettres que vous m'avez écrites ; comme j'écris aujourd'hui au directoire sur l'objet qui regarde les négociations, je me dispense de vous répéter les mêmes détails. Je crois qu'il est très-essentiel que vous m'envoyiez les descriptions que vous avez fait faire du pays entre Meuse et Rhin ; je demande aussi que vous m'envoyiez les traités secrets conclus avec le roi de Prusse.

Je crois qu'il faut que nous gardions l'île de Corfou, nous trouverons à avoir l'île d'Elbe, lors de l'héritage du pape, qui est moribond. Le Roi de Naples m'a même déjà fait faire des propositions d'arrangement : sa majesté ne voudrait avoir rien moins que la Marche d'Ancône ; mais il faut bien se garder de donner un aussi bel accroissement à un prince aussi mal intentionné et si évidemment notre ennemi le plus acharné.

Je vous remercie, citoyen ministre, de la promotion de mon frère au ministère, à Rome. BONAPARTE.

Au quartier-général à Montebello, le 7 prairial an 5
(26 mai 1797).

Au général de division Gentili.

L'état-major a dû vous donner, citoyen général, des ordres pour vous rendre à Venise.

Le général Baraguay d'Hilliers mettra à votre disposition deux bataillons de la soixante-dix-neuvième demi-brigade, cinquante canonniers, quatre pièces de campagne, un officier du génie et cent cinquante mille cartouches.

Vous trouverez à Venise cinq frégates commandées par le citoyen Bourdet; vous vous embarquerez avec votre troupe sur ces frégates et sur quelques autres bâtimens de transport, s'il est nécessaire; et vous partirez le plus promptement et le plus secrètement possible, pour vous rendre à Corfou et vous emparer de tous les établissemens vénitiens au Levant.

Vous aurez soin de n'agir que comme auxiliaire de la république de Venise, et de concert avec les commissaires que le nouveau gouvernement aurait envoyés; enfin, de faire l'impossible pour nous captiver les peuples, ayant besoin de vous maintenir le maître, afin que, quel que soit le parti que vous preniez pour ces îles, nous soyons dans le cas de l'exécuter.

Mon intention est également que l'on fasse partir de Venise avec vous deux ou trois frégates vénitiennes ou corvettes, avec six cents soldats italiens vénitiens : par ce moyen, votre petite escadre sera renforcée, et vous vous trouverez commander plus de deux mille hommes.

A Corfou ou en mer, vous vous emparerez, si cela est possible, de tous les vaisseaux de guerre vénitiens qui seraient encore incertains du parti qu'ils veulent prendre.

Vous écrirez, dès l'instant que vous serez arrivé à Corfou, à notre ambassadeur à Constantinople, Aubert-Dubayet; vous lui ferez part de la situation des affaires en Italie avec Venise, et si vous vous trouviez avoir besoin de secours, n'importe de quelle espèce, vous vous adresseriez à lui. Si les habitans du pays étaient portés à l'indépendance, vous flatteriez leur goût, et vous ne manqueriez pas, dans les différentes proclamations que vous ferez, de parler de la Grèce, d'Athènes et de Sparte.

Vous m'instruirez de tout ce que vous ferez et de la situation des choses. Je tiens, à Ancône, mille hommes prêts à partir dès l'instant que vous le croirez nécessaire et que les circonstances exigeront que vous soyez secondé. Vous correspondrez avec moi par Ancône, en adressant vos lettres au général commandant à Ancône, et par Venise.

Dès l'instant que l'escadre ne vous sera pas d'une indispensable nécessité, vous la renverrez à Venise.

Le citoyen Darbois, officier distingué, vous accompagnera dans cette mission; vous vous ferez accompagner également par cinq ou six officiers du département de Corse, qui sont accoutumés au manége des insulaires et à la langue du pays, et que vous pourrez même, dans l'occasion, mettre à la tête des colonnes mobiles du pays, que vous jugerez à propos d'organiser, ou des troupes vénitiennes, que je suppose commandées par des officiers pusillanimes et peu accoutumés à la guerre.

Le citoyen Arnault, homme de lettres distingué, suivra

l'expédition, avec les rations et le traitement de chef de brigade ; il observera ces îles, tiendra avec moi une correspondance suivie de tout ce qu'il verra, vous aidera dans la confection des manifestes, et vous pourrez même, s'il est nécessaire, le mettre à la tête de l'administration du pays.

BONAPARTE.

Au quartier-général à Montebello, le 7 prairial an 5
(26 mai 1797).

A la municipalité de Venise.

Conformément à vos désirs, citoyen, j'ai ordonné aux municipalités de Padoue et de Trévise de laisser passer les vivres nécessaires à l'approvisionnement de la ville de Venise.

J'ai également ordonné l'expédition de différentes troupes, de Venise et d'Ancône, pour vos îles du Levant, afin de seconder les commissaires que vous y avez envoyés, et empêcher que les ennemis de leur patrie et de la liberté ne profitent des circonstances pour s'emparer des îles et les soumettre à l'esclavage de quelque puissance étrangère.

Je vous engage également à réunir tous vos efforts et à envoyer dans lesdites îles, indépendamment des troupes que vous y avez déjà, sept ou huit cents hommes avec quelques bâtimens armés.

Si vous avez besoin d'officiers français pour l'organisation de vos troupes, j'autorise le général Baraguay d'Hilliers à vous accorder tous ceux qui voudront prendre du service dans vos troupes.

Le traité qui a été conclu à Milan avec les députés du grand-conseil, peut être, en attendant, ratifié par la municipalité, et les articles secrets par un comité de trois membres. Dans toutes les circonstances, je ferai tout ce qui sera en mon pouvoir pour vous donner des preuves du désir que j'ai de voir se consolider votre liberté, et de voir la misérable Italie se placer enfin avec gloire, libre et indépendante des étrangers, sur la scène du monde, et reprendre parmi les grandes nations le rang auquel l'appellent la nature, sa position et le destin. BONAPARTE.

Au quartier-général à Montebello, le 7 prairial an 5
(26 mai 1797).

Au général Baraguay d'Hilliers.

Mon intention, citoyen général, est, conformément à ce que vous aura mandé l'état-major, que les deux bataillons de la soixante-dix-neuvième, cinquante canonniers, quatre pièces d'artillerie de campagne que vous prendrez dans l'arsenal de Venise, et un officier du génie, se rendent à Corfou le plus tôt possible, sous les ordres du général Gentili. Vous vous concerterez avec le citoyen Lallemant pour faire sentir à la municipalité, que ce n'est qu'en conséquence de sa demande que je me suis déterminé à leur offrir les secours qui leur seraient nécessaires pour que les îles du Levant ne se détachent pas de la mère-patrie.

Vous ferez sentir au gouvernement qu'il est indispensable qu'il fasse partir sur-le-champ les bâtimens armés qui peuvent être disponibles, avec des commissaires énergiques, et au moins sept ou huit cents hommes de leurs troupes vénitiennes italiennes.

Le général Gentili commandera le tout et agira de concert avec leurs commissaires.

Le citoyen Bourdet, qui doit être actuellement à Venise avec toute son escadre, commandera également la marine des deux républiques réunie ; il amènera avec lui toutes les frégates qu'il a sous ses ordres, s'il le juge nécessaire ; je serais cependant fort aise qu'il laissât une des nôtres à Venise.

J'espère que, moyennant la promptitude que vous mettrez dans cette affaire, toute l'expédition sera partie trois jours au plus tard après la réception du présent ordre.

Si, par un cas imprévu, la flottille n'était pas encore arrivée à Venise, vous enverriez un courrier extraordinaire à Trieste et à Ancône, pour qu'elle s'y rendît sur-le-champ, et en attendant vous prépareriez toujours le tout.

BONAPARTE.

Au quartier-général à Montebello, le 7 prairial an 5
(26 mai 1797).

Au directoire exécutif.

Le pape, citoyens directeurs, continue à se mal porter. Je vous prie de m'envoyer, pour faire passer dans l'occasion au ministre de France à Rome, de nouveaux pouvoirs auprès du conclave, et de tracer la conduite à tenir dans une circonstance aussi délicate. Nous avons le droit d'exclure un cardinal : cette exclusion doit tomber sur le cardinal Albani, s'il était sur les rangs.

Le marquis de Gallo désirerait fort la Marche d'Ancône pour Naples. Comme vous voyez, cela n'est pas maladroit, mais c'est la chose du monde à laquelle nous devons le moins consentir.

Dans la position actuelle des choses, je crois qu'il serait bien essentiel que le roi d'Espagne voulût bien envoyer quatre ou cinq mille Espagnols à Parme, de sorte qu'aux moindres circonstances à Rome, je mêlerais ces Espagnols avec nos troupes; ce qui ne laisserait pas d'en imposer singulièrement au roi de Naples, et nous mettrait à même de placer le duc de Parme du côté de Rome, et de joindre Parme aux nouvelles républiques. Cinq mille hommes d'infanterie et douze cents hommes de cavalerie feraient un très-bon effet pour cet objet. Dans la position actuelle du duc de Parme, ces troupes serviraient même à maintenir la tranquillité dans ses états.

L'Espagne ayant, par sa marine, une prépondérance décidée sur Naples, il est indispensable de les entremêler un peu dans les affaires d'Italie. L'empereur et le roi de Naples visent évidemment à l'héritage du pape. Je crois donc qu'il serait préférable qu'on fût obligé de donner à l'Espagne contre le Portugal cinq mille hommes de plus, et d'avoir cinq mille Espagnols à Parme.

J'envoie le général Gentili avec quinze cents hommes, cinq ou six cents Vénitiens, et une partie de nos flottilles, pour s'emparer de Corfou, de Zante et de Céphalonie. Pour Corfou, je crois que nous devons irrévocablement le garder.

Le général Vaubois, avec quinze cents hommes, est arrivé en Corse, où tout paraît être parfaitement tranquille aujourd'hui.

L'île de Malte est pour nous d'un intérêt majeur. Le grand-maître est mourant, il paraît que ce sera un Allemand qui sera son successeur. Il faudrait 5 ou 600,000 fr. pour faire faire grand-maître un Espagnol.

N. B. Cette lettre n'est point terminée dans le manuscrit.

Au quartier-général à Montebello, le 8 prairial an 5 (27 mai 1797).

Au citoyen Faypoult, envoyé de la république à Gênes.

Je vous envoie, citoyen ministre, la lettre que j'écris au sénat. Je ne puis pas vous dissimuler que vous avez eu tort d'empêcher notre escadre d'entrer dans Gênes, et votre conduite a une faiblesse qui ne sied pas à l'intérêt de la république, ni à sa dignité. Les puissances d'Italie se joueront-elles donc toujours de notre sang ? Je vous requiers si, vingt-quatre heures après que mon aide-de-camp aura lu la présente lettre au doge, les conditions n'en sont point remplies dans tous les détails, de sortir sur-le-champ de Gênes et de vous rendre à Tortone. Je crois qu'il est nécessaire de prévenir les Français établis à Gênes, qui auraient des craintes, de chercher à se mettre en sûreté. Puisque l'aristocratie veut nous faire la guerre, il vaut mieux qu'elle la déclare actuellement que dans toute autre circonstance; elle ne vivra pas dix jours.

Si le sénat a à cœur de maintenir l'amitié entre les deux républiques après qu'il aura rempli les préliminaires ci-dessus, vous vous rendrez à Milan avec les députés du sénat, pour aviser à prendre les moyens nécessaires pour établir pour toujours la tranquillité dans Gênes, et pourvoir aux réparations dues à la république pour les crimes commis envers les citoyens français. BONAPARTE.

Au quartier-général à Montebello, le 8 prairial an 5
(27 mai 1797).

Au doge de la république de Gênes.

J'ai reçu la lettre que votre sérénité s'est donné la peine de m'écrire. J'ai tardé à y répondre jusqu'à ce que j'aie reçu des renseignemens sur ce qui s'était passé à Gênes, dont votre sérénité m'a donné les premières nouvelles.

Je suis sensiblement affecté des malheurs qui ont menacé et menacent encore la république de Gênes. Indifférente à vos discussions intérieures, la république française ne peut pas l'être aux assassinats, aux voies de fait de toutes espèces qui viennent de se commettre dans vos murs contre les Français.

La république de Gênes intéresse sous tant de rapports la république française et l'armée d'Italie, que je me trouve obligé de prendre des mesures promptes et efficaces pour y maintenir la tranquillité, y protéger les propriétés, y conserver les communications et assurer les nombreux magasins qu'elle contient.

Une populace effrénée et suscitée par les mêmes hommes qui ont fait brûler *la Modeste*, aveuglée par un délire qui serait inconcevable, si l'on ne savait que l'orgueil et les préjugés ne raisonnent pas, après s'être assouvie du sang français, continue encore à maltraiter les citoyens français qui portent la cocarde nationale.

Si, vingt-quatre heures après la réception de la présente lettre que je vous envoie par un de mes aides-de-camp, vous n'avez pas mis à la disposition de la France tous les Français qui sont dans vos prisons; si vous n'avez pas fait arrêter les hommes qui excitent le peuple de Gênes contre les Français; si enfin vous ne désarmez pas cette populace, qui sera la première à se tourner contre vous lorsqu'elle connaîtra les conséquences terribles qui en résulteront pour elle, l'égarement où vous l'avez entraînée, le ministre de la république française sortira de Gênes, et l'aristocratie aura existé.

Les têtes des sénateurs me répondront de la sûreté de tous les Français qui sont à Gênes, comme les états entiers de la république me répondront de leurs propriétés.

Je vous prie, du reste, de croire aux sentimens d'estime et de considération distinguée que j'ai pour la personne de votre sérénité.

BONAPARTE.

Au quartier-général à Montebello, le 13 prairial an 5
(1er juin 1797).

Au directoire exécutif.

Je vous fais passer, citoyens directeurs, copie de la note que nous vous avons présentée relativement à M. de la Fayette. Vous y trouverez également copie d'une note que m'a présentée M. de Gallo pour le duc de Modène.

M. le marquis de Gallo m'a montré ses pleins pouvoirs de S. M. le roi des Deux-Siciles, et m'a fait la proposition officielle de l'échange de l'île d'Elbe contre la province de terre-ferme et la Marche d'Ancône, y compris la ville et le port. Je lui ai répondu que nous ne pouvions pas disposer de ce qui n'était pas à nous; il répliqua que le roi des Deux-Siciles s'arrangerait avec le pape pour en obtenir le consentement.

La cour de Naples arme toujours, quoiqu'elle soit aux expédiens pour vivre.

Il n'y a pas de cour plus furibonde et plus profondément décidée contre la république; il faut donc bien nous garder de jamais consentir à ce qu'elle obtienne aucune espèce d'accroissement.

Ceux qui possèdent la Sicile et le port de Naples, s'ils devenaient une grande puissance, seraient les ennemis nés et redoutables de notre commerce.

Si le pape meurt, ou s'il y a quelque révolution à Rome, je ne doute pas que le roi de Naples ne fasse marcher dix mille hommes à Rome.

Les deux républiques italiennes réunies n'ont aucune puissance militaire, puisqu'elles n'ont, à elles deux, qu'à peu près deux cents hommes de très-mauvais chasseurs, cinq mille Polonais, et quatre mille Italiens. Je pense donc qu'il serait fort bien, comme je vous l'ai déjà demandé, de chercher à avoir encore de quatre à cinq mille Espagnols à Parme, afin de tenir en respect la cour de Naples.

Les Polonais inquiètent beaucoup l'empereur : effectivement, il vient du fond de la Pologne beaucoup d'officiers, et les soldats voient leur uniforme polonais avec un plaisir qui redouble leurs moyens.

M. de Gallo m'a communiqué que S. M. l'empereur, en même temps qu'elle donnerait une preuve de son désir de procurer et de contribuer à la tranquillité intérieure de la république, en licenciant le corps d'émigrés français, s'attendait à la réciprocité, de notre part, à l'égard des Polonais, sinon à un entier licenciement, du moins à des modifications pour son exécution. BONAPARTE.

Au quartier-général à Montebello, le 13 prairial an 5 (1ᵉʳ juin 1797).

Au ministre de la marine.

Il existe, citoyen ministre, dans les chantiers de Venise cinq vaisseaux de 74, trois de 70 et un de 64.

Selon le rapport qu'on m'a fait, il faudrait deux ou trois mois de travaux pour terminer ces bâtimens.

Il y a, outre cela, trois vaisseaux de 74 armés et équipés, qui étaient en mer lors de la révolution, et que j'ai eu beaucoup de peine à faire rentrer. J'ai ordonné qu'on mît à bord des troupes françaises, et qu'on y répartît le peu d'officiers de marine que nous avions sur les lacs et dans les différentes petites embarcations; je leur ai fait donner les noms suivans : *le Stengel, le Laharpe, le Beraud* et *le Robert.* J'ai fait nommer les deux frégates : *la Muiron, la Carrère.*

J'ai fait ramasser tous les bois, chanvres et cordages : cela sera embarqué pour être, sous l'escorte des frégates et de différens vaisseaux de guerre, conduit à Toulon.

Je suis très-fâché de ne pas avoir ici le contre-amiral que je vous ai demandé, il y a plus de quinze jours. Si vous voulez que cette escadre puisse arriver à Toulon, et si vous voulez tirer profit des événemens de Venise, dépêchez-vous de nous envoyer en poste au moins une soixantaine d'hommes ; savoir, un contre-amiral pour Venise, un commandant d'armes pour Venise, un contre-amiral pour commander l'escadre, cinq ou six capitaines de vaisseau, dix-huit ou vingt officiers, soixante ou quatre-vingts contre-maîtres, chefs d'artillerie des vaisseaux, et autres officiers qui puissent surveiller, diriger les équipages italiens, et nous assurer qu'au moins, au lieu d'aller à Toulon, l'équipage ne conduise pas l'escadre à Londres.

Cela, joint aux matelots, aux troupes que j'y mettrai, pourra nous assurer de cette escadre. Si vous pouvez m'envoyer un millier de matelots, faites-le.

J'ai peur que les Anglais ne viennent nous bloquer, c'est pourquoi je désirerais que cinq ou six vaisseaux de ligne de Toulon vinssent à Venise : en répartissant alors également les équipages étrangers sur tous les vaisseaux, cette escadre pourrait monter à dix ou douze vaisseaux, et partir de Venise pour la destination que vous lui donneriez, sans être obligée d'aller à Toulon.

Je ferai donner ici à votre escadre des vivres, des objets de rechange et de l'argent pour autant de mois que vous voudrez.

Je le répète, je vous recommande surtout de m'envoyer en poste (je ferai payer ici les frais) la centaine d'hommes que je vous ai demandée, et qui, s'ils n'arrivent dans huit ou dix jours, me feront tout perdre. Envoyez aussi le chef des constructeurs de Toulon, et des constructeurs entendus, afin qu'ils voient ce qu'ils veulent faire des vaisseaux qui sont sur les chantiers.

Je n'ai pas avec moi un seul officier de marine qui soit entendu ; tous les hommes qui sont sur les frégates ou sur les chaloupes canonnières sont incapables de faire un rapport.

J'ai nommé à la place d'ordonnateur de la marine de Venise le citoyen Ricard, ancien ordonnateur de Toulon, et je lui ai ordonné de correspondre avec vous.

L'ordonnateur de la marine à Toulon doit, à l'heure qu'il est, avoir touché le million que je vous ai annoncé : je vous en ai envoyé un autre à Paris en or et en argent, qui doit être arrivé. Envoyez-nous promptement des hommes.

BONAPARTE.

Au quartier-général à Montebello, le 15 prairial an 5 (3 juin 1797).

Au directoire exécutif.

Citoyens directeurs,

Je vous envoie, par le général de division Serrurier, vingt-deux drapeaux pris dans les dernières affaires qui ont eu lieu en Allemagne, ou sur les Vénitiens.

Le général Serrurier a, dans les deux dernières campagnes, déployé autant de talens que de bravoure et de civisme. C'est sa division qui a remporté la bataille de Mondovi ; qui a si puissamment contribué à celle de Castiglione, a pris Mantoue, et s'est distinguée au passage du Tagliamento, de l'Isonzo, et spécialement à la prise de Gradisca.

Le général Serrurier est extrêmement sévère pour lui-même, il l'est quelquefois pour les autres. Ami rigide de la discipline, de l'ordre et des vertus les plus nécessaires au maintien de la société, il dédaigne l'intrigue et les intrigans ; ce qui lui a quelquefois fait des ennemis parmi ces hommes qui sont toujours prêts à accuser d'incivisme ceux qui veulent que l'on soit soumis aux lois et aux ordres de ses supérieurs.

Je crois qu'il serait très-propre à commander les troupes de la république cisalpine ; je vous prie donc de le renvoyer le plus tôt possible à son poste. BONAPARTE.

Au quartier-général à Montebello, le 16 prairial an 5
(4 juin 1797).

Au chef de l'état-major.

Vous ordonnerez, citoyen général, que M. d'Entraigues soit logé dans le château d'une manière à ce qu'il puisse avoir avec lui sa femme et qu'il ait les commodités que paraît nécessiter sa santé. Si le château n'offre point ces commodités, il pourra choisir un logement en ville, où il sera mis sous bonne garde.

Vous lui enverrez tous ses papiers, hormis les trois ou quatre pièces qui seront relatives aux objets politiques.

Vous ordonnerez au médecin Moucati de lui donner ses soins. BONAPARTE.

Au quartier-général à Montebello, le 17 prairial an 5
(5 juin 1797).

Au général Baraguay d'Hilliers.

D'après les explications que vous m'avez données, citoyen général, j'approuve le départ de deux vaisseaux de 64 pour l'expédition de Corfou ; mais j'exige absolument à bord de l'un, pour commander, le citoyen Lallemant, et à bord de l'autre le citoyen Bourdet, qui fera les fonctions de contre-amiral.

Faites que sur ces deux vaisseaux la moitié des matelots scient français, et que la garnison soit française. Je ne vois aucune espèce de nécessité à faire marcher avec ces deux vaisseaux, comme vous vous le proposez, quatre ou cinq bâtimens armés par des Français; je préférerais de bien s'assurer des deux vaisseaux de guerre, et de laisser monter les autres par des Vénitiens, en leur laissant arborer dessus leur pavillon.

Il doit y avoir un troisième bâtiment dans le port de Venise prêt à partir. Si vous pouviez y mettre la moitié de l'équipage, en Français, un bon commandant, et garnison française, il n'y aurait point d'inconvénient que ce bâtiment partît.

Ces deux, ou même trois bâtimens, si cela est possible, avec deux frégates, un des deux bricks que commande Bourdet, et plusieurs bricks vénitiens montés par des Vénitiens, seraient suffisans; de sorte qu'il resterait à Venise la corvette *la Brune* et un des deux bricks. Ces trois vaisseaux de guerre s'appelleront, le premier *le Laharpe*, le deuxième, *le Stengel*, le troisième, *le Beraud*.

Ils pourront dès aujourd'hui être considérés comme faisant partie de la marine française. Faites-moi connaître dans quelle année les vaisseaux ont été construits, s'ils sont bons.

Comme je ne veux mettre aucun retard dans le départ du courrier, vous communiquerez cette lettre au citoyen Bourdet et au général Gentili. BONAPARTE.

Au quartier-général à Montebello, le 17 prairial an 5
(5 juin 1797).

Au chef de l'état-major.

Vous voudrez bien, citoyen général, donner les ordres au général Brune, qui commande le Padouan, de faire arrêter et traduire devant un conseil militaire, le citoyen Arnoult, commandant de la place de Padoue, comme accusé :

1º. De s'être emparé des sels de la Chiuza, et d'en avoir vendu à différens particuliers.

2°. D'avoir refusé de les remettre à la disposition des autorités du pays, conformément à mon ordre et à la réquisition qui lui en a été faite par des agens administratifs de l'armée.

3°. D'avoir manqué à l'ordonnateur en chef.

4°. D'avoir, sans ordre supérieur, ordonné la vente desdits sels, et par là déconcerté l'administration du pays, et fait le plus grand tort à la république.

Je vous envoie les pièces relatives à ces faits.

BONAPARTE.

Au quartier-général à Montebello, le 19 prairial an 5 (5 juin 1797).

Au sérénissime Doge de la république de Gênes.

Les députés que le petit conseil de la république de Gênes a bien voulu envoyer près de moi, ont été satisfaits des sentimens de bienveillance que la république française conserve pour la république de Gênes.

Bien loin de vouloir démembrer votre territoire, la république française aidera de toute son influence à l'accroissement et à la prospérité de la république de Gênes ; désormais libre et gouvernée par ces principes sacrés, fondemens de la grandeur et du bonheur des peuples.

Votre sérénité trouvera ci-dessous la note des personnes que, conformément à la convention que nous avons faite, j'ai cru convenable de choisir comme les plus propres à former le gouvernement provisoire.

Je me servirai de tous les moyens et de toute la force que la république française a mis dans mes mains pour le faire respecter, et protéger la sûreté des personnes et des propriétés des différens citoyens de la république de Gênes.

J'ai pensé qu'il était utile de choisir des personnes de différens rangs, des citoyens connus des différentes villes des états de la république, qui, désormais, ne formera qu'une même famille, afin d'étouffer les haines et de réunir tous les citoyens.

Le vif intérêt que la république française prend au peuple de Gênes, est encore augmenté par la nécessité où je me trouve d'exiger que les derrières de l'armée et les principaux dépôts soient tranquilles et exempts de troubles.

(*Ici se trouve la liste des membres qui doivent composer le gouvernement provisoire de la république de Gênes*).

Je prie votre sérénité de vouloir bien faire réunir lesdits citoyens, les faire installer comme gouvernement provisoire, le 14 du présent mois de juin, leur faire prêter serment d'obéissance par tous les corps militaires, et rétablir promptement la tranquillité dans la ville de Gênes. La république française et l'armée d'Italie, qui prend tant d'intérêt à ladite tranquillité, aura une reconnaissance particulière pour votre sérénité.

Je la prie de croire aux sentimens d'estime et de considération distinguée avec lesquels je suis, etc.

BONAPARTE.

Au quartier-général à Montebello, le 18 prairial an 5.
(6 juin 1797).

Au ministre de l'intérieur.

On m'assure que le célèbre manuscrit de Joseph de la Bibliothèque ambroisienne, qui a été envoyé de Milan à Paris, n'y est pas parvenu. Comme ce manuscrit est peut-être le seul sur papier papyrus, et qu'il est très-intéressant qu'il ne se perde pas, je vous prie de m'apprendre s'il est arrivé à la Bibliothèque nationale.

BONAPARTE.

Au quartier-général à Montebello, le 19 prairial an 5
(7 juin 1797).

Au chef de l'état-major.

Vous voudrez bien faire interroger le comte d'Entraigues, et lui faire demander de qui est un mémoire intitulé : *Des intérêts de la Prusse dans la guerre actuelle ?*

Où étaient tous les papiers sur la guerre de la Vendée ?

Comment un ministre de l'empereur de Russie se trouvait chargé de fomenter la guerre de la Vendée, et de faire des instructions pour les agens de Louis XVIII ?

BONAPARTE.

Au quartier-général à Montebello, le 22 prairial an 5
(10 juin 1797).

Au chef de l'état-major.

Vous donnerez l'ordre, général, que le citoyen Liotaud, entrepreneur des transports militaires, casa Coalli à Milan, soit arrêté; que le général Vignolles lui-même mette les scellés sur ses papiers, et qu'après il l'interroge pour savoir pourquoi des soldats français, débauchés de leurs corps et enrégimentés pour faire les brigands, s'adressent à lui, lui écrivent, et comment il les connaît.

Vous ferez également arrêter et mettre les scellés sur les papiers des personnes auxquelles les trois lettres que je vous envoie étaient adressées : après quoi, et dans la journée de demain, le général Vignolles me fera un rapport sur cette affaire; il appellera, pour interroger, le général Lahoz et le comité militaire de Milan, si cela est nécessaire.

BONAPARTE.

Au quartier-général à Montebello, le 22 prairial an 5
(10 juin 1797).

A son altesse royale le duc de Parme.

Son altesse royale verra par l'ordre dont je lui envoie une copie, que j'ai pris en considération les objets sur lesquels elle m'a écrit.

J'ai fait part à M. le comte de Politi de l'arrangement qu'il y aurait à faire pour déterminer ce que doivent devenir les biens des moines supprimés.

Je prendrai en considération la recommandation que V. A. R. me fait au sujet de la ville de Casalmaggiore.

Je la prie de croire aux sentimens d'estime et à la considération, etc. BONAPARTE.

Au quartier-général à Montebello, le 23 prairial an 5
(11 juin 1797).

Au directoire exécutif.

M. le marquis de Gallo, immédiatement après avoir signé les quatre articles que je vous ai envoyés, les expédia par un courrier à Vienne : il en a reçu la réponse. Son gouvernement tient pour la réunion d'un congrès ; il attend une réponse au second courrier, qui portait 1°. l'échange des ratifications ; 2°. les bases de l'arrangement général de la paix particulière, tant pour l'Italie que pour l'Allemagne : il attend sans doute ce second courrier, pour nous faire une note officielle sur ces deux objets.

Nous persistons dans l'idée de conclure la paix sans congrès : il faudra bien qu'ils en passent par là.

Nous attendons avec impatience les détails relatifs à l'expulsion de Pitt du ministère de Saint-James.

Vous ne devez pas calculer que la paix puisse être signée avec l'empereur, si elle l'est, avant deux mois. Ces gens-ci sont longs, et il faut sept jours pour aller à Vienne.

BONAPARTE.

Au quartier-général à Montebello, le 25 prairial an 5 (13 juin 1797).

Au chef de division commandant la marine française dans le golfe Adriatique.

Vous vous rendrez, citoyen général, dans le plus court délai, à Venise, avec tous les officiers sous vos ordres.

L'ordonnateur Aubernon fera solder à vous et à chacun de vos officiers les frais de poste de Milan à Venise, conformément à ce qui est pratiqué pour les troupes de terre.

La marine de l'Adriatique se divise : 1°. dans les forces navales qui sont parties pour l'expédition du Levant ; 2° dans les forces navales vénitiennes qui se trouvent à Corfou ; 3°. dans ce qui se trouve au port d'Ancône ; 4°. dans ce qui se trouve sur les chantiers ou dans la rade de Venise.

Vous ferez partir un chef de division avec douze ou quinze officiers pour aller rejoindre les vaisseaux qui doivent être partis depuis plusieurs jours pour le Levant, et vous donnerez pour instructions à ce chef de division, dès l'instant qu'il aura rejoint notre escadre, qui va au Levant, de prendre le commandement du tout, et, dès l'instant qu'il aura rencontré les autres vaisseaux vénitiens qui sont à Corfou, de se concerter avec le général Gentili, pour s'assurer desdits vaisseaux, y mettre des officiers et une garnison française, et faire en sorte que ces vaisseaux ne puissent pas nous échapper.

Vous enverrez également un commissaire de la marine à Corfou, pour être attaché à l'arsenal de cette place.

Vous resterez à Venise, afin d'y organiser la marine, et

dès l'instant que les matelots et autres officiers que j'attends seront arrivés, pouvoir, s'il est nécessaire, vous rendre avec tous les vaisseaux qui seront prêts à Venise, et tous les moyens nécessaires, à Corfou, prendre le commandement de toute l'escadre.

Vous trouverez, dans l'instruction que je vous envoie, la conduite que vous avez à tenir à Venise.

BONAPARTE.

Au quartier-général à Montebello, le 25 prairial an 5 (13 juin 1797).

Au même.

Arrivé à Venise, citoyen général, vous vous concerterez avec le général de division Baraguay d'Hilliers pour toutes les opérations que vous aurez à faire.

Le citoyen Ricard fait les fonctions d'ordonnateur; il connaît déjà les ressources qu'offre l'arsenal.

Vous vous présenterez, avec le général Baraguay d'Hilliers et le ministre de la république, au gouvernement provisoire de la république de Venise : vous lui direz que la conformité de principes qui existe aujourd'hui entre la république française et celle de Venise, et la protection immédiate que la république française accorde à celle de Venise, rendent nécessaire de mettre promptement les forces maritimes de la république de Venise sur un pied respectable, afin de pouvoir de concert se maintenir maîtres dans l'Adriatique et des îles du Levant; protéger le commerce des deux républiques, et que déjà, à cet effet, j'avais fait partir des troupes pour assurer la possession de Corfou à la république vénitienne ; que désormais il était indispensable de travailler avec activité à mettre en bon état la marine vénitienne.

Vous vous emparerez, sous ce prétexte et dans cet esprit,

de tout, tâchant cependant de vivre en bonne intelligence, et de faire passer à notre service tous les marins et employés de la marine de la république de Venise, en vous servant toujours du nom de marine vénitienne.

Les opérations que vous avez à faire, consistent : 1º. à armer le plus promptement possible tous les petits et les gros batimens qui en seront susceptibles, afin que, quand nous serons sûrs d'avoir Corfou, nous puissions les joindre avec la grande escadre.

2º. A prendre toutes les mesures pour faire passer à Toulon tous les approvisionnemens qui peuvent être nécessaires à ce port.

Par un article secret, les Vénitiens doivent fournir à la république trois millions d'approvisionnemens pour la marine de Toulon; mais mon intention est de m'emparer, pour la république, de tous les vaisseaux vénitiens et de tous les approvisionnemens possibles pour Toulon.

Il restera à savoir le parti que l'on devra prendre pour les vaisseaux qui sont sur le chantier.

Il est très-essentiel que les dépenses qui se feront à l'escadre qui est à Corfou, que celles qui se font à Ancône, forment une même comptabilité avec celles qui se font à Venise.

Vous jouirez du même traitement qu'un contre-amiral, et vous correspondrez avec moi le plus souvent possible sur tous les objets de service qui regardent l'armement de l'Adriatique. BONAPARTE.

Au quartier-général à Montebello, le 25 prairial an 5
(13 juin 1796).

Au général Baraguay d'Hilliers.

Dix-huit officiers de marine se rendent en poste, demain, à Venise. J'ai donné au citoyen Perrée, chef de division, qui les commande, les ordres pour la destination de ces officiers : mon intention est qu'une partie parte de suite sur un bâtiment léger, et cherche à rejoindre notre escadre, afin de pouvoir concourir au succès, et de pouvoir se mettre sur les quatre bâtimens qui sont à Corfou, dès l'instant qu'ils seront en notre pouvoir.

Je vous prie de présenter le citoyen Roubaud, commissaire ordonnateur, et le citoyen Perrée, qui fait les fonctions de contre-amiral, au gouvernement provisoire ; vous lui direz que, dans la position actuelle des deux républiques, nos intérêts sont tellement liés, que nous devons désirer que notre marine prenne promptement une tournure redoutable, afin de se maintenir dans l'Adriatique, et pouvoir rester maîtres des îles et du continent de la Dalmatie, si l'empereur ou quelque autre puissance voulaient s'en emparer. Comme il faut que le grand provéditeur fasse les fonds, entretienne tous les hommes et fournisse les matelots, il faut dire et avoir toujours l'air de faire tout de concert avec et pour eux ; il faut les ménager et faire tout ce qui est possible pour qu'ils soient contens de nous.

Le général d'artillerie Sugny doit demander à son chef la poudre et les munitions dont il pourrait avoir besoin pour l'armement des îles.

Je ne tarderai point à me rendre moi-même à Venise.

BONAPARTE.

Au quartier-général à Montebello, le 25 prairial an 5
(13 juin 1797).

Au chef de l'état-major.

Vous voudrez bien ordonner, citoyen général, au général Brune de faire écrire sur le drapeau de la dix-huitième demi-brigade de ligne l'inscription suivante :

Brave dix-huitième! je vous connais; l'ennemi ne tiendra pas devant vous, et sur celui de la vingt-cinquième: *La vingt-cinquième s'est couverte de gloire.*

BONAPARTE.

Au quartier-général à Montebello, le 26 prairial an 5
(14 juin 1797).

Au chef de l'état-major.

Vous voudrez bien, citoyen général, mettre à l'ordre les dispositions suivantes.

Le général en chef voit avec indignation que le prêt des soldats et la paye des officiers sont arriérés de deux mois.

ART. 1er. Il ordonne, en conséquence, aux généraux de division de prévenir les payeurs de leur division d'expédier sur-le-champ un exprès au payeur central Estève, à Trévise, avec la demande des fonds qui sont nécessaires pour faire le prêt jusqu'au 10 messidor;

La solde des chirurgiens de l'ambulance jusqu'au 10 messidor;

La solde des charretiers jusqu'au 10 messidor;

La solde de ce qui est dû aux régimens de cavalerie pour le fourrage des chevaux.

Chacune de ces sommes sera portée sur une colonne séparée.

2. Le général de division enverra une copie de cet état au général en chef.

3. Le citoyen Estève, ou celui qui le remplace à Trévise, soldera ce que demandent les différens payeurs de division, vingt-quatre heures après la réception de la demande.

4. Le citoyen Haller, administrateur général des finances, fera passer sur-le-champ à Trévise tout l'argent nécessaire pour que tous les officiers, chirurgiens, soldats et charretiers

soient soldés jusqu'au 10 messidor. Il prendra des mesures telles que ladite somme soit entre les mains du payeur central à Trévise avant le 2 messidor, afin qu'avant le 5 les payeurs de division aient dans leurs caisses l'argent nécessaire pour solder ce qui est dû aux différentes divisions.

5. Les payeurs particuliers m'enverront directement une note de ce qu'ils ont donné à chaque demi-brigade, afin de m'assurer par moi-même qu'il n'y a aucune espèce d'abus.

6. L'administrateur général des finances, les payeurs des divisions, et le payeur de l'armée sont, chacun en ce qui le concerne, responsables de la stricte exécution du présent ordre. BONAPARTE.

Au quartier-général à Montebello, le 26 prairial an 5 (14 juin 1797).

Au chef de l'état-major.

Vous voudrez bien, citoyen général, donner ordre au général Dallemagne de se rendre à Ancône pour remplacer le général Rey.

Vous ordonnerez au général Dallemagne de maintenir la tranquillité à Ancône, de ne se mêler d'aucune affaire politique, et de ne pas souffrir qu'il soit fait aucune injure ou outrage aux statues du pape, et aux ministres de ce prince, avec lequel nous sommes en paix.

Vous rappellerez le général Rey, qui se rendra au quartier-général dès l'instant que le général Dallemagne l'aura remplacé.

Vous motiverez le rappel du général Rey sur ce qu'en se mêlant des affaires politiques, il a contrarié les dispositions générales, et sur ce que la cour de Rome a, en conséquence, porté des plaintes sur sa conduite.

BONAPARTE.

Au quartier-général à Montebello, le 27 prairial an 5
(15 juin 1797).

Au comité central de Boulogne.

J'apprends avec peine, citoyens, qu'il y a des troubles dans la ville de Boulogne, la garde nationale y est cependant organisée : pourquoi ne vous en servez-vous pas pour dissiper tous les rassemblemens, pour protéger les citoyens tranquilles, et faire respecter les lois que vous-mêmes vous vous êtes données ?

Je donne des ordres au général Balland pour qu'il vous aide à maintenir le calme et à faire respecter les propriétés et les lois.
BONAPARTE.

Au quartier-général à Montebello, le 28 prairial an 5
(16 juin 1797).

Au chef de l'état-major.

Les rapports que vous m'avez faits, citoyen général, sur les désordres, les assassinats et l'anarchie qui règnent dans la terre-ferme vénitienne, me déterminent à prendre une mesure générale et à donner sur-le-champ une organisation à ces pays, qui régularise l'administration, assure le cours de la justice, et aux habitans la jouissance de leurs propriétés et la sûreté de leurs personnes.

En conséquence, vous voudrez bien ordonner :

ART 1er. Le Brescian s'étendra jusqu'au Mincio.

2. Le Veronais commencera au Mincio et comprendra le pays de Cologne.

3. Le Vicentin et le Bassanèse seront réunis dans un seul arrondissement.

4. Le Padouan et la Polesine de Rovigo, d'Adria jusqu'au

Pô, non compris ce qui appartient au Ferrarais, formeront un seul arrondissement.

5. Le Feltrin, le pays de Cadore, le Bellunèse formeront un seul arrondissement.

6. Le Trévisan, hormis le district de Mestre, formera un arrondissement avec le Coneglianèse.

7. Le Frioul, y compris Monte-Falcone, formera un arrondissement.

8. Chaque arrondissement sera administré par un gouvernement central, composé de vingt-trois membres; chaque commune aura une municipalité plus ou moins nombreuse selon sa population.

9. Le gouvernement central sera composé de personnes choisies dans tout l'arrondissement par le général de division qui y commande.

10. Chaque gouvernement central fera un réglement sur la manière dont la justice doit être administrée, désignera le nombre des tribunaux, et choisira les juges qui doivent les composer. BONAPARTE.

Au quartier-général à Montebello, le 28 prairial an 5
(16 juin 1797).

Au gouvernement provisoire de Gênes.

J'ai reçu votre lettre par le citoyen Emmanuel Balleti. Les premiers pas de votre gouvernement justifient la confiance dont la nation génoise vous a investi.

Les gouvernemens provisoires, placés dans des circonstances difficiles, doivent exclusivement prendre conseil du salut public et de l'intérêt de la patrie.

La république de Gênes n'existe que par le commerce, le commerce n'existe que par la confiance; il n'y a pas de confiance sous un gouvernement faible, il n'y a pas de confiance dans un pays où il y a des factions.

Un état est faible, est déchiré par les factions lorsque plusieurs centaines de citoyens s'organisent en assemblée exclusive, prennent part dans toutes les discussions, jouent la popularité, sont sans cesse armés par l'exagération, et n'ont jamais en but que la distinction.

Pendant votre gouvernement provisoire, une commission choisie doit former votre constitution et les lois organiques de votre république. Votre principal devoir est d'imposer silence aux passions, d'empêcher que la commission législative puisse être influencée, et, par là, éviter qu'on vous donne une constitution et des lois de circonstances.

La sagesse et la modération sont de tous les pays et de tous les siècles, parce que l'une et l'autre sont fondées sur notre organisation physique; mais elles sont absolument nécessaires aux petits états et aux villes de commerce.

Pendant tout le temps de votre gouvernement provisoire et jusqu'à ce que vous ayez des lois et une constitution stables, agissez-en comme dans un vaisseau battu par les flots; exigez que chaque citoyen soit à ses fonctions, et que personne ne rivalise avec le gouvernement.

Comme vous ne savez pas ce que votre constitution permettra ou défendra, empêchez provisoirement toute espèce de coalition de citoyens.

Votre garde nationale est nombreuse et bien intentionnée.

Si sous votre gouvernement la république perd quelque chose de son commerce ou de son bonheur, la responsabilité pesera toute entière sur vous. BONAPARTE.

Note de MM. les plénipotentiaires français.

Le général en chef Bonaparte et le général de division Clarke, ministres plénipotentiaires de la république française, ont reçu la note que M. le marquis de Gallo, ambassadeur du roi des Deux-Siciles près S. M. l'empereur et roi, et M. le comte Meerveldt, général-major au service de S. M. impériale, leur ont adressée, sous la date du 19 juin.

M. le marquis de Gallo avait annoncé verbalement aux plénipotentiaires français, lors de son arrivée, que S. M. l'empereur et roi ne lui avait pas remis de pouvoirs pour sa paix séparée, parce que son ministre, M. le baron de Thugut, désirait connaître la forme de ceux que le directoire exécutif donnerait aux plénipotentiaires de la république française, et dont copie a été remise à M. de Gallo, pour lui en envoyer de semblables, qu'il attendait par le retour du courrier expédié alors par lui à Vienne.

En conséquence, les plénipotentiaires français n'ont point hésité à entrer en conférence avec le marquis de Gallo sur tout ce qui était relatif à la paix définitive avec l'empereur; mais, près d'un mois s'étant écoulé depuis son arrivée, et plus de deux depuis la signature des préliminaires de Léoben, et MM. le marquis de Gallo et le comte de Meerveldt ayant annoncé, l'un et l'autre verbalement, n'avoir d'autres pouvoirs que ceux qui leur avaient été remis pour les préliminaires, lesquels, à cause de l'échange des ratifications desdits préliminaires, se trouvent surannés, sans objet, et conséquemment inadmissibles, les plénipotentiaires français croient devoir demander à MM. de Gallo et Meerveldt de déclarer par écrit s'ils ont d'autres pouvoirs que ceux qui leur ont servi pour les préliminaires de Léoben, et de vouloir bien leur faire part de ceux en vertu desquels ils ont écrit la note du

19 juin, dont les soussignés leur assurent la réception par la présente.

Les plénipotentiaires français attendront que ces derniers pouvoirs leur soient communiqués, pour répondre définitivement à la note de MM. le marquis de Gallo et le comte de Meerveldt.

Cependant, comme l'intention du directoire exécutif de la république française est de terminer sur-le-champ la paix définitive et séparée avec S. M. l'empereur et roi, et pour ne point ajouter aux délais désastreux qui ont été et sont encore apportés par la cour de Vienne à la conclusion de cette paix, quoiqu'il soit évident que ces délais lui sont infiniment plus préjudiciables qu'à la France, les plénipotentiaires français, qui ont communiqué leurs pouvoirs depuis très-long-temps, et qui sont restés en Italie pour y achever cette paix, ainsi qu'on en était convenu verbalement à Gratz, déclarent que l'intention de la république française est de s'en tenir à la clause des préliminaires, qui stipule que la paix définitive entre les deux puissances sera traitée et conclue dans l'espace de trois mois, à compter de la date des préliminaires, ou plus tôt, si faire se peut.

Les plénipotentiaires français ne doutent nullement de la loyauté personnelle de S. M. impériale et royale, ni de celle de MM. le marquis de Gallo et le comte de Meerveldt, pour lesquels ils ont la plus haute considération; mais ils font observer que les intérêts de la France, leur patrie, leur sont trop chers pour pouvoir se permettre d'en exposer le sort à des protestations de désir de la paix, qui ne seraient point appuyées par des faits, et ils ont vu avec une profonde affliction les délais qu'a mis et que met encore le cabinet de Vienne à terminer sa paix définitive, dans les trois mois fixés par les préliminaires, ces délais n'ayant pu que produire le mauvais effet de donner un libre cours à toutes les intrigues publiques et secrètes des états intéressés à la continuation de la guerre entre les deux puissances.

L'évacuation de cinq provinces autrichiennes par les troupes françaises, et l'entrée en Istrie et en Dalmatie de celles de l'empereur, à laquelle la France ne s'est point opposée, sont des preuves inattaquables de la loyauté de la république française, contre laquelle l'être le plus confiant et le moins bien intentionné ne pourrait rien articuler qui pût soutenir un examen impartial.

Si des défiances mal fondées ; si le dessein formel de sacrifier les intérêts mutuels de deux puissances à des formalités et à des lenteurs préjudiciables à l'une et à l'autre devaient prévaloir, les plénipotentiaires français verraient avec la plus extrême douleur rallumer de nouveau les torches de la guerre, qu'ils désirent si ardemment d'éteindre pour jamais.

Ils ont l'honneur de saluer MM. le marquis de Gallo et le comte de Meerveldt, les priant de communiquer la présente note à S. M. impériale et royale elle-même.

A Montebello, près Milan, le 2 messidor an 5 de la république française (20 juin 1797.)

BONAPARTE et CLARKE.

Au quartier-général à Montebello, le 3 messidor an 5 (21 juin 1797).

A M. le marquis de Gallo.

Je reçois, M. le marquis, votre lettre : je suis très-fâché de votre incommodité, quoique j'espère que cela ne nous empêchera pas de vous voir à dîner.

Il est vrai que j'ai fait embarquer à Venise, sur des bâtimens vénitiens, quelques troupes pour Corfou et pour Zante ; mais il n'existe aucune espèce de rassemblement du côté du midi de l'Italie. Je ne peux pas concevoir d'où peuvent venir des bruits aussi absurdes qu'injurieux pour la république.

La plus grande union existe entre les deux cabinets, et il serait difficile de concevoir l'intérêt que pourrait avoir la république française à troubler le paix existante et dont l'un et l'autre peuple se trouvent, je crois, fort bien.

Croyez, je vous prie, M. le marquis, que je saisirai toutes les circonstances, et que je ferai tout ce que vous désirerez, pour vous prouver l'attachement qu'a la république française pour S. M. le roi des Deux-Siciles.

En mon particulier, je désire de faire quelque chose qui soit agréable à S. M. le roi des Deux-Siciles.

Je vous prie de croire aux sentimens d'estime, et à la haute considération avec laquelle je suis, etc.

BONAPARTE.

Au quartier-général à Montebello, le 4 messidor an 5
(22 juin 1797).

Au directoire exécutif.

Je vous ai annoncé, par ma dernière, que la réponse du cabinet de Vienne paraissait être contre les articles qui ont été arrêtés le 24 mai.

M. le comte de Meerveldt est arrivé il y a trois jours. Nous avons eu plusieurs conférences, après lesquelles les plénipotentiaires de sa majesté impériale nous ont remis une note, à laquelle nous avons répondu par une autre que je vous envoie.

Vous voyez la tournure longue et indéterminée que prend la négociation. Je pense qu'il n'y a qu'un moyen, c'est d'envoyer le général Clarke à Vienne.

M. Thugut a toujours la confiance du cabinet de Vienne : il est d'un caractère difficile et malintentionné ; mais je ne pense pas que l'on ait tacitement idée d'une rupture. Ces messieurs ne font rien que longuement et pesamment ; ils paraissent se méfier beaucoup de l'intérieur : quoiqu'ils aient été attrapés cent fois, ils sont incorrigibles.

J'imagine que, par le premier courrier, c'est-à-dire, dans quinze jours, nous aurons des réponses plus favorables, et que l'on consentira enfin à une négociation séparée.

On craint à Vienne beaucoup les Russes ; leur système politique est très-vacillant. L'empereur est paresseux et inexpérimenté ; Thugut, de mauvaise humeur, vieux, tracassé par les grands, offre à tout bout de champ sa démission, que l'on n'ose pas accepter, mais qui, l'on croit, le sera enfin lorsque tout sera arrangé, pour mettre à sa place M. de Cobentzel.

Thugut paraît très-mécontent de M. de Gallo; M. de Meerveldt a peu de moyens et n'est nullement diplomate. Je ne vous cacherai pas que je crois que tout ceci sera encore long. Ce moment est embarrassant pour la cour de Vienne ; elle ne sait sur qui reposer sa confiance, tout lui fait ombrage.

Ils voudraient en Italie avoir Venise, Mantoue et le Brescian.

Il voudraient avoir Venise pour l'équivalent du Brisgaw, qu'ils destineraient au duc de Modène : dans ce système, ils nous céderaient peut-être en dédommagement la rive du Rhin.

Je vous prie de nous faire connaître ce que nous devons répondre :

1°. S'ils persistent dans l'opinion de vouloir un congrès ;

2°. Si vous céderiez Venise pour le Rhin : dès-lors l'empereur aurait une influence immense en Italie.

BONAPARTE.

Au quartier-général à Montebello, le 4 messidor an 5
(22 juin 1797).

Au contre-amiral Brueys en rade à Toulon.

Vous devez avoir reçu à cette heure, citoyen général, les ordres du ministre de la marine pour vous rendre dans l'Adriatique.

Je pense qu'il est nécessaire que vous touchiez à Corfou, où vous trouverez six vaisseaux de guerre vénitiens, montés par les officiers que vous nous avez envoyés. Je vous prie de me faire connaître le moment de votre départ, et de m'envoyer des courriers de tous les endroits où vous vous trouverez à portée, et qui pourraient faire connaître le temps à peu près où vous vous trouverez dans l'Adriatique.

Dès l'instant où vous serez arrivé à Corfou, je vous prie de m'en faire prévenir par un aviso, qui pourrait aborder à Ancône, et le général qui y commande m'enverrait un courrier.

Si vous aviez nouvelle que l'escadre anglaise eût l'intention de venir en force dans l'Adriatique, il serait nécessaire que j'en fusse instruit, afin de fortifier la garnison de Corfou, qui est dans ce moment-ci de quinze cents hommes. Vous pourriez alors envoyer à Ancône quelques bâtimens légers d'escorte, avec un bon officier pour commander tout le convoi portant les nouvelles troupes que j'enverrais à Corfou.

BONAPARTE.

Au quartier-général à Montebello, le 4 messidor an 5
(22 juin 1797).

Au chef de l'état-major.

Vous voudrez bien, citoyen général, traduire devant le conseil militaire de sa division le citoyen Hibert, capitaine de la quatre-vingt-cinquième demi-brigade, pour avoir marché à la tête d'un rassemblement armé, composé partie de Français tirés des dépôts, partie d'Italiens, à l'instigation de plusieurs étrangers soi-disant patriotes, ayant à cet effet surpris un ordre à l'adjudant-général de la division de la Lombardie : le but de ce rassemblement étant de troubler l'harmonie existante entre la république française et celle de Gênes, et comme tel, étant coupable d'un délit d'autant plus grand, que les conséquences pouvaient en être plus funestes :

L'effet de ce rassemblement ayant été de faire périr trois ou quatre soldats français qui croyaient servir leur patrie en marchant sous les ordres du citoyen Hibert ;

L'effet de ce rassemblement ayant encore été 1°. de troubler la tranquillité du peuple de Pieve ; 2°. d'accoutumer les Italiens à verser le sang français sans scrupule et sans crainte : ce qui, par la suite, pourrait avoir des conséquences plus considérables encore. BONAPARTE.

Note.

Les soussignés plénipotentiaires de la république française ont transmis à leur gouvernement la note remise par M. le marquis de Gallo lors de l'échange des ratifications des préliminaires de Léoben : ils ont l'honneur de faire part à leurs excellences, MM. les plénipotentiaires de S. M. l'empereur et roi, de la réponse qui leur a été faite par le directoire exécutif de la république française.

Elle autorise les plénipotentiaires français à déclarer que l'intention du directoire exécutif est de se conformer exactement, dans toutes les circonstances, à la teneur de l'article second des préliminaires de Léoben, relatif au cérémonial, auquel il n'a point été porté atteinte dans l'acte de ratification des préliminaires remis par le général en chef Bonaparte, puisque ces préliminaires établissent seulement les bases préparatoires des négociations relatives à la paix séparée de S. M. impériale, en sa qualité de roi de Hongrie et de Bohême.

Les plénipotentiaires de la république française prient leurs excellences MM. les plénipotentiaires de S. M. l'empereur et roi d'agréer l'assurance de leur haute considération.

A Montebello, le 3 messidor an 5 de la république française (23 juin 1797).   Bonaparte et H. Clarke.

Note de MM. les plénipotentiaires français.

Le gouvernement de la république batave ayant réclamé, par l'entremise de son ministre à Paris, l'intervention du directoire exécutif de la république française auprès de S. M. l'empereur et roi, en faveur du citoyen Pernet, secrétaire du ministre batave près M. le duc de Wurtemberg, retenu prisonnier, et pour lequel le ministre batave van Haestein a reçu l'ordre de faire des démarches à Vienne, les soussignés plénipotentiaires de la république française sont chargés, de la part du directoire exécutif, de demander à leurs excellences MM. les plénipotentiaires de S. M. impériale et royale, que le citoyen Pernet soit remis en liberté le plus promptement possible.

Les soussignés s'estiment heureux d'avoir à présenter à S. M. l'empereur et roi cette occasion de satisfaire son inclination à faire le bien, et ils ne doutent point du succès d'une demande dont l'accomplissement intéresse particulièrement le directoire exécutif de la république française.

Ils ont l'honneur de saluer leurs excellences MM. les plénipotentiaires de S. M. l'empereur et roi.

Montebello, le 3 messidor an 5 de la république française (23 juin 1797).   Bonaparte et H. Clarke.

Au quartier-général à Montebello, le 8 messidor an 5
(26 juin 1797).

Au chef de l'état-major.

Vous voudrez bien, citoyen général, vous faire remettre, par le chef de brigade Landrieux, les lettres interceptées sur un courrier que M. d'Entraigues envoyait, dont une était adressée au représentant du peuple Boissy d'Anglas, et que lui a remise l'administration de la police de la Lombardie.

Vous voudrez bien lui donner en outre l'ordre de se rendre en prison pour ne m'avoir pas fait passer sur-le-champ ces papiers qu'il a depuis deux jours. BONAPARTE.

Du 11 messidor an 5 (29 juin 1797).

PROCLAMATION.

A la république cisalpine.

La république cisalpine était depuis long-temps sous la domination de la maison d'Autriche : la république française a succédé à celle-ci par droit de conquête, elle y renonce dès ce jour, et la république cisalpine est libre et indépendante. Reconnue par la France et par l'empereur, elle le sera bientôt par toute l'Europe.

Le directoire de la république française, non content d'avoir employé son influence et les victoires des armées républicaines pour assurer l'existence politique de la république cisalpine, ne borne pas là ses soins. Convaincu que si la liberté est le premier des biens, une révolution entraîne à sa suite le plus terrible des fléaux, il donne au peuple cisalpin sa propre constitution, le résultat des connaissances de la nation la plus éclairée.

Du régime militaire le peuple cisalpin doit donc passer à un régime constitutionnel.

Afin que ce passage puisse s'effectuer sans secousse, sans anarchie, le directoire exécutif a cru devoir, pour cette seule fois, faire nommer les membres du gouvernement et du corps législatif, de manière que le peuple ne nommera qu'après un an aux places vacantes, conformément à la constitution.

Depuis longtemps il n'existait plus de républiques en Italie. Le feu sacré de la liberté y était étouffé, et la plus belle partie de l'Europe était sous le joug des étrangers.

C'est à la république cisalpine à montrer au monde, par sa sagesse, par son énergie et par la bonne organisation de ses armées, que l'Italie moderne n'a pas dégénéré, et qu'elle est encore digne de la liberté. BONAPARTE.

Au quartier-général à Montebello, le 14 messidor an 5
(2 juillet 1797).

Au directoire exécutif.

Je vous envoie différentes notes qui nous ont été remises par MM. les plénipotentiaires de l'empereur; ils sont partis pour Udine, où le général Clarke va se rendre : je m'y rendrai dès l'instant que les susdits plénipotentiaires auront reçu les pouvoirs et les instructions pour la paix définitive.

Je ne sais à quoi attribuer, si ce n'est à la situation intérieure de la France, les longueurs que l'empereur porte dans la négociation.

J'ignore quand ces messieurs se décideront; mais il me semble que l'on cherche à allonger. L'empereur se comporte comme s'il ne voulait plus la paix; son état militaire augmente, et il fait faire des têtes de pont sur toutes les rivières, telles que la Save et la Drave.

Je vous envoie aussi copie de la lettre que m'écrit la république des Grisons, et celle de ma réponse.

La Valteline est en pleine insurrection, elle veut s'incorporer avec le Milanez; mais il me semble qu'il serait plus avantageux et plus juste qu'elle restât avec les Grisons, en formant une quatrième ligue : cependant on aura de la peine à faire comprendre cela aux Valtelins. BONAPARTE.

Au quartier-général à Montebello, le 15 messidor an 5 (3 juillet 1797).

A M. Bataglia, ancien provéditeur de la république de Venise.

J'ai reçu avec le plus grand plaisir, monsieur, la dernière lettre que vous vous êtes donné la peine de m'écrire de Venise. Lorsque j'ai vu votre nom à une infâme proclamation qui a paru dans le temps, j'ai reconnu que ce ne pouvait être que l'œuvre de vos ennemis et des méchans. La loyauté de votre caractère, la pureté de vos intentions, la véritable philosophie que j'ai reconnue en vous pendant tout le temps que vous avez été chargé du pouvoir suprême sur une partie de vos compatriotes, vous ont captivé mon estime : si elle peut vous dédommager des maux de toute espèce que vous avez endurés pendant ce dernier temps, je me trouverai heureux.

Comptez, monsieur, que, dans toutes les circonstances, je saisirai l'occasion de pouvoir faire quelque chose qui vous soit agréable. Pourquoi, au lieu de M. Pezaro, ne me fûtes-vous pas envoyé à Goritzia? La force des raisons et des choses que vous auriez entendues, vous eût mis à même de triompher dès-lors de la ridicule oligarchie qui a voulu se naufrager jusqu'au port.

Oui, monsieur, je me plais à le dire, quatre ou cinq cents Français qui ont été assassinés à Verone vivraient encore, et l'oligarchie de Venise, désormais trop en dissonnance avec les lumières et le nouveau système de toute l'Europe, aurait dû céder à un gouvernement plus sage ; elle aurait au moins fini sans se rendre coupable d'un crime dont les historiens français ne pourront trouver le semblable sans être obligés de remonter à plusieurs siècles.

Je vous ai connu dans un temps où je prévoyais peu ce qui devait arriver, et je vous ai vu dès-lors ennemi de la tyrannie et désirant la véritable liberté de votre patrie.

Je vous prie, monsieur, de croire aux sentimens, etc.

BONAPARTE.

Au quartier-général à Montebello, le 15 messidor an 5 (3 juillet 1797).

A l'administration municipale de Marseille.

J'ai reçu, citoyens, votre lettre du 24 prairial. Votre ville, si intéressante par l'étendue de son commerce, a besoin de la tranquilité, de la confiance et d'un bon gouvernement. Je me flatte que bientôt elle reprendra le même lustre qu'elle avait dans le temps passé. L'armée d'Italie, qui a contribué, en quelque chose, à donner de la considération à la république française en Italie, se trouve par là même avoir rendu à la ville de Marseille un service tout particulier. J'ai lu avec intérêt et avec un sentiment de gratitude les choses flatteuses pour l'armée d'Italie contenues dans l'arrêté que vous m'avez envoyé. La vraie récompense des armées ne consiste-t-elle pas dans l'opinion de leurs concitoyens ? Croyez, je vous prie, aux sentimens d'estime, etc.

BONAPARTE.

Au quartier-général à Montebello, le 16 messidor an 5
(4 juillet 1797).

Au président de l'administration centrale de la Drôme.

J'ai reçu, citoyen, les différentes lettres qu'a bien voulu m'écrire le département de la Drôme pendant le cours de la campagne. Je reçois, de tous les côtés de la république, un si grand nombre de lettres, qu'il ne m'est pas toujours possible de répondre exactement. L'estime de mes concitoyens est la seule récompense digne du dévouement et des services que le soldat a rendus à la république.

Votre département, qui a fourni à l'armée de très-bons bataillons et de forts bons officiers, a, sous ce point de vue, acquis un titre particulier à la reconnaissance de la France.

Croyez, je vous prie, que, de mon côté, j'attache le plus grand prix à votre estime. BONAPARTE.

Au quartier-général à Montebello, le 16 messidor an 5
(4 juillet 1796).

Au citoyen Canclaux, ministre de la république à Naples.

J'ai reçu, citoyen général, les deux lettres que vous m'avez écrites. Je vous remercie de ce que vous avez bien voulu vous donner la peine de remplir la commission qui m'intéressait. On assure que le roi de Naples arme toujours, qu'il y a beaucoup d'alarmes à Naples sur le projet qu'on nous suppose avoir d'envahir ce pays : cela me paraît si extravagant, que je ne puis croire que cette crainte affecte la cour. Je vous prie de me faire connaître de quelle nature sont les armemens que fait la cour de Naples, l'emploi et le nombre des troupes que le roi de Naples a aujourd'hui sur pied. BONAPARTE.

Au quartier-général à Montebello, le 16 messidor an 5
(4 juillet 1797).

A la municipalité provisoire de Venise.

L'embargo qui a été mis sur les vaisseaux existans dans le port de Venise, n'a eu d'autre but que de maintenir le plus possible l'expédition du Levant.

Vous pourrez donc, à dater du 26 prairial, rouvrir votre port comme avant la révolution; mais il est indispensable que vous preniez les mesures nécessaires pour que les vaisseaux appartenant à une puissance ennemie de la république soient arrêtés.

Prenez des mesures pour que toutes les richesses qui, de tous les points de l'Italie, ont été envoyées à Venise, n'en sortent pas, afin que vous puissiez, dans toutes les circonstances de votre révolution, avoir des garans pour subvenir aux dépenses publiques. BONAPARTE.

Au quartier-général à Montebello, le 18 messidor an 5
(6 juillet 1797).

Au citoyen Antonio Garruchio, astronome à Vérone.

J'ai donné l'ordre, citoyen, au citoyen Haller de vous faire rembourser la somme de 4000 francs, pour vous indemniser des pertes que vous avez faites pendant les malheureux événemens de Vérone. Je lui ai ordonné de prendre des mesures pour faire augmenter de 10,000 liv. le fonds de la société italienne de Vérone, légué par le célèbre Loerga. Nous sommes redevables à cette société de plusieurs mémoires utiles sur les sciences exactes.

Vous ne devez avoir aucune espèce d'inquiétude pour la société italienne, et je vous prie de me faire connaître tout ce qu'il y aurait moyen de faire pour améliorer son organisation, et pour la rendre plus utile au progrès des connaissances humaines.

Croyez, je vous prie, au désir que j'ai de faire quelque chose qui soit avantageux à votre société. BONAPARTE.

Au quartier-général à Montebello, le 18 messidor an 5
(6 juillet 1797).

Au chef de l'état-major.

Vous voudrez bien donner l'ordre au général de brigade Dufresse, de restituer sur-le-champ tout ce que sa femme a pris, à Mestre, aux différens propriétaires, et entre autres les voitures de la maison où l'a logée le citoyen Erizzo.

BONAPARTE.

Au quartier-général à Milan, le 21 messidor an 5
(9 juillet 1797).

A M. le marquis de Saint-Marsan.

Je reçois, monsieur le marquis, la lettre que vous avez bien voulu me remettre, de M. Priocca, ministre de S. M. le roi de Sardaigne. Je donne ordre au général de division Sauret et au général qui commande Coni, de laisser entrer dans les citadelles de Tortone, d'Alexandrie, de Cherasco, Ceva, Coni, l'officier du génie ou d'artillerie que S. M. voudra bien nommer, pour visiter lui-même les travaux que M. Priocca suppose que l'on fait dans ces forts, et qui, à ce qu'il me paraît, font naître quelques inquiétudes.

Les officiers que S. M. enverra la convaincront que je n'ai fait faire à aucun des postes du Piémont aucune espèce de travail, qu'il est impossible d'être plus satisfait que nous ne le sommes, de la conduite du cabinet de S. M. envers la république française; que non-seulement on ne doit avoir aucune espèce d'inquiétude de notre côté, mais qu'encore je ferai tout ce que S. M. peut désirer pour la rassurer et pour contribuer à la tranquillité d'une cour qui, depuis quelques mois, nous a donné de véritables marques de ses bons sentimens à notre égard.

Je n'ai point envoyé de troupes lombardes en Piémont, et mon intention n'a jamais été d'en envoyer. Il est vrai que mon projet serait de faire passer un bataillon polonais à Coni, afin de pouvoir réunir à l'armée la quarante-cinquième demi-brigade; mais si S. M. témoigne le moindre désir que cela ne se fasse pas, et même, si elle est mécontente de quelques officiers généraux employés dans ses états, je m'empresserai de les changer sur-le-champ.

Sachant que M. Ranza cherchait, par des écrits incendiaires, à prêcher l'insurrection dans les états de S. M., je l'ai fait arrêter et conduire à la citadelle de Milan.

Je vous prie, M. le marquis, avant de quitter Milan, de me faire connaître ce qu'il serait possible que je fisse pour témoigner à S. M. les sentimens d'amitié qu'a pour elle la république française, et le désir que j'ai de lui être agréable et de contribuer à sa prospérité et à son bonheur particulier.

Je vous prie, M. le marquis, de croire à l'estime, etc.

BONAPARTE.

Au quartier-général à Milan, le 23 messidor an 5
(11 juillet 1797).

A son altesse royale le duc de Parme.

Depuis que la république française a conclu la paix avec votre A. R., j'ai saisi toutes les occasions qui se sont offertes pour prouver à votre A. R. le désir que j'ai de lui être utile. J'ai donc été très-surpris de voir dans une note qu'a remise M. d'El Campo au directoire exécutif de la république française, des plaintes que votre A. R. porte sur je ne sais quel projet extravagant dont elle pense que le directoire exécutif de la république française est occupé.

Il paraît, par la note de M d'El Campo, que c'est M. le comte de Paliti qui a imaginé, probablement pour se faire valoir, ce beau projet. Je prie donc votre A. R. de vouloir bien rappeler M. le comte de Paliti, ne voulant pas avoir auprès de moi un intrigant qui fait mauvais usage de la confiance que vous avez en lui.

Je vous prie, au reste, de croire aux sentimens d'estime et à la considération distinguée, avec laquelle, etc.

BONAPARTE.

Au quartier-général à Milan, le 25 messidor an 5
(13 juillet 1797).

Au chef de l'état-major.

Vous voudrez bien, citoyen général, prendre des mesures pour qu'aucune gazette tendant à porter le découragement dans l'armée, à exciter les soldats à la désertion et à diminuer l'énergie pour la cause de la liberté, ne s'introduise dans l'armée. BONAPARTE.

Au quartier-général à Milan, le 25 messidor an 5
(13 juillet 1797).

Proclamation à l'armée d'Italie.

Soldats !

C'est aujourd'hui l'aniversaire du 14 juillet : vous voyez devant vous les noms de nos compagnons d'armes morts au champ d'honneur pour la liberté de la patrie. Ils vous ont donné l'exemple : vous vous devez tout entiers à la république ; vous vous devez tout entiers au bonheur de trente millions de Français ; vous vous devez tout entiers à la gloire de ce nom qui a reçu un nouvel éclat par vos victoires.

Soldats ! je sais que vous êtes profondément affectés des

malheurs qui menacent la patrie ; mais la patrie ne peut courir de dangers réels. Les mêmes hommes qui l'ont fait triompher de l'Europe coalisée, sont là. Des montagnes nous séparent de la France, vous les franchirez avec la rapidité de l'aigle, s'il le fallait, pour maintenir la constitution, défendre la liberté, protéger le gouvernement et les républicains.

Soldats ! le gouvernement veille sur le dépôt des lois qui lui est confié. Les royalistes, dès l'instant qu'ils se montreront, auront vécu. Soyez sans inquiétude, et jurons, par les mânes des héros qui sont morts à côté de nous pour la liberté, jurons sur nos nouveaux drapeaux guerre implacable aux ennemis de la république et de la constitution de l'an 3.

BONAPARTE.

Au quartier-général à Milan, le 27 messidor an 5
(15 juillet 1797).

Au directoire exécutif.

Je vous envoie la copie d'une lettre que je reçois du général Clarke : vous y verrez que l'on allonge toujours. Il est hors de doute que l'empereur veut voir la tournure que prendront les affaires en France, et que l'étranger est pour plus que l'on ne croit dans toutes ces machinations.

L'armée reçoit une grande partie des journaux qu'on imprime à Paris, surtout les plus mauvais ; mais cela produit un effet tout contraire à celui qu'ils se promettent. L'indignation est à son comble dans l'armée. Le soldat demande à grands cris si, pour prix de ses fatigues et de six ans de guerre, il doit être, à son retour dans ses foyers, assassiné comme sont menacés de l'être tous les patriotes. Les circonstances s'aggravent tous les jours, et je crois, citoyens directeurs, qu'il est imminent que vous preniez un parti.

Je vous fais passer la proclamation que j'ai faite à l'armée, le 25 de ce mois : elle a produit le meilleur effet.

Il n'y a pas un seul homme ici qui n'aime mieux périr les armes à la main, que de se faire assassiner dans un cul-de-sac de Paris.

Quant à moi, je suis accoutumé à une abnégation totale de mes intérêts ; cependant je ne puis pas être insensible aux outrages, aux calomnies que quatre-vingts journaux répandent tous les jours, et à toute occasion, sans qu'il y en ait un seul qui les démente ; je ne puis pas être insensible à la perfidie et au tas d'atrocités contenues dans cette motion d'ordre imprimée par l'ordre du conseil des cinq-cents. Je vois que le club de Clichi veut marcher sur mon cadavre pour arriver à la destruction de la république. N'est-il donc plus en France de républicains ? Et, après avoir vaincu l'Europe, serons-nous donc réduits à chercher quelque angle de la terre pour y terminer nos tristes jours ?

Vous pouvez d'un seul coup sauver la république, deux cent mille têtes peut-être qui sont attachées à son sort, et conclure la paix en vingt-quatre heures. Faites arrêter les émigrés ; détruisez l'influence des étrangers ; si vous avez besoin de force, appelez les armées ; faites briser les presses des journaux vendus à l'Angleterre, plus sanguinaires que ne le fut jamais Marat.

Quant à moi, citoyens directeurs, il est impossible que je puisse vivre au milieu des affections les plus opposées : s'il n'y a point de remède pour faire finir les maux de la patrie, pour mettre un terme aux assassinats, et à l'influence des royalistes, je demande ma démission.

Je vous envoie un stylet pris sur les assassins de Verone.

Mais, dans toutes les circonstances, le souvenir des marques constantes que vous m'avez données de la confiance la plus illimitée, ne sortira jamais de ma mémoire.

BONAPARTE.

Au quartier-général à Milan, le 29 messidor an 5
(17 juillet 1797).

Au directoire exécutif.

Je vous envoie copie de la lettre que m'écrit le général Clarke.

M. Baptiste est parti de Montebello le 5 messidor. Quatre jours avant, MM. les plénipotentiaires avaient fait partir un courrier, qui portait à peu près la même chose. Voilà donc près d'un mois que la cour de Vienne laisse ses plénipotentiaires et ne répond à rien.

Il est bien évident que la cour de Vienne n'est pas de bonne foi, et qu'elle traîne en longueur pour attendre la décision des affaires intérieures, que toute l'Europe croit très-prochaine.

Voulez-vous épargner cinquante mille hommes de l'élite de la nation qui vont périr dans cette nouvelle campagne ? Faites briser avec quelque appareil les presses du *Thé*, du *Mémorial*, de la *Quotidienne* [1] ; faites fermer le club de Clichi, et faites faire cinq ou six bons journaux constitutionnels.

Cette crise, qui, en réalité, sera extrêmement légère, suffira pour faire voir à l'étranger qu'il n'a encore rien à espérer : elle rétablira l'opinion et ôtera aux soldats cette vive inquiétude qui anime toutes les têtes, et qui finira par des explosions dont les conséquences ne peuvent pas se prévoir.

Il est bien malheureux que, lorsque nous commandons à l'Europe, nous ne puissions pas commander à un journal de la faction royale qui lui est évidemment vendu !

A quoi sert que nous remportions des victoires à chaque

---

[1] Le Thé, le Mémorial et la Quotidienne étaient trois journaux royalistes qui paraissaient à cette époque.

instant du jour? Les menées dans l'intérieur annullent tout, et rendent inutile le sang que nous versons pour la patrie.

Le gouvernement de ce pays-ci se consolide.

A Gênes, l'esprit public est comme en 1789 en France.

BONAPARTE.

Au quartier-général à Milan, le 29 messidor an 5 (17 juillet 1797).

Au chef de l'état-major.

Le commandant de Lombardie doit agir dans la Lombardie et à Milan, comme s'il n'y avait à Milan que deux ou trois cents hommes pour garder la citadelle; car il est possible que, d'un instant à l'autre, il se trouve effectivement réduit à ces seules troupes pour garder la citadelle : dès lors, toutes les gardes à Milan, même les gardes de nos établissemens, même celles des spectacles, doivent être de la garde nationale.

Il est également inutile que la police envoie tous les jours un rapport au commandant de la place ; elle sera seulement tenue de lui donner des renseignemens toutes les fois qu'il lui en demandera.

La demande qu'a faite l'adjudant-général de la légion lombarde, des registres du commandant de la place, n'est pas fondée ; il doit faire ses registres à part. J'approuve fort que le commandant de la Lombardie ait des agens secrets qui l'instruisent de tout ce qui se passe à Milan et dans les autres places de la Lombardie ; mais cette police doit être secrète et n'avoir pour but que de connaître ce qui se tramerait.

BONAPARTE.

Au quartier-général à Milan, le 29 messidor an 5
(17 juillet 1797).

Au ministre de la marine.

Venise, qui fournit de grands avantages à la marine, réclame de vous, citoyen ministre, douze ou quinze permissions qui mettent les bâtimens les plus riches à l'abri des Algériens : ces corsaires lui ont déclaré la guerre depuis environ trois mois, ce qui ruine entièrement son commerce. Si vous pouvez prendre en considération cet objet, il sera très-avantageux pour indemniser ce pays des pertes qu'il fait tous les jours.

BONAPARTE.

Au quartier-général de Milan, le 29 messidor an 5
(17 juillet 1797).

Au chef de l'état-major.

Je vous prie, citoyen général, d'envoyer sur-le-champ un courrier au général Augereau pour lui dire que, ne pouvant pas encore de quelques jours me rendre à Verone, je désire qu'il vienne le plus tôt possible à Milan ; vous le préviendrez que mon appartement d'en-bas étant vide, il peut y descendre.

Vous accorderez une permission de deux mois au général Mireur, qui me l'a demandée pour terminer des affaires de famille.

Vous écrirez au général Belliard que, dès l'instant que le général Joubert sera de retour du congé qu'il a demandé, je lui accorderai la permission d'aller à Rome.

Vous donnerez l'ordre au général Dessolles de partir demain pour rejoindre sa division.

Vous ordonnerez au général de brigade Leclerc de partir

demain pour se rendre à Monza, où il prendra le commandement de la onzième et de la douzième d'infanterie légère.

Vous écrirez au général de brigade Dupuy, qu'étant instruit par le général Brune qu'il a pris connaissance de l'affaire dont il m'a porté des plaintes, je pense que le général Brune y aura mis ordre : ou, dans le cas contraire, j'attendrai le rapport que me fera ce général, pour prendre les mesures que je croirai nécessaires. BONAPARTE.

Au quartier-général à Milan, le 29 messidor an 5
(17 juillet 1797).

Au général Clarke.

Je reçois dans l'instant votre lettre du 23 messidor : comme je vois que les choses en sont toujours au même point, j'attendrai, pour me rendre à Udine, l'arrivée du tant désiré M. Baptiste.

Je vous ai fait passer, par un courrier, les dernières nouvelles de Paris, j'en attends un autre à chaque instant. Les affaires se brouillent de plus en plus, et on ne peut presque plus douter que ce ne soit l'effet des machinations de l'étranger pour entraver les négociations.

Demain, nous célébrons ici la fête de l'armée. Je vous envoie l'imprimé que j'ai fait passer à Udine et à toutes les divisions de l'armée, ne pouvant m'y rendre moi-même.

Dès que vous m'aurez annoncé l'arrivée du secrétaire de légation, M. Baptiste, je partirai sur-le-champ pour Udine.
BONAPARTE.

Au quartier-général à Milan, le 29 messidor an 5
(17 juillet 1797).

Au même.

Il est difficile, je crois, de mettre en doute aujourd'hui que l'empereur veut gagner du temps : quel en est le motif? Il est difficile de l'imaginer, à moins que de le voir dans les journaux royalistes, le club de Clichi et la rentrée des émigrés. Je l'ai dit positivement au gouvernement ; il me semble qu'il est aisé de fermer le club de Clichi, de briser toutes ses presses, et de faire arrêter une douzaine d'émigrés : cela seul peut nous assurer la paix.

Croyant que je devais partir pour Udine, j'étais revenu à Milan, où il fait une chaleur affreuse. Je suis bien fâché d'avoir quitté actuellement Montebello.

Si M. Baptiste n'est pas arrivé lorsque vous recevrez ce courrier, je suis d'avis que vous pressentiez ces MM. les plénipotentiaires par une lettre courte et ferme, que vous leur déclariez qu'il est notoire qu'on vous joue, que S. M. rompt les préliminaires, et qu'elle sera responsable, aux yeux de l'Europe, des suites funestes qu'aura pour l'humanité la guerre cruelle qui va recommencer.

Il paraît que les négociations de Lille sont commencées.

Si jamais il était possible de conclure la paix avec l'Angleterre, il faudrait que l'empereur se souvînt de sa mauvaise foi.

Les choses vont parfaitement ici et à Gênes.

BONAPARTE.

Au quartier-général à Milan, le 30 messidor an 5
(18 juillet 1797).

Au même.

Je reçois à l'instant même, citoyen général, votre lettre du 28. J'espère en recevoir une demain avec le récit de l'entrevue que vous aurez eue avec M. de Gallo, cela me décidera à partir : je passerai par Verone, Vicence, Padoue et Trevise, où je passerai la revue de ces quatre divisions.

Tout est ici fort tranquille. J'ai reçu de nouveaux ordres du directoire pour réunir Bologne et Ferrare avec les Cisalpins ; j'ai pris le *mezzo termine* de laisser ces pays maîtres de faire ce qu'ils voudront, puisque nous avons reconnu l'indépendance des républiques cisalpine et cispadane. S'ils veulent se réunir, nous ne pouvons pas les en empêcher : j'ai préféré ce parti, quoiqu'il puisse entraîner quelques inconvéniens, à celui de donner un ordre de réunion.

Ce courrier-ci ne partira que lorsque la poste sera arrivée, afin de vous envoyer vos lettres, si vous en avez, et les principaux journaux.

J'ai fait partir hier, par un courrier extraordinaire, copie de la lettre que vous m'avez écrite ; je fais partir à l'instant même votre dernière.

Je joins ici copie de la lettre que j'ai écrite au directoire en envoyant l'une et l'autre.

Comme vous le verrez, je me suis lancé très-avant et mis très-volontiers en butte à toutes les factions. Cela serait très-mal calculé, si je trouvais dans l'ambition et l'occupation de grandes places ma satisfaction et le bonheur ; mais ayant placé de bonne heure l'une et l'autre dans l'opinion de l'Europe entière et dans l'estime de la postérité, j'ai pensé que je ne devais pas être arrêté par tous ces calculs et ce grand tapage des factions : je vous avoue cependant que je désire bien de rentrer dans la vie privée ; j'ai payé ma part.

BONAPARTE.

Milan, le..... messidor an 5 (..... juillet 1797).

Au même.

Je vous fais passer les deux notes que vous devez remettre à MM. les plénipotentiaires, je vous envoie en conséquence deux morceaux de papier signés en blanc.

Talleyrand a remplacé Ch. Lacroix ; Hoche, Petiet, François de (Neuchâteau), Benezech, Pléville, Truguet, Lenoir la Roche, Cochon, Merlin et Ramel restent.

D'après ce que disent quelques journaux, il paraît qu'il y a eu quelques divisions entre Carnot et Barthélemi : d'un côté est Barras ; Rewbell et Laréveillère-Lépaux de l'autre.

Le Piémont est en pleine insurrection, j'attends à chaque instant un courrier de Paris.

BONAPARTE.

Au quartier-général à Milan, le 30 messidor an 5
(18 juillet 1797).

Au directoire exécutif.

Je vous envoie copie de la lettre que je reçois du général Clarke.

Le célèbre M. Baptiste est arrivé, il n'apporte rien de décisif : voilà de la mauvaise foi bien caractérisée.

Je vais partir incessamment pour Udine, quoique je voie que je n'ai pas grand' chose à y faire.

BONAPARTE.

Au quartier-général à Milan, le 30 messidor an 5
(18 juillet 1797).

Au directoire exécutif.

Je vous envoie la copie de deux adresses de la division Masséna et Joubert ; l'une et l'autre sont revêtues de douze mille signatures.

La situation des esprits à l'armée est très-prononcée pour la république et la constitution de l'an 3. Le soldat, qui reçoit un grand nombre de lettres de l'intérieur, est extrêmement mécontent de la tournure sinistre que paraissent y prendre les choses.

Il paraît aussi que l'on a été affecté du bavardage de ce Dumolard, imprimé par ordre de l'assemblée et envoyé en grande profusion à l'armée.

Le soldat a été indigné de voir que l'on mettait en doute les assassinats dont il a été la victime. La confiance de l'armée d'Italie dans le gouvernement est sans borne : je crois que la paix et la tranquillité dans les armées dépendent du conseil des cinq-cents. Si cette première magistrature de la république continue à prêter une oreille complaisante aux meneurs de Clichi, elle marche droit à la désorganisation du gouvernement ; nous n'aurons point de paix, et cette armée-ci sera presque exclusivement animée par le désir de marcher au secours de la liberté et de la constitution de l'an 3. Soyez bien persuadés, citoyens directeurs, que le directoire exécutif et la patrie n'ont pas d'armée qui leur soit plus entièrement attachée.

Quant à moi, j'emploie toute mon influence ici à contenir dans les bornes le patriotisme brûlant, qui est le caractère distinctif de tous les soldats de l'armée, et à lui donner une direction avantageuse au gouvernement. BONAPARTE.

Au quartier-général à Milan, le 4 thermidor an 5
(22 juillet 1797).

Au directoire exécutif.

Je partais pour Udine, citoyens directeurs, lorsque j'ai reçu la lettre que je vous fais passer, du général Clarke. M. de Gallo et M. Baptiste étant partis pour Vienne, et ne restant plus à Udine que M. de Meerveldt, qui ne se trouve revêtu d'aucune espèce de pouvoir, je n'ai pas cru devoir me rendre dans cette ville, ma présence étant très-nécessaire dans tous ces pays-ci pour y prendre des mesures, afin que, dans tout événement, nos derrières se trouvent parfaitement organisés et assurés.

Il n'est plus possible de concevoir le moindre espoir et de mettre en doute que nous sommes horriblement joués. La cour de Vienne ne paraît avoir été de bonne foi que jusqu'à l'arrivée de M. le général de Meerveldt à Montebello.

Aujourd'hui je ne vois qu'un seul parti à prendre, c'est que vous déclariez vous-mêmes, afin de donner encore plus d'importance à la chose, que si, vers la fin du mois d'août, tout n'est pas fini, les préliminaires se trouveraient d'eux-mêmes annulés, et la guerre recommencerait. Il faudrait en même temps donner des ordres à vos différens généraux pour que tous se tinssent prêts à entrer en campagne.

La guerre commençant à l'entrée de septembre, nous donnerait deux mois et demi à trois mois, dans lesquels il serait possible de forcer l'empereur à conclure une paix plus avantageuse encore que celle qui devait être conclue en conséquence des préliminaires.

Si septembre se passe en négociations, il deviendra difficile, en octobre, de frapper la maison d'Autriche de ce côté-ci, et dès-lors l'empereur nous tiendra tout l'hiver dans l'incertitude où nous sommes aujourd'hui.

Quant aux opérations de la guerre, si elle doit avoir lieu, je ne vois pas de difficultés majeures qui m'empêchent de me trouver à Gratz dans le mois de la reprise des hostilités.

Je ne suis point assez fort en cavalerie, quoique celle que j'ai soit dans un très-bon état : elle ne se monte qu'à cinq mille hommes présens sous les armes, d'où vous voyez qu'après les premiers combats et quelques marches forcées, je me trouverai réduit à quatre mille hommes de cavalerie. Je crois nécessaire que vous envoyiez ici trois à quatre mille hommes de cavalerie, parmi lesquels je désirerais au moins quinze cents hommes de grosse cavalerie. Je désirerais aussi trois nouvelles compagnies d'artillerie à cheval. Si vous donnez actuellement les ordres nécessaires, tout cela pourra arriver à Milan à la fin d'août.

Vous voyez que le temps est extrêmement précieux : vous seuls, qui êtes au centre de la négociation de Lille, de celle d'Udine et des affaires intérieures, pouvez prendre un parti décisif.

Si vous pensez devoir obliger l'empereur à se décider promptement, vous pourrez, ce me semble, envoyer à M. Thugut un courrier avec votre note. Par ce moyen-là, il y aurait une douzaine de jours de gagnés, ce qui est bien essentiel dans le moment où nous nous trouvons.

Il est hors de doute que la cour de Vienne espère tout du bénéfice du temps, et pense qu'en vous tenant dans l'incertitude où nous sommes, c'est faire une diversion en faveur de l'Angleterre, et fomenter d'autant les malveillans, si puissans et si nombreux dans l'intérieur de la France. Il n'y a donc qu'une résolution prompte de notre part qui puisse mettre ordre aux affaires de l'intérieur, et obliger l'empereur à donner la paix à l'Europe.

J'écris au général Clarke pour l'engager à faire passer son secrétaire de légation à Vienne. Je ne sais pas si le sieur

Meerveldt voudra lui donner un passeport sans avoir au préalable consulté le cabinet de Vienne.

J'ai proposé à l'envoyé de Gênes de conclure un traité entre les deux républiques, moyennant lequel Gênes s'engagerait à nous fournir et à entretenir deux ou trois mille hommes; ce qui serait extrêmement avantageux.

Je vous envoie la lettre que vient de m'écrire M. Priocca, avec la réponse que je lui ai faite. Je crains bien que, malgré tous nos ménagemens et tous nos soins pour maintenir dans ce pays la bonne harmonie, il n'y arrive d'un instant à l'autre de très-grands changemens : les finances sont le mal de ce pays, son papier-monnaie se discrédite tous les jours davantage. Ce qui me fâche dans tout cela, c'est que je crains que la situation actuelle du roi de Sardaigne ne le mette hors d'état de nous fournir son contingent.

Les étrangers ne peuvent plus croire à la stabilité de notre gouvernement, lorsqu'ils savent que tous les émigrés, que tous les prêtres rentrent, et lorsqu'ils voient dans l'esprit qui anime les hommes influens dans les conseils l'envie de perdre le gouvernement et la république.

Je conjecture que M. de Gallo commence à être disgracié à la cour de Vienne.

Du reste, tout va bien en Italie; le nouveau gouvernement de Milan commence peu à peu à s'organiser.

Venise, dans l'incertitude de son sort, est sans organisation et sans force.

Je vais autoriser la levée de deux ou trois bataillons dans les états de terre-ferme vénitienne, dont je me servirai, si les choses se montrent, pour la police de nos derrières.

Gênes va parfaitement bien : s'il y a quelque chose à craindre, c'est trop d'enthousiasme.

Toutes les personnes qui viennent de ce pays, assurent

que, dans aucune époque de notre révolution, nous n'avons montré autant d'unanimité et d'enthousiasme.

BONAPARTE.

Au quartier-général à Milan, le 4 thermidor an 5
(22 juillet 1797).

Au chef de l'état-major.

J'ai vu avec la plus grande peine que les Autrichiens se soient renforcés sur l'Isonzo, et qu'ils aient placé des vedettes comme si nous étions en guerre.

Je vous prie d'écrire sur-le-champ au général ennemi qui vous est opposé, pour lui faire connaître votre surprise sur ce changement de manière d'être, et si, lorsque votre lettre arrivera, ce commandant ne fait pas rétablir les choses comme elles étaient, c'est-à-dire, six hommes à Cervignano, vous placerez une demi-brigade, deux escadrons de cavalerie et deux pièces d'artillerie légère à Roncano, que je crois être du territoire vénitien; mais si Roncano était un village autrichien, vous placeriez ces troupes dans un village vénitien, de manière que les troupes qui sont à Cervignano et sur toute la gauche de l'Isonzo, pussent être coupées au moment où elles feraient un mouvement, ou quelque chose qui fût contraire.

Vous ferez ramasser tous les bateaux que vous pourrez trouver, pour jeter un pont sur l'Isonzo, du côté de San-Pietro, de manière cependant que vous vous trouviez toujours sur le territoire vénitien. Vous ferez faire à ce pont deux bonnes têtes de pont; vous tiendrez des postes le plus près possible de Gradisca, en vous tenant cependant sur le territoire vénitien.

Vous me ferez connaître les travaux que l'ennemi ferait ou aurait fait faire au château de Goritzia, à la chiuza di Pluze;

vous ferez reconnaître le chemin depuis la frontière vénitienne au-delà de Puffero jusqu'à Caporetto, et vous vous assurerez qu'ils n'ont fait aucune espèce de retranchement dans toute cette partie.

J'ai fait passer à la division du général Victor la cinquante-huitième demi-brigade, qui est forte de deux mille cinq cents hommes, et au moindre mouvement je vous ferai passer la division de cavalerie du général Dugua.

Assurez vous que votre artillerie est bien approvisionnée et en état d'entrer en campagne.

Rendez-vous vous-même à Palma-Nova ; visitez avec le plus grand soin les travaux de la place, les approvisionnemens d'infanterie ; donnez ordre que l'on redouble d'ardeur aux travaux, et que l'on n'oublie rien pour rendre cette place respectable. Envoyez des espions dans la Carniole et dans la Carinthie, et instruisez-moi dans le plus grand détail des positions qu'occupe l'ennemi, de ses forces, et des points qu'il fait retrancher.

Le général Berthier écrira également au général Victor pour qu'il presse les travaux d'Ozopo ; pour qu'il envoie des espions, afin de s'assurer si les ennemis ont fait des travaux à Clagenfurth, s'ils en ont fait à Tarvis, et enfin s'ils en ont fait aux différentes têtes de pont de la Dresse.

Vous donnerez l'ordre également au citoyen Andréossi pour qu'il envoie des officiers, afin de construire le pont sur l'Isonzo d'une manière solide, et qu'il puisse nous servir, quelque temps qu'il fasse.

Vous donnerez l'ordre au général Masséna et au général Miollis, pour que l'un et l'autre prennent des mesures pour raccommoder les chemins depuis Mantoue jusqu'à Padoue.

Vous donnerez les ordres pour qu'on recommence les travaux des places de Porto-Legnago et de Peschiera, et au commandant du génie pour continuer et redoubler avec la plus grande activité les travaux de celles d'Ozopo et de Palma-Nova.   Bonaparte.

Au quartier-général à Milan, le 4 thermidor an 5
(22 juillet 1797).

A monsieur Damian Priocca, ministre de S. M. le roi de Sardaigne.

Je ne vois aucun inconvénient, monsieur, à ce que vous fassiez passer sur la ligne de démarcation les troupes que vous jugerez nécessaires pour maintenir le bon ordre et la tranquillité dans les états de S. M.

J'ai donné les ordres les plus positifs pour que nos garnisons des différentes villes qui sont dans nos mains ne se mêlent en aucune manière des affaires intérieures.

Ne doutez pas, monsieur, de la part que je prendrai toujours à ce qui pourra être agréable à S. M., et du désir que j'ai de faire quelque chose qui puisse contribuer à la tranquillité de ses états.

M. Borghèse m'a parlé du désir qu'avait S. M. de pouvoir faire quelques achats de blé dans les états occupés par les troupes françaises, je m'y prêtrai avec plaisir.

Au quartier-général à Milan, le 4 thermidor an 5
(22 juillet 1797).

Au général Clarke.

Je suis d'avis de répondre tout simplement à la note des plénipotentiaires de l'empereur, que la convention signée à Léoben, le 5 prairial, a tout prévu; que nous nous en rapportons entièrement à son contenu; que, après deux mois, il est singulier qu'on vienne remettre en discussion une question déjà décidée ; qu'il est donc évident que l'on ne cherche que des prétextes pour traîner en longueur et gagner du temps.

BONAPARTE.

Au quartier-général à Milan, le 5 thermidor an 5
(23 juillet 1797).

Au général Clarke.

Je partais lorsque j'ai reçu votre courrier : Gallo et Baptiste n'étant plus à Udine, Meerweldt n'ayant aucun pouvoir, et leur note caractérisant à chaque ligne leur mauvaise foi, je ne vois aucune utilité dans mon voyage à Udine : tandis que le nouveau gouvernement de ce pays-ci, les affaires du Piémont, celles des Grisons, rendent ma présence à Milan plus utile.

Je vous fais passer copie de la lettre que j'écris au directoire exécutif.

Je pense que nous n'avons rien à répondre à une note qui n'a point de bon sens : la seule réponse serait de prévenir S. M. l'empereur que, si, le 18 août, les négociations ne sont point terminées, nous regarderons les préliminaires comme nuls ; mais, dans la position actuelle de la république, je ne pense pas que ni vous ni moi nous puissions faire cette opération.

J'ai ordonné de jeter un pont sur l'Isonzo, et de faire des têtes de pont ; je fais marcher une légion cisalpine à Palma-Nova, et j'augmente de trois mille hommes la division du général Victor.

Si la république se trouvait dans une situation ordinaire, et que les négociations de Lille ne nous fissent pas une loi impérieuse de ne rien prendre sur nous, je vous avoue qu'à la réception de votre lettre j'eusse mis en marche toutes mes divisions, et que, sous quinze jours, j'eusse été sous Vienne;

mais, dans les circonstances actuelles, c'est au gouvernement seul à prendre le parti que sa sagesse et la situation des choses peuvent lui prescrire.

Je désirerais que vous demandassiez un passe-port pour votre secrétaire de légation, et que vous le fissiez passer à Vienne : il pourrait être chargé d'une lettre pour M. de Gallo ; il pourrait voir M. Thugut et revenir avec des renseignemens certains sur la situation des choses dans ce pays-là. Vous ne manqueriez pas de lui recommander de tenir note de tout ce qu'il verra en route, soit de troupes, soit de nouveaux ouvrages de campagne.

Je ferai partir mon aide-de-camp Marmont pour Vienne; il passera par le Tyrol, et, par ce moyen, il n'aura pas de passe-port de M. de Meerweldt. Le but de sa mission sera de connaître les espèces d'ouvrages que l'on fait à Vienne, la situation militaire des esprits, le véritable état de leurs troupes.

N'oubliez rien pour que M. de Meerweldt vous accorde le passe-port pour votre secrétaire.

Dès l'instant que quelque plénipotentiaire arrivera avec des pleins pouvoirs et une envie sincère de commencer les négociations, je me transporterai rapidement à Udine.

BONAPARTE.

Au quartier-général à Milan, le 5 thermidor an 5
(23 juillet 1797).

Au chef de l'état-major.

Vous voudrez bien, citoyen général, prévenir les généraux Masséna, Joubert et Augereau, que mon intention est qu'il soit levé un bataillon de cinq cents hommes dans chacun des arrondissemens de Padoue, Vicence et Verone; chaque bataillon sera commandé par un chef de bataillon et un adjudant-major français, un major du pays ; la moitié des officiers, français, ainsi que le tiers des sous-officiers.

Ils seront habillés en vert, en pantalon et veste seulement ; ils auront le collet, les paremens blancs ; les officiers auront les épaulettes d'argent.

Ces corps seront habillés, équipés, formés, soldés par les différens gouvernemens centraux : ils porteront le nom de bataillon italien de Padoue, de Vicence, de Verone.

Ils seront divisés en cinq compagnies, dont une de grenadiers. Si les habitans ont des fusils, ils seront armés avec ces fusils, sans que je donne ordre au général Miollis que sur votre récépissé il soit délivré un nombre suffisant de fusils autrichiens, que les gouvernemens centraux feront alléger, comme l'ont fait les Lombards.

L'intention du général en chef est d'attacher ces bataillons à ses différentes divisions, pour servir aux différentes escortes, pouvoir les opposer aux paysans et avoir avec nous, en cas que nous allions en Allemagne, des ôtages qui nous assurent d'autant de la fidélité des pays vénitiens.

Vous recommanderez expressément à ces différens généraux de ne se mêler que secrètement de l'organisation et de la levée de ces bataillons, mais de laisser faire toutes les démarches publiques et ostensibles aux gouvernemens centraux.

Lesdits généraux de division autoriseront les gouvernemens centraux à faire quelques aliénations de biens nationaux, afin de pouvoir subvenir à l'organisation et à l'entretien desdits bataillons.

D'ici à huit jours, et lorsque ces trois bataillons seront en organisation, vous donnerez les mêmes ordres aux généraux Serrurier et Bernadotte ; mais, comme les pays qu'ils occupent sont moins populeux et moins portés, à ce qu'il paraît, pour la liberté, il faut s'assurer que ces trois premiers bataillons prendront bien. BONAPARTE.

Au quartier-général à Milan, le 8 thermidor an 5
(22 juillet 1797).

Aux inspecteurs du conservatoire de musique, à Paris.

J'ai reçu, citoyens, votre lettre du 16 messidor, avec le mémoire qui y était joint. On s'occupe, dans ce moment-ci, dans les différentes villes d'Italie, à faire copier et mettre en état toute la musique que vous demandez.

Croyez, je vous prie, que je mettrai le plus grand soin à ce que vos intentions soient remplies et à enrichir le conservatoire de ce qui pourrait lui manquer.

De tous les beaux arts, la musique est celui qui a le plus d'influence sur les passions, celui que le législateur doit le plus encourager. Un morceau de musique morale, et fait de main de maître, touche immanquablement le sentiment, et a beaucoup plus d'influence qu'un bon ouvrage de morale, qui convainc la raison sans influer sur nos habitudes.

BONAPARTE.

Au quartier-général à Milan, le 8 thermidor an 5
(26 juillet 1797).

Au général Joubert.

Dans la position des négociations avec les Autrichiens, ce serait un très-mauvais effet de faire juger par un conseil militaire des gens accusés d'avoir eu quelques intelligences avec eux. Je préfère que vous fassiez passer à Mantoue les trois hommes que vous avez arrêtés, où le général Miollis les tiendra en arrestation jusqu'à nouvel ordre.

Quant aux sept communes, je ne suis point du tout content de ce que le général Belliard, après y avoir été, s'en est retourné aussi promptement : la raison des subsistances n'en peut pas être une : nous avons bien vécu sur le sommet des

Alpes! On pouvait donc laisser dans ces villages, pendant quelques jours, des troupes pour les contenir et les plier.

Prenez toutes les mesures nécessaires pour faire désarmer toutes les sept communes; faites brûler les maisons des quatre principaux chefs, entre autres celle de ce prêtre dont vous me parlez; prenez vingt-cinq ôtages parmi ceux qui ont le plus de crédit, et faites-les conduire à Mantoue; mettez dans le gouvernement les patriotes qu'ils ont chassés.

Après que tout cela sera fait, exigez de l'évêque de Vicence qu'il envoie des missionnaires dans ce pays-là pour leur prêcher tranquillité, obéissance, sous peine de l'enfer. A cet effet, faites venir chez vous les missionnaires, en donnant à chacun quinze louis pour leurs frais de route, en disant qu'au retour vous leur en donnerez autant.

Faites en sorte qu'il ne reste des armes dans aucune ville du Vicentin, pas même à Vicence. Vous savez que, dans l'ordre général du désarmement, il avait été dit que vous enverriez toutes les armes à Porto-Legnago.

BONAPARTE.

Au quartier-général à Milan, le 9 thermidor an 5
(27 juillet 1797).

Au directoire exécutif.

Le général Augereau m'a demandé de se rendre à Paris, où ses affaires l'appellent. Je profite de cette occasion, pour vous faire passer la pétition originale de l'armée.

Je vous ferai connaître de vive voix le dévouement absolu des soldats d'Italie à la constitution de l'an 3 et au directoire exécutif.

BONAPARTE.

Au quartier-général à Milan, le 9 thermidor an 5
(27 juillet 1797).

A M. le cardinal légat de Bologne.

J'ai reçu dans le temps, monsieur le cardinal, la lettre que vous vous êtes donné la peine de m'écrire. Je n'ai pas ajouté foi, un seul instant, aux bruits qui peuvent vous être désavantageux. Je connais trop bien le véritable esprit religieux qui vous anime, pour penser que vous employiez votre influence autrement que pour la tranquillité et l'ordre public. J'apprends avec beaucoup de peine, monsieur le cardinal, les chagrins domestiques qui troublent, dans ce moment-ci, votre repos : si je puis contribuer en quelque chose à votre tranquillité et à votre satisfaction, je vous prie de m'en faire part, et de croire aux sentimens d'estime et de considération, etc., etc. BONAPARTE.

Au quartier-général à Milan, le 10 thermidor an 5
(27 juillet 1797).

Au général Clarke.

Il faudra, citoyen général, envoyer une note au duc de Bavière et aux autres princes qui doivent de l'argent aux armées du Rhin en conséquence de l'armistice, pour les requérir d'achever leur paiement.

Il faudra demander à chacun de ces princes qu'ils aient à verser, dans le délai de huit jours, une telle somme à Bâle, entre les mains du chargé d'affaires de France, de manière qu'il y ait deux millions payés le plus tôt possible.

Déclarer que, si lesdites sommes ne sont pas payées, les armées françaises rentreront dans les états desdits princes et seraient obligées de les traiter en ennemis irréconciliables, et qui ont déjà manqué à la foi des traités et aux engagemens les plus sacrés : ces notes devront être envoyées par des courriers extraordinaires à Munich et ailleurs.

BONAPARTE.

Note des citoyens plénipotentiaires de la république française.

Les plénipotentiaires de la république française ont reçu les cinq notes, datées du 18 juillet 1797, qui leur ont été adressées par leurs excellences MM. les plénipotentiaires de S. M. l'empereur et roi, d'après la remise de celle du même jour, relative à la tenue de deux congrès. Ils continuent à voir, avec douleur, que le cabinet de Vienne saisit tous les prétextes pour faire naître des obstacles, et s'opposer à la conclusion de la paix : ils ne peuvent se dissimuler que les apparences mêmes ne sont plus gardées. Le ton qui règne dans les notes remises aux plénipotentiaires français ; les nombreuses protestations qu'elles contiennent ; la nature extraordinaire des demandes qui y sont présentées ; les diverses marches des troupes autrichiennes : tout, en un mot, annonce la guerre. La reprise des hostilités, de la part de l'Autriche, ne semble retardée par elle que pour gagner du temps, et se donner celui de fasciner les yeux de l'Europe par des protestations de désir de la paix, au moment où le cabinet de Vienne paraît être dans des intentions absolument contraires à ces protestations.

Comment croire à la sincérité de ce cabinet, puisque, lorsqu'il paraît insister si fortement sur l'exécution des préliminaires de Léoben, il la viole lui-même de la manière la plus évidente ? En effet, quoiqu'on ait cherché à donner à ces préliminaires une interprétation que les plénipotentiaires français refusent d'admettre, et qui ne peut avoir d'autre but que d'éloigner encore davantage de la conclusion de la paix, il n'en est pas moins certain qu'on était convenu de conclure la paix définitive dans l'espace de trois mois, à dater de leur signature; et cet article principal des préliminaires, dont l'Europe entière désire l'exécution, se trouve manifestement violé.

Déjà près de quatre mois se sont écoulés depuis cette époque; il y en a trois que les soussignés ont fait connaître aux plénipotentiaires de S. M. l'empereur et roi les pleins pouvoirs qu'ils avaient reçus du directoire exécutif de la république française pour conclure et signer la paix définitive : tandis que le cabinet de Vienne, loin d'imiter cette conduite, s'est constamment attaché à ne faire porter les discussions entre les négociateurs respectifs, que sur les objets qui ne se liaient que par des rapports éloignés au but principal de la négociation.

L'article des préliminaires par lequel S. M. consentirait à une paix séparée ne se trouve-t-il pas encore violé par la manifestation consignée dans les notes de leurs excellences MM. les plénipotentiaires autrichiens, de l'envie de S. M. l'empereur et roi de ne traiter qu'en commun avec ses anciens alliés?

Mais ce qu'il est impossible de ne pas considérer comme une violation manifeste de l'article premier des préliminaires secrets, c'est la protestation remise par leurs excellences MM. les plénipotentiaires autrichiens contre l'indépendance de la Lombardie, puisque cet article porte textuellement :

« S. M. l'empereur renonce (et non pas renoncera) à la partie de ses états en Italie qui se trouve au-delà de la rive droite de l'Oglio et de la rive droite du Pô. »

S. M. l'empereur ne devait occuper le territoire vénitien qu'à la paix définitive, et cependant elle s'empare de la Dalmatie et de l'Istrie, c'est-à-dire des plus belles provinces de la république de Venise ; elle en chasse les garnisons, y établit son gouvernement, et le cabinet de Vienne se plaint du changement de gouvernement de Venise !

S. M. l'empereur ne dissimule pas son impatience d'entrer en possession des états de cette république, elle les voudrait tous : elle n'en excepte ni les débouchés de l'Adige et de la Brenta, ni la ville de Venise elle-même, et cependant le cabinet de Vienne se dit animé d'une grande sollicitude pour cette ancienne république !

L'armée française occupe, il est vrai, les états de Venise, comme elle le faisait avant les préliminaires ; elle occupe de plus la ville de Venise ; mais elle ne s'y tient que comme auxiliaire ; ses troupes ne s'y mêlent en aucune manière d'affaires politiques, et si quelques agens subalternes de S. M. l'empereur ont été insultés, on ne doit sans doute l'attribuer qu'au ressentiment de la part des Vénitiens de la violence qu'a exercée l'armée impériale en entrant dans l'Istrie et la Dalmatie : les plénipotentiaires ne pouvaient qu'interposer leur médiation entre S. M. l'empereur et roi et la république de Venise ; ils l'ont fait.

C'est cependant en conséquence des préliminaires, sur lesquels le cabinet de Vienne n'insiste que lorsqu'il les a expliqués d'une manière désastreuse pour la France, et quelquefois pour l'empereur lui-même, que cinq provinces autrichiennes ont été restituées à S. M., que le port intéressant de Trieste, et, avec lui, la faculté de reprendre son commerce, lui ont été rendus.

Quant au changement de gouvernement à Venise et à Gênes, la république française n'y a pris aucune part : elle ne s'en est mêlée qu'à la demande des peuples, et pour éloigner les excès qui s'attachent ordinairement au berceau des révolutions.

C'est donc aux gouvernemens de ces deux peuples que doivent s'adresser les plénipotentiaires de S. M. impériale, pour tout ce qui les concerne. Et comment les plénipotentiaires français ne seraient-ils pas frappés de l'insincérité apparente du cabinet de Vienne, lorsqu'il paraît affecté d'un changement arrivé à Venise, qui rend beaucoup plus facile l'exécution des préliminaires ? Cette conduite ne semble-t-elle pas offrir une preuve d'un dessein formel du cabinet de Vienne de ne pas les exécuter ?

Pour ce qui est de l'affaire du duc de Modène, elle ne regarde en aucune manière le gouvernement français : c'est une affaire de lui à ses peuples.

S. M. l'empereur, sur la seule promesse de conclure sa paix séparée, a obtenu la restitution de cinq provinces et l'éloignement de l'armée française de sa capitale: aujourd'hui, que cette paix n'est pas encore conclue, nonobstant le texte des préliminaires, le cabinet de Vienne veut avoir cinq ou six forteresses et une grande partie de l'Italie, et c'est en faisant également des promesses qu'il croit les obtenir ! Mais, après avoir vu élever tant d'obstacles qu'il était facile d'écarter; après que les lenteurs extrêmes du cabinet de Vienne, et ses refus prolongés d'adopter une marche qui convient aux intérêts des deux puissances, ont si considérablement ajouté aux difficultés qui s'opposent à la paix, les soussignés se voient forcés de recueillir les vœux du cabinet de Vienne pour cette paix, plutôt dans des faits que dans des protestations qui, jusqu'ici, n'ont rien produit que d'illusoire, doivent à la république, qui les a honorés de sa confiance, de ne s'écarter aucunement, dans le dessein de faire quelque chose d'agréable à S. M. I., du strict sens des préliminaires, d'après lesquels S. M. ne doit entrer qu'à la paix définitive dans les états de Venise.

Si S. M. croit qu'il est de son intérêt d'occuper sur-le-champ ces états, qu'elle fasse la paix sans délai ; mais si le cabinet de Vienne veut continuer à en empêcher la conclusion, l'intérêt de la république française exige que les pays de Venise et les forteresses soient entre les mains de son armée.

Quelque affligeant qu'il serait pour les plénipotentiaires français de voir des négociations entamées depuis si long-temps se terminer par la guerre, ils doivent à l'honneur de leur nation de demander si l'Autriche la veut, et d'annoncer que la république française est plutôt disposée à la faire, qu'à se laisser jouer par des subtilités ou des demandes à la fois défavorables aux deux puissances, et singulièrement éloignées de la bonne foi que les plénipotentiaires français n'ont cessé d'apporter dans tout le cours de la première négociation.

Mais, dans cette situation de choses, les soussignés espèrent que MM. les plénipotentiaires autrichiens emploieront tous leurs efforts pour faire adopter, par le cabinet de Vienne, une marche plus convenable aux intérêts mutuels, et un système qui rapproche immédiatement de la paix, que les soussignés ne cessent d'offrir de conclure.

Les plénipotentiaires français pourraient répondre par des contre-protestations aux notes qui leur ont été remises par leurs excellences MM. les plénipotentiaires autrichiens; ils pourraient retracer, dans des mémoires historiques, les efforts qu'ils n'ont cessé de faire pour arriver à la conclusion de la paix définitive; mais ils écartent ces moyens, parce que leur intention est d'éloigner tout ce qui pourrait troubler encore davantage l'harmonie, qu'il est si essentiel d'établir dans les négociations dont ils sont chargés. Ils savent parfaitement que la paix, qu'il est instant de conclure, doit, pour être solide et durable, être basée sur les intérêts mutuels; et l'ensemble des préliminaires de Léoben a dû témoigner à S. M. l'empereur et roi, que l'intention de la république française n'avait jamais été de priver la maison d'Autriche d'une puissance égale à celle qu'elle avait avant la guerre : les compensations qu'elle doit recevoir en offrent la preuve. Elle se trouve encore dans la marche que les négociateurs français n'ont cessé de suivre, et lorsqu'ils ont demandé quelques avantages pour la république française, ils en ont toujours proposé d'équivalens pour la maison d'Autriche. Si le cabinet de Vienne imitait cet exemple, les deux puissances verraient bientôt succéder aux désastres enfantés par la guerre le repos si ardemment désiré par les peuples : le directoire exécutif de la république française a toujours voulu que la paix fût également avantageuse et à l'Autriche et à la France, et surtout qu'elle éloignât toute possibilité d'une guerre future entre elles, tant en Italie qu'en Allemagne, en déterminant les frontières de telle manière qu'aucune des deux puissances ne fût, en temps de paix, dans une situation en quelque sorte offensive ou alarmante vis-à-vis de l'autre. Ne point se renfermer dans ce cercle raisonnable ; faire dépendre la paix de quelques mille hommes de population de plus, qui n'ajoutent rien à la puissance d'un grand peuple, c'est oublier tous les maux dont gémit l'humanité souffrante, c'est demander une guerre qui ne peut avoir de but utile à aucune des deux nations.

En finissant, les soussignés ont l'honneur de prier MM. les plénipotentiaires de S. M. l'empereur et roi de ne pas se servir, lorsqu'ils parlent des gouvernemens démocratiques et des peuples, de termes qui seraient injurieux pour le gouvernement que les plénipotentiaires de la république française représentent.

Il n'est jamais arrivé aux soussignés, en parlant des ministres des rois et de leurs cours, de se servir d'aucune épithète qui pût leur être injurieuse.

Les citoyens plénipotentiaires de la république française demandent à leurs excellences MM. les plénipotentiaires de

S. M. l'empereur et roi de vouloir bien agréer l'assurance réitérée de leur haute considération.

A Udine, le 10 thermidor an 5 de la république française, une et indivisible (28 juillet. 1797).

BONAPARTE et CLARKE.

Note des citoyens plénipotentiaires de la république française.

Si les soussignés plénipotentiaires de la république française ont été surpris de voir les troupes de S. M. impériale et royale s'emparer, contre la teneur des préliminaires de Léoben, et avant la conclusion définitive, de l'Istrie et de la Dalmatie, ils ne peuvent dissimuler que leur étonnement a été extrême en apprenant que ces mêmes troupes ont pris possession de la république de Raguse; ils protestent fortement contre la destruction de ladite république, et espèrent que S. M. l'empereur, animée par les sentimens de justice qui la caractérisent, sentira combien il est impossible que les autres puissances, et particulièrement la république française et la Porte-Ottomane, voient avec indifférence l'occupation d'un état neutre et indépendant, qui n'est jamais intervenu en aucune façon dans la guerre actuelle, et ils ne doutent pas que leurs excellences MM. les plénipotentiaires autrichiens ne contribuent de tout leur pouvoir à faire donner par S. M. les ordres les plus prompts, pour que ses troupes se retirent du territoire de la république de Raguse.

Les soussignés réitèrent à leurs excellences MM. les plénipotentiaires de S. M. impériale et royale l'assurance de leur haute considération.

Udine, le 10 thermidor an 6 (28 juillet 1797).

BONAPARTE et H. CLARKE.

Note des généraux Bonaparte et Clarke.

Les citoyens plénipotentiaires de la république française ont pris en considération la note relative à la tenue de deux congrès, datée d'Udine le 18 juillet 1797, qui a été remise par leurs excellences MM. les plénipotentiaires de S. M. impériale et royale, et se sont rappelé les diverses demandes et allégations relatives à son contenu. Après s'être référés à leur note du 3 messidor, et particulièrement pour ce qui a rapport à la demande faite par leurs excellences MM. les plénipotentiaires autrichiens eux-mêmes, tant à Léoben qu'à Gratz, de traiter de la paix définitive et séparée de S. M. impériale et royale dans une ville d'Italie, les soussignés pensent que la convention signée à Montebello, le 5 prairial dernier, a tout prévu, et ils ont l'honneur de déclarer à leurs excellences MM. les plénipotentiaires autrichiens qu'ils s'en rapportent entièrement à son contenu.

Les soussignés sont d'autant plus portés à insister à cet égard, qu'ils ne peuvent voir sans surprise et sans éprouver un sentiment pénible, reproduire à l'époque actuelle une question déjà décidée depuis deux mois; et ils avouent, avec franchise, que cette conduite tend à les confirmer dans la persuasion que la cour de Vienne ne cherche que des prétextes pour traîner la négociation en longueur et gagner du temps.

Le meilleur moyen de prouver qu'on veut la paix, c'est de la conclure sur-le-champ, ainsi que les soussignés n'ont cessé de l'offrir et l'offrent encore, et sans sacrifier les intérêts des deux puissances à des considérations étrangères.

Les soussignés assurent leurs excellences MM. les plénipotentiaires de S. M. impériale de leur parfaite considération.

Udine, le 10 thermidor an 5 (28 juillet 1797).

BONAPARTE et CLARKE.

Au quartier-général à Milan, le 10 thermidor an 5
(28 juillet 1797).

Au directoire exécutif.

Je vous envoie, citoyens directeurs, la lettre que m'écrit le général Clarke : son secrétaire de légation est parti pour Vienne.

Toujours rien de nouveau sur les négociations ; il est impossible de se moquer de nous avec aussi peu de prudence.

Il y a beaucoup de fermentation dans les états de Piémont, je ne sais pas trop comment cela finira ; nous ne nous mêlons de rien.

Je fais jeter un pont sur l'Isonzo, j'en fais fortifier les deux têtes, et je prends toutes les mesures, afin de faire voir aux ennemis que nous ne craignons pas la guerre, et que nous sommes prêts à la recommencer.

Si la guerre recommence, il faudra faire en sorte que l'armée du Rhin-et-Moselle et celle de Sambre-et-Meuse n'en fassent qu'une, afin que l'ennemi se trouve entre l'armée d'Italie et celle-là.

L'armée du Rhin, qui a déjà six mille hommes de cavalerie, se trouverait, avec les douze mille de l'armée de Sambre-et-Meuse, en avoir dix-huit mille. L'infanterie de l'armée de Rhin, jointe à celle de Sambre-et-Meuse, ferait une armée immense. Si vous voulez me faire passer quatre nouvelles demi-brigades avec trois mille hommes de cavalerie, je vous promets d'être dans Vienne aux vendanges, de me réunir sur le Danube avec l'armée du Rhin, et de faire boire du vin de Tockai aux paysans hongrois.

Nos troupes sont arrivées à Corfou, et y ont été reçues avec le plus grand plaisir. On se souvient encore en Albanie et en Grèce, de Sparte et d'Athènes. J'ai déjà quelques correspondances avec les principaux chefs du pays, et la Grèce pourrait peut-être renaître de ses cendres.

Les députés suisses sont venus me trouver, nous nous sommes quittés fort bons amis.

Conformément aux ordres que vous m'avez donnés, Bologne, Ferrare et la Romagne sont réunis à la république cisalpine; Mais j'ai pris le *mezzo termine* de ne pas m'en mêler. Je vous envoie l'arrêté du directoire exécutif de la république cisalpine.

Si les choses se rompent, nous pourrions conclure un traité d'alliance avec la république de Gênes, qui nous fournirait trois mille hommes d'infanterie, trois cents hommes de cavalerie et six pièces de canon attelées, ce qui est toujours un très-bon secours dans l'immense carrière que je puis avoir à parcourir.

Je vous envoie la lettre que je voulais écrire à l'empereur, et que je voulais envoyer par un de mes aides-de-camp.

Mais tout ce qui arrive à Paris m'a fait craindre que l'on ne s'amusât à gloser sur cette démarche.

Le brave général Desaix est venu voir l'armée d'Italie. Ce qu'il m'a dit de la situation de l'armée du Rhin n'est point du tout rassurant.

Quant à l'armée d'Italie, je vous assure qu'elle est digne de la république, et que, si les choses se rompent, les Autrichiens le paieront.

Le général Augereau est parti hier pour Paris, où il m'a demandé à aller pour des affaires particulières. Je profite de cette occasion pour vous envoyer les adresses des divisions de l'armée.

Ces braves soldats ne reposent leur confiance que dans le gouvernement.   Bonaparte.

Au quartier-général à Milan, le 11 thermidor an 5
(29 juillet 1797).

Au général Clarke.

Je vous fais passer, citoyen général, deux notes que je crois essentielles et devoir être présentées à S. M. l'empereur : l'une, relative à Raguse, que l'armée autrichienne a occupée; l'autre, relative à l'argent qui est dû à l'armée du Rhin par les princes d'Allemagne.

Vous y trouverez également une note pour celles que je crois que nous devons présenter au duc de Bavière et aux autres princes qui doivent de l'argent aux armées du Rhin et de Sambre-et-Meuse : si l'on pouvait sur-le-champ tirer un ou deux millions, ce serait un grand gain.

Hoche n'ayant pas l'âge, n'a pu être ministre de la guerre; on m'assure que c'est Schérer qui sera être nommé.

Il y a beaucoup de division entre le conseil des cinq-cents et le directoire.

Lenoir de la Roche, étant d'une santé faible, sera remplacé par un autre ministre de la police.

Il paraît que Hoche va s'embarquer pour l'Irlande.

J'imagine que vous avez un chiffre pour correspondre avec Perret : n'oubliez pas de lui dire de prendre tous les renseignemens possibles sur la situation militaire de l'empereur dans ce moment-ci, et sur la valeur de ses levées en Hongrie et ailleurs, ainsi que sur les fortifications qu'il pourrait avoir faites à Gratz, Clagenfurt, ainsi que sur les têtes de pont de la Drave et de la Save, et sur la route de Clagenfurt à Bruck. BONAPARTE.

Au quartier-général à Milan, le 12 thermidor an 5
(30 juillet 1797).

Au chef des Mainottes.

Le consul de la république française à Trieste m'a instruit de l'attention qu'avait eue votre seigneurerie de m'envoyer une députation pour me faire connaître le désir qu'elle avait de voir dans son port des bâtimens français, et d'être de quelque utilité aux braves soldats français de l'armée d'Italie.

Les Français estiment le petit, mais brave peuple Mainotte, qui, seul de l'ancienne Grèce, a su conserver sa liberté. Dans toutes les circonstances qui pourront se présenter, ils lui donneront toujours des marques de leur protection et prendront un soin particulier de favoriser ses bâtimens et tous ses citoyens.

Je prie votre seigneurerie d'accueillir favorablement les porteurs de cette présente, qui ont le plus grand désir de voir de plus près les dignes descendans de Sparte, auxquels il n'a manqué, pour être aussi renommés que leurs ancêtres, que de se trouver sur un plus vaste théâtre.

La première fois que quelques-uns des parens de votre seigneurie auront occasion de venir en Italie, je la prie de vouloir bien me les adressser. J'aurai un vrai plaisir à leur donner des marques de l'estime que j'ai pour votre personne et pour vos compatriotes. BONAPARTE.

Au quartier-général à Milan, le 14 thermidor an 5
(1er août 1797).

Au directoire exécutif.

Après quinze jours d'une navigation assez heureuse, la flotte qui était partie de Venise, composée de plusieurs vaisseaux de ligne et de quelques frégates, sous les ordres du capitaine Bourdet, ayant à bord quelques troupes de débarquement commandées par le général Gentili, a mouillé dans la rade de Corfou. Quatre bâtimens de guerre vénitiens, qui s'y trouvaient, ont augmenté notre escadre.

Le 10 messidor, nos troupes ont débarqué et pris possession des forts de Corfou, où elles ont trouvé six cents pièces de canon, la plus grande partie en bronze. Un peuple immense était sur le rivage pour accueillir nos troupes avec les cris d'allégresse et d'enthousiasme qui animent les peuples lorsqu'ils recouvrent leur liberté.

A la tête de tout ce peuple était le papas ou chef de la religion du pays, homme instruit et d'un âge avancé.

Il s'approcha du général Gentili et lui dit : « Français, vous allez trouver dans cette île un peuple ignorant dans les sciences et les arts qui illustrent les nations ; mais ne le méprisez pas pour cela, il peut devenir encore ce qu'il a été. Apprenez, en lisant ce livre, à l'estimer ».

Le général Gentili ouvrit avec curiosité le livre que lui présentait le papas, et il ne fut pas médiocrement surpris en voyant l'Odyssée d'Homère.

Les îles de Zante et de Céphalonie, de Saint-Maure ont le même désir et expriment les mêmes sentimens pour la liberté. L'arbre de la liberté est dans tous les villages ; des municipalités gouvernent toutes les communes, et les peuples espèrent qu'avec la protection de la grande nation, ils recouvreront les sciences, les arts et le commerce qu'ils avaient perdus sous la tyrannie des olygarques.

L'île de Corcyre était, selon Homère, la patrie de la princesse Nausicaa. Le citoyen Arnaut, qui jouit d'une réputation méritée dans les belles-lettres, me mande qu'il va s'embarquer pour faire planter le drapeau tricolore sur les débris du palais d'Ulysse.

Le chef des Mainottes, peuple vrai descendant des Spartiates et qui occupe la péninsule où est situé le cap de Matapan, m'a envoyé un des principaux du pays pour me marquer le désir qu'il aurait de voir dans son port quelques vaisseaux français, et d'être utile en quelque chose au grand peuple.

Je lui ai répondu la lettre dont je vous envoie la copie.

Je n'ai pas encore de nouvelles de l'amiral Brueys.

BONAPARTE.

Au quartier-général à Milan, le 14 thermidor an 5.
(1ᵉʳ août 1797).

Au général Joubert.

Il y a à Vicence, citoyen général, la veuve Brissac, fille du respectable Mancini-Nivernois : elle est hors de France depuis 1787. Je ne vois point d'inconvénient à ce que vous lui donniez un passe-port pour se rendre au quartier-général, comme je lui en ferai donner un pour se rendre en France; je vous prie même, si l'occasion s'en présentait naturellement, de lui faire des honnêtetés. Son père, que vous connaissez peut-être de réputation, est un littérateur célèbre.

L'adresse de votre division a été goûtée à Paris.

Hoche n'ayant pas l'âge, le général Scherer a été nommé ministre de la guerre.

On est toujours à Paris aussi agité : les messieurs sont divisés entre eux.

L'armée de Sambre-et-Meuse se prononce avec la plus grande vigueur.

Le général Desaix est ici depuis plusieurs jours : il m'assure que l'armée du Rhin partage les mêmes sentimens que l'armée d'Italie.

Le général Serrurier vient d'arriver; il est indigné du royalisme qui agite l'intérieur. BONAPARTE

Au quartier-général à Milan, le 16 thermidor an 5
(3 août 1797).

Note remise au ministre de Sa Sainteté.

Lors du traité de Tolentino, messieurs les plénipotentiaires de Sa Sainteté et les plénipotentiaires français entrevirent le moment où il serait possible de rapprocher le Saint-Siége de la France, et où le pape et le gouvernement français pourraient employer réciproquement leur prépondérance pour consolider la tranquillité intérieure des deux états et concourir à leur satisfaction commune.

Le moment actuel est l'instant propice pour commencer à mettre à exécution ce grand œuvre, où la sagesse, la politique et la vraie religion doivent jouer un grand rôle.

Le gouvernement français vient de permettre de r'ouvrir les églises du culte catholique, apostolique et romain, et d'accorder à cette religion tolérance et protection.

Ou les prêtres profiteront de ce premier acte du gouvernement français dans le véritable esprit de l'Evangile, en concourant à la tranquillité publique et en prêchant les véritables maximes de charité, qui sont le fondement de la religion de l'Evangile : alors je ne mets plus en doute qu'ils n'obtiennent une protection plus spéciale, et que ce ne soit un heureux commencement vers le but tant désiré.

Ou si les prêtres se conduisent d'une manière tout opposée, ils seront de nouveau persécutés et chassés.

Le pape, comme chef des fidèles et centre commun de la foi, peut avoir une grande influence sur la conduite que tiendront les prêtres. Il pensera peut-être qu'il est digne de sa sagesse, de la plus sainte des religions, de faire une bulle ou mandement qui ordonne aux prêtres obéissance au gouvernement, et de faire tout ce qui sera en leur pouvoir pour consolider la constitution établie. Si cette bulle est conçue dans des termes précis et convenables au grand but qu'elle peut produire, elle sera un grand acheminement vers le bien et extrêmement avantageuse à la prospérité de la religion.

Après cette première opération, il serait utile de connaître les mesures qui pourraient être prises pour réconcilier les prêtres constitutionnels avec les prêtres non constitutionnels; enfin les mesures que pourrait proposer la cour de Rome pour lever tous les obstacles et pour ramener aux principes de religion la majorité du peuple français. Je prie M. le ministre de Sa Sainteté de vouloir bien communiquer ces idées au pape, et de me faire connaître le plus tôt possible sa réponse.

Le désir d'être utile à la religion est un des principaux motifs qui m'ont dicté la présente note.

La théologie simple et pure de l'Evangile; la sagesse, la politique et l'expérience du pape peuvent, si elles sont exclusivement écoutées, avoir des résultats heureux pour la chrétienté et la gloire personnelle de Sa Sainteté, qui connaît les sentimens particuliers d'affection que je lui ai voués.

BONAPARTE.

Au quartier-général à Milan, le 17 thermidor an 5
(4 août 1797).

Au contre-amiral Brueys.

Je crois essentiel, citoyen général, que vous vous rendiez le plus tôt possible à Venise, en laissant à Corfou le vaisseau vénitien que vous y prendrez à votre retour.

Vous trouverez à Venise des habillemens pour deux mille matelots et sept cents hommes d'infanterie, vos vivres pour deux mois, et 500,000 fr. pour payer vos matelots.

Pendant ce temps-là, vous donnerez une instruction à l'officier que vous laisserez à Corfou, pour qu'il complette les équipages des vaisseaux vénitiens, et qu'on les mette dans le meilleur état pour leur retour.

Votre présence à Venise vous mettra à même de prendre

vos vivres et les hommes dont vous avez besoin pour armer les vaisseaux vénitiens.

Vous vous mettrez à même de pouvoir cacher pendant près de deux mois l'intention où nous sommes d'enlever tous les vaisseaux vénitiens, et pendant cet intervalle les cinq vaisseaux qui sont sur le chantier se trouveront à peu près terminés.

La présence de votre escadre à Venise ne fera qu'un bon effet aux négociations qui sont entamées dans ce moment-ci avec l'empereur, qui, devant être nécessairement terminées dans un mois, nous mettront à même de nous être extrêmement utiles dans les opérations de la campagne, si elle devait avoir lieu.

Avant de partir de Corfou, vous devez dire à tous les officiers, gouverneurs et agens vénitiens, que votre intention est de réunir les forces vénitiennes avec l'escadre française pour reconquérir la Dalmatie, et que vous vous rendez en conséquence à Venise pour y prendre des troupes.

Quand vous arriverez à Venise, vous y verrez le général Baraguay d'Hilliers : vous vous présenterez au gouvernement central de cette république, et, sans prononcer proprement le nom de Dalmatie, vous leur direz qu'il est important de réunir les forces navales françaises et vénitiennes, pour vous mettre à même de remplir une grande mission dont vous devez recevoir les dernières instructions de moi, et vous laisserez entrevoir que cette mission est l'expédition de la Dalmatie.

Lorsque vous serez arrivé à Venise, si mes occupations me le permettent, je m'y transporterai : nous aurons de toute manière l'occasion de nous y voir et d'y conférer sur nos opérations ultérieures.

Je vous prie de croire au désir que j'ai de renouveler votre connaissance, et de vous donner des preuves de l'estime et de la considération que je vous ai vouées.

P. S. On charge, à Venise, deux bâtimens d'objets de marine de toute espèce, vous pourrez les escorter en France avec votre escadre.

Au quartier-général à Milan, le 20 thermidor an 5
(7 août 1797).

A son altesse royale le duc de Parme.

On cherche à donner des inquiétudes à V. A. R., on suppose des sujets de brouillerie entre elle et la république française.

Je me fais un devoir d'assurer V. A. R. que le directoire exécutif de la république française, n'ayant qu'à se louer de la conduite de V. A. R. pendant toute la guerre d'Italie, saisira toutes les occasions de témoigner à V. A. R. les sentimens qu'il doit à ses bons procédés : en mon particulier, ayant été le témoin de l'accueil et des bons soins que S. A. R. a toujours eus pour nos frères d'armes, je serai toujours flatté de pouvoir faire quelque chose qui lui soit agréable. A ce sentiment de reconnaissance doit se joindre un sentiment d'estime : j'ai vu les états de V. A. R., et je me suis dit qu'il faudrait que les princes de l'Europe apprissent en Toscane à conserver leurs trônes, en les fondant sur la modération et la félicité de leurs peuples. BONAPARTE.

Au quartier-général à Milan, le 20 thermidor an 5
(7 août 1797).

Au général Clarke.

Dès l'instant, citoyen général, que j'aurai des nouvelles de l'arrivée de M. le marquis de Gallo et de M. de Degelmann, et qu'ayant pris connaissance de leurs pouvoirs, vous m'assurerez qu'ils ont la faculté nécessaire pour négocier, je me rendrai en toute diligence à Udine : je vous prie de m'envoyer par le courrier les notes de Perret sur la situation de Vienne et de l'armée impériale de Gratz et de Clagenfurth.

J'attends à chaque instant un courrier de Paris.

BONAPARTE.

Au quartier-général à Milan, le 22 thermidor an 5
(9 août 1797).

Au ministre des relations extérieures.

J'ai l'honneur de vous faire passer, citoyen ministre, copie d'une lettre que je reçois d'Udine, du général Clarke. Je me rendrai à Udine dès l'instant que je saurai l'arrivée de M. de Gallo avec ses pleins pouvoirs.

J'ai reçu la lettre que vous m'avez fait l'honneur de m'écrire le 14 thermidor. J'attends à chaque instant que vous me fassiez connaître le parti que prendra le directoire, voulant la paix promptement ; je ne doute pas qu'il ne soit nécessaire de faire quelques démarches qui en imposent à la cour de Vienne, sans quoi ils traîneront toujours en longueur, parce qu'ils attendent tout de leurs menées dans l'intérieur.

BONAPARTE.

Au quartier-général à Milan, le 22 thermidor an 5
(9 août 1797).

Au directoire exécutif.

Je vous ai annoncé, après la bataille de Rivoli, vingt-un drapeaux, et je ne vous en ai envoyé que quinze ou seize.

Je vous envoie, par le général Bernadotte, les autres, qui avaient été laissés par mégarde a Peschiera.

Cet excellent général, qui a fait sa réputation sur la rive du Rhin, est aujourd'hui un des officiers les plus essentiels à la gloire de l'armée d'Italie. Il commande les trois divisions qui sont sur les frontières d'Allemagne, je vous prie de vouloir bien l'envoyer à l'armée d'Italie le plus tôt possible.

Je ne dois pas laisser passer cette occasion sans donner à sa brave division et aux troupes qui, l'année dernière, sont venues du Rhin et de Sambre-et-Meuse pour l'armée d'Italie, le tribut d'éloges que je dois à leurs services.

Dans toutes les occasions, elles ont culbuté ce qui était devant elles. Au passage du Tagliamento, comme à l'attaque de Gradisca, elles ont montré ce courage et ce zèle ardent pour la gloire nationale, qui distinguent les armées de la république.

Vous voyez dans le général Bernadotte un des amis les plus solides de la république, incapable, par principes comme par caractère, de capituler avec les ennemis de la liberté pas plus qu'avec l'honneur. BONAPARTE.

Au quartier-général à Milan, le 22 thermidor an 5
(9 août 1797).

Au chef de l'état-major.

Vous voudrez bien donner ordre que l'on fasse arrêter sur-le-champ le garde-magasin de vivres de Milan, le faire traduire en prison, et le faire juger par un conseil militaire, pour avoir donné, depuis huit jours, du pain détestable à la troupe et capable de faire tomber malades les soldats ;

Comme convaincu, en outre, d'avoir fabriqué du pain blanc et d'en avoir donné à qui la loi n'en accorde pas, et d'avoir offert aux soldats une ration de pain blanc pour deux rations de pain ordinaire, lorsqu'il est évident qu'il ne fait fabriquer ce pain blanc qu'en faisant celui de la troupe de la plus mauvaise qualité. BONAPARTE.

Au quartier-général à Milan, le 22 thermidor an 5
(9 août 1797).

Au chef de l'état-major.

Le général en chef arrête :

ART. 1er. Le général de brigade Point est nommé inspecteur des hôpitaux entre la Brenta et le Mincio.

2. Le général Dessolles est nommé inspecteur des hôpitaux entre l'Isonzo et la Brenta.

3. Le général Vignolles est nommé inspecteur des hôpitaux entre le Tésin et le Mincio.

4. Ils se mettront sur-le-champ en route pour faire la tournée de tous les hôpitaux : ils auront soin de s'assurer du nombre des malades y existans, de la moralité des différens employés ; de prendre note des plaintes qui pourront être portées par les malades : ils sont autorisés à faire arrêter sur-le-champ les employés contre lesquels il y aurait des plaintes ; ils prendront note des approvisionnemens de la pharmacie et de ce qui est dû à chaque employé, soit pour sa solde, soit pour les différens abonnemens que les entrepreneurs auraient faits avec eux.

5. Ils auront soin d'ordonner aux commissaires des guerres chargés du service des hôpitaux et au contrôleur ambulant, que l'on ne fasse aucune évacuation, mais que l'on proportionne, dans chaque ville, le nombre des hôpitaux au nombre des malades. BONAPARTE.

Au quartier-général à Milan, le 24 thermidor an 5
(11 août 1797).

Au général Berthier.

Vous voudrez bien ordonner au général Duphot, qui doit partir cette nuit pour Verone, de suspendre son départ, et, au lieu de cela, de partir, dans le plus court délai, pour se rendre à Gênes, organiser les troupes de cette république, en conséquence de la demande qui m'a été faite d'un général français par le gouvernement de Gênes : il s'adressera au citoyen Faypoult, et viendra chercher demain ici ses lettres de créance pour le gouvernement provisoire. BONAPARTE.

Au quartier-général à Milan, le 24 thermidor an 5
(11 août 1797).

A l'administration centrale du département de Saône-et-Loire.

Je reçois, citoyens, votre lettre du 15 thermidor. Je vous remercie des soins que vous avez bien voulu avoir pour les blessés de l'armée d'Italie : vous en trouverez le prix dans votre satisfaction, et dans la reconnaissance de tous les défenseurs de la patrie. Je me suis empressé de faire mettre à l'ordre du jour de l'armée les obligations que nous nous trouvons avoir contractées envers vous.

Je vous prie de croire, citoyens administrateurs, aux sentimens d'estime que m'inspire votre conduite, et au désir que j'ai de pouvoir vous témoigner ma gratitude.

BONAPARTE.

Au quartier-général à Milan, le 23 thermidor an 5
(12 août 1797).

Au citoyen Faypoult.

L'ordonnance qui interdit l'entrée du territoire cisalpin aux Piémontais a eu véritablement pour but d'empêcher beaucoup d'individus de la cour de Turin qui craignaient la révolution, de venir à Milan. Il est cependant vrai que, nous étant maintenus en bonne harmonie avec la cour de Turin pendant tout le temps qu'a duré son mouvement, il est plus essentiel que nous continuions ainsi dans les circonstances présentes; mais le citoyen Miot se plaint déjà de ce que la cour de Turin abuse de sa victoire et se porte à des excès de toute espèce. La cour de Turin arme les paysans, quoique je lui eusse fait sentir combien cette mesure était dangereuse.

Plusieurs Français ont déjà été assassinés, à ce qu'on assure, du côté d'Alexandrie. Je crois donc que, jusqu'à ce qu'on voie le parti que prendra la cour, il ne faut rien faire qui puisse nous ôter les moyens de la tenir en respect; et d'ailleurs il serait contre le droit des gens et contre nos principes de refuser de donner refuge à des hommes persécutés.

BONAPARTE.

Au quartier-général à Milan, le 25 thermidor an 5
(12 août 1797).

Au citoyen Miot.

On ne peut voir qu'avec horreur, citoyen ministre, les excès auxquels se porte la cour de Turin : quoique je lui aie fait dire par M. Bossi que je m'opposerais à l'armement des paysans, elle arme de tous côtés, et déjà les assassinats commencent.

Je vous prie donc de présenter sur-le-champ une note,

pour qu'elle ait à désarmer sans délai les paysans, et à ramener la tranquillité dans ses états.

Les paysans qu'elle a armés en masse du côté d'Alexandrie ont déjà assassiné plusieurs Français : vous voyez combien il est urgent de faire finir cela le plus tôt possible.

BONAPARTE.

Au quartier-général à Milan, le 29 thermidor an 5 (16 août 1797).

Au directoire exécutif.

L'empereur paraît diriger toutes ses forces vers l'Italie: les nombreuses recrues qu'il fait, jointes aux prisonniers qu'on lui a rendus et qu'il a le temps d'exercer, le mettront dans le cas de m'opposer une armée formidable. Peut-être jugerez-vous essentiel de faire passer à l'armée d'Italie une augmentation de cavalerie, quelques compagnies d'artillerie et quelques demi-brigades d'infanterie.

Vous jugerez également nécessaire d'ordonner au général Kellermann de renvoyer de l'armée des Alpes tous les détachemens qu'il a des demi-brigades appartenant à l'armée d'Italie.

J'ai envoyé à la citadelle de Corfou les deux premiers bataillons de la soixante-dix-neuvième, je désirerais que vous donnassiez l'ordre au général Sahuguet de nous faire passer le troisième, qui se trouve à Avignon, et que je ferai également partir pour Corfou.

Les îles de Corfou, de Zante et de Céphalonie sont plus intéressantes pour nous que toute l'Italie ensemble.

Je crois que si nous étions obligés d'opter, il vaudrait mieux restituer l'Italie à l'empereur, et garder les quatre îles, qui sont une source de richesses et de prospérité pour notre commerce. L'empire des Turcs s'écroule tous les jours.

La possession de ces îles nous mettra à même de le soutenir autant que cela sera possible, ou d'en prendre notre part.

Les temps ne sont pas éloignés où nous sentirons que, pour détruire véritablement l'Angleterre, il faut nous emparer de l'Egypte. Le vaste empire ottoman, qui périt tous les jours, nous met dans l'obligation de penser de bonne heure à prendre des moyens pour conserver notre commerce du Levant.

Les citadelles de Corfou, de Zante et de Céphalonie sont en très-bon état, pourvues d'une nombreuse artillerie : je fais réparer les affûts et je viens d'y envoyer des vivres et des munitions pour un an. Je désirerais donc avoir le troisième bataillon de la soixante-dix-neuvième demi-brigade, que j'y ferais passer. Je vais y envoyer deux mille Cisalpins.

BONAPARTE.

Au quartier-général à Milan, le 29 thermidor an 5
(16 août 1797).

Bonaparte, général en chef de l'armée d'Italie,

Voulant donner, au nom de la république française, à la Sublime-Porte une marque de son estime et de son amitié, ordonne:

Art. 1er. Aux généraux commandant les différentes places de commerce occupées par les Français en Italie, d'accorder une protection spéciale aux sujets ottomans, grecs, et surtout aux Albanais.

2. Tout sujet ottoman sera maître de se loger où il lui plaira, sans que l'on puisse les astreindre à demeurer tous dans une même maison, et à rentrer à une heure fixe.

3. Les bâtimens de la république accorderont protection et secours aux bâtimens portant pavillon ottoman, et spécialement aux Grecs et aux Albanais.

BONAPARTE.

Au quartier-général à Milan, le 29 thermidor an 5
(16 août 1797).

Au pacha de Scutari.

J'ai lu avec le plus grand plaisir les choses flatteuses contenues dans la lettre de votre seigneurie.

La république française est l'amie vraie de la Sublime-Porte; elle estime plus particulièrement la brave nation albanaise qui est sous vos ordres.

J'ai entendu avec douleur le malheur arrivé à votre illustre frère : cet intrépide guerrier méritait un sort digne de son courage ; mais il est mort de la mort des braves.

J'envoie à votre seigneurie l'ordre que j'ai donné pour que désormais le pavillon ottoman puisse voyager sans inquiétude dans l'Adriatique. Non-seulement les Turcs seront traités comme les autres nations, mais même avec une espèce de partialité. J'ai détruit l'usage barbare des..... Dans toutes les occasions, je protégerai les Albanais, et je me ferai un plaisir de donner à votre seigneurie une marque de mon estime et de la haute considération que j'ai pour elle.

Je prie votre seigneurie de recevoir comme une marque de mon amitié les quatre caisses de fusils que je lui envoie.

BONAPARTE.

Au quartier-général à Milan, le 3 fructidor an 5
(20 août 1797).

Au citoyen Grogniard, ordonnateur de la marine, à Toulon.

J'ai reçu, citoyen, votre lettre du 17 thermidor, avec celle qui y était jointe.

Pitt n'aurait pas pu se conduire d'une manière plus contraire à notre marine, que viennent de le faire, à l'égard de la marine de Toulon, les commissaires de la trésorerie.

La solde des marins du département de Toulon était arriérée depuis trois mois ; ils refusaient, en conséquence, de s'enrôler, et empêchaient par-là le contre-amiral Brueys de partir.

La même raison vous empêchait de m'envoyer des officiers marins et des matelots pour l'armement des vaisseaux vénitiens.

Je vous envoie un million provenant des contributions de l'armée d'Italie, afin de vous mettre à même de subvenir à ces dépenses urgentes, et de remplir le premier devoir qui est imposé par la loi à la trésorerie : et ses commissaires ont l'impudence de vous ôter ce million! et vous avez la faiblesse d'y consentir !

Je ne suis pas votre juge ; mais si vous étiez sous mes ordres, je vous mettrais aux arrêts pour avoir obtempéré à une réquisition ridicule et avoir laissé partir ce million pour Paris, lorsque la trésorerie ne remplit pas son devoir le plus sacré, qui est la solde de vos marins : peut-être que les commissaires ne se doutaient pas combien ils entravaient la marche de nos opérations, et combien ils faisaient de tort aux armes de la république, en vous ôtant ce million dans ce moment-ci.

La trésorerie, me dites-vous, donne l'ordre au payeur de l'armée d'Italie de fournir un autre million à Toulon ; les commissaires savent cependant mieux que personne que l'argent que la caisse de l'armée d'Italie a fourni, joint aux dépenses immenses d'une armée aussi nombreuse, nous mettent désormais dans l'impossibilité de subvenir aux besoins d'autres services que celui de l'armée.

L'amiral Brueys me mande de Corfou qu'il arrive à Venise, et qu'il est arriéré de quatre mois de solde : c'est encore un surcroît de dépense très-considérable pour la caisse de l'armée ; mais nous chercherons à y subvenir en tout ou en partie. Le soldat de l'armée d'Italie se fera toujours un plaisir de partager son pain avec les braves marins.

Croyez, je vous prie, aux sentimens, etc.

BONAPARTE.

Au quartier-général à Milan, le 4 fructidor an 5
(21 août 1797).

Au général Clarke.

Je pars demain, citoyen général, pour me rendre à la campagne près de Godroïpo : si l'intention des plénipotentiaires est de se loger à la campagne, je dirai au général Victor de se donner les sollicitudes nécessaires pour trouver aux environs un logement convenable. S'ils préfèrent rester à Udine, on pourra tenir alors nos conférences alternativement à Udine et à la campagne.

La paix avec le Portugal est signée. Je vous prie de me renvoyer le courrier par Trevise, Padoue, Vicence et Verone, afin que je sois instruit si le troisième plénipotentiaire est arrivé ; car, comme j'ai beaucoup à faire dans mes divisions, je ne voudrais pas arriver avant M. Degelmann ; je trouverais fort désagréable de rester cinq ou six jours à la campagne sans rien faire. BONAPARTE.

Au quartier-général à Milan, le 5 fructidor an 5
(22 août 1797).

Au directoire exécutif.

Je n'ai que six mille hommes de grosse cavalerie, le général Kellermann en a trois cents à Lyon qui y sont très-inutiles, et cela me compléterait tout le cinquième régiment de cavalerie ; il est indispensable que vous me l'envoyiez à l'armée.

Le neuvième de dragons a aussi 300 hommes à Lyon, et le dix-huitième de dragons, 409 hommes à Marseille et à Bordeaux.

Il serait bien utile que vous donnassiez les ordres pour que ces détachemens rentrassent. L'armée d'Italie est très-faible en cavalerie. L'arrivée, d'ailleurs, de ces détachemens fera un très-bon effet dans l'esprit de l'empereur, qui a redoublé d'activité pour armer et se mettre en défense.

Si la campagne s'ouvre, il me faudrait un peu de cavalerie.

BONAPARTE.

FIN DU SECOND VOLUME.

IMPRIMERIE DE C. L. F. PANCKOUCKE.

www.ingramcontent.com/pod-product-compliance
Lightning Source LLC
Chambersburg PA
CBHW061951300426
44117CB00010B/1291